증권투자권유자문인력

 2025

KB184566

금융투자협회
Korea Financial Investment Association

자격시험 안내

1. 증권투자권유자문인력의 정의

투자자를 상대로 증권(집합투자증권 등은 제외)에 대하여 투자권유 또는 투자자문 업무를 수행하거나 MMF를 자동으로 매수하는 CMA에 대하여 투자권유 업무를 수행하는 인력

2. 응시자격

금융회사 종사자 등(증권투자권유자문인력 투자자보호교육 이수)

3. 시험과목 및 문항수

시험과목		세부 교과목	문항수
제1과목	증권분석 및 증권시장	경기분석	6
		기본적 분석	5
		기술적 분석	4
		유가증권시장	8
		코스닥시장	3
		채권시장	7
		기타 증권시장	2
소 계			35
제2과목	금융상품 및 직무윤리	금융상품분석 · 투자전략	13
		투자권유 및 고객관리	5
		직무윤리 · 투자자분쟁예방	12
소 계			30
제3과목	법규 및 세제	자본시장 관련 법규 (금융소비자 보호에 관한 법률 포함)	20
		한국금융투자협회규정	4
		회사법	6
		증권세제	5
소 계			35
시험시간		120분	100 문항

4. 시험 합격기준

70% 이상(과목별 50점 미만 과락)

■ 한국금융투자협회는 금융투자전문인력의 자격시험을 관리·운영하고 있습니다.
금융투자전문인력 자격은 「자본시장과 금융투자업에 관한 법률」 등에 근거하고 있으며,
「자격기본법」에 따른 민간자격입니다.

■ 자격시험 안내, 자격시험접수, 응시료 및 환불 규정 등에 관한 자세한 사항은
한국금융투자협회 자격시험접수센터 홈페이지(https://license.kofia.or.kr)를 참조해
주시기 바랍니다.
(자격시험 관련 고객만족센터: 02-1644-9427, 한국금융투자협회: 02-2003-9000)

contents

투자전략

v

part 04

직무윤리

certified securities investment advisor

part 01

금융상품분석

certified securities investment advisor

chapter 01

우리나라의 금융회사

개요

　금융회사는 은행, 비은행 예금취급기관, 금융투자업자, 보험회사, 기타 금융기관, 그리고 금융보조기관 등으로 구분한다.

　은행은 일반은행과 특수은행으로 대별된다. 일반은행은 시중은행, 지방은행, 그리고 외국은행 국내지점으로 구성된다. 특수은행은 특별법에 의해 설립된 은행이다. 한국산업은행, 한국수출입은행, 중소기업은행, 그리고 농업협동조합중앙회 및 수산업협동조합중앙회 등이 특수은행에 해당된다.

　비은행 예금취급기관은 은행과 유사한 여수신업무를 주요 업무로 영위하지만 제한적인 목적으로 설립된 상호저축은행, 신용협동조합·새마을금고·상호금융 등 신용협동기구 등이 이에 해당된다.

　금융투자업자는 금융투자상품의 거래와 관련된 업무를 주된 업무로 하는 금융회사이다. 투자매매업자, 투자중개업자, 집합투자업자, 투자일임업자, 투자자문업자, 그리고 신탁업자가 이에 해당된다.

보험회사는 사망·질병·노후 또는 화재나 각종 사고를 대비하는 보험을 인수·운영하는 금융회사이다. 보험회사는 업무 특성에 따라 생명보험회사, 손해보험회사, 우체국보험, 공제기관 등으로 구분된다. 손해보험회사는 일반적인 손해보험회사, 재보험회사, 그리고 보증보험회사가 있다.

기타 금융기관은 금융지주회사, 여신전문금융회사(리스회사, 신용카드회사, 할부금융회사), 벤처캐피탈회사(신기술사업금융회사, 중소기업창업투자회사), 증권금융회사 및 공적 금융기관 등이 있다. 최근에는 핀테크에 대한 사회적 관심이 커지면서 전자금융업자가 새로운 주목을 받고 있다. 전자금융업자에는 전자화폐업자, 전자이체업자, 직불전자지급수단발급관리업자, 선불전자지급수단발급관리업자, 전자지급결제대행업자 등이 있다.

금융보조기관은 금융제도의 원활한 작동에 필요한 여건을 제공하는 것을 주된 업무로 하는 기관들이다. 한국거래소, 한국예탁결제원, 증권금융회사, 예금보험공사, 금융결제원, 신용보증기금·기술보증기금 등 신용보증기관, 신용정보회사, 자금중개회사 등이 이에 해당된다.

표 1-1 우리나라 금융회사 분류

구분		
은행	일반은행	시중은행
		지방은행
		외은지점
	특수은행	한국산업은행
		한국수출입은행
		중소기업은행
		농업협동조합중앙회
		수산업협동조합중앙회
비은행 예금취급기관	상호저축은행	
	신용협동기구	신용협동조합
		새마을금고
		상호금융
	우체국예금	

금융투자업자	투자매매중개업자	증권회사
		선물회사
	집합투자업자	자산운용회사
	투자자문·일임업자	투자자문사
	신탁업자	은행/증권/보험/부동산 신탁회사
	종합금융회사	
보험회사	생명보험회사	
	손해보험회사	손해보험회사
		재보험회사
		보증보험회사
	우체국보험	
	공제기관	
기타 금융기관	금융지주회사	은행지주 비은행지주
	여신전문금융회사	리스회사/카드회사/할부금융회사
	벤처캐피탈회사	신기술사업금융회사/중소기업창업투자회사
	증권금융회사	
	한국무역보험공사	
	한국주택금융공사	
	한국자산관리공사	
	한국투자공사	
	한국정책금융공사	
금융 보조기관	한국거래소	
	한국예탁결제원	
	한국증권금융	
	예금보험공사	
	금융결제원	
	신용보증기관	
	신용정보회사	
	자금중개회사	

자료 : 한국은행

은행은 일반적으로 여수신을 통해 신용을 창출하고, 이 과정에서 지급결제 서비스를 제공하는 금융회사이다. 국내에서 은행은 은행법에 의해 설립된 일반은행과 특별법에 의해 설립된 특수은행으로 대별된다. 비은행은 은행과 유사한 여수신업무를 주요 업무로 취급하고 있지만 보다 제한적인 목적으로 설립되어 자금조달 및 운용 등에서 은행과는 상이한 규제를 받는 금융회사이다. 즉 자금조달에 있어 요구불예금이 차지하는 비중이 상대적으로 낮아서 신용창조 기능이 크지 않고 지급결제 기능을 제한적으로만 제공할 수 있어 영업대상이 사전적으로 제한받는다. 상호저축은행, 신용협동조합·새마을금고·상호금융 등 신용협동기구, 우체국예금이 이에 해당된다. 한편 상호저축은행과 신용협동기구는 자금의 대부분을 특정 지역의 서민이나 영세상공인으로부터 저축성예금 형태로 조달해 이들에 대한 대출로 운영하고, 우체국예금은 농어촌 및 도시 지역 가계에 소액 가계저축수단을 제공한다.

1 일반은행

(1) 정의 및 변천

일반은행은 예금·대출 및 지급결제 업무를 고유업무로 한다. 「은행법」에 따라 시중은행, 지방은행 및 외국은행 국내지점 등으로 구분된다. 시중은행은 전국을 영업구역으로 하는 은행이다. 지방은행은 금융업무의 지역적 분산과 지역경제의 균형발전을 위해 해당 지역을 중심으로 설립된 은행이다.

(2) 업무의 구분

일반은행의 업무는 업무의 특성에 따라 고유업무, 부수업무 및 겸영업무로 구분된다 (표 1-2). 각 업무별 범위는 은행법 및 동법 시행령에서 규정하고 있다. 일반은행은 고유업무 및 부수업무의 경우 별도 인허가 또는 등록 없이 영위할 수 있으나 일부 겸영업무의 경우 해당 법령에 따라 금융위원회의 겸영인허가를 필요로 한다. 기타업무에는 타법령에서 은행이 운영할 수 있도록 한 업무와 기업 인수·합병의 중개·주선 또는 대리 업

표 1-2 일반은행의 업무범위

구분	업무내용	근거규정
고유 업무	• 예금·적금의 수입 또는 유가증권, 그 밖의 채무증서의 발행 • 자금의 대출 또는 어음의 할인 • 내국환·외국환	은행법 제27조
부수 업무[1)	• 채무 보증 또는 어음의 인수, 상호부금, 팩토링, 보호예수 • 수납 및 지급대행, 전자상거래와 관련한 지급대행 • 지방자치단체의 금고대행 • 은행업과 관련된 전산시스템 및 소프트웨어의 판매 및 대여 • 금융 관련 연수 및 도서·간행물 출판업무, 조사·연구업무 • 업무용 부동산의 임대, 수입인지·복권·상품권 등의 판매 대행 • 은행의 인터넷 홈페이지, 서적, 간행물 및 전산 설비 등 물적 설비를 활용한 광고 대행 • 기타 금융위원회가 정하여 고시하는 업무	은행법 제27조의2 시행령 제18조
겸영 업무[2)	− 해당 법령에서 인허가 또는 등록을 받아야 하는 업무 　• 자본시장법에 따른 파생상품의 매매·중개 업무, 금융위원회가 정한 파생결합증권 매매업무, 국채증권, 지방채증권 및 특수채증권의 인수·매출 및 모집·매출 주선업무, 국채증권, 지방채증권, 특수채증권 및 사채권의 매매 업무 　• 자본시장법에 따른 집합투자업(투자신탁으로 한정), 투자자문업, 신탁업, 집합투자증권 투자매매업·투자중개업, 일반사무관리회사의 업무, 명의개서대행회사의 업무 　• 자본시장법 시행령에 따른 환매조건부매도 및 매수 업무 　• 보험업법에 따른 보험대리점의 업무 　• 근로자퇴직급여 보장법에 따른 퇴직연금사업자의 업무 　• 여신전문금융업법에 따른 신용카드업 　• 담보부사채신탁법에 따른 담보부사채에 관한 신탁업 　• 기타 금융위원회가 정하여 고시하는 업무 − 기타 업무 　• 금융 관련 업무로서 해당 법령(은행법 시행령 제13조 제1항의 법령)에서 은행이 운용할 수 있도록 한 업무 　• 자산유동화법에 따른 유동화전문회사의 유동화자산 관리 및 채권추심업무에 대한 수탁업무 　• 주택저당채권 유동화회사법에 따른 주택저당채권 유동화회사의 유동화자산 관리 수탁업무 및 채권추심업무에 대한 수탁업무 　• 기업의 인수 및 합병의 중개·주선 또는 대리 업무 　• 기업의 경영, 구조조정 및 금융 관련 상담·조력 업무 　• 증권의 투자 및 대차거래 업무 　• 상업어음 및 무역어음의 매출 　• 금융 관련 법령에 따라 금융업을 경영하는 자의 금융상품 및 「무역보험법」에 따른 무역보험의 판매 대행 　• 기타 금융위원회가 정하여 고시하는 업무	은행법 제28조 시행령 제18조의2

주 : 1) 고유업무의 수행에 수반되는 업무로서 감독당국의 별도 인허가 없이 영위할 수 있는 업무
　　2) 은행이 겸영업무를 직접 운영하려는 경우 금융위원회 신고가 필요
자료 : 한국은행

무, 증권의 투자 및 대차거래 업무, 상업어음 및 무역어음의 매출 업무 등이 있다.

2 특수은행

특수은행은 일반은행이 직접 자금을 중개하거나 지원하지 못하는 분야에 자금을 지원하기 위하여 설립된 금융기관이다. 이 때문에 특수은행은 일반은행과 달리 재정자금과 채권 발행에 크게 의존하여 자금을 조달한다. 또한 그 업무의 전문성과 특수성을 고려하여 은행법이 아닌 각 특별법에 의해 설립되었다.

표 1-3 특수은행별 설립근거 및 설립목적

은행명	설립일	설립근거법	설립 목적
한국산업은행	1954. 4	「한국산업은행법」	개발금융
한국수출입은행	1976. 7	「한국수출입은행법」	수출입금융
중소기업은행	1961. 8	「중소기업은행법」	중소기업금융
농업협동조합	1961. 8	「농업협동조합법」	농업금융
수산업협동조합	1962. 4	「수산업협동조합법」	수산업 금융

자료 : 한국은행

3 상호저축은행

상호저축은행은 1972년 8·3 긴급 경제조치에 따라 사금융 양성화 3법 중 하나인 「상호신용금고법」에 의해 설립되었다.

상호저축은행은 신용계, 신용부금, 예금 및 적금의 수입, 대출, 어음할인, 내·외국환, 보호예수, 수납 및 지급대행 업무, 기업 합병 및 매수의 중개·주선 또는 대리 업무, 국가·공공단체 및 금융기관의 대리업무 등의 업무를 영위할 수 있다. 사실상 일반은행의 고유업무와 상당히 유사해졌다.

상호저축은행의 수신업무를 살펴보면 종전에는 신용계 및 신용부금 업무가 주된 수신업무였으나 1995년 보통부금예수금과 정기부금예수금을 대체해 보통예금과 정기예금 등이 허용되면서 예금 및 적금의 수입업무가 주된 수신업무가 되었다. 여신업무로는 일반자금 대출 및 어음할인이 기본업무이나 수신과 연계된 계약금액 내 대출, 예·적금 담보 대출, 종합통장 대출과 주택자금 대출 등도 취급하고 있다. 또한 지역금융활성화와 서민금융 지원을 위해 2순위 담보대출, 수산물 담보대출, 미용사 대출, PC방 창업대출, 개인택시 담보대출 등도 취급한다. 한편 상호저축은행에 대해서는 사금고화 방지, 공신력 제고 및 건전경영 유지 등을 위하여 엄격한 업무 규제를 부과하고 있다.

상호저축은행중앙회는 상호저축은행을 회원으로 하는 법인으로 조사·연구, 상호저축은행 상호 간의 업무 협조와 신용질서 확립 및 거래자 보호를 위한 업무, 상호저축은행으로부터의 예탁금 및 지급준비 예탁금의 수입·운용, 상호저축은행에 대한 대출 및 지급보증, 상호저축은행 보유·매출 어음의 매입, 내국환업무, 국가·공공단체 또는 금융기관의 대리업무 등을 수행한다. 그리고 1999년에는 유가증권의 모집·인수·매출과 자회사의 설립·운영 또는 타법인 출자가 상호저축은행중앙회의 업무로 추가되었다. 그 밖에 상호저축은행의 회계·업무 방법 등에 관한 표준화 및 지도, 상호저축은행 임직원교육, 상호저축은행의 공동 이익을 위한 사업 등을 수행한다.

4 신용협동기구

(1) 신용협동조합

신용협동조합은 지역·직장·단체 등 상호 유대를 가진 개인이나 단체 간의 협동조직을 기반으로 하여 자금의 조성과 이용을 도모하는 비영리 금융회사를 말한다. 1972년 「신용협동조합법」이 제정되면서 법률적인 근거와 함께 발전의 전기가 마련되었다. 신용협동조합은 조합원으로부터 예탁금·적금 수입, 조합원에 대한 대출, 내국환업무, 국가·공공단체·중앙회 및 금융기관의 업무 대리, 보호예수, 어음할인 등을 취급하고 있다.

신용협동조합중앙회는 신용협동조합을 구성원으로 하여 조직된 비영리법인으로 조합의 사업에 관한 지도·조정·조사·연구 및 홍보, 교육, 조합에 대한 검사·감독, 공제사업, 국가 또는 공공단체가 위탁하거나 보조하는 사업 및 신용사업을 수행한다. 신용협동조합중앙회가 수행하는 신용사업은 조합으로부터의 예·적금 및 상환준비금의 수입·운용, 조합에 대한 대출, 내·외국환업무 등이 있다. 또 2004년부터 신용협동조합이 예금보험공사의 부보 금융기관에서 제외됨에 따라 조합원에 대한 예탁금 등의 환급 보장을 위해 신용협동조합 예금보호기금을 설치·운엉하고 있다.

(2) 새마을금고

새마을금고는 회원으로부터의 예탁금·적금의 수입, 회원에 대한 대출, 내국환, 국가·공공단체 및 금융기관의 업무 대리, 보호예수 등의 업무를 취급하는데 어음할인 등 일부를 제외하고는 신용협동조합과 거의 동일하다.

새마을금고중앙회는 새마을금고를 회원으로 하는 비영리법인으로 회원의 사업에 관한 지도·교육·훈련·조사·연구, 금고 감독과 검사, 금고의 사업에 대한 지원, 공제사업, 국가·공공단체가 위탁하거나 보조하는 사업 등을 수행한다. 또 금고로부터 예탁금·적금 수입, 대출, 지급보증 및 어음할인, 내·외국환, 보호예수, 국가·공공단체 또는 금융기관의 업무 대리, 유가증권의 인수·매출 등의 신용사업을 영위한다. 한편 연합회는 금고 회원에 대한 예탁금 등의 환급 보장을 위해 예금자보호준비금을 설치·운영하고 있다.

(3) 상호금융

상호금융은 1969년 농업협동조합의 자립기반 확립을 위한 사업의 일환으로 추진되었던 농업협동조합 연쇄점 설치와 함께 시작되었다. 그리고 1972년 「신용협동조합법」이 제정됨에 따라 농업협동조합의 상호금융이 법적 기반을 얻게 되었다. 1974년 6월 수산업협동조합이 상호금융업무를 시작하였고 이후 1981년 1월 농업협동조합으로부터 분리된 축산업협동조합이, 1989년 1월 인삼협동조합[1]이, 그리고 1993년 12월 임업협동조합이 이를 취급하기 시작하였다.

---

1 2000년 7월 축산업협동조합·농업협동조합·인삼조합협동중앙회 등 3개 기관이 통합되어 농업협동중앙회로 출범하였다.

1 개관

금융투자회사는 금융투자상품의 거래와 관련된 업무를 주된 업무로 하는 금융회사이다.

2009년 2월 「자본시장과 금융투자업에 관한 법률」(이하 '자본시장법'이라 한다) 시행 이전에는 금융투자회사는 증권회사, 선물회사, 자산운용회사 등으로 구분되었다. 자본시장법 시행 이후에도 대다수 금융투자회사가 증권회사, 선물회사, 자산운용회사 등 종래 명칭을 그대로 유지하고 있으나, 금융투자업이 금융기능에 따라 투자매매, 중개, 집합투자, 투자자문·일임, 신탁업으로 구분되고 각각을 겸영할 수 있도록 함에 따라 금융투자회사의 구분은 이전과 달리 명확하지 않다.

자본시장법은 각 금융기능별로 투자자가 부담하는 위험의 크기에 따라 인가제와 등록제로 구분하고 있다. 이에 따라 고객과 직접 채무관계를 갖거나 고객의 자산을 수탁하는 투자매매·투자중개·집합투자·신탁업은 인가대상으로 하고 투자자의 재산을 수탁하지 않는 투자일임·투자자문업은 등록만으로 영위할 수 있도록 하고 있다. 한편 자본시장법 시행령은 금융투자업의 위험과 투자자 보호 필요성 등에 따라 인가 및 등록단위별 최저 자본요건을 다르게 설정하고, 취급하려는 인가업무가 늘어나면 그에 해당하는 자기자본 금액을 추가로 보유하도록 함으로써 금융투자업자의 대형화, 겸업화, 전문화 및 진입완화를 유도하고 있다.

2 투자매매 · 중개업자

1) 증권회사

증권회사는 직접금융시장에서 기업이 발행한 증권을 매개로 하여 투자자의 자금을 기업에게 이전시켜 주는 기능을 수행하는 금융회사이다. 기업과 투자자를 직접 연결시킨다는 점에서 저축자의 예금을 받아 기업에 대출하는 은행과는 업무 성격이 다르다.

증권회사는 증권 및 채권과 관련된 위탁매매, 발행 및 인수, 그리고 자기매매 등을 영위하며 이외에도 펀드 및 신종증권 판매, CMA 등 자산관리 서비스를 제공하고 있다.

(1) 위탁매매업무

위탁매매업무(brokerage)는 증권 및 파생상품 등 금융투자상품에 대한 투자중개업무로서 고객의 매매주문을 성사시키고 수수료를 받는 업무이다. 위탁매매업무는 위탁매매, 매매의 중개·대리 및 위탁의 중개·주선·대리 세 가지 형태로 이루어진다.

위탁매매업무는 고객의 매매주문을 받아 증권회사의 명의와 고객의 계산으로 금융투자상품의 매매를 행하는 업무이다. 매매거래에 따른 손익은 위탁자인 고객에게 귀속되며 증권회사는 고객으로부터 일정한 위탁수수료를 받는다. 매매의 중개·대리는 타인간의 금융투자상품의 매매가 성립되도록 노력하거나 고객을 대리하여 매매를 하고 일정한 수수료를 받는 업무를 말한다. 동 업무는 증권회사가 명의상으로나 계산상으로 매매당사자가 되지 않는다는 점에서 위탁매매와 구별된다.

마지막으로 위탁의 중개·주선·대리는 한국거래소의 회원이 아닌 증권회사가 수행하는 업무로서 비회원인 증권회사는 회원인 증권회사를 통하여 고객의 위탁매매주문을 중개·주선·대리해주고 고객으로부터 받은 수수료를 회원인 증권회사와 배분한다.

(2) 자기매매업무

자기매매업무(dealing)는 투자매매업무로서 자기명의와 자기계산으로 인적·물적 시설을 갖추고 지속적·반복적으로 금융투자상품을 매매하는 업무를 말한다. 증권회사는 자기매매업무를 통해 증권시장 또는 장외거래에서 일시적인 수급불균형을 조정하는 한편 금융투자상품 가격의 연속성을 확보함으로써 시장조성자(market maker)로서의 역할을 수행한다.

(3) 인수 · 주선업무

증권의 인수업무(underwriting)는 투자매매업무로서 증권회사가 신규 발행된 증권을 매출할 목적으로 취득하는 업무를 말하며 모집, 사모, 매출의 세 가지 형태가 있다. 모집이란 50인 이상의 투자자에게 새로 발행되는 증권에 대하여 취득의 청약을 권유하는 것을 말한다. 반면, 사모란 49인 이하의 투자자를 대상으로 취득의 청약을 권한다는 점에서, 매출은 이미 발행된 증권을 대상으로 매도청약을 하거나 매수청약을 권유한다는 점에 각각 구분된다. 한편 주선업무는 증권회사가 제3자의 위탁에 의해 모집·매출을 주선하는 업무를 말한다.

(4) 펀드 판매 및 자산관리업무

펀드는 자본시장법상 집합투자기구를 지칭하며, 펀드 판매업무는 증권회사가 투자중개업자로서 펀드에서 발행하는 수익증권 등을 투자자에게 판매하는 업무이다.

자산관리업무는 투자자문 및 투자일임업자로서 투자자에게 랩어카운트 및 CMA 서비스 등을 제공하는 업무이다. 랩어카운트는 증권회사가 고객의 증권거래, 고객에 대한 자문 등의 서비스를 통합해 제공하고 그 대가로 고객예탁재산의 평가액에 비례하여 연간 단일보수율로 산정한 요금(fee)을 징수하는 업무이다.

랩어카운트에는 자문형과 일임형 두 가지가 있는데 자문형은 예탁재산의 운용에 대하여 자산관리자가 투자자문서비스를 제공하고 최종 결정은 고객이 내리는 반면, 일임형은 증권회사가 고객의 성향에 따라 주식이나 채권, 주식형 펀드 등 투자자의 자산 포트폴리오 구성에서 운용까지 모든 자산운용 업무를 대신한다.

한편 CMA 업무는 고객과 사전 약정에 따라 예치자금이 MMF, RP 등 특정 단기금융상품에 투자되도록 설계한 CMA 계좌를 고객예탁금 계좌와 연계해 수시입출, 급여이체, 신용카드 결제대금 납부 등의 부가서비스를 제공하는 업무이다.

(5) 신용공여업무

신용공여업무는 증권회사가 증권거래와 관련하여 고객에게 금전을 융자하거나 유가증권을 대부하는 업무이다. 현재 증권회사가 취급할 수 있는 신용공여업무에는 고객의 증권 매수에 대해서는 융자를 해주고 매도에 대해서는 대주를 해주는 신용거래업무, 예탁된 증권을 담보로 하는 대출업무 등이 있다.

2) 선물회사

선물회사는 선물거래 및 해외선물거래에 대한 위탁매매 등 장내파생상품에 대한 투자매매 및 투자중개업무를 영위하는 금융회사이다. 자본시장법에서는 파생상품을 선도, 옵션, 스왑 중 어느 하나에 해당하는 투자성 있는 것으로 정의하고, 파생상품시장에서 거래되는 것 또는 해외 파생상품시장에서 거래되는 것을 장내파생상품으로 규정하고 있다.

선물회사는 선물거래(해외선물거래 포함)의 자기거래, 위탁거래, 위탁의 중개·주선·대리업무를 영위한다. 선물회사는 위탁자로부터 선물거래의 위탁을 받는 경우 수량·가격 및 매매의 시기에 한하여 그 결정을 일임받아 선물거래를 할 수 있다. 또한 선물회사는 선물거래 등과 관련한 고객예탁금을 자기재산과 구분하여 증권금융회사에 예치하여야 하며, 채무불이행이나 임직원의 위법·위규 등에 의하여 위탁자가 입은 손실을 보전하기 위하여 책임준비금을 적립하여야 한다.

현재 취급하고 있는 주요 선물상품으로는 KOSPI200 선물 및 옵션을 포함한 주식상품, 금리상품(3년 국채선물), 통화상품(달러선물, 엔선물), 금 및 돈육선물과 같은 일반상품이 있다. 해외상품으로는 Dow Jones, S&P500, T−Note, T−Bond, FX Margin Trading, Euro FX 등이 있다.

3 　집합투자업자

(1) 집합투자기구의 구조

집합투자기구는 설립 형태에 따라 계약형(contractual type)과 회사형(corporate type)으로 구분된다. 투자신탁은 계약형 집합투자기구이며 투자회사, 투자유한회사, 투자합자회사 등은 회사형 집합투자기구이다. 계약형은 위탁자인 집합투자업자가 수탁회사와의 신탁계약에 의거하여 발행하는 수익증권을 수익자인 투자자가 취득하는 형태의 신탁제도로서 일본과 유럽국가들이 주로 채택하고 있다. 국내 집합투자기구 대부분이 투자신탁방식을 취하고 있다.

투자신탁의 조직은 위탁회사(투자신탁재산 운용)·수탁회사(신탁재산 보관)·판매회사(수익증권 판매)로 구성된다. 집합투자업자는 이 가운데 위탁회사의 역할을 담당한다. 수탁회사는 신탁회사이며 판매회사는 은행, 증권회사 등이다. 한편 집합투자업자는 투자신탁을 통해 주식을 제외한 유가증권을 인수할 수 있다. 이에 따라 집합투자업자가 투자신탁재산을 편입할 경우 주식은 유통시장 매매를 통해야 하지만, 채권은 유통시장 매매 이외에 발행시장에서의 인수로도 가능하다.

회사형 집합투자기구로는 자산운용수익을 주주에게 배분하는 투자회사 방식이 있다. 투자회사는 상법상의 주식회사이나 본점 이외의 영업점을 설치하거나 직원의 고용 또는 상근 임원을 둘 수 없는 서류상 회사이다. 투자회사는 자산의 운용, 보관, 모집·판매, 기타 일반사무를 각각 별도의 자산운용회사, 자산보관회사, 판매회사, 일반사무관리회사에 위탁하여야 한다.

투자회사의 위탁을 받아 자산을 운용하는 자산운용회사는 서류상 회사인 투자회사의 설립 및 주식 모집을 실질적으로 주관한다. 자산보관회사는 투자회사의 위탁을 받아 자산을 보관하는 회사로 투자회사의 자산을 자신의 고유재산 및 다른 수탁자산과 구분·관리한다. 자산보관회사는 투자신탁에서의 수탁회사와 마찬가지로 신탁회사 또는 신탁업을 겸영하는 금융기관으로 제한되어 있다. 판매회사는 투자회사의 위탁을 받아 주식의 모집 또는 판매를 담당하는데 주로 은행, 증권회사, 보험회사 등이 동 업무를 수행한다.

일반사무관리회사는 투자회사의 위탁을 받아 주식명의개서, 주식발행 사무, 증권투자회사의 운영에 관한 사무 등을 담당하는 회사로 주로 자산운용회사가 맡고 있다.

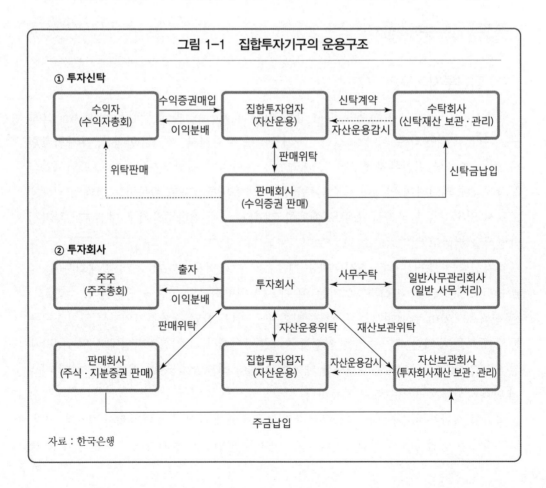

그림 1-1　집합투자기구의 운용구조

자료 : 한국은행

사모펀드는 50인 미만의 투자자로 구성된 펀드로 50인 이상의 투자자로 구성된 공모펀드와 구분된다. 사모펀드는 투자자를 기준으로 일반사모펀드와 기관전용사모펀드로 구분된다. 일반사모펀드는 전문투자자와 3억 원 이상 투자하는 일반투자자가 가입대상이고, 기관전용사모펀드는 기관투자자 및 이에 준하는 자를 대상으로 한다.

(2) 집합투자기구 유형

집합투자기구를 투자대상별로 보면 증권, 부동산, 특별자산, 단기금융(MMF), 혼합자산 등 5종류로 구분하고 집합투자업자가 집합투자기구의 재산으로 운용할 수 있는 자산은 재산적 가치가 있는 모든 재산을 대상으로 하고 그 편입비율에 대한 제한만 두고 있다. 다만 단기금융의 경우 여전히 증권에만 투자할 수 있다.

증권집합투자기구는 집합투자재산의 50%를 초과하여 증권 및 이를 기초자산으로 하는 파생상품에 투자하는 집합투자기구이다. 다만, 자본시장법 시행령 제240조 제2항에 따른 신탁재산·집합투자재산·유동화자산의 50% 이상이 부동산 관련 자산 및 특별자산인 수익증권·집합투자증권·유동화증권, 부동산 투자회사가 발행한 주식, 선박투자회사가 발행한 주식 등에 대한 투자 등은 편입비율 산정에서 제외된다.

표 1-4 투자대상에 따른 집합투자기구 유형

유형		분류기준
증권	주식형	자산총액의 60% 이상 주식(지분증권)에 투자
	채권형	자산총액의 60% 이상 채권에 투자
	혼합주식형	자산총액 중 주식에 투자할 수 있는 최고 편입한도가 50% 이상
	혼합채권형	자산총액 중 주식에 투자할 수 있는 최고 편입한도가 50% 이하
	투자계약증권	자산총액의 60% 이상을 투자계약증권에 투자. 다만, 투자계약증권에 60% 미만 투자 시 혼합주식형으로 분류
	재간접형	자산총액의 40% 이상을 집합투자증권에 투자
단기(MMF)금융		유가증권의 운용비율 등에 제한이 없고, 자산을 주로 단기성 자산(콜론, CP, CD 등)에 투자
부동산		50%를 초과하여 부동산(부동산 개발과 관련된 법안에 대한 대출, 그 밖에 대통령령이 정하는 부동산과 관련된 증권)에 투자
특별자산		50% 이상을 특별자산(증권, 부동산 이외의 투자대상 자산)에 투자
혼합자산		증권, 부동산, 특별자산 집합투자기구 관련 규정의 제한을 받지 않는 집합투자기구

자료 : 금융투자협회

부동산 집합투자기구는 집합투자재산의 50%를 초과하여 부동산, 이를 기초자산으로 한 파생상품, 부동산 개발과 관련된 법인에 대한 대출, 신탁재산·집합투자재산·유동화자산의 50% 이상이 부동산 관련 자산 및 특별자산인 수익증권·집합투자증권·유동화증권, 부동산 투자회사가 발행한 주식 등에 투자하는 집합투자기구이다.

특별자산 집합투자기구는 집합투자재산의 50%를 초과하여 특별자산(증권 및 부동산을 제외한 투자대상 자산을 말한다)에 투자하는 집합투자기구이다.

혼합자산 집합투자기구는 집합투자재산을 운용함에 있어서 증권, 부동산, 특별자산 집합투자기구 관련 규정의 제한을 받지 않는 집합투자기구이다.

마지막으로 단기금융 집합투자기구는 집합투자재산 전부를 단기금융상품에 투자하는 집합투자기구로서 대통령령으로 정하는 방법으로 운용되는 집합투자기구이다.

4 투자자문 · 일임업자

투자자문업무는 금융투자상품의 가치 또는 금융투자상품 투자에 관하여 구술·문서 기타의 방법으로 조언을 하는 업무이다. 투자일임업무는 고객으로부터 금융투자상품 가치 등의 분석에 기초한 투자 판단의 전부 또는 일부를 위임받아 고객을 위하여 투자를 행하는 업무이다. 최근 자동화된 온라인 투자자문 또는 투자일임 서비스가 로보어드바이저(robo-advisor)라는 이름으로 제공되는 추세이다.

5 신탁업자

신탁업자로는 은행, 증권회사, 보험회사 등 신탁겸업업자와 부동산 신탁회사가 있다. 신탁업무는 신탁관계인, 신탁재산 등의 개념과 수탁자의 권리의무 등 신탁에 관한 일반적인 법률관계를 민사적 차원에서 규정하고 있는 「신탁법」과 신탁업자 업무의 내용, 감독 등을 규정하고 있는 자본시장법령에 의하여 운영된다.

「신탁법」에 의하면 신탁이란 신탁설정자(위탁자)와 신탁인수자(수탁자)와의 특별한 신임관계에 기초하여 위탁자가 특정 재산권을 수탁자에게 이전하거나 기타 처분을 하고 수탁자로 하여금 일정한 자(수익자)의 이익 또는 특정의 목적을 위하여 그 재산권을 관리·처분하게 하는 법률관계를 말한다. 한편 신탁업자는 일반적으로 자본시장법에 따라 신탁의 인수, 신탁재산의 관리·운용·처분 등에 관한 업무 및 이에 부수하는 업무를 영위하며 또한 신탁법, 담보부사채신탁법 등에 의한 신탁업무도 수행하고 있다.

1) 수탁업무

자본시장법상 신탁업자가 신탁계약에 따라 인수할 수 있는 재산은 금전, 증권, 금전채권, 동산, 부동산, 지상권·전세권·부동산 임차권·부동산 소유권 이전등기청구권 및 그 밖의 부동산 관련 권리, 지적재산권 등 무체재산권으로 제한되어 있다. 수탁업무는 이러한 인수재산에 따라 크게 금전신탁과 재산신탁으로 구분된다. 이외에도 「담보부사채신탁법」, 「신탁법」 등에 근거를 두고 담보부사채신탁, 공익신탁 등의 수탁업무를 영위하고 있다. 한편 신탁업자는 신탁 당시 인수한 재산에 대하여 손실보전 및 이익보전 계약을 체결할 수 없다. 다만, 연금이나 퇴직금의 지급을 목적으로 금융위원회가 정하는 신탁의 경우 손실보전이나 이익보장을 할 수 있다.

(1) 금전신탁

금전신탁은 신탁 인수 시 신탁재산으로 금전을 수탁하여 신탁 종료 시에 금전 또는 운용자산 그대로 수익자에게 교부하는 신탁이다. 금전신탁은 위탁자가 위탁금전의 운용방법을 지정하는지의 여부에 따라 특정금전신탁과 불특정금전신탁으로 구분한다. 또한 수탁자의 신탁재산 운용방식에 따라 다른 신탁금과 합동으로 운영되는 합동운용신탁과 단독으로 운용되는 단독운용신탁으로 나눌 수 있다. 일반적으로 불특정금전신탁은 합동운용방식을, 특정금전신탁은 단독운용방식을 취한다. 불특정금전신탁의 주요 상품으로는 가계금전신탁, 기업금전신탁, 개인연금신탁, 신종적립신탁, 단위금전신탁 등이 있으나 2004년 1월 이후 간접투자자산운용업법 시행으로 신규 수신이 대부분 금지되었으며, 현재는 연금신탁만 신규 수신이 가능하다. 한편 특정금전신탁은 위탁자가 지시하는 방법으로 신탁을 운용하므로 신탁상품보다는 신탁계약의 형태를 가진다.

(2) 재산신탁

재산신탁은 신탁 인수 시 신탁재산으로 유가증권·금전채권·부동산 등을 수탁하여 신탁계약 내용에 따라 관리·처분·운용한 후 신탁 종료 시에 금전 또는 신탁재산의 운용현상 그대로 수익자에게 교부하는 신탁을 말한다. 재산신탁의 종류로는 수탁재산에 따라 유가증권신탁, 금전채권신탁, 동산신탁, 부동산신탁, 지상권·전세권·부동산 임차권의 신탁 등으로 나눌 수 있다.

유가증권신탁은 유가증권관리신탁, 유가증권운용신탁, 유가증권처분신탁으로 구분된다. 유가증권관리신탁은 유가증권의 보관, 이자·배당금·상환금의 수령, 증자대금의 불입 등 유가증권의 관리를 목적으로 하는 신탁을 말한다. 유가증권운용신탁은 유가증권을 대여하여 대여료를 수취하거나 유가증권을 담보로 수탁자가 차입하여 운용하는 등 유가증권 운용수익을 목적으로 하는 신탁이며, 유가증권처분신탁은 수탁 유가증권을 처분하기 위한 신탁이다.

금전채권신탁은 수익자를 위해 금전채권의 추심·관리·처분을 목적으로 금전채권을 신탁하고 신탁 종료 시 수익자에게 원본과 수익을 금전으로 교부하는 신탁이다.

부동산신탁은 인수하는 신탁재산의 형태가 토지 및 그 정착물인 부동산이며 신탁목적에 따라 관리, 처분, 담보, 토지신탁 등으로 구분한다.

이 밖에 자본시장법상 허용되어 있는 수탁업무로는 동산신탁, 지상권의 신탁, 전세권의 신탁, 부동산 임차권의 신탁 등이 있으나 현재 취급실적은 거의 없다. 투자신탁·담보부사채신탁·공익신탁 투자신탁은 위탁자인 집합투자업자가 수탁자인 신탁겸업사와 투자신탁계약을 체결하여 수익증권의 발행으로 조성된 자금을 유가증권 및 부동산 등 실물자산에 투자·운용하도록 수탁회사에 지시하고 그 수익을 수익자에게 배분하는 제도이다. 수탁회사는 위탁회사의 지시에 따라 유가증권 및 실물자산에 투자·운용하고 동자산의 구입대금 지급, 매각에 따른 자산인도, 이자 및 배당 수령, 수익증권 환매대금 및 이익금의 지급, 집합투자업자 감시 등 관련 사무를 처리한다.

담보부사채신탁은 「담보부사채신탁법」에 근거한다. 이는 사채 발행회사(위탁자)가 신탁회사(수탁자)와 신탁계약을 체결하여 수탁자로 하여금 위탁자의 사채 발행액에 대한 물적담보권을 설정하게 함으로써 사채 매입자에 대한 위탁자의 개별적 담보제공에서 오는 불편과 법률관계의 번잡성을 피하는 한편 위탁자의 자금조달을 용이하게 하는 제도이다.

공익신탁은 「신탁법」에서 규정하고 있는 학술, 종교, 자선 등 공익을 목적으로 하는 신탁으로서 위탁자가 공익사업을 목적으로 위탁한 재산을 신탁회사(수탁자)가 관리·운용하는 제도인데 여기서 발생한 이익 또는 그 원본은 위탁자가 공익사업을 수행하는 데 이용한다.

2) 운용업무

자본시장법은 신탁재산에 속하는 금전의 운용방법을 증권, 장내외 파생상품 등 금융투자상품의 매수, 금융기관에의 예치, 금전채권의 매수, 대출, 어음의 매수, 실물자산의 매수, 무체재산권의 매수, 부동산의 매수 또는 개발, 그 밖에 신탁재산의 안전성·수익성 등을 고려하여 대통령령으로 정하는 방법 등으로 제한하고 있다. 또한 신탁운용자산의 처분은 이익상충 방지를 위해 시장을 통하여 매매함을 원칙으로 하며 특정 신탁상품의 수익률을 제고할 목적으로 운용자산을 편출하거나 편입할 수 없다.

---

section 04 보험회사

---

1 개관

보험회사는 보험의 인수, 보험료 수수 및 보험금 지급 등을 영위하는 금융회사이다. 보험업법은 생명보험업, 손해보험업, 제3보험업을 영업대상으로 규정하고 있는데 각각의 보험업은 보장해주는 위험의 종류에 차이가 있다. 즉 생명보험업은 사람의 생존 또는 사망과 관련된 보험금을, 손해보험업은 우연한 사건으로 발생하는 손해에 관한 보험금을, 제3보험업은 질병, 상해 및 간병에 관한 보험금을 지급한다. 또한 생명보험은 미리 약정한 금액을 보험금으로 지급하는 정액보상인 반면 손해보험은 피보험자가 사고로 입은 손해를 보험금으로 지급하는 실손보상이라는 데에 차이가 있다. 우리나라의 경우 생명보험업과 손해보험업의 상호 겸영을 원칙적으로 금지하고 있으나 제3보험업은 겸영이 가능하다.

또한 일반 민영보험과 달리 국가기관(과학기술정보통신부)이 취급하는 국영보험인 우체국보험이 있다. 「우체국예금·보험에 관한 법률」에서는 우체국보험의 목적을 보험의 보편화를 통하여 재해의 위험에 공동으로 대처하게 함으로써 국민의 경제생활 안정과 공공복리의 증진에 기여하는 데 두고 있다.

그 밖에 보험기능을 하는 기관으로 공제기관이 있다. 공제란 원래 공통적 유대를 가진 특정 회원을 상대로 상호 부조 차원에서 다수의 조합원이 일정 금액을 갹출하여 보험과 저축기능을 수행하는 데서 출발하였다. 이러한 점에서 공제는 다수의 일반인을 대상으로 하는 민영보험과 차이가 있으나 공제기관 자산규모의 확대와 가입자 증가 등에 따라 점차 업무범위를 넓혀 일반인을 대상으로 한 공제업무도 취급하게 되었다. 일반인을 대상으로 공제업무를 영위하고 있는 기관은 농업협동조합공제, 수산업협동조합공제, 신용협동조합공제 및 새마을금고공제 등 총 4개 기관이 있다.

2   생명보험회사

생명보험회사는 사망, 질병, 노후 등에 대비한 보험의 인수·운영을 주된 업무로 하는 금융회사이다.

(1) 보험상품

생명보험상품은 피보험자를 기준으로 개인보험과 단체보험으로 구분되며 개인보험은 다시 보험금 지급조건에 따라 사망보험, 생존보험 및 생사혼합보험으로 세분된다.

개인보험 가운데 사망보험은 피보험자가 보험기간 중에 장해 또는 사망 시 보험금이 지급되는 전형적인 보장성보험으로서 정기보험 및 종신보험이 있다. 정기보험은 보험기간을 미리 정해놓고 피보험자가 보험기간 내에 사망하였을 때 보험금을 지급하는 보험이며 종신보험은 보험기간이 피보험자의 일생 동안에 걸쳐 있는 보험상품을 말한다.

생존보험은 피보험자가 보험기간 만기일까지 생존하는 경우에만 보험금이 지급되는 형태로서 저축성 기능이 강한 보험이다. 그러나 실제로는 이와 같은 순수한 형태의 생존보험상품은 없고 피보험자가 사망 시 별도의 보험금을 지급하는 보장내용을 부가하는 것이 일반적이다. 현재 동 보험의 주요 상품으로는 연금보험과 교육보험이 있다.

생사혼합보험은 양로보험이라고도 부르는데 생존보험의 저축기능과 사망보험의 보장기능을 겸비한 절충형 보험이다. 즉 피보험자가 보험기간 중에 사망 또는 상해를 당할 경우 사망보험금이, 생존 시에는 생존보험금이 각각 지급된다.

개인보험과 달리 단체보험은 일정한 요건을 갖춘 단체의 구성원 일부 또는 전부를 피보험자로 하여 단체의 대표자가 가입하는 보험이다. 이 보험은 고용주가 보험기간 중

피고용자의 사망, 질병 또는 퇴직 등과 같은 예기치 않은 손해발생 위험을 보험회사에 전가하는 방법으로 널리 이용되며 단체정기보험, 단체저축보험 등이 이에 해당된다. 단체보험은 동질의 위험을 대상으로 하기 때문에 보험계약체결이 편리하며 보험료 일괄 납입 등 계약관리가 편리하기 때문에 보험료가 비교적 저렴한 특징이 있다.

한편 대부분의 보험상품은 일반계정에서 운용되고 있으며 퇴직연금, 연금저축, 변액보험 등 일부 보험상품은 특별계정에서 별도로 관리되고 있다.

(2) 계약자 배당

생명보험의 계약자 배당이란 보험계약자로부터 납입된 보험료를 운용하여 약정된 보험금을 적립·지급하고 남은 잉여금의 일정 부분을 보험계약자에게 환원하는 것을 말한다. 보험료와 약정보험금은 예정이율, 예정위험률 및 예정사업비율에 근거하여 사전적으로 결정되는데 이러한 예정률과 실제발생률과의 차이에 의해 잉여금이 발생할 수 있다.

계약자 배당의 종류에는 이자율차익 배당, 위험률차익 배당, 사업비차익 배당이 있다. 이자율차익 배당은 예정이율보다 실제 운용수익률이 높을 경우 생기는 이자차익을, 위험률차익 배당은 예정위험률에 비해 실제 사망이나 재해, 질병 등이 작을 경우 생기는 위험률차익을 계약자에게 지급하는 것을 말한다. 그리고 사업비차익 배당은 예정사업비보다 실제 사업비가 작을 경우 발생하는 차익을 배당하는 것이다. 이외에도 장기유지특별배당이 있는데 이는 보험계약의 장기화를 유도하기 위한 제도로서 일반화된 배당제도로 보기는 힘들고 현재 우리나라, 일본 등 일부 국가에서만 이용되고 있다.

3 손해보험회사

손해보험회사는 화재, 자동차 및 해상사고 등에 대비한 보험의 인수·운영을 고유업무로 하는 금융회사이다.

손해보험은 각종 사고 발생에 따른 재산상의 손실위험에 공동 대처하기 위한 상호보장적 성격의 사회제도로서 장기저축 기능과 상호 보장 기능이 혼합된 생명보험과는 그 성격이 다르다.

손해보험회사가 취급하고 있는 보험종목은 부보위험의 대상에 따라 화재, 해상, 자동차, 보증, 특종, 연금, 장기저축성 및 해외원보험 등 8가지로 구분된다.

보험종목별 보험상품 내용을 보면 해상보험에는 적하보험, 선박보험, 운송보험 등이 있으며 자동차보험(개인용, 업무용, 영업용)에는 자동차종합보험과 운전자보험이 있다. 보증보험에는 신원보증, 계약이행보증, 할부판매보증 및 납세보증 등이 있으며 특종보험에는 상해보험, 도난보험, 배상책임보험 및 원자력보험 등이 포함된다. 보험기간중 보험사고가 없더라도 만기 시 보험금을 지급하는 장기저축성보험에는 장기화재, 장기상해, 장기질병, 장기종합보험 등이 포함되고 개인연금보험 및 퇴직보험은 대표적인 연금보험이다. 이 밖에 해외 원보험은 해외에 진출한 국내 손해보험회사가 외국인과 체결한 각종 보험을 말한다.

4 　우체국보험

우체국보험은 생명보험만을 취급하고 있다. 보험의 종류와 계약보험 한도액은 금융위원회와 협의하여 과학기술정보통신부장관이 결정하며 그 밖의 사항은 과학기술정보통신부장관이 정하도록 되어 있다. 현재 우체국보험은 민영 생명보험회사와 마찬가지로 교육보험, 연금보험, 보장성보험 및 생사혼합보험을 모두 취급하고 있다.

우체국보험은 정부가 보험금 등의 지급 책임을 지며 수급권(受給權) 보호를 위하여 보험금 또는 환급금을 지급받을 권리의 양도를 제한하고 있다. 또한 우체국보험은 민영보험에 비해 보험료가 상대적으로 저렴하게 책정되어 있을 뿐만 아니라 그 가입대상이 주로 저소득층인 점을 감안하여 보험계약 체결 시 피보험자에 대한 신체검사를 면제하고 있다. 계약보험금 한도 역시 1인당 4천만 원 이내로 비교적 소액으로 되어 있다.

한편 납입된 보험료는「우체국보험특별회계법」에 따라 설치된 우체국보험적립금으로 운용된다. 자금운용 방법에는 금융기관 예탁, 자본시장법에 따른 증권(주식 및 채권 등)의 매입 및 파생상품 거래, 보험계약자에 대한 대출, 국가·지방자치단체 및 정부투자기관에 대한 대출, 업무용 부동산의 매입·임대, 벤처기업 투자, 재정자금 예탁 등이 있다.

5 　공제기관

공제기관이란 개별 특별법에 근거하여 생명공제, 보험공제 등 유사보험(quasi–insurance)

을 취급하는 기관이다. 공제기관은 농업협동조합공제와 같이 일반인을 대상으로 하는 공제기관과 특정 업종에 종사하는 조합원만을 대상으로 하는 공제기관으로 구분된다.

공제기관은 모두 조합원과 일반인을 대상으로 질병과 사망 등에 대한 보장을 제공하는 생명공제와 화재·도난 등에 대한 보장을 제공하는 손해공제를 취급하고 있다. 수산업협동조합공제는 어민보호를 위한 정부의 정책보험인 어선 및 어 선원에 대한 보험, 양식수산물 재해에 대한 양식보험을 추가로 취급하고 있다.

section 05 ## 기타 금융회사

1 ### 금융지주회사

금융지주회사라 함은 주식 또는 지분의 소유를 통하여 금융업을 영위하는 회사 또는 금융업의 영위와 밀접한 관련이 있는 회사를 지배하는 것을 주된 사업으로 하는 회사이다. 이들 금융지주회사는 금융업과 관련이 없는 회사를 지배하는 것을 주된 사업으로 하는 일반지주회사와 달리 공정거래법 외에 「금융지주회사법」의 규율도 받는다. 미국과 일본의 경우도 금융지주회사는 일반지주회사와 별도로 규율을 받고 있다.

한편 규제 측면에서 볼 때 금융지주회사는 일반지주회사와 몇 가지 공통점을 갖고 있다. 먼저 금융 자회사와 비금융 자회사를 동시에 보유할 수 없다는 점이다. 금융지주회사는 비금융회사를 자회사로 지배할 수 없고 일반지주회사는 금융회사를 자회사로 둘 수 없는 이른바 '금산분리 원칙'이 적용되고 있다. 또한 지주회사의 자회사는 다른 자회사 또는 지주회사의 주식을 소유할 수 없도록 되어 있다. 이는 순환출자, 상호출자 등을 통해 자회사 간 위험이 전이되는 등의 부작용을 방지하기 위한 것이다.

반면 금융지주회사와 일반지주회사 간에는 다음과 같은 차이점도 있다. 우선 지주회사가 자회사 지배 이외의 사업을 영위하는지 여부에 따라 사업지주회사와 순수지주회사로 구분할 수 있는데 금융지주회사는 자회사 지배에 관한 업무만 수행하는 순수지주회사만 허용되는 반면 일반지주회사는 사업지주회사와 순수지주회사 모두 설립이 가능하다. 설립절차면에서도 차이가 있는데 일반지주회사는 설립 후 공정거래위원회에 대한 사후신고로 충분하지만 금융지주회사는 설립 전에 미리 금융위원회의 사전승인을 얻어야 하고 금융회사를 자회사 및 손자회사로 편입하는 경우에도 금융위원회의 사전인가를 받아야 한다. 또한 동일 지주회사 내의 자회사 간 위험 전이를 방지하기 위해 자회사 간 신용공여 등의 거래가 제한된다. 자회사 간 신용공여는 자기자본의 10% 이내에서 허용되며 이 경우에도 국채 등 적정 담보를 확보해야 한다. 자회사의 지주회사에 대한 신용공여와 자회사 상호 간 또는 자회사와 지주회사 간 불량자산거래는 금지된다. 손자회사는 자회사의 업무와 관련성이 있는 경우에만 예외적으로 허용되며 증손자회사는 둘 수 없다.

이와 같이 금융지주회사는 많은 규제를 받는 반면 혜택도 누릴 수 있다. 우선 금융지주회사 소속 금융회사 간에는 고객의 금융거래정보와 신용정보를 공유할 수 있다. 또한 지주회사와 자회사 간, 자회사 간 임원 겸직이 폭넓게 인정된다. 개별 업권을 규율하는 법률에 따른 겸직금지에 대한 예외를 상당폭 두고 있는 것이다. 지주회사 임직원은 자회사 임원 겸직이 가능하고, 자회사 임원은 같은 업종의 다른 자회사의 임원을 겸직할 수 있다. 아울러 주식양도차익에 대한 과세 이연 등의 세제 혜택도 적용된다.

2 여신전문금융회사

여신전문금융회사는 수신기능 없이 여신업무만을 취급하는 금융회사이다. 여신전문금융회사는 주로 채권 발행과 금융기관 차입금 등에 의해 자금을 조달하여 다른 금융기관이 거의 취급하지 않는 소비자금융, 리스, 벤처금융 등에 운용한다.

여신전문금융회사는 수신기능이 없어 건전성 확보를 위한 진입 규제의 필요성이 크지 않아 금융위원회 등록만으로 설립할 수 있다. 다만 지급결제 기능을 가진 신용카드업의 경우에는 신용질서 유지와 소비자 보호를 위해 금융위원회의 허가를 받아야 한다. 그러나 「유통산업발전법」상의 대규모 점포 운영업자 등은 금융위원회 등록만으로도 신용카드업을 영위할 수 있다.

(1) 신용카드회사

신용카드회사는 신용카드의 이용과 관련한 소비자금융을 영위하는 금융회사이다. 신

표 1-5 신용카드·직불카드·선불카드의 주요 특징

	신용카드 (credit card)	직불카드 (debit card)	선불카드 (prepaid card)
성격	여신상품	수신상품	수신상품
발급대상	자격기준 해당자	예금계좌 소지자	제한 없음
주요 시장	중고액 거래 업종	소액 다거래 업종	소액 다거래 업종
가맹점 이용	가맹점 공동 이용	가맹점 공동 이용	가맹점 공동 이용
연회비	있음	없음	없음
이용한도	회사 자체 기준에 의거 신용도에 따라 차등	예금 잔액 범위 내	최고 한도 50만 원

자료 : 한국은행

용카드업은 신용카드 이용과 관련된 대금의 결제, 신용카드의 발행 및 관리, 신용카드 가맹점의 모집 및 관리를 기본업무로 한다. 신용카드업자는 기본업무와 함께 신용카드 회원에 대한 자금의 융통, 직불카드의 발행·대금결제, 선불카드의 발행·판매·대금결제와 같은 부수업무를 영위할 수 있다.

(2) 할부금융회사

할부금융회사는 할부금융 이용자에게 재화와 용역의 구매자금을 공여하는 소비자금융을 취급하는 금융회사이다. 할부금융은 할부금융회사가 재화와 용역의 매도인 및 매수인과 각각 약정을 체결하여 재화와 용역의 구매자금을 매도인에게 지급하고 매수인으로부터 그 원리금을 분할하여 상환받는 방식의 금융이다. 따라서 할부금융회사는 할부금융의 대상이 되는 재화 및 용역의 구매액을 초과하여 할부금융 자금을 대출할 수 없다. 또한 할부금융 자금은 목적 이외의 전용을 방지하기 위해 매도인에게 직접 지급한다. 그 밖에 할부금융회사는 기업의 외상판매로 발생한 매출채권을 매입함으로써 기업에 자금을 빌려주고 동 채권의 관리·회수 등을 대행하는 팩토링업무와 가계의 학자금, 결혼자금, 전세자금 등을 신용이나 담보 조건으로 대여하는 가계대출업무를 영위한다.

(3) 리스회사

리스회사(시설대여회사)는 시설대여 방식으로 기업 설비자금을 공급하는 금융회사이다. 리스회사는 시설대여와 연불판매업무를 취급하고 있다. 시설대여는 특정 물건을 새로

이 취득하거나 대여받아 고객에게 일정기간 이상 사용하게 하고 그 기간 중 사용료(리스료)를 정기적으로 분할하여 받는 금융이다. 연불판매는 새로이 취득한 특정 물건을 고객에게 인도하고 그 물건의 대금·이자 등을 일정기간 이상에 걸쳐 정기적으로 분할하여 받는 금융이다. 시설대여 기간 종료 후 물건의 처분 및 연불판매 시 물건의 소유권 이전에 관한 사항은 당사자 간의 약정에 따르게 되어 있다.

3 벤처캐피탈회사

벤처캐피탈회사는 고수익·고위험 사업을 시작하는 기업에 지분 인수를 대가로 투자자금을 공급하거나 기업 인수·합병·구조조정 등을 통해 수익을 추구하는 금융회사이다. 이들 회사는 단순히 자금을 지원하는 데 그치는 것이 아니라 투자기업의 사업계획 수립, 마케팅, 경영관리 등에 능동적으로 개입하여 기업가치를 제고시킴으로써 수익을 창출한다.

우리나라의 벤처캐피탈회사로는 신기술사업금융회사와 중소기업창업투자회사가 있으며 이들은 신생 기업에 대한 자본투자를 주된 업무로 한다. 신기술사업금융회사와 중소기업창업투자회사는 업무내용이 유사하나 설립 근거법, 지원 대상, 업무 규제 등에서 다소 차이가 있다.

(1) 신기술사업금융회사

신기술사업금융회사는 기술력과 장래성은 있으나 자본과 경영기반이 취약한 기업에 대해 자금 지원, 경영·기술지도 등의 서비스를 제공하고 수익을 추구하는 회사이다.

신기술사업금융회사는 신기술사업자에 대한 투·융자 및 경영·기술지도, 신기술사업 투자조합의 설립 및 자금의 관리·운용 등을 주된 업무로 한다. 신기술사업자에 대한 투자는 주식 인수나 전환사채·신주인수권부사채등 회사채 인수를 통해 이루어진다. 한편 융자는 일반융자 또는 조건부융자방식으로 이루어진다. 조건부융자는 계획한 사업이 성공하는 경우에는 일정기간 사업성과에 따라 실시료를 받지만 실패하는 경우에는 대출원금의 일부만을 최소 상환금으로 회수하는 방식이다.

신기술사업금융회사는 여신전문금융회사와 마찬가지로 금융기관 차입, 회사채 또는 어음 발행, 보유 유가증권 매출, 보유 대출채권 양도 등을 통해 자금을 조달한다. 이 밖에 공공자금관리기금, 신용보증기금 등 정부기금으로부터 신기술사업 투·융자에 필요한 자금을 차입할 수 있다.

(2) 중소기업창업투자회사

중소기업창업투자회사는 중소기업 창업자 및 벤처기업에 대한 투자, 창업투자조합의 결성 및 업무 집행, 해외기술의 알선·보급을 위한 해외투자 등을 영위하는 회사이다. 중소기업창업투자회사는 「중소기업창업지원법」(1986년 4월 제정)에 의거 납입자본금이 50억 원 이상인 상법상의 주식회사로 설립되고 중소기업청에 등록하여야 한다.

중소기업창업투자회사는 주식, 전환사채, 신주인수권부사채를 인수하거나 약정투자 등을 통해 중소기업 창업자 등에게 자금을 지원하는 투자업무를 주로 하고 있다. 중소기업창업투자회사는 등록 후 3년 이내에 납입자본금의 50%를 창업자나 벤처기업, 창업투자조합 등에 투자하여야 한다. 이 밖에 중소기업창업투자회사는 투자기업의 경영상담, 정보제공, 마케팅·기업공개·해외진출 지원 등 기업가치 제고를 위한 활동을 영위한다. 한편 중소기업창업투자회사는 당초 경영지배 목적의 투자를 제한하였으나 창업 초기 기업의 자금조달 및 부실징후 기업의 구조조정 원활화를 위해 2005년 10월 경영지배목적 투자를 허용하였다. 이와 함께 창업투자회사의 사모투자전문회사 사원참여도 허용되었다.

중소기업창업투자회사는 사업 수행에 필요한 자금조달을 위해 정부, 정부기금, 금융기관 등으로부터 차입할 수 있으며 자본금과 적립금 총액의 10배 이내에서 회사채를 발행할 수 있다.

4 대부업자

대부업자는 주로 소액자금을 신용도가 낮은 소비자에게 대부하거나 이러한 금전의 대부를 중개하는 자를 말한다.

대부업의 투명성을 확보하고 금융이용자를 보호하기 위해 2002년 8월 「대부업 등의 등록 및 금융이용자 보호에 관한 법률」이 제정되어 대부업이 양성화되기 시작하였다. 대부업자는 영업소를 관할하는 시·도지사에 등록하고 대부업 등의 준수사항 등에 관한 교육을 받아야 한다.

대부업은 최저자본금 등의 진입요건이 없고 영업지역도 제한이 없으며 자금조달에 관한 규제도 없다. 대부업자는 3년마다 등록을 갱신하여야 하며 미등록 대부업자에 대부중개를 하거나 동 업체로부터 채권을 양도받아 추심하는 행위가 금지되어 있다. 또한 대부금리는 연 27.9%를 상한으로 하되 대통령령(20%)이 정하는 이율을 초과할 수 없도록 하였다.

5   증권금융회사

증권금융회사는 증권의 취득, 인수, 보유 및 매매와 관련하여 증권회사와 일반투자가에게 자금을 공급하거나 증권을 대여하는 증권금융업무를 전문적으로 취급하는 금융회사이다. 미국과 유럽에서는 은행 등 금융기관이 일반금융의 일환으로 증권금융을 취급하고 있으나 우리나라와 일본에서는 증권금융 전담기관을 두고 있다.

증권금융회사는 증권인수자금 대출, 증권유통금융, 증권담보대출, 금전신탁, 집합투자재산의 수탁업무 등을 영위하고 있다. 증권인수자금대출은 대표적인 증권금융으로서 발행시장에서 증권을 매입하는 증권인수인에게 증권 인수 및 취득에 소요되는 자금을 대출하는 것이다.

증권유통금융은 증권회사의 고객이 신용거래에 의해 증권을 매입하는 경우 소요자금을, 신용거래에 의해 증권을 매도할 경우 이에 필요한 증권을 각각 증권회사를 차주로 하여 대출해 주는 결제금융을 말한다. 여기서 전자를 융자, 후자를 대주(貸株)라고 한다. 증권담보대출은 개인이나 법인이 보유한 유가증권을 담보로 자금을 대출하는 제도이다.

현재 우리나라의 증권금융 전담기관은 한국증권금융이다.

chapter 02

금융상품

개요

금융(金融)이란 '돈의 융통'을 줄인 말이다. 다시 말해 자금을 빌려주고 빌리는 행위를
금융이라고 할 수 있다. 이때 자금이 부족하여 이를 필요로 하는 수요자와 여유자금을
보유한 공급자 사이에서 돈을 빌리고 빌려주는 행위를 금융거래라고 한다. 그리고 이
같은 금융거래가 이루어지는 곳을 금융시장이라고 하고, 금융거래를 위해 만든 상품을
금융상품(financial instruments)이라고 한다.

금융상품은 한쪽 거래당사자에게 금융자산(financial assets)을 발생시키면서 다른 거래
상대방에게 금융부채(financial liabilities)를 발생시킨다. 금융상품은 상품의 속성에 따라 예
금성, 투자성, 보장성, 대출성 금융상품으로 구분할 수 있다. 예금성, 투자성, 보장성 금
융상품은 금융회사에게 금융부채를 발생시키고, 대출성 금융상품은 금융회사에게 금융
자산을 발생시킨다.

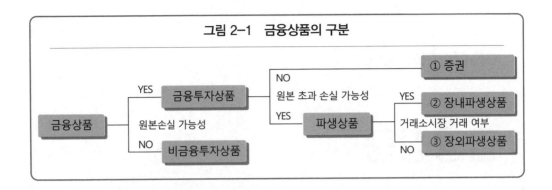

그림 2-1 금융상품의 구분

원본손실 가능성에 따라 금융상품을 구분하기도 한다. 장래에 이익뿐만 아니라 손실을 볼 수도 있는 것은 금융투자상품으로, 원금을 잃을 가능성이 없는 것은 비금융투자 상품으로 분류한다. 그리고 금융투자상품은 원금초과손실 여부에 따라 다시 둘로 나눈 다. 원금 이내에서만 손실을 보는 것은 증권, 원금을 초과해 손실을 볼 수 있는 것은 파 생상품으로 구분한다. 파생상품은 거래소 시장 거래 여부에 따라 다시 장내 파생상품과 장외파생상품으로 구분한다.

section 02 예금성 금융상품

예금이란 예금자가 금융회사에 대하여 일정한 금전의 보관을 위탁하고 금융회사는 이를 수탁함으로써 성립되는 일종의 임치계약이다. 그러나 보통의 임치계약이 물건을 보관하는 사람이 보관한 물건을 사용 또는 처분할 수 없는 것과 달리 금융회사는 이를 자유로이 사용할 수 있고 반환 시에는 동일액(이자가 붙는 예금의 경우에는 이자를 붙여서) 의 금전을 환급하면 된다는 점에서 소비임치계약이라 할 수 있다. 예금은 입출금이 자 유로운 요구불예금과 일정기간 동안 예치해 높은 이자를 받는 저축성예금으로 구분된 다. 또한 주택을 분양받을 자격을 취득할 목적으로 가입하는 주택청약과 관련된 예금 도 있다.

1 요구불예금

요구불예금이란 예금주의 환급청구가 있으면 언제든지 조건 없이 지급해야 하는 금융상품으로, 현금과 유사한 유동성을 가져서 통화성예금이라고도 한다. 인출이 자유로운 대신 저축성예금에 비해 이율이 낮은 것이 특징이다. 보통예금, 당좌예금, 가계당좌예금이 이에 해당된다.

표 2-1 요구불예금의 종류

보통예금	보통예금은 가입대상, 예치금액, 예치기간, 입출금 횟수 등에 아무런 제한 없이 자유롭게 거래할 수 있는 예금이다. 이자율이 낮기 때문에 은행 등 금융회사가 보통예금을 이용하면 적은 비용으로 자금을 조달할 수 있다.
당좌예금	당좌예금은 은행과 당좌거래계약을 체결한 자가 예금 잔액 범위 내 또는 당좌대출한도 내에서 거래은행을 지급인으로 하는 당좌수표 또는 거래은행을 지급장소로 하는 약속어음을 발행할 수 있는 예금이다.
가계당좌예금	가계당좌예금은 금융소비자가 가계수표를 발행하기 위해 은행과 가계당좌예금 거래약정을 맺는 것이다. 전 금융회사를 통해 1인 1계좌만 예금 가입할 수 있다.

2 저축성예금

저축성예금은 예금주가 일정기간 동안 돈을 회수하지 않을 것을 약속하고 일정 금액을 은행에 예치하고, 은행은 이에 대해 이자를 지급할 것을 약속하는 예금을 말한다. 저축성은 예금은 다시 거치식과 적립식으로 구분할 수 있다.

거치식예금은 일정 금액을 약정된 기간 동안에 예치하고 약정기간이 지난 후 원금과 이자를 인출할 수 있는 것이며, 적립식은 약정기간 동안 주기적으로 일정한 금액을 불입하여 약정기간이 지난 후 불입한 원금과 이자를 인출할 수 있는 예금이다.

표 2-2   저축성예금의 종류

정기예금	일정한 금액을 약정기간까지 예치하고 그 기한이 만료될 때까지는 원칙적으로 환급해주지 않는 기한부 예금이다.
정기적금	일정한 기간 후에 일정한 금액을 지급할 것으로 약정하고 매월 특정일에 일정액을 적립하는 예금을 말한다. 정기적금은 6개월 이상 60개월 이내 월단위로 계약기간을 정할 수 있으며, 매달 일정한 금액을 저축해서 목돈을 마련하는 데 적합한 금융상품이다.
상호부금	정기적금과 그 성격이 비슷하지만, 일정한 기간을 정해 부금을 납입하면 일정 금액을 대출 받을 수 있는 권리가 보장된다.
시장금리부 수시입출금식예금 (MMDA)	시장실세금리가 적용되고 입출금이 자유로운 단기금융상품이다. 통상 500만 원 이상의 목돈을 1개월 이내의 초단기로 운용할 때 유리하며 각종 공과금, 신용카드대금 등의 자동이체용 결제통장으로도 활용할 수 있다. 증권사의 종합자산관리계좌(CMA) 또는 MMF(Money Market Fund)와 경쟁하는 금융상품이다.

3   주택청약종합저축

주택청약종합저축이란 말 그대로 주택청약을 하기 위해 만들어진 종합저축통장이다. 과거에는 공공아파트와 민영주택을 청약할 때 조건에 맞춰 청약예금과 청약부금, 청약저축을 가입해야 해서 불편했었다. 하지만 2015년 9월부터는 가입방식을 주택청약종합저축 하나로 통합했다. 이때부터 청약예금, 청약부금, 청약저축에 대한 신규가입은 중

표 2-3   주택청약종합저축

개요	민영주택 및 국민주택을 공급받기 위해 가입하는 저축 상품
가입대상	국민 개인(국내 거주하는 재외동포 포함), 외국인 거주자 1인 1통장만 가입 가능
저축방식	일시예치식, 적금 방식
적립금액	매월 2만 원 이상 50만 원 이하의 금액을 자유롭게 적립 －잔액이 1,500만 원 미만이면 1,500만 원까지 일시예치 가능 －잔액이 1,500만 원 이상이면 월 50만 원 이내에서 자유 적립
계약기간	입주자로 선정될 때까지(당첨 시)
소득공제	대상자 : 총급여액이 7,000만 원 이하 근로자인 무주택 세대주 공제한도 : 해당 과세연도 납부분(연간 240만 원 한도)의 40%(96만 원)
예금자보호	예금자보호법에 의해 보호되지 않음 －주택도시기금의 조성 재원으로 정부가 관리

단되었으며 신규가입은 주택청약종합저축으로만 가입할 수 있게 됐다. 다만 통합하기 이전에 가입하여 유지하고 있는 청약예금, 부금, 저축이 있으면, 기존과 동일한 방식으로 유형에 맞춰 주택청약을 할 수 있다.

<h2>section 03 | 투자성 금융상품</h2>

1 증권

자본시장법상 증권의 종류는 채무증권, 지분증권, 수익증권, 투자계약증권, 파생결합증권, 증권예탁증권 등이 있다.

❶ 채무증권 : 채무증권이란 국채증권, 지방채증권, 특수채증권(법률에 의하여 직접 설립된 법인이 발행한 채권), 사채권, 기업어음증권(기업이 사업에 필요한 자금을 조달하기 위하여 발행한 약속어음으로서 대통령령이 정하는 요건을 갖춘 것), 그 밖에 이와 유사한 것으로서 지급청구권이 표시된 것을 말함. 기업어음증권은 기업이 사업에 필요한 자금을 조달하기 위하여 발행한 약속어음으로서 대통령령이 정한 요건을 갖춘 것을 말함. 기업어음증권의 대통령령이 정하는 요건은 '기업의 위탁에 따라 그 지급대행을 하는 은행, 산업은행, 중소기업은행 중 하나가 내어준 것으로서 기업어음증권이라는 문자가 인쇄된 어음용지를 사용'하는 것임. 결국, 채무증권은 타인자본 조달수단으로서 채무를 표시하는 증권을 의미

❷ 지분증권 : 지분증권이란 주권, 신주인수권이 표시된 것, 법률에 의하여 직접 설립된 법인이 발행한 출자증권, 상법에 따른 합자회사·유한회사·익명조합의 출자지분, 민법에 따른 조합의 출자지분, 그 밖에 이와 유사한 것으로서 출자지분이 표시된 것을 말함. 결국, 지분증권은 타인자본 조달수단으로서 지분을 표시하는 증권을 의미

❸ 수익증권 : 수익증권이란 금전신탁계약서에 의한 수익증권, 집합투자업자에 있어서 투자신탁의 수익증권, 그 밖에 이와 유사한 것으로서 신탁의 수익권이 표시된 것

을 말함.

❹ 투자계약증권 : 투자계약증권이란 특정 투자자가 그 투자자와 타인(다른 투자자를 포함) 간의 공동사업에 금전등을 투자하고 주로 타인이 수행한 공동사업의 결과에 따른 손익을 귀속받는 계약상의 권리가 표시된 것을 말한다. 투자계약증권은 금융투자상품의 포괄주의 입장에서 도입된 것임

❺ 파생결합증권 : 파생결합증권이란 기초자산의 가격·이자율·지표·단위 또는 이를 기초로 하는 지수 등의 변동과 연계하여 미리 정하여진 방법에 따라 지급금액 또는 회수금액이 결정되는 권리가 표시된 것을 말함. 기초자산은 ① 금융투자상품, ② 통화(외국의 통화 포함), ③ 일반상품(농산물, 축산물, 수산물, 임산물, 광산물, 에너지에 속하는 물품 및 이 물품을 원료로 하여 제조하거나 가공한 물품, 그 밖에 이와 유사한 것), ④ 신용위험(당사자 또는 제3자의 신용등급의 변동, 파산 또는 채무재조정 등으로 인한 신용의 변동), ⑤ 그 밖에 자연적, 환경적, 경제적 현상 등에 속하는 위험으로서 합리적이고 적정한 방법에 의하여 가격·이자율·지표·단위의 산출이나 평가가 가능한 것 중 어느 하나에 해당하는 것으로 포괄적으로 인정하고 있음

❻ 증권예탁증권 : 증권예탁증권이란 채무증권, 지분증권, 수익증권, 투자계약증권, 파생결합증권을 예탁받은 자가 그 증권이 발행된 국가 외의 국가에서 발행한 것으로서 그 예탁받은 증권에 관련된 권리가 표시된 것을 말함

2 파생상품

파생상품은 거래가 이루어지는 시장의 형태, 거래 대상 기초자산의 종류, 거래목적, 계약의 형태에 따라 구분될 수 있다. 시장의 형태에 따라서는 장내거래와 장외거래로 구분되는데, 장내거래는 특정 거래소에서 거래되는 상품을 말한다. 장내거래가 이루어지는 상품으로는 주가지수선물과 주가지수옵션, 국채선물, CD금리선물, 달러선물, 금선물, 달러 콜옵션, 그리고 달러 풋옵션 등을 들 수 있다. 장외거래는 계약 당사자의 편의에 따라 기초상품의 품질, 계약의 만기 및 지급흐름의 형태를 양자 간 계약을 통하여 설정하는 거래를 말다. 선도거래나 스왑 등이 대표적인 장외거래상품이다.

한편, 기초자산의 성질에 따라 금리, 통화, 주식 및 일반 상품(commodity) 등의 4가지로 분류할 수 있으며, 계약의 형태 즉 위험배분형태에 따라 선도형 파생상품과 옵션

형 파생상품으로 나눌 수 있다. 선도계약형 상품에는 선도계약(forward contracts), 스왑 (swaps), 그리고 장내에서 거래되는 선물계약(futures contracts) 등이 있다. 선도계약은 거래 자가 미래의 특정 시점에 정해진 기초자산을 미리 합의한 가격으로 사거나 팔기로 약속 하는 계약으로 선물환(currency forwards), 선도금리계약(forward rate agreements) 등이 있다. 스왑은 장래 특정일 또는 특정 기간 동안 일정 상품 또는 금융자산(또는 부채)을 상대방의 상품 또는 금융자산과 교환하는 계약으로 금리스왑, 통화스왑 등이 있다.

표 2-4 주요 파생금융상품의 종류

	장내거래	장외거래
통화 관련	통화선물(currency futures) 통화선물옵션(currency futures options) 통화옵션(currency options)	선물환(forward exchange) 통화스왑(currency swaps) 통화옵션(currency options)
금리 관련	금리선물(interest rate futures) 금리선물옵션(interest rate futures options)	선도금리계약(forward rate agreements) 금리스왑(interest rate swaps) 금리옵션(interest rate options) 　－caps, floors, collars 스왑션(swaptions)
주식 관련	주식옵션(equity options) 주가지수선물(index futures) 주가지수옵션 (index options) 주가지수선물옵션(index futures options)	주식옵션(equity options) 주식스왑(equity swaps)
신용 관련	－	신용파산스왑(credit default swaps) 총수익스왑(total return swaps) 신용연계증권(credit linked notes)

3 파생결합증권

'파생결합증권'이란 기초자산의 가격·이자율·지표·단위 또는 이를 기초로 하는 지수 등의 변동과 연계하여 미리 정하여진 방법에 따라 지급하거나 회수하는 금전 등이 결정 되는 권리가 표시된 것을 말한다. 다만, 다음의 어느 하나에 해당하는 것은 제외된다(자 본시장법 제4조 제7항 및 시행령 제4조의2).

❶ 발행과 동시에 투자자가 지급한 금전 등에 대한 이자, 그 밖의 과실(果實)에 대하

여만 해당 기초자산의 가격·이자율·지표·단위 또는 이를 기초로 하는 지수 등의 변동과 연계된 증권

❷ 자본시장법 제5조 제1항 제2호에 따른 계약상의 권리(법 제5조 제1항 각 호 외의 부분 단서에서 정하는 금융투자상품은 제외)

❸ 해당 사채의 발행 당시 객관적이고 합리적인 기준에 따라 미리 정하는 사유가 발생하는 경우 주식으로 전환되거나 그 사채의 상환과 이자지급 의무가 감면된다는 조건이 붙은 것으로서 주권상장법인이 발행하는 사채

❹ 주식이나 그 밖의 다른 유가증권으로 교환 또는 상환할 수 있는 사채, 전환사채 및 신주인수권부사채(「상법」 제469조 제2항 제2호, 제513조 및 제516조의2)

❺ 그 밖에 위 ❶부터 ❹까지의 금융투자상품과 유사한 것으로서 「상법」 제420조의2에 따른 신주인수권증서 및 「상법」 제516조의5에 따른 신주인수권증권

위에 언급된 '기초자산'이란 다음의 어느 하나에 해당하는 것을 말한다(자본시장법 제4조 제10항).

❶ 금융투자상품

❷ 통화(외국의 통화를 포함)

❸ 일반상품(농산물·축산물·수산물·임산물·광산물·에너지에 속하는 물품 및 이 물품을 원료로 하여 제조하거나 가공한 물품, 그 밖에 이와 유사한 것을 말함)

❹ 신용위험(당사자 또는 제3자의 신용등급의 변동, 파산 또는 채무재조정 등으로 인한 신용의 변동을 말함)

❺ 그 밖에 자연적·환경적·경제적 현상 등에 속하는 위험으로서 합리적이고 적정한 방법에 의하여 가격·이자율·지표·단위의 산출이나 평가가 가능한 것

파생결합증권은 주가연계상품, 환율(통화)연계상품, 금리연계상품, 디지털옵션내재상품(Digital option embedded) 등으로 구분된다.

주가연계(Equity Linked)상품은 예금 또는 채권의 원리금 지급조건이 특정 주식의 가격이나 주가지수의 변동과 연계된다. 일반채권과 주가옵션이 결합된 상품으로 주가연계상품의 매입자는 채권과 함께 옵션을 매입한 것과 동일하다. 다만, 옵션 매입 시 프리미엄을 지급해야 함에 따라 옵션의 비중이 클수록 투자원금의 보존 수준은 상이하다.

환율(통화)연계상품은 예금 또는 채권의 원리금 지급이 발행 시와 상이한 통화로 이루어지거나 환율의 변동과 연계된다. 원금상환 시 통화를 선택하는 옵션이 내재되어 있거

나 환율수준에 따라 원리금 상환금액이 변동하는 조건을 가진다.

금리연계상품으로는 역변동금리, 이중지표변동금리, CMT이자지급상품이 있다.

역변동금리상품(Inverse floating rate)은 특정 고정금리에서 변동금리를 차감하여 지급이자율이 결정되는 상품이다. 금리가 하락하면 지급이자가 증가하도록 설계되며, 투자자는 시장금리가 하락하는 방향에 투기하는 유형의 상품이다.

이중지표변동금리상품은 장·단기금리차이를 반영하여 지급이자율이 결정되는 상품이다. 지급이자율을 '(5년만기 국고채-3개월만기 CD금리)×승수+스프레드' 등과 같이 결정함으로써 승수에 해당하는 장기채 매입, 단기채 매도와 같은 리스크 형태를 구성한다.

CMT이자지급상품은 변동금리상품의 이자를 단기지표금리 대신 장기지표금리에 따라 지급하는 상품이다. 고정금리나 변동금리를 지급하는 일반상품과는 달리 수익률 곡선의 형태변화에 상품의 가치가 민감하게 반응한다.

디지털옵션내재상품(Digital option embedded)은 변동금리가 정해진 범위 내 존재 여부에 따라 해당 부리기간의 금리가 변동하는 상품이다. 발행자가 투자자에게 일종의 옵션을

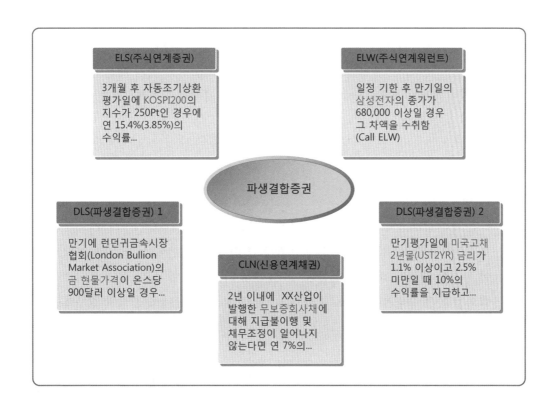

매입하게 함으로써 보다 높은 수익률을 제공한다. 일반적으로 일 단위로 이자가 계산되는 범위 누적(Range accrual)을 포함하는 개념이다.

1) 주식워런트증권(Equity Linked Warrant : ELW)

주식워런트증권(이하 ELW)은 개별 주식 및 주가지수 등의 기초자산을 만기 시점에 미리 정하여진 가격으로 사거나 팔 수 있는 권리를 나타내는 옵션(콜옵션, 풋옵션)으로서 자본시장법상 증권의 한 종류인 파생결합증권이다.

ELW 시장에서는 투자자의 환금성을 보장하고 거래를 활성화할 수 있도록 호가를 의무적으로 제시하는 유동성공급자(Liquidity Provider : LP) 제도가 운영된다. ELW는 거래소에서 요구하는 일정 요건을 갖출 경우 유가증권시장에 상장되므로 일반투자자도 기존 주식계좌를 이용하여 주식과 동일하게 매매할 수 있다. 다만, 주식과 달리 ELW는 개인투자자에 대한 기본예탁금 제도가 있어서 개인 투자자가 ELW를 신규로 거래하기 위해서는 최소 1,500만원 이상의 기본예탁금을 예탁하여야 한다. 이는 한국거래소 유가증권시장 업무규정(제87조의2제1항) 및 시행세칙(제111조의3제1항)에서 ELW 중개회사에게 고객의 투자목적, 투자경험, 신용상태 등을 감안하여 고객별로 차등하여 현금 또는 대용증권으로 기본예탁금을 받도록 하되, 최초 계좌개설 시에는 2단계(1,500만원 이상~3,000만원 미만) 또는 3단계(3,000만원 이상)로 기본예탁금을 정하도록 하고 있기 때문이다. 아울러 ELW는 적정성원칙이 적용되는 파생결합증권이므로 투자성향 등록 및 투자성향에 따른 적정성 확인을 통하여야 거래가 가능하다.

(1) 특징

❶ 레버리지 효과

적은 투자금액으로도 큰 수익을 얻을 수 있는 레버리지 효과는 ELW의 가장 큰 특징이라고 할 수 있다. 레버리지 효과가 큰 ELW 거래는 직접 주식이나 주가지수에 투자할 때보다 적은 투자금액으로 높은 수익을 올릴 수 있다. ELW의 레버리지 효과는 높은 수익을 달성할 수 있게도 하지만 시장이 반대로 움직일 경우에는 더욱 큰 손해를 입게 만들 수도 있다.

❷ 한정된 손실위험

ELW의 투자위험은 투자원금으로 한정되어 있다. 같은 고위험 레버리지 상품인 장내파생상품의 선물거래나 옵션 매도와 달리 ELW는 파생결합증권으로서 투자자가 옵션의 매입만 가능하기에 손실이 투자원금에 해당하는 프리미엄에 한정되기 때문이다.

❸ 위험의 헤지

ELW 매수를 통해 보유한 주식의 가격이나 주가지수가 원하지 않는 방향으로 움직임에 따라 발생할 위험을 회피하거나 손실위험을 감소시켜 보유한 자산의 가치를 일정하게 유지할 수 있다.

❹ 양방향성 투자수단

기초자산인 주식이 상승할 때는 콜 ELW, 하락할 때는 풋 ELW에 투자하면 되므로 시장의 상승 시나 하락 시에도 다양하게 투자할 수 있는 수단으로 활용할 수 있다.

❺ 유동성의 보장

상장 ELW의 중요한 특징은 유동성 공급자(Liquidity Provider : LP)의 존재이다. LP는 관련 규정이 정하는 바에 따라 해당 ELW에 대한 매수 또는 매도호가를 제공함으로써 투자자의 원활한 거래를 돕는다.

(2) 주식옵션과의 차이점

상장 ELW는 한국거래소 장내파생상품인 주식옵션(주가지수옵션 포함)과 상당히 유사하다. 이는 ELW의 거의 대부분이 콜과 풋옵션 구조로서 주식옵션과 같기 때문이다. 그러나 상품의 법적 성격, 발행주체, 운영원리 등에서 다음 〈표 2-5〉과 같이 두 상품은 구별된다.

표 2-5 ELW와 주식옵션 비교

구분	ELW	주식옵션
법적 특성	파생결합증권	파생상품(장내)
발행주체	일반투자자 및 전문투자자를 대상으로 증권과 장외파생상품 투자매매업 인가를 받은 금융투자회사	포지션 매도자(개인도 매도 가능)
의무이행자	발행자	매도 포지션 보유자
계약이행보증	발행자의 자기신용	거래소의 결제이행보증
유동성 공급	1개 이상의 유동성 공급자	시장의 수요와 공급

기초자산	주가지수 – 코스피200, 코스닥150, 니케이225, 항셍지수 개별주식 – 코스피200 구성종목 중 거래소가 분기별로 공표하는 50종목 및 – 코스닥150 구성종목 중 거래소가 월별로 공표하는 5종목	주가지수 – 코스피200, 코스닥150 개별주식 – 유통주식수 200만주 이상, 소액주주 수 2,000명 이상, 1년간 총거래대금 5,000억원 이상인 상장 보통주식 중 거래소 선정(2021. 7월 기준 37종목)
거래기간	3개월~3년* * 상장신청일 기준 잔존권리행사기간	결제월제도에 따름
표준화	원칙적으로 비표준상품이나, 거래소는 "주식워런트증권 상장심사기준"에서 표준화 요건(현금결제/유럽식, 잔존만기 3월~1년 등)을 제시·충족토록 하고 있음	표준화된 조건
결제수단	현금 또는 실물	현금

(3) 경제적 기능

❶ 투자수단의 다양화

파생결합증권으로서 ELW는 투자자에게 새로운 투자수단을 제공하고 있다. ELW는 옵션의 특성상 레버리지 효과를 갖고 있으면서도 규격화된 장내 옵션에 비하여 증권으로서 발행사가 구조와 기초자산을 상대적으로 자유롭게 선택할 수 있으므로 투자자에게는 다양한 투자수단이 적시에 제공된다고 하겠다.

❷ 저비용 소액투자

ELW는 옵션이면서도 파생결합증권이기 때문에 장내 파생상품시장에서 거래되는 옵션에 비하여 거래에 수반되는 비용이 저렴하고 절차가 단순하다. 특히 장내 옵션거래에 수반되는 증거금 예탁 등의 복잡한 절차가 필요 없으며, 보통 1,000원 전후의 발행 가격으로 소액투자가 용이하다.

❸ 가격 효율성 증대

ELW의 등장으로 ELW시장, 주식시장 및 장내 옵션시장 간에 다양한 형태의 차익거래가 증가하여 균형 가격 성립이 촉진되고 가격 효율성도 증대하게 된다.

(4) ELW의 종류

❶ 권리 종류에 따른 분류

　　ㄱ. 콜 ELW : 만기에 기초자산을 발행자로부터 권리행사 가격으로 인수하거나 그 차액(만기평가 가격−권리행사 가격)을 수령할 수 있는 권리가 부여된 ELW로, 기초자산 가격 상승에 따라 이익이 발생한다.

　　ㄴ. 풋 ELW : 만기에 기초자산을 발행자에게 권리행사 가격으로 인도하거나 그 차액(권리행사 가격−만기평가 가격)을 수령할 수 있는 권리가 부여된 ELW로, 기초자산 가격 하락에 따라 이익이 발생한다.

❷ 구조에 따른 분류

　　ㄱ. 기본구조(plain vanilla option) : 일반적인 특징만 가진 유러피안 콜옵션과 풋옵션 구조를 말한다.

　　ㄴ. 이색옵션(exotic option)

　　　　a. 디지털옵션 : 기본적인 유러피안 콜옵션, 풋옵션과 달리 기초자산의 가격 상승이나 하락에 비례하여 수익이 상승하지 않고 일정 수준에 도달 시 미리 정해진 고정수익으로 확정 지급하는 옵션이다.

　　　　b. 배리어옵션 : 녹아웃(knock-out) 또는 녹인(knock-in) 옵션이라고 불리는 배리어옵션은 기초자산 가격이 미리 정해진 수준, 즉 배리어에 도달하게 되면 옵션의 효력이 없어지거나(knock-out) 새로 생성되는(knock-in) 형태를 갖는다.

(5) ELW의 기초자산

ELW의 기초자산은 자본시장법상 유가증권시장, 코스닥시장 및 해외시장의 주식, 주가지수가 가능하다. 그러나 유가증권시장 상장규정에서는 상품의 안정성 확보와 가격조작 방지 등의 투자자 보호를 위해 상장할 수 있는 ELW의 기초자산을 제한하고 있다. 유가증권시장에서는 KOSPI200지수의 구성종목 중 거래대금을 감안하여 거래소가 분기별로 공표하는 종목(50개) 또는 바스켓, KOSPI200지수가 포함되고, 코스닥시장에서는 코스닥150지수의 구성종목 중 시가총액을 감안하여 거래소가 월별로 공표하는 종목(5개) 또는 바스켓, 코스닥150지수가 포함된다. 외국 증권시장 중에서는 우리나라와 거래시간이 유사한 일본의 NIKKEI 225, 홍콩의 HSI로 한정되어 있다.

표 2-6	ELW 기초자산 현황		
기초자산 구분	개별 주식		주가지수
국내 기초자산	• KOSPI200 구성종목 중 거래대금 상위 100위 이내, 일평균거래대금 100억원 이상 종목 중 거래소가 분기별로 공표하는 종목(50개) 또는 해당 복수 종목의 바스켓 • KOSDAQ150 구성종목 중 시가총액을 감안하여 거래소가 월별로 공표하는 종목(5개) 또는 해당 복수종목의 바스켓		• KOSPI200 지수 • KOSDAQ150 지수
해외 기초자산			• 일본 NIKKEI 225 지수 • 홍콩 HSI 지수

(6) ELW의 권리행사

❶ 권리행사의 결정

ELW 보유자는 권리행사일에 기초자산의 만기평가 가격과 행사 가격을 비교하여 내재가치가 있는 경우 이익을 취할 수 있다. 반면, 만기에 기초자산 가격이 불리하게 움직일 경우 행사권리를 포기할 수 있는데, 그때 ELW 매수금액만큼 손해를 보게 된다.

❷ 내재가치

내재가치는 ELW의 권리를 행사함으로써 얻을 수 있는 이익을 의미한다.

먼저 콜 ELW 경우에는 기초자산 가격에서 권리행사 가격을 뺀 부분이 내재가치가 된다.

> 콜 ELW의 내재가치 = (기초자산 가격 − 권리행사 가격) × 전환비율

이에 반해 풋 ELW 경우에는 권리행사 가격에서 기초자산 가격을 뺀 부분이 내재가치가 된다.

> 풋 ELW의 내재가치 = (권리행사 가격 − 기초자산 가격) × 전환비율

❸ 자동 권리행사

자동 권리행사는 권리행사 만기일에 ELW 보유자가 권리행사로 인해 이익이 발생한다면 보유자가 권리행사를 신청하지 않아도 자동적으로 권리행사가 되도록

함으로써 보유자의 이익을 보호하는 제도로서 현금결제방식의 ELW에만 적용되고 있다.

(7) ELW의 만기 결제

발행자와 ELW 보유자 간 최종 결제방식은 현금결제와 실물 인수도결제의 두 가지 방법이 있다. 현금결제는 만기일에 지급금액을 현금으로 지급하는 방식을 말하며, 실물 인수도결제는 만기일에 실제로 실물을 행사 가격에 사거나 팔 수 있도록 하는 방식을 말한다. 현재 상장된 ELW는 거래소의 "주식워런트증권 상장심사기준"(유가증권시장 상장규정 시행세칙 <별표 2의4>) 중 표준화 요건에 따라 현금결제방식을 채택하고 있다.

현금결제 시 만기지급금액의 지급일은 권리행사일(만기일)로부터 2일째 되는 날이다. 콜(풋) ELW의 보유자가 권리행사 시에 기초자산 가격이 행사 가격보다 높은(낮은) 경우, 자동권리행사를 통해 그 가격의 차액을 현금으로 수령한다.

(8) ELW의 유동성공급자 제도

ELW 시장에는 거래를 활성화할 수 있도록 호가를 의무적으로 제시하는 유동성공급자(Liquidity Provider : LP) 제도가 있다. ELW는 발행인이 직접 유동성공급자로서 한국거래소에 유동성공급계획을 제출하거나, 유동성공급자 중 1사 이상과 한국거래소 유가증권시장 상장규정 시행세칙 제115조에 따른 유동성공급계약을 체결하여 한국거래소에 유동성공급 계약을 제출하여야 한다.

ELW의 유동성공급자는 증권 및 장외파생상품에 대하여 투자매매업 인가를 받은 한국거래소의 결제회원으로서 순자본비율이 150% 이상이어야 하며, 거래소의 매 분기 유동성공급자 평가 결과 2회 연속 최저 등급을 받은 경우에는 1개월 이상 경과하여야 하며, 3회 연속 최저 등급을 받거나, 유동성공급업무 관련 증권관계법규 및 거래소 업무관련규정 위반으로 형사제재, 영업정지 또는 거래정지 이상의 조치를 받으면 1년 이상 경과하여야 유동성공급업무를 할 수 있다. (한국거래소 유가증권시장 업무규정 제20조의2제2항제3호)

(9) 가격결정요인과 투자지표

❶ 가격결정요인

ELW 가격을 결정하는 요인으로는 기초자산 가격, 권리행사 가격, 변동성, 만기까지의 잔존기간, 금리, 배당 등 6가지이다.

ㄱ. 기초자산 가격

다른 결정요인이 동일하다면 콜 ELW의 경우 주가가 상승하면 만기에 수익을 올릴 가능성이 높아지기 때문에 해당 ELW 가격이 상승한다. 풋 ELW는 주가가 하락하면 가격이 상승한다.

ㄴ. 권리행사 가격

콜 ELW의 경우 행사 가격이 높을수록 만기에 기초자산 가격이 행사 가격 이상이 되어 수익을 올릴 가능성이 낮아지기 때문에 해당 ELW 가격은 낮아진다. 풋 ELW의 경우에는 행사 가격이 높을수록 수익 가능성이 높아지기 때문에 ELW 가격은 상승한다.

ㄷ. 변동성

변동성은 기초자산 가격이 만기까지 얼마나 크게 변동할 것인가를 계량화하여 수치화한 변수이다. 기초자산 가격의 변동성이 커진다는 것은 주가가 크게 변동하여 상승 또는 하락할 가능성이 높다는 것을 의미한다. 즉, 변동성이 증가하면 유러피안 콜 또는 풋 ELW는 기초자산 가격이 행사 가격 이상(콜 ELW의 경우)이나 이하(풋 ELW의 경우)로 움직일 가능성이 커지므로 변동성 이외의 가격결정요인이 같은 상황에서는 가격이 상승한다.

a. 역사적 변동성(historical volatility) : 역사적 변동성은 과거 일정기간 동안의 기초자산수익률의 표준편차이다. 따라서 역사적 변동성은 기초자산의 가격이 과거에 어떻게 움직였는지를 측정한 것이다. 역사적 변동성은 구하기 쉬운 장점이 있는 반면, 미래의 변동성에 대한 정확한 예측으로 볼 수 없다는 단점이 있다. 현실적으로는 변동성에 대한 적절한 기준치를 산정하는 것이 어려우므로 역사적 변동성이 많이 사용된다.

b. 내재변동성(implied volatility) : 내재변동성은 ELW 가격모형을 블랙-숄즈 모형으로 가정하고 시장의 ELW 가격에서 역으로 모형에 내재된 변동성을 추출한 것이다. 내재변동성은 역사적 변동성의 한계를 극복하고 현재 가격에 반영된 정보를 활용한다는 점에서 많이 활용되고 있다. 내재변동성의 장점은 내재변동성은 시장 가격에서 추출된 변동성으로서 ELW 시장을 가장 충실하게 반영하는 변동성이라고 할 수 있다. 그러나 내재변동성은 개별 ELW에 대한 수치이므로 동일한 기초자산을 기반으로 하는 동일 구

조의 ELW라 하더라도 그 값이 다를 수 있어 기초자산 고유의 특성으로 보기 힘들다.

ㄹ. 잔존만기

ELW의 가격은 내재가치와 시간가치로 구성된다.

$$ELW\ 가격 = 내재가치 + 시간가치$$

내재가치는 현재 시점에 옵션을 행사한다고 가정했을 때 ELW가 갖는 가치를 말한다. 시간가치란 만기까지의 잔존기간 동안 기초자산 가격 변동 등에 따라 얻게 될 기대가치이다. 만기일까지의 잔존기간 동안에 얻을 수 있는 이익과 회피할 수 있는 위험에 대한 기대가치이므로, 시간가치는 만기일에 근접할수록 감소하여 0에 근접한다.

ELW의 잔존만기가 증가할수록 상대적으로 만기도래 시까지 해당 ELW의 이익실현기회가 늘어나므로 수익창출의 가능성이 높아져 ELW의 가격이 상승한다. 반대로 시간이 경과하여 잔존만기가 감소하면 기초자산 가격의 변화가 없어도 ELW의 가격이 점차 감소한다. 이러한 현상이 ELW 투자 시 유의해야 할 시간가치의 소멸이다.

ㅁ. 금리

금리가 인상되면 주식의 보유비용이 증가하게 된다. 콜 ELW 매수자는 직접 주식을 매수하는 것이 아니므로 이러한 보유비용 증가로 인하여 상대적으로 유리한 상황에 놓이게 된다. 따라서 ELW를 매수할 때 보유비용 증가를 감안하여 더 높은 가격을 지불해야 주식을 매수하는 것과 동일한 조건을 갖게 된다.

주식을 매도하는 경우 금리가 인상되면 주식 매도로 창출된 현금으로부터 발생하는 이자수익이 증가하게 된다. 그러나 풋 ELW 매수자는 실제로 주식을 매도하는 것이 아니므로 이러한 이자수익이 발생하지 않는다. 따라서 이와 같은 이자수익 증가를 감안해 더 낮은 가격에 매입하여야 주식을 매도하는 것과 동일한 조건을 갖게 된다.

그러나 금리가 ELW의 가격결정에 주는 영향 정도는 다른 변수에 비해서 크지 않은 편이다.

ㅂ. 배당

현금배당률이 증가하면 주식을 매입할 경우 배당수익 증가로 인해 주식의 보유비용이 감소한다. 하지만 주식 매입 효과를 갖는 콜 ELW는 배당수익을 받을 수 없기 때문에 그만큼 낮은 가격에 거래가 되어야 한다.

반대로 주식을 매도하는 경우에는 매도된 주식으로부터 배당수익을 얻을 수 없으므로 주식 매도대금에서 발생하는 이자수익이 배당수익만큼 감소한다. 하지만 주식 매도효과를 갖는 풋 ELW는 이와 같은 이자수익 감소가 없으므로 더 높은 가격에 매입하여야 한다.

이상의 내용을 요약하면 이론(블랙숄즈 모델)적으로 가격결정요인이 ELW의 가격에 미치는 영향은 다음의 표와 같다. 하지만 발행 이후 만기 이전에 시장에서 거래되는 실제 거래가격은 이러한 가격결정요인 이외에도 시장상황, 시장수급 및 세제 등 여러 요인을 복합적으로 반영하여 결정된다.

표 2-7 가격결정요인이 ELW 가격에 미치는 영향

가격결정요인	Call ELW	Put ELW
기초자산 시장가격 ↑	↑	↓
행사가격 ↑	↓	↑
변동성 ↑	↑	↑
잔존만기기간 ↓	↓	↓
배당수익률 ↑	↓	↑
이자율 ↑	↑	↓

❷ 투자지표

ㄱ. 민감도지표(greeks)

ELW의 민감도는 주요 가격결정요인이 변화할 때 ELW 가격이 변화하는 비율을 수치로 표시한 것으로, ELW 투자전략에서 가장 중요하고 기본적인 지표이다.

a. 델타(delta) : 델타는 기초자산 가격이 1단위 변화할 때 ELW 가격이 변화하는 비율로, ELW 가격이 기초자산 가격 변화에 얼마나 민감하게 반응하는지를 나타낸다.

$$\text{델타의 정의} : \frac{\varDelta ELW\ \text{가격}}{\varDelta \text{기초자산 가격}}$$

b. 감마(gamma) : 감마는 기초자산 가격이 1단위 변화함에 따라 델타가 변화하는 비율이다. 따라서 감마는 델타가 기초자산 가격 변화에 얼마나 민감하게 반응하는지를 나타낸다.

$$\text{감마의 정의} : \frac{\varDelta \delta}{\varDelta \text{기초자산 가격}}$$

c. 베가(vega) : 베가는 기초자산 가격의 변동성이 1%p 변화할 때 ELW 가격이 변화하는 비율이다. 즉 ELW 가격이 기초자산 가격 변동성의 변화에 대해 얼마나 민감하게 반응하는지를 나타낸다.

$$\text{베가의 정의} : \frac{\varDelta ELW\ \text{가격}}{\varDelta \text{기초자산 가격 변동성}}$$

d. 세타(theta) : 세타는 잔존만기가 1일 감소할 때 ELW 가격이 변화하는 비율로, 일반적으로 ELW 상품은 만기가 가까워짐에 따라 지속적으로 시간가치가 감소하므로 대부분 세타가 음수로 나타난다.

$$\text{세타의 정의} : \frac{\varDelta ELW\ \text{가격}}{\varDelta \text{잔존만기}}$$

e. 로(rho) : 로는 무위험이자율이 1%p 변화할 때 ELW 가격이 변화하는 비율로서 ELW 가격이 무위험이자율의 변화에 대해 얼마나 민감하게 반응하는지를 나타낸다.

$$\text{로의 정의} : \frac{\varDelta ELW\ \text{가격}}{\varDelta \text{무위험이자율}}$$

ㄴ. 전환비율(conversion ratio)

전환비율은 만기에 ELW 1증권을 행사하여 얻을 수 있는 기초자산의 수이다. 예를 들어 전환비율이 0.2인 ELW 1증권으로는 해당 기초자산의 1/5에 대해서만 권리를 행사할 수 있다. 즉 ELW 5개가 있어야 권리행사 시 기초자산 하나를 살 수 있다.

ㄷ. 손익분기점(break-even point)

콜(풋) ELW 투자자가 ELW에 투자한 자금을 회수하기 위해서는 잔존만기 동안 기초자산 가격이 행사 가격 이상(이하)으로 상승(하락)해야 한다. 행사 가격과 함께 ELW에 투자한 금액을 고려한 ELW 투자자의 손익분기점은 다음과 같다.

$$\text{콜 } ELW \text{ 손익분기점} = \text{행사 가격} + ELW \text{ 가격/전환비율}$$
$$\text{풋 } ELW \text{ 손익분기점} = \text{행사 가격} - ELW \text{ 가격/전환비율}$$

ㄹ. 패리티(parity)

패리티는 행사 가격과 기초자산 가격의 상대적 크기를 나타낸 것으로, 1을 중심으로 1이면 등가격(at-the-money), 1보다 크면 내가격(in-the-money), 1보다 작으면 외가격(out-of-the-money)이 된다.

$$\text{콜 } ELW \text{ 패리티} = \text{기초자산 가격/행사 가격}$$
$$\text{풋 } ELW \text{ 패리티} = \text{행사 가격/기초자산 가격}$$

(10) 투자전략

❶ 레버리지전략

ELW는 대상 자산의 방향성에 대한 투자상품으로 ELW를 이용하는 가장 기본적인 투자전략은 대상 자산의 향후 가격을 예상하여 투자하되, 현물주식에 직접 투자하기보다는 레버리지가 높은 ELW를 이용하는 전략이다.

❷ 프로텍티브 풋(Protective put) 전략

풋 ELW 매수는 공매도의 효과를 발휘한다. 국내 시장은 대차에 의한 개별 주식의 공매도가 활성화되지 않아 실제 개별주식에 대한 헤지는 거의 이루어지지 못하고 있다. 그런데 풋 ELW를 매수하면 개별 주식에 대한 헤지가 가능해진다. 일종의 보험전략인 프로텍티브 풋(protective put) 전략은 보유주식에 대한 풋 ELW를 매수하여 위험을 회피하는 전략이다. 주가 하락 시 하락을 방어하면서 주가 상승 시는 수익을 취할 수 있는 장점이 있다. 단, 풋 ELW 구입비용이 보험료로 지불된다.

❸ 변동성 매수전략(Straddle과 Strangle 전략)

Straddle 전략은 대상 자산의 방향성보다는 변동성 증가를 기대하는 투자전략이다. 기초자산, 행사가, 전환비율이 같은 콜 ELW와 풋 ELW를 동시에 매수하여 포지션을 구성하게 됨으로써 대상 자산이 큰 폭의 변동을 보일 경우 수익이 발생한다. 반면, Strangle 전략은 다른 행사 가격(풋<콜)의 ELW를 이용해 구성한다.

2) 주가연계 금융투자상품

주가연계 금융투자상품은 기존의 금융투자상품에 주식 관련 파생상품을 혼합한 형태의 복합상품으로 주가지수의 성과에 따라 수익률이 달라진다. 금융기관별로는 은행의 주가연계예금(Equity-linked Deposits : ELD), 증권사의 주가연계증권(Equity-linked Securities : ELS), 자산운용사의 주가연계펀드(Equity-linked Fund : ELF) 등이 판매되고 있다.

한편 주가연계 금융투자상품은 원금보장 여부에 따라 원금보장형과 원금손실 가능형으로 구분된다. 은행의 주가연계예금은 전액 원금보장형이며 주가연계 금융투자상품은 두 가지 유형이 다 가능하나 원금보장형이 많다. 또한 주가연계 금융투자상품은 수익실현 방식에 따라 녹아웃형(knock-out), 불스프레드형(bull spread), 디지털형(digital), 리버스컨버터블형(reverse convertible) 등으로 분류된다.

녹아웃형 및 불스프레드형은 계약기간 중 주가가 한 번이라도 약정한 수준에 도달하면 사전에 약정된 확정수익률로 수익을 지급하고 그렇지 못할 경우에는 주가 상승률에 따라 수익을 지급한다. 디지털형은 옵션만기일의 주가가 사전에 약정한 수준 이상 또는 이하에 도달하면 확정수익을 지급하고 그렇지 못하면 원금만 지급한다. 리버스컨버터블형은 옵션만기일의 주가가 사전에 약정한 수준 이하로만 하락하지 않으면 일정 수익을 보장한다.

(1) ELS의 수익구조

ELS는 기초자산인 특정 주가의 가격이나 종합주가지수의 성과에 따라 수익률(이자금액)이 달라진다. 우선 판매사는 원금의 일정 부분(프리미엄)으로 주가지수에 대한 옵션을 매입한다. 프리미엄을 제외한 원금은 주로 국공채 등 안전자산에 투자되어 만기에 투자자의 투자원금 상환에 충당된다. ELS의 수익변동은 옵션 수익에 의존하게 되는데, ELS는 프리미엄으로 매입하는 옵션의 형태에 따라 다양한 종류의 ELS가 존재할 수 있다. 이때 프리미엄을 얼마나 사용하여 옵션을 매입하느냐가 중요하다. 예를 들어, 원금보장형 ELS를 만들기 위해서는 원금 100%에서 5%를 제외한 95%를 1년 만기 국채에 투자한다면(1년 만기 국채수익률이 약 5%대로 가정한다면) 만기에는 원금에 해당하는 100이 상환된다($100 ≒ 95 × (1 + 0.0526)$). 그리고 프리미엄인 5%는 수익률 제고를 위한 옵션 매입에 사용된다. 물론 프리미엄 부분에 투자금액을 조금 더 활용하여 원금의 8%으로 옵션을 매입한다면, 옵션의 예상 수익은 더욱 커질 수 있으나 원금보장의 가능성이 먼저의 예보다 작은 ELS구조가 된다.

표 2-8 **주가연계증권의 주요 수익구조**

유형	수익구조
Knock-out형	투자기간 중 사전에 정해둔 주가 수준에 도달하면 확정된 수익으로 조기상환되며, 그 외의 경우에는 만기 시 주가에 따라 수익이 정해지는 구조
Bull Spread형	만기 시점의 주가 수준에 비례하여 손익을 얻되 최대 수익 및 손실이 일정 수준으로 제한되는 구조
Digital형	만기 시 주가가 일정 수준을 상회하는지 여부(상승률 수준과는 무관)에 따라 사전에 정한 두가지 수익 중 한가지를 지급하는 구조
Reverse Convertible형	미리 정한 하락폭 이하로 주가가 하락하지만 않으면 사전에 약정한 수익률을 지급하며 동 수준 이하로 하락하면 원금에 손실이 발생하는 구조

❶ Knock-out형
  ㄱ. 구조 : 투자기간 중 기초자산의 가격이 한번이라도 경계지수 이상으로 상승하면 만기 시 고정수익률로 상환. 투자기간 중 기초자산의 가격이 한번도 경계지수 이상 상승하지 않는 경우 만기지수가 행사지수보다 높으면 원금 대비 지수상승률에 참여율을 곱한 만큼을 만기에 수익으로 지급
  ㄴ. 구분 및 구성 : 원금보장형과 원금비보장형으로 구분되며 "채권+Knock-out call option 매수"로 구성
  ㄷ. 예시
    a. 만기 시점의 기초자산의 가격이 기준 가격 보다 낮을 경우 : 0%(원금보장형)

b. 만기 시점까지 기초자산의 가격이 기준 가격보다 높은 한계 가격(30%) 이

　　　상 상승한 적이 없는 경우 : 기초자산 상승률×참여율

　　c. 만기까지 한 번이라도 한계 가격 이상 상승한 적이 있는 경우 : 고정수익

　　　(Rebate)

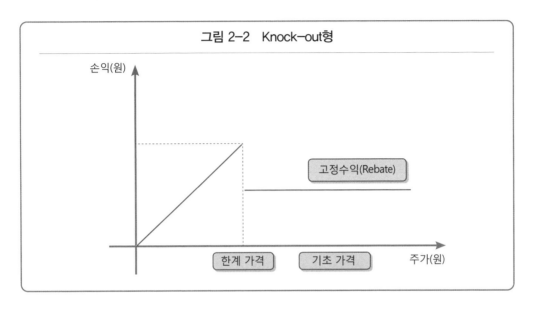

그림 2-2 Knock-out형

❷ Bull Spread형

　ㄱ. 구조 : 만기 시 기초자산의 가격이 일정 수준 이하이면 하한 수익률(Floor Rate)

　　수취, 이후 일정 수준까지는 주가지수 상승률에 비례하여 참여율만큼의 수익

　　을 향유하며, 그 이상의 구간에서는 수익률에 상한(Cap)이 존재하는 구조

　ㄴ. 구분 및 구성 : 채권+낮은 행사 가격 call option 매수+높은 행사 가격 call

　　option 매도

　ㄷ. 예시

　　a. 만기 시점의 기초자산의 가격이 기준 가격보다 낮을 경우 : Floor rate

　　b. 만기 시점의 기초자산의 가격이 기준 가격의 100% 이상 120% 이하인 경

　　　우 : 기초자산의 상승률×참여율

　　c. 만기 시점의 기초자산의 가격이 기준 가격의 120% 초과 상승한 경우 : Cap

　　　rate

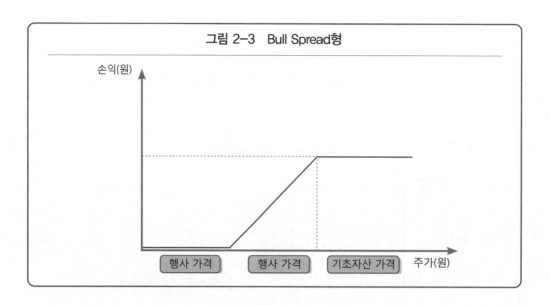

그림 2-3 Bull Spread형

손익(원)

행사 가격 행사 가격 기초자산 가격 주가(원)

❸ Reverse Convertible형

ㄱ. 구조

    a. 만기 시 기초자산의 가격이 일정 수준(전환 가격) 이상이면 고정된 높은 수익 수취, 기초자산의 가격이 전환 가격 이하로 하락하면 수익규모 감소, 기초자산의 가격이 일정 수준 이하로 하락하면 손실이 발생

    b. 외가격 put option 매도가 내재된 것으로 투자자의 포지션은 put option 매도와 유사함

ㄴ. 구분과 구성 : 채권+put option 매도

ㄷ. 예시

    a. 만기 시점의 기초자산의 가격이 전환 가격 이상일 경우 : 액면×(100%+기준수익률) → 최대수익 확정지급

    b. 만기 시점의 기초자산의 가격이 전환 가격 이하일 경우 : 액면×(100%+기준수익률)×승수(승수 : 만기 가격/전환 가격)

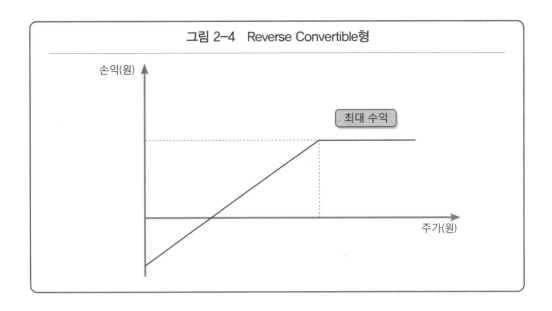

그림 2-4 Reverse Convertible형

손익(원)

최대 수익

주가(원)

❹ Digital형

ㄱ. 구조

 a. 만기 기초자산의 가격이 당초 정해진 수준 이상으로 상승할 경우 : 주가 상승률에 관계없이 고정된 수익을 향유하고, 하락할 경우엔 원금을 보장해주거나 하한(Floor)을 설정(Call형)

 b. 만기 기초자산의 가격이 당초 정해진 수준 이하로 하락할 경우 : 주가 하락률에 관계없이 고정된 수익을 향유하고, 상승할 경우엔 원금을 보장해주거나 하한(Floor)을 설정(Put형)

ㄴ. 구분 및 구성 : 채권＋Digital Call(or Put) 옵션 매수

ㄷ. 예시

 a. 만기 시점의 기초자산의 가격이 기준 가격 대비 상승하는 경우 : 고정된 수익

 b. 기초자산의 가격이 기준 가격 대비 하락하는 경우 : 0%(원금보장)

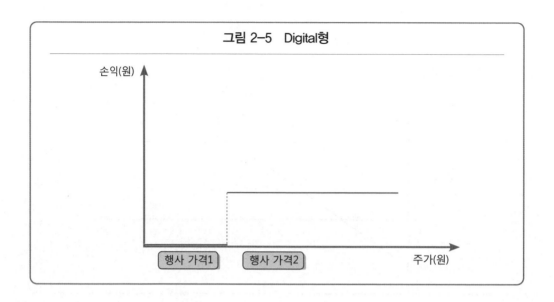

그림 2-5   Digital형

손익(원)

행사 가격1   행사 가격2   주가(원)

❺ 조기상환형 ELS

2004년 하반기에 본격적으로 등장한 조기상환형 ELS는 통상 만기가 2년이나 3년으로 설계되었으며, 발행 후 6개월 단위로 기초자산의 주가가 사전에 정해진 조기상환 가격 수준 이상으로 상승하면 사전에 약정한 수익을 액면금액과 함께 투자자에 지불하고 계약이 종료되는 형태이다. 만약 6개월 후 조기상환 시점에 기초자산의 주가가 조기상환 가격 수준 미만이면 다음 조기상환 시점으로 순연되며, 계속 조기상환이 되지 않고 만기까지 간다면 만기상환조건에 따라 상환금액이 결정된다. 만기 시점에 만기수익상환조건을 달성하지 못한다면 원금손실이 발생하게 된다. 조기상환구조는 저금리 상황에서 원금보장형 구조의 설계가 어렵게 되면서 좀 더 매력적인 추가 수익을 투자자에게 제시하고자 만기를 장기화하여 제시수익률을 높이되, 다양한 장외파생상품을 사용하여 조기상환조건을 삽입함으로써 시장에서 주력상품으로 성장하였다.

조기상환형 스텝다운 ELS는 대표적인 원금비보장형 ELS이므로 금융투자상품 투자위험도 분류상 보통 고위험 또는 초고위험 상품으로 분류된다. 일반적으로 원금까지 손실을 볼 수 있는 원금비보장형 금융투자상품은 고위험 이상으로 분류하여 투자자들이 해당 상품의 투자위험을 사전적으로 판별할 수 있도록 고지한다.

최초의 조기상환형 ELS는 KOSPI 200지수 또는 시가총액 최상위 주식 등 1개의 기초자산으로 설계되었으나, 본격적으로 조기상환형 ELS가 판매되기 시작하는 2006년 이후에는 기초자산 개수가 2개인 경우가 대부분이었다. 기초자산이 2개인 조기상환형 ELS는 보통의 경우 두 기초자산 중 주가가 더 낮은 기초자산의 가격을 기준으로 수익상환조건이 결정되는 'worst performer'의 조건을 주로 사용한다. 2013년부터는 기초자산이 3개인 경우도 점점 더 증가하고 있다.

ELS와 ELB의 기초자산으로는 2008년 글로벌 금융위기와 2011년 유로존 금융위기 이전에는 주식 종목형과 주가지수형이 골고루 판매되었으나 두 번의 금융위기 이후에 대형 주식을 기초자산으로 하는 주식 종목형 ELS의 손실사례가 증가하면서 주가지수를 기초자산으로 하는 ELS가 크게 증가하였다[19년 중 주가지수형 ELS·ELB 발행금액(85.2조원)은 전체 ELS·ELB 발행액(99.9조원)의 85%, 20년 중 주가지수형 ELS·ELB 발행금액(47조원)은 전체 ELS·ELB 발행액(69조원)의 68%]. ELS의 기초자산으로 주로 사용되는 기초자산은 국내지수인 KOSPI200지수뿐만 아니라 해외지수인 HSCEI지수, EuroStoxx50지수, S&P 500지수, NIKKEI지수 등이 있다.

ㄱ. 조기상환형 스텝다운 ELS (녹인(Knock-In)형)

2004년 하반기에 등장하여 지금까지도 발행되는 ELS의 주종을 차지하는 상품 중 가장 보편적으로 판매되고 있는 구조는 조기상환형 스텝다운(Autocall Stepdown) ELS이다.

조기상환형 스텝다운 ELS는 매 조기상환 시점마다 일정 비율씩 조기상환 가격 수준을 낮춰줌으로써 조기상환의 가능성을 높인 구조이다. 현재 판매되고 있는 조기상환형 스텝다운 ELS는 원금손실 발생조건인 녹인(Knock-In, 보통 KI라고 줄여서도 많이 사용한다)이 있는 경우와 없는 경우의 2가지 형태가 있다.

녹인(Knock-In)은 손실 발생할 가능성이 생겨났다는 의미이므로 녹인이 발생한 ELS가 그 시점에 해당 하락분만큼 손실이 확정된 것은 아니며, 녹인이 발생한 ELS라도 그 다음 조기 또는 만기상환 시점에 다시 기초자산이 재상승하여 상환조건을 달성하면 원금과 수익금액을 모두 지급받을 수 있다.

다음은 조기상환형 스텝다운 ELS 상품의 수익구조 그래프이다. 기초자산은 KOSPI200지수와 HSCEI지수이며, 3년 만기로 6개월마다 일정 비율씩 조기상환 가격 수준이 낮아지는 상환조건이 주어진 조기상환형 스텝다운 ELS이다. 조기상환조건은 6개월마다 최초 기준 가격의 90%−90%−85%−85%−80%−80%로 설정되어 있고, 원금손실 발생조건인 녹인(Knock-In)은 최초 기준 가격의 55%로 정해진 원금비보장형 구조이다.

녹인(KI)조건이 있는 조기상환형 스텝다운 ELS의 만기 시 수익구조는 다음과 같다.

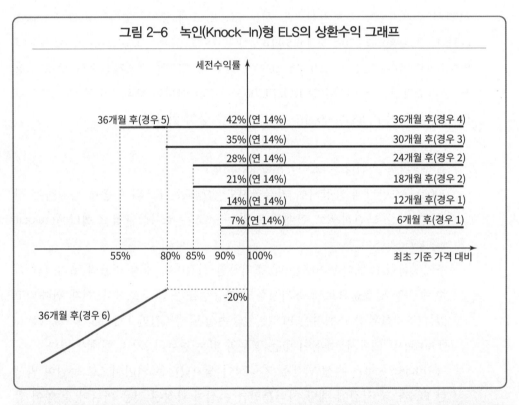

그림 2-6   녹인(Knock-In)형 ELS의 상환수익 그래프

손익구조(조기상환)	
(1) 1차, 2차 조기상환평가일에 두 기초자산의 조기상환 평가 가격이 모두 최초 기준 가격의 90% 이상인 경우	원금＋연 14% 수익 지급
(2) 3차, 4차 조기상환평가일에 두 기초자산의 조기상환 평가 가격이 모두 최초 기준 가격의 85% 이상인 경우	원금＋연 14% 수익 지급
(3) 5차 조기상환평가일에 두 기초자산의 조기상환 평가 가격이 모두 최초 기준 가격의 80% 이상인 경우	원금＋연 14% 수익 지급

손익구조(만기상환)	
(4) 위 (1)~(3) 상환조건에 해당하지 않고, 만기평가 시 두 기초자산의 만기 평가 가격이 모두 최초 기준 가격의 80% 이상인 경우	원금 + 연 14% 수익 지급 (42%의 만기수익률)
(5) 위 (1)~(4) 상환조건에 해당하지 않고, 만기평가일까지 두 기초자산 중 어느 하나도 최초 기준 가격의 55% 미만으로 하락한 적이 없는 경우(투자기간 중 원금손실 발생조건인 낙인(KI)을 터치한 적이 없는 경우)	원금 + 연 14% 수익 지급 (42%의 만기수익률)
(6) 위 (1)~(5) 상환조건에 해당하지 않고, 만기평가일까지 두 기초자산 중 어느 하나라도 최초 기준 가격의 55% 미만으로 하락한 적이 있는 경우(투자기간 중 원금손실 발생조건인 낙인(KI) 터치한 적이 있는 경우)	원금 손실 (손실률=기초자산 중 하락폭이 큰 기초자산의 하락률 적용)

ㄴ. 조기상환형 스텝다운 ELS (노녹인(No Knock-In)형)

조기상환형 스텝다운 ELS중 만기 전 투자기간 중에 원금손실 발생조건인 녹인(KI)이 없는 노녹인(No Knock-In) 구조도 있다. 노녹인(No KI)형은 녹인을 없애는 대신에 만기 상환조건을 녹인형의 녹인 수준으로 낮추어서 안전성을 보강하였다. 앞 사례에서 녹인형 ELS(만기 상환조건 80%, 녹인 55%)는 만기를 포함하여 투자기간 내내 기초자산 가격이 최초 기준가격의 55% 이상이어야 만기 시 수익상환이 되지만, 노녹인형 ELS(만기 상환조건 55%)는 기초자산의 만기 평가가격만 최초 기준가격의 55% 이상이면 만기시 수익상환이 된다. 따라서 만기, 기초자산, 다른 조기상환 조건이 동일하고 만기 상환조건만 녹인형 ELS의 녹인 수준과 같은 노녹인형 ELS는 녹인형 ELS 보다 안전성이 높은 반면에 제시 수익률은 낮은 편이다.

⚠ 예시

다음은 녹인(KI)조건이 없는 조기상환형 노녹인 스텝다운 ELS(No Knock-In Stepdown ELS) 상품의 수익구조 그래프이다. 기초자산은 KOSPI200지수와 HSCEI지수이며, 3년 만기로 6개월마다 일정 비율씩 조기상환 가격 수준이 낮아지는 조기상환형 스텝다운 ELS이다. 조기상환조건은 6개월마다 최초 기준 가격의 90%-90%-85%-85%-80%-60%로 설정되어 있다. 만기 전 원금손실 발생조건인 녹인(Knock-In) 조건은 없지만, 조기상환이 되지 않고 만기 시 마지막 상환조건인 최초 기준 가격의 60% 미만인 경우에는 원금손실이 발생할 수 있다.

녹인(KI)조건이 없는 노녹인형 조기상환형 스텝다운 ELS의 만기 시 수익구조는 다음과 같다.

손익구조(조기상환)	
(1) 1차, 2차 조기상환평가일에 두 기초자산의 조기상환 평가 가격이 모두 최초 기준 가격의 90% 이상인 경우	원금＋연 12% 수익 지급
(2) 3차, 4차 조기상환평가일에 두 기초자산의 조기상환 평가 가격이 모두 최초 기준 가격의 85% 이상인 경우	원금＋연 12% 수익 지급
(3) 5차 조기상환평가일에 두 기초자산의 조기상환 평가 가격이 모두 최초 기준 가격의 80% 이상인 경우	원금＋연 12% 수익 지급
손익구조(만기상환)	
(4) 위 (1)~(3) 상환조건에 해당하지 않고, 만기평가 시 두 기초자산의 만기평가가격이 모두 최초 기준 가격의 60% 이상인 경우	원금＋연 12% 수익 지급 (36%의 만기수익률)
(5) 위 (1)~(4) 상환조건에 해당하지 않고, 만기평가 시 두 기초자산 중 어느 하나라도 최초 기준 가격의 60% 미만인 경우	원금 손실 (손실률＝기초자산 중 하락폭이 큰 기초자산의 하락률 적용)

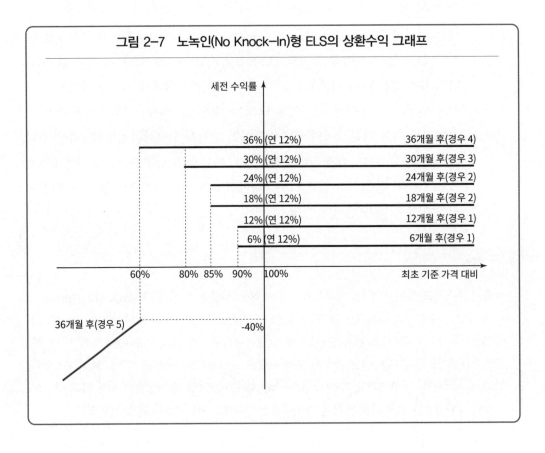

그림 2-7 노녹인(No Knock-In)형 ELS의 상환수익 그래프

ㄷ. 조기상환형 월지급식 스텝다운 ELS

2010년에 등장한 조기상환형 월지급식 스텝다운 ELS는 매월 지정된 날짜에 최초 기준 가격의 일정 수준(보통 50~65% 수준) 이상이면 월쿠폰을 지급하는 조건을 첨가한 구조로서 월지급식 또는 월수익지급식이라고 부르고 있다. 기존 조기상환형 스텝다운 ELS가 매 4개월 또는 6개월마다 조기상환조건이 부여된 것과 달리 조기상환형 월지급식 스텝다운 ELS는 기존 조기상환조건에다가 매월 수익이 지급되도록 구조를 첨가하여 안전성을 보강한 구조이므로 다른 수익상환조건이 유사한 조기상환형 스텝다운 ELS보다 제시수익률이 조금 낮은 편이다.

월지급식 ELS는 저금리 환경하에서 매 월 지정된 날짜에만 일반적인 상환 수준보다 낮은 월수익지급조건(최초 기준 가격의 50~65% 이상)을 충족하면 수익이 주기적으로 지급되고, 조기 및 만기상환 시점에 상환도 가능하다는 장점 때문에 기존 조기상환형 스텝다운 ELS의 투자자들 중 안전성을 보다 중요시하는 투자자들에게 선호되는 구조이다.

(2) 금융업권별 주가연계상품 비교

❶ 증권사의 주가연계증권(ELS) : 주가연계증권은 투자자로부터 조달한 자금의 대부분을 우량채권에 투자하고 일부를 주가지수옵션, 주식워런트증권 또는 주가지수선물 등을 매입하여 운용하는 금융상품으로 만기 시 원리금 지급액이 기초자산의 변동에 따라 달라지는 증권. 투자원금과 수익이 주가지수 또는 개별 주가에 연계되어 결정. 주가연계증권은 증권사가 원금의 일정 수준을 보장하며 공모 또는 사모방식으로 발행. 다만, 만기 시에는 원금의 일정 비율 지급이 보장되나 만기 이전 중도상환 시에는 추가적인 투자원금의 손실을 초래할 수 있음

❷ 자산운용사의 주가연계펀드(ELF) : 투자원금과 수익이 주가지수 또는 개별 주가에 연동되는 투자신탁상품. 주가연계증권과 마찬가지로 운용자산의 대부분은 국공

표 2-9　주가연계 금융상품의 비교

	ELS	ELD	ELF
발행주체	증권사(인가증권사)	은행	자산운용사, 투신사
투자형태	증권 매입(청약)	예금 가입	펀드 매수
자금운용구조	채권, 주식워런트증권, 주가지수옵션, 주가지수선물	대출금, 증권, 주가지수옵션	펀드(금융공학기법으로 포트폴리오 조정)
수익상환방법	사전에 정해진 조건에 따라 결정(원금보장형, 원금비보장형)	사전에 정해진 조건에 따라 결정(원금 100% 보장형 이상만 가능)	운용성과에 따라 실적배당(원금보존추구형, 원금비보장형)
상환보장 여부	발행사가 지급보장(발행사 신용도 중요)	초과수익은 은행이 지급보장(원금 보장)	신탁재산 신용도 및 운용성과에 따라 지급
중도해지 등 가능 여부	중도상환 가능, 원금손실 가능	중도해지 가능, 원금손실 발생 가능	중도환매 가능 (원금손실 가능)
장점	증권사가 제시한 수익을 달성할 수 있도록 상품구성	중도해지 가능, 원금손실 발생 가능	중도환매 가능 (원금손실 가능)
단점	추가 수익 없음	추가 수익 없음	제시수익 보장없음
예금자보호 여부	없음	5천만 원 한도로 보호	없음

채에 투자하여 원금을 보전하고 나머지는 일부자산을 주가와 연계되는 파생상품에 투자함으로써 초과수익을 확보하는 구조화된 상품

주가연계펀드는 실적배당상품이므로 실제펀드의 운용실적에 따라 사전에 약속한 수익보다 더 많이 나올 수도 있고 적게 나올 수도 있음

❸ 은행의 주가연계예금(ELD) : 주가연계예금은 주가지수 상승률에 연동하여 사전에 약정한 금리를 지급하는 정기예금의 일종으로 주가지수 하락 시에도 원금지급이 보장되는 금융상품. 주가연계예금은 조달자금을 주로 대출금 및 증권으로 운용하면서 운용예상수익 중 일부를 주가지수옵션에 투자하였다가 주가지수상승 시에는 옵션 행사를 통해 수익을 실현하여 이자를 지급. 주가지수 전망에 따라서 주가지수 상승형, 하락형 또는 횡보형 등 다양한 구조의 상품구성이 가능

❹ 파생연계증권과 파생연계펀드 : 파생연계증권(DLS, Derivative Linked Securities)은 비상장증권의 일종으로, 주로 증권사에서 발행하고 판매. 자본시장법에서는 기초자산의 가격·이자율·지표·단위 또는 이를 기초로 하는 지수 등의 변동과 연계하여 미리 정하여진 방법에 따라 지급하거나 회수하는 금전 등이 결정되는 권리가 표시된 증권으로 정의

DLS는 기초자산 가격이 정해진 만기일까지 일정한 범위 내에서 움직이면 약정된 수익을 얻는 증권이고, 파생연계펀드(DLF, Derivative Linked Fund)는 펀드 형태로 투자하는 펀드상품. 기초자산은 금리, 통화(환율), 금, 은, 원유, 곡물 등 다양하며, 이를 토대로 다양한 구성이 가능

4　증권예탁증권

증권예탁증권이란 채무증권, 지분증권, 수익증권, 투자계약증권, 파생결합증권을 예탁받은 자가 그 증권이 발행된 국가 외의 국가에서 발행한 것으로서 그 예탁받은 증권에 관련된 권리가 표시된 증권을 말한다(자본시장법 제4조 제8항). 다만, 위의 채무증권, 지분증권, 수익증권, 투자계약증권, 파생결합증권, 증권예탁증권 중 어느 하나에 해당하는 증권에 표시될 수 있거나 표시되어야 할 권리는 그 증권이 발행되지 않은 경우에도 증권으로 본다(자본시장법 제4조 제9항).

참고로 증권예탁증권은 주식예탁증서(Depository Receipts, DR)라고도 한다. 국내 기업이 발행한 주식을 외국인이 매입하려면 시차 문제, 환전 문제, 언어 사용 문제 등 불편함을 감수해야 한다. 따라서 이러한 어려움을 해결하고 해외투자자에게 편의를 제공하기 위해 국내기업이 발행한 주식을 국내 원주보관기관에 맡기고 이를 근거로 해외 예탁기관(Depository)이 발행하여 해외시장에서 유통시키는 것이 해외 DR이다(반대로 외국법인이 국내에서 외국에 보관된 원주를 근거로 발행하는 것은 KDR이라고 함). DR은 발행되는 시장에 따라 ADR(American DR), EDR(European DR), GDR(Global DR) 등으로 구분된다.

5　펀드상품

1) 집합투자기구 개념

(1) 집합투자기구 정의

① 집합투자기구는 펀드로, 집합투자증권은 수익증권으로, 투자회사는 뮤추얼펀드로 보면 되고, ② 펀드를 운용하는 자산운용사는 금융투자업 중 집합투자업 인가를 받은 집합투자업자이며, ③ 펀드를 판매하는 판매업자는 금융투자업 중 집합투자증권의 매

매중개업 인가를 받은 투자매매업자·투자중개업자이며, ④ 한 회사가 집합투자업과 매매중개업 인가를 모두 받은 경우 펀드 운용과 펀드 판매를 함께 할 수 있으며 펀드 판매의 경우 특히 자사가 직접운용하는 펀드 외 타사가 운용하는 펀드 모두 판매 가능하다.

❶ '집합투자' 정의

집합투자란 2인 이상의 투자자로부터 모은 금전 등을 투자자부터 일상적인 운용 지시를 받지 아니하면서 재산적 가치가 있는 투자대상 자산을 취득·처분, 그 밖의 방법으로 운용하고 그 결과를 투자자 또는 각 기금관리주체에게 배분하여 귀속시키는 것을 말한다. 단, 아래 3가지 경우 중 어느 하나라도 해당되는 것은 제외한다.

ㄱ.「부동산투자회사법」,「선박투자회사법」,「문화산업진흥기본법」,「산업발전법」,「벤처투자 촉진에 관한 법률」,「여신전문금융업법」,「소재·부품·장비산업 경쟁력 강화를 위한 특별조치법」 등의 법률에 따라 사모의 방법으로 금전등을 모아 운용·배분하는 것으로서 일반투자자(전문투자자 및 기획재정부령에 의한 재정기금관리·운용법인 및 공제사업 영위 법인이 아닌 자)의 총수가 49인 이하인 경우

ㄴ.「자산유동화에 관한 법률」 제3조의 자산유동화계획에 따라 금전등을 모아 운용·배분하는 경우

ㄷ. 그 밖에 행위의 성격 및 투자자 보호의 필요성 등을 고려하여 투자자예탁금을 예치 또는 신탁받아 운용·배분하는 경우, 신탁업자가 수탁한 금전을 공동으로 운용하는 경우, 투자목적회사가 그 업무를 하는 경우, 종금사가 어음관리계좌 업무를 하는 경우 등에 해당하는 때

❷ '집합투자기구' 구성형태

'집합투자기구'란 집합투자를 수행하기 위한 기구로서 구성 형태는 다음과 같다.

ㄱ. 투자신탁

집합투자업자인 위탁자가 신탁업자에게 신탁한 재산을 신탁업자로 하여금 그 집합투자업자의 지시에 따라 투자·운영하게 하는 신탁 형태의 집합투자기구(투자신탁)

ㄴ. 투자회사

a.「상법」에 따른 주식회사 형태의 집합투자기구(투자회사)

b.「상법」에 따른 유한회사 형태의 집합투자기구(투자유한회사)

c.「상법」에 따른 합자회사 형태의 집합투자기구(투자합자회사)

ㄷ. 투자조합

a.「민법」에 따른 조합 형태의 집합투자기구(투자조합)

b.「상법」에 따른 익명조합 형태의 집합투자기구(투자익명조합)

❸ 기타 용어 정의

ㄱ. '사모집합투자기구' : 집합투자증권을 사모로만 발행하는 집합투자기구로서 일반투자자(전문투자자 및 기획재정부령에 의한 재정기금관리·운용법인 및 공제사업 영위 법인이 아닌 자)의 총수가 49인 이하인 것을 말함

ㄴ. '집합투자재산' : 집합투자기구의 재산으로 투자신탁재산, 투자회사재산, 투자유한회사재산, 투자합자회사재산, 투자조합재산 및 투자익명조합재산을 말함

ㄷ. '집합투자증권' : 집합투자기구에 대한 출자지분이 표시된 것을 말하며 투자신탁의 경우에는 수익권을 말함

ㄹ. '집합투자자총회' : 집합투자기구의 투자자 전원으로 구성된 의사결정기관으로서 수익자총회, 주주총회, 사원총회, 조합원총회 및 익명조합원총회를 말함

(2) 집합투자증권 정의

집합투자증권은 집합투자기구에 대한 출자지분(투자신탁의 경우에는 수익권)이 표시된 것이다. 즉, 집합투자기구가 발행한 지분증권 또는 수익증권에 대하여 집합투자와 관련된 규정을 적용받게 된다. 자본시장법상 집합투자증권을 발행할 수 있는 집합투자기구는 투자신탁, 투자회사, 투자유한회사, 투자합자회사, 투자익명조합, 투자조합, 사모투자전문회사 등 7개가 있으며 투자신탁을 제외한 집합투자기구의 투자자의 지위는 출자지분이 표시된 지분증권 소유자가 되나 투자신탁의 투자자의 지위는 수익권이 표시된 수익증권 소유자가 된다. 집합투자증권은 금융투자상품이며 과거 간접투자자산운용업법에 의해 발행 및 판매되었던 펀드상품(뮤추얼펀드 포함)에 해당된다. 따라서 향후 집합투자기구나 집합투자증권에 대해서는 운용과 판매가 일반화된 수익증권펀드(투자신탁)와 뮤추얼펀드(투자회사)로 이해되기도 한다.

2) 집합투자기구 종류

(1) 집합투자기구의 종류

집합투자기구는 집합투자재산의 운용대상에 따라 증권집합투자기구, 부동산집합투자기구, 특별자산집합투자기구, 혼합자산집합투자기구, 단기금융집합투자기구의 5종류로 분류할 수 있다. 각각의 집합투자기구가 투자할 수 있는 자산의 종류는 〈표 2−10〉과 같다.

표 2−10 **투자대상에 따른 집합투자기구의 종류**

구분	증권	부동산	특별자산	단기금융	혼합자산
증권	○	○	○	○	○
파생상품	○	○	○	×	○
부동산	○	○	○	×	○
실물자산	○	○	○	×	○
특별자산	○	○	○	×	○

❶ 증권 집합투자기구

ㄱ. 기본요건

집합투자재산의 50%를 초과하여 '증권'에 투자하는 집합투자기구로서 부동산 집합투자기구, 특별자산 집합투자기구에 해당하지 아니하는 집합투자기구를 말한다. 이때 증권에는 아래 대통령령으로 정하는 증권을 제외하며, 대통령령으로 정하는 증권 외의 증권을 기초자산으로 하는 파생상품은 포함된다.

ㄴ. 제외 증권

a. 다음 어느 하나에 해당하는 자산이 신탁재산, 집합투자재산 또는 유동화자산의 100분의 50 이상을 차지하는 경우에는 그 수익증권, 집합투자증권 또는 유동화증권

i. 부동산

ii. 지상권·지역권·전세권·임차권·분양권 등 부동산 관련 권리

iii. 「기업구조조정 촉진법」제2조제3호에 따른 채권금융기관(이에 준하는 외국 금융기관과 「금융산업의 구조개선에 관한 법률」에 따른 금융기관이었던 자로서 청산절차 또는 「채 무자 회생 및 파산에 관한 법률」에 따른 파산절차가 진행 중인 법인을 포함)이

채권자인 금전채권(부동산을 담보로 한 경우만 해당)

  iv. 특별자산

b. 「부동산투자회사법」에 따른 부동산투자회사가 발행한 주식

c. 「선박투자회사법」에 따른 선박투자회사가 발행한 주식

d. 「사회기반시설에 대한 민간투자법」에 따른 사회기반시설사업의 시행을 목적으로 하는 법인이 발행한 주식과 채권

e. 「사회기반시설에 대한 민간투자법」에 따른 하나의 사회기반시설사업의 시행을 목적으로 하는 법인이 발행한 주식과 채권을 취득하거나 그 법인에 대한 대출채권을 취득하는 방식으로 투자하는 것을 목적으로 하는 법인(같은 법에 따른 사회기반시설투융자회사는 제외)의 지분증권

f. 특정한 부동산을 개발하기 위하여 존속기간을 정하여 설립된 회사가 발행한 증권

g. 부동산, 그 밖에 금융위원회가 정하여 고시하는 부동산 관련 자산을 기초로 하여 「자산유동화에 관한 법률」 제2조제4호에 따라 발행된 유동화증권으로서 그 기초자산의 합계액이 「자산유동화에 관한 법률」 제2조제3호에 따른 유동화자산 가액의 100분의 70 이상인 유동화증권

h. 「한국주택금융공사법」에 따른 주택저당채권담보부채권 또는 주택저당증권(「한국주택금융공사법」에 따른 한국주택금융공사 또는 제79조제2항제5호가목부터 사목까지의 금융기관이 지급을 보증한 주택저당증권)

i. 부동산투자목적회사가 발행한 지분증권

j. 「해외자원개발 사업법」 제14조의2 제1항 제2호에 따른 해외자원개발 전담회사와 특별자산에 대한 투자만을 목적으로 하는 법인(외국법인을 포함)이 발행한 지분증권·채무증권

❷ 부동산 집합투자기구

ㄱ. 기본요건

집합투자재산의 50%를 초과하여 부동산에 투자하는 집합투자기구를 말한다. 이때 부동산에는 부동산을 기초자산으로 한 파생상품, 부동산 개발과 관련된 법인에 대한 대출, 그 밖에 대통령령으로 정하는 방법으로 부동산 및 대통령령으로 정하는 부동산과 관련된 증권에 투자하는 경우가 포함된다.

ㄴ. 대통령령으로 정하는 방법

① 부동산의 개발, ② 부동산의 관리 및 개량, ③ 부동산의 임대, ④ 지상권·지역권·전세권·임차권·분양권 등 부동산 관련 권리의 취득, ⑤「기업구조조정 촉진법」제2조 제3호에 따른 채권금융회사가 채권자인 금전채권의 취득 등이다.

ㄷ. 대통령령으로 정하는 부동산 관련 증권

① 부동산 및 관련 권리, 금전채권(부동산 담보)을 기초자산으로 하는 신탁의 수익증권·집합투자증권·유동화증권, ② 부동산 투자회사 주식, ③ 부동산 개발회사가 발행한 증권, 부동산·부동산 관련 자산을 기초로 발행된 유동화증권, 금융회사가 지급보증한 주택저당채권담보부채권·주택저당증권, 부동산 투자회사가 발행한 지분증권에 투자하는 증권 등이다.

❸ 특별자산 집합투자기구

집합투자재산의 50%를 초과하여 특별자산에 투자하는 집합투자기구를 말한다. 이때 특별자산이란 증권 및 부동산을 제외한 투자대상 자산을 말한다.

❹ 혼합자산 집합투자기구

집합투자재산을 운용함에 있어서 증권 집합투자기구, 부동산 집합투자기구, 특별자산 집합투자기구의 규정의 제한을 받지 아니하는 집합투자기구를 말한다. 혼합자산 집합투자기구는 법령상 주된 투자대상 및 최저 투자한도 등에 대한 제한이 없어 어떠한 자산이든지 투자비율 제한 없이 투자 가능하다는 장점은 있으나 환매금지형 집합투자기구로 설정하여 설립해야 한다는 제한이 있다.

❺ 단기금융 집합투자기구(MMF)

ㄱ. 기본요건

집합투자재산 전부를 대통령령으로 정하는 단기금융상품에 투자하는 집합투자기구로서 대통령령으로 정하는 방법으로 운용되는 집합투자기구를 말한다. 2023년 공모펀드 경쟁력제고방안의 일환으로 자본시장법령 개정을 통해 외화 MMF가 도입되었다. 외화표시 MMF는 단기 채권·어음 등 외화 단기금융상품에 투자하는 MMF이며 외화로 납입과 환매가 이루어진다. 원화표시 MMF와 동일한 수준으로 규율하며, 다만 외화자산의 특성을 감안하여 일부 별도의 규정이 존재한다. MMF의 안정적인 운용을 위해 편입자산의 만기·신용등급, 분산투자, 유동성 요건 등은 원화 표시수준으로 정하였으며, 편입자산의 안전성과 환금성을 위해 표시화폐를 OECD가입국, 싱가포르, 홍콩, 중

국으로 제한하였고, 신규 MMF 설정요건을 원화에 비해 완화하였다. 2023년 말 기준으로 법인 MMF만 출시되어 판매되고 있다.

ㄴ. 대통령령으로 정하는 단기금융상품

원화로 표시된 자산으로서 ① 남은 만기가 6개월 이내인 양도성 예금증서, ② 남은 만기가 5년 이내인 국채증권, 남은 만기가 1년 이내인 지방채증권, 특수 채증권, 사채권(자본시장법 제71조 제4호에 따른 주권 관련 사채권 및 사모의 방법으로 발행된 사채권은 제외) 및 기업어음증권. 단, 환매조건부매수의 경우에는 남은 만기의 제한을 받지 아니한다. ③ 남은 만기가 1년 이내인 어음(기업어음증권은 제외), ④ 금융회사에 대한 30일 이내의 단기대출, ⑤ 만기가 6개월 이내인 금융기관 또는 「우체국예금·보험에 관한 법률」에 따른 체신관서에의 예치, ⑥ 다른 단기금융 집합투자기구의 집합투자증권, ⑦ 단기사채 등이 있다.

외화(경제협력개발기구(OECD) 가입국가(속령은 제외), 싱가포르, 홍콩, 중화인민공화국의 통화로 한정)로 표시된 위 ①~⑦의 금융상품과 이에 준하는 것으로서 금융위원회가 정하여 고시하는 금융상품이 투자대상이 된다.

ㄷ. 대통령령으로 정하는 방법으로 운용

a. 증권을 대여하거나 차입하는 방법으로 운용하지 아니할 것

b. 남은 만기가 1년 이상인 국채증권에 집합투자재산의 5% 이내로 운용할 것

c. 환매조건부매도는 집합투자기구에서 보유하고 있는 증권총액의 100분의 5 이내일 것

d. 각 단기금융집합투자기구 집합투자재산의 남은 만기의 가중평균된 기간이 다음 범위 이내일 것

　i. 개인 MMF : 75일

　ii. 법인 MMF 중 집합투자규약에 장부가격으로 평가하지 않음을 명시한 MMF : 120일

　iii. 그 밖의 MMF : 60일

e. MMF의 집합투자재산이 다음의 구분에 따른 기준을 충족하지 못하는 경우에는 다른 집합투자기구를 설정·설립하거나 다른 MMF로부터 운용업무 위탁을 받지 않을 것. 다만 「국가재정법」 제81조에 따른 여유자금을 통합하여 운용하는 MMF 및 그 MMF가 투자하는 MMF를 설정·설립하거나 그 운용업무의 위탁을 받는 경우에는 이를 적용하지 않는다.

i. 개인투자자 대상 원화 MMF : 3천억 원 이상

ii. 개인투자자 대상 외화 MMF : 1천 5백억 원 이상

iii. 법인투자자 대상 원화 MMF : 5천억 원 이상

iv. 법인투자자 대상 외화 MMF : 2천 5백억 원 이상

f. 하나의 MMF에서 원화와 외화 단기금융상품을 함께 투자하지 않을 것

g. 투자대상 자산의 신용등급 및 신용등급별 투자한도, 남은 만기의 가중평균 계산방법, 그 밖에 자산운용의 안정성 유지에 관하여 금융위원회가 정하여 고시하는 내용을 준수 할 것 등의 방법으로 운용해야 함

ㄹ. 금융위원회가 정하는 MMF 운용 규정

a. 집합투자업자는 단기금융 집합투자기구의 집합투자재산을 ① 자산의 원리금 또는 거래금액이 환율·증권의 가치 또는 증권지수의 변동에 따라 변동하거나 계약 시점에 미리 정한 특정한 신용사건 발생에 따라 확대 또는 축소되도록 설계된 것이나, ② '①'과 같이 원리금 또는 거래금액, 만기 또는 거래기간 등이 확정되지 아니한 것 등에 해당하는 자산에 운용해서는 안 됨

b. 단기금융 집합투자기구의 집합투자재산으로 운용할 수 있는 채무증권(양도성예금증서 및 금융회사가 발행·매출·중개한 어음 및 채무증서 포함)은 취득 시점을 기준으로 신용평가업자의 신용평가등급이 최상위등급 또는 최상위등급의 차하위등급 이내이어야 함. 둘 이상의 신용평가업자로부터 신용평가등급을 받은 경우에는 그중 낮은 신용평가등급을 적용

c. 최상위등급 채무증권의 경우 각 집합투자기구 자산총액의 100분의 5, 차하위등급 채무증권의 경우 각 집합투자기구 자산총액의 100분의 2의 한도를 초과하여 동일인이 발행한 채무증권에 운용하여서는 안 됨. 단, 국채증권 및 정부가 원리금의 상환을 보증한 채무증권, 지방채증권 및 특수채증권은 제외

d. 집합투자업자는 단기금융 집합투자기구의 위험을 체계적으로 관리할 수 있도록 위험의 정의 및 종류에 관한 사항, 위험측정방법에 관한 사항, 위험허용 수준에 관한 사항, 위험관리조직에 관한 사항, 그 밖에 단기금융 집합투자기구의 체계적 위험관리를 위하여 필요하다고 인정하는 사항이 포함된 '위험관리기준'을 제정하고 이를 준수할 수 있는 내부통제제도를 갖추어야 함

(2) 특수한 형태의 집합투자기구

❶ 환매금지형 집합투자기구

환매금지형 집합투자기구는 투자자가 집합투자기구에 투자한 이후 집합투자증권의 환매청구에 의하여 그 투자자금을 회수하는 것이 불가능하도록 만들어진 집합투자기구를 말한다. 환매금지형 집합투자기구는 존속기간을 정한 집합투자기구의 집합투자증권을 최초로 발행한 날부터 90일 이내에 그 집합투자증권을 증권시장에 상장하여야 한다.

ㄱ. 설정·설립

    a. 집합투자업자 등은 존속기간을 정한 집합투자기구에 대하여만 집합투자증권의 환매를 청구할 수 없는 집합투자기구를 설정·설립할 수 있음

    b. 집합투자업자 등은 집합투자기구를 투자대상 자산의 현금화가 곤란한 사정 등을 고려하여 ① 부동산 집합투자기구를 설정 또는 설립하는 경우, ② 특별자산 집합투자기구를 설정 또는 설립하는 경우, ③ 혼합자산 집합투자기구를 설정 또는 설립하는 경우, ④ 각 집합투자기구 자산총액의 100분의 20을 초과하여 금융위원회가 정하여 고시하는 시장성 없는 자산에 투자할 수 있는 집합투자기구를 설정 또는 설립하는 경우에는 환매금지형 집합투자기구로 설정 또는 설립하여야 함

    c. 시장성 없는 자산이란 ① 부동산(부동산을 기초로 한 파생상품이나 부동산과 관련된 증권 등 시가 또는 공정가액으로 조기에 현금화 가능한 경우 제외), ② 특별자산(관련 자산의 특성 등을 고려하여 시가 또는 공정가액으로 조기에 현금화 가능한 경우 제외), ③ 증권시장 또는 외국시장에 상장된 증권, 채무증권, 파생결합증권, 모집 또는 매출된 증권, 환매청구할 수 있는 집합투자증권 등에 해당하지 않는 증권을 말함

ㄴ. 추가 발행 사유

환매금지형 집합투자기구는 기존 투자자의 이익을 해할 우려가 없는 등 다음에서 정하는 때에만 집합투자증권을 추가로 발행할 수 있다.

    a. 환매금지형 집합투자기구로부터 받은 이익분배금의 범위에서 그 집합투자증권을 추가로 발행하는 경우

    b. 기존 투자자의 이익을 해칠 염려가 없다고 신탁업자로부터 확인을 받은 경우

    c. 기존 투자자 전원의 동의를 받은 경우

    d. 기존 투자자에게 집합투자증권의 보유비율에 따라 추가로 발행되는 집합 투자증권의 우선매수기회를 부여하는 경우

  ㄷ. 상장 및 기준 가격 산정

    a. 투자신탁의 집합투자업자 또는 투자회사는 신탁계약 또는 정관에 투자자의 환금성 보장 등을 위한 별도의 방법을 정하지 않은 경우에는 환매금지형 집합투자증권을 최초로 발행한 날부터 90일 이내에 증권시장에 상장해야 함

    b. 집합투자증권을 추가발행 할 수 없는 환매금지형 집합투자기구는 기준 가격 산정, 기준 가격 공고·게시의무가 면제

❷ 종류형 집합투자기구

존속기간이 짧고 소규모 투자기구가 양산되면, 그로 인해 투자자에게 눈에 보이지 않는 손실이 돌아간다는 것을 부정할 수 없다. 이 문제를 해결하기 위한 방법으로 종류형 집합투자기구가 도입되었는데, 그럼으로써 그동안 소규모 투자기구 양산의 원인 중 하나였던 판매회사 보수 차이로 인한 신규 투자기구 설정이라는 문제가 어느 정도 해소될 수 있게 됐다.

  ㄱ. 설정·설립

    a. 집합투자업자 등은 같은 집합투자기구에서 판매보수의 차이로 인하여 기준 가격이 다르거나 판매수수료가 다른 여러 종류의 집합투자증권을 발행하는 '종류형 집합투자기구'를 설정하여 설립할 수 있음

    b. 종류형 집합투자기구는 집합투자자 총회의 결의가 필요한 경우로서 특정 종류의 집합투자증권의 투자자에 대하여만 이해관계가 있는 경우에는 그 종류의 투자자만으로 종류 집합투자자 총회를 개최할 수 있음

  ㄴ. 등록신청서 및 투자설명서

    a. 투자신탁의 집합투자업자 또는 투자회사 등은 종류형 집합투자기구가 설정 또는 설립된 경우 등록신청서에 ① 여러 종류의 집합투자증권별 판매수수료와 판매보수에 관한 사항, ② 여러 종류의 집합투자증권 간에 전환할 수 있는 권리를 투자자에 주는 경우 그 전환에 관한 사항, ③ 각 종류의 집합투자재산이 부담하는 비용에 관한 사항, ④ 여러 종류의 집합투자증권별 취득 자격에 제한이 있는 경우 그 내용, ⑤ 여러 종류의 집합투자증권별

환매수수료에 관한 사항, ⑥ 여러 종류의 집합투자증권의 기준 가격 산정 방법에 관한 사항, ⑦ 종류 집합투자자 총회에 관한 사항을 기재하여야 함

종류형 집합투자기구로 변경하려는 경우에도 등록신청서의 사항을 포함하여 변경등록 해야 한다.

b. 투자신탁의 집합투자업자 또는 투자회사 등은 종류형 집합투자기구의 투자설명서에 ① 종류형 집합투자기구의 집합투자증권의 종류, ② 각 종류의 집합투자증권별 판매보수, 판매수수료 및 환매수수료의 금액, 부과방법 및 부과기준, ③ 투자자가 각 종류의 집합투자증권 간 전환할 수 있는 경우 전환절차, 전환조건, 전환방법 등 전환에 관한 사항을 기재하여야 함

ㄷ. 전환 및 비용부담

a. 여러 종류의 집합투자증권 간에 전환하는 경우에 그 전환 가격은 각 종류의 집합투자증권의 기준 가격으로 하여야 함. 이 경우 전환을 청구한 투자자에게 환매수수료를 부과해서는 안 됨

b. 투자매매업자 또는 투자중개업자는 종류형 집합투자기구의 집합투자증권을 판매하는 경우 판매수수료나 판매보수가 다른 여러 종류의 집합투자증권이 있다는 사실과 각 종류별 차이를 설명하여야 함

c. 집합투자업자 등은 종류형 집합투자기구의 집합투자증권 투자자가 직접 또는 간접으로 부담하는 수수료 등 비용은 판매보수, 판매수수료, 환매수수료를 제외하고는 각 종류의 집합투자증권별로 같도록 해야 함. 다만, 종류 집합투자자 총회의 운용비용 등 특정집합투자증권에 대해서만 발생한 비용은 예외

d. 투자신탁이나 투자익명조합의 집합투자업자 또는 투자회사 등은 종류형 집합투자재산 운용에 따라 발생한 이익금을 각 종류의 집합투자재산 총액에 비례하여 해당 집합투자재산에 분배해야 함

❸ 전환형 집합투자기구

전환형 집합투자기구란 다양한 자산과 투자전략을 가진 투자기구를 묶어 하나의 투자기구 세트를 만들고 투자자로 하여금 그 투자기구 세트 내에 속하는 다양한 투자기구 간에 교체투자를 할 수 있게 한 것이다. 이러한 전환형 집합투자기구의 투자자는 적극적인 의사결정으로 투자자산과 방법을 달리하여 투자자산을 운용할 수 있다.

ㄱ. 설정·설립

　　a. 집합투자업자 등은 복수의 집합투자기구 간에 각 집합투자기구의 투자자
　　　가 소유하고 있는 집합투자증권을 다른 집합투자기구의 집합투자증권으
　　　로 전환할 수 있는 권리를 투자자에게 부여하는 구조의 '전환형 집합투자
　　　기구'를 설정·설립할 수 있음

　　b. 이 경우 ① 복수의 집합투자기구 간에 공통으로 적용되는 집합투자규약이
　　　있어야 하며, ② 집합투자규약에 투자신탁, 투자회사, 투자유한회사, 투자
　　　합자회사, 투자조합, 투자익명조합, 사모투자전문회사의 집합투자기구 간
　　　의 전환이 금지되어 있을 것의 요건을 갖추어야 함

ㄴ. 등록

　　a. 전환형 집합투자기구가 설정 또는 설립된 경우 등록신청서에 전환이 가능
　　　한 집합투자기구에 관한 사항을 기재하여야 한다. 전환형 집합투자기구로
　　　변경하려는 경우에도 전환이 가능한 집합투자기구에 관한 사항을 기재하
　　　여 변경등록 하여야 함

　　b. 전환하는 경우에 그 전환가격은 각 집합투자기구의 집합투자증권의 기준
　　　가격으로 하며, 전환을 청구한 투자자에게 환매수수료를 부과하지 않음

❹ 모자형 집합투자기구

모자형 집합투자기구는 동일한 집합투자업자의 투자기구를 상하구조로 나누어
하위투자기구(子집합투자기구)의 집합투자증권을 투자자에게 매각하고, 매각된 자
금으로 조성된 투자자기구의 재산을 다시 상위투자기구(母집합투자기구)에 투자하
는 구조를 말한다. 이 경우 실제 증권에 대한 투자는 상위투자기구에서 발생한다.

ㄱ. 설정·설립

　　a. 집합투자업자 등은 다른 집합투자기구(모집합투자기구)가 발행하는 집합투자
　　　증권을 취득하는 구조의 집합투자기구(자집합투자기구)를 설정·설립할 수 있
　　　음

　　b. 이 경우 ① 자집합투자기구가 모집합투자기구의 집합투자증권 외 다른 집합
　　　투자증권을 취득하는 것이 허용되지 아니할 것, ② 자집합투자기구 외의
　　　자가 모집합투자기구의 집합투자증권을 취득하는 것이 허용되지 아니할
　　　것, ③ 자집합투자기구와 모집합투자기구의 집합투자재산을 운용하는 집
　　　합투자업자가 동일할 것 등의 요건을 갖추어야 함

ㄴ. 등록

    a. 모자형 집합투자기구가 설정 또는 설립된 경우 등록신청서에 자집합투자기구가 취득하는 모집합투자기구의 집합투자증권에 관한 사항을 기재하여야 하며 투자매매업자 또는 투자중개업자는 모집합투자기구의 집합투자증권을 투자자에게 판매하면 안 됨

    b. 모자형 집합투자기구로 변경하려는 경우에도 자집합투자기구가 취득하는 모집합투자기구의 집합투자증권에 관한 사항을 포함하여 변경등록

    c. 변경을 하려는 투자신탁의 집합투자업자나 투자회사 등은 집합투자기구의 자산 전부를 새로이 설정 또는 설립되는 모집합투자기구에 이전하고, 이전한 자산금액에 상당하는 모집합투자기구의 집합투자증권을 변경되는 자집합투자기구에 교부하여야 함. 이때 둘 이상의 집합투자기구의 자산을 합하여 한 개의 모집합투자기구로 이전하거나 한 개의 집합투자기구의 자산을 분리하여 둘 이상의 모집합투자기구로 이전하는 것은 안 됨

    d. 투자신탁의 집합투자업자나 투자회사 등은 투자설명서를 작성하는 경우 ① 모집합투자기구에 관한 사항으로서 집합투자기구의 명칭, 투자목적·투자방침·투자전략 등 자본시장법 시행령 제127조 제1항 제3호 각 목의 사항과, ② 자집합투자기구 각각의 보수·수수료 등 투자자가 부담하는 비용에 관한 사항을 기재하여야 함

ㄷ. 의결권 행사 등 기타

    a. 자집합투자기구는 모집합투자기구의 집합투자자총회 의결사항과 관련하여 자집합투자기구의 집합투자자 총회에서 의결된 찬반비율에 비례하여 의결권을 행사하여야 함

    b. 사모집합투자기구가 아닌 자집합투자기구는 사모형 모집합투자기구의 집합투자증권을 취득할 수 없음

    c. 자집합투자기구의 집합투자업자가 자산운용보고서를 작성하는 경우 모집합투자기구에 관한 사항으로서 법정 기재사항을 자산운용보고서에 기재하여야 함

❺ 상장지수 집합투자기구(ETF)

일반적인 개방형 집합투자기구는 투자자가 언제든지 환매청구를 해서 투자자금을 회수할 수 있기 때문에 유동성을 확보를 위해 증권시장에 상장할 필요가 없다.

하지만 ETF(상장지수집합투자기구, Exchange Traded Fund)는 그렇지 않다. ETF는 개방형투자기구이나 그 집합투자증권이 증권시장에 상장되어 있고, 투자자는 시장에서 보유 증권을 매도하여 투자자금을 회수할 수 있다.

ㄱ. 상장지수 집합투자기구 요건

    a. 증권에 관하여 그 종류에 따라 다수 종목의 가격 수준을 종합적으로 표시하는 지수 중 ① 거래소, 외국거래소에서 거래되는 증권 종목의 가격 수준을 종합적으로 표시하는 지수일 것, ② 지수가 증권시장을 통하여 투자자에게 적절히 공표될 수 있을 것, ③ 지수구성 종목이 10종목 이상일 것, 하나의 종목이 그 지수에서 차지하는 비중(직전 3개월 평균 시가총액 기준)이 100분의 30을 초과하지 아니할 것, 지수를 구성하는 종목 중 시가총액 순으로 100분의 85에 해당하는 종목은 직전 3개월간 시가총액의 평균이 150억 원 이상이고 직전 3개월간 거래대금 평균이 1억 원 이상일 것 등 요건을 갖춘 지수의 변화에 연동하여 운용하는 것을 목표로 해야 할 것

    b. 수익증권 또는 투자회사 주식의 환매가 허용될 것

    c. 수익증권 또는 투자회사 주식이 해당 투자신탁의 설정일 또는 투자회사의 설립일부터 30일 이내에 증권시장에 상장될 것 등 요건을 갖춘 집합투자기구를 '상장지수 집합투자기구(Exchange Traded Fund)'라 함. 투자신탁이나 투자회사 외 다른 형태에 대해서는 상장지수 집합투자기구를 허용하지 않고 있으며 상장지수 집합투자기구의 설정·추가설정 또는 설립·신주발행하는 경우에 다른 집합투자기구의 금전납입의무에도 불구하고 예외적으로 증권으로 납입이 가능하도록 인정하고 있음. 이는 현물 바스켓으로 상장지수 집합투자기구의 설정·설립이 이루어짐을 반영한 것임

ㄴ. 지정 참가회사

    a. 지정 참가회사란 증권을 대상으로 투자매매업(인수업 제외)·위탁매매업을 영위하는 자로서 상장지수 투자신탁의 집합투자업자 또는 상장지수 투자회사와 지정 참가계약을 체결한 자를 말함

    b. 주요 역할은 ① 상장지수 집합투자기구의 설정(해지)·추가 설정(일부 해지) 또는 설립(해산)·신주발행(주식 일부 소각)을 집합투자업자에게 요청하는 업무, ② 투자자가 납부한 금전, 증권 등을 투자신탁 계약 또는 투자회사 정관에서 정한 수량(설정 단위)에 상당하는 자산으로 변경하기 위한 증권의 매

매나 위탁매매업무, ③ 상장지수 집합투자기구의 집합투자증권이 증권시
장에서 원활하게 거래되도록 하고 그 가격이 해당 집합투자증권의 좌수
또는 주수 당의 순자산가치에 수렴되도록 하는 업무 등이 있음

ㄷ. 환매

   a. 상장지수 집합투자기구의 투자자는 그 집합투자증권을 판매하는 투자매매
업자 또는 투자중개업자에게 설정 단위별로 환매를 청구할 수 있음. 다만,
그 집합투자증권 판매업자가 해산·인가취소, 업무정지, 천재·지변으로 인
한 전산장애, 그 밖에 이에 준하는 사유로 정상업무를 영위하는 것이 곤란
하다고 금융위원회가 인정하는 경우와 집합투자증권을 판매한 투자매매
업자 또는 투자중개업자가 지정 참가회사인 경우에 지정 참가회사에 환매
를 청구할 수 있음

   b. 환매청구를 받은 판매업자는 지정 참가회사에 대하여 그 집합투자증권의
환매에 응할 것을 요구하여야 함. 다만, 지정 참가회사가 해산 등으로 환매
와 관련한 업무를 할 수 없는 경우에는 판매업자는 집합투자업자에게 직
접 환매에 응할 것을 청구할 수 있음

   c. 환매를 청구받거나 요구받은 지정 참가회사는 상장지수 투자신탁의 집합투
자업자나 상장지수 투자회사에 대하여 지체 없이 환매에 응할 것을 요구하
여야 함. 투자자·판매업자·지정 참가회사가 환매를 청구하거나 요구하는 경
우에 환매에 응하여야 하는 집합투자업자가 해산 등으로 환매에 응할 수 없
는 때에는 신탁업자에 이를 직접 청구할 수 있음

   d. 환매에 응할 것을 요구받은 집합투자업자, 신탁회사는 지체 없이 환매에
응하여야 함. 환매청구를 받은 날의 집합투자재산의 운용이 종료된 후의
집합투자재산을 기준으로 일부 해지 또는 일부 소각에 의하여 설정 단위
에 해당하는 자산(증권으로 지급이 곤란한 자산을 보유하고 있는 경우 제외)으로 환매
에 응하여야 함

   e. 환매를 청구받거나 요구받은 판매업자, 지정참가회사, 집합투자업자 또는
신탁업자가 해산 등으로 집합투자규약에 정해진 날까지 환매할 수 없게
된 경우에는 환매를 연기하고 그 사실을 지체 없이 투자자에게 통지하여
야 함

ㄹ. 상장폐지 및 운용특례

    a. 상장지수 집합투자증권의 상장은 증권상장규정에 정하는 바에 따르며 상장폐지 사유는 ① 추적오차율이 100분의 10을 초과하여 3개월 동안 지속되는 경우, ② 상장지수 집합투자기구가 목표로 하는 지수를 산정할 수 없거나 이용할 수 없게 되는 경우임. 상장이 폐지된 경우에는 상장폐지일부터 10일 이내에 상장지수 집합투자기구를 해지하거나 해산하여야 하며 해지일이나 해산일부터 7일 이내에 금융위원회에 보고. 이 경우 금융위원회의 승인이 필요한 투자신탁 해지규정을 적용하지 않음

    b. 상장지수 집합투자기구의 집합투자재산을 ① 자산총액의 100분의 30까지 동일종목의 증권에 투자가능, ② 동일법인 등이 발행한 지분증권 총수의 100분의 20까지 투자가능. 일반적인 경우 동일종목 증권투자제한은 100분의 10, 계열회사 전체 주식에 펀드자산총액의 100분의 10까지임

6 기타 금융투자상품

1) 증권사 CMA

CMA(Cash Management Account) : 현금자산 관리계좌의 총칭이다. 입출금이 자유로우면서 주식·채권·펀드·신탁매입자금으로의 이체, 급여 이체, 카드결제자금 이체, 각종 공과금 이체, 은행 ATM(자동화 기기)을 이용한 입·출금(업무마감시간 이후 포함) 서비스 제공 등으로 편리성을 높임과 동시에 상대적 고수익을 제시하는 상품이다.

증권회사에서 판매 가능한 상품 중 현금을 받아 운용하여 고수익을 제공하면서 입출금이 자유로운 상품은 MMF, RP, MMW(수시입출금 가능 랩), 발행어음 등 4가지 정도가 있다. 이를 활용하여 입출금이 자유로운 4가지 상품에다 각종 부가서비스를 제공하여 편리성을 높인 상품이 증권사 CMA이다. 증권사 CMA는 수익을 지급해주는 모계좌가 어떤 상품이냐에 따라 MMF형, RP형, MMW형(투자일임형), 발행어음으로 나눌 수 있다.

2) 랩어카운트

(1) 랩어카운트 정의

랩어카운트(wrap Account)는 증권회사가 투자자의 투자성향과 투자목적 등을 정밀하게 분석하고 진단한 후 고객에게 맞도록 주식, 채권, 수익증권, 뮤추얼펀드 등의 다양한 투자수단을 대상으로 가장 적합한 포트폴리오를 추천하는 종합자산관리계좌이다. 랩어카운트는 1970년대 말 미국에서 개발되었으며 투자환경이 점점 복잡해지고 투자자의 수요도 다양화, 고도화되면서 이를 겨냥한 랩어카운트는 미국 증권사들의 주력상품으로 자리 잡게 되었다.

❶ 자문형 랩어카운트

증권사나 투자자문사의 자문을 받아 운용되는 증권사의 랩어카운트 상품이다. 자문은 증권사나 투자자문사 모두 할 수 있으나 최근에 인기를 끌고 있는 것은 투자자문사의 자문을 얻어 운용되고 있는 것이 대부분이다. 또한 자문형 랩은 자문사가 종목추천 등의 자문만 제공하고 고객이 이에 따라 투자를 하는 것이 원래 유형인데, 투자자문사가 고객들의 계좌를 같은 포트폴리오에 맞춰 집합적으로 운용하는 경우도 있다.

❷ 일임형 랩어카운트

일임형 랩어카운트는 일임투자자산운용사가 고객의 투자와 관련한 완전한 일임 및 대리권을 가진다는 점에서 자문형 랩어카운트와 다르다. 자문형 랩어카운트는 고객의 돈을 받아 투자자문을 하는 수준에 그치나, 일임형 랩어카운트는 증권사가 고객의 성향에 따라 주식이나 채권, 주식형 펀드 등 투자자의 자산 포트폴리오 구성에서 운용까지 모든 자산운용 업무를 대신해 준다.

(2) 랩어카운트의 특징

❶ 랩어카운트 장·단점

기존 영업과 랩 서비스를 이용한 영업에는 대상고객, 영업방식, 자산운용방식 등 여러 가지 측면에서 서로 다른 점들이 있는데 요약하면 다음과 같다.

표 2-11 랩어카운트의 장·단점

구분	장점	단점
증권 회사	• 자산기준의 운용수수료 수입 가능 • 안정적인 수익기반 확보 • 이익상충 적음(고객의 신뢰획득 가능) • 고객의 관계 긴밀화 및 장기화 • 영업사원의 독립성 약화	• 영업직원의 재교육 등 업무에 대응하기 위한 시스템구축 비용 소요 • 수수료 수입총액의 감소 우려
영업 직원	• 이익상충 문제 해결(고객 유인 효과)	• 회사로부터 독립성 약화 • 수입감소 우려
고객	• 이익상충 가능성 적음 • 소액으로 전문가의 서비스 가능 • 맞춤형 상품으로 고객니즈 충족 • 다양한 서비스 이용 가능	• 주가 하락 시 상대적으로 수수료 부담 증가 • 일괄 수수료로 불필요한 서비스 대가 지불
투자 자문사	• 고객저변의 확대 • 수수료와 무관한 신축적 운용 가능 • 사무비용 절감	• 운용보수의 감소 • 시장 상황에 관계없이 수수료 이상의 운용 성적 요구 부담

❷ 다른 펀드와의 차이점

주식형 수익증권은 증권투자대행기관(자산운용회사)이 다수의 투자자들로부터 공동출자한 기금을 형성하고 이를 유가증권에 분산 투자한 후 투자수익을 분배하도록 하는 증권투자신탁이며, 뮤추얼펀드(투자회사)는 증권 등을 투자목적으로 하는 상법상의 주식회사로서 투자자는 뮤추얼펀드가 발행하는 주식을 소유함으로써 주주로 투자하게 된다.

반면에, 랩어카운트는 증권사 등이 투자자에게 가장 적합한 증권 포트폴리오에 관한 상담 결과에 따라 자산을 운용(또는 자산운용회사를 소개)해 주고 이에 부수되는 주문집행, 결제 등의 업무를 일괄 처리해 주며, 잔고평가금액에 근거한 일정 비율의 수수료를 받는 '자산종합관리계좌'를 말한다.

(3) 랩어카운트의 유형

랩어카운트는 자산운용방식, 투자대상, 일임의 정도 등에 따라 다양한 종류가 존재하지만 일반적으로 펀드형 랩(Mutual Funds형) 및 컨설턴트 랩(Consultant형)으로 구분된다.

❶ 펀드형 랩(Mutual Funds Wrap)

고객이 일임투자자산운용사와의 상담을 통해 고객의 성향 및 투자목적 등을 파악하여 고객에게 가장 적합한 우수 펀드로 최적의 포트폴리오를 구성하는 투자전략을 제안하여 준다.

❷ 컨설턴트 랩(Consultant Wrap)

고객의 보다 적극적이고 다양한 투자스타일을 반영하기 위하여 일임투자자산운용사와의 상담을 통하여 최적의 포트폴리오 및 개별 주식에 대한 투자전략을 제시해 준다. 새로운 투자대상이 계속 출시됨에 따라 컨설턴트 랩의 투자대상도 더욱 다양해지고 있다.

❸ 자문사 연계형 랩

자문사 연계형 랩이란 증권사가 고객으로부터 투자자금을 랩계좌로 받은 후 투자자문계약을 맺은 외부의 우수한 투자자문사로부터 자문을 받아 랩계좌에서 운용하는 상품을 의미한다. 이의 장점으로는 ① 특화된 분야의 전문성 있는 자문사 선정을 통하여 운용성과 제고가 가능하고, ② 고객 니즈에 부합하는 다양한 운용스타일의 상품제공이 가능하고, ③ 펀드 대비 적은 주식종목으로 운용하므로 탄력적 시장대응이 가능하다는 점 등이 있다. 반면 주의할 점으로는 ① 펀드 대비 분산투자 정도가 낮고 소수 종목에 집중투자되는 경향이 있으므로 시장 하락기에 리스크 관리에 더욱 만전을 기해야 하며, ② 자문사별 운용스타일을 잘 분석하여 자신의 투자목적에 맞는 상품을 선택하거나 운용스타일별 분산투자를 해야 한다는 점 등이 있다.

---

section 04 주요 보장성 금융상품

1 연금보험

연금보험은 장래 노후생활 준비는 물론 장기 저축성 상품으로서도 큰 장점을 가진 상품이다. 연금으로 수령하는 경우 종신형, 상속형, 확정형 등 다양한 지급방법을 선택할 수 있다. 연금보험에는 적립금을 시중 금리 변화를 반영하여 공시이율로 부리하는 것도 있고, 펀드처럼 적립금을 주식과 채권에 투자해서 불려 나가는 것도 있다. 10년 이상 유지하면 보험차익(만기 또는 중도해지 시 수령하는 금액 중에서 납입보험료를 초과하는 금액)에 대한 이자소득세 비과세하는 혜택도 부여된다.

2 종신보험

종신보험은 보장기간이 평생(종신)이며 사망원인에 관계없이 사망보험금이 지급되는 대표적인 보장성보험 상품이다. 각 개인의 재무상황 및 필요성에 따라 맞춤형으로 설계하여 각종 특약을 조립함으로써 다양한 질병과 사고에 대해 보장받을 수 있다. 종신보험은 획일적으로 만들어진 상품이 아니며 고객의 개인별 니즈와 재정상태에 맞춰 다양한 방식으로 설계할 수 있다.

3 건강보험

건강보험은 갑작스러운 질병이나 사고로 발생하는 의료비 부담 완화를 위한 보험상품이다. 건강보험은 보험금을 산정하는 방식에 따라 정액보장보험과 실손보장보험으로 나눌 수 있다. 종신보험과 마찬가지로 개인의 건강상태와 재무상황을 종합적으로 고려해 특약을 부가하는 방식으로 자신에 맞는 보험을 설계할 수 있다.

4 변액보험

변액보험은 보험의 기능에 투자의 기능을 추가한 일종의 간접투자 상품으로 보장도 받으면서 투자수익도 기대할 수 있는 보험상품이다. 일반적으로 보장금액이 가입 당시 정해져 있는 정액보험과 달리 변액보험은 지급되는 보험금이 투자수익에 따라 달라지는 것이 특징이다.

다른 보험과 마찬가지로 변액보험도 가입자의 니즈와 재정상황에 맞춰 다양한 특약을 부가할 수 있다. 변액보험의 가장 큰 특징은 인플레이션으로 인한 보장자산가치 하락에 대한 보완기능이다. 변액보험에는 크게 가입자가 사망했을 때 보험금을 주는 변액종신보험과 사망자가 생존해 있는 동안 연금을 받을 수 있는 변액연금보험이 있다.

5 연금저축

노후준비와 함께 절세까지 할 수 있는 금융상품으로 연금저축이 있다. 연금저축은 크게 보험, 신탁, 펀드가 있는데, 현재 신탁은 신규로 가입할 수 없다. 연금저축 가입자는 한해 1,800만 원을 저축할 수 있고, 저축금액에 대해 최대 600만 원까지 세액공제혜택이 주어지는데, 세액공제율은 16.5%(총급여 5,500만 원, 종합소득 4,500만 원 초과시 13.2%)이다. 저축금액은 55세 이후에 연금으로 수령할 수 있는데, 이때 연금소득세(세율 3.3~5.5%)가 부과된다.

6 장기저축성보험

장기저축성보험은 보험회사에서 판매하는 저축성 보험상품으로서 저축기능과 보장성 기능을 겸한 실세금리연동형 또는 금리확정형 상품이다. 기본적인 위험보장과 함께 최저금리 보장기능이 있어 장기적으로 목돈을 마련하거나 목돈을 안정적으로 운용하기에 좋은 상품이며 10년 이상 가입 시에는 비과세 혜택도 받을 수 있다.

7 CI보험

CI(Critical Illness)보험이란 갑작스러운 사고나 질병으로 중병상태가 계속될 때 보험금의 일부를 미리 지급받을 수 있는 보험이다. CI보험이 보장하는 질병 또는 수술로는 중대한 암, 중대한 심근경색증, 중대한 뇌졸중, 말기 신부전증 등의 질병과 관상동맥우회술, 대동맥 수술, 심장판막 수술, 장기 이식 수술 등의 수술이 있고, 보험금 지급사유가 발생하면 사망보험금의 통상 50~80%를 미리 지급받을 수 있으며, 사망 시에 나머지 잔여액을 사망보험금으로 지급받을 수 있다.

8   실손의료보험

실손의료보험은 보험가입자의 상해 또는 질병으로 인하여 입원, 통원치료 시에 발생한 의료비를 보장하는 실손보상형 보험이다. 의료기관이 환자에게 청구하는 진료비는 그 진료행위가 국민건강보험의 보장대상인지 여부에 따라 급여와 비급여로 구분되며, 급여부분은 다시 국민건강보험 부담과 환자본인 부담으로 구분된다. 실손의료보험은 입원 및 통원 시 실제 발생한 진료비에 대해 "급여 중 환자 본인부담금＋비급여 의료비－일정 수준의 본인부담금"의 금액을 실비로 보장하는 상품이다.

section 05   기타 금융상품

1   재산형성 목적 금융상품

(1) 개인종합자산관리계좌(Individual Savings Account : ISA, 조세특례제한법 제91조의18, 제129조의2)

개인종합자산관리계좌는 저금리·저성장 시대에 개인의 종합적 자산관리를 통해 국민의 재산증식을 지원하려는 취지로 도입된 절세 계좌이다. ISA의 특징은 다음과 같다 : ① 한 계좌에서 다양한 금융상품을 담아 운용할 수 있다. 예를 들면, 국내상장 주식, 펀드, 파생결합증권, 예·적금 등을 편입시킬 수 있다. ② 일정기간 경과 후 여러 금융상품 운용 결과로 발생한 이익과 손실을 통산한 후 순이익을 기준으로 세제혜택이 부여된다. ③ 기존 소장펀드나 재형저축보다 가입자격이 완화됐다.

❶ 가입자격

　ISA에 가입하려면 다음 2가지 조건을 동시에 충족해야 함

　－만 19세 이상(근로소득자는 15세 이상)의 거주자 또는 직전연도 근로소득이 있는

만 15세 이상인 대한민국 거주자

– 직전 3개년 중 1회 이상 금융소득종합과세 대상이 아닌 자

❷ ISA 요건과 세제 혜택

ISA 가입요건에 따라 일반형, 서민형, 농어민형으로 나눔. 일반형은 만 19세 이상 또는 직전연도 근로소득이 있는 만 15세 이상의 대한민국 거주자가 가입대상이다. 서민형은 총급여가 5,000만 원 또는 종합소득이 3,800만 원 이하의 거주자가 가입할 수 있음. 농어민형은 종합소득이 3,800만 원 이하인 농어민이 가입할 수 있다.

가입 요건에 따라 세제혜택도 달라진다. 일반형의 경우 운용수익이 대해 200만 원까지 비과세되고, 이를 초과한 수익은 낮은 세율(9.9%)로 분리과세된다. 서민형과 농어민형은 비과세 한도가 400만 원으로 확대되며, 비과세 한도를 초과한 수익은 마찬가지로 분리과세(세율 9.9%)된다.

ISA의 의무가입기간은 3년이며, 의무가입기간이 지나면 중도해지 하더라도 앞서 설명한 세제혜택을 받을 수 있다. 납입한도는 연간 2,000만 원이며, 당해 연도에 납입한도를 채우지 못하는 경우 미불입 납입한도는 다음해로 이월된다(예를 들어 가입 첫해 1,000만 원을 납입했으면, 2년차에는 3,000만 원을 납입할 수 있다. 이 같은 방식으로 가입기간 동안 최대 1억 원을 납입할 수 있다). 그리고 납입금 한도 내에서 횟수에 제한 없이 중도인출할 수 있다.

표 2-12 ISA의 종류와 특징

종류	중개형 ISA	신탁형 ISA	일임형 ISA
투자가능상품	국내상장주식, 펀드, ETF, 리츠, 상장형수익증권, 파생결합증권, 사채, ETN, RP	펀드, ETF, 리츠, 상장형수익증권, 파생결합증권, 사채, ETN, RP, 예금	펀드, ETF 등
투자방법	투자자가 직접 상품 선택		투자전문가에게 포트폴리오 일임운용
보수 및 수수료	투자 상품별	신탁보수	일임수수료

의무가입기간이 경과하기 전에 중도해지 하더라도 법에서 정한 부득이한 사유에 해당하면 세제혜택을 받을 수 있다. 부득이한 사유는 가입자의 사망, 해외이주, 퇴직, 3개월 이상의 입원치료, 요양을 필요로 하는 상해, 사업장의 폐업, 천재지변 등이다.

❸ ISA 유형

ISA는 운용방식에 따라 중개형, 신탁형, 일임형으로 나뉨. 중개형과 신탁형은 가입자가 ISA에 담을 금융상품들을 직접 선택하고 투자규모를 결정하면 금융회사가 가입자의 지시대로 상품을 편입·교체한다. 금융회사가 가입자의 지시가 없으면 가입자의 계좌에 편입된 상품을 다른 상품으로 교체할 수 없다. 중개형과 신탁형 ISA는 편입시킬 금융상품을 직접 고르기 원하는 투자자에게 적합하다.

중개형 ISA와 신탁형 ISA에서 투자할 수 있는 상품이 조금 차이가 난다. 신탁형 ISA에는 리츠, ETF, 상장형 수익증권, ETN, 펀드, 파생결합증권, 사채, 예금, RP 등에 투자할 수 있다. 중개형 ISA도 예금을 빼면 신탁형 ISA에서 담을 수 있는 상품을 모두 담아서 투자할 수 있다. 그리고 추가로 국내 상장된 주식도 투자할 수 있다.

반면 일임형 ISA는 금융회사가 가입자의 위험성향과 자금운용목표를 고려하여 제시하는 모델 포트폴리오 중 하나를 선택하여 투자하는 방식이다. 일임형 ISA에 담을 금융상품들은 가입자가 선택한 모델 포트폴리오의 운용전략에 따라 금융회사의 전문운용인력이 가입자를 대신하여 선정한다.

금융회사는 가입자의 지시가 없어도 매 분기별로 투자된 자산의 수익성·안정성을 평가하여 자산재조정(리밸런싱)을 수행한다. 따라서 일임형 ISA는 전문가의 투자판단에 따라 운용하고 싶은 투자자에게 적합하다. ISA는 한 사람이 하나의 계좌만 개설할 수 있기 때문에 가입자는 중개형, 신탁형, 일임형 중 하나를 선택해서 가입해야 한다.

(2) 소득공제 장기펀드(소장펀드, 조세특례제한법 제91조의16, 제91조의20)

소득공제 장기펀드는 중산층 서민 근로자의 재산형성을 지원하기 위해 저축금액을 소득공제해 주는 펀드다. 자산총액의 40% 이상을 국내 증권시장에 상장된 주식으로 운용한다. 연간 납입한도는 600만 원이고, 납입액의 40%를 소득공제 해준다. 따라서 한해 최대 240만 원을 소득공제 받을 수 있다. 소득공제를 받기 위해서는 최소 5년 이상 가입하여야 하고, 가입 후 최장 10년까지 소득공제 혜택을 받을 수 있다. 가입한 후 5년이 지나지 않은 시점에 해지하는 경우 소득공제로 감면받은 세액 상당액(납입금액의 6.6%)을 추징받는다. 2015년 연말에 세제혜택 기한이 종료됨에 따라 지금은 새로 가입할 수 없지만, 기존 가입자는 계속해서 세제혜택을 누릴 수 있다.

소득공제 장기펀드는 가입 당시 직전 과세연도의 총급여액이 5,000만 원 이하인 근로소득자라면 누구나 가입할 수 있었다. 총급여액은 근로자가 1년 동안 회사로부터 받은 급여에서 야간근로수당, 6세 이하 자녀 보육수당, 업무 관련 학자금 등 비과세급여를 제외한 금액이다. 가입 후에 급여가 오르더라도 연간 총급여가 8,000만 원이 될 때까지는 소득공제 혜택을 받을 수 있다.

표 2-13 소득공제 장기펀드

구분	내용
가입 대상	총급여 5,000만 원 이하 근로자
세제 혜택	납입액의 40% 소득공제(연 240만 원 한도)
납입 한도	연간 600만 원(분기납입한도 없음) 2016년부터 한도 증액 불가
투자 기간	최소 5년~최장 10년
투자 방식	자유적립식
중도 해지	5년 내 중도 해지하는 추징세액 부과(납입금액의 6.6%)
가입 기한	세제혜택 일몰기한 종료에 따라 신규 가입 불가(2015년 12월 31일까지)
편입 상품	자산총액의 40% 이상을 국내 증권시장에 상장된 주식으로 운용하는 펀드
기타 사항	가입자의 총급여가 8,000만 원을 초과하는 해에는 세제혜택 없음 (단, 다음 해 총급여가 8,000만 원 이하로 하락하면 세제혜택 가능)

(3) 재형저축(조세특례제한법 제91조의14)

근로자, 서민, 중산층의 재산형성을 위한 상품으로 재형저축도 있다. 소득공제 장기펀드가 납입금액을 소득공제해 준다면, 재형저축은 이자와 배당소득에 대해 비과세 혜택을 준다. 재형저축에서 발생한 이자와 배당에는 세금을 부과하지 않고, 농어촌특별세(1.4%)만 부과한다. 2015년 연말에 세제혜택 기간이 종료됨에 따라 신규 가입은 불가하지만, 기존 가입자는 계속해서 비과세 혜택을 받을 수 있다.

재형저축은 일반형과 서민형으로 나뉜다. 일반형은 연소득 5,000만 원 이하의 근로자와 종합소득이 3,500만 원 이하인 개인사업자가 가입 대상이었다. 서민형은 총급여 2,500만 원 이하의 근로자와 종합소득 1,600만 원 이하인 개인사업자가 가입할 수 있었다. 일반형과 서민형 모두 납입한도는 연간 1,200만 원(분기 300만 원)이다. 만기는 7년인데, 7년 이후 3년 이내의 범위에서 1회에 한해 추가연장이 가능하다. 중도에 해지하는 경우 이자와 배당소득에 대한 감면세액을 추징한다. 다만 서민형은 3년 이상 유지하면 중도해지 하더라도 비과세 혜택을 받을 수 있다.

표 2-14 재형저축

구분		내용
가입 대상	일반형	총급여 5,000만 원 이하 근로자, 종합소득 3,500만 원 이하 개인사업자
	서민형	소득형 : 총급여 2,500만 원 이하 근로자, 종합소득 1,600만 원 이하 사업자
세제 혜택		이자 및 배당소득세 비과세(농어촌특별세 1.5% 부과)
납입 한도		연간 1,200만 원(분기 300만 원)
투자 기간		7년(7년 후 3년 이내 범위 내에서 추가연장 1회 가능)
투자 방식		자유적립식
중도 해지		저축기간 내에 중도해지 하면 감면세액 추징
가입 기한		세제 혜택 일몰기간 종료에 따라 신규가입 불가(2015년 12월 31일까지)
상품 매수		재형저축 가입시 최초 가입한 상품을 만기시까지 보유
기타 사항		-가입 이후 소득이 증가해도 만기 때까지 비과세 혜택 유지 -하나의 계좌에서 하나의 펀드만 투자 가능

(4) 개인투자용국채(조세특례제한법 제91조의23)

개인투자용국채는 개인의 장기 자산형성 지원을 목적으로 하는 저축성 국채이다. 만기가 10년 이상인 개인투자용국채를 그 발행일부터 만기일까지 보유하는 경우, 매입액 2억 원까지 이자소득 14%를 분리과세한다. 개인투자용국채의 매입은 전용계좌(1명당 1개만 가입 가능)를 이용하여야 한다.

2   투자성 금융상품

1) 특정금전신탁

위탁자(투자자)가 신탁계약에 의해 신탁재산인 금전의 운용방법을 수탁자(금융회사)에게 지시하고, 수탁자는 위탁자의 운용지시에 따라 신탁재산을 운용한 다음 수익자에게 그 실적을 배당해 주는 상품이다.

특정금전신탁은 크게 4가지 특징을 갖는다. 첫째, 투자자에게서 수탁 받은 금전을 고객이 지시하는 자산에 운용한다. 둘째, 투자자별로 투자자산을 구성하기 때문에 투자자가 직접 투자하는 것과 동일한 효과를 갖는다. 셋째, 실적배당상품으로 원금보전이 불가하다. 넷째, 계약사항에 대해 별도의 계약서를 발행한다.

2) 재산신탁

재산신탁은 신탁 인수 시 신탁재산으로 유가증권·금전채권·부동산 등을 수탁하여 신탁계약 내용에 따라 관리·처분·운용한 후 신탁 종료 시에 금전 또는 신탁재산의 운용현상 그대로 수익자에게 교부하는 신탁을 말한다. 재산신탁의 종류로는 수탁재산에 따라 유가증권신탁, 금전채권신탁, 동산신탁, 부동산 신탁, 지상권·전세권·부동산 임차권의 신탁 등으로 나눌 수 있다. 이 밖에 자본시장법상 허용되어 있는 수탁업무로는 동산신탁, 지상권의 신탁, 전세권의 신탁, 부동산 임차권의 신탁 등이 있으나 현재 취급실적은 거의 없다.

표 2-15   금전신탁과 재산신탁 비교

구분	금전신탁	재산신탁
수탁 재산	금전	금전 이외 다른 재산
주요 기능	재산형성	재산관리
운용 방식	합동운용 및 단독운용 모두 가능 (특정금전신탁은 단독운용)	단독운용만 가능
신탁재산 교부	현금교부원칙	운용현상대로 교부원칙

(1) 유가증권신탁

유가증권신탁은 유가증권관리신탁, 유가증권운용신탁, 유가증권처분신탁으로 구분된다. 유가증권관리신탁은 유가증권의 보관, 이자·배당금·상환금의 수령, 증자대금의 불입 등 유가증권의 관리를 목적으로 하는 신탁을 말한다. 유가증권운용신탁은 유가증권을 대여하여 대여료를 수취하거나 유가증권을 담보로 수탁자가 차입하여 운용하는 등 유가증권 운용수익을 목적으로 하는 신탁이며, 유가증권처분신탁은 수탁 유가증권을 처분하기 위한 신탁이다.

(2) 금전채권신탁

금전채권신탁은 수익자를 위해 금전채권의 추심·관리·처분을 목적으로 금전채권을 신탁하고 신탁 종료 시 수익자에게 원본과 수익을 금전으로 교부하는 신탁이다.

(3) 부동산 신탁

❶ 의의

ㄱ. 부동산 신탁은 인수하는 신탁재산의 형태가 토지 및 그 정착물인 부동산이며 신탁목적에 따라 관리, 처분, 담보, 토지신탁 등으로 구분한다. 토지신탁은 부동산 신탁회사만 취급 가능

ㄴ. 부동산 신탁회사는 부동산 소유자인 위탁자와 신탁계약을 체결하고 그 부동산을 관리·처분·개발함으로써 나오는 수익을 수익자에게 교부하고 그 대가로 수수료(신탁보수)를 취득

ㄷ. 부동산 신탁회사는 인가조건으로 그 수탁 가능 재산이 부동산 등으로 제한됨에 따라 현재 부동산을 수탁받아 그 관리, 처분, 개발을 대행하는 업무를 수행하고 부수업무로서 주로 부동산 컨설팅, 대리사무, 부동산 매매의 중개 등을 수행

ㄹ. 부동산 투자신탁 : 부동산 신탁과 유사 개념으로 부동산 투자신탁이 있음. 금전을 신탁받아 부동산에 투자하는 기존의 불특정금전신탁 상품을 일컫는 것으로서 현물인 부동산 자체를 신탁받는 부동산 신탁과는 근본적으로 차이가 있음

❷ 특징

ㄱ. 부동산의 관리, 처분, 개발에 신탁제도를 도입한 이유는 신탁재산은 독립성이 보장되고 강제집행 등이 금지되어 수익자 및 신탁재산의 보호에 만전을 기할 수 있기 때문임

ㄴ. 부동산 신탁제도는 부동산에 대한 전문성을 보유한 신탁회사가 부동산을 관리·개발함으로써 한정된 자원을 효율적으로 이용할 수 있음

ㄷ. 부동산 매매가 수반되지 않으므로 양도과정에서의 양도세 및 등록세 등 제반 비용을 절감할 수 있음

❸ 부동산 토지신탁

ㄱ. 토지신탁은 크게 분양형 토지신탁과 임대형 토지신탁으로 구분

ㄴ. 분양형 토지신탁 : 신탁토지에 택지조성, 건축 등의 사업을 시행한 후 이를 분양하여 발생한 분양수익을 수익자에게 교부하는 것을 목적으로 하는 신탁으로 우리나라 토지신탁의 주종을 이루고 있음

ㄷ. 임대형 토지신탁 : 토지신탁의 기본형으로 신탁토지에 택지조성, 건축 등의 사업을 시행한 후 일정기간 동안 임대하여 발생한 임대수익 및 원본을 수익자에게 교부하는 것을 목적으로 하는 신탁으로서 신탁기간 종료 시에는 처분하여 현금으로 교부하거나 잔존형태 그대로 교부함

❹ 부동산 관리신탁

ㄱ. 관리신탁은 신탁회사가 위탁자인 소유자를 대신하여 부동산에 대한 일체의 관리를 수행하는 신탁으로 갑종관리신탁과 을종관리신탁으로 구분

ㄴ. 갑종관리신탁은 부동산에 관련된 복잡 다양한 권리의 보호와 합리적인 운용을 위하여 토지 및 건물의 임대차, 시설의 유지보수, 소유권의 세무, 법률문제, 수입금 등 제반사항에 대하여 종합적으로 관리운용함

ㄷ. 을종관리신탁 : 단순 소유권 보존만을 관리함

❺ 부동산 처분신탁

ㄱ. 처분신탁은 신탁회사가 부동산 소유자를 대신하여 실수요자를 찾아 매각해 주는 신탁

ㄴ. 처분의 방법과 절차에 어려움이 있는 부동산, 매수자가 제한되어 있는 대형 부동산, 소유관리에 안전을 요하는 부동산 등이 주된 수탁대상임

❻ 부동산 담보신탁

　ㄱ. 담보신탁은 위탁자가 금융기관으로부터 대출을 받기 위하여 설정하는 신탁
　　　으로 위탁자가 자기소유 부동산을 신탁회사에 신탁하고 발급받은 수익권증
　　　서를 담보로 금융기관이 대출을 실행하고 신탁회사는 수탁 부동산을 관리하
　　　며 위탁자의 채무불이행 시 부동산을 처분하여 채권금융기관에 변제함

　ㄴ. 담보신탁은 기본적으로 채무자의 신용을 보완한다는 점에서 기존의 저당권
　　　과 유사함

　ㄷ. 저당권과 담보신탁의 차이 : 저당권 설정방식은 담보물 평가비용, 채무불이행
　　　시 법원경매의 장기화, 저가경락 등으로 금융기관의 부담이 증가할 가능성이
　　　있음. 반면 담보신탁은 전문성이 있는 신탁회사가 관리·처분함으로써 금융기
　　　관의 비용 절감 효과가 있음. 또한 저당권의 경우 후순위권리(임대차 및 저당권)
　　　설정에 관여할 수 없으나 담보신탁은 소유권이 신탁회사로 이전되어 후순위
　　　권리설정에 관여하여 동 권리설정을 배제할 수 있음. 저당 부동산의 경우 채
　　　무자 파산 시 파산재단을 구성하여 처분이 제한될 수 있으나 담보신탁의 경
　　　우 신탁법상 파산재단을 구성하지 아니하여 신속한 채권회수가 가능

3 　기타

(1) 양도성예금증서

❶ 의의 : 양도성예금증서(Certificate of Deposit : CD)는 정기예금에 양도성을 부여한 것
　　으로서 무기명할인식으로 발행. 은행에서 발행된 증서를 직접 살 수 있고, 종합금
　　융회사나 증권회사에서 유통되는 양도성예금증서를 살 수도 있음. 무기명 양도
　　가능하고, 할인식으로 발행
❷ 취급기관 : 은행, 종합금융회사, 증권회사
❸ 발행대상 : 제한 없음
❹ 수익률 : 실세금리 연동형 확정금리
❺ 예치기간 : 30일 이상 제한 없음(91일이 일반적임)
❻ 예치한도 : 제한 없음(보통 500만 원 이상)
❼ 이자지급 : 예치기간 동안의 액면금액에 대한 이자를 액면금액에서 차감하여 발

행한 후 만기지급 시 증서소지인에게 액면금액을 지급(할인식)

❽ 특징 : 증서의 만기 전에 은행에서의 중도해지는 불가능하며, 다만 유통시장(증권 회사, 종합금융회사)을 통해서 매각하여 현금화할 수 있음. 또 만기 후에는 별도의 이 자 없이 액면금액만을 지급받게 됨

(2) 표지어음

❶ 의의 : 금융기관이 기업으로부터 매입(할인)해 보유하고 있는 상업어음이나 외상 매출채권을 다시 여러 장으로 쪼개거나 한데 묶어 액면금액과 이자율을 새로이 설정해 발행하는 어음. 은행 및 저축은행의 대표적인 단기상품 중 하나로 3개월 이상 6개월 이내의 단기 여유자금 운용에 유리한 상품

❷ 취급기관 : 은행, 종합금융회사, 상호저축은행

❸ 거래금액 : 제한 없음(보통 500만 원 이상)

❹ 저축기간 : 원어음의 최장 만기일 범위 내

❺ 수익률 : 실세금리 연동형 확정금리

❻ 이자계산 : 할인식(이자 선지급식)

❼ 세금혜택 : 없음(일반세율 15.4% 적용)

❽ 예금보호 여부 : 「예금자보호법」 등에 의거 보호

❾ 참고사항 : 금융기관이 표지어음의 발행인 및 지급인이 되므로 안전성이 높은 편 이며 일반적으로 일정 금액(1억 원 정도) 이상이면 우대금리를 적용함. 만기 전 중 도해지가 불가능하나 배서에 의한 양도는 가능하며 할인매출의 특성상 만기 후 의 경과기간에 대해서는 별도의 이자없이 액면금액만을 지급하는 데 유의하여 야 함

(3) 발행어음

❶ 의의 : 종합금융회사나 증권금융회사가 영업자금 조달을 위해 자체 신용으로 융 통어음을 발행하여 일반투자자에게 매출하는 형식의 금융상품으로, 자기발행어 음 또는 자발어음이라고도 함

❷ 취급기관 : 종합금융회사, 증권금융

❸ 가입한도 : 제한 없음(보통 최저 거래금액이 100만 원~500만 원 이상)

❹ 예치기간 : 1년 이내(보통 90일)

⑤ 수익률 : 실세금리 연동형 확정금리

⑥ 이자계산 : 할인매출 또는 만기에 원리금을 지급

⑦ 세금혜택 : 일반과세(15.4%), 세금우대(9.5%), 생계형 비과세 중 선택 가능

⑧ 예금보호 여부 : 「예금자보호법」에 의거 보호

⑨ 참고사항 : 금융기관이 직접 발행하는 어음인 만큼 투자자 입장에서 예치기간이나 금액에 적합한 상품을 언제든지 구할 수 있다는 장점이 있음. 중도환매가 가능하나 일정 수준의 중도해지이율이 적용됨. 기업어음(CP)에 비해서 수익률은 다소 낮으나 기업어음과는 달리 예금자보호 대상임

(4) 연금저축

개인의 노후생활 및 장래의 생활안정을 목적으로 일정 금액을 적립하여 연금으로 원리금을 수령할 수 있는 장기 금융상품이다. 2001년 2월부터 신규 도입된 상품으로 취급기관별로 은행의 연금저축신탁, 보험사의 연금저축보험, 자산운용사의 연금저축펀드가 있다. 이중 은행의 연금저축신탁은 신규 판매가 중단된 상태다. 저축금액에 대한 소득공제혜택이 있으나 연금수령 시 소득공제분과 연금이자에 대해 세금이 부과된다.

연금저축은 가입대상에 제한이 없다. 가입자는 한해 최대 1,800만 원까지 연금저축에 적립할 수 있으며, 세액공제 한도는 연간 600만 원이다. 다만 연간 납입한도와 별도로 ISA 만기자금을 연금저축에 이체할 수 있고, 이렇게 이체한 금액의 10%(최대 300만 원)를 세액공제 받을 수 있다. 세액공제율은 소득에 따라 다르다. 종합소득이 4,500만 원(근로소득만 있는 경우 총급여 5,500만 원) 이하인 경우에는 세액공제 대상금액의 16.5%에 해당하는 세액을 공제받고, 이보다 소득이 많은 경우에는 13.2%를 세액공제 받을 수 있다.

적립금은 가입 후 5년이 경과하면 55세 이후에 연금으로 수령할 수 있다. 이때 금융회사는 연금을 지급하면서 연금소득세를 원천징수한다. 연금소득세율은 연금수령 당시 나이에 따라 다른데, 만 55세 이상 69세 이하는 5.5%, 만 70세 이상 79세 이하는 4.4%, 만 80세 이상은 3.3%의 세율을 적용한다. 다만 한해 연금소득이 1,500만 원을 초과하는 경우에는 분리과세(16.5%) 또는 종합과세를 선택하여야 한다. 연금저축을 중도해지 하면 기타소득세(16.5%)를 부과한다. 이때 기타소득은 다른 소득과 합산하지 않고 분리과세한다.

(5) 주택연금(역모기지론)

　주택연금이란 고령자가 거주하는 주택을 담보로 금융기관이 제공하는 노후 생활자금을 매달 연금처럼 지급받는 대출을 말한다. 주택연금은 주택을 소유하고 있으나 별다른 소득원이 없는 고령자에게 도움이 되는 상품으로 2007년 7월부터 시행하고 있다.

❶ 상품특징 : 주택을 담보로 맡기고 연금 수령
❷ 대상 : 부부 중 연장자가 만 55세 이상
❸ 대상주택 : 공시가격 9억 원 이하인 주택(주거용오피스텔도 가능)
❹ 월지급금액 : 주택 가격과 가입 시점에 따라 다르며 가입 시점은 부부 중 나이가 적은 사람을 기준으로 함
❺ 지급방식 : 종신방식, 확정기간방식, 대출상환방식 등
❻ 대출금리 : 3개월 CD금리＋1.1%, COFIX＋0.85%
❼ 취급기관 : 국민, 신한, 우리, 하나, 기업, 농협, 대구, 광주, 부산, 경남, 수협, 전북은행/교보, 흥국생명
❽ 보증료
　• 초기 보증료 : 주택 가격의 1.5%
　• 연보증료 : 보증잔액의 연 0.75%
❾ 대출금 상환 : 대출금 상환은 주택연금 계약 종료 시 담보주택 처분 가격 범위 내로 한정

상환 시점	상환할 금액	비고
주택 가격 > 대출잔액	대출잔액	남는 부분은 채무자(상속인)에게 돌려줌
주택 가격 < 대출잔액	주택 가격	부족한 부분은 채무자(상속인)에게 청구하지 않음

section 06 | 금융상품과 세금

1 | 금융상품의 세금

금융기관에 저축이나 투자를 하면 이자나 배당 등 금융소득이 발생하게 되는데 이와 같은 금융소득에는 다른 소득과 마찬가지로 각종 세금이 부과된다. 금융소득에 부과되는 세금으로는 「소득세법」에 의한 소득세, 「지방세법」에 의한 지방소득세, 그리고 소득세가 감면되는 경우 「농어촌특별세법」에 따라 동 감면세액을 기준으로 부과되는 농어촌특별세가 있으며 이들 세금은 모두 금융기관이 고객에게 저축의 원리금이나 이자 등을 지급할 때 원천징수하고 있다. 한편, 이들 세금에 대한 감면 등의 특례는 대부분 「조세특례제한법」에 규정되어 있다.

현행 관련 세법에 의하면 세금감면혜택이 없는 일반저축상품에서 발생한 금융소득에 대해서는 소득세(14%)와 지방소득세(1.4% : 소득세액의 10%)를 합하여 15.4%의 세금이 부과되고 있다. (단, 개인별 금융소득이 연 2천만원을 초과하는 경우에는 다른 소득과 합산하여 종합과세)

2 | 절세 금융상품

절세 금융상품은 세금 혜택의 정도에 따라 비과세, 세액공제, 소득공제, 세금우대로 구분된다. 또한 절세 금융상품에 따라 판매회사가 다를 수 있다.

표 2-16 절세 금융상품 종류 및 절세 유형

금융상품	판매회사	절세 유형
ISA	은행, 증권사, 보험사	비과세, 분리과세
비과세해외 주식 투자전용펀드	은행, 증권사	비과세
연금저축(신탁/연금/보험)	은행, 증권사, 보험사	세액공제
퇴직연금(IRP/DC형) * 가입자 추가 납입분	은행, 증권사, 보험사, 근로복지공단	세액공제

주택청약종합저축	은행	소득공제
저축성보험	보험사	비과세
비과세 종합저축	전 금융회사	비과세
조합 출자금	농협, 수협, 산림조합, 신협	과세특례
조합 예탁금		과세특례
농어가 목돈마련저축		비과세

(1) ISA

구분	일반형	서민형	농어민형
가입요건	만 19세 이상 또는 직전 연도 근로소득이 있는 만 15~19세 미만의 대한민국 거주자	총급여 5,000만 원 또는 종합소득 3,800만 원 이하 거주자	종합소득 3,800만 원 이하 농어민
비과세 한도	200만 원	400만 원	400만 원
비과세 한도 초과분	분리과세(세율 9.9%)		
의무가입기간	3년		
중도인출	납입금 한도 내에서 횟수 제한 없이 중도인출 가능		
납입한도	연간 2천만 원, 총납입한도 1억 원 이하 (당해연도 미불입 납입한도는 다음 해로 이월 가능)		

(2) 비과세해외주식투자전용펀드

구분	내용
가입자격	거주자 개인
투자대상	해외상장주식에 직간접적으로 60% 이상 투자하는 집합투자기구
가입기한	2017년 12월 31일까지
계약기간	가입일부터 10년
납입한도	총 3,000만 원(전금융기관 합산)
세제혜택	가입일로부터 10년간 해외주식 매매차익, 평가차익, 환차익을 비과세

(3) 연금저축(신탁/펀드/보험)

구분		주요 내용
가입대상		누구나 가입가능
납입한도 (퇴직연금 합산)		연간 1,800만 원 +ISA계좌 만기금액+1주택 고령가구 주택 다운사이징 차액(1억 원 한도)
세액공제 한도		연간 600만 원 +ISA 만기 전환금액의 10%(연간 최대 300만 원)
세액공제율		16.5%(종합소득 4,500만 원, 총급여 5,500만 원 이하자) 13.2%(종합소득 4,500만 원, 총급여 5,500만 원 초과자)
연금 수령	요건	가입후 5년 경과, 만 55세 이후
	연간 한도	$$연금수령한도=\frac{과세기간개시일(연금개시신청일) 현재평가액}{(11-연금수령연차)}\times120\%$$
	과세	연금 수령(연령별 차등 적용) {연금 수령 표} 연금외 수령시(중도해지, 연금수령한도 초과 인출금액) －기타소득세 16.5%(분리과세) －부득이한 사유에 해당되면 3.3~5.5% 세율로 분리과세 　(천재지변, 사망 또는 해외이주, 파산선고, 개인회생 등)

연금수령연령	일반 수령	종신형연금
55~69세	5.5%	4.4%
70~79세	4.4%	
80세 이상	3.3%	3.3%

(4) 퇴직연금(DC, IRP)

구분	주요 내용
대상	퇴직연금(DC, IRP) 가입자
납입한도 (연금저축 합산)	연간 1,800만 원 +ISA계좌 만기금액+1주택 고령가구 주택 다운사이징 차액(1억 원 한도)
세액공제 한도	연간 900만 원(연금저축 합산) +ISA 만기 전환금액의 10%(연간 최대 300만 원)
세액공제율	16.5%(종합소득 4,500만 원, 총급여 5,500만 원 이하자) 13.2%(종합소득 4,500만 원, 총급여 5,500만 원 초과자)

	요건	가입후 5년 경과, 만 55세 이후
연금 수령	연간 한도	$연금수령한도 = \dfrac{과세기간개시일(연금개시신청일)\ 현재평가액}{(11-연금수령연차)} \times 120\%$
	과세	연금 수령(연령별 차등 적용)

연금수령연령	일반 수령	종신형연금
55~69세	5.5%	4.4%
70~79세	4.4%	
80세 이상	3.3%	3.3%

연금외 수령시(중도해지, 연금수령한도 초과 인출금액)
- 기타소득세 16.5%(분리과세)
- 부득이한 사유에 해당되면 3.3~5.5% 세율로 분리과세
  (천재지변, 사망 또는 해외이주, 파산선고, 개인회생 등)

(5) 주택청약 종합저축

개요	민영주택 및 국민주택을 공급받기 위해 가입하는 저축 상품
가입대상	국민 개인(국내 거주하는 재외동포 포함), 외국인 거주자 1인 1통장만 가입 가능
저축방식	일시예치식, 적금 방식
적립금액	매월 2만 원 이상 50만 원 이하의 금액을 자유롭게 적립 - 잔액이 1,500만 원 미만이면 1,500만 원까지 일시예치 가능 - 잔액이 1,500만 원 이상이면 월 50만 원 이내에서 자유 적립
계약기간	입주자로 선정될 때까지(당첨 시)
소득공제	대 상 자 : 총급여액이 7,000만 원 이하 근로자인 무주택 세대주 공제한도 : 해당 과세연도 납부분(연간 300만 원 한도)의 40%(120만 원)
예금자보호	예금자보호법에 의해 보호되지는 않음. - 주택도시기금의 조성 재원으로 정부가 관리

(6) 저축성 보험(비과세 요건 및 한도)

일시납보험	월적립식보험	종신형 연금보험
계약기간 10년 이상 • 1인당 납입한도 　－2017년 3월 이전 : 2억 원 　－2017년 4월 이후 : 1억 원	• 계약기간 10년 이상 • 납입기간 5년 이상 • 보험료 월 150만 원 이하	• 계약자＝피보험자＝수익자 • 55세 이후 연금 개시 • 사망할 때까지 연금 수령 • 보증지급기간≤기대여명 • 피보험자 사망시 보험계약, 　연금재원 소멸 • 연간 연금수령한도를 초과하 　지 아니할 것

(7) 비과세종합저축

가입대상	65세 이상인 자, 장애인, 독립유공자와 유족 또는 가족, 상이자, 기초생활수급자, 5·18민주화운동부상자, 고엽제 후유증 환자
불입한도	1인당 5,000만 원
적용기한	2025년 12월 31일 이전 가입분 이자, 배당 소득
세제혜택	이자와 배당소득 비과세

(8) 조합출자금

가입대상	농민, 어민 등을 대상으로 한 금융기관에 대한 출자금
불입한도	1인당 2,000만 원 이하
적용기한	2025년 12월 31일까지 발생한 배당소득
세제혜택	2025년까지 발생한 배당소득 : 비과세 2026년에 발생한 배당소득 : 과세(세율 5%) 2027년 이후 발생한 배당소득 : 과세(세율 9%)

(9) 조합예탁금

가입대상	만 19세 이상의 거주자로서 농민, 어민, 농협 등의 조합원, 회원
불입한도	3,000만 원 이하
적용기한	2025년 12월 31일까지 발생된 이자소득
세제혜택	2025년까지 발생한 이자소득 : 비과세 2026년에 발생한 이자소득 : 과세(세율 5%) 2027년 이후 발생한 이자소득 : 과세(세율 9%)

(10) 농어가목돈마련저축

가입대상	농업인(2헥타르 이하 농지를 소유하거나 임차한 사람) 어업인(20톤 이하의 어선을 소유한 사람) 임업인(10헥타르 이하의 산림을 소유하거나 임차한 사람)
불입한도	연간 240만 원 이하 3~5년 저축계약
적용기한	2025년 12월 31일 이전 가입분 이자소득
세제혜택	이자소득 비과세

section 07 | 예금보험제도

금융기관이 예금의 지급정지, 영업 인·허가의 취소, 해산 또는 파산 등으로 고객의 예금을 지급하지 못하게 될 경우 해당 예금자는 물론 전체 금융제도의 안정성도 큰 타격을 입게 된다. 이러한 사태를 방지하기 위하여 금융기관 예금 등을 정부가 일정한 범위 내에서 보장해 주는 것이 '예금보험제도'이다.

정부는 예금보험제도를 효율적으로 운영하기 위하여 1995년 1월 「예금자보호법」을 제정하고, 이 법에 따라 1996년 6월 예금보험공사를 설립하였다.

예금자보호를 위하여 예금보험공사는 평소에 금융기관으로부터 예금보험료를 받아 예금보험기금을 적립한 후, 금융기관이 예금을 지급할 수 없게 되면 금융기관을 대신하여 예금을 지급하게 된다.

「예금자보호법」에 의한 예금자보호제도가 적용되지 않는 금융기관들은 자체적으로 안전기금 등을 적립하는 등의 예금자보호를 위한 장치를 마련하고 있다.

1 「예금자보호법」에 의한 예금보험제도

(1) 보호대상 금융기관

현재 은행(농·수협중앙회, 지구별 수산업협동조합 중 은행법의 적용을 받는 조합, 외국은행 국내지점

포함)·자본시장법 제12조에 따라 증권을 대상으로 투자매매업·투자중개업의 인가를 받은 투자매매업자 및 투자중개업자·보험회사·종합금융회사·상호저축은행 등 5개 금융권이 「예금자보호법」의 적용을 받아 예금보험공사에 예금보험료를 납부하는 '예금보험 가입금융기관'에 해당된다.

다만, 농·수협의 지역조합은 예금보험가입 금융기관이 아니며, 각 중앙회가 자체적으로 설치·운영하는 '상호금융예금자보호기금'을 통하여 예금자를 보호하고 있다.

(2) 보호대상 금융상품

예금보험에 의해 보호되는 저축상품은 예금보험가입 금융기관이 취급하는 '예금'만 해당된다. '예금'이란 금융기관이 만기일에 약정된 원리금을 지급하겠다는 약속 하에 고객의 금전을 예치 받는 저축상품을 말한다. 따라서, 실적배당 신탁이나 수익증권과 같이 고객이 맡긴 돈을 유가증권 매입이나 대출 등에 운용한 실적에 따라 원금과 수익(이자 상당)을 지급하는 '투자상품'은 '예금'이 아니다. 이러한 투자상품은 운용실적이 좋은 경우에는 큰 수익을 올릴 수 있지만, 운용실적이 나쁜 경우에는 원금도 손실을 볼 수 있다.

이렇게 예금보험가입 금융기관이 취급하는 저축상품 중에서도 「예금자보호법」에 의해 보호되는 것과 보호되지 않는 것이 있는데, 이를 구체적으로 알아보면 다음과 같다.

구분	보호대상	비보호대상
은행	• 보통예금, 기업자유예금, 별단예금, 당좌예금 등 요구불예금 • 정기예금, 저축예금, 주택청약예금, 표지어음 등 저축성예금 • 정기적금, 주택청약부금, 상호부금 등 적립식 예금 • 원금이 보전되는 금전신탁 등(예금보호대상 금융상품으로 운용되는 확정기여형 퇴직연금 및 개인퇴직계좌 적립금 등) • 외화예금	• CD, RP • 특정금전신탁 등 실적배당형 신탁 • 금융투자상품(수익증권, 뮤추얼펀드, MMF 등) • 은행발행채권 • 주택청약저축, 주택청약종합저축 등

투자매매업자, 투자중개업자	• 금융상품 중 매수에 사용되지 않고 고객계좌에 현금으로 남아 있는 금액 • 자기신용대주담보금, 신용거래계좌 설정보증금, 신용공여담보금 등의 현금잔액 • 원금이 보전되는 금전신탁 등(예금보호대상 금융상품으로 운용되는 확정기여형 퇴직연금 및 개인퇴직계좌 적립금 등)	• 금융투자상품(수익증권, 뮤추얼펀드, MMF 등) • 청약자 예수금, 제세금예수금, 선물·옵션 거래예수금, 유통금융대주담보금 • RP, 증권사 발행채권 • CMA(RP형, MMF형, MMW형) • 랩어카운트, ELS, ELW 등
보험회사	• 개인이 가입한 보험계약(단, 변액보험 제외), 퇴직보험계약 • 원금이 보전되는 금전신탁 등(예금보호대상 금융상품으로 운용되는 확정기여형 퇴직연금 및 개인퇴직계좌 적립금 등)	• 법인보험계약(보험계약자 및 보험료 납부자가 법인인 보험계약), 보증보험계약, 재보험계약 등 • 변액보험계약 주계약 등
상호저축은행	• 보통예금, 저축예금, 정기예금, 정기적금, 신용부금, 표지어음 등	• 저축은행 발행 채권(후순위채권) 등

주 : 정부, 지방자치단체(국공립학교 포함), 한국은행, 금융감독원, 예금보험공사, 부보금융기관이 가입한 금융상
　　품은 보호되지 않는다.
자료 : 예금보험공사 홈페이지 참조

(3) 예금보험금이 지급되는 경우

예금보험에 가입한 금융기관이 예금의 지급정지, 영업 인·허가의 취소, 해산 또는 파산 등으로 고객의 예금을 지급할 수 없게 되는 경우를 '예금보험사고'라 하며, 이러한 '예금보험사고'가 발생한 경우에 예금보험공사가 해당 금융기관을 대신하여 예금을 지급하게 된다. 이를 경우 별로 알아보면 다음과 같다.

❶ 예금이 지급정지된 경우 : 금융기관의 경영이 악화되어 예금을 지급할 수 없는 상태에 빠지거나 금융감독당국이 예금의 지급정지명령을 내린 경우에는 해당 금융기관에 대한 재산실사 등을 통해 향후 경영정상화 가능성을 조사하게 되며, 그 결과 경영정상화가 불가능하다고 판단되면 예금보험공사가 대신 예금을 지급. 이렇게 예금이 지급정지된 경우에는 재산실사를 거쳐야 하기 때문에 예금이 지급정지된 날부터 예금보험공사가 예금을 대신 지급하기로 결정하는 날까지 통상 2개월에서 3개월 정도의 기간이 걸림

❷ 인가취소 · 해산 · 파산의 경우 : 금융기관이 감독당국으로부터 인(허)가를 취소당하거나 해산한 경우 또는 법원으로부터 파산선고를 받은 경우에는 예금자의 청구에 의하여 예금보험공사가 예금을 대신 지급

❸ 계약이전의 경우 : 계약이전이란 감독당국의 명령 또는 당사자 간의 합의에 따라 부실금융기관의 자산과 부채를 다른 금융기관으로 이전하는 것으로, 이 경우에는 모든 자산과 부채가 반드시 포괄승계되는 것은 아니며 구체적인 이전계약내용에 따라 승계되는 자산과 부채의 범위가 달라짐. 계약이전 결과 부실금융기관의 예금 중 일부가 다른 금융기관으로 승계되지 않을 수도 있는데, 이 경우 승계되지 않은 예금이 「예금자보호법」에 의한 보호대상예금이면 예금보험공사가 대신 지급

❹ 금융기관이 합병되는 경우 : 금융기관이 합병되는 경우에는 합병 전 금융기관의 모든 자산과 부채가 합병 후 금융기관으로 포괄 승계되므로, 합병 전 금융기관과 거래하던 예금자는 종전과 마찬가지로 합병 후 금융기관과 정상적인 예금거래를 할 수 있음. 다만 A금융기관과 B금융기관이 합병 시 1년까지는 각각의 보호금액한도 5,000만 원에 대해서 보호. 그러나 1년 경과 후는 1개 금융기관으로 보아 5,000만 원에 대해서만 적용.

(4) 보호한도

예금자보호제도는 다수의 소액예금자를 우선 보호하고 부실 금융기관을 선택한 예금자도 일정 부분 책임을 분담한다는 차원에서 예금의 전액을 보호하지 않고 일정액만을 보호하는 것이 원칙이다.

우리나라는 1997년 말 외환위기 이후 일시적으로 예금 전액을 보장하기도 하였으나 2001년부터는 예금보험 지급사유가 발생할 경우 원금과 소정의 이자를 포함하여 1인당 최고 5천만 원까지(2024년말 관련법 개정에 따라 1억 원으로 상향, 단 시행시기는 법 공포 이후 1년 이내에서 추후 결정) 예금을 보장받게 된다.

한편, 예금보험공사로부터 보호받지 못한 나머지 예금은 파산한 금융기관이 선순위채권을 변제하고 남는 재산이 있는 경우 채권자로서 파산절차에 참여하여 이를 다른 채권자들과 함께 채권액에 비례하여 배당받음으로써 그 전부 또는 일부를 돌려받을 수 있다.

앞에서 설명한 보호금액 한도는 예금의 종류별 또는 지점별 보호금액이 아니라 동일한 금융기관 내에서 예금자 1인이 보호받을 수 있는 총금액이다. 이때, 예금자 1인이라 함은 개인뿐만 아니라 법인도 대상이 된다.

예금의 지급이 정지되거나 파산한 금융기관의 예금자가 해당 금융기관에 대출이 있는 경우에는 예금에서 대출금을 먼저 상환(상계)시키고 남은 예금을 기준으로 보호한다.

(5) 예금보험 지급절차

예금보험사고가 발생하면 예금보험공사가 예금 등의 지급에 필요한 준비를 마친 후 지급의 시기 및 방법 등을 신문에 공고하게 된다. 따라서 예금보험사고가 발생한 금융기관과 거래하고 있는 예금자들은 신문에 공고된 내용에 따라 예금을 지급받으면 된다.

2 「예금자보호법」이 적용되지 않는 기관의 예금자보호

(1) 상호금융(지역농·축협, 지구별수협 및 지역산림조합)

「농업협동조합법」에 의한 지역농업협동조합 및 지역축산업협동조합, 「수산업협동조합법」에 의한 지구별수산업협동조합, 「산림조합법」에 의한 지역산림조합은 「예금자보호법」의 적용을 받는 해당 조합의 중앙회와는 달리 정부의 예금보호대상에서 제외(단, 지구별수협 중 「은행법」의 적용을 받는 조합은 보호대상임)된다.

그러나, 지역농협 및 지역축협, 지구별수협, 및 지역산림조합은 별도의 기금을 적립하여 고객의 예금을 보장하고 있는데, 2001년부터는 「예금자보호법」 적용 대상 금융기관과 형평을 맞추어 5,000만 원까지 보호해 주고 있다.

(2) 새마을금고

새마을금고의 경우에도 상호금융과 마찬가지로 별도의 기금을 적립하여 원리금을 합하여 최고 5,000만 원까지는 지급을 보장하고 있다.

(3) 우체국

우체국은 「예금자보호법」에 의한 보호대상기관이 아니지만, 「우체국예금·보험에관한법률」에 의하여 국가가 우체국예금 및 우체국보험금 전액에 대하여 지급을 보장한다.

(4) 신용협동조합

신용협동조합의 예금·적금에 대하여는 신용협동조합중앙회 내부의 신용협동조합 예금자보호기금에 의해 최고 5,000만 원까지 보호되고 있다. 그러나 1인당 1,000만 원 한도로 비과세 혜택이 주어지는 출자금은 보호대상에서 제외된다.

01 다음 금융상품 중 가입 시 확정된 실세금리를 보장받는 상품이 아닌 것은?

① CD
② RP
③ 표지어음
④ CMA

02 다음 중 연금저축에 대한 설명으로 가장 적절한 것은?

① 저축금액에 대해 소득공제 혜택이 주어진다.
② 중도해지할 경우 기타소득세(16.5%)가 부과된다.
③ 적립금은 50세부터 연금으로 수령할 수 있다.
④ 연금저축을 다른 금융회사로 이전할 경우 세액공제 혜택이 중단된다.

03 다음 중 보험회사의 저축성보험에 대한 설명으로 가장 적절한 것은?

① 만 18세 이상인 개인이 가입가능하다.
② 분기 600만 원이내에서 적립가능하다.
③ 연금수령 시 이자소득분에 대해 5.5% 원천징수된다.
④ 10년 이상 유지하면 보험차익에 비과세 혜택이 주어진다.

04 집합투자재산을 운용할 때 증권, 부동산, 특별자산 집합투자구의 규정의 제한을 받지 않는 집합투자기구는?

① 혼합자산 집합투자기구
② 특별자산 집합투자기구
③ 단기금융 집합투자기구
④ 증권 집합투자기구

해설

01 ④ CMA는 가입 시 실세금리를 반영한 것이 아니라 실적배당률에 따라 수익률이 결정된다.
02 ② 연금저축은 55세 이후에 연금으로 수령할 수 있으며, 그 이전에 중도해지할 경우 기타소득세를 납부해야 한다.
03 ④ 저축성보험은 10년 이상 유지하면 비과세 혜택을 받을 수 있다.
04 ① 혼합자산 집합투자기구는 집합투자재산을 운용할 때 별다른 제한을 받지 않는다.

05 다음 중 기초자산의 가격 변동에 따라 미리 정해진 방법에 따라 수익률이 결정되는 금융상품으로 가장 적절하지 않은 것은?

① ELS

② ELW

③ ETF

④ ELD

06 다음 중 예금보호 대상 제외 상품에 해당되는 것은?

① 위탁자예수금

② 세금우대증권저축계좌의 현금잔액

③ 보증보험계약

④ 표지어음

07 다음 중 ISA에 대한 설명으로 가장 적절한 것은?

① 소득이나 나이와 무관하게 국내 거주자는 누구나 가입할 수 있다.

② 일반형 ISA 비과세 한도는 400만원이다.

③ 의무가입기간은 5년이다.

④ 납입금 한도 내에서 횟수 제한없이 중도인출할 수 있다.

08 다음 중 주식형 집합투자기구에 대한 설명으로 옳은 것은?

① 자산총액의 60% 이상을 주식으로 운용한다.

② 자산총액의 60% 이하를 주식으로 운용한다.

③ 자산총액의 50% 이상을 주식으로 운용한다.

④ 자산총액의 50% 이하를 주식으로 운용한다.

해설

05 ③ 파생결합증권에 대한 설명이다.

06 ③ 보증보험계약은 보호대상에서 제외된다.

07 ④ 납입금 한도 내에서 횟수 제한 없이 중도인출 가능하다.

08 ① 주식형 집합투자기구는 자산총액의 60% 이상을 주식으로 운용한다.

정답 01 ④ | 02 ② | 03 ④ | 04 ① | 05 ③ | 06 ③ | 07 ④ | 08 ①

part 02

투자전략

certified securities investment advisor

chapter 01

자산배분과 투자전략

section 01 **자산배분의 의의**

1 **자산배분이란?**

자산배분(asset allocation)이란, 기대수익률과 위험 수준이 다양한 여러 자산집단(asset class)을 대상으로 투자자금을 배분하여 최적의 자산 포트폴리오를 구성하는 일련의 투자과정을 말한다. 자산배분은 장기적 관점에서 최소의 위험으로 중장기 투자자의 재무목표에 맞는 자산 포트폴리오를 구성하는 의사결정과정과 단기적으로 수익률을 제고하기 위하여 자본시장 변동을 반영하여 자산집단의 구성비율을 적극적으로 변경하는 행위라고 정의할 수 있다.

자산배분은 주식과 채권처럼 자본시장의 흐름에 각기 다른 반응을 보이는 자산(asset)

을 대상으로 배분하는 "이종자산 간 자산배분"과 자본시장 변동에 동일한 반응을 보이는 자산 —주식이라는 자산 내에서 투자대상이 될 수 있는 국가별, 업종별, 스타일별(소형주, 중형주, 대형주) —을 대상으로 배분하는 "동일자산 간 자산배분"으로 나눌 수 있다. 본 장에서 '자산배분'이라 함은 이종자산 간 자산배분을 말한다. 동일자산 간 자산배분은 '포트폴리오 전략'이라는 별도의 개념으로 다루고 있으며, 접근하는 방법이 다르기 때문에 여기서는 다루지 않을 것이다.

2   자산배분의 필요성

자산집단 중 가장 높은 기대수익률을 가지고 있는 주식은 포트폴리오 전체 수익률에 가장 큰 영향력을 행사한다. 안정적인 포트폴리오 수익률을 유지하기 위하여 자산 운용자들은 주식의 높은 변동성을 어떻게 하면 줄일 수 있을 것인가에 최대의 관심을 보이고 있다.

오늘날 대부분의 기관투자가들은 포트폴리오 수익률의 절대적인 부분이 자산배분 전략에 의해 결정되므로 자산배분 전략이 가장 중요하다는 점을 잘 인식하고 있다. 그러므로 분기나 월간 단위로 주식과 채권 가격의 변화를 예상하여 자산구성을 변경하는 적극적인 자산배분 전략이 증권선택보다 훨씬 수익률에 큰 영향을 준다는 점을 잘 알게 되었다. 단기적인 주가나 채권 가격의 움직임을 정확하게 예측하는 것은 극히 어려우므로, 장기적인 자산구성 결정이 투자성과의 대부분을 결정하게 되므로, 투자에 있어서 장기적인 자산구성에 대한 의사결정을 통하여 중장기적인 수익률 획득에 중점을 두고 있다.

오늘날 개인투자자들도 노후생활을 설계하는 데 있어서 개별 종목이나 펀드의 선정보다 장기적인 자산배분, 즉 재무계획 수립과 투자목표를 달성하기 위한 자산배분이 더 중요하다는 사실을 잘 인식하게 됨에 따라 자산배분에 대한 관심이 점차 확대되고 있다.

투자자들은 위험을 최소화하고, 미래 재무목표를 달성하는 데 필요한 자산배분의 중요성을 인식하고 있다.

자산배분의 중요성이 부각되는 첫 번째 이유는 투자대상 자산군이 증가하고 있기 때문이다. 과거에는 투자자산이 주식과 채권에 국한되어 있었다. 신상품에 대한 규제 완화로 선박, 부동산, 원자재 등 실물자산에 대한 투자가 가능하게 되었다. 해외 주식과 해외채권에 직·간접적으로 투자할 수 있는 길이 열렸고, 또한 파생상품을 이용한 ELS, ETF, 인덱스 펀드 등 다양한 상품의 등장으로 투자자들의 투자상품이 다양화됨에 따라 위험을 적절히 분산시킬 필요성이 생겨나게 되었다.

두 번째 이유는 투자위험에 대한 관리 필요성이 증대되고 있기 때문이다. 투자자들의 자산규모가 적을 경우 특정 상품이나 특정 기업에 자산을 집중운용하는 경향이 강하다. 그러나 국민 소득증가와 금융자산의 확대로 다양한 상품에 자산을 배분할 필요성이 높아졌다. 또한 글로벌 금융시장의 벽이 없어지고, 투자자금의 국가 간 이동이 자율화됨에 따라 국가별 자산에 대한 변동성이 높아졌다. 높은 변동성을 줄이기 위한 위험 회피 전략으로 자산배분의 필요성과 중요성이 높아지고 있다.

세 번째 투자수익률 결정에 자산배분 효과가 절대적인 영향력을 미친다는 투자자들의 인식이 높아지고 있기 때문이다. Gary Brinson, Brian D. Singer, Gilbert L. Beebower 3인이 공동으로 연구한 91개 연금플랜의 분기수익률 분석 결과에 따르면 자산배분정책이 포트폴리오 성과에 가장 결정적 요인으로 밝혀졌다. 연금의 분기 총수익률 변동에는 자산배분, 시장 예측, 증권 선택이 영향을 미치며, 자산배분정책이 연금플랜의 분기 총수익률 변동의 91.5%, 시장 예측이 1.8%, 증권 선택이 4.6%의 설명력을 가지고 있는 것으로 나타났다. 시장 예측이나 증권 선택이 총수익률에 미치는 영향도가 낮은 이유는 매니저가 자산시장의 높은 변동성을 지속적으로 따라가기가 어렵기 때문이다. 또한 시장의 변동성보다 나은 성과를 얻기 위해 시장 대응과 종목 대응을 할 경우 거래비용이 발생하여 수익률의 마이너스 요인으로 작용하기 때문이다. 따라서 자산시장의 단기 변동성에 대한 적극적인 대응보다는 중장기적 관점에서 자산배분 전략을 세워 투자를 실행하는 것이 더 나은 성과를 나타낸다는 인식이 자산배분에 대한 중요성을 높이고 있다.

자산배분은 "투자관리"의 핵심 솔루션

기대수익을 증가시키고 투자위험을 줄이기 위하여 합리적 투자대상을 선택하고 이를 매입하거나 보유 또는 매각하는 일련의 투자과정을 효율적으로 관리 운용하는 것을 "투자관리"라고 한다. 투자관리에 성공하기 위해서는 안정성과 수익성을 고려하여 적절한 투자대상을 선택해야 하고 적절한 시기에 매매할 수 있어야 한다. 따라서 투자관리의 핵심은 투자수익과 투자위험 면에서 성격이 다른 여러 가지 투자자산들에 대하여 투자자금을 효율적으로 배분하여 투자목표를 달성하는 것이라고 할 수 있다. 개인투자자이든 기관투자자이든 투자관리를 하고자 할 때 일차적으로 다음의 3가지 과제에 직면하게 된다.

❶ 분산투자(자산배분)의 방법
❷ 개별 종목 선택
❸ 투자시점의 선택

이 가운데 투자관리에 근간이 되는 것은 자산배분과 종목 선정의 문제이다. 자산배분(asset allocation)은 주식, 회사채, 국공채, 부동산, 정기예금 등과 같이 투자수익과 위험이 질적으로 상이한 투자자산들에 투자자금을 포괄적으로 어떻게 배분할 것인가를 결정하는 것이다. 한편 종목 선정(securities selection)은 투자자산 중에서 구체적이고 개별적으로 시장 동향, 산업별 특성, 개별 기업의 경쟁적 지위 등을 감안하여 특정 종목을 선정하는 일이다. 이 자산배분과 종목 선정 중에 어느 것을 먼저 하느냐는 투자성과에 큰 차이를 가져온다.

많은 경우 투자관리는 상향식(bottom up)의 방식으로 진행되는 경향이 있다. 먼저 재무적 건전도나 호재성 재료 등을 감안하여 특정 개별 종목을 선택한다. 그 다음 단계로서 시장 동향에 따라 주식과 채권 사이의 투자비율을 조정하는 자산배분의 방법을 결정한다. 즉 종목 선정이 먼저 이루어지고, 자산배분은 수동적으로 나중에 결정되도록 하는 것이다. 그러나 이와 같은 투자관리방법은 체계적이고 과학적인 투자관리방법이 되지 못하는 경우가 많고, 투자성과가 상대적으로 저조한 것으로 알려지고 있다.

투자목표의 설정으로부터 시작하여 목표달성을 위한 투자전략과 전술을 수집·실행하고, 투자결정 후 사후조정·통제하는 과정을 통하여 일관성 있고 조직적으로 투자관리를 수행하는 통합적 투자관리(integrated investment management)가 요구된다. 이러한 과정에 따라 투자관리하는 것은 하향식(top down)의 방법이 되는데, 자산배분이 이루어지고 그 다음에 종목 선정을 하는 것이 투자성과를 높인다.

통합적 투자관리과정의 첫 단계는 투자목표를 설정하고 투자전략수립에 필요한 사전 투자분석을 실시하는 것이다. 둘째 단계는 투자관리의 본 단계로서 투자전략적 관점에서 자산배분을 실시하는 것이고, 셋째 단계는 투자전술적 관점에서 개별 종목을 선택하는 것이다. 그리고 마지막 넷째 단계는 포트폴리오 수정과 투자성과의 사후통제 단계이다.

chapter 02

자산배분 설계와 실행

section 01 **투자목표의 설정**

1 재무목표 설정

투자목표를 설정하기 전에 투자자의 재무목표가 설정되어야 한다. 투자자들의 재무
목표는 은퇴자금, 자녀의 대학교육자금, 내집마련자금 등이다. 이러한 재무적 목표들은
명확하게 표현되지 않기 때문에 구체화되어야 한다.

자녀 대학교육자금이라 하면, 대학에 입학할 시기는 몇 년 후인가, 물가상승을 고려
한다면 입학 시 필요할 자금은 얼마인가 등을 고려하여 재무적 목표금액과 목표달성 시
기를 명확히 하여야 한다.

2 투자목표 설정

재무적 목표가 설정되고 나면 그 목표에 부합하는 투자목표를 설정하여야 한다. 투자목적은 투자자의 나이, 투자성향, 투자자금의 성격, 세금 등에 의해 결정된다. 위험회피적인 투자자의 경우, 최소 요구수익률이나 원금보장 등에 대해 뚜렷한 제약조건을 가지고 있다. 이와 같이 투자자의 목적 및 제약조건은 포트폴리오 자산구성 시 고려해야 하는 요인이 된다.

투자목표(investment objectives)를 설정하기 위해서는 다음과 같은 여러 가지 제약조건과 투자자의 개인적 선호도를 고려해야 한다.

❶ 투자시계(time horizon) : 현재의 결정(판단)은 얼마 동안 지속될 것인가? 투자성과는 언제 거두고자 하는가? 장기투자인가, 단기투자인가?

❷ 위험수용도(risk tolerance levels) : 예상되는 기대수익률로부터의 변동성(위험)은 어느 정도까지 수용할 수 있는가? 투자원본을 잃을 가능성을 어느 정도 감내할 수 있는가?

❸ 세금관계 : 면세, 종합금융소득세가 적용되는가?

❹ 법적규제(제약) : 기관투자자의 경우처럼 주식에 대한 투자비율의 제한, 소형주에 대한 투자금지, 특정 주식에 대한 투자비율의 제한이 적용되는가?

❺ 투자자금의 성격 : 단기자금을 잠시 융통하는가? 새로운 자금의 계속적 유입이 있는가?

❻ 고객의 특별한 요구사항 : 중도 유동성 요구액(liquidity requirements)

❼ 구체적인 투자목표 설정 : 어느 정도의 투자수익을 기대하는가?(수익률 「%」과 금액 「₩」으로 표시) → 투자에 대한 수익성(기대수익), 안정성(위험), 환금성 등에 대한 투자 기본방침을 수립

자산배분 자산집단의 선정

1 자산집단의 정의

자산배분의 의사결정 대상은 개별 증권이 아니라 개별 증권이 모여, 마치 큰 개념의 증권처럼 움직이는 자산집단이다. 자산배분 설계를 위해서는 의사결정의 대상이 되는 자산집단에 대한 정의를 명확히 해야 한다.

자산배분의 의사결정대상이 되는 자산집단은 다음의 두 가지 기본적인 성격을 지녀야 한다. 첫째, 자산집단은 분산 가능성(diversification)을 충족해야 한다. 즉 자산집단 내에 분산투자가 가능하도록 충분하게 많은 개별 증권이 존재해야 한다. 둘째, 자산집단은 독립성(degree of independence)을 갖추어야 한다. 하나의 자산집단은 다른 자산집단과 상관관계가 충분하게 낮아서 분산투자 시 위험의 감소효과가 충분하게 발휘될 수 있는 통계적인 속성을 지녀야 한다.

기본적인 자산집단으로는 이자지급형 자산, 투자자산, 부동산 등으로 나눌 수 있다. 그러나 일반적인 자산배분이 금융자산에 대하여 이루어지므로 토지, 아파트 등과 같은 부동산은 본 자산집단에서 다루지 않기로 한다.

이자지급형 자산은 금융기관이나 채권 발행자에게 자금을 맡기거나 빌려주고 대가로 지급하는 이자수익을 주목적으로 하는 자산을 말한다. 이자지급형 자산은 언제든지 현

표 2-1 자산집단의 종류

자산집단	세부 자산
국내 주식	대형주-소형주, 가치주-성장주, 테마주, ETF, 국내펀드
해외 주식	대형주-소형주, 가치주-성장주, 테마주, ETF, 해외펀드
대안투자	부동산펀드, REITs, 곡물·원자재 등 상품(Commodity)펀드, 파생상품 등
채권	단기-중기-장기 채권 국채-회사채 신용등급별 채권(우량채권, 정크본드 등) 각종 신종채권, 외국채권
예금	정기예금, 정기적금
단기금융상품	요구불예금, 콜론, 어음, MMF, CMA, 기타 현금성 자산

금화가 가능한 단기금융상품, 확정금리를 지급하는 예금, 채권 발행자에게 자금을 빌려주고 그 대가로 이자소득과 시세차익을 얻는 채권을 말한다.

투자자산은 투자수익이 확정되어 있지 않고, 투자성과에 따라 투자수익이 달라지는 자산을 말한다. 자산 가격의 높은 변동성으로 인하여 이자자산보다 높은 수익을 얻을 수 있는 반면 손실도 볼 수 있는 자산이다. 투자자산은 주식이 대표적인 투자자산이고 투자지역에 따라 국내 주식과 해외 주식으로 나누며, 부동산, 곡물, 원자재 등 실물자산을 근거로 투자상품화된 대안투자로 나눈다.

2 벤치마크의 선정

자산집단에 대한 투자성과와 위험도를 측정하기 위해서는 자산집단에 대한 각각의 벤치마크가 사전에 설정되어 있어야 한다. 벤치마크는 운용성과와 위험을 측정할 때 기준이 되는 구체적인 포트폴리오로서 평가기준인 동시에 특별 정보(효용함수 값을 개선할 수 있는 정보)가 없는 경우의 바람직한 포트폴리오라고 정의할 수 있다.

벤치마크는 자산운용자의 운용계획을 표현하는 수단인 동시에 투자자와 커뮤니케이션 수단이 된다.

벤치마크는 다음 세 가지 조건을 충족해야 한다.

❶ 구체적인 내용(자산집단과 가중치)은 운용하기 이전에 명확할 것
❷ 벤치마크의 운용성과를 운용자가 추적하는 것이 가능할 것
❸ 적용되는 자산의 바람직한 운용상을 표현하고 있을 것

이 세 가지 모두 벤치마크가 운용계획의 기준이라는 것을 이해하면 당연한 조건이라고 할 것이다. 현재 실물에서 활용 중인 자산집단별 벤치마크는 〈표 2-2〉와 같다. 자산집단의 성과를 가장 잘 대표할 수 있는 지표로 국내 주식은 KOSPI지수, 해외 주식은 MSCI ACWI, 대안투자는 Reuters Jefferies CRB Index와 FTSE EPRA NAREIT Global Index를 50 : 50으로 가중평균하여 사용하고 있다. 채권(국내)은 KRX에서 제공하는 채권종합지수, 예금은 3년 만기 정기예금수신금리, 단기금융상품은 CD91일물을 벤치마크로 사용한다. 상기의 벤치마크는 실제 사용되는 사례를 제시한 것으로 자산집단의 성과와 위험을 가장 잘 표현할 수 있는 다른 지수를 별도로 만들어 벤치마크로 사용할 수 있다.

표 2-2 벤치마크의 종류

자산집단	벤치마크
국내 주식	KOSPI 또는 KOSPI200
해외 주식	MSCI ACWI
대안투자	Reuters Jefferies CRB Index+FTSE EPRA NAREIT Global Index
채권	KRX 채권 종합지수
예금	3년 정기예금 금리
단기금융상품	CD91일물

section 03 | 기대수익률

1 기대수익률의 정의

최적의 투자결정이 이루어지기 위해서는 자산집단들의 투자가치가 평가되어야 한다. 현대 포트폴리오 이론에서는 자산집단들의 투자가치를 기대수익과 위험 두 가지 요인만을 고려하여 평가하고 있다. 투자가치는 그 투자로 인한 미래의 기대수익에 달려 있는데, 그 기대수익은 실현되지 않을 가능성, 즉 위험을 지니고 있기 때문이다.

$$투자가치 = f(기대수익, 위험)$$

투자가치의 기준이 되는 기대수익과 위험이 계량적으로 측정될 수만 있다면 최적 자산배분의 문제는 용이해진다. 미래에 높은 기대수익이 기대되면 그 자산의 투자가치는 높아지게 되고, 투자로부터 예상되는 기대수익의 불확실성이 높아지면 투자가치는 떨어진다. 기대수익과 위험에 대한 측정이 가능하다면 자산집단들 중에서 기대수익률이 동일한 것들에 대해서는 위험이 보다 작은 자산집단의 비중을 확대하고, 예상 위험이 동일한 자산집단들 중에서는 기대수익이 보다 큰 자산집단의 비중을 확대함으로써 최적의 자산배분을 할 수 있기 때문이다. 기대수익률은 예상수익률의 기대치로 측정하며,

위험은 미래 수익률의 분산 또는 표준편차로 측정하는 것이 일반적이다.

기대수익률은 각각의 자산집단의 투자에 따라 실제로 실현될 가능성이 있는 수익률의 값들을 평균한 값을 말한다.

기대수익률을 측정하는 데 있어서 이자자산은 정해진 수치가 있기 때문에 수월하다. 예금자산은 예금 가입 시점의 예금금리가 기대수익률이 된다. 중도에 상품을 해약하지 않는 한 가입 시점의 예금금리를 미래에 얻을 수 있기 때문이다. 단기금융상품의 경우 시장의 금리 변동을 반영하여 금리의 변동이 생기기는 하지만 금리의 변동폭이 적기 때문에 가입 시점의 금리가 기대수익률이 될 수 있다. 채권의 경우 채권의 표면이자율에 채권 가격 변동에 따른 시세차익을 합한 것이 기대수익률이 된다.

그러나 투자자산의 경우 기대수익률 측정이 용이치 않은 상황이다. 투자자산의 기대수익률을 산출하기 위한 미래 자산 가격이 얼마가 될 것인가에 대한 전망치 예측이 어렵기 때문이다. 국내 주식, 해외 주식, 대안투자 등이 투자자산에 해당하는데, 미래 국내·외 주가 전망이 되어야 국내 주식과 해외 주식의 기대수익률을 얻을 수 있다. 또한 대안투자에 대한 기대수익률 산출을 위해서도 대안투자의 대상이 되는 원자재 가격, 곡물 가격, 부동산 가격 등에 대한 미래 전망치가 있어야 기대수익률을 얻을 수 있다.

2 기대수익률의 측정

(1) 추세분석법

자산집단의 과거 장기간 수익률을 분석하여 미래의 수익률로 사용하는 방법을 말한다. 미국과 영국처럼 자본시장이 발달하여 장기간의 수익률 자료를 얻을 수 있는 경우에는 사용하기 편리한 방법이지만, 한국처럼 자본시장의 역사가 짧은 경우에는 사용이 어려운 상황이다.

(2) 시나리오 분석법

단순하게 과거 수익률을 사용하지 않고 여러 가지 경제변수의 상관관계를 고려하여 시뮬레이션함으로써 수익률을 추정하는 방법이다. 주요 거시경제변수의 예상 변화과정을 시나리오로 구성하고 각각의 시나리오별로 발생 확률을 부여하여 자산별 기대수익률을 추정하는 방법이다.

투자수익(investment return)은 투자로 인한 부의 증가를 의미한다. 주식투자의 경우 투자수익은 배당소득과 시세차익의 합이 되고, 대안투자의 경우 투자대상 자산의 시세차익이 투자수익이다.

> 주식투자수익 = 배당소득 + 시세차익
> 대안투자수익 = 투자대상 자산(부동산, 곡물, 원유, 원자재 등)의 시세차익

투자성과는 다음과 같이 투자한 양과 투자로부터 회수한 양의 상대적 비율인 투자수익률(rate of return on investment)로서 측정하는 것이 일반적이다. 처음에 투자한 투자규모는 사람, 자산집단, 시점마다 상이하기 때문이다.

> $$투자수익률 = \frac{기말의\ 부 - 기초의\ 부}{기초의\ 부}$$

따라서 어느 자산집단에 일정기간 동안 투자하였을 때의 단일기간 투자수익률을 표시하면 다음과 같다.

$$r_t = \frac{(p_{t+1} - p_t) + d_t}{p_t} \tag{2-1}$$

단, r_t : t기간 투자수익률
p_t : t시점(기초)의 자산 가격
p_{t+1} : $t+1$시점(기말)의 자산 가격
d_t : t기간 동안의 배당소득(이자소득)

기대수익률을 측정하기 위해서는 미래의 투자수익률을 알 수 있어야 한다. 불행히도 미래의 경우는 위의 공식 중에서 투자대상의 기초 가격 p_t 이외에는 모두 불확실하다. 기말의 가격인 p_{t+1}이나 배당소득 d_t가 얼마가 될지 정확히 예측할 수 없다. 우리가 할 수 있는 최상의 방법은 미래 투자수익률의 확률분포를 예상하는 것이다. 즉 미래에 대한 경제, 산업, 기업 예측(증권분석)을 통하여 미래 발생 가능한 상황에서의 예상수익률과 그 상황이 일어날 확률을 추정하는 것이다.

예를 들어, 주식 A, B, C에 대한 증권분석 결과 〈표 2-3〉처럼 호경기, 정상, 불경기의 세 가지 상황(각각이 일어날 확률은 0.3, 0.4, 0.3)에서 예상 투자수익률이 추정되었다고

표 2-3　미래 투자수익률의 확률분포

상황	확률(pi)	주식 A	주식 B	주식 C
호경기	0.3	100%	40%	10%
정상	0.4	15%	15%	12%
불경기	0.3	−70%	−10%	14%

하자.

　먼저 투자대상들의 수익성 정도는 예상수익률의 확률분포에서 평균적인 수익률을 계산하여 평가한다. 미래 평균적으로 예상되는 수익률을 기대수익률(expected rate of return)이라고 하는데, 다음과 같이 각 상황별로 발생 가능한 수익률에 그 상황이 발생할 확률을 곱한 다음 이것의 합을 구하여 계산한다.

$$E(R) = \sum_{t=1}^{m} p_i \cdot r_i \tag{2-2}$$

단, $E(R)$: 기대수익률
　　p_i : i상황이 일어날 확률(m가지의 상황)
　　r_i : i상황에서 발생 가능한 수익률

주식 A, B, C의 기대수익률 $E(R)$은 다음과 같이 계산된다.

$$E(RA) = (0.3 \times 100\%) + (0.4 \times 15\%) + (0.3 \times -70\%) = 15\%$$
$$E(RB) = (0.3 \times 40\%) + (0.4 \times 15\%) + (0.3 \times -10\%) = 15\%$$
$$E(RC) = (0.3 \times 10\%) + (0.4 \times 12\%) + (0.3 \times 14\%) = 12\%$$

　실제로 해당 기간이 지난 후 실현되는 수익률은 이러한 기대수익률과는 다른 것이 일반적이다. 따라서 기대수익률 자체보다는 이러한 기대수익률이 실제로 실현되지 않을 가능성인 위험을 고려해야 한다.

(3) 펀더멘털 분석법

　과거의 자료를 바탕으로 하되 미래의 발생상황에 대한 기대치를 추가하여 수익률을 예측하는 방법이다. 과거의 시계열 자료를 토대로 각 자산별 리스크 프리미엄 구조를 반영하는 기법이다.

무위험 채권수익률을 추정한 후, 신용리스크와 잔존만기의 길이에 대한 리스크 프리미엄을 더해서 회사채에 대한 기대수익률을 추정한다. 무위험이자율에 주식 리스크 프리미엄을 더해서 주식의 기대수익률을 추정하는 방법으로 아래와 같은 방법으로 측정한다.

> 주식 기대수익률＝무위험이자율＋주식시장 위험 프리미엄

주식시장 위험 프리미엄은 주식시장의 평균기대수익률과 무위험증권의 평균수익률의 차이를 말한다. 무위험이자율은 3년 만기 국고채 수익률을 사용할 수 있다.

(4) 시장 공동 예측치 사용법

시장 참여자들 간에 공통적으로 가지고 있는 미래 수익률에 대한 추정치를 사용하는 방법이다. 채권의 기대수익률은 수익률 곡선에서 추정해내며, 주식의 기대수익률은 배당할인모형이나 현금흐름방법 등이 사용된다.

기대수익률 측정에 있어서 가장 큰 관심사는 주식자산에 대한 기대수익률이다. 자산배분에서 가장 큰 비중을 차지하고 있을 뿐 아니라, 가장 높은 변동성(위험)을 가지고 있기 때문에 주식의 기대수익률이 자산 포트폴리오 전체 수익률 변동에 가장 큰 영향을 주기 때문이다. 주식의 기대수익률을 측정하는 방법으로 ❶ 1/PER, ❷ 배당수익률 ＋EPS증가율 등이 사용되고 있다.

❶ 주식 기대수익률＝1/PER : PER의 역수, 즉 수익주가배율을 주식의 기대수익률로 사용하는 경우임. 주당순이익(EPS)을 주가로 나눈 수익률로 주당순이익이 1,000원이고 주가가 10,000원인 경우 PER은 10배, 1/PER은 1÷10＝10%로 주식의 기대수익률은 10%가 됨

❷ 주식 기대수익률＝배당수익률+EPS장기성장률 : 주식의 배당수익률과 EPS장기성장률의 합을 기대수익률로 사용하는 방법. 미래의 예측치를 사용한다는 점에서 기대수익률 측정에 가장 부합되는 방법이라 할 수 있음. ESP장기성장률은 미래 1년, 미래 3년 평균, 미래 5년 평균 등을 사용할 수 있으며, 자산배분 전략으로 전략적 자산배분일 경우는 3년 평균 또는 5년 평균을, 전술적 자산배분일 경우 미래 1년치를 사용하는 것이 바람직함

위험(Risk)

1 위험의 정의

모든 투자 자산집단들은 위험을 지니고 있다. 위험이란 미래의 불확실성 때문에 투자로부터 발생할 것으로 예상되는 손실의 가능성을 말한다. 위험은 미래 기대수익률의 분산 또는 투자수익의 변동 가능성, 기대한 투자수익이 실현되지 않을 가능성, 실제 결과가 기대예상과 다를 가능성을 지닌다. 투자로 인한 손실의 가능성은 투자로부터 예상되는 미래 기대수익률의 분산 정도가 클수록 커지게 된다.

위험의 정도는 계량적으로 그 투자로부터 예상되는 미래 수익률의 분산도(dispersion)로 측정될 수 있는데, 흔히 범위(range), 분산(variance), 표준편차(standard deviation), 변동 계수(coefficient of variation) 등이 분산도의 측정에 이용되고 있다.

$$
\begin{aligned}
& \text{범위} = \text{최대치} - \text{최소치} & (2-3) \\
& \text{분산}(\sigma^2) = \sum [r_i - E(R)]^2 \cdot p_i & (2-4) \\
& \text{표준편차}(\sigma) = \sqrt{\sum [r_i - E(R)]^2 \cdot p_i} & (2-5) \\
& \text{변동 계수}(CV) = \sigma / E(R) & (2-6)
\end{aligned}
$$

2 위험의 측정

위험을 측정하는 합리적인 방법은 분산 혹은 표준편차를 이용하는 것이다. 분산은 발생 가능한 수익률의 평균수익률로부터의 편차의 제곱들을 평균한 값으로 변동성의 크기를 측정한 것이다.

식 (2-2)의 예로부터 주식 A, B, C의 위험(분산)은 다음과 같이 측정된다.

표 2-4 미래 투자수익률의 확률분포

상황	확률(p_i)	주식 A	주식 B	주식 C
호경기	0.3	100%	40%	10%
정상	0.4	15%	15%	12%
불경기	0.3	−70%	−10%	14%

$$\sigma_A^2 = (1.0-0.15)^2 \cdot 0.3 + (0.15-0.15)^2 \cdot 0.4 + (-0.7-0.15)^2 \cdot 0.3$$
$$= (0.6584)^2$$
$$\sigma_B^2 = (0.4-0.15)^2 \cdot 0.3 + (0.15-0.15)^2 \cdot 0.4 + (-1.0-0.15)^2 \cdot 0.3$$
$$= (0.1936)^2$$
$$\sigma_C^2 = (0.10-0.12)^2 \cdot 0.3 + (0.12-0.12)^2 \cdot 0.4 + (0.14-0.12)^2 \cdot 0.3$$
$$= (0.0155)^2$$

여기서 주식 A와 B를 비교하면 주식 A의 투자위험이 주식 B보다 높은 것을 알 수 있다. 두 주식의 기대수익률($E(R)$)은 동일하지만, 투자위험은 주식 A가 높으므로 주식 B가 우월한 투자대상이 된다.

위험을 분산 혹은 표준편차로 측정하였을 때, 그 의미는 무엇인가? 투자결정의 기준으로 평균기대수익률과 분산만을 고려한다는 것은 수익률의 확률분포가 정규분포인 것을 가정한 것이다. 〈그림 2-1〉은 주식 A와 B를 정규분포를 가정하여 나타낸 것이다. 여기서 표준 정규분포(표준 정규분포값 Z=[관찰치값−평균]/(표준편차))를 적용하면 (평균)±1·(표준편차)의 구간에 있을 확률은 68.27%이다.

왜냐하면 표준 정규분포에 의하면 Z=1, 2, 3에 대하여 다음과 같은 신뢰구간을 갖기 때문이다.

(평균)±1 · (표준편차) : 68.27%
(평균)±2 · (표준편차) : 95.54%
(평균)±3 · (표준편차) : 99.97%

예를 들어, 주식 B의 경우(기대수익률=15%, 표준편차=19.4%)는 15%±19.4%의 구간, 즉 투자수익률이 −4.4%~34.4%일 확률이 68.27%임을 뜻한다. 따라서 수익률이 −4.4%

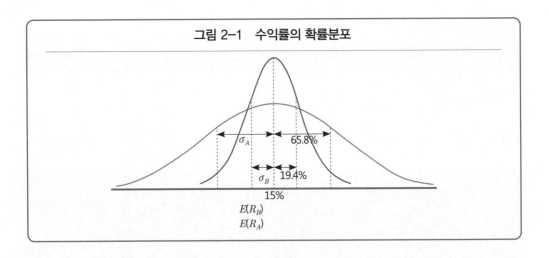

그림 2-1　수익률의 확률분포

이하로 얻어질 가능성은 약 16%, 즉 6번 중에 1번쯤 될 수 있음을 의미한다.

section 05 **최적 증권의 선택**

1　효율적 증권, 최적 증권

포트폴리오 이론의 최적 투자결정방법은 다음과 같이 요약될 수 있다.

첫째, 투자가치는 기대수익과 위험 두 요인에 의해서 결정된다고 보고, 이를 평균 기대
수익률과 분산을 측정하여 우열을 가린다. 이러한 의미에서 평균·분산기준(meanvariance
criterion)이라고 한다.

$$V(투자가치) = f[E(R), \sigma^2]$$

둘째, 기대수익이 동일한 투자대상들 중에서는 위험이 가장 낮은 투자대상을 선택하
고, 위험이 동일한 투자대상들 중에서는 기대수익이 가장 높은 것을 선택한다. 이를 지
배원리(dominance principle)라고 부르고, 지배원리를 충족시켜 선택된 증권을 효율적 증

권, 효율적 포트폴리오라고 부른다.

　셋째, 지배원리를 충족시키는 효율적 증권에 대해서는 결국 투자자의 위험에 대한 태도, 위험회피도에 따라 최종 선택한다. 이렇게 선택된 투자대상을 최적 증권, 최적 포트폴리오라고 한다.

 예시

다음과 같은 증권 X, Y, P, Q, R이 있다.
① 효율적 증권을 선정하라.
② 최적 증권을 선정하라.

수익성과 위험 ＼ 증권	X	Y	P	Q	R
기대수익률(%)	10	5	10	4	8
표준편차(%)	14.14	3.54	18	3.54	10

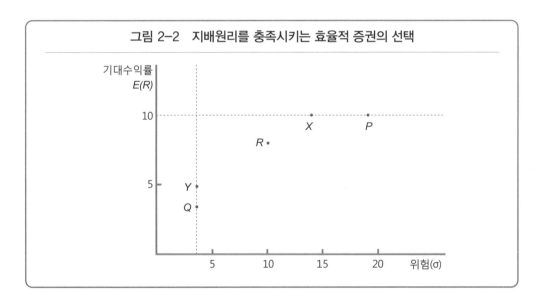

그림 2-2　지배원리를 충족시키는 효율적 증권의 선택

① 증권 X와 P를 비교하면 기대수익률이 동일하지만 증권 X의 위험이 낮으므로 증권 X가 효율적 증권이다.
　증권 Y와 Q를 비교하면 위험이 동일하지만 증권 Y의 기대수익률이 높으므로 증권 Y가 효율적 증권이다. 증권 R은 기대수익률과 표준편차가 증권 X와 Y에 비교하여 지배당하는 경우가 아니므로 효율적 증권이다.

② 효율적 증권 X, Y, R 중에서 최적 증권의 선택은 투자자의 위험성향에 달려 있다. 공격적 투자자는 증권 X를 선호하겠지만, 보수적 투자자는 증권 Y를 선호할 것이다.

2 투자자의 위험성향 유형

투자자의 위험성향에 따라서 최적 증권의 선택이 달라진다. 앞의 예제에서 주식 X와 Y는 지배원리를 충족시키는 효율적 증권이다. 이처럼 우열이 가려지지 않는 증권들 중에서 어느 증권을 최종적으로 선택할 것인가? 이들 효율적 증권들은 서로 지배되지 않는 증권이므로 결국 투자자의 위험에 대한 태도, 즉 기대수익과 위험이 동시에 고려될 때 투자자가 주관적으로 느끼는 만족도인 효용(utility)의 크기에 따라 최종선택을 할 수밖에 없다. 투자자의 효용은 기대수익이 높을수록 그리고 위험은 낮을수록 커진다. 그러나 기대수익이 높더라도 위험이 커지게 되면 투자자에 따라서는 효용은 감소할 수도 있다. 위험감수에 대한 투자수익의 증가, 즉 위험보상(risk premium)의 정도에 대해서 투자자들이 느끼는 만족도는 사람마다 다르기 때문이다.

위험에 대한 투자자의 태도는 위험회피형, 위험중립형, 위험선호형 세 가지 유형으로 나누어 생각해 볼 수 있다. 이들 간의 차이는 기대수익과 위험을 동시에 고려한 만족도, 즉 효용(utility)을 구체적으로 측정하여 결정할 수 있다.

효용함수(utility function)는 투자자산들의 기대수익과 위험이 주어졌을 때 위험회피도의 정도에 따라 달라지는 만족의 정도를 지수 또는 점수(scoring system)로 나타낸 것이다. 이를 테면 투자자들의 효용은 기대수익이 높을수록 증가하고 위험이 높을수록 감소하므로 다음과 같은 효용함수로 표시할 수 있게 된다.

$$u = E(R) - c \cdot \sigma^2 \qquad\qquad (2-7)$$
단, u : 효용의 크기
$\quad c$: 위험회피 계수

이제 세 가지 유형들의 투자자의 효용함수를 투자수익(또는 부)과 효용과의 관계에서 그림으로 나타내면 〈그림 2-3〉의 (a), (b), (c)와 같다. 위험회피형의 효용함수는 원점에 대하여 오목한 형태(concave)를 보이면서 투자수익의 증가가 있을 때 체감하는 모양을 보이게 된다. 반면에 위험선호형의 효용함수는 원점에 대해서 볼록한 형태(convex)를 보이면서 투자수익의 증가가 있을 때 체증하는 모양을 보이게 된다. 그리고 위험중립형의 효용함수는 직선형으로 표시된다.

3 무차별효용곡선

투자자의 효용함수는 〈그림 2-3〉과 같이 투자수익과 효용 공간에 직접 표시할 수도 있지만, 평균-분산 기준에 의해 투자결정하는 포트폴리오 선택 체계에서 보면 평균(기대수익률)과 분산(표준편차)의 공간에 효용함수를 표시하는 것이 최적 증권 또는 최적 포트폴리오의 선택과정을 파악하기에 훨씬 용이하다.

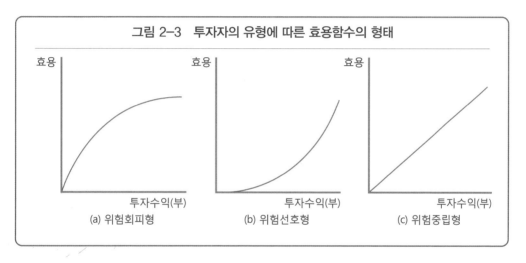

그림 2-3　투자자의 유형에 따른 효용함수의 형태

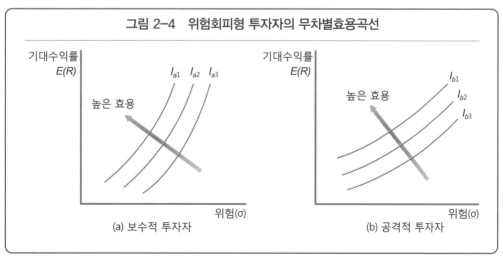

그림 2-4　위험회피형 투자자의 무차별효용곡선

〈그림 2-4〉의 (a), (b)는 위험회피의 정도에 따라 공격적인 투자자와 보수적인 투자자로 나누어 나타낸 것이다. (a)처럼 기울기가 가파른 경우는 극히 위험을 회피하는 보수적 투자자의 예로서 일정한 위험증가가 있을 때보다 많은 기대수익 증가를 요구하는 경우를 나타낸다. 반면 (b)처럼 기울기가 덜 가파른 경우는 공격적 투자자의 예로서 기대수익의 증가가 위험증가에 미치지 못하더라도 만족하는 경우를 나타낸다.

4 최적 증권의 선택

투자대상의 증권들이 일차적으로 지배원리에 의해서 효율적 증권으로 선별되면 이들 중에서 최종적으로 어느 증권을 선택할 것인가의 문제는 이들 무차별효용곡선과 만나는 증권을 찾으면 된다.

〈그림 2-5〉는 〈그림 2-3〉과 〈그림 2-4〉를 결합시켜 작성된 것인데, 방어적 투자자는 주식 Y를 택하고, 공격적 투자자는 주식 X를 택함으로써 만족을 극대화시킬 수 있게 된다.

이처럼 지배원리를 충족하는 효율적 증권 중에서 투자자의 위험선호도까지 고려하여 최종적으로 선택되는 증권, 즉 무차별효용곡선과 접하는 증권을 최적 증권, 최적 포트폴리오(optimal portfolio)라고 한다. 위의 예에서 주식 X와 Y가 각각의 최적 증권이 된다.

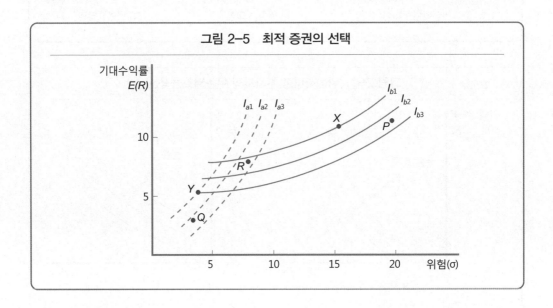

그림 2-5 최적 증권의 선택

결론적으로 투자대상들의 선택과정은 먼저 지배원리를 충족하는 효율적 증권을 선택한 다음, 이 중에서는 투자자의 효용곡선(위험선호도)에 적합한 최적 증권을 선택한다.

자산배분 실행

1 자산배분 FLOW

자산배분과정은 계획(Plan), 실행(Do), 평가(See)의 3단계 활동이 긴밀하게 연결되어 있는 의사결정체계이다. 자산배분이란 다음과 같은 기능을 지속적으로 반복하는 과정이라고 할 수 있다.

❶ 고객의 투자목적, 제약조건, 선호도 인식 등을 파악하고 가공하여 투자정책

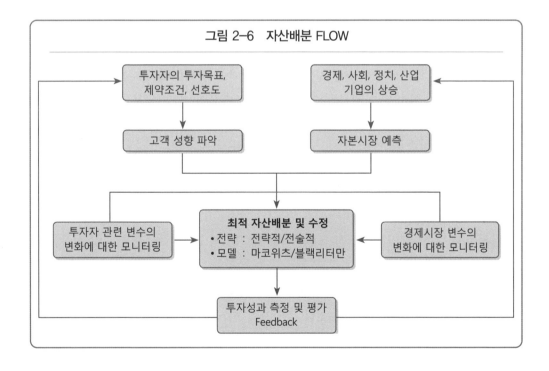

그림 2-6 자산배분 FLOW

(Investment Policy)을 명확화

❷ 경제, 사회, 정치, 산업, 기업의 상황의 변화에 따른 자본시장을 예측하여 자산집단의 기대수익률과 위험을 측정, 자산배분 전략 수립의 기초자료로 사용

❸ 고객의 성향과 자본시장의 예측치를 결합하여 최적의 자산배분 결합. 자산배분 전략을 실행하기 위해서는 전략적 자산배분 전략과 전술적 자산배분 전략 중 최적의 전략을 선택하여야 하며, 자산배분을 과학적으로 하여 자산집단 간의 투자비중을 정하기 위한 자산배분모델을 택해야 함

❹ 시장 상황, 자산의 상대적 가치, 투자자 환경 등을 감시(Monitoring)변수에 대한 중요한 변화가 발생하였을 때 이를 반영하여 자산배분 리밸런싱 또는 업그레이딩 실시

❺ 자산배분전략에 따라 투자를 집행하며, 주기적으로 투자성과를 측정하고 평가

2 고객 성향 파악

고객의 특성을 파악하여 투자정책을 수립하는 과정을 의미한다. 투자정책(Investment Policy)이란 투자자가 원하는 투자지침에 따라 자산배분을 시행하는 것을 의미하며 고객과 운용대상 및 운용방법에 대해 사전에 명확히 하여야 한다.

고객 성향 파악을 위해서는 고객 요구사항을 파악하는 과정을 좀 더 표준화하고 효과적으로 만들어야 하므로 고객 질문서, 대화방법 등을 이용하여야 한다.

고객 성향을 파악하기 위해서는 투자목표, 자산운용의 제약요건, 선호도 등에 대한 정보가 필요하며, 자산배분 전에 고객과 사전에 명확히 하여야 한다.

3 자본시장 예측

"자본시장 예측"은 자본시장에 대하여 예측함으로써 자산배분 전략 수립 시 기초자료로 사용하는 기능을 의미한다.

자본시장 예측은 회사 내 리서치팀에 의해 수행되며, 만약 회사 내부에 독자적인 리서치팀이 없다면 외부의 경제연구소나 증권사의 리서치센터를 통해 리서치 자료를 수집하여 사용한다.

자본시장 예측은 투자자산에 영향을 주는 각종 경제상황과 경제변수(경기, 금리, 환율, 원자재 가격 등)들을 규명하여, 자산집단의 기대수익률에 영향을 주는 변수들을 규명하고 미래 수익률을 예측하거나 변수 간의 상관관계를 파악하는 활동을 의미한다.

또한 예측의 정확성을 제고하기 위해 국내뿐만 아니라 해외 경제나 산업에 관해서도 정보가 필요하며, 사전적으로 정보수집과 투자분석의 과정이 필요하다.

4 　최적 자산배분 및 수정

투자목표를 달성하기 위하여 주식(국내, 해외), 대안투자(부동산 REITs, 곡물, 원자재 등 실물펀드), 채권, 예금, 현금성자산 등에 투자자금을 어떻게 배분할 것인가 하는 자산배분에 관한 투자전략이 마련되어야 한다. 이 같은 투자전략의 수립에는 자산배분 집단의 선정기준, 자산배분을 위한 투자전략의 선택, 투자전략을 달성하는 데 필요한 모델 선정 또는 구축, 분산투자의 상하한선이 설정될 필요가 있다.

(1) 투자전략 기준 선택

다음으로는 이미 설정된 투자목표를 현실화시킬 수 있는 전략을 수립해야 한다. 투자전략에는 소극적 투자관리기법과 적극적 투자관리기법이 활용되고 있다. 적극적 투자관리의 방법을 '전술적 자산배분 전략'이라 하며, 증시가 비효율적인 것을 전제로 하여 과소 혹은 과대 평가된 증권에 투자하여 일정한 위험 수준에 상응하는 투자수익 이상의 초과수익을 추구하는 단기적인 투자관리를 말한다. 반면에 소극적 투자관리의 방법을 '전략적 자산배분 전략'이라 하며, 증시가 효율적인 것을 전제로 하여 시장 평균 수준의 투자수익을 얻거나 투자위험을 최소화하고자 하는 중장기 투자관리방법이다. 각각의 입장에서 자산배분과 자산집단 중 투자자산을 구체화시키는 과정이다.

어떠한 투자관리방법을 선택할 것인가는 증시의 효율성에 대한 인식과 ① 위험부담의 정도, ② 정보수집·분석의 노력과 비용부담의 정도, ③ 타이밍의 고려 정도에 달려있다고 할 수 있다.

(2) 자산배분 모델 선정

결정된 자산집단과 구체적인 투자자산의 투자비중을 결정하는 과정이 필요하다. 기대수익률과 위험, 상관관계 등을 이용하여 최종 투자비중을 결정할 때 일관성과 객관성을 유지하기 위해서는 모델을 이용하는 것이 편리하다. 현재 많이 활용되고 있는 모델로는 마코위츠의 평균−분산 모델과 블랙리터만의 자산배분 모델을 이용하고 있다.

(3) 자산배분 전략 수정

자산배분 전략 수정(Asset allocation revision)이란 자산 포트폴리오를 구성한 후 미래 투자상황에 대한 예측이 잘못되었거나, 새로운 상황 전개로 인하여 기존 자산배분 포트폴리오를 변경하게 되었을 때, 보다 바람직한 방향으로 포트폴리오를 개편하여 나가는 것을 말한다.

새로운 상황의 전개란 경제 외적 여건의 급격한 변화나 고객의 재무목표의 변화가 생긴 것을 말한다. 이러한 일이 벌어지면 처음에 예상했던 기대수익과 위험에 변화가 있게 되므로 원하는 기대수익과 위험에 상응하는 자산배분을 수정해나가야 한다. 수정하는 방법에는 리밸런싱과 업그레이딩의 두 가지가 있다.

❶ 리밸런싱 : 리밸런싱(rebalancing)의 목적은 상황 변화가 있을 경우 자산 포트폴리오가 갖는 원래의 특성을 그대로 유지하고자 하는 것임. 주로 자산집단의 상대가격의 변동에 따른 투자비율의 변화를 원래대로의 비율로 환원시키는 방법을 사용

❷ 업그레이딩 : 새로운 상황 전개는 기존 자산 포트폴리오의 기대수익과 위험에 영향을 주므로 자산집단의 매입·매각을 통해서 업그레이딩을 행하여야 함. 업그레이딩(upgrading)은 위험에 비해 상대적으로 높은 기대수익을 얻고자 하거나, 기대수익에 비해 상대적으로 낮은 위험을 부담하도록 자산 포트폴리오의 구성을 수정하는 것임. 많은 경우 높은 성과를 지닌 자산을 식별하는 것보다 큰 손실을 가져다 주는 자산을 식별하여 그 자산을 포트폴리오에서 제거하는 방법을 사용하기도 함

5 투자변수에 대한 모니터링

고객의 성향과 자본시장의 예측은 고정되어 있는 것이 아니라 시간이 지남에 따라 변하게 되어 있다. 고객의 환경변화로 투자목표, 제약요건, 선호도가 달라진다. 경제환경,

산업, 기업의 여건도 끊임없이 변한다. 끊임없이 변화하는 고객의 성향과 자본시장의 여건 변화를 자산배분 전략에 반영하는 노력이 필요하다.

단기적인 상황 변화에 대응한 잦은 전략 변경은 거래비용이 발생할 뿐만 아니라, 초과 수익의 기회를 놓칠 위험도 존재한다. 따라서 투자변수의 변화에 따른 모니터링은 지속적으로 하되, 전략에 대한 실제 반영은 자산배분 전략 시 채택한 전략적 자산배분 전략 또는 전술적 자산배분 전략에 따른다. 즉 전략적 자산배분을 채택한 경우 3년간의 중장기적 관점에서 접근하며, 대개 6개월의 간격을 두고 전략을 반영한다. 전술적 자산배분 전략을 채택한 경우 1개월 단위로 고객과 자본시장의 변화를 자산배분에 반영하는 것이 바람직하다.

6 투자수익률 계산

운용자산의 수익률은 기초 대비 기말의 가치 변화를 기초가치로 나누어 계산한다. 그러나 계산기간 도중에 투자자금이 증가하거나 감소하면 자산의 가치변화와 실제 투자성과와 다르게 된다. 이러한 문제점을 극복하기 위해 금액가중 수익률과 시간가중 수익률이라는 두 가지 방법이 개발되어 사용되고 있으며 수익률 계산은 시간가중 수익률을 사용하는 것을 원칙으로 하고 있다.

1) 금액가중 수익률

금액가중 수익률(dollar-weighted rate of return)은 투자자가 얻은 수익성을 측정하기 위하여 사용한다. 금액가중 수익률은 측정기간 동안 얻은 수익금액을 반영하는 성과지표이다. 수익금액은 자금운용자의 투자판단뿐만 아니라 투자자의 판단, 즉 운용자산에 추가로 투자하거나 인출하는 시점과 규모에 의해서도 결정된다. 금액가중 수익률은 자금운용자와 투자자의 공동의 노력의 결과로 나타나는 수익률 효과가 혼합되어 있는 것이다. 이것은 자금운용자의 성과를 측정하는 데 사용되는 시간가중 수익률과 구분된다.

1기간 동안 운용자산의 순자산가치가 변화한 경우의 수익률(rate of return)은 다음 식으로 나타낼 수 있다.

$$수익률(R) = \frac{MV_1 - MV_0}{MV_0}$$

MV_0 : 기간 초 펀드의 순자산가치
MV_1 : 기간 말 펀드의 순자산가치

위 식을 정리하면 $MV_0 = \dfrac{MV_1}{(1+R)}$이 된다. 이 식은 미래의 순자산가치를 수익률로 할인하면 현재의 순자산가치와 일치한다는 것을 의미한다. 기간초의 순자산가치를 투자행위의 하나로 생각하고 기간 말의 순자산가치를 하나의 수익으로 생각하여 일반화하면, 펀드에 투자한 현금흐름의 현재가치와 펀드로부터의 수익의 현재가치를 일치시키는 할인율이 수익률이라는 것이다.

이러한 관점에서 계산한 수익률을 내부수익률(IRR : Internal Rate of Return)[1]이라고 하는데, 이 수익률은 기간별로 투자된 금액과 관련되어 있으므로 금액가중 수익률[2]로도 불린다. 이를 수식으로 정확하게 표현하면 다음 식의 'r'이 금액가중 수익률이 된다. 즉, 각 기간별로 현금유입액에서 현금유출액을 차감한 순현금흐름(CFt)을 할인하여 합산한 값을 0으로 만드는 할인율이 총기간의 금액가중 수익률이 된다.

$$금액가중\ 수익률(r) : \sum_{t=0}^{T} \frac{CF_t}{(1+r)^{t/T}} = 0$$

$CF_t = t$기 동안의 순현금흐름(현금유입 − 현금유출)

$T = $ 세부기간 수

구체적으로 다음과 같은 사례를 들어보자. 0기말에 최초의 투자자금인 50,000원으로 주식을 1주 매입하여 포트폴리오를 구성하고, 1기 말에 1,000원의 현금배당금을 수령하였다. 또한 1기 말에 60,000원의 자금이 추가적으로 유입되었으며 이 자금으로 동일한 주식을 1주 더 매입하고, 2기 말에 총보유주식 2주에 대해 1,500원의 현금배당금을 수령하고 주식을 모두 매각하여 160,000원의 현금을 수령하였다.

표 2-5 **금액가중 수익률 계산 사례**

시점 (기간 말)	펀드자금 증감	펀드규모	1주당 시장가격	1주당 배당금	총배당금	펀드 내 주식 수
0	+50,000	50,000	50,000	0	0	1
1	+60,000	110,000	60,000	1,000	1,000	2
2	−160,000	0	80,000	750	1,500	0

---

1 기간을 일정하게 구분(예: 월간)한 전통적인 방법과 구분해서, 현금유출입이 발생한 모든 시점을 구분하여 계산한 방법을 수정 내부수익률(modified IRR)이라고 부르기도 한다.

2 금액가중 수익률은 세부 기간별 수익률을 (세부기간의 길이×투자금액)으로 가중한 수익률과 거의 같은 값을 갖는다.

이와 같은 사례에서 금액가중 수익률을 계산하면 다음과 같다.

$$50,000 + \frac{60,000}{(1+R)^{1/2}} = \frac{1,000}{(1+R)^{1/2}} + \frac{(1,500+160,000)}{(1+R)^{2/2}}$$

(현금유출액 : 주식 매입 = 현금유입액 : 배당금 + 주식 매각액)

$$-50,000 + \frac{1,000-60,000}{(1+R)^{1/2}} + \frac{(1,500+160,000)}{(1+R)^{2/2}} = 0$$

위 수식을 풀면 할인율(R)은 약 69.41%가 된다. 이 할인율이 전체 기간(이 예에서는 2기간) 동안의 금액가중 수익률로 계산한 총수익률이다.

금액가중 수익률을 자금운용자의 능력을 평가하는 지표로 사용하기에는 몇 가지 문제가 있다. 금액가중 수익률은 최초 및 최종의 자산규모, 자금의 유출입 시기에 의해 영향을 받는다. 그런데, 현금 유입과 유출의 시점 및 규모는 자금운용자가 결정할 수 없으며 투자자가 직접 결정하는 것이 일반적이기 때문에, 금액가중 수익률은 자금운용자의 의사결정 이외의 변수에 영향을 받는다. 금액가중 수익률은 총운용 기간 동안 단 한 번 계산되고 시장수익률을 측정하는 방식과도 차이가 있기 때문에, 운용기간 도중 각 시점별로 투자성과와 시장수익률을 비교하기도 어렵다. 따라서 금액가중 수익률은 자금운용자의 능력을 평가하는 지표로는 적합하지 않다(단, 캐피탈콜 방식으로 투자가 이루어지는 경우에는 자금운용자가 현금흐름 유출입을 결정하므로 예외이다). 그러나 투자자가 실제로 획득한 수익을 투자기간을 고려하여 측정하는 데에는 가장 정확한 것으로 알려져 있다.

2) 시간가중 수익률(time-weighted rate of return)

시간가중 수익률은 자금운용자가 통제할 수 없는 투자자금의 유출입에 따른 수익률 왜곡현상을 해결한 방법으로 자금운용자의 운용능력을 측정하기 위하여 사용된다. 시간가중 수익률은 총투자기간을 세부기간으로 구분하여 세부기간별로 수익률을 계산한 다음 세부기간별 수익률을 기하적으로 연결하여 총수익률을 구한다. 세부기간이 짧을수록 수익률 왜곡현상은 감소하는데, 1일 단위로 세부기간을 구분하여 수익률을 측정하는 것을 순수한 시간가중 수익률 이라고 부르며, 이를 Daily Valuation Method라고도 한다. 순수한 시간가중 수익률을 계산하기 위하여 반드시 일별로 수익률을 측정할 필요는 없으며 자금의 유출입이 발생한 시점별로 구분하여 수익률을 측정하여도 순수한 시간가중 수익률을 얻을 수 있다. 세부기간을 주간이나 월간으로 설정함으로써 순수한 시간가중 수익률과 차이가 나는 방법을 시간가중 수익률과 구분하여 근사적 시간가중 수익률(approximation of time-weighted rate of return)로 구분하기도 한다. 펀드의 경우 투자 단위당 순자산가치를 매일 계산하여 발표하는 것이 일반적인데, 이것을 기준 가격이라고 부른다. 이 기준 가격의 변화율은 시간가중 수익률과 동일하기 때문에, 기준 가격[3]은 시간가중 수익률을 지수화한 것으로 볼 수 있다.

만약 어느 펀드에서 수익률을 측정하는 대상 기간 동안 n번의 자금유출입이 발생한 경우 시간가중 수익률은 다음 공식과 같이 계산된다.

$$
\begin{aligned}
\text{시간가중 수익률(TWR)} \\
&= \left[\frac{V_1}{V_0 + C_1} \times \frac{V_2}{V_1 + C_2} \times \frac{V_3}{V_2 + C_3} \times \cdots \times \frac{V_n}{V_{n-1} + C_n} \right] - 1 \\
&= \left[(1+R_1)(1+R_2)(1+R_3)\cdots(1+R_n) \right] - 1 \\
&= \prod_{t=1}^{n}(1 + R_t) - 1
\end{aligned}
$$

$V_t = t$기말의 펀드 가치, $C_t = t$기의 순현금흐름액, $R_t = t$기의 수익률

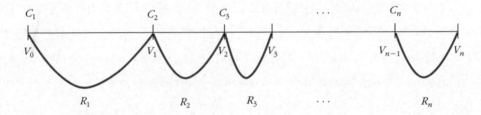

즉, 운용 도중 발생한 현금유출입 C_1, C_2, $\cdots$, C_n으로 인한 수익률 왜곡현상을 없애기 위해, 현금유출입이 발생할 때마다 수익률을 계산한 다음, n개의 세부기간 수익률을 연속적으로 연결한다.

앞에서 금액가중 수익률을 계산할 때 사용한 동일한 예를 기초로 현금유출입이 발생한 시점별로 수익률을 계산한 뒤 이를 기하적으로 연결하는 시간가중 수익률을 계산하면 다음과 같다.

---

3 대부분의 펀드는 설정일로부터 1년 단위로 펀드의 투자실적을 확정하는 결산을 하게 된다. 이익분배 및 수익증권 재투자 형태로 이루어지게 되는데 이때 펀드의 기준 가격은 일반적으로 최초 기준가격으로 환원되나 반드시 그렇게 되는 것은 아니다. 만약 기준가격 조정이 있게 되면 수익률을 산출할 경우에 이와 관련한 분배율을 반드시 고려하여야 한다. 기준가 외에 수정기준가격이 추가로 산출되기도 하는데 이는 분배율을 고려한 총누적수익률 정보를 제공한다.

표 2-6 **시간가중 수익률 계산 사례**

시점 (기간 말)	펀드자금 증감	1주당 시장가격	주당배당금	총배당금	펀드 내 주식 수	펀드 수익률
0	+50,000	50,000	0	0	1	–
1	+60,000	60,000	1,000	1,000	2	22.00%
2	-160,000	80,000	750	1,500	0	34.58%

1기간의 수익률 : $(1,000 + 60,000)/50,000 - 1 = 22.00\%$

2기간의 수익률 : $(1,500 + 160,000)/120,000 - 1 = 34.58\%$

따라서 시간가중 수익률로 계산한 총수익률은 $(1 + 0.22) \times (1 + 0.3458) - 1 = 0.6419$, 즉 64.19%이다. 이렇게 각 세부기간별 수익률을 곱하여 연결하는 방법을 기하적 연결(geometric linking)이라고 한다.

3) 수익률 측정시 고려사항

❶ 평균 수익률 : 동일한 기간에 대해 측정한 T개의 수익률을 기초로 평균 수익률을 계산하는 방법으로는 기하평균(geometric mean)과 산술평균(arithmetic mean) 두 가지가 있다. 산술 평균 수익률은 항상 기하평균 수익률보다 크거나 같으므로 양자를 목적에 맞게 사용해야 한다.

산술평균 수익률 $= \dfrac{R_1 + R_2 + \cdots + R_T}{T}$

기하평균 수익률 $= \sqrt[T]{(1 + R_1)(1 + R_2)\cdots(1 + R_T)} - 1$

만약 과거 T년 동안의 연도별 수익률을 사용하여 연평균 수익률을 산출하려면 기하평균 수익률을 사용하는 것이 바람직하다. 그리고 연도별 예상 수익률을 추정하려는 목적으로는 산술평균 수익률이 더 적합하다. 〈표 2-6〉의 예를 이용하여, 단위기간의 평균 수익률을 계산하면 다음과 같다.

산술평균 수익률 : $(22.00\% + 34.58\%)/2 = 28.29\%$

기하평균 수익률 : $\sqrt{(1 + 0.2200)(1 + 0.3458)} - 1$
$= 28.14\%$

❷ 연환산 수익률(annualized return) : 측정기간이 1년이 아닌 수익률을 연간 단위로 환산한 것을 연환산 수익률이라고 한다. 그러나 분기 또는 월 수익률과 같이 1년 미만의 수익률을 연율화하면 수익률이 확대되어 표현되므로 불공정행위가 될 수 있으며, 단기간의 수익률 변동을 감안하지 못한 점을 비난받을 수 있다. 특히, 주식형 펀드처럼 수익률 변동이 심한 펀드의 경우 수익률의 연율화는 바람직하지 못하며, GIPS®에서는 기간이 1년 미만인 수익률은 연율로 표기하지 말 것을 요구하고 있다.

❸ 계산사례 : 1분기 중 다음과 같은 수익률을 달성한 경우 분기 총수익률은,

  1월: +3.06%, 2월: −1.95%, 3월: +5.01%

  1분기 시간가중 수익률=$(1.0306 \times 0.9805 \times 1.0501) - 1 = 0.0611$

모두 4개 분기 동안 수익률이 다음과 같다면 연수익률은 다음과 같이 계산된다.

  1분기: +6.11%, 2분기: +4.06%, 3분기: −3.54%, 4분기: +2.95%

  연수익률(시간가중 수익률)=$(1.0611 \times 1.0406 \times 0.9646 \times 1.0295) - 1 = 0.0965$

모두 8개 분기(2년간) 수익률이 다음과 같다면 연평균 수익률은 다음이 된다.

  1분기: +6.11%, 2분기: +4.06%, 3분기: −3.54%, 4분기: +2.95%
  5분기: +8.34%, 6분기: +5.20%, 7분기: −1.95%, 8분기: +4.86%

  총수익률(시간가중 수익률)=$(1.0611 \times 1.0406 \times 0.9646 \times 1.0295 \times 1.0834 \times 1.0520 \times$
  $0.9805 \times 1.0486) - 1 = 0.284919$

  연평균 수익률(기하평균 수익률)=$\sqrt{1 + 0.284919} - 1 = 0.1335$

chapter 03

자산배분 전략의 종류

전략적 자산배분 전략

1 정의

전략적 자산배분(Strategic Asset Allocation : SAA)은 투자목적을 달성하기 위해 장기적인 포트폴리오의 자산구성을 정하는 의사결정이다. 이 전략은 묵시적으로 투자자의 투자기간 중 기본적인 가정이 변화하지 않는 이상 포트폴리오의 자산구성을 변경하지 않는 매우 장기적인 의사결정이다. 구체적으로 전략적 자산배분이란 장기적인 자산구성비율과, 중기적으로 개별 자산이 취할 수 있는 투자비율의 한계(boundary)를 결정하는 의사결정을 뜻한다. 장기적인 자산구성의 결정은 투자자의 투자목적과 제약조건을 충분하게 반영하여 이루어져야 한다.

2 이론적 배경

(1) 효율적 투자기회선

전략적 자산배분은 포트폴리오 이론에 토대를 두고 있다. 포트폴리오 이론은 여러 자산에 분산투자 시 구성자산들의 평균 위험보다 포트폴리오 위험이 낮아진다는 점에 근거를 두고 있다.

정해진 위험 수준하에서 가장 높은 수익률을 달성하는 포트폴리오를 효율적 포트폴리오라 부르며, 여러 개의 효율적 포트폴리오를 수익률과 위험의 공간에서 연속선으로 연결한 것을 효율적 투자기회선이라 한다. 재산배분에서는 개별 증권보다 자산집단을 대상으로 의사결정을 해야 하기 때문에 투자론에서 말하는 효율적 투자기회선과 달리 자산집단의 기대수익률과 위험을 말한다.

(2) 최적화 방법의 문제점

최적화는 일정한 위험 수준 하에서 최대의 기대수익률을 달성하도록, 일정한 기대수익률하에서 최소의 위험을 부담하는 자산 포트폴리오를 구성하는 것을 말한다.

현실적으로 진정한 효율적 투자기회선을 규명하는 것은 어렵다. 그 이유는 기대수익률, 기대표준편차, 기대자산 간 상관관계 등의 통계 추정치의 오류와 추정 오차로 인하여 몇몇 자산집단에 과잉 또는 과소 투자가 이루어질 뿐만 아니라 비효율적인 포트폴리오가 구성되기 때문이다.

3 실행방법

전략적 자산배분에서 최적 포트폴리오는 이론적으로는 위험−수익 최적화 방법을 사용하지만, 일반적으로 여러 가지 주관적인 방법을 동시에 사용하는 경향이 있다. 구체적으로 전략적 자산배분의 경우 다음과 같이 4가지 방법을 적용할 수 있다.

(1) 시장가치 접근방법

여러 가지 투자자산들의 포트폴리오 내 구성비중을 각 자산이 시장에서 차지하는 시가총액의 비율과 동일하게 포트폴리오를 구성하는 방법이다. 이 방법은 CAPM이론에 의해 지지되지만 소규모의 자금으로 포트폴리오를 구성하는 경우에는 시장 균형 포트폴리오 형성이 어렵기 때문에 적용하기에 부적절하다.

(2) 위험 – 수익 최적화 방법

기대수익과 위험 간의 관계를 고려하여, 동일한 위험 수준 하에서 최대한으로 보상받을 수 있는 지배원리(dominance principle)에 의하여 포트폴리오를 구성하는 방법이다. 기대수익과 위험을 축으로 하여 효율적 투자곡선(efficient frontier)을 도출하고, 효율적 투자곡선과 투자자의 효용함수가 접하는 점을 최적 포트폴리오(optimal portfolio)라고 하며, 이를 전략적 자산배분으로 간주하는 것이다. 이 방법은 매우 엄밀한 도출과정을 거치며 다양한 활용이 가능하지만, 입력 변수의 수준 변화에 지나치게 민감하다는 단점이 존재한다.

(3) 투자자별 특수상황을 고려하는 방법

운용기관의 위험, 최소 요구수익률, 다른 자산들과의 잠재적인 결합 등을 고려하여 수립하는 투자전략이다. 특정 법칙으로 정형화되기보다는 투자자의 요구사항을 고려할 수 있는 다양한 방법이 존재한다.

(4) 다른 유사한 기관투자가의 자산배분을 모방

연기금, 생명보험, 투자신탁 등의 기관투자가들의 시장에서 실행하고 있는 자산배분을 모방하여 전략적 자산구성을 하는 방법이다. 상당히 많은 경우 전략적 자산배분의 출발점으로 타 기관투자가의 자산배분을 참고로 하고 있기 때문에 보편화되어 있는 방법이다.

4　실행 과정

만약 투자자는 투자자산의 과대 또는 과소 평가 여부를 판단할 수 없다면 최초 수립된 투자전략에 의한 투자자산구성을 그대로 유지해야 한다. 전략적 자산배분이란 중단기적인 자산구성으로 인한 투자성과의 저하를 방지하고, 지나치게 단기적인 시장 상황에 의존하는 투자전략으로부터 발생하는 위험을 사전적으로 통제하기 위한 전략이다.

그러나 투자자가 각 투자자산의 가치가 균형 가격에서 벗어나 있다는 사실을 인식하면 구성자산에 대한 투자비중을 적극적으로 조정해 나가는 전략(전술적 자산배분)을 수행할 수 있다. 전략적 자산배분의 실행 과정을 그림으로 표현하면 〈그림 3-1〉과 같다.

〈그림 3-1〉에서 점선으로 단절된 부분 ①과 ②는 전략적 자산배분의 기본 취지에 의해 매우 중요한 의미가 있다. ① 부분이 단절된 이유는 전략적 자산배분에서는 장기적인 자본시장 예측치를 사용하므로 중단기적으로는 자산의 기대수익률, 위험, 상관관계가 일정하다고 가정하기 때문이다. 즉 장기적인 투자를 지향하므로 단기적인 시장상황 변화에 무관한 자산구성을 정하며, 최적 포트폴리오를 구성할 때 사용한 각종 자료는 시장 상황의 변화에도 불구하고 재조정하지 않는다.

② 부분이 단절된 이유는 자본시장에 대한 각종 변수들에 대한 추정치가 고정적이므로, 자본시장 상황의 변화에 따른 투자자의 위험 허용 정도의 변화가 없다고 가정하기 때문이다. 즉, 투자자들의 심리구조상 기금 수익률의 상승과 하락에 따라 위험선호도가 변화할 수밖에 없지만, 전략적 자산배분에서는 투자자 위험선호도의 단기적인 변화를 반영시키지 않는다.

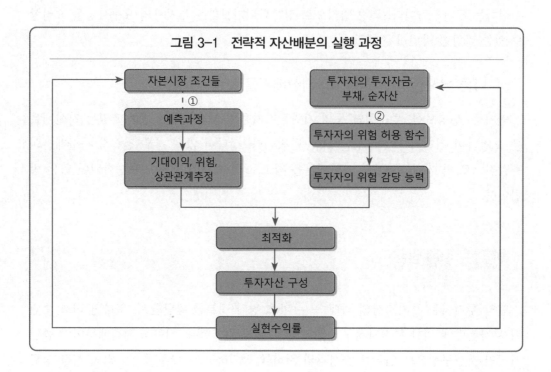

그림 3-1   전략적 자산배분의 실행 과정

1 정의

전술적 자산배분(Tactical Asset Allocation : TAA)이란 시장의 변화 방향을 예상하여 사전적으로 자산구성을 변동시켜 나가는 전략이다. 이는 저평가된 자산을 매수하고, 고평가된 자산을 매도함으로써 펀드의 투자성과를 높이고자 하는 전략이다.

즉 전략적 자산배분의 수립 시점에서 세웠던 자본시장에 관한 각종 가정들이 변화함으로써 자산집단들의 상대적 가치가 변화하는 경우, 이러한 가치 변화로부터 투자이익을 획득하기 위하여 일정기간별(분기, 월, 주간)로 자산구성을 변경하는 적극적인 투자전략이다.

그러나 펀드운용자가 투자자산의 과대 또는 과소 평가여부를 판단할 수 없다면, 최초 수립된 투자전략에 의한 투자자산 구성, 즉 전략적 자산배분을 유지해야 한다. 단지 펀드운용자가 각 투자자산의 가치가 균형 가격에서 벗어나 있다는 사실을 정확하게 평가할 수 있다면, 해당 의사결정을 내린 자산운용자의 책임하에 구성자산에 대한 투자비중을 적극적으로 조정해 나갈 수 있다. 참고로, 각 자산운용기관에서 이러한 의사결정자를 주로 전략가(strategist)라고 부르며, 주로 운용담당 이사, 부장 또는 팀장들이 해당된다. 일부 회사에서는 전술적인 자산배분을 운용전략팀 등의 별도 조직 또는 협의체를 활용하여 실행하기도 한다.

2 이론적 배경

전술적 자산배분이란 전략적 자산배분에 의해 결정된 포트폴리오를 투자전망에 따라 중단기적으로 변경하는 실행 과정이다. 주로 분기, 월과 같은 기간을 단위로 주식이나 채권에 대한 투자가치를 추정하여, 각 자산들의 미래수익률을 비교하여 투자유망성을 판단함으로써 전략적 자산배분에 의해 결정된 포트폴리오의 자산구성비율을 변경한다.

따라서 전술적 자산배분이란 이미 정해진 자산배분을 운용담당자의 자산 가격에 대한 예측하에 투자비중을 변경하는 행위이며, 이는 중단기적인 가격 착오(mis-pricing)를 적극적으로 활용하여 고수익을 지향하는 운용전략의 일종이다.

자산배분의 변경으로 인한 운용성과의 변화는 해당 의사결정자가 책임져야 한다. 실행시에는 현물자산을 직접 매매할 수 있지만, 신속한 실행과 거래비용의 절감을 위해 주가지수선물과 같은 파생상품을 사용하기도 한다.

자산 가격은 단기적으로 빈번하게 균형 가격(equilibrium price) 또는 적정가치(fair value)에서 벗어날 수 있지만 중장기적으로 균형 가격으로 복귀한다는 가정을 이용하는 투자전략이다.

따라서 전술적 자산배분은 균형 가격의 산출에서 출발해야 한다. 어떤 자산집단의 가격이 과소 또는 과대평가되었다는 사실을 판단하기 위해서는 해당 자산집단의 기대수익에 영향을 주는 변수들에 대한 예측이 요구된다. 하지만 정확한 균형 가격을 산출해내기보다는 균형 가격의 변화 방향성을 추정하는 것과 다른 자산과의 상대적인 가격비교가 중요한다.

그러나 자산집단의 균형 가격은 어떠한 모형이나 이론으로도 규명되기 어려우므로, 전술적인 자산배분이란 주관적인 가격 판단을 활용하는 경우도 많다.

(1) 역투자전략

전술적 자산배분 전략은 본질적으로 역투자전략이다. 시장 가격이 지나치게 올라서 내재가치 대비 고평가되면 매도하고, 시장 가격이 지나치게 하락하여 내재가치 대비 저평가되면 매수하는 운용방법이다. 시장 가격이 상승하면 매도하고, 시장 가격이 하락하면 매수하여 시장 가격의 움직임과 반대의 활동을 하게 되므로 역투자전략이라 한다.

전술적 자산배분 전략은 내재가치와 시장 가격 간의 비교를 통해서 실행이 되는데 내재가치는 중장기적인 변화과정을 보일 뿐만 아니라 변동성이 낮은 반면, 시장 가격은 변동성이 높아 역투자전략이 용이하다.

(2) 증권시장의 과잉반응 현상

증권시장은 주기적으로 버블과 역버블의 과정이 반복되며 자산집단의 가치가 과대평가 또는 과소평가된다. 전술적 자산배분 전략은 새로운 정보에 대해 지나치게 낙관적이거나 비관적인 반응으로 인하여 내재가치로부터 상당히 벗어나는 가격 착오 현상인 과잉반응을 활용하는 전략을 말한다.

3 실행 과정

전술적 자산배분의 실행 과정은 자산집단의 가치를 평가하는 활동과 가치판단의 결과를 실제 투자로 연결할 수 있는 위험 허용 여부로 나누어진다.

(1) 가치평가과정

전술적 자산배분 전략은 자본시장의 변화가 자산집단의 기대수익률과 위험에 영향을 준다고 믿는다. 따라서 자산집단 간의 기대수익률 변화, 즉 내재가치 변화를 추정하는 가치평가기능이 중요하다. 전술적인 자산배분은 자산집단의 기대수익률, 위험, 상관관계의 변화를 중기적으로 계속하여 예측하므로 예측기능을 매우 강조한다.

(2) 투자위험 인내과정

전술적 자산배분 전략은 투자자의 위험 허용치는 포트폴리오의 실현수익률이라는 상황 변화에 영향받지 않는다고 가정한다. 전술적 자산배분의 초점은 자산집단 간의 상대적 수익률 변화에 대한 예측이며, 시장 가격의 상승과 하락에 관계없이 저평가된 자산집단의 매수, 고평가된 자산집단의 매도를 지향한다. 그러나 실제로는 시장 가격의 상승으로 실현수익률이 높아지면 투자자의 위험 허용도를 증가시켜 낙관적인 투자자세를 가지게 된다. 반대로 시장 가격이 하락하면 실현수익률이 축소되면서 투자자의 위험 허용도도 동시에 줄어드는 것이 일반적이다.

4 실행도구

(1) 가치평가모형

전술적 자산배분 전략은 자산 가격이 단기적으로는 균형 가격 또는 적정 가격에서 벗어날 수 있지만, 중장기적으로는 균형 가격에 복귀한다는 가정에서 출발하기 때문에 가치평가가 제일 중요한 요소이다.

가치평가모형으로 기본적 분석방법(주식의 이익할인·배당할인·현금흐름할인모형 등, 채권의 기간구조를 이용한 현금흐름할인모형), 요인모형방식(CAPM, APT, 다변량회귀분석) 등을 사용한다.

(2) 기술적 분석

자산집단의 가치평가 시 과거 일정기간 동안의 변화의 모습을 활용하는 기술적 분석방법도 실무에서 많이 사용한다. 즉 주가와 채권의 추세분석, 주가 및 채권지수 각각의 이동평균으로 계산한 이격도 등 다양한 방법을 적용한다.

(3) 포뮬러 플랜

막연하게 시장과 역으로 투자함으로써 고수익를 지향하고자 하는 전략의 한 사례로 포뮬러 플랜이 사용된다. 이 방법은 주가가 하락하면 주식을 매수하고, 주가가 상승하면 주식을 매도하는 역투자전략이다. 정액법과 정률법이 있다.

chapter 04

자산배분 모델의 종류

마코위츠 평균-분산 모델

1 마코위츠 평균-분산 모델 개요

마코위츠 평균-분산 모델이란 현대 포트폴리오 이론의 창시자인 마코위츠에 의하여 전개된 증권투자, 포트폴리오 관리에 대한 이론을 말한다.마코위츠의 현대 포트폴리오 이론이란 수많은 증권과 포트폴리오의 기대수익률과 분산이 주어졌을 때 평균-분산 기준에 의하여 효율적 경계선(efficient frontier)을 도출해 내고 투자자의 수익률 분포에 대한 선호에 따라 최적 포트폴리오를 선택하는 투자의사결정 접근법을 말한다.

마코위츠의 포트폴리오 이론은 기대수익률과 위험이 가장 중요한 요소로 평가한다. 합리적인 투자가는 일정한 위험에서는 기대수익을 최대로 하는 것, 또는 일정한 기대수익 수준에서는 위험을 최소로 하는 효율적 포트폴리오(efficient portfolio)를 취하려고 한다. 분산투자에 의해 포트폴리오 전체의 위험을 감소시킬 수 있다. 한 증권의 수익은 다른 증권의 수익과 상관관계를 가지고 있으며, 모든 증권이 완전한 상관관계를 가지고 있지 않는 한, 증권을 추가할수록 포트폴리오 전체의 위험은 감소한다.

또한 특정한 투자가의 수익과 위험의 조합에 관한 선호도(효용무차별곡선)가 주어진다면 그 투자가에게 효용을 최대로 해주는 최적 포트폴리오가 존재한다.

효율적 포트폴리오와 투자자의 효용무차별곡선이 주어지면 마코위츠가 말한 최적 포트폴리오가 오직 하나 정해질 수 있게 된다. 효용무차별곡선과 효율적 포트폴리오(효율적 투자선, 효율적 프런티어 등으로도 불린다)의 접점이 최적 포트폴리오가 된다. 즉, 투자자는 이 최적 포트폴리오를 소유하려고 한다.

2 효율적 포트폴리오

효율적 포트폴리오(efficient portfolio)는 수많은 포트폴리오의 기대수익률과 분산이 측정되면, 이들 중에서 일정한 위험하에서 기대수익을 최대화시키거나, 일정한 기대수익하에서 위험을 최소화시키는 포트폴리오의 집단을 말한다.

다수(n종목)의 증권들을 결합할 때 포트폴리오 기대수익과 위험은 어떻게 측정되고, 구성증권 간의 상관관계와 투자금액의 비율을 고려하여 일정한 기대수익 하에서 투자위험을 최소화시키는 분산투자의 방법에 대하여 알아보자.

(1) n 종목 포트폴리오의 결합선

결합되는 증권의 수가 다수가 되면 두 개의 증권으로 결합될 때보다는 복잡하겠지만, 기본적으로 두 개의 증권의 결합관계로 생각할 수 있다. 예를 들어, 증권 X, Y, Z 세 주식으로 구성되는 포트폴리오의 기대수익률과 위험은 X와 Y 두 개의 주식으로 구성된 포트폴리오를 마치 하나의 증권처럼 보고, 이를 나머지 주식 Z와의 결합관계로 보게 되면, 세 증권의 결합관계를 마치 두 증권의 결합관계로 파악할 수 있게 된다.

이 원리를 〈그림 4-1〉에 표시되어 있는 세 증권 X, Z, T의 결합관계를 예로 들어 살펴보기로 하자. 먼저 증권 X와 T를 결합시키면 그 상관관계와 투자비율의 변화에 따라 두 개 종목으로 포트폴리오 결합선은 곡선 XET를 따라 나타날 것이다. 또 증권 T와 Z

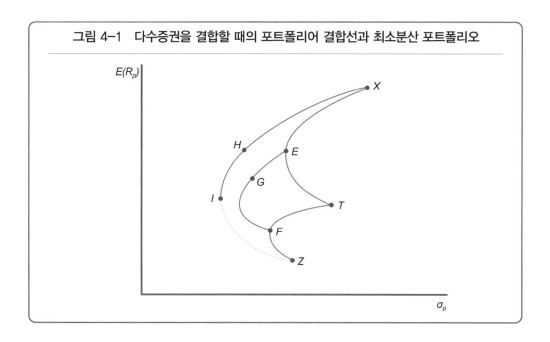

그림 4-1   다수증권을 결합할 때의 포트폴리어 결합선과 최소분산 포트폴리오

두 증권을 결합하면 상관관계와 투자비율의 변화에 따라 곡선 *TFZ*의 포트폴리오 결합선을 얻는다.

한편 *X*와 *T*의 결합 중에서 *E* 포트폴리오 그리고 *T*와 *Z*의 결합 중 *F* 포트폴리오를 결합시키면 새로운 포트폴리오 결합선 *EGF*를 얻는다. 곡선 *EGF*선상의 포트폴리오는 *E*와 *F*를 결합한 것이므로 두 종목의 결합 포트폴리오로 볼 수 있지만, 내용적으로는 개별 증권 *X*, *T*, *Z* 세 증권을 모두 결합한 셈이 된다. 이와 같은 원리로 *X*, *T*, *Z*를 동시에 결합시키면 곡선 *XHIZ*의 포트폴리오 결합선을 얻을 수 있다. 따라서 곡선 *EGF*선상의 포트폴리오보다 우월한 포트폴리오를 얻을 수 있게 된다.

결론적으로 곡선 *XHIZ*선상의 포트폴리오 결합은 증권 *X*, *T*, *Z*를 결합할 때 얻을 수 있는 포트폴리오 중에서는 일정한 기대수익률 하에서 위험이 가장 적은 포트폴리오군이 된다. 이처럼 일정한 기대수익률에서 위험이 가장 적은 포트폴리오군을 최소분산 포트폴리오 집합(minimum variance portfolio)이라고 부른다.

그러나 이 최소분산 포트폴리오 집합(곡선 *XHIZ*) 중에서 곡선 *XHI*부분만이 일정한 위험(표준편차)에서 기대수익률이 보다 높기 때문에 효율적 포트폴리오 집합이 된다. 반면에 곡선 *IZ*부분은 비효율적 포트폴리오 집합이 된다.

이처럼 최소분산 포트폴리오 집합 중에서 곡선 *XHI*부분처럼 동일한 위험 수준에서 기대수익률이 보다 높은 포트폴리오 집합을 효율적 포트폴리오 집합(efficient portfolio set)

또는 효율적 투자선(efficient frontier)이라고 부른다. 특히 이 중 포트폴리오 *I*는 위험이 가장 적은 포트폴리오로서 최소분산 포트폴리오(global minimum variance portfolio)라고 한다.

(2) *n* 종목 포트폴리오의 위험 측정

이상에서 세 종목으로 구성되는 포트폴리오의 분산투자 효과가 어떻게 나타나는지를 설명하였다. 이를 *n*종목까지 확장하여 효율적 투자선을 찾을 수 있게 하기 위해서는 구체적으로 *n*종목으로 구성되는 포트폴리오 위험의 계량적 측정이 필요하다.

이제 주식 1, 2, 3 ⋯ *n*으로 구성되는 포트폴리오의 기대수익률과 위험(분산) 계산을 식으로 나타내기 위해서 다음과 같이 기호를 사용하기로 하자.

$w_1, w_2, \cdots w_n$: 증권 1, 2 ⋯ *n*에 대한 투자비율

$E(R_1), E(R_2) \cdots E(R_n)$: 증권 1, 2 ⋯*n*의 기대수익률

$\sigma_1^2, \sigma_2^2, \cdots \sigma_n^2$: 증권 1, 2 ⋯의 분산

$\sigma_{12}, \sigma_{23}, \cdots \sigma_{n-1, n}$: 증권 1과 2, 2와 3, *n*−1과 간의 공분산

주식 1과 2로 구성되는 두 종목 포트폴리오의 기대수익률과 분산은 다음과 같이 측정된다.

$$E(R_p) = w_1 E(R_1) + w_2 E(R_2) \tag{4-1}$$
$$\sigma_p^2 = w_1^2 \sigma_1^2 + w_2^2 \sigma_2^2 + 2 w_1 w_2 \sigma_{12} \tag{4-2}$$

주식 1, 2, 3으로 구성되는 세 종목 포트폴리오의 기대수익률과 분산은 마찬가지 원리로 다음과 같이 측정된다.

$$E(R_p) = w_1 E(R_1) + w_2 E(R_2) + w_3 E(R_3) \tag{4-3}$$
$$\sigma_p^2 = var(w_1 r_1 + w_2 r_2 + w_3 r_3)$$
$$= w_1^2 \sigma_1^2 + w_2^2 \sigma_2^2 + w_3^2 \sigma_3^2 + 2(w_1 w_2 \sigma_{12} + w_1 w_3 \sigma_{13} + w_2 w_3 \sigma_{23})$$
$$= 개별 종목 고유위험 + 타 종목과의 공분산 위험$$

이를 확장하여 *n*개의 증권으로 구성되는 포트폴리오의 분산을 나타내면 다음과 같다.

$$\sigma_p^2 = w_1^2\sigma_1^2 + w_2^2\sigma_2^2 + w_3^2\sigma_3^2 + \cdots + w_n^2\sigma_n^2 + (w_1w_2\sigma_{12} \qquad (4-4)$$
$$+ w_1w_3\sigma_{13} + \cdots + w_1w_n\sigma_{1n} + w_2w_1\sigma_{21} + w_2w_3\sigma_{23}\cdots)$$

식 (4-4) 우변의 모든 항은 공통요소로서 두 종목 투자비율에 두 종목 간의 공분산을 곱한 항으로 구성됨을 볼 수 있다. 따라서 포트폴리오 분산은 다음과 같이 표시할 수 있다.

$$\sigma_p^2 = \sum_{i=1}^{n}\sum_{j=1}^{n} w_i w_j \sigma_{ij} \qquad (4-5)$$

또는, $\sigma_p^2 = \sum_{i=1}^{n}\sum_{j=1}^{n} w_i w_j \sigma_i \sigma_j \rho_{ij}$

단, w_i, w_j : 증권 j에 대한 투자비율

σ_{ij} : 증권 i, j 사이의 공분산

이를 알기 쉽게 공분산 매트릭스로 나타내면 〈표 4-1〉과 같다. 이들 모든 칸의 합은 식 (4-5)와 일치한다. 〈표 4-1〉에서 빗금을 친 대각선(diagonal)상의 칸들은 $i=j$인 경우로서 동일 종목 간의 공분산($w_i w_j \sigma_{ij}$)을 나타내는 것이므로 결국 특정 개별 증권의 분

표 4-1 n 종목 경우의 포트폴리오 위험 : 공분산 매트릭스

주식 i / 주식 j	1	2	3	4 ·················· n	
1	$w_1^2\sigma_1^2$	$w_2w_1\sigma_{21}$	$w_3w_1\sigma_{31}$	$w_4w_1\sigma_{41}$ ··············	$w_nw_1\sigma_{n1}$
2	$w_1w_2\sigma_{12}$	$w_2^2\sigma_2^2$	$w_3w_2\sigma_{32}$	$w_4w_2\sigma_{42}$ ··············	$w_nw_2\sigma_{n2}$
3	$w_1w_3\sigma_{13}$	$w_2w_3\sigma_{23}$	$w_3^2\sigma_3^2$	$w_4w_3\sigma_{43}$ ··············	$w_nw_3\sigma_{n3}$
4	$w_1w_4\sigma_{14}$	$w_2w_4\sigma_{24}$	$w_3w_4\sigma_{34}$	$w_4^2\sigma_4^2$ ··············	$w_nw_4\sigma_{n4}$
⋮	⋮	⋮	⋮	⋮	⋮
n	$w_1w_n\sigma_{1n}$	$w_2w_n\sigma_{2n}$	$w_3w_n\sigma_{3n}$	$w_4w_n\sigma_{n4}$ ··············	$w_n^2\sigma_n^2$

주 : w_i : 주식 i에 대한 투자비율

σ_{ij} : 주식 i와 주식 j 수익률 간의 공분산

p_{ij} : 주식 i와 주식 j 수익률 간의 상관계수

σ_i : 주식 i 수익률의 표준편차

σ_j : 주식 j 수익률의 표준편차

산($w_i^2 \sigma_i^2$) 값을 나타낸 것이다.

즉, n종목으로 구성되는 포트폴리오 위험 중에서 개별 종목 고유의 특성에 의해서 발생되는 위험의 크기를 나타낸다. 이처럼 $i=j$인 경우의 수는 n개가 된다.

반면에 빗금을 치지 않은 최소분산 포트폴리오 대각선 위와 아래에 있는 칸들은 $i \neq j$인 경우로서 다른 증권과의 공분산을 나타낸 것이다. 이는 포트폴리오 위험 중에서 타 종목들과의 모든 상관관계, 즉 시장 전반의 요인에 의해서 발생되는 위험의 크기라고 할 수 있다.

이처럼 $i \neq j$인 경우의 수는 $n(n-1)$개만큼인데, 모두 2개씩(이를 테면 $w_3 w_1 \sigma_{31} = w_1 w_3 \sigma_{13}$) 있으므로 실제의 개수는 $n(n-1)/2$개가 된다.

공분산 매트릭스에서 모든 칸을 $i=j$인 경우와 $i \neq j$인 경우로 분류하여 그 의미가 무엇인지를 살펴보았다. 따라서 식 (4-5)는 특정 개별 증권의 분산을 표시하는 부분과 타 증권과의 공분산을 나타내는 부분의 합으로 구분하여 다음과 같이 표시될 수 있다.

$$\sigma_p^2 = \sum_{i=1}^{n} \sum_{j=1}^{n} w_i w_j \sigma_{ij} \qquad (4-6)$$

$$= \sum_{i=1}^{n} w_i^2 w_j^2 \sigma_i^2 + \sum_{i=1}^{n} \sum_{j=1}^{n} w_i w_j \sigma_i \sigma_j \quad (단,\ i \neq j)$$

$$= 개별\ 증권의\ 고유위험 + 타\ 증권과의\ 공분산\ 위험$$

여기서 우변 첫째 항은 공분산 매트릭스에서 대각선상에 위치하는 특정 개별 증권의 분산부분(n개)을 표시한 것이고 둘째 항은 대각선의 위와 아래에 위치하는 타 증권과의 공분산부분[$n(n-1)$개]을 표시한 것이다.

(3) 투자종목수와 위험분산 포트폴리오를 n개의 종목으로 구성하였을 때 포트폴리오의 위험이 식 (4-6)과 같이 표시됨을 보았다. 포트폴리오 위험은 투자종목수가 많을수록 감소하게 되는데, 구체적으로 어떤 위험이 감소하는가?

투자종목수가 증가함에 따라 감소하는 위험은 기업고유요인에 의해서 야기되는 위험으로서 기업 고유위험(firm-specific risk), 비체계적 위험(non-systematic risk), 분산 가능 위험(diverfiable risk)이라고 부른다. 반면에 분산투자의 구성종목수 n을 무한대로 증가시켜도 줄어들지 않는 위험이 있음을 알 수 있다. 이는 증권시장 전반의 공통적 요인에 의해서 야기되는 위험으로서 체계적 위험(systematic risk), 분산 불능 위험(nondiver-sifiable risk)

이라고 부른다.

이 같은 포트폴리오 위험의 감소 효과로부터 다음과 같은 결론을 내릴 수 있다. 여러 종목에 걸쳐 분산투자하는 경우 투자위험관리(risk management)의 주된 대상은 시장 관련 위험이지 개별 종목 고유위험이 아니라는 점이다. 환언하면 분산투자의 종목수가 일정 수준 이상으로 많아지게 되면 개별 종목 고유위험을 거의 무시하고 위험관리를 해도 된다는 점이다.

(4) 위험자산의 효율적 포트폴리오와 최적 포트폴리오의 선택 증권시장에는 선택 가능한 수많은 증권들이 있다. 이들의 상관관계를 고려한 결합 가능성과 투자비율의 조정까지를 고려하면 헤아릴 수 없이 수많은 포트폴리오가 투자대상으로 존재한다. 이제 가능한 모든 포트폴리오의 기대수익률과 위험을 측정하여 이를 그림으로 나타내면 어떻게 될 것인가?

〈그림 4-2〉의 점들은 많은 주식들로 이루어지는 모든 가능한 포트폴리오의 기대수익률과 위험의 조합을 나타내고 있다. 이 부분을 투자기회집합(investment opportunity set)이라고 한다. 이 중에서 선택대상으로 적절한 포트폴리오는 XY선상에 위치한 포트폴리오이다. 왜냐하면 XY선상의 포트폴리오는 동일한 위험에서는 가장 높은 수익률, 동일한 수익률에서 가장 낮은 위험을 지니는 포트폴리오로서, 선택 기준이 되는 지배원리를 충족시키는 포트폴리오이기 때문이다.

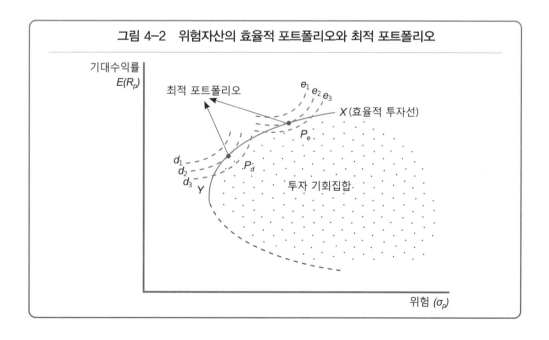

그림 4-2 위험자산의 효율적 포트폴리오와 최적 포트폴리오

이들 XY선상의 포트폴리오가 효율적 투자선(efficient frontier) 또는 효율적 포트폴리오선인 것이다.

현실적으로 증권시장에 존재하는 모든 투자기회(포트폴리오)를 대상으로 효율적 투자선을 구하기 위해서는 ① 일정한 기대수익률을 가지는 투자기회 중 위험이 최소인 점이나, ② 일정한 위험 수준에서 기대수익률이 최대인 점을 구하면 될 것인데, 이 해를 발견하는 데는 일반적으로 2차계획법(quadratic programming)이 사용되고 있다.

일정한 분산(l)에서 포트폴리오 기대수익률을 최대화시키는 포트폴리오는 다음 수식에서 투자비율 wi를 찾으면 구해진다.

$$
\begin{aligned}
&\text{maximize} \\
&\quad E(R_p) = \sum_{i=1}^{n} w_i E(R_j) \\
&\text{subject to} \\
&\quad \sigma_p^{2} = l \quad (l : \text{상수}) \\
&\quad \sum_{j=1}^{n} w_j = 1.0
\end{aligned}
\tag{4-7}
$$

효율적 투자선 또는 효율적 포트폴리오가 이와 같은 방법으로 찾아지면 마지막 작업은 이 중에서 어떤 것이 투자자의 기대효용을 극대화하는 최적 포트폴리오(optimal portfolio)인가를 찾는 것이다. 최적 포트폴리오의 선택은 결론적으로 각 개인의 주관적 위험에 대한 태도에 달려 있다. 따라서 앞에서 설명했던 것처럼 투자자의 무차별효용곡선과 효율적 투자선의 접점이 최적 포트폴리오가 된다.

〈그림 4-2〉에서 효용곡선 d와 같은 모양을 갖는 소극적 투자자는 P_d의 포트폴리오를 최적 포트폴리오로 선택할 것이다. 반면에 효용곡선 e와 같은 모양을 갖는 적극적 투자자에게는 P_e의 포트폴리오가 효용을 극대화하는 최적 포트폴리오가 된다.

(5) 투입정보의 추정

마코위츠의 포트폴리오 선택 모형에서 제시되고 있는 효율적 분산투자의 방법은 일정한 기대수익률 하에서 위험을 최소화하거나, 일정한 위험하에서 기대수익률을 최대화시키는 효율적 포트폴리오를 구성하는 것이다. 따라서 n개의 자산 각각에 대하여 기대수익률 $E(R)$과 분산 σ^2을 추정하고, 각 자산들 간의 공분산 σ을 $n(n-1)/2$만큼 추정하는 것이 필요하다.

3	무위험자산과 최적 자산배분

투자관리의 핵심 중 한 가지는 주식, 회사채, 국공채, 부동산 등 투자수익과 투자위험이 질적으로 상이한 각급 투자자산에 투자자금을 포괄적으로 어떻게 배분할 것인가를 결정하는 자산배분(asset allocation)의 문제이다. 자산배분 문제는 주식과 같은 위험자산과 국공채와 같은 무위험 자산에의 투자비율의 결정 문제로 압축할 수 있다. 지금까지는 수익률의 변동성이 큰 주식과 같은 위험자산(risky assets)만으로 포트폴리오를 구성할 때 최적 투자결정의 문제를 살펴 보았다. 본 절에서는 포트폴리오를 구성할 때 정기예금이나 단기국공채와 같은 위험이 없는 무위험자산에도 투자자금의 일부를 할애하여 자산배분을 시도하는 경우의 최적 자산배분, 최적 포트폴리오의 구성문제를 다룬다.

(1) 무위험자산

무위험자산(risk-free asset)은 어떠한 상황에서도 확정된 수익이 보장되어 수익률의 변동이 없기 때문에 그 위험(수익률의 표준편차)이 영인 투자자산을 말한다. 즉,

> $E(R_f) = R_f, \quad \sigma(R_f) = 0$
> 단, $E(R_f), \sigma(R_f)$: 무위험자산의 기대수익률과 표준편차
> $\quad R_f$: 무위험이자율(risk-free rate)

일반적으로 정기예금이나 국공채와 같은 투자대상들이 무위험자산으로 인식되고 있다. 그러나 이러한 자산들도 엄밀한 의미에서 보면 위험이 없는 것이 아니다. 정기예금도 인플레이션 하에서는 실질 투자수익률이 달라지므로 실질수익이 확정되어 있다고 할 수 없으며, 국공채는 이자율 변동에 따라 채권 가격이 변동하는 이자율 변동 위험을 지니고 있다.

그럼에도 불구하고 이러한 투자자산들은 명목수익률은 확정되어 있고, 만기가 짧은 단기국공채는 이자율 변동 위험이 매우 적다고 할 수 있으며, 특히 지급불능 위험이 없으므로 통상적으로 이들 투자자산들을 무위험자산으로 취급하고 있다.

(2) 무위험자산이 포함될 때의 효율적 포트폴리오

무위험자산도 포트폴리오 구성에 포함되면 위험자산만으로 포트폴리오를 구성할 때보다도 월등한 투자성과를 기대할 수 있다. 왜 그런지를 살펴보기로 한다.

먼저 위험자산 포트폴리오는 수많은 투자기회집단이 있지만 이론적으로 보면 〈그림 4−3〉의 호 XY상에 나타나 있는 효율적 포트폴리오가 투자대상으로 고려될 것이다. 이제 이들 위험자산의 효율적 포트폴리오의 하나인 A에 투자자금의 w를 투자하고 무위험자산(기대수익률이 무위험이자율 R_f이고, 위험이 0인 투자자산)에 나머지 투자자금$(1-w)$을 투자할 경우의 기대수익률과 위험(표준편차)을 구해보면 식 $(4-8)$, 식 $(4-9)$와 같이 표시된다.

$$E(R_p) = w \cdot E(R_A) + (1-w)R_f = R_f + [E(R_A) - R_f] \qquad (4-8)$$

$$\sigma_p{}^2 = w^2\sigma_A{}^2 + (1-w)^2(\sigma_{R_f})^2 + 2w(1-w)\sigma_{AR_f} = w^2\sigma_A{}^2 \qquad (4-9)$$

$$\therefore \sigma_p = w\sigma_A$$

단, R_f : 무위험이자율

$E(R_A)$: 위험 있는 주식 포트폴리오 A의 기대수익률

$\sigma_A{}^2$: 위험 있는 주식 포트폴리오 A의 분산

w : 위험 있는 주식 포트폴리오 A의 투자비율

$1-w$: 무위험자산에 대한 투자비율

σ_{AR_f} : 주식 포트폴리오 A 수익률과 무위험이자율 간의 공분산

이제 식 $(4-9)$에서 $w = \sigma_p/\sigma_A$이므로 이를 식 $(4-10)$에 대입해 보면 투자금액의 비율과 관계없이 이 두 펀드 포트폴리오(two−fund portfolio : 무위험자산과 위험자산인 주식으로 구성되는 포트폴리오)의 기대수익률은 다음 식 $(4-10)$처럼 위험(표준편차)에 선형적으로 비례하는 관계에 있음을 알 수 있다.

$$E(R_p) = R_f + \frac{E(R_A) - R_f}{\sigma_A}\sigma_p \qquad (4-10)$$

환언하면, 무위험자산과 주식 포트폴리오로 구성되는 두 펀드 포트폴리오를 구성할 때 기대되는 투자기회집합(investment opportunity set)은 〈그림 4−3〉에 나타난 선 $R_f A_a$ 처럼 절편이 R_f이고 기울기가 $[E(R_A) - R_f]/\sigma_A$인 직선 위에 옴을 알 수 있다. 여기서 무위험자산이 포함될 때의 투자 기회선인 $R_f A_a$(또는 RMN)선을 자산배분신(CAL : capital

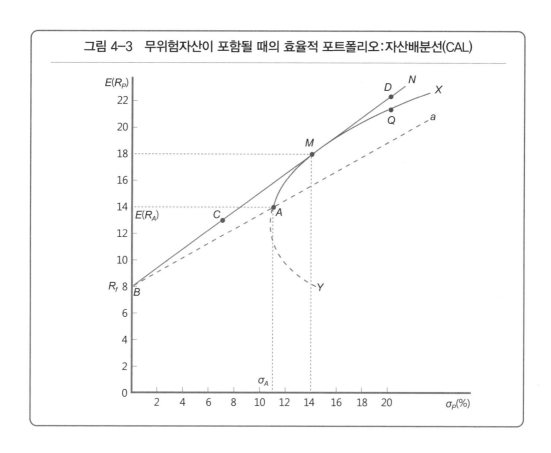

그림 4-3 무위험자산이 포함될 때의 효율적 포트폴리오 : 자산배분선(CAL)

allocation line)이라고도 부른다.

section 02 | 블랙리터만의 자산배분 모델

1 | 블랙리터만 모델이란?

앞서 살펴 본 마코위츠 평균 분산 모델의 효율적 곡선과 투자비중 최적화 방법론은
그 놀라운 우수성으로 인하여 자산배분 분야로 확대 적용되고 있다. 그러나 자산배분상
몇 가지 한계를 가지고 있다. 모든 자산집단에 대하여 기대수익률과 위험 지표가 있어
야 자산배분을 실행할 수 있을 뿐 아니라, 현실적으로 자산집단별 기대수익률과 위험의

예측이 어렵다는 점이다. 또한 자산집단별 비중 결정이 0%에서 100%까지 제한이 없어, 최종 자산배분 비중이 특정 자산에 편중되는 결과가 나타날 뿐만 아니라, 기대수익률과 위험의 조그만 변화에도 큰 폭의 비중 변동이 나타난다.

이와 같은 한계를 해결하기 위하여 Black과 Litterman은 기대수익률과 위험 등 투입 변수 값에 따라 자산배분 비중이 과도하게 바뀌는 문제를 해결하기 위하여 '균형 기대 수익률'을 도출하여 이를 평균분산모형에 투입하는 모델을 개발하였다. 시장 포트폴리 오에 내재된 균형 기대수익률을 산출하고, 투자자의 시장 전망을 자산배분 모델에 반영 하여 자산배분을 시행하는 모델을 Black−Litterman 모델이라 한다.

블랙리터만 자산배분 모델은 시장 포트폴리오의 균형점인 자산의 시가총액을 이용하 여 균형 기대수익률을 역산함으로써, 특정 자산집단의 기대수익률과 위험을 몰라도 자 산배분을 실행할 수 있게 되었을 뿐 아니라, 평균분산 모델의 최대 문제점인 극단적인 자산배분 비중의 문제도 해결하였다. 또한 투자자의 장기전망을 반영하여 자산배분의 비중을 조절할 수 있어 모델의 유연성을 확보하였다.

이와 같은 장점에도 불구하고 자산집단의 표준화된 시가총액을 구하기 어렵고, 주관 적 시장 전망치의 오류 가능성, 시가 총액이 작은 자산집단의 비중 변동이 크다는 한계 점을 가지고 있다.

2 균형 기대수익률

평균분산모형은 기대수익률을 추정하여야 한다. 그러나 블랙리터만모형에서는 시장 포트폴리오에 내재하고 있는 기대수익률인 균형 기대수익률을 사용한다. 균형 기대수 익률을 사용할 경우 위험 수준이 높고 다른 자산집단과 상관관계가 높은 자산일수록 기 대수익률이 높아지고, 그렇지 않은 자산은 기대수익률이 낮아져 보다 직관에 부합되는 기대수익률을 산출할 수 있어 투자비중이 전 자산집단에 골고루 분산되는 효과를 얻을 수 있다.

균형 기대수익률은 시장의 수요와 공급이 균형을 이룬 이상적인 상태에서 시장 참여 자들의 기대수익률을 말한다. 자산 간의 시장규모(시가총액비중)가 수요와 공급의 균형점 이라 간주한다. 자산 간의 시장규모 비율을 평균분산모형 모델의 비중 결정과정에 역산 하여 도출한 기대수익률을 균형 기대수익률이라 한다. 균형 기대수익률의 공식은 다음 과 같다.

$$\Pi = \lambda \Sigma \omega_{mkt}$$

단, Π : $E(R|\omega_{mkt})$ 균형 기대수익률

λ : 위험회피 계수＝시장 리스크 프리미엄/시장수익률 분산

Σ : 공분산행렬($N \times N$, N은 자산군의 개수)

ω_{mkt} : 시장 포트폴리오의 투자비중(시가총액 비중)

블랙리터만 모델에서는 투자자가 특별한 시장 전망을 가지지 않을 경우 균형 기대수익률(＝시가총액 비중)로 자산배분을 실행하게 된다.

3   투자자의 시장 전망 반영

균형 기대수익률에 투자자의 시장 전망을 반영한 수익률을 최종 기대수익률로 사용하여 자산배분을 실행한다. 투자자의 시장 전망을 반영하는 대표적인 방법은 다음 2가지로 구분된다.

첫째는 절대적 시장 전망을 반영하는 방법이다. 이는 기대수익률의 절대치를 전망할 때 사용한다. 즉 선진국 주식은 5.25%의 수익률을 기록할 것으로 예상할 때 이를 토대로 기대수익률을 추정할 경우 사용하는 방법이다.

둘째는 상대적 시장 전망을 반영하는 방법이다. 이는 기대수익률의 상대적 차이를 전망할 때 사용한다. 즉, 글로벌 채권의 기대수익률은 미국 채권 기대수익률을 25bp 초과할 것으로 예상할 때 사용하는 방법이다. 이러한 전망의 경우 시장 전망상의 기대수익률 차이가 균형 기대수익률 차이보다 작으면 수익률이 낮은 자산의 가중치가 증가한다. 시장 전망상의 기대수익률 차이가 균형기대수익률 차이보다 크다면 수익률이 높은 자산의 가중치가 증가하는 방향으로 자산이 배분된다.

4   최적 투자비중 산출

균형 기대수익률에 시장 전망을 반영한 전망 결합 기대수익률이 산출되면 기대수익률과 공분산 행렬을 투입변수로 사용하여 최적 투자비중을 산출할 수 있다.

[참고] ESG 투자에 대한 이해

1 **ESG와 책임투자의 기본 이해**

1) ESG의 기본 개념과 대두 배경

ESG는 기존의 재무정보에 포함되어 있지 않으나 기업의 중장기 지속가능성에 영향을 미칠 수 있는 요인들을 환경, 사회, 지배구조로 나누어 체계화한 기준으로 자본시장에서 기업을 평가하는 새로운 프레임워크(Framework)로 발전되었다. 기업이나 조직 관점에서 이를 반영한 경영을 ESG 경영이라 하고 금융의 관점에서 이를 반영한 투자는 ESG 투자 혹은 책임투자 등으로 일컬어진다.

ESG(Environmental, Social, Governance)는 금융기관을 중심으로 발전된 개념으로 1900년대 초반 이후 유럽시장을 중심으로 발전해 왔다. 2005년 UN 코피아난 사무총장이 대형 금융기관에 서신을 보내 ESG를 반영한 책임투자에 앞장서 줄 것을 요청했고 금융기관들이 이에 응하면서 2006년 책임투자 원칙을 실행하고자 하는 금융기관의 이니셔티브인 PRI(Principal of Responsible Investment)가 결성되면서 본격적으로 확산되었다.

2008년 금융위기를 겪으며 금융자본의 바람직한 역할이 강조되고, 2020년 COVID-19의 전 세계적인 유행으로 위기에 대한 대응 능력이 회복 탄력성(resilience)의 개념으로 대두되면서 ESG가 회복 탄력성의 중요한 요소로 강조되고 있다.

한편, 2021년 파리기후협약 이행기가 도래함에 따라 각국 정부의 탄소중립안에 따른 다양한 관련 정책 및 법제가 정비·발효됨에 따라 환경을 중심으로 기업경영에 실질적으로 미치는 영향이 증가하면서 ESG에 대한 중요성은 점차 확대될 전망이다.

2) ESG 투자 방식과 시장 규모

ESG 요소를 반영한 투자는 책임투자(Responsible Investing) 혹은 지속가능투자(Sustainable Investing)로 일컬어지는데 책임투자가 조금 더 보편적으로 사용되고 있는 용어이다. 2014년 주요국의 기관투자자 연합이 함께 결성한 GSIA(Global Sustainable Investment Association)는 매 2년 ESG 투자 방식을 적용한 펀드의 규모를 통해 책임투자 시장 규모를 발표하고 있다.

시장 규모를 논하기 전 먼저 살펴봐야 하는 것은 ESG 투자를 규정하는 방식이다. GSIA는 ESG의 투자방식을 대표적으로 7가지 방식으로 정의하고 이 중 하나 이상의 투자 기준을 적용하고 있는 펀드를 책임투자로 정의하고 있다.

GSIA에 따른 투자 방식은 크게 아래 7가지 방식으로 나뉜다(표 1 참조).

7가지 투자 방식 중 하나 이상을 적용한 투자에 대한 기관투자자의 서베이를 기초로 한 GSIA의 2021년 7월 발표에 따르면 2020년 글로벌 지속가능투자 시장 규모는 35.3조 달러로 2018년 대비 15% 성장한 것으로 조사되었다.

이 자료에서 흥미로운 점은 유럽의 지속가능투자 시장 규모가 감소한 것으로 나타났다는 것이다.

2018년 주요 대륙별 비중에서 47%로 가장 높은 비율을 차지했던 유럽의 책임투자 규모가 2020년 들어 감소한 것은 유럽이 EU Taxonomy 정비 등을 통해 환경과 관련한 기준을 정비하고 SFDR1 규제 등을 금융기관에 지속가능투자와 관련한 공시를 의무화함에 따라 기타 지역에서의 친환경에 대한 분류기준이나, 이에 따른 공시제도가 유럽에 비해 미미하다는 점에서 동일기준으로 비교하는 것은 다소 무리가 있다.

따라서 2020년 유럽시장의 책임투자 규모 감소를 시장의 감소로 해석하기보다는 시장의 자정작용을 통한 보다 실질적이고 체계적인 시장 정립을 위한 진통으로 이해하는 것이 바람직하다.

유럽뿐만 아니라 타지역에서도 분류체계 수립 및 금융기관의 ESG 상품에 대한 공시의 강화가 예상됨에 따라 과거에는 ESG 투자로 분류되던 성격도 향후 분류기준이 명확해지고 이를 공시하게 될 경우 시장 규모 수치에 불확실성이 내포될 수 있다.

한국의 경우, 책임투자의 시작은 2006년 9월 국민연금 책임투자형 위탁펀드 운용이라 볼 수 있다. 국민연금을 시작으로 이후 사학연금, 공무원연금 등 일부 연기금의 위탁형 사회책임투자 펀드에서 술·도박·담배 등에 대한 네거티브 스크리닝 등의 제한적이나마 ESG를 반영한 투자가 적용되었으나 수익률 위주의 평가와 적절한 벤치마크의 부재 등으로 이러한 사회책임형 투자 펀드의 성장은 제한적이었다.

그러나, 2018년 이후 국민연금의 ESG 투자 확대를 위한 정책 및 제도 정비가 빠르게 진행되었다. 국민연금은 2018년 7월 수탁자 책임에 관한 원칙을 도입하고, 2019년 11월 책임투자 활성화 방안을 수립하고 책임투자 원칙을 도입했다. 그리고, 2019년 12월 국민연금기금 수탁자 책임에 관한 원칙 및 지침을 개정하고 국민연금기금의 적극적 주주활동 가이드라인을 마련하였다. 또한 2020년 1월에는「국민연금기금운용지침」제4조 5대 기금운용 원칙에 '지속가능성 원칙'을 추가하여 ESG 확산을 위한 제도적 기반을 확충하였다.

2017년 9월부터 직접운용 주식자산 일부에 ESG를 고려해 온 국민연금은 2019년 11월 책임투자 활성화 방안을 통해 기존 국내주식 액티브형에 한정되어 온 ESG 고려를 2021년 이후 국내주식 패시브형, 해외주식과 채권 자산 등으로 순차적으로 확대하고 있다.

표 1	국민연금 책임투자 활성화 방안(2019.11) 주요 내용
구분	내용
책임투자 대상 자산군 확대	• 주식 패시브 운용(21년부터), 해외주식 및 국내채권(21년부터) • 대체투자(사모, 부동산, 인프라) : 도입 시기 추가 검토 예정 • 2022년까지 전체 자산의 50%에 ESG 반영 계획
책임투자 추진 전략 수립	• ESG 통합전략의 확대적용(국내외 주식 및 채권) • 기업과의 대화(Engagement)의 확대(해외주식으로 확대추진) • 다만, 네거티브 스크리닝 전략의 경우 추가 검토 필요
위탁운용의 책임투자 내실화	• 2020년 SRI형 위탁운용을 위한 ESG 중심의 벤치마크 신규개발 및 적용계획 • 책임투자형 위탁펀드의 운용보고서에 책임투자 관련 사항을 포함하도록 의무화 추진 • 2022년에는 적용대상을 국내외 주식 및 채권의 전체 위탁 운용사의 운용보고서로 확대 • 위탁운용사 선정평가 시 가점부여 제도 추진 검토
책임투자 활성화 기반 조성	• 기업 ESG 정보 공시 개선을 위한 인센티브 제공 검토 • 지속적인 ESG 지표 개발 및 활용 강화 방안 마련

자료 : 국민연금

2020년 국내주식의 국민연금기금 연차보고서에 따른 ESG 고려 방식은 투자가능종목군 신규 편입 종목 검토시 ESG 세부정보를 확인해 하위등급에 해당할 경우 검토보고서에 운용역 의견 및 ESG 보고서를 첨부하는 방식이다. 또한, 투자가능종목군 점검시 C등급에 해당하는 종목에 대해서 벤치마크 대비 초과 편입여부를 확인하여 초과 편입 유지시 사유와 투자의견을 검토보고서에 작성하는 것이다.

ESG 고려가 100%로 확대되었으나 ESG 통합의 고도화라기보다는 기초적인 수준에서 ESG를 점검하는 수준이다. 한편, 공모펀드 시장에도 주식형, 채권형, 혼합형 등의 많은 ESG 펀드가 출시되었으나 실제 그 활용정도나 적용방법 등에 대해서는 구체적인 평가가 어려운 상황이다.

책임투자의 실질적이고 효과적인 적용을 위해서는 전문인력으로 구성된 전담조직, 외부리소스 활용 등 상당한 자원의 투자가 필요하다는 점에서 최근의 국내 ESG 펀드의 ESG 반영방식은 아직은 매우 기초적인 수준일 것으로 추정된다.

2 ESG 정보 공시

1) ESG 공시 제도

ESG를 반영한 투자가 확산되는 만큼, ESG 워싱(washing) 논란도 함께 확대되고 있다. 앞서 살펴본 바와 같이 ESG 투자를 결정하는 기준이 명확하지 않으며 이를 확인할 수 있는 공시 등의 제도적 장치가 미비함에 따라 마케팅 목적 중심의 ESG 워싱이 확대되고 있어 주의가 필요하다.

2021년 DWS(도이체방크의 자산운용 부문)의 전직 지속가능책임자의 내부 고발을 통해 "DWS가 실제 자산의 50% 이상에 ESG를 적용한다는 것은 허위이며, DWS의 ESG 리스크 관리 시스템은 구식이며 외부 평가기관의 ESG 등급에 의존해 ESG 자산을 편의적으로 평가하고 있다"고 밝혔다. 이러한 폭로로 독일 금융당국은 감사에 착수했으며 한때 DWS의 주가는 14% 이상 급락하기도 했으며 대표이사가 사임하기도 했다.

또한, 세계최대 자산운용사인 블랙록의 전직 지속가능책임자 역시 월스트리트의 ESG 전략이 과대광고와 홍보로 얼룩져 있으며 불성실한 약속에 지나지 않는다고 폭로하기도 하였다.

해외를 중심으로 ESG 목표나 활동을 과장하거나 모호한 내용을 ESG로 포장한 기업들의 경우 시민단체 등으로부터 소송을 당하기도 하는 사례가 증가하며 그린워싱(Green Washing) 논란이 확대되고 있다.

이에 따라 각국은 기업의 지속가능정보 공시에 대한 규정을 강화하고, 금융당국에 의한 ESG 상품에 대한 기준 수립 및 공시제도를 정비하고 있다.

이러한 제도정비에 가장 앞서 있는 지역은 유럽이다. EU는 환경, 사회에 대한 분류체계(Taxonomy)를 수립해 ESG의 기준을 제시하고, 일정 규모 이상 기업에 지속가능정보 공시를 규정하는 기업지속가능성 보고지침(CSRD, Corporate Sustainability Reporting Directive)을 확대 시행하고, 지속가능금융공시규제(SFDR, Sustainable Finance Disclosure Regulation)를 통해 금융기관의 ESG 전략 및 반영 방식, ESG 투자 규모 등의 공시를 의무화했다.

미국 또한 2022년 3월 증권거래위원회(SEC, Securities and Exchange Commission)가 등록신고서와 정기 공시에 기후 관련 항목을 포함시키는 공시 규칙 개정안(Regulation S-K, Regulation S-X)을 제안하고 6월 17일까지 공개 의견을 수렴한 데 이어 2022년 말까지 기후 공시안 확정을 목표로 하고 있다.

2022년 5월 SEC는 그린워싱 방지 및 투자자에 대한 정확하고 일관성 있는 정보 제공을 위해 ESG 펀드명 규칙 제정과 함께 ESG 투자상품의 새로운 공시 규정안(ESG Disclosures)을 발표하였다.

국내에서도 정보공시 확대를 위해 환경기술산업법에 따른 환경정보 공시 대상을 녹색기업, 공공기관 및 환경영향이 큰 기업 외에도 연결기준 자산 2조원 이상 기업으로 확대하고, 2025년 이후 자산 2조원 이상 기업을 시작으로 코스피 상장 기업에 대해 단계적으로 기업지속가능보고서 작성이 의무화되었다. 그러나, 금융기관의 ESG 투자 및 상품 관련 정보 공시에 대한 제도화 논의는 미진하다.

이하에서는 금융기관 대상 상품과 정책에 대한 포괄적인 공시 기준인 유럽의 지속가능금융공시 규제(SFDR)와 각국 및 ISSB[1]의 기후 공시안의 초석으로 기후 공시 표준화 프레임워크 역할을 하고 있는 TCFD에 대해 보다 상세히 살펴보고자 한다.

2) SFDR (Sustainable Finance Disclosure Regulation)

유럽에서는 2021년 3월부터 지속가능금융공시규제(SFDR) 1단계가 시행되면서 일정규모 이상의 금융기관은 주체단위, 상품단위의 ESG 정보를 공시해야 한다.

주체 단위에서는 지속가능성 위험 정책과 주요 부정적인 지속가능성의 영향에 대해 설명하고, 이에 대한 실사정책을 설명해야 한다. 또한, 지속가능성 위험을 통합하는 것이 보수정책에 반영된 방식 등에 대해 설명해야 한다.

상품단위로는 상품을 지속가능성의 반영 정도에 따라 ESG 투자 무관상품과 라이트 그린 펀드, 다크 그린 펀드로 나누어 그 비중 등을 공시해야 한다.

표 2   SFDR에 따른 금융기관 1단계 공시 사안

구분	항목	세부 내용
주체 단위	지속가능성 리스크 정책 (제3조)	투자 의사결정 프로세스에 지속가능성 리스크 통합(RMP) 혹은 지속가능성 리스크 정책(SRP)
	주요 부정적인 지속가능성 영향 (제4조)	지속가능성 요인에 대한 투자결정 시 주요 부작용(Principal Adverse Impact) 고려사항
		실사 정책(due diligence) 설명
	보수 정책 (제5조)	보수 정책이 지속가능성 리스크 통합과 어떻게 일관성을 가지는지에 대한 정보
상품 단위	ESG 투자 무관 상품 (제6조)	투자결정에 지속가능성 리스크 통합 방법, 해당 상품의 지속가능성 리스크에 대한 잠재적 영향 평가
	라이트 그린 펀드 (제8조)	환경, 사회적으로 긍정적 영향을 미치거나 (혹은 네거티브 스크리닝 실시) 지배구조가 우수한 기업에 대한 투자상품의 ESG 정보
	다크 그린 펀드 (제9조)	ESG 임팩트 펀드, 지속가능성 투자, 탄소배출 감축 목표 투자 상품 등의 ESG 정보

---

1   IFRS 재단이 지속가능성 보고 표준화 작업을 위해 구성한 국제지속가능성기준위원회(International sustainability Standard Board)

SFDR은 단계적으로 시행되는데, 2단계는 2023년 1월에 적용되며 2단계가 적용되면 자율적인 방식으로 설명하던 주요한 부정적 영향을 정해진 기준에 따른 18개 항목으로 나누어 공시해야 한다. 기업에 대한 투자 시 14개 항목, 국가 및 초국가적 주체에 대해서는 2개 항목, 부동산에 대해 2개 항목의 부정적 영향을 공시해야 한다.

주요 공시 지표들은 온실가스 배출량, 온실가스 집약도, 에너지 사용량, 화석연료 노출 등 주로 환경적인 지표들이며 인권, 이사회의 성별 다양성, 논란이 되는 무기에 대한 노출도 등 사회 지표들이 포함되어 있다.

표 3   SFDR에 따른 금융기관의 2단계 공시 사안(2단계, 2023년 1월 적용)

주제	대분류	투자 대상에 적용되는 지표
		기업 투자에 대한 적용 지표
환경	온실가스 배출	1. 온실가스 배출량
		2. 탄소 발자국
		3. 투자대상 기업의 온실가스 집약도
		4. 화석연료 부문 노출도
		5. 비재생 에너지 소비와 생산 비율
		6. 기후 고영향 부문별 에너지 소비 강도
	생물다양성	7. 생물다양성 민감한 지역에 부정적인 영향을 미치는 활동
	물	8. 오염수 배출
	폐기물	9. 유해 폐기물 비율
사회	인권존중, 반부패, 다양성 등	10. UNGC 원칙 및 다국적기업에 대한 OECD 지침 위반
		11. UNGC 원칙 및 다국적기업에 대한 OECD 지침 준수 모니터링 프로세스 및 컴플라이언스 장치 여부
		12. 조정되지 않은 성별 임금 격차
		13. 이사회의 성별 다양성
		14. 논란성 무기에 대한 노출도(대인지뢰, 집속탄, 생화학 무기 등)
		국가 및 초국가적 주체에 대한 투자 시 적용 지표
	환경	15.온실가스 집약도
	사회	16. 사회적 폭력에 노출된 투자대상국
		부동산자산 투자 시 적용 지표
	환경	17. 부동산 자산을 통한 화석연료 노출도
	환경	18. 에너지 비효율 부동산 자산에 대한 노출도

출처 : EU Commission

3) TCFD(Task Force on Climate-Related Financial Disclosure)

TCFD는 파리협약 목표 이행 요구와 금융시장 참여자들로부터 기후 관련 정보 수요가 증가하면서 G20 정상이 금융안정위원회(FSB)에 기후변화 관련 위험과 기회에 대한 정보공개 프레임을 요청함에 따라 2015년 설립된 이니셔티브이다.

영국, 뉴질랜드, 홍콩 등 개별 국가에서 TCFD에 따른 기업 및 금융기관의 정보공시를 의무화하고 있으며 글로벌 차원에서도 TCFD에 따른 기후 공시 의무화 논의가 계속되고 있다. 최근 ESG 정보공시 표준화 움직임이 강화되며 IFRS 재단 산하 ISSB가 공시 초안을 발표했는데, 이 지표 역시 TCFD에 기반하고 있다.

2017년 6월 발표된 초안에서는 지배구조, 경영전략, 리스크 관리, 지표 및 목표의 네 가지 구분에 따라 기후변화와 관련된 정보공개 지침을 제시했고, 금융의 4개 산업 및 비금융기관 4개 산업에 대해서는 추가적인 보충 지침을 발표했다.

이후, 2021년 10월 개정된 지침에서는 전산업에 대한 세부 기후 공시 지표를 제시하고, 4개 금융산업의 보충지침 중 관련 자산의 탄소배출량 등에 대한 공시 규정을 세분화해 제시하였다.

개정안에서는 전산업에 걸친 기후공시의 주요 지표로 탄소배출량, 전환위험과 물리적 위험에 노출된 자산 및 비즈니스 활동의 규모 및 비율, 기후관련 자본지출 및 투자, 내부 탄소

| 표 4 | TCFD에 따른 기후변화 공시 프레임워크 |

구분	내용
지배구조	• 기후변화의 위험과 기회에 관한 이사회의 감독 역할 • 기후변화의 위험과 기회를 평가하고 관리하는 경영진의 역할
경영전략	• 조직이 단기, 중기, 장기에 걸쳐 파악한 기후변화의 위험과 기회에 대한 설명 • 기후변화의 위험과 기회가 조직의 사업, 경영전략, 재무계획에 미치는 영향 설명 • 조직의 사업, 전략, 재무계획에 미치는 기후 변화 시나리오별 영향(2℃ 시나리오 포함)
리스크관리	• 기후변화의 위험을 식별하고 평가하기 위한 조직의 절차 • 기후변화의 위험을 관리하기 위한 조직의 절차 • 조직의 전사적 위험 관리 프로세스와 기후 변화 위험 파악, 평가 및 관리방법 프로세스의 통합
지표 및 목표	• 조직이 경영전략 및 위험관리 절차에 따라 기후변화의 위험과 기회를 평가하기 위해 사용한 지표 • Scope1, 2, 3 온실가스 배출량 및 관련 리스크 공개 • 기후변화의 위험 및 기회, 목표 달성도를 관리하기 위해 조직이 채택한 목표 및 목표대비 성과

자료 : TCFD

가격, 기후요인과 연계된 경영진의 보상 비율 등의 지표를 제시했고, 이는 ISSB의 기후공시 초안의 지표와 동일하다.

자산운용사에 대해서는 파리협정 온도 경로에 부합하는 포트폴리오 부합성, 자금배출지표 등 정보 공시 내용 및 수준이 크게 심화되었다.

표 5   TCFD 전산업에 적용되는 기후관련 지표 가이드(2021년 10월)

구분	지표	단위	목적
탄소배출량	Scope 1, Scope 2, Scope 3; 배출량 집약도	MT of CO_2e	밸류체인에 걸친 절대 배출량과 배출량 집약도는 기후변화에 따른 정책, 규제, 시장, 기술 대응에 따라 조직이 영향을 받을 수 있는 정도를 가늠할 수 있음
전환위험	전환위험에 취약한 자산과 비지니스 활동	양 또는 %	자산의 손상 및 좌초 가능성, 자산과 부채의 가치에 대한 추정 제품과 서비스에 대한 수요 변화 추정
물리적 위험	물리적 위험에 취약한 자산과 비지니스 활동	양 또는 %	자산의 손상 및 좌초 가능성, 자산과 부채의 가치에 대한 추정 비즈니스 중단 등에 대한 비용 추산
기후관련 기회	기후관련 기회가 될 수 있는 매출, 자산, 비즈니스 활동	양 또는 %	동종 산업(Peer Group) 대비 포지션이나 전환경로, 매출 및 수익성에 대한 잠재적인 변화가능성의 추정
자본 배치	기후관련 자본지출, 금융조달, 투자	보고 통화	장기적인 기업가치 변화 정도를 가늠하는 지표
내부 탄소 가격	내부적으로 이용하는 톤당 탄소가격	보고통화/ MT of CO_2e	내부적인 기후 위험과 기회 전략의 합리성과 전환 리스크에 대한 탄력성을 가늠할 수 있는 지표
보상	기후 요인과 연계된 경영진 보상 비율	%, 가중치, 설명, 보고통화 기준 금액 등	조직의 기후관련 목표 달성을 위한 인센티브 정책 측정 기후 관련 이슈를 관리하는 책임, 감독, 지배구조 체계 등에 대한 실효성 등을 분석할 수 있음

자료 : TCFD, 2021 Guidance on Metrics, Targets, and Transition Plans

표 6		TCFD 2021년 10월 금융산업 보충지침 주요 개정 내용
세부 산업	항목	내용
은행	전략	• 탄소관련 자산에 대한 노출도 보고 목적으로, 제안된 자산의 정의를 TCFD의 2017년 보고서에서 식별된 모든 비금융 그룹을 포함하도록 확장함
	지표 및 목표	• 2℃ 이하 시나리오에 부합하는 대출 및 금융 중개 활동의 정도에 대한 공시 • 대출 및 금융 중개 활동의 온실가스 배출량(데이터와 방법론이 허용하는 한에서 공시)
보험	지표 및 목표	• 2℃ 이하 시나리오와 부합하는 보험 언더라이팅 활동 정도에 대한 공시 • 상업 부동산 및 특별 사업의 가중평균 탄소집약도 혹은 탄소배출량에 대한 공시(데이터와 방법론이 허용하는 한에서 공시)
자산소유자	지표 및 목표	• 2℃ 이하 시나리오에 부합하는 소유자산, 펀드, 투자전략의 규모 공시 • 소유한 자산에 대한 탄소배출량 공시(데이터와 방법론이 허용하는 한에서 공시)
자산운용사	지표 및 목표	• 관련성이 있는 경우, 2℃ 이하 시나리오에 부합하는 운용중인 자산, 상품, 투자전략의 규모 공시 • 운용중인 자산의 탄소배출량(데이터와 방법론이 허용하는 한에서 공시)

01 자산집단은 개별 증권이 모여, 마치 큰 개념의 증권처럼 움직이는 자산집단으로, 의사결
정의 대상이 되는 자산집단을 말한다. 자산집단에 대한 설명으로 적절하지 않는 것은?

① 자산집단 내에 분산투자가 가능하도록 충분하게 많은 개별 증권이 존재해야 함

② 하나의 자산집단은 다른 자산집단과 상관관계가 높아서 분산투자 시 위험의 감
소 효과가 충분하게 발휘될 수 있는 통계적인 속성을 지녀야 함

③ 이자지급형 자산은 금융기관이나 채권 발행자에게 자금을 맡기거나 빌려주고
대가로 지급하는 이자수익을 주목적으로 하는 자산을 말함

④ 투자자산은 투자수익이 확정되어 있지 않고, 투자성과에 따라 투자수익이 달라
지는 자산을 말함

02 주식 A, B, C에 대한 증권분석 결과 아래 표처럼 호경기, 정상, 불경기의 세 가지 상
황(각각이 일어날 확률은 0.3, 0.4, 0.3)에서 예상 투자수익률이 추정되었다고 하자. 주식
A, B, C의 기대수익률은?

미래 투자수익률의 확률분포

상황	확률(pi)	주식 A	주식 B	주식 C
호경기	0.3	100%	40%	10%
정 상	0.4	15%	15%	12%
불경기	0.3	−70%	−10%	14%

	A	B	C
①	15%	15%	12%
②	12%	15%	12%
③	10%	12%	15%
④	15%	10%	12%

해설

01 ② 독립성의 원칙으로 상관관계가 충분히 낮아야 분산투자의 효과를 얻을 수 있음

02 ① 주식 A, B, C의 기대수익률 $E(R)$은 다음과 같이 계산된다.
A : (0.3×100%)+(0.4×15%)+(0.3× −70%)=15%
B : (0.3×40%)+(0.4×15%)+(0.3× −10%)=15%
C : 0.3×10%)+(0.4×12%)+(0.3×14%) =12%

03   주식 A의 기대수익률은 15%, 위험(표준편차)은 19.4%인 정규 분포를 따른다고 한다.
      이 주식의 95.54%의 신뢰구간의 투자수익은?
      ① −4.4~34.4   ② −23.8~53.8
      ③ −43.2~73.2   ④ 62.6~92.6

04   만수의 주식을 첫째 해 초 10,000원에 매입하여 연말에 400원의 배당금을 받았다.
      둘째 해 초에 동일 주식을 10,600원에 추가 매입하여 둘째 해 말에 800원의 배당금
      (한 주당 400원 배당)을 받고 21,600원(한 주당 10,800원)에 매각하였다. 다음 중 수익률
      계산이 틀린 것은?
      ① 1년 후 단일기간 수익률은 10%
      ② 내부수익률은 7.12%이다.
      ③ 산술평균 수익률은 7.83%이다.
      ④ 기하평균 수익률은 7.91%이다.

해설

03 ② 표준 정규분포에 의하면 Z=1, 2, 3에 대하여 다음과 같은 신뢰구간을 갖는다.
    (평균)±1 · (표준편차) : 68.27%
    (평균)±2 · (표준편차) : 95.54%
    (평균)±3 · (표준편차) : 99.97%

04 ④ 단일기간 수익률
    1년 후=(400+600)/10,000=10%,
    2년 후=(400+200)/10,600=5.66%
    다기간수익률
    (1) 내부수익률
        =10,000+10,600/(1+r)
        =400/(1+r)+(800+21600)/(1+r)^n r=7.12%
    (2) 산술평균 수익률
        =1/2(10%+5.66%)=7.83%
    (3) 기하평균 수익률
        =n(1+0.1)(1+0.056)−1=7.81%

05 투자자 A는 갑 주식을 첫째 해 초 10,000원에 1주 매입하여 연말에 500원의 배당금을 받았다. 둘째 해 초 동일 주식을 11,000원에 1주 추가 매입하여 둘째 해 말에 주당 500원(총 1,000원)의 배당을 받고 주당 11,600원(총 23,200원)에 매각하였다. 투자자 A의 연 기하평균 수익률은? (가장 가까운 근사치로 구하시오.)

① 12.38%   ② 12.47%

③ 12.50%   ④ 12.52%

06 주식의 호경기, 정상, 불경기의 상황이 발생할 확률이 각각 20%, 50%, 30%이고, 각 상황에서 예상되는 수익률이 각각 10%, 20%, 40%이면 기대수익률은?

① 21%   ② 24%

③ 23%   ④ 25%

07 연초에 100만 원을 투자하였는데 1년 말 300만 원이 되었으며 2년 말에는 120만 원이 되었다고 가정하자. 기하평균 수익률은? (단, 소수 둘째 자리에서 반올림 할 것)

① 9.5%   ② 26.5%

③ 20.0%   ④ 15.2%

해설

05 ② 첫째 해 수익률
=(500+1,000)/10,000=15%
둘째 해 수익률
=(500+600)/11,000=10%
기하평균 수익률
$=\sqrt{(1+0.15)(1+0.1)}-1=0.124722$
=12.47%

06 ② 0.2×10%+0.5×20%+0.3×40%=24%

07 ① 첫 해의 수익률이 200%이고 둘째 해의 수익률이 −60%이다. 따라서 기하평균 수익률은 9.5%이다.
$\sqrt{(1+2)(1-0.6)}-1=0.095$

08 다음 중 ESG 요소를 반영한 책임투자에 대한 설명으로 옳은 것은?

① 책임투자 방식은 국제 금융 감독기구에 의해 규정되며 책임투자 방식별 세부기준도 제공됨에 따라 이를 준수하는 경우에만 책임투자로 인정된다.

② 책임투자는 선량한 관리자의 의무와는 무관하며 마케팅 목적이 중요하다.

③ 글로벌지속가능투자 연합에 따르면 유럽의 책임투자 펀드 규모는 2020년 감소를 기록했는데 이는 책임투자 시장의 축소를 반영하고 있다.

④ 그린워싱 논란이 확대되면서 유럽을 선두로 환경영역을 중심으로 금융기관의 상품에 대한 ESG 공시 규정이 강화되고 있다.

09 다음 중 국내외 ESG 공시에 대한 옳은 것은?

① 유럽의 금융기관의 지속가능금융공시규제는 2단계에 걸쳐 시행되며 2단계에서는 주요한 부정적 영향에 대한 18개 지표를 공시해야 한다.

② IFRS 재단이 글로벌 공시 표준화 작업을 주도하기 위해 결성된 ISSB는 기존 TCFD와는 별개로 기후 공시 기준을 수립해 제시하고 있다.

③ TCFD는 2021년 개정을 통해, 기후영향이 큰 금융산업과 비금융의 4가지 산업에만 추가적으로 적용되는 기후변화 세부지표 7가지를 제시했다.

④ 국내에서도 자산기준 일정 규모 이상의 금융기관은 포트폴리오의 ESG 공시를 의무적으로 공개해야 한다.

part 03

투자권유 및
고객관리

certified securities investment advisor

chapter 01

투자권유와 고객관리

section 01 투자권유

1 개요

금융소비자보호에 관한 법률(이하 '금융소비자보호법'이라 한다) 및 관련 규정 등에 따라 금융회사는 금융소비자를 대상으로 금융상품 등을 판매하려는 경우, 즉 투자를 권유하려는 경우 준수하여야 할 구체적인 절차 및 기준 등을 정하여야 한다.

이에 각 금융업권별로 조금씩 다르기는 하겠지만 은행연합회, 금융투자협회 등에서 소속 업권의 금융회사에서 적용해야 하는 절차와 기준 등을 제정하여 시행하고 있는바, 본 교재에서는 목적에 맞게 금융투자협회의 '표준투자권유준칙'을 중심으로 살펴보도록 한다.

자본시장과 금융투자업에 관한 법률(이하 "자본시장법"이라고 한다) 제9조 제4항에서는 투자권유를 '특정 금융소비자를 대상으로 금융상품의 매매 또는 투자자문계약, 투자일임계약, 신탁계약의 체결을 권유하는 것'으로 정의하고 있고 금융투자협회가 제정한 표준투자권유준칙에서도 이러한 정의를 따른다.

금융회사의 임직원 등은 실질적인 투자권유 또는 판매를 하는 경우 다음의 기본적인 사항을 인지하고 준수하여야 한다.

❶ 임직원 등은 관계법령등을 준수하고, 신의성실의 원칙에 따라 공정하게 업무를 수행하여야 한다.

❷ 임직원 등은 금융소비자가 합리적인 투자판단과 의사결정을 할 수 있도록 투자에 따르는 위험 및 거래의 특성과 주요 내용을 명확히 설명하여야 한다.

❸ 임직원 등은 금융소비자 자신의 판단과 책임에 따라 스스로 투자에 관한 의사결정을 하여야 하고, 그에 대한 결과가 금융소비자 본인에게 귀속됨을 금융소비자에게 알려야 한다.

❹ 임직원 등은 정당한 사유 없이 금융소비자의 이익을 해하면서 자기가 이익을 얻거나 회사 또는 제3자가 이익을 얻도록 하여서는 아니 된다.

위의 기본원칙을 숙지하고 이제 투자권유 단계에 따른 절차들을 알아보자.

2 투자권유 전 실행절차

1) 방문목적 및 투자권유 희망 여부 확인

금융회사의 임직원 등은 금융소비자가 금융회사의 영업점 등을 방문하는 경우 방문의 목적 및 투자권유를 희망하는지 확인하여야 한다.

금융소비자가 투자권유를 희망하지 않는 경우 금융회사의 임직원 등은 투자를 권유할 수 없다는 사실을 안내하여야 하고 투자권유에 해당하는 행위를 할 수 없다. 다만, 금융상품의 매매 또는 계약체결의 권유가 수반되지 않고, 금융소비자의 요청에 따라 객관적인 정보만을 제공하는 경우에는 투자권유로 보기 어려우며, 투자권유를 희망하지 않는 금융소비자는 '투자자 정보 확인서'를 작성할 필요가 없다.

2) 금융소비자 유형의 확인

금융소비자의 방문목적과 투자권유 희망 여부를 확인했다면 금융소비자보호법 제17조 제1항에 따라 금융소비자가 일반 금융소비자인지 전문 금융소비자인지 여부를 확인해야 한다.

전문 금융소비자란 금융소비자보호법 제2조 제9호에서 '금융상품에 관한 전문성 또는 소유자산규모 등에 비추어 금융상품 계약에 따른 위험감수능력이 있는 금융소비자'로 정의하고 있으며 여기에는 국가, 한국은행, 대통령령으로 정하는 금융회사, 주권상장법인 등(자본시장법 제9조 제15항 제3항)이 포함된다. 또한 투자성 상품의 경우 상기 자 외에 '대부업 등의 등록 및 금융이용자 보호에 관한 법률'에 따른 대부업자, 투자권유대행인 등이 포함되며, 대출성 상품인 경우에는 상기 자 외에 상시근로자 5인 이상 법인, 겸영여신업자, 대출상품 금융상품판매대리·중개업자, 특정 자산의 취득 또는 자금의 조달 등 특정 목적을 위해 설립된 법인 등 금융위원회가 정하여 고시하는 자가 포함된다.

전문 금융소비자 중 대통령령으로 정하는 자 중 일반금융소비자로 전환할 수 있는 전문금융소비자가 일반금융소비자와 같은 대우를 받겠다는 의사를 금융상품 판매업자등에게 서면으로 통지하는 경우 해당 금융상품 판매업자 등은 정당한 사유가 있는 경우를 제외하고는 이에 동의하여야 하며, 이 경우 해당 전문 금융소비자는 일반 금융소비자로 본다.

반면, 주권상장법인이 금융회사와 장외파생상품 거래를 하는 경우 원칙적으로 일반 금융소비자로 보되, 해당 법인이 전문 금융소비자와 같은 대우를 받겠다는 의사를 금융회사에 서면으로 통지하는 경우에는 전문 금융소비자로 본다.

금융소비자의 유형 확인 결과 전문 금융소비자인 경우에는 각 회사별로 정해진 절차에 따라 전문 금융소비자 등록 또는 투자권유 단계 등으로 진행하면 된다.

3 투자권유를 희망하지 않는 금융소비자에 대한 금융투자상품 판매

1) 투자권유를 받지 않는 금융소비자에 대한 보호의무

금융소비자가 투자권유를 희망하지 않아 투자자 정보를 제공하지 않는 경우 금융회사의 임직원 등은 투자권유를 할 수 없음을 안내하여야 하고 원금손실 가능성, 투자에 따른 손익은 모두 금융소비자에게 귀속된다는 사실 등 투자에 수반되는 주요 유의사항을 알려야 한다.

만일 해당 금융소비자가 '적정성 원칙 대상 상품'의 거래를 희망하는 경우에는 관계 법령에 따라 해당 거래가 제한된다는 사실을 안내하여야 한다.

금융소비자가 판매직원의 투자권유 없이 특정 상품에 대한 청약을 하는 경우, 금융회사의 임직원 등은 금융소비자로부터 '투자권유 희망 및 투자자 정보 제공 여부 확인서' 등을 통해 투자권유를 희망하지 않는다는 내용 등을 확인하여 이를 수령하고 판매절차를 진행할 수 있으나 이 경우 금융소비자에게 다음의 두 가지 사항을 충분히 이해할 수 있도록 설명하여야 한다.

❶ 확인서의 취지 : 금융소비자가 작성하는 확인서는 금융소비자가 판매직원의 투자권유 없이 특정 상품에 대한 투자를 희망하는 경우 판매자는 금융소비자보호법상 적합성 원칙을 적용받지 않는다는 사실 즉 금융소비자를 보호하기 위한 적합성 원칙을 준수하지 않아도 된다는 사실을 고지하기 위하여 사용된다는 내용을 금융소비자에게 설명하여야 한다.

❷ 유의사항 : 아래의 유의사항을 금융소비자가 충분히 이해할 수 있도록 설명하여야 한다.

ㄱ. 금융소비자가 투자권유를 희망하지 않는다는 확인서를 작성하는 경우 판매 직원은 금융소비자보호법상 적합성 원칙과 설명의무 적용대상에서 제외되며, 판매직원의 관련 법 위반에 대해 금융소비자의 권리를 주장할 수 없다는 사실

ㄴ. 설명의무의 경우 금융소비자가 요청할 경우에는 판매직원에게 설명의무가 적용된다는 사실

ㄷ. 위의 사실 등으로 인하여 향후 판매회사와 체결한 계약 내용 등에 대한 피해 발생으로 분쟁 또는 소송이 발생하는 경우 금융소비자가 작성한 확인서로 인해 불리하게 작용될 수 있으므로 그 확인서의 법적 의미와 그 위험 내용을 충분히 이해한 후 서명여부 등 확인서 작성을 신중하게 결정해야 한다는 사실

한편, 금융회사의 임직원 등이 금융소비자에게 투자권유를 하여 금융투자상품을 취득하도록 하였음에도 금융소비자보호법 제17조에서 규정하고 있는 적합성 원칙 적용을

회피하기 위하여 금융소비자에게 투자 권유를 희망하지 않는다는 확인서를 받거나 녹취를 통해 투자권유가 없는 것으로 서류를 갖추어 놓는 행위는 금융소비자보호법 감독규정 제15조 제4항 제5호에 따른 부당권유행위에 해당한다.

금융소비자보호법에서는 부당권유행위에 대해 아래와 같이 강력하게 제재하고 있으므로 이러한 행위가 발생하지 않도록 특히 유의하여야 한다.

- 위법계약해지권 행사 대상
- 관련 계약으로 얻은 수입의 50% 이내 범위의 과징금 대상
- 1억 원 이하의 과태료 부과대상
- 고의 또는 과실로 인한 손해배상책임 부담
- 6개월 이내의 업무정지, 기관 및 임직원 제재 대상

또한 투자자가 특정종목과 비중 등 구체적으로 운용대상을 지정하는 특정금전신탁을 제외하고는 일임·금전신탁계약의 경우 투자권유를 희망하지 않거나 투자자 정보를 제공하지 않는다는 확인 후에 계약을 체결하는 것은 맞춤성 계약의 특성에 맞지 않을 뿐만 아니라 금융투자업규정 제4－77조 제5호 및 제4－93조 제26조를 위반할 소지가 있으므로 관련 계약을 체결할 때에는 규정의 준수 여부 등을 반드시 확인하도록 한다.

금융회사의 임직원 등은 금융소비자에 대한 투자권유 여부와 상관없이 금융소비자가 자본시장법 제120조 제1항에 따라 증권신고의 효력이 발생한 증권에 투자하고자 하는 경우에는 자본시장법 시행령 제132조에 따라 전문투자자 등 투자설명서의 교부가 면제되는 투자자를 제외하고는 판매 전에 해당 투자설명서를 금융소비자에게 교부하여야 한다.

다만, 예외적으로 집합투자증권의 경우에는 금융소비자가 투자설명서 교부를 별도로 요청하지 아니하는 경우 간이투자설명서 교부로 갈음할 수 있으며, 이 경우 금융소비자에게 투자설명서를 별도로 요청할 수 있음을 알려야 한다.

금융소비자가 투자자문업자로부터 투자자문을 받고 그 결과에 따른 금융투자상품 등의 구매를 아래의 어느 하나의 방법으로 요청하는 경우 해당 금융투자상품등을 판매하는 금융투자회사는 적합성 원칙의 적용 및 설명의무와 설명서 교부를 생략할 수 있다.

- 투자자가 투자자문업자로부터 적합성 원칙, 설명의무 이행 및 설명서를 교부받았음을 확인하는 증빙서류를 제출하는 경우
- 투자자문계약과 결합된 금융투자사회의 판매계좌(자문결합계좌)를 통해 투자자문 결

과에 따른 금융투자상품등의 구매의사가 전달되는 경우

2) 적정성 원칙 대상 상품에 대한 적용

금융회사의 임직원 등이 투자권유를 하지 않더라도 금융소비자를 대상으로 적정성 원칙 대상 상품을 판매하려는 경우에는 금융소비자보호법 제18조 제1항에 따라 면담, 질문 등을 통하여 그 금융소비자의 금융상품 취득 및 처분목적, 재산상황, 취득 및 처분 경험 등 투자자 정보를 파악하여야 한다. 즉 앞서 설명한 바와 같이 금융소비자가 본인의 투자자 정보를 제공하지 않는 경우에는 적정성 원칙 대상 상품에 대한 가입이 제한된다.

'적정성 원칙 적용대상 상품'이란 금융소비자보호법 시행령 제12조 제1항 제2호 각 목의 금융투자상품 및 제3호 각 목의 대출성 상품을 말하는 것으로 아래의 상품을 의미한다.

- 장내파생상품 및 장외파생상품
- 금(金)적립 계좌 등을 제외한 파생결합증권
- 사채(社債) 중 일정한 사유가 발생하는 경우 주식으로 전환되거나 원리금을 상환해야 할 의무가 감면될 수 있는 사채(『상법』 제469조 제2항, 제513조 또는 제516조의 2에 따른 사채는 제외)(조건부 자본증권)
- 고난도금융투자상품, 고난도금전신탁계약, 고난도투자일임계약
- 파생형 집합투자증권(레버리지·인버스 ETF 포함) 다만, 금융소비자보호법 감독규정 제11조 제1항 단서에 해당되는 인덱스 펀드는 제외
- 집합투자재산의 50%를 초과하여 파생결합증권에 운용하는 집합투자기구의 집합투자증권
- 위 적정성 원칙 대상상품 중 어느 하나를 취득·처분하는 금전신탁계약의 수익증권 (이와 유사한 것으로서 신탁계약에 따른 수익권이 표시된 것도 포함)

투자자 정보를 파악하여 해당 적정성 원칙 대상 상품이 금융소비자에게 적정하지 않다고 판단되는 경우에는 해당 상품의 내용, 해당 투자에 따르는 위험 및 해당 투자가 투자자 정보에 비추어 적정하지 않다는 사실을 금융소비자보호법 시행령 제11조 제6항에 따른 방법(서면교부, 우편, 전자우편, 전화, 팩스, 휴대전화 문자메시지, 이에 준하는 전자적 의사표시)

으로 금융소비자에게 알리고 서명(전자서명법 제2조 제2호에 따른 전자서명 포함), 기명날인, 녹취 또는 금융소비자보호법 시행령 제11조 제2항에 따른 전자적 수단 등의 방법으로 확인을 받아야 한다. 또한 금융소비자보호법 시행령 제14조 제4항에 따라 적정성 판단결과와 그 이유를 기재한 서류 및 금융상품에 관한 설명서를 서면 등으로 금융소비자에게 제공하여야 한다.

4 투자권유를 희망하는 금융소비자에 대한 금융투자상품 판매

1) 투자자 정보 파악 및 투자자 성향분석 등

(1) 취약투자자 여부 확인

취약투자자란 고령자, 은퇴자, 미성년자, 주부, 투자경험이 없는 자 등 상대적으로 투자의 위험성에 대한 인지도가 낮다고 판단되는 금융소비자를 말하며, 이에 해당하는 경우 금융회사의 임직원 등은 금융소비자 본인이 '취약투자자'를 선택할 수 있음을 안내하고, '취약투자자 유의사항'을 설명한 후 금융소비자로부터 '취약투자자 유의사항 설명 확인서'를 수령하여야 한다.

(2) 투자자 성향 분석

❶ 투자자 정보 확인서 작성 및 투자자 성향 분류 : 금융회사의 임직원 등은 투자권유를 희망하는 금융소비자를 대상으로 금융상품의 투자권유를 할 때마다 투자자 성향 분석을 실시해야 하는데, 면담·질문 등을 통하여 투자자 정보를 '투자자 정보 확인서'에 따라 파악하고, 투자자로부터 서명 등의 방법으로 확인을 받아 이를 유지·관리하여야 한다.

투자자 정보 확인서는 '표준투자권유준칙 별표'를 활용할 수 있는데, 여기에는 투자자의 투자에 대한 일반적인 태도를 나타내는 '일반적인 투자자 성향' 파악을 위한 항목과 현재 투자의 목적, 투자예정기간 등 투자자금의 성향을 확인하는 항목이 포함된다. 투자자 정보는 금융소비자가 자필로 작성하는 방법은 물론, 판매 직원이 면담과정에서 파악한 정보를 컴퓨터 등에 입력하고 이를 출력하여 금융소비자에게 확인받는 방법도 가능하다.

온라인 펀드 거래 시

금융회사는 금융소비자가 본인의 투자성향 및 투자하고자 하는 상품의 위험도를 온라인 상으로 확인할 수 있도록 시스템을 구축하여야 한다.

- 온라인 투자자들 중 투자성향이 확인된 투자자에 대해서는 자신의 투자성향에 적합한 펀드에 대해 우선적으로 투자여부를 판단할 수 있도록 해당 투자자의 투자성향에 부합하는 펀드에 관한 정보를 먼저 제공하고, 투자자가 다른 펀드에 관한 정보를 희망하는 경우 다른 펀드에 관한 정보를 제공하는 것이 바람직함
- 단, 투자권유를 희망하지 않는 경우 투자자가 회사의 투자권유 없이 투자한다는 사실을 인지하고 투자할 수 있도록 온라인 화면을 구축하여야 함
- 파생상품 펀드의 경우 적정성의 원칙에 따라 투자자정보를 파악하고, 투자자가 적정하지 않은 상품 거래를 원할 경우 경고 등을 하여야 함
- 회사는 온라인으로 판매하는 펀드가 멀티클래스 펀드인 경우, 클래스별 수수료 및 보수의 차이점을 비교하여 표시하여야 함
- 온라인 펀드 판매를 위해 추천펀드를 제시하고자 하는 경우에는 추천펀드의 선정주기·선정절차·선정기준 등을 구체적으로 명시하거나 추천펀드별로 정량적 또는 정성적 근거를 기재할 필요가 있음
- 회사가 온라인, 오프라인 판매 중인 펀드를 인터넷 홈페이지, 모바일 시스템, 홈트레이딩 시스템 등 온라인 매체를 통해 게시하는 경우 한글로 된 종류(클래스) 명칭을 표시할 필요가 있음

금융회사의 임직원 등은 확인한 투자자정보의 내용 및 '표준투자권유준칙 별표'에 따라 분류된 투자자 성향을 금융소비자에게 지체 없이 제공해야 한다. 투자자 성향 파악을 위한 배점기준 등은 회사별로 자율적으로 정할 수 있으며, 그 유형 역시 회사의 판단에 따라 분류할 수 있다. 표준투자권유준칙에서는 유형분류에 대해 다음과 같이 예를 들고 있다.

제1방식	제2방식	제3방식	제4방식	제5방식
□ 고위험 – 고수익형 □ 중위험 – 중수익형 □ 저위험 – 저수익형	□ 파생상품형 □ 주식선호형 □ 성장형 □ 이자·배당형	□ 위험선호형 □ 적극형 □ 성장형 □ 안정성장형 □ 위험회피형	□ 매우 높은 위험선호형 □ 높은 위험선호형 □ 다소 높은 위험선호형 □ 보통위험선호형 □ 낮은위험선호형 □ 매우 낮은 위험선호형	□ 공격투자형 □ 주식선호형 □ 주식펀드선호형 □ 고수익채권형 □ 혼합투자형 □ 안정투자선호형 □ 이자소득형

❷ 대리인을 통한 투자자 성향 분석 : 금융회사의 임직원 등은 원칙적으로 금융소비자 본인으로부터 투자자 정보를 파악하여야 하지만, 금융소비자의 대리인이 그 자신과 금융소비자의 실명확인증표 및 위임장 등 대리권을 증빙할 수 있는 서류 등을 지참하는 경우 대리인으로부터 금융소비자 본인의 정보를 파악할 수 있다. 이때 회사는 위임의 범위에 투자자정보 작성 권한이 포함되어 있는지를 확인하여야 한다. 여기에서 대리인은 '임의대리인'을 의미하는 것으로 법정대리인인 경우 관련 법령 또는 법원 명령 등 법정대리권의 발생근거에 따라 대리권의 확인방법이 달라질 수 있다.

예를 들어 부모가 미성년 자녀의 법정대리인으로서 회사에서 투자권유를 받는 경우 자녀에 대한 친권이 존재한다는 사실을 증명할 수 있는 서류를 제출하여 법정대리권이 있음이 확인되면 별도로 자녀에 대한 투자자정보 작성권한이 있는지 여부를 확인할 필요는 없다.

❸ 투자자 정보의 파악 간소화 대상 : 단기금융 집합투자기구(MMF)의 집합투자증권, 국채증권, 지방채증권, 특수채증권 및 이에 준하는 것으로 위험이 높지 않은 금융투자상품만을 거래하는 금융소비자 및 환매조건부매매(RP)를 하는 금융소비자에 대해서는 투자목적, 재산상황, 투자경험의 투자자정보만을 간략하게 파악할 수 있도록 별도의 투자자정보 확인서를 활용할 수 있다. 만일 동일한 금융소비자에 대해 펀드와 같은 일반 금융상품을 투자권유하려고 하는 경우는 일반적인 투자자 정보 확인서를 수령하는 등 일반 절차를 준수하여야 한다.

❹ 장외파생상품의 거래 : 금융소비자가 장외파생상품을 거래하고자 하는 경우에는 투자권유 여부와 상관없이 '장외파생상품 투자자정보 확인서'를 이용하여 투자자 정보를 파악하여야 한다.

장외파생상품 투자자정보 확인서는 '법인 및 개인사업자용'과 '개인용' 등 두 가지 양식으로 구분하여 마련하되, 회사가 자체적으로 '투자자 정보 확인서'와 '장외파생상품 투자자 정보 확인서'를 하나의 양식으로 통합하여 사용도 가능하다.

❺ 투자자 정보의 유효기간 : 금융회사가 투자자 정보 유효기간을 설정하고 이에 대하여 금융소비자가 동의한 경우 금융소비자가 별도의 변경 요청이 없는 한 투자자 정보를 파악한 날로부터 12~24개월 동안 투자자 정보가 변경되지 않은 것으로 간주할 수 있다.

판매회사의 임직원 등은 금융소비자에게 투자자 정보의 유효기간을 설명하고,

투자자 정보가 변경되면 회사에 변경내용을 통지하도록 안내하여야 하며, 회사가 이미 투자자 정보를 알고 있는 금융소비자에게 투자권유를 하는 때에는 투자자 정보 유효기간 경과 여부를 확인하고 유효기간이 경과한 경우에는 투자자 정보를 다시 파악하여야 한다.

다만, 투자자 정보의 유효기간에도 예외 사항이 있는데 투자일임계약이 체결된 경우에는 금융소비자의 재무상태 및 투자목적 등 변경 여부를, 금전신탁계약(특정금전신탁 제외)이 체결된 경우에는 재무상태 등 변경 여부를 연 1회 이상 확인하여야 하며, 매 분기 1회 이상 금융소비자의 재무상태, 투자목적 등의 변경이 있는 경우 이를 회신하여 줄 것으로 서면, 전자우편, 인터넷 또는 모바일 시스템, 그 밖에 이와 비슷한 전자통신의 방법 등으로 통지하여야 한다.

2) 투자권유

(1) 개요

금융회사는 금융소비자의 투자자 성향을 특정 유형별로 분류한 경우 회사가 정한 투자자 성향분류와 나중에 살펴보게 될 금융투자상품 위험도 평가분류를 참조하여 투자권유의 적합성 여부를 판단할 수 있는 기준, 즉 적합성 판단기준을 정해야 하는데, 각 회사는 통상 이 두 가지 항목을 조합하여 '투자자 성향별 적합한 금융투자상품표'를 만들게 된다.

금융회사 임직원 등은 이 기준에 따라 금융소비자에게 적합하지 않다고 인정되는 투자권유를 해서는 안 되며, 이미 투자자 정보를 알고 있는 금융소비자를 대상으로 투자권유를 하는 경우에는 기존 투자자성향과 그 의미에 대해 설명하고 금융소비자의 이해를 돕기 위해 위에서 설명한 '투자자성향별 적합한 금융투자상품투자권유표'를 활용하는 것이 바람직하다.

또한 금융소비자가 보유 자산에 대한 위험회피 목적의 투자 또는 적립식 투자 등 해당 투자를 통하여 투자에 수반되는 위험을 낮추거나 회피할 수 있다고 판단되는 경우에는 '투자자성향별 적합한 금융투자상품투자권유표'의 금융투자상품 위험도 분류기준보다 완화된 기준을 적용하여 투자권유할 수 있다.

(2) 투자성향에 적합하지 않은 상품의 투자권유

금융소비자보호법 제17조 제3항에 따라 임직원 등은 금융소비자가 본인에게 적합하지 않은 것으로 판단되는 금융투자상품에 투자하고자 하는 경우 해당 금융투자상품을 투자권유하여서는 아니 되며, 이는 금융소비자가 원하는 경우라도 적용된다. 이를 우회하기 위하여 '투자권유 희망 및 투자자 정보 제공 여부 확인서' 또는 '투자성향에 적합하지 않은 투자성 상품 거래확인서' 등을 악용하는 것은 앞서 설명한 바와 같이 부당권유행위에 해당한다. 예를 들어 투자자에게 부적합한 상품을 투자권유하여 금융투자상품을 취득하게 하였음에도 불구하고 투자자로부터 투자권유를 희망하지 않았음을 표기하게 하거나, 투자자의 최종 투자의사 확인 전에 미리 '투자성향에 적합하지 않은 투자성 상품거래 확인서'를 받아두는 행위 등이 부당권유행위에 해당되어 금지된다.

만일 금융소비자가 금융회사 임직원 등의 투자권유 없이 본인의 투자자 성향보다 위험도가 높은 금융투자상품을 스스로 청약하는 경우에는 "투자성향에 적합하지 않은 투자성 상품 거래 확인" 내용이 포함된 확인서를 받아 판매절차를 진행할 수 있다.

이 경우 금융회사 임직원 등은 금융소비자에게 투자자성향과 금융투자상품의 위험수준을 확인시켜주고 해당 투자가 금융소비자에게 적합하지 않다는 사실을 명확히 알려주어야 하며, 확인서 작성 시 확인서의 작성 취지 및 향후 금융소비자에게 불리하게 작용할 수 있으므로 신중한 작성이 필요하다는 점 등을 안내하여야 한다.

또한, 판매 상품이 적합하지 않거나, 적정하지 않다고 판단되는 금융소비자를 대상으로 금융상품을 판매하는 경우 판매과정을 녹취하고 금융소비자가 요구하는 경우 해당 녹취 파일을 제공하여야 하며, 금융소비자가 금융투자상품의 매수 계약 체결 여부를 충분히 검토할 수 있도록 판매과정에서 2영업일 이상의 숙려기간을 부여하여야 한다.

(3) 계약체결 전 적합성 보고서 제공

판매 임직원 등이 신규 일반 금융소비자(개인, 법인 모두 포함)이거나, 만 65세 이상의 고령투자자 및 만 80세 이상의 초고령투자자를 대상으로 공모와 사모 형태를 불문하고 E(D)LS, E(D)LF, E(D)LT를 투자권유하려는 경우 금융소비자가 올바른 투자판단을 할 수 있도록 추천사유 및 유의사항 등을 기재한 '적합성 보고서'를 계약체결 이전에 제공하여야 한다.

'적합성 보고서'의 주요 항목은 투자정보 확인서 조사결과, 고객의 투자성향 및 투자권유 상품, 투자권유 사유 및 핵심 유의사항으로 각 회사별로 표준투자권유준칙의 별표를 참조하여 만들 수 있다.

(4) 고령투자자에 대한 투자권유

금융회사는 회사별로 적정한 수준의 '고령투자자에 대한 금융투자상품 판매 시 보호기준'을 의무적으로 만들어야 하며, 여기에는 해당 기준을 적용할 고령투자자의 정의, 고령투자자 보호에 관한 일반적인 기준, 고령투자자 보호 관련 내부통제 강화 및 초고령자에 대한 추가 보호방안에 관한 사항이 포함되어야 한다.

금융회사 임직원 등은 만 65세 이상의 고령투자자에게 금융투자상품(투자자 보호 및 건전한 거래질서를 해칠 우려가 없는 것으로서 금융위원회가 정하여 고시하는 금융상품은 제외)을 판매하려는 경우 앞서 설명한 일반적인 '적합성 판단기준'에 더하여 회사별로 설정한 '고령투자자에 대한 금융투자상품 판매 시 보호기준'을 준수하여야 하며, 판매과정을 녹취하고 금융소비자가 요청하는 경우 해당 녹취 파일을 제공해야 할 의무가 있고, 판매과정에서 2영업일 이상의 숙려기간을 부여함으로써 고령투자자에 대한 보호를 강화하여야 한다. 동 기준에서 정하는 고령투자자 보호에 관한 일반적인 기준에는 영업점의 전담창구 마련, 본사전담부서 및 전담인력의 지정, "투자권유 유의상품"의 지정 및 투자권유 시 사전확인, 상품의 개발·판매 시 고령 투자자 판매 위험 분석, 녹취제도 및 숙려제도 등을 마련하고 운용하는 것이 포함된다.

아울러 고령투자자 보호를 위한 내부통제활동에는 고령 투자자에 대한 판매절차를 내규로 마련하고, 임직원 등을 대상으로 교육을 실시해야 하며, 내규 준수 여부 등에 대한 정기점검 실시, 가족 등 조력자의 연락처 확인, 고령투자자 대상 마케팅 활동에 대한 내부통제 강화 등의 조치를 실시하여야 한다.

한편 초고령자로 분류되는 만 80세 이상의 투자자에 대해서는 보다 강화된 조치가 필요하므로, 일반적인 고령투자자 보호기준을 준수하는 것은 물론 투자권유 유의상품 판매를 자제하여야 한다.

다만, 이 사항은 회사별로 달리 정할 수 있으므로 초고령투자자에게 투자권유 유의상품의 판매가 허용되는 경우에는 가족 등의 조력을 받을 수 있도록 안내하여야 하고, '해피콜'을 통해 사후 모니터링을 실시하여야 한다.

(5) 장외파생상품의 투자권유

금융회사의 임직원 등은 장외파생상품의 매매 및 그 중개·주선 또는 대리의 상대방이 법에 따른 일반 금융소비자인 경우에는 투자권유 여부와 상관없이 그 금융소비자가 보유하고 있거나 보유하려는 자산·부채 또는 계약 등(이하 "위험회피대상"이라 한다)에 대하여 미래에 발생할 수 있는 경제적 손실을 부분적 또는 전체적으로 줄이기 위한 거래를 하는 경우로서 다음의 요건을 모두 충족하는 경우에 한하여 거래를 할 수 있다.

- 위험회피대상을 보유하고 있거나 보유할 예정일 것
- 장외파생상품에 대한 약정거래 기간 중 해당 거래에서 발생할 수 있는 손익이 위험회피대상에서 발생할 수 있는 손익의 범위를 초과하지 아니할 것

이 경우 임직원 등은 금융소비자가 장외파생상품 거래를 통하여 회피하려는 위험의 종류와 금액을 확인하고, 관련 자료를 보관하여야 한다.

금융회사는 아래의 표를 참조하여 장외파생상품에 대한 별도의 적합성 기준을 마련하여야 하며, 임직원 등이 장외파생상품에 대한 투자권유를 하는 경우 해당 기준에 따라 적합하지 않다고 인정되는 투자권유를 해서는 안 된다.

구분		장외파생상품에 대한 투자 경험		
		1년 미만	1년 이상 ~ 3년 미만	3년 이상
개인	만 65세 이상	금리스왑 옵션매수	금리스왑, 통화스왑 옵션매수, 옵션매도 선도거래	기타 위험회피 목적의 모든 장외파생상품
	만 65세 미만	금리스왑, 통화스왑 옵션매수, 옵션매도 선도거래	기타 위험회피 목적의 모든 장외파생상품	
법인 및 개인 사업자	주권 비상장법인, 개인 사업자	금리스왑, 통화스왑 옵션매수, 옵션매도, 선도거래		기타 위험회피 목적의 모든 장외파생상품
	주권 상장 법인	금리스왑, 통화스왑 옵션매수, 옵션매도 선도거래	기타 위험회피 목적의 모든 장외파생상품	

※ 장외파생상품의 경우 '주의', '경고', '위험' 등 3단계로 분류하며, 각 위험도에 해당하는 금융투자상품의 예시는 "회사참고사항 16-1"을 참조할 것
※ '경고'위험도에 해당하는 장외파생상품 투자에 적합한 투자자 중 위험관리능력, 장외파생상품 투자경험, 상품에 대한 지식 등이 충분하다고 인정되는 투자자는 기타 위험회피 목적의 모든 장외파생상품에 투자할 수 있음

(6) 투자권유 시 유의사항

임직원 등은 투자권유 시 다음의 행위가 금지된다.

❶ 금융투자상품의 내용을 사실과 다르게 알리는 행위

❷ 불확실한 사항에 대하여 단정적 판단을 제공하거나 확실하다고 오인하게 할 소지가 있는 내용을 알리는 행위

❸ 투자자로부터 투자권유의 요청을 받지 아니하고 방문·전화 등 실시간 대화의 방법을 이용하는 행위. 다만, 아래의 경우를 제외하고 투자권유를 하기 전에 금융소비자의 개인정보 취득경로, 권유하려는 금융상품의 종류 및 내용 등을 금융소비자에게 미리 안내하고, 해당 금융소비자가 투자권유를 받을 의사를 표시한 경우에는 허용

• 일반금융소비자의 경우 : 고난도 금융투자상품, 고난도 투자일임계약, 고난도 금전신탁계약, 사모펀드, 장내파생상품, 장외파생상품

• 전문금융소비자의 경우 : 장외파생상품

❹ 투자권유를 받은 투자자가 이를 거부하는 취지의 의사를 표시하였음에도 불구하고 투자권유를 계속하는 행위. 다만, 다음의 각 행위는 제외된다.

• 투자권유를 받은 투자자가 이를 거부하는 취지의 의사표시를 한 후 1개월이 지난 후에 다시 투자권유를 하는 행위

• 다른 종류의 금융투자상품에 대하여 투자권유를 하는 행위. 이 경우 다음의 각 금융투자상품 및 계약의 종류별로 서로 다른 종류의 금융투자상품에 해당하는 것으로 봄

① 금융투자상품 : 채무증권, 지분증권, 집합투자증권, 투자계약증권, 파생결합증권, 증권예탁증권, 장내파생상품, 장외파생상품

② 투자자문계약 또는 투자일임계약

－증권에 대한 투자자문계약 또는 투자일임계약

－장내파생상품에 대한 투자자문계약 또는 투자일임계약

－장외파생상품에 대한 투자자문계약 또는 투자일임계약

③ 신탁계약

－자본시장법 제103조 제1항 제1호의 신탁재산에 대한 신탁계약

－자본시장법 제103조 제1항 제2호부터 제7호까지의 신탁재산에 대한 신탁계약

• 다음의 금융투자상품은 다른 유형의 금융투자상품으로 본다.

① 기초자산의 종류가 다른 장외파생상품

② 선도, 스왑, 옵션 등 금융투자상품의 구조가 다른 장외파생상품

❺ 투자성 상품에 관한 계약의 체결을 권유하면서 투자자가 요청하지 않은 다른 대출성 상품을 안내하거나 관련 정보를 제공하는 행위

❻ 금융상품의 가치에 중대한 영향을 미치는 사항을 미리 알고 있으면서 투자자에게 알리지 아니하는 행위 또는 투자성 상품의 가치에 중대한 영향을 미치는 사항을 알면서 그 사실을 투자자에 알리지 않고 그 금융상품의 매수 또는 매도를 권유하는 행위

❼ 금융상품 내용의 일부에 대하여 비교대상 및 기준을 밝히지 아니하거나 객관적인 근거 없이 다른 금융상품과 비교하여 해당 금융상품이 우수하거나 유리하다고 알리는 행위

❽ 자기 또는 제3자가 소유한 투자성 상품의 가치를 높이기 위해 투자자에게 해당 투자성 상품의 취득을 권유하는 행위

❾ 투자자가 자본시장법상 미공개정보 이용행위 금지, 시세조정 행위 등의 금지, 부정거래행위 등의 금지에 위반되는 매매, 그 밖의 거래를 하고자 한다는 사실을 알고 그 매매, 그 밖의 거래를 권유하는 행위

❿ 투자자의 사전 동의 없이 신용카드를 사용하도록 유도하거나 다른 대출성 상품을 권유하는 행위

⓫ 금융소비자호보법상 적합성원칙을 적용받지 않고 권유하기 위해 투자자로부터 계약 체결의 권유를 원하지 않는다는 의사를 서면 등으로 받는 행위

⓬ 관계법령 등 및 회사가 정한 절차에 따르지 아니하고 금전·물품·편익 등의 재산상 이익을 제공하거나 제공받는 행위

임직원 등은 투자자 성향 및 금융투자상품의 특성을 고려하여 장기투자가 유리하다고 판단되는 경우 그 투자자에게 해당 금융투자상품에 대한 장기투자를 권유할 수 있고, 금융소비자의 투자자산이 특정 종목의 금융투자상품에만 편중되지 아니하도록 분산하여 투자할 것을 권유할 수 있다.

임직원 등이 투자자에게 포트폴리오 투자를 권유하는 경우에는 그 임직원 등이 금융투자협회에 등록된 금융투자전문인력(펀드투자권유자문인력, 증권투자권유자문인력, 파생상품투자권유자문인력)으로서의 업무범위에 해당하는 금융투자상품으로 구성된 포트폴리오만을 권유할 수 있다.

일반투자자에게 금융투자업규정 제4-20조에 따른 계열회사 또는 계열회사에 준하

는 회사인 집합투자업자가 운용하는 펀드를 투자권유하는 경우, 집합투자업자가 회사
와 계열회사 등에 해당한다는 사실을 고지하여야 하고, 계열회사 등이 아닌 집합투자업
자가 운용하는 유사한 펀드를 함께 투자권유하여야 한다.

유사한 펀드란

① 일반투자자에게 투자권유한 계열회사 등의 펀드와 금융투자상품 위험도 분류 기준에 따른 위험
　수준이 같거나 낮을 것
② 일반투자자에게 투자권유한 계열회사 등의 펀드와 같은 종류의 펀드일 것. 다만, 증권집합투자
　기구 및 단기금융집합투자기구 이외의 종류일 경우 회사가 같은 종류의 펀드를 갖추지 못했을
　때에는 다른 종류로 할 수 있음

　금융회사의 임직원 등은 위의 ① 및 ②의 조건을 충족하는 펀드 중에서 주된 투자대상 자산·투
자지역(국내·해외) 등을 고려하여 투자권유하여야 하며 해당 펀드의 향후 전망, 운용 안정성, 판매
전략 등을 감안하여 달리 투자권유할 수 있다. 투자권유가 없는 온라인 판매의 경우에도 투자자가
투자판단에 참고할 수 있도록 계열회사 펀드임을 표시하여야 한다.

---

(7) 확인서 수령 관련 유의사항

투자성향에 맞지 않는 금융투자상품 매매 또는 투자권유를 희망하지 않는다는 의사
표시(투자권유불원 등)는 지점장 등 회사별 규정에 따른 영업점의 책임자를 거쳐 확인하여
야 하며, 금융소비자가 온라인을 통해 거래한 경우에는 회사가 정하는 내부통제기준에
따라 사후확인 절차 등을 거칠 수 있다.

또한 금융회사는 투자성향에 맞지 않는 금융투자상품 또는 투자권유를 희망하지 않
는 투자자에게 판매한 금융투자상품 현황 및 관련 민원 현황 등을 회사 내부통제기준에
따라 주기적으로 파악 및 점검하고 내부적인 보고 절차를 준수하여야 한다.

3) 설명 의무

(1) 개요

금융회사의 임직원 등은 금융소비자보호법 제19조에 따라 금융소비자에게 투자권유
를 하는 경우 금융투자상품의 내용, 투자에 따르는 위험, 금융투자상품의 투자성에 관

한 구조와 성격, 투자자가 부담하는 수수료에 관한 사항, 조기상환조건이 있는 경우 그에 관한 사항, 계약의 해제·해지에 관한 사항 등(이하 "투자설명사항"이라 한다)을 금융소비자가 이해할 수 있도록 설명하고, 설명한 내용을 금융소비자가 이해하였음을 서명, 기명날인, 녹취 등의 방법으로 확인받아야 한다.

설명의무의 이행은 단순 확인 방식으로는 이행할 수 없으며, 자필 또는 육성으로 진술하는 방식으로 이행해야 하는데 여기에는 금융소비자는 본인이 이해하는 상품의 특성, 최대 위험 등을, 임직원 등은 금융소비자의 상품 이해수준 및 설명내용 등을 포함하여야 한다.

금융소비자에게 제공해야 하는 설명서에는 금융소비자에게 설명한 내용과 실제 설명서의 내용이 같다는 사실에 대해 설명한 사람의 서명이 있어야 하는 것이 원칙이지만, 대출성 상품에 관한 계약 및 전자금융거래법에 따른 전자적 장치를 이용한 자동화 방식을 통해서만 서비스가 제공되는 계약은 예외로 한다.

(2) 설명 차등화

판매직원 등이 설명의무를 이행 시 해당 금융투자상품의 복잡성 및 위험도 등 상품측면과 금융소비자의 투자경험 및 인식능력 등 금융소비자 측면을 고려하여 설명의 정도를 달리할 수 있다. 즉 모든 금융소비자에 대하여 동일한 수준으로 기계적으로 설명할 필요는 없다. 설명의 정도는 금융투자상품의 성격 및 투자자의 지식·경험에 따라 달라질 수 있다. 따라서, 신규 상품, 구조가 복잡한 상품이나 위험상품을 판매하는 경우 또는 금융지식이 부족한 금융소비자나 취약 투자자에 대하여는 일반적인 경우보다 설명이 좀 더 필요할 수 있으나, 동일 또는 유사 상품에 대한 투자 경험이 있거나 해당 상품에 대한 지식수준이 높은 금융소비자등에게는 보다 간단한 설명이 가능하다.

예를 들어, 해당 회사에 동일한 유형의 상품에 투자한 기록이 남아있거나 금융소비자가 다른 회사에서 동일한 유형의 상품에 투자한 경험 등을 이유로 간략한 설명 등을 희망하는 경우에는 해당 상품의 구조와 위험성에 대한 간단한 질문을 통해 파악된 금융소비자의 이해수준에 맞게 설명의 정도를 간략히 할 수 있다.

계속적 거래가 발생되는 단순한 구조의 상장증권(예: 주식, 채권, ETF 등) 및 장내파생상품(예: 선물옵션) 등을 거래소시장에서 거래하는 경우에는 실질적으로 매 투자권유 시마다 거래의 방법 및 위험성 등을 설명할 수 없으므로, 최초 계좌개설 또는 투자권유 시 설명의무를 이행하는 것도 가능하다.

또한 종합금융투자업을 승인받은 금융투자회사에서 자기신용으로 발행하는 확정금리형 상품인 발행어음의 경우에도 이자율, 만기. 상환방식(일부 상환이 불가능한 경우 그 사실) 및 중도상환 시 적용이자율 등 주요사항에 관한 설명이 필요하며 예금자보호가 적용되지 않는다는 사실, 발행회사의 신용위험, 발행회사 신용등급을 확인할 수 있는 방법 등에 관한 위험사항도 역시 설명의 대상이다.

임직원 등이 금융소비자에게 투자설명서 혹은 간이투자설명서를 사용하여 펀드 투자를 권유하는 경우에는 투자설명사항 중 집합투자기구의 종류(클래스)와 관련하여 '판매수수료 부과방식 – 판매경로 – 기타 펀드 특성'에 따라 3단계로 구분되는 종류(클래스) 명칭을 설명하여야 한다.

상기 절차에 따라 설명하였음에도 불구하고 금융소비자가 주요 손익구조 및 손실위험을 이해하지 못하는 경우에는 투자권유를 계속하여서는 아니 된다.

(3) 설명서의 제공

금융회사의 임직원 등은 다음의 어느 하나에 해당하는 경우를 제외하고 금융소비자에게 설명하기 전에 설명서를 서면교부, 우편 또는 전자우편, 휴대전화 문자메시지 또는 이에 준하는 전자적 의사표시를 통해 교부하여야 할 의무가 있다.

다만, 집합투자증권의 발행인이 작성한 자본시장법 제123조 제1항에 따른 투자설명서 및 간이투자설명서를 제공한 경우에는 해당 내용을 제외할 수 있다.

❶ 증권신고의 효력이 발생한 증권을 취득하고자 하는 금융소비자가 서면, 전화·전신·모사전송, 전자우편 및 이와 비슷한 전자통신, 그 밖에 금융위원회가 정하여 고시하는 방법으로 설명서의 수령을 거부하는 경우
❷ 금융소비자가 이미 취득한 것과 같은 집합투자증권을 계속하여 추가로 취득하려는 때에 해당 집합투자증권의 투자설명서 내용이 직전에 교부한 투사설명서의 내용과 같은 경우
❸ 기본계약을 동일한 내용으로 갱신하는 경우 또는 기본계약을 체결하고 그 계약 내용에 따라 계속적·반복적으로 거래를 하는 경우

(4) 외화증권 등 및 조건부자본증권에 대한 설명의무

외화증권이나 해외상품에 투자를 권유할 경우에는 환율이나 해당 국가의 경제상황

등 추가적인 변수에 따라 투자 성과의 변동성이 높게 나타나기 때문에 더 세심한 설명을 해야 할 필요성이 있다. 또한, 조건부자본증권 투자를 권유하는 경우에는 일반적인 무보증 회사채와 다르기 때문에 설명에 유의할 필요성이 있다. 금융소비자가 이러한 사항에 대해 충분히 이해하고 투자할 수 있도록 금융회사의 임직원 등은 해당 상품에 대해서 다음과 같은 사항을 설명해야 한다.

가. 외화증권 투자를 권유하는 경우에 추가적으로 설명을 해야 할 사항

❶ 투자대상 국가 또는 지역의 경제·시장 상황 등의 특징

❷ 투자에 따른 일반적 위험 외에 환율 변동 위험, 해당 국가의 거래제도·세제 등 제도의 차이

❸ 금융소비자가 직접 환위험 헤지를 하는 경우 시장 상황에 따라 헤지 비율 미조정 시 손실이 발생할 수 있다는 사실

나. 해외자산에 투자하는 집합투자기구의 집합투자증권을 투자권유하는 경우에 추가적으로 설명을 해야 할 사항

❶ 투자대상 국가 또는 지역의 경제여건 및 시장 현황에 따른 위험

❷ 집합투자기구 투자에 따른 일반적 위험 외에 환율 변동 위험, 해당 집합투자기구의 환위험 헤지 여부, 환헤지 비율의 최대치가 설정된 목표 환헤지 비율, 환헤지 대상 통화, 주된 환헤지 수단 및 방법

❸ 환위험 헤지가 모든 환율 변동 위험을 제거하지는 못하며, 투자자가 직접 환위험 헤지를 하는 경우 시장 상황에 따라 헤지 비율 미조정 시 손실이 발생할 수 있다는 사실

❹ 모자형 집합투자기구의 경우 투자자의 요청에 따라 환위험 헤지를 하는 자펀드와 환위험 헤지를 하지 않는 자펀드 간의 판매비율 조절을 통하여 환위험 헤지 비율을 달리(예 : 20%, 40%, 60%)하여 판매할 수 있다는 사실

다. 해외자산에 투자하는 신탁계약을 투자권유하는 경우에 추가적으로 설명을 해야 할 사항

❶ 투자대상 국가 또는 지역 및 투자대상 자산별 투자비율

❷ 투자대상 국가 또는 지역의 경제·시장상황 등의 특징

❸ 신탁계약 체결에 따른 일반적 위험 외에 환율 변동 위험, 해당 신탁계약의 환위험 헤지 여부 및 헤지 정도

❹ 과거의 환율 변동 추이가 미래의 환율 변동을 전부 예측하지는 못하며, 통화 간 상관관계는 미래에 변동할 수 있다는 사실

❺ 환위험 헤지가 모든 환율 변동 위험을 제거하지는 못하며, 투자자가 직접 환위험 헤지를 하는 경우 시장 상황에 따라 헤지 비율 미조정 시 손실이 발생할 수 있다는 사실

라. 조건부자본증권에 투자권유하는 경우에 추가적으로 설명을 해야 할 사항

❶ 일정한 사유가 발생하면 원리금이 전액 상각되거나 보통주로 전환되는 특약이 있다는 사실

❷ 상각·전환의 사유 및 효과

❸ (이자지급제한에 관한 특약이 있는 경우) 특정한 사유 발생 시 또는 발행인의 재량에 따라 이자가 지급되지 않을 수 있다는 사실

❹ (만기가 장기이거나 발행인의 임의만기연장 특약이 있는 경우) 장기간 현금화가 불가능하거나 유동성이 보장되지 않을 수 있다는 사실

❺ (중도상환 조건이 있는 경우) 만기가 짧아질 수 있다는 사실

❻ 사채의 순위

(5) 금융투자상품의 위험도(위험등급) 분류

금융소비자보호법 제19조 제1항 제1호 나목 3)에서는 일반금융소비자에게 판매되는 투자성 상품의 경우 대통령령으로 정하는 기준에 따라 금융상품을 판매하는 회사가 정하는 위험등급을 금융소비자에게 설명하도록 의무화하고 있다.

금융소비자보호법 시행령 제13조 제2항에서는 해당 투자성 상품을 연계투자 및 자본시장법 제103조 제1항 제2호부터 제7호까지의 규정에 따른 신탁계약을 제외한 모든 투자성상품으로 명기함으로써 지분증권, 채무증권, 집합투자증권, 파생결합증권, 파생상품, 신탁계약, 일임계약 등을 포함하는 것으로 정의하고 있다.

이에 따라 금융투자상품을 판매하는 회사는 투자성 상품을 판매하기 전에 표준투자권유준칙의 '투자성 상품 위험등급 산정 가이드라인'을 참고하여 금융상품별로 위험등급을 산정할 수 있으며, 이때에는 금융소비자보호법 감독규정 제12조에 따라 기초자산의 변동성, 신용등급, 상품구조의 복잡성, 최대 원금손실 가능액, 환매·매매의 용이성, 환율의 변동성 및 그 밖에 원금손실 위험에 영향을 미치는 사항을 고려하여야 한다.

만일 판매회사가 정한 위험등급과 금융상품 제조회사가 정한 위험등급이 다를 경우 판매회사는 금융상품 제조회사와 위험등급의 적정성에 대해 협의하여야 하고, 금융상품 제조회사의 위험등급을 사용하는 것이 보다 적절하다고 판단되는 경우 해당 위험등급을 사용할 수 있으나 이때에는 판매회사가 별도로 정한 자체적인 기준에 따라 금융상품 제조회사가 정한 위험등급의 적정성을 확인하는 절차 및 방식 등을 준수해야 한다.

판매회사가 금융상품 제조회사의 위험등급을 사용하는 경우 판매회사는 제조회사가 위험등급을 산정할 때 사용한 기초자료, 판단 근거 등을 금융상품 제조회사에 요구할 수 있고, 금융상품 제조회사는 불가피한 사유가 없는 한 이에 응하여야 한다.

판매회사는 금융상품 제조회사가 사용한 기초자료로부터 표준투자권유준칙에서 정하고 있는 기준대로 금융상품 제조회사가 위험등급을 적정하게 산정하였는지 여부를 검증하여야 한다.

또한 판매회사는 기존 상품에 대한 위험등급 산정의 적정성을 검증하려는 경우 기존 상품의 적정성 검증 시기, 표본 선정 방법, 검증결과 처리 등과 관련한 내용을 내부통제기준에 반영하고 이를 준수하여야 한다.

금융투자상품의 위험도는 투자자 성향 분류 단계 및 실제 투자자 성향 분포를 감안하여 최소 6단계 이상으로 분류하며, 1등급을 가장 높은 위험으로 하되 그 수가 커질수록 위험도가 낮아질 수 있도록 구성한다.

위험등급은 해당 금융상품을 판매하는 시점에 1회 산출하는 것을 원칙으로 하되, 수시 판매 및 환매가 가능한 상품의 경우 연 1회(예 : 개방형 펀드의 경우 결산시점) 등급을 재산정한다. 다만, 재산정 주기가 도래하지 않더라도 시장상황 급변 등으로 특정 위험요소가 현실화될 가능성이 높아지거나 기타 현재 사용 중인 위험등급이 시장상황의 변화를 제대로 반영하지 못한다고 판단되는 경우 위험등급을 재산정할 수 있다.

한편, 판매회사는 투자성 금융상품의 위험등급 분류를 할 때 외부기관이 작성한 위험도 평가기준 등을 고려할 수 있다.

회사는 금융소비자가 해당 금융투자상품의 위험도를 쉽게 이해할 수 있도록 당해 회사의 금융투자상품 위험도 분류표를 상담창구에 비치하고, 투자권유 시 이를 활용하여 다른 금융투자상품과의 비교 등의 방법을 통해 상대적인 위험 수준을 설명하여야 한다.

금융투자상품 위험도 분류표는 금융투자상품의 위험도에 따라 3가지 색상(적색, 황색, 녹색)으로 구분하여 금융투자상품의 위험도에 대한 투자자의 직관적인 이해도를 높여야 한다.

판매회사는 위험등급에 대한 설명의무를 이행함에 있어 위험등급의 의미와 유의사항, 해당 위험등급으로 정해진 사유를 함께 설명함으로써 금융소비자가 그 위험등급이 의미하는 바를 정확히 이해할 수 있도록 하여야 한다.

장외파생상품에 대한 위험도 분류는 일반금융소비자 대상으로는 헤지 목적 거래만 허용되는 점을 감안하여 별도의 산정기준을 적용할 수 있다.

장외파생상품 위험도 분류 예시

① 주의 : 금리스왑, 옵션매수(원금 초과 손실이 가능하나, 손실 범위가 제한적인 상품)
② 경고 : 통화스왑, 옵션매도, 선도거래(손실 범위가 무제한이나, 구조가 단순한 상품)
③ 위험 : ①과 ②를 제외한 그 밖의 장외파생상품(손실 범위가 무제한이고, 구조가 복잡한 상품)

포트폴리오 투자의 경우, 이를 구성하는 개별 금융투자상품의 위험도를 투자금액 비중으로 가중 평균한 포트폴리오 위험도를 사용할 수 있다. 다만, 포트폴리오의 구성, 운용전략 및 위험도 책정 등을 회사의 전문조직에서 결정하는 경우 이에 따르도록 한다. 포트폴리오 투자의 권유 시 투자자의 투자목적, 투자경험 및 지식수준 등에 비추어 과도하게 위험도가 높은 금융투자상품을 포트폴리오에 편입하지 않도록 주의할 필요가 있다. 예를 들어 투자자가 중간 정도의 위험 – 수익을 선호하는 투자자 성향으로 분석되었고, 선물·옵션에 대한 투자경험이나 지식수준이 없음에도 불구하고, 선물·옵션을 포트폴리오에 편입시켜 투자권유를 하는 경우에는 부적합한 투자권유가 될 수도 있다.

(6) 설명의무 이행 시 유의사항

임직원 등은 투자설명을 함에 있어서 금융소비자의 합리적인 투자판단 또는 해당 금융투자상품의 가치에 중대한 영향을 미칠 수 있는 중요사항을 거짓 또는 왜곡하여 설명하거나 누락하여서는 아니 된다.

위험등급에 관한 설명의무를 이행할 때에는 위험등급의 의미와 유의사항, 해당 위험등급으로 정해진 사유를 함께 설명함으로써 금융소비자가 그 위험등급이 의미하는 바를 정확하게 이해할 수 있도록 하여야 한다.

또한 판매직원 등은 금융소비자가 추후에도 금융투자상품에 대하여 문의할 수 있도록 자신의 성명, 직책, 연락처 및 콜센터 또는 상담센터 등의 이용방법을 알려야 한다.

5 방문을 통한 금융투자상품의 판매

1) 개요

방문판매란 금융회사 영업점 외의 장소에서 금융소비자에게 투자성 상품 및 대출성 상품의 계약 체결의 권유를 하거나, 계약의 청약을 받아 계약을 체결하는 등 판매하는 것을 말한다.

이때 영업점 외의 장소에는 전화 연락이 포함되며, 영업점 외의 장소에서 계약 체결을 권유한 이후 금융소비자를 영업점으로 내방하게 하거나, 온라인 매체를 통하여 계약을 체결하게 하는 경우를 모두 포함한다.

금융상품에 대한 방문판매 규제의 관리감독권한은 '방문판매에 관한 법률(이하 "방문판매법"이라고 한다)'이 2021.12.8. 개정되면서 기존의 공정거래위원회에서 금융위원회로 이관되었고, 금융위원회는 '방문판매 모범규준'을 제정하여 금융상품의 방문판매 업무와 관련하여 판매회사의 임직원 등이 준수하여야 할 기준과 절차를 정해놓았다.

방문판매 모범규준은 법인과 전문투자자를 포함한 모든 금융소비자를 대상으로 하여, 방문·유선·화상 등 실시간 대화의 방법으로 금융상품의 권유 또는 계약의 체결을 하는 경우 적용되며, 이 중 전문투자자에 대해서는 일부 절차에 대해 간소화를 하였다.

금융투자회사의 임직원 등이 방문판매를 하기 위해서는 금융투자협회가 주관하는 방문판매인력 사전 교육을 이수하여야 하며, 연 1회 직무교육을 이수하여야 한다.

2) 절차

(1) 방문판매 전 사전안내

판매 임직원 등은 방문판매의 대상이 되는 금융소비자를 대상으로 방문판매를 위한 사전안내를 실시하여야 하며, 여기에는 금융소비자의 개인정보에 대한 취득 경로·판매 임직원 등의 소속과 성명 및 판매하고자 하는 상품의 종류·방문판매 등을 실시할 예정 시간 및 장소가 포함된다. 일부 금융투자회사에서는 위와 같이 절차를 완료한 이후 해당 내용을 요약한 문자메시지 전송 등의 방법을 통해 다시 한번 금융소비자의 승인 및 주의 환기를 하기도 한다.

금융소비자의 개인정보 취득경로에 대한 안내는 임직원 등이 방문판매를 먼저 권유하는 경우 반드시 금융소비자에게 알려야 하는 사항이며, 이와는 반대로 금융소비자가 먼저 방문을 요청하는 경우에는 금융소비자의 개인정보에 대한 취득 경로 안내를 하지 않아도 된다.

금융소비자를 대상으로 방문판매 사전안내를 실시할 때에는 판매하고자 하는 상품의 종류가 포함되는데, 금융소비자의 유형에 따라 사전안내가 금지되어 있는 상품, 즉 금융소비자의 요청이 없는 경우 판매 임직원 등이 먼저 안내할 수 없는 상품(사전안내 불가 상품)이 있다.

상대방이 일반금융소비자인 경우에는 고난도금융투자상품(고난도 투자일임계약, 고난도 금전신탁계약 포함), 사모펀드, 장내 및 장외 파생상품은 사전안내를 할 수 없으며, 상대방이 전문금융소비자인 경우 장외파생상품에 대해서는 사전안내를 할 수 없다.

그럼에도 불구하고 상대방인 금융소비자가 사전안내 불가상품에 대해 방문이나 전화를 통해 권유나 계약체결을 요청하는 경우 판매 임직원 등은 해당 상품이 사전안내 불가 상품에 해당된다는 사실을 안내하여 금융소비자의 주의를 환기하고, 금융소비자가 해당 상품에 대해 권유를 요청하였음을 '방문판매 요청확인서' 수령 등 회사가 정한 절차에 따라 확인받은 후 방문판매 등의 절차를 진행하여야 한다.

(2) 방문판매 실시

사전안내를 완료한 이후 실제 방문판매를 할 때 판매 임직원 등은 금융소비자를 대상으로 '방문판매 개시안내'를 실시하여야 한다. 개시안내에는 방문하는 판매 임직원 등의 소속 및 성명, 방문목적, 권유하고자 하는 상품, 연락금지요구권 행사방법 및 절차가 포함된다.

개시안내가 완료되고 나면, 판매 임직원 등은 금융소비자에게 본인의 소속을 증명하고 본인이 보유하고 있는 자격에 따른 취급가능한 상품의 범위를 알려야 한다. 또한, 금융분쟁 발생 시 금융소비자의 권리구제 등 활용 목적으로 방문판매 과정이 녹취된다는 사실을 안내하고 금융소비자의 동의를 받은 후 녹취를 진행하여야 한다.

이후의 판매과정은 앞서 설명한 바와 동일하게 [금융소비자의 투자자성향 파악 및 '투자자성향 분석결과 확인서' 제공 – 적합한 상품 권유 – 해당 상품의 투자설명서 사전 교부 – 설명서를 활용한 설명의무 이행 – 금융소비자의 이해 여부 및 계약체결 여부 확인]의 절차를 거치면 된다.

(3) 계약의 체결

금융소비자가 금융상품 계약체결을 하려는 경우 판매 임직원 등이 직접 방문한 경우에는 금융소비자가 작성한 관련 계약서류를 받고, 전화 등 실시간 대화의 방법으로 방문판매를 한 경우에는 관련 계약서류에 대한 금융소비자의 구두 진술사항을 녹취하고 판매 임직원 등이 관련 서류에 기록하는 방법을 사용할 수 있다.

계약의 체결이 완료되는 경우 상품에 대한 계약서류를 임의조작이 불가능한 형태로 서면, 우편, 이메일 등을 통해 금융소비자에게 지체 없이 제공[1]되어야 하며, 판매 임직원 등은 금융소비자에게 계약서류의 수령 여부 등을 확인하여야 한다.

3) 방문판매 시 유의사항

금융회사의 임직원 등이 방문판매를 통해 금융상품을 투자권유하거나 판매하는 경우 아래의 사항에 대해 숙지하고 이를 준수하여야 하며, 회사는 내부통제기준에 따라 점검하고 위반행위가 있는 경우 조치를 취하여야 한다.

(1) 기본 금지행위

❶ 본인이 권유 또는 계약을 체결할 수 있는 대상상품 이외의 금융상품에 대한 권유 또는 계약을 체결하는 일체의 행위

❷ 고객을 대리하여 계약을 체결하거나, 고객으로부터 매매권한을 위탁받는 행위

❸ 고객의 정보를 개별적으로 저장하거나, 사후적으로 변조하는 행위

❹ 고객으로부터 현금 수취를 하는 행위

❺ 고객의 개인정보를 고객이 동의한 범위 외의 목적으로 무단 열람하거나 활용하는 행위

❻ (청약철회 대상상품일 경우) 청약의 철회에 대한 사항을 안내하지 않거나, 고객이 이를 행사하지 못하도록 서면 등을 발송하는 것을 방해하는 행위

---

1 계약서류의 제공과 관련하여 만일 금융소비자와 다툼이 있는 경우 회사는 계약서류의 제공사실, 계약체결 사실 및 그 시기를 증명해야 한다.

❼ 방문판매등 관련 계약의 권유를 받은 고객이 거부 의사를 표시하였는데도 계속 권유하는 행위

❽ 야간(오후 9시~다음날 오전 8시)에 고객에게 방문 판매등을 하는 행위(고객이 요청하는 경우 제외)

❾ 전화권유 수신거부의사를 밝힌 고객에게 전화를 통해 계약의 체결을 권유하는 행위

(2) 대출성 상품

투자성 상품에 관한 계약의 체결을 권유하면서 금융소비자가 요청하지 않았음에도 불구하고 대출성 상품을 먼저 안내하거나 관련 정보를 제공하는 행위는 금지된다.

(3) 재산상 이익의 제공 행위 금지

재산상 이익이란 금융상품의 계약과 관련하여 거래 상대방에게 '경제적 가치가 3만원을 초과하는 물품, 식사, 신유형상품권, 20만원을 초과하는 경조사비 및 조화, 화환 등'을 말한다.

❶ 상품판매를 유인하거나 상품판매를 조건으로 회사에서 정한 기준을 초과하여 금전, 상품권, 투자성 상품 등을 제공하는 행위

❷ 판매회사의 변경 또는 변경에 따른 이동액을 조건으로 하여 재산상 이익을 제공하는 행위

❸ 판매상품의 가격이나 수수료를 임의로 할인하는 행위

❹ 판매상품의 가격이나 수수료의 일부 또는 전부를 부담하거나 부담하기로 약속하는 행위

❺ 대출성 상품의 경우 대출원금 또는 발생이자 등에 대해 일부 또는 전부를 부담하거나 부담하기로 약속하는 행위

❻ 퇴직연금의 경우 3만원을 초과하여 금전등을 제공하는 행위(해당 여부는 사용자 및 가입자 각각에 대해 개별적으로 적용한다)

(4) 개인정보보호

❶ 업무수행 과정에서 취득한 고객 정보를 고객의 동의 없이 방문판매등의 목적 이

외의 용도로 사용하거나, 어떠한 형태로든 외부에 유출하는 행위 금지

❷ 고객정보가 포함된 서류에 대해 필요 이상의 복사본을 만들거나 방치하는 행위
금지 및 불필요한 서류인 경우 지체 없이 폐기

❸ 고객의 서명 또는 비밀번호 입력이 필요한 경우 반드시 고객이 직접 하도록 안내

6 그 밖의 투자권유 유의사항

1) 계약서류의 제공

판매 임직원 등은 금융소비자와 계약을 체결한 경우 금융소비자보호법령 등에서 정하고 있는 계약서류를 서면, 우편 또는 전자우편, 휴대전화 문자메시지 또는 이에 준하는 전자적 의사표시의 방법 중 하나로 금융소비자에게 지체 없이 제공하여야 하며, 금융소비자가 해당 방법 중 특정 방법으로 제공해 줄 것을 요청하는 경우에는 그 방법으로 제공해야 한다. 또한 금융소비자에게 계약서류를 제공하는 경우 해당 계약서류가 법령 및 내부통제기준에 따른 절차를 거쳐 제공된다는 사실을 해당 계약서류에 적어야 한다.

금융회사가 계약서류를 전자 우편 또는 이에 준하는 전자적 의사표시로 제공하는 경우에는 금융소비자가 전자금융거래법에 따른 전자적 장치를 통해 계약서류를 확인하는 데 필요한 소프트웨어, 안내자료 등을 제공해야 하며, 계약서류를 전자 우편, 휴대전화 문자메시지 또는 이에 준하는 전자적 의사표시로 제공하는 경우에는 해당 계약서류가 위조·변조되지 않도록 기술적 조치를 취해야 한다.

2) 청약의 철회

금융회사는 금융소비자가 투자성 상품 중 청약철회가 가능한 대상상품(고난도 금융투자상품, 고난도 투자일임계약, 고난도 금전신탁계약, 비금전신탁)에 대해 계약서류를 제공받은 날 또는 계약체결일로부터 7일(금융회사와 금융소비자간 해당 기간보다 더 긴 기간으로 약정한 경우에는 해당 기간) 내에 서면, 전자우편, 휴대전화 문자메시지 등의 방법으로 동 계약의 청약에 대한 철회 의사를 표시하는 경우 이를 수락하여야 하고, 고난도투자일임계약 또는 고난도 금전신탁계약에 대해서 청약철회기간을 산정할 때에는 숙려기간을 제외하고

계산한다.

　다만, 금융소비자가 예탁한 금전 등을 지체없이 운용하는 데 동의한 경우에는 청약의 철회가 적용되지 않으므로 회사는 해당 사실을 금융소비자에게 충분히 설명하고 금융소비자의 서명, 기명날인, 녹취 등의 방법으로 확인을 받아야 한다.

　청약철회가 가능한 투자성 상품의 경우 철회의 효력은 금융소비자가 서면 등을 발송한 때 효력이 발생하므로 금융소비자는 서면 등을 발송한 때에는 지체없이 발송사실을 금융회사에 알려야 한다.

　청약철회가 가능한 대출성 상품인 신용공여(금융소비자보호법 제72조 제1항에 따른 신용거래, 주식담보대출, 청약자금대출을 말한다)의 경우 금융소비자의 청약철회 가능 기간은 계약서류를 제공 받은 날 또는 계약 체결일로부터 14일(금융회사와 금융소비자간 해당 기간보다 더 긴 기간으로 약정한 경우에는 해당 기간) 이내이며, 다만 담보로 제공된 증권이 법에 따라 처분된 경우에는 예외로 한다. 이때 청약철회는 금융소비자가 청약 철회의 의사를 표시하기 위하여 서면 등을 발송하고 회사로부터 이미 공급받은 금전 등을 회사에 반환한 때 그 효력이 발생하는데, 금융소비자의 청약 철회 의사표시 이외에 금전 등의 반환이 수반된다는 점에서 투자성 상품의 청약철회와 다르다.

　투자성 상품의 청약철회와 마찬가지로 금융소비자는 청약 철회의사를 표시한 서면 등을 발송한 경우 지체 없이 회사에 그 사실을 알려야 한다.

　금융회사는 청약 철회를 접수한 날(대출성 상품인 경우에는 금융소비자로부터 금전 등을 반환받은 날)로부터 3영업일 이내에 이미 받은 금전 등을 금융소비자가 지정하는 입금계좌로 반환해야 하는데, 반환이 늦어지는 경우 해당 기간에 대해서는 계약에서 정해진 연체이자율을 금전 등에 곱한 금액을 일 단위로 계산하여 지급하여야 한다.

　대출성 상품의 청약 철회가 발생한 경우 금융회사가 금융소비자에게 반환해야 할 금액에는 고객으로부터 받은 수수료(증권 매매 수수료 등은 제외)가 포함되며, 금융소비자가 회사에게 반환해야 할 금액에는 대출원금과 이자 및 인지대 등이 포함된다. 이때 청약의 철회가 완료되면 회사는 신용정보원 등에 연락하여 해당 금융소비자에 대한 대출기록 삭제 요청을 하여야 한다.

　금융소비자보호법 제46조에 따라 금융회사는 청약이 철회된 경우 금융소비자를 대상으로 이로 인한 손해배상 또는 위약금 등 금전 지급을 청구할 수 없으며 청약 철회에 대한 특약으로서 금융소비자에게 불리한 것은 무효로 본다.

3) 위법 계약의 해지

금융소비자는 금융소비자보호법 제47조에 따라 아래와 같은 경우 해당 금융상품에 대한 위법을 사유로 계약의 해지를 요청할 수 있다.

❶ 금융회사가 금융상품의 계약체결과 관련하여 금융소비자보호법 제17조부터 제 21조에서 규정하고 있는 적합성 원칙, 적정성 원칙, 설명의무, 불공정영업행위 금 지, 부당권유행위 금지를 위반하였을 것
❷ 해당 계약의 형태가 계속적이고, 계약기간 종료 전 금융소비자가 계약을 해지하 는 경우 그 계약에 따라 금융소비자의 재산에 불이익이 발생할 것

금융소비자는 금융상품 계약이 위의 조건을 모두 충족한 위법계약임을 안 날로부터 1년 이내에 해당 계약의 해지를 요구할 수 있는데, 유의해야 할 점은 '안 날로부터 1년' 이라는 위법계약해지 요청가능기한은 해당 계약의 체결일로부터 5년 이내의 범위 내에 있어야 한다는 점이다. 즉, 계약을 체결한 날로부터 5년이 경과하여 위법 계약을 인지한 경우에는 위법계약 해지를 요청할 수 없다.

금융회사는 금융소비자의 해지를 요구받은 날로부터 10일 이내에 수락여부를 통지하 여야 하는데, 다음과 같은 경우에는 금융소비자의 요구를 거절할 수 있고, 거절의 통지 를 한 경우에는 거절사유를 함께 통지하여야 한다.

❶ 위반사실에 대한 근거를 제시하지 않거나 거짓으로 제시한 경우
❷ 계약 체결 당시에는 위반사항이 없었으나 금융소비자가 계약 체결 이후의 사정 변경에 따라 위반사항을 주장하는 경우
❸ 금융소비자의 동의를 받아 위반사항을 시정한 경우
❹ 계약의 해지 요구를 받은 날로부터 10일 이내에 법 위반사실이 없음을 확인하는 데 필요한 객관적·합리적 근거자료를 금융소비자에게 제시한 경우
  예외적으로 10일을 경과하여 통지할 수 있는 경우가 있는데 이는 해지를 요구한 금융소비자의 연락처나 소재지 등을 확인할 수 없는 등 통지기간 내 연락이 곤란 한 경우 또는 금융소비자의 동의를 받아 통지기한을 연장한 경우로서 해당 사유 가 해소되는 즉시 통지하면 된다.
❺ 금융소비자가 회사의 행위에 금융소비자보호법 위반사실이 있다는 사실을 계약 을 체결하기 전에 이미 알고 있었다고 볼 수 있는 명백한 사유가 있는 경우

금융회사는 금융소비자의 위법계약에 대한 해지를 수락하여 해당 계약이 해지된 경우 동 계약의 효력은 해지 시점부터 무효화되므로 원상회복의무는 없고 금융회사는 이와 관련한 수수료, 위약금 등의 비용을 요구할 수 없다.

4) 손실보전 등의 금지행위

금융투자상품의 매매, 그 밖의 거래와 관련하여 다음의 손실보전 등의 행위가 금지된다. 다만, 신노후생활연금신탁, 연금신탁, 퇴직일시금신탁의 상품 가입 시 법에 따라 손실의 보전 또는 이익의 보장을 하는 경우, 그 밖에 건전한 거래질서를 해할 우려가 없는 경우로서 정당한 사유가 있는 경우를 제외한다.

❶ 투자자가 입을 손실의 전부 또는 일부를 보전하여 줄 것을 사전에 약속하는 행위
❷ 투자자가 입은 손실의 전부 또는 일부를 사후에 보전하여 주는 행위
❸ 투자자에게 일정한 이익을 보장할 것을 사전에 약속하는 행위
❹ 투자자에게 일정한 이익을 사후에 제공하는 행위

5) 투자매매업자 및 투자중개업자의 금지행위

(1) 과당매매의 권유 금지

금융소비자의 투자목적, 재산상황 및 투자경험 등을 고려하지 아니하고 일반투자자에게 빈번한 금융투자상품의 매매거래 또는 과도한 규모의 금융투자상품의 매매거래를 권유하여서는 안 되며, 이 경우 특정 거래가 빈번한 거래인지 또는 과도한 거래인지 여부는 다음의 사항을 감안하여 판단한다.

❶ 금융소비자가 부담하는 수수료의 총액
❷ 금융소비자의 재산상태 및 투자목적에 적합한지 여부
❸ 금융소비자의 투자지식이나 경험에 비추어 해당 거래에 수반되는 위험을 잘 이해하고 있는지 여부
❹ 개별 매매거래 시 권유내용의 타당성 여부

(2) 자기매매를 위한 권유 금지

임직원은 자기 또는 제3자가 소유한 금융투자상품의 가치를 높이기 위해 금융소비자에게 특정 금융투자상품의 취득을 권유하여서는 안 된다.

(3) 부당한 권유 금지

❶ 금융투자상품의 가치에 중대한 영향을 미치는 사항을 미리 알고 있으면서 이를 투자자에게 알리지 아니하고 해당 금융투자상품의 매수나 매도를 권유하여 해당 금융투자상품을 매도하거나 매수하여서는 안 된다.

❷ 투자자에게 회사가 발행한 주식의 매매를 권유하여서는 아니 된다.

❸ 자본시장법 제55조의 손실보전 등의 금지 및 자본시장법 제71조의 불건전영업행위의 금지에 따른 금지 사항 또는 제한 사항을 회피할 목적으로 하는 행위로서 장외파생상품거래, 신탁계약 또는 연계거래 등을 이용하여서는 아니 된다.

❹ 신뢰할 만한 정보·이론 또는 논리적인 분석·추론 및 예측 등 적절하고 합리적인 근거를 가지고 있지 아니하고 특정 금융투자상품의 매매거래나 특정한 매매전략·기법 또는 특정한 재산운용배분의 전략·기법을 채택하도록 투자자에게 권유하여서는 아니 된다.

❺ 해당 영업에서 발생하는 통상적인 이해가 아닌 다른 특별한 사유(회사의 인수계약 체결, 지급보증의 제공, 대출채권의 보유, 계열회사 관계 또는 회사가 수행중인 기업인수 및 합병업무 대상, 발행주식 총수의 1% 이상 보유 등)로 그 금융투자상품의 가격이나 매매와 중대한 이해관계를 갖게 되는 경우에 그 내용을 사전에 투자자에게 알리지 아니하고 특정 금융투자상품의 매매를 권유하여서는 아니 되나, 아래에 해당하는 사유로 알리지 아니하는 경우에는 예외로 인정한다.

- 투자자가 매매권유 당시에 해당 이해관계를 알고 있었거나 알고 있었다고 볼 수 있는 합리적 근거가 있는 경우. 다만, 조사분석자료에 따른 매매권유의 경우는 제외
- 매매를 권유한 임직원이 그 이해관계를 알지 못한 경우. 다만, 회사가 그 이해관계를 알리지 아니하고 임직원으로 하여금 해당 금융투자상품의 매매를 권유하도록 지시하거나 유도한 경우는 제외
- 해당 매매권유가 투자자에 대한 최선의 이익을 위한 것으로 인정되는 경우. 다만, 조사분석자료에 따른 매매권유의 경우는 제외

❻ 특정 금융투자상품의 매매를 권유하는 대가로 권유대상 금융투자상품의 발행인 및 그의 특수관계인 등 권유대상 금융투자상품과 이해관계가 있는 자로부터 재산적 이익을 제공받아서는 아니 된다.

❼ 집합투자증권의 판매와 관련하여 회사가 받는 판매보수 또는 판매수수료가 회사가 취급하는 유사한 다른 집합투자증권의 그것보다 높다는 이유로 투자자를 상대로 특정 집합투자증권의 판매에 차별적인 판매촉진노력을 하여서는 아니 된다. 다만, 투자자의 이익에 부합된다고 볼 수 있는 합리적 근거가 있어 판매대상을 단일집합투자업자의 집합투자증권으로 한정하거나 차별적인 판매촉진노력을 하는 경우는 제외된다.

❽ 신용공여를 통한 매매거래를 원하지 않는 투자자에게 이를 부추기거나 조장하는 행위를 하여서는 아니 되며, 신용공여를 통한 매매거래를 원하는 투자자에게는 그에 따르는 위험을 충분히 설명하여야 한다.

❾ 매매거래에 관한 경험부족 등으로 투자권유에 크게 의존하는 투자자에게 신용공여를 통한 매매거래나 과다하거나 투기적인 거래, 선물·옵션 등 위험성이 높은 금융투자상품의 매매거래를 권유하여서는 아니 된다.

6) 투자자문업자 및 투자일임업자에 대한 적용

(1) 준수사항

금융소비자와 투자자문계약 또는 투자일임계약을 체결하고자 하는 경우에는 다음의 사항을 기재한 서면자료를 미리 금융소비자에게 제공하고 확인받아야 한다.

❶ 투자자문의 범위 및 제공방법 또는 투자일임의 범위 및 투자대상 금융투자상품 등
❷ 투자자문업 또는 투자일임업의 수행에 관하여 회사가 정하고 있는 일반적인 기준 및 절차
❸ 투자자문업 또는 투자일임업을 실제로 수행하는 임직원의 성명 및 주요 경력(로보어드바이저의 경우, 투자자문 또는 투자일임이 로보어드바이저에 의해 이루어진다는 사실)
   * "로보어드바이저"란 컴퓨터 프로그램을 활용한 알고리즘 및 빅데이터 분석을 통해 투자자의 성향에 맞는 투자자문·운용서비스를 제공하는 온라인 자산관리서비스를 의미

④ 투자자와의 이해상충 방지를 위하여 회사가 정한 기준 및 절차

⑤ 투자자문계약 또는 투자일임계약과 관련하여 투자 결과가 투자자에게 귀속된다는 사실 및 투자자가 부담하는 책임에 관한 사항

⑥ 수수료에 관한 사항

⑦ 투자실적의 평가 및 투자 결과를 투자자에게 통보하는 방법(투자일임계약에 한함)

⑧ 투자자는 투자일임재산의 운용방법을 변경하거나 계약의 해지를 요구할 수 있다는 사실

⑨ 임원 및 대주주에 관한 사항

⑩ 투자일임계약인 경우에는 투자자가 계약개시 시점에서 소유할 투자일임재산의 형태와 계약종료 시점에서 소유하게 되는 투자일임재산의 형태

⑪ 투자일임재산을 운용할 때 적용되는 투자방법에 관한 사항

⑫ 법 제99조 제1항에 따른 투자일임보고서의 작성대상 기간

⑬ 그 밖의 금융투자업규정 제4-73조 각 호의 사항

또한 투자자와 투자자문계약 또는 투자일임계약을 체결하는 경우, 금융소비자보호법 제23조 제1항에 따라 투자자에게 교부하는 계약서류에 다음 사항을 기재하여야 하며, 그 기재내용은 계약체결 시 교부한 서면자료에 기재된 내용과 달라서는 아니 된다.

❶ 상기 서면자료

❷ 계약 당사자에 관한 사항

❸ 계약기간 및 계약일자

❹ 계약변경 및 계약해지에 관한 사항

❺ 투자일임재산이 예탁된 투자매매업자·투자중개업자, 그 밖의 금융기관 명칭 및 영업소명

(2) 금지행위

임직원은 다음의 어느 하나에 해당하는 행위를 하여서는 아니 된다. 다만, 회사가 다른 금융투자업, 그 밖의 금융업을 겸영하는 경우라서 그 겸영과 관련된 해당 법령에서 ❶ 및 ❷의 행위를 금지하지 아니한 경우에는 이를 할 수 있다.

❶ 투자자로부터 금전, 증권 그 밖의 재산의 보관·예탁을 받는 행위

❷ 투자자에게 금전, 증권 그 밖의 재산을 대여하거나 투자에 대한 제3자의 금전, 증

권 그 밖의 대여를 중개·주선 또는 대리하는 행위

❸ 계약으로 정한 수수료 외의 대가를 추가로 받는 행위

7) 투자일임 및 금전신탁에 대한 적용

투자일임 및 금전신탁(투자자가 운용대상을 특정 종목과 비중 등 구체적으로 지정하는 특정금전신탁은 제외)의 경우 아래 사항을 추가 또는 우선하여 적용한다.

❶ 임직원 등은 면담·질문 등을 통하여 투자자의 투자목적, 재산상황, 투자경험, 투자연령, 투자위험 감수능력, 소득 수준 및 금융자산의 비중 등의 정보를 투자자 정보 확인서에 따라 파악하여 투자자를 유형화하고 투자자로부터 서명 등의 방법으로 확인을 받아 이를 유지·관리하여야 한다. 다만, 전문투자자가 투자자를 유형화하기 위한 조사를 원하지 아니할 경우에는 조사를 생략할 수 있으며, 이 경우 전문투자자가 자기의 투자 유형을 선택할 수 있다.

❷ 금융회사의 임직원 등은 위에서 확인한 투자자정보의 내용 및 투자자 유형분류 표에 따라 분류된 투자자의 유형을 금융소비자에게 지체 없이 제공해야 한다.

❸ 금융회사는 하나 이상의 자산배분유형군을 마련하여야 하며, 하나의 자산배분 유형군은 둘 이상의 세부자산 배분유형으로 구분하여야 한다. 자산배분유형군은 "동일자산간" 또는 "이종자산간"으로 구성할 수 있으며, 세부자산배분유형은 유형간 변동성이나 종목의 특성 및 분산투자 효과 등에서 유의미한 차이가 있어야 한다. 다만, 금융소비자의 자산을 개별적으로 1:1로만 운영하는 경우는 자산배분 유형군이나 세부자산유형을 마련하지 않아도 된다.

❹ 금융회사는 분류된 투자자 유형에 적합한 세부자산배분유형을 정하고 계약을 체결하여야 한다.

❺ 임직원 등은 투자일임·금전신탁계약 체결 전에 투자자에게 다음 사항을 설명하여야 한다.

• 세부 자산배분 유형 간 구분 기준, 차이점 및 예상 위험 수준에 관한 사항
• 분산투자규정이 없을 수 있어 수익률의 변동성이 집합투자기구 등에 비해 더 커질 수 있다는 사실
• 기준에 의해 분류된 투자자 유형 위험도를 초과하지 않는 범위 내에서 투자일임·금전신탁재산의 운용에 대해 투자자가 개입할 수 있다는 사실

- 성과보수를 수취하는 경우 성과보수 수취요건 및 성과보수로 인해 발생 가능한 잠재 위험에 관한 사항

기타 전문투자자 및 법인 금융소비자에 대한 절차는 금융투자협회의 '표준투자권유 준칙'에서 정하는 바에 따른다.

8) 로보어드바이저에 대한 적용

투자자에게 로보어드바이저를 활용하는 투자자문·일임계약 체결을 권유하는 경우에는 로보어드바이저의 의미와 해당 로보어드바이저의 투자전략 및 위험요인 등을 충분히 설명하고 투자자의 이해 여부를 확인하여야 한다.

여기에서 설명의무 이행은 앞서 살펴본 "설명의무"에서 정한 양식 등을 활용하여 설명서 교부 및 설명내용을 이해하였다는 사실을 확인하는 것으로 로보어드바이저 명칭을 사용하는 금융투자상품 등에 대한 투자를 권유하는 경우 로보어드바이저를 활용하는 상품이 로보어드바이저를 활용하지 않는 상품보다 더 나은 수익을 보장하지 않는다는 사실을 설명하는 것도 포함된다.

금융소비자가 온라인으로 로보어드바이저 자문계약 등을 체결하는 경우 회사는 로보어드바이저의 주요 특성 및 유의사항 등을 투자자가 쉽게 이해할 수 있도록 관련사항을 게시하여야 하고, 로보어드바이저 알고리즘의 중대한 변경 등 주요 사항 변경 시에는 금융소비자에게 미리 고지하여야 한다.

9) 판매 관련 자료의 보존 및 금융소비자 제공

금융투자회사는 판매 관련 자료를 그 종류별로 금융투자업규정 별표 12에서 정한 최소보존기간 이상 서면, 전산자료, 그 밖에 마이크로필름 등의 형태로 기록·유지하여야 하고, 금융소비자보호법 시행령 제26조에서 정하고 있는 금융상품판매업등의 업무와 관련한 자료를 10년(계약기간이 10년을 초과하는 경우 그 계약기간) 또는 5년 이내의 범위에서 유지·관리하여야 한다.

금융투자회사가 금융소비자로부터 판매 관련 자료를 서면으로 요청받은 경우 해당 자료를 6영업일 이내에 제공하여야 하며, 불가피한 사유 때문에 그 기간 안에 제공하지 못하는 경우에는 그 사유와 제공가능일자를 금융소비자에게 통지하여야 한다.

금융투자회사는 금융소비자로부터 분쟁조정 또는 소송의 수행 등 권리구제의 목적으로 자료의 열람(사본의 제공 또는 청취 포함)을 요구받은 날로부터 6영업일 이내에 해당 자료를 열람할 수 있도록 하여야 하는데 해당 기한 이내에 열람할 수 없는 정당한 사유가 있을 때에는 투자자에게 그 사유를 알리고 열람을 연기할 수 있으며, 그 사유가 소멸하면 지체 없이 열람하게 하여야 한다.

section 02 | 고객관리(CRM)

고객관리란 현재의 고객과 잠재적인 고객에 대한 이해를 바탕으로 고객이 원하는 상품과 서비스를 지속적으로 제공할 수 있게 함으로써 회사나 브랜드에 대한 충실성이 높은 고객을 유지하고 확대하는 일련의 과정이라고 볼 수 있다.

1 고객관리의 중요성

(1) 시장 성장 둔화 및 성숙단계로의 진입

과거 고도 성장기에 시장의 성장규모는 연 10~15%대의 높은 성장률을 유지하였다. 이는 고객들의 가처분 소득이 매년 그만큼 증가한다는 것을 의미하며 따라서 금융기관은 특별한 노력 없이도 가처분 소득의 증가분만큼의 수탁자산 증대가 이어졌다. 그러나 점차 시장 성장이 둔화되면서 각 금융기관마다 치열한 고객 확보전이 벌어지고 있는 실정으로, 이러한 현상은 기존의 금융기관의 성장을 주도했던 신규 고객 확보를 위해 금융기관이 치러야 하는 비용의 증대와 수익성 악화를 초래하게 되었다.

(2) 고객의 욕구 개별화와 다양화

오늘날의 고객들은 과거에 금융기관이 직면한 고객들과 다음과 같은 측면에서 구분될 수 있다.

첫째, 선택할 수 있는 금융투자상품 및 서비스가 많아졌다는 점이다. 각 금융기관마다 경쟁적으로 상품 및 서비스를 출시함으로써 고객 측면에서는 이전에 누리지 못한 선택의 폭이 훨씬 다양해졌으며, 이는 기업의 측면에서 자사의 금융투자상품 선택 가능성이 더욱 낮아졌음을 의미하게 된다.

둘째, 고객의 구매의사 결정과정이 더욱 정교화되고 고도화되었다는 점이다. 스마트기기 등의 사용에 고객들이 익숙해지고 핀테크 산업의 발달에 따라 현대의 고객들은 각 금융기관의 상품 및 서비스에 대한 정보의 접근 및 비교, 검토, 평가의 과정을 쉽게 할 수 있게 되었으며, 이는 결과적으로 고객들의 상품에 대한 지식수준 및 안목을 증대시킴으로써 고객의 금융투자상품 구매의사 결정과정이 훨씬 합리화되고 정교해졌다. 이는 기업 측면에서는 끊임없이 타 금융기관보다 나은 금융투자상품 및 서비스를 개발해야 하는 부담으로 다가오며, 오히려 기존의 고객까지도 이탈할 가능성이 높다는 것을 의미한다.

마지막으로 고객의 욕구가 다양화, 개성화되었다는 점이다. 이는 기존 금융기관의 매스마케팅(Mass Marketing)이나 타깃마케팅(Target Marketing)의 영업전략으로는 고객이 더 이상 움직이지 않는다는 것을 의미한다. 살아남기 위해서는 과거의 방식과는 다른 새로운 영업전략이 기업에 요구되고 있다.

(3) 경쟁의 과열

21세기에 한국 금융기관 및 금융 종사자들은 과거에 미처 경험하지 못했던 새로운 경쟁의 패러다임에 직면하게 되었다. 이를 정리해보면 다음과 같이 요약할 수 있다.

첫째, 점점 더 상품 및 서비스의 차별화가 어려워진다. 스마트 환경의 발달로 고객들의 상품인지 속도 및 비교대상 우위가 일반화됨에 따라 제한된 시장이나 공간에서의 경쟁이 아닌 전 방위 경쟁에 노출되게 되었다.

둘째, 고유의 업무영역이 더 이상 의미가 없어지게 되었다. 이전에는 최소한 은행과 제2금융권, 기타 금융기관으로 대표되는 영역으로 구분이 확연히 지어져 나름대로 각 금융기관이 속한 제한된 경쟁영역 속에서 금융영업을 해 온 것이 사실이다. 그러나 이미 방카슈랑스, 인터넷 전문은행 등의 제도적 변화에 따라 금융기관 간의 업무영역은 구분이 어려울 정도로 겹치고 있으며, 이는 근본적으로 금융영업전략의 판을 바꾸는 새로운 시대적 패러다임(Paradigm)의 시작을 의미한다고 할 수 있다. 이제는 제한된 금융영역의 산물이라 할 수 있는 "누가 더 좋은 상품 및 서비스를 개발해서 판매하느냐"보다는, "누가 더 고객의 종합적인 금융욕구를 만족시키고 관리, 운용할 수 있느냐"에 더욱 더 핵심 역량을 부여해야 할 것이다. 금융투자상품 및 서비스 중심이 아닌 고객, 고객관리, 고객관계에 중심을 두어야 하는 시대가 도래한 것이다.

2 **고객관리의 실행**

고객관리, 즉 CRM(Customer Relationship Management)은 고객정보를 효과적으로 이용하여 고객과의 관계를 유지, 확대, 개선함으로써, 고객의 만족과 충성도를 제고하고, 기업 및 조직의 지속적인 운영, 확장, 발전을 추구하는 고객관련 제반 프로세스 및 활동이다,

CRM은 고객이 보다 편리하고 행복하게 생활할 수 있도록 하고, 고객만족을 통한 회사의 지속적인 매출과 장기적인 수익의 극대화를 목표로 한다.

1) CRM의 영역

CRM의 영역으로는 고객 유지, 고객 확보, 고객 개발을 들 수 있다.

첫 번째 고객 유지는 고객의 불만을 예방하고 불만 발생 시 효과적으로 대처하는 수동적인 노력과 고객에게 부가적인 혜택을 제공하는 능동적 노력이 효과적으로 실행될 때 좋은 결과를 기대할 수 있다. 두 번째 고객확보는 기존 고객 이외에 새로운 고객을 확보하는 것을 의미한다. 이를 보다 효율적으로 하기 위해 우량고객이 될 만한 잠재고객이 어디에 있는지, 어떤 요구(Needs)를 가지고 있는지 살펴보는 것이 효과적이다. 세 번째로 고객개발은 확보한 고객의 가치를 높이기 위한 전략으로, 고객의 가치를 높이기 위해서는 교체 판매나 추가 판매 등을 활용할 수 있다.

2) 성공적인 CRM의 전략

새로운 상품개발보다는 다양한 분류기준으로 고객을 세분화하는 작업이 선행되어야 하며, 신규 고객 확보를 위한 노력보다는 기존 고객 유지에 초점을 두어야 한다.

(1) 고객 획득(Customer getting)에서 고객유지(Customer keeping)로

CRM은 기존 고객과의 지속적인 관계 증진을 통해 만족을 극대화할 때만이 사업의 영속성 및 발전을 이룰 수 있다는 경영전략이라 할 수 있다. 이는 이전의 신규 고객 확

보에 중점을 두던 매스마케팅이나 타깃마케팅의 한계점을 극복한 진일보한 개념이라 할 수 있다.

(2) 단기적 고객 유인, 판매(Transaction)중심에서 장기적 관계형성(Relationship) 으로

기존의 금융영업은 신규 고객 확보를 위해 단발적인 거래(Transaction)나 교환에 집중하는 경향이 짙었다고 볼 수 있다. 상담창구에서나 광고 등의 다양한 형태로 대중에 대한 노출을 통해서 가망고객을 신규 고객으로 만드는 데에는 모든 노력을 들이고도, 정작 어렵게 만든 고객을 잘 효과적으로 관리하여 지속적인 유지확장을 꾀하기보다는 또 다른 신규 고객의 확보에 주력해 왔다.

반면, CRM 전략은 고객과의 평생에 걸친 긴밀한 유대관계를 통해 고객의 이탈 방지 및 예금고의 증대, 우량고객의 소개와 같은 구전효과 등을 꾀하는 전략으로 고객을 단발성의 거래대상이 아닌 평생고객가치의 개념에서 접근하는 고객중심의 장기적 경영전략이라 할 수 있다.

(3) 판매촉진(Promotion) 중심에서 고객 서비스(Service)중심으로

기존의 고객 서비스는 경품행사, 사은품, 특별금리, 한정 상품 등 신규 고객 확보를 위한 판촉행사에 막대한 자금을 투입하여 왔다. 반면 CRM은 기존 고객 지향의 서비스에 그 역량을 집중하고 있는데 대표적인 예로는 전담직원에 의한 가족 단위의 거래계좌 관리 및 만기 관리, 포트폴리오 구성, 현재의 투자 상황 및 미래의 투자 제안 등 핵심적인 금융서비스는 물론 대여금고이용, 생일, 가족기념일 축하, 행사초청 등 대고객 관계 제고를 위한 부대서비스 등이 있다. 고객 서비스의 기본원칙은 다음과 같다.

❶ 개별 서비스(Personal Approach) : 금융기관 직원들이 반드시 명심해야 할 것은 사회가 고도화되어 개인이라는 존재가 함몰될수록, 고객 자신은 자신을 알리고자 하거나 알아주기를 원하는, 그래서 다수로부터 분리된 개성화된 한 인간으로서 대접받고 싶어 하는 강한 욕구를 가지고 있다는 사실이다. 관계제고 서비스와 관련하여 주의해야 할 사항은 어떤 서비스를 제공할 것인가와 같은 서비스 종류의 문제가 중요한 것이 아니라, 어떻게 서비스를 제공할 것인가와 같은 운용측면이 중요한 것이라는 점이다.

❷ 정기적인 서비스(Periodical Approach) : 자주 보이는 사람에게 일반적으로 인간은 심리적 호감을 갖는 경향이 높은데 그 이유는 심리학 이론을 빌려 설명하자면 "반복적인 노출 혹은 근접성"이 호감을 형성하는 데 일반적으로 도움이 된다는 것이다. 서비스 제공 시 문자메시지나 전화를 통해서라도 수시로 고객과 연락을 취하는 것이 매우 중요하다.

❸ 도움을 주는 서비스(Benefit and Informative Approach) : 인간은 자신에게 도움이 되는, 자신에게 도움을 주는 사람을 좋아하는 경향이 있다. 이를 흔히 심리학에서는 "보상성 원리"라고 한다. 게다가 인간은 자신에게 지속적으로 정신적, 물질적 도움을 주거나 관심을 표명하는 사람에게 일종의 "부채 감정"을 가지게 되는데, 부채 감정이라 함은 반드시 언젠가 자발적으로 부채를 갚고 싶어 하는 심리적 동기를 유발하게 된다. 고객이 언젠가 만기가 돌아오는 금융상품이 있다면 아마도 이 고객은 평소 자신에게 도움과 관심을 보여주었던 호감이 가는 전담직원에게 자신이 할 수 있는 것(연장 혹은 교체매매)을 해주고 싶어 할 가능성이 매우 높다는 뜻이다.

(4) 시장점유율(Market share)에서 고객 점유율(Customer share)

기존에는 각 해당 금융기관이 차지하는 시장점유율이 매우 중요한 평가요소로 여겨져 왔기에 수익성보다는 한 명의 고객이라도 더 확보하려는 다점포전략을 구사하였다. 그러나 CRM은 금융기관에 기여도가 높은 우량고객중심의 고객 점유율 확대가 주요 전략으로써 이용된다. 고객 점유율이란 고객의 총 운용 가능한 가용자금 중 해당 금융기관이 보유하는 금액의 비율을 의미하는데, 이 비율이 높을수록 해당 금융기관과의 관계 정도가 높다는 것을 의미하기 때문에 고객 점유율을 높이기 위해 최근에는 각 금융기관마다 주거래은행 개념을 도입하여 회사별로 명칭은 다르지만 '마이 데이터(My Data) 사업'이라고 불리는 과정을 통해 고객으로부터 관련 정보를 수집하여 고객의 모든 금융거래를 집중하기 위한 노력을 하고 있다.

(5) 제품 차별화(Product differentiation)에서 고객 차별화(Customer differentiation)로

이전의 신규 고객 확보에 중점을 둔 매스마케팅이나 타깃마케팅 전략에서는 어느 금융기관이 얼마나 좋은 금융투자상품을 출시하느냐가 매우 중요한 요소로 작용하였으나

CRM전략을 사용하는 최근에는 금융기관에 가장 도움을 많이 줄 수 있는 우량고객을 초기에 얼마나 많이 확보할 수 있는가와 그러한 우량고객을 얼마나 잘 유지하고 발전시킬 수 있는가가 경영전략의 중요한 중심과제로 대두되고 있다. 고객 차별화 전략의 사용은 금융기관에 기여하는 기여도 및 수익성에 따라 철저하게 고객을 차별적으로 관리함으로써 금융기관의 차별성과 다양화된 고객의 금융수요를 충족시킬 수 있다.

(6) 자동화(Automation)에서 정보화(Infomatization)로

과거에는 빠른 시간 안에 동질적인 품질의 서비스를 제공하는 것이 가장 중요한 평가 요소로 작용하였다고 볼 수 있으나 고객의 금융수요를 충족시키기에는 한계에 다다르게 되었다. 고객의 다양한 금융수요를 적절한 시기, 적절한 고객, 적절한 금융투자상품 및 서비스를 제안하기 위해서는 고객에 대한 정보수집능력 및 처리, 관리, 활용능력이 매우 중요한 요소가 되었다.

최근 마케팅의 주류를 형성하고 있는 다이렉트 마케팅, 데이터베이스 마케팅 전략이 중시되는 것도 각 금융기관의 정보처리 대처능력이 얼마나 중요한지를 보여주는 단적인 예라고 할 수 있다.

3) CRM의 효과

(1) 예탁자산의 증대

기존 고객과의 관계를 효과적으로 발전시킴으로써 고객의 조직에 대한 신뢰가 높아질 수 있다. 회사와 특정한 관계를 맺고 있는 고객들은 전년에 비해 그 다음 해에 더 많이 지출하는 경향이 있다고 한다. 즉 고객이 한 금융기관과 친밀한 관계를 통해 그 금융기관을 더 잘 이해하고 상대적으로 만족감을 느낄 때 그 금융기관과 더욱더 많은 거래를 하려고 할 것은 당연하다. 이는 추가 투자자금 여력이 있을 경우 우선적으로 관계가 깊은 금융투자회사에 예치할 것을 고려하게 된다는 것을 의미하며, 또한 여러 금융기관에 분산되어 있는 자금을 한 곳으로 통합하려는 효과도 가지고 온다고 볼 수 있다.

(2) 낮은 마케팅, 관리비용

현대사회처럼 경쟁이 치열하고 수많은 금융투자상품이 범람하는 시대에는 신규 고객 확보를 위한 초기비용이 많이 발생하므로 금융기관의 초기 고객 유인을 위한 판매비용은 기하급수적으로 증가할 수밖에 없으며 결과적으로 수익성을 중요시하는 금융기관으로서는 비용 대비 효과 측면에서 바람직스럽지 않다고 볼 수 있다. 반면 기존 고객을 상대로 하는 마케팅 활동은 초기 비용투자와 지속적인 관계 증진을 통해 안정적인 유대관계를 형성한 상태이며, 기존 거래관계를 통해 축적한 대고객 정보를 토대로 불확실성을 상당부분 제거할 수 있기 때문에 결과적으로 고객과의 관계가 증진될수록 단위당 관리비용은 낮아지게 되는 효과가 있다.

(3) 고객 이탈률의 감소, 고객 유지율의 증대

기존 고객과의 만족스러운 관계형성을 통해 유대관계가 깊어질수록 타 금융기관으로의 이탈 가능성은 더욱 낮아지게 된다. 금융기관이 불안정할 시기에는 타 경쟁사에 비해 고객에게 좋은 서비스나 금리를 제공치 못할 경우가 발생할 수 있는데 그런 경우 관계(relationship)가 깊은 고객일수록 해당 고객의 이탈률은 그렇지 못한 고객에 비해 현저히 낮아지는 경향이 있다.

(4) 구전을 통한 무료광고

금융투자상품이나 서비스의 홍수로 인해 상품 가치를 평가하기가 매우 어려운 현대사회에서는 새로운 금융기관과의 거래에 대한 고객의 위험인식이 높아진다. 이런 상황에서는 주변에 있는 사람들과 특정 금융기관의 서비스나 상품에 대한 경험을 공유하게 되는데 이런 경우 만족스러운 관계를 형성하고 있는 우량고객의 특정 금융기관에 대한 긍정적인 평판은 지대한 영향을 미치게 된다. 또한 만족고객의 영향력을 활용하여 다양한 마케팅 활동 수행이 가능한데 기존 고객의 협조 아래 다양한 계층모임(예 : 동창회, 골프모임, 친목회 등)에 접근이 가능한 것이 대표적인 예이다.

마케팅 활동 수행 시에도 기존의 우량고객들은 우호적인 분위기 조성에 매우 적극적으로 협조하는 경향이 있으며 만족고객의 SNS를 통한 구전효과는 상당히 높은 것으로 파악되고 있다.

chapter 02

고객상담

고객상담(process)

1 상담활동의 중요성

상담활동은 영업활동을 수행하는 데 가장 핵심이 되는 것으로 가장 완벽하게 실시해야 하는 설득 활동이다. 따라서 판매하는 금융투자상품에 대한 정보를 숙지하고 자신만의 독특하고 효율적인 화법으로 고객의 이해도를 높일 수 있도록 부단히 노력해야 하며, 회사 역시 상품 또는 고객층에 따른 스크립트(Script) 개발에 적극 힘써야 한다.

2 상담활동의 목적

❶ 계약 성공률을 높이고, 상담시간을 효율적으로 활용

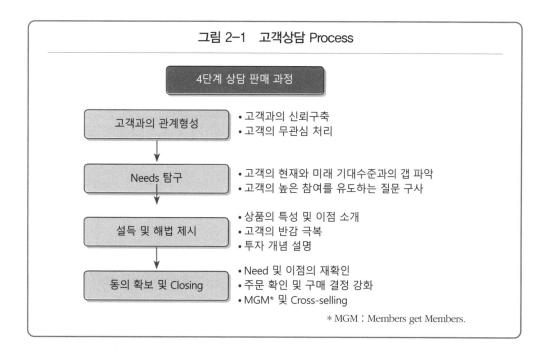

그림 2-1   고객상담 Process

4단계 상담 판매 과정

| 고객과의 관계형성 | • 고객과의 신뢰구축
• 고객의 무관심 처리 |
| 단계 | |

고객과의 관계형성
• 고객과의 신뢰구축
• 고객의 무관심 처리

Needs 탐구
• 고객의 현재와 미래 기대수준과의 갭 파악
• 고객의 높은 참여를 유도하는 질문 구사

설득 및 해법 제시
• 상품의 특성 및 이점 소개
• 고객의 반감 극복
• 투자 개념 설명

동의 확보 및 Closing
• Need 및 이점의 재확인
• 주문 확인 및 구매 결정 강화
• MGM* 및 Cross-selling

* MGM : Members get Members.

❷ 고객관리 능력을 증대시키고, 문제점(거절 등)을 도출해 해결의 기초로 활용
❸ 상담표준화를 통해 판매력을 향상시켜 업무 효율성을 제고
❹ 응용과 활용을 통하여 무관심과 반감을 자연스럽게 극복

3   효율적인 상담시간 증대의 요령

❶ 상담활동을 표준화, 정형화
❷ 잡담시간을 최소화
❸ 일별, 월별, 연별 등의 계획을 세워 실천하는 것을 습관화
❹ 불필요한 잡일을 제거하거나 최소화
❺ 고객 방문은 철저히 계획하에 진행
❻ 사전에 철저한 연습과 모델을 제시

4   상담활동 효율 증대의 요령

❶ 고객의 최적시간을 적극 활용

❷ 상담진척표를 고객별로 작성·관리

❸ 표준화된 상담화법 및 필요한 자료 등을 사전에 작성, 연습한 후 활용

❹ 자신만의 화법 및 테크닉을 발굴·개발하여 가슴에서 느껴지는 공감대를 형성

영업상담은 근본적으로 대화를 통해 시작되고 전개되며 동의를 얻게 된다. 그러나 영업직원이 고객을 설득하는 단계 또는 고객의 동의를 확보하는 과정에서 보면 말보다 말의 강약, 말의 단고, 그리고 더욱 큰 것은 바디랭귀지가 오히려 더욱 설득력 있고 큰 의미를 전달하게 된다.

참고로 Havard Business School에서 나온 자료를 보면, 서로의 의사전달 효과는 다음과 같은 비율로 나타난다고 한다.

Word	7%
Tone of Voice	38%
Body Language	55%

즉 서로 간에 의사소통 시 몸짓 하나하나가 얼마나 중요한가를 보여준다. 영업상담의 단계 중에서 고객의 말하는 시간과 영업직원이 말하는 시간 간의 구성비를 표로 그려보면 〈그림 2-2〉와 같다.

즉, 영업직원이 고객의 Needs를 탐구하는 단계에서 본인의 말보다 고객의 말을 잘 청취하여 Needs를 제대로 파악하고 고객의 정보를 많이 얻는 것이 좋은 방법이다.

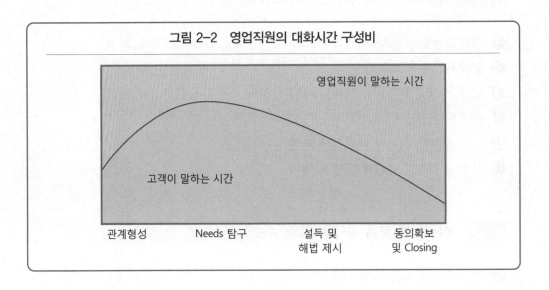

그림 2-2 영업직원의 대화시간 구성비

고객과의 관계 형성

1   상담요령

투자상담도 세일즈 과정 중 하나이다. 금융기관의 임직원 등은 세일즈를 위한 만반의
준비를 갖추어 최대한 고객에게 편안한 분위기를 만들고, 세일즈의 목표를 정해야 하는
데, 이때 참고할 사항은 아래와 같다.

❶ Eye Contact를 통해 미소를 지으며 고객에게 최대한의 관심을 표현해야 한다.
  '웃는 얼굴에 침 못 뱉는다'는 속담이 있듯이 고객에게 미소는 가장 큰 환대일 것
  이며 특히 Eye Contact는 고객을 진실하게 대하고, 고객의 말을 경청하고 있다
  는 것을 보여줌과 동시에 자신감의 표현이며 고객을 설득하는 가장 강력한 무기
  가 된다.

❷ 명함을 건네 자기소개를 정확히 하고, 고객이 명함을 줄 경우 정중하게 받아 자기
  책상 위에 가지런히 놓아 두어야 한다. 이때 오른손잡이는 왼쪽에 놓고 왼손잡이
  는 오른쪽에 두어 메모나 설명을 할 경우 쓸리지 않도록 하고, 명함을 건넬 때는
  고객이 이름을 정확히 볼 수 있도록 명함의 방향이 고객을 향하게 한다. 명함을
  받은 이후는 명함에 적힌 직책으로 호칭하여야 한다.

❸ 첫인상의 중요성을 인식하고 〈그림 2-3〉에서 예를 들고 있는 매직워드(Magic Word)
  등을 사용하는 것이 좋다. 날씨, 의상, 헤어스타일, 운동, 뉴스 등 일반적이고 공통
  적인 주제를 예로 들어 표현하여 고객과 친근감을 더해주면 분위기를 부드럽게
  만드는 데 도움이 된다.

❹ 영업직원은 기억력이 뛰어나야 한다. 한번 만난 사람은 이름, 직업, 직책 등의 최
  소한의 고객정보를 기억해내야 고객은 더욱 친근감을 갖고 상담을 시작하게 될
  것이다.

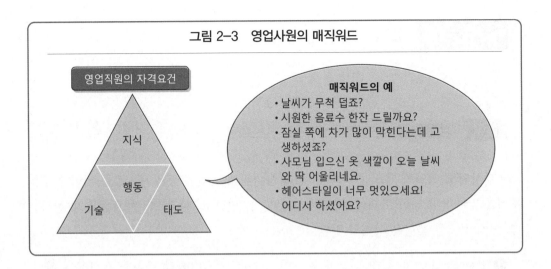

그림 2-3 영업사원의 매직워드

영업직원의 자격요건

지식

행동

기술   태도

매직워드의 예
• 날씨가 무척 덥죠?
• 시원한 음료수 한잔 드릴까요?
• 잠실 쪽에 차가 많이 막힌다는데 고생하셨죠?
• 사모님 입으신 옷 색깔이 오늘 날씨와 딱 어울리네요.
• 헤어스타일이 너무 멋있으세요! 어디서 하셨어요?

고객의 Needs를 파악하여 고객에게 적합한 금융투자상품에 대해 특장점을 소개하고 이러한 과정을 통해 고객 만족을 높이는 과정이다.

(1) Needs란?

❶ 고객이 안고 있는 문제
❷ 고객이 난처해하고 있는 일
❸ 고객이 원하고 있는 것과 바라고 있는 점

Needs란 일종의 갭(GAP)이라고 칭할 수 있다. 현재 고객이 처한 상태와 시간의 흐름 속에 바라는 상태와의 갭, 즉 그 차이가 Needs라고 할 수 있다.

예를 들면, 현재 1억 원의 유동자산을 갖고 있는 30대 초반의 샐러리맨이 3년

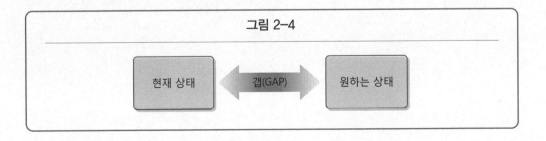

그림 2-4

현재 상태   갭(GAP)   원하는 상태

뒤에 결혼계획을 갖고 있다고 하자. 그는 결혼할 때 조그마한 아파트라도 마련해야겠다고 생각을 하고 있으나 구입비를 어떻게 준비할 것인가에 대한 마땅한 계획 및 확신이 없다. 이때, 그의 현재 1억 원을 갖고 있는 상태와 3년 뒤 결혼할 때 소형아파트를 구입할 약 5억 원의 필요자금이 갭, 즉 Needs라 할 수 있다.

고객들은 다양하고 막연한 Needs를 가지고 있다. 그러나 대부분의 Needs는 크게 상반된 두 가지로 분류할 수 있다.

첫째, 현 상태의 무엇인가를 증가시키는 것

둘째, 현 상태의 무엇인가를 감소시키는 것

(2) 갭의 확인 및 구체화

모든 고객이 자신이 처한 갭을 확실히 인식하고 여러분을 찾는다고는 할 수 없다. 금융투자상품을 권유하기에 앞서 가장 중요한 것은 고객이 스스로의 갭을 느끼고 인정하게끔 도와주는 일이다. 그것을 통해 고객은 새로운 무언가를 찾을 욕구를 느끼게 된다.

이를 위해서는 막연하게 표현된 고객의 문제를 적절한 문의와 정확한 경청을 통해 구체화된 Needs의 상태로 바꾸어 고객에게 인식시키는 작업이 필요하다. 표현이 보다 구체적이고 명확할수록 고객이 그 Needs를 확인하는 강도가 높아지고 확인된 Needs를 풀기 위한 행동으로 옮길 가능성이 높아진다.

Needs를 찾아가는 가장 바람직한 단계는

❶ 문의(Questioning)

❷ 촉진(Encouraging)

❸ 확인(Confirming)

이라고 하는 기본적인 기법을 적용하는 것이 매우 중요하다. 가장 중요한 문의의 단계에서는 몇 가지의 질문기법이 있는데 이를 적절하게 사용함으로써 고객의 Needs를 정

그림 2-5

막연한 문제 → 문의 및 경청 → 명확한 갭의 인식 및 구체화

확하게 파악할 수 있고, 고객도 이러한 질문에 답을 하는 과정에서 Needs를 구체적으로 느끼게 된다.

(3) 질문의 방법

❶ 폐쇄형 질문(Close‑end Question) : 영업직원이 선택한 특정한 화제로 대화를 유도하기 위해 고객의 대답을 한정하고자 하는 질문으로서 '예' 또는 '아니오' 등의 간단한 대답을 유도하는 경우를 말한다. 이 방법은 대화의 각도를 제한하며, 상담원이 대화의 상황을 유도할 때 유용하게 사용될 수 있다.

이 방법은 대화를 짧고 간결하게 이끌어 상담시간을 단축하여 대기 고객이 많을 경우 신속하게 여러 고객을 처리할 수 있다는 장점이 있으나, 고객의 동의 및 확신을 얻기가 힘들며, '예', '아니오'의 단답이 나올 경우 다음 단계로 대화를 이어가기가 힘든 단점이 있다는 것에 유의해야 한다.

❷ 개방형 질문(Open‑end Question) : 영업직원이 선택한 화제나 고객의 관심사에 대해 고객이 자유로이 이야기하도록 유도하는 질문으로써 좀 더 긴 대답을 유도하고자 하는 경우에 사용하는 것으로 '무엇을', '왜', '어떻게' 등의 질문을 통해 고객이 스스로의 상황에 대해 좀 더 광범위하게 이야기할 수 있는 효과를 거둘 수 있는 방법이다.

이 방법은 항상 개방형의 질문을 하여야만 하는 것은 아니고, 때에 따라서는 폐쇄형 질문을 적절히 배합함으로써 문의를 통한 Needs의 파악을 극대화할 수 있으나, 잘못하면 꼬치꼬치 캐묻는 느낌을 주어 상대방을 불쾌하게 할 우려가 있으니 이를 잘 알고 사용하여야 한다.

❸ 확대형 질문(High‑Gain Question) : 고객에게 질문을 통해 생각을 하게 함으로써 제한된 시간 내에 고객과 영업직원 상호 간에 Needs를 구체화하고 확신을 시켜주는 효과를 거둘 수 있는 질문기법이다.

그러나, 이런 종류의 질문에 익숙하지 않은 고객에게는 심문을 당한다는 느낌이나 귀찮게 한다는 느낌을 줄 수도 있기 때문에 절제가 필요하고, 어렵고 전문적인 질문은 피해야 하며, 고객의 Needs 해결을 위한 영업직원의 견해를 피력해 설득의 도구로 사용될 수 있도록 할 필요가 있다.

❹ 폐쇄형 질문을 사용하는 타이밍

ㄱ. 확대형 및 개방형 질문을 해도 고객의 반응이 없거나 시큰둥할 때

ㄴ. 새로운 화제나 보다 다른 구체적인 화제로 바꾸어서 대화의 흐름을 자신이 생각하는 방향으로 리드하고 싶을 때

ㄷ. 영업직원 또는 고객의 시간적인 제약으로 빨리 결정을 유도해야 할 때

❺ 확대형 질문을 사용하는 타이밍 : 고객이 자기의 Needs에 대해서 잘 이야기하는 경우에는 확대형 질문을 통해 고객이 자신의 이야기를 많이 하도록 유도할 수 있다.

(4) Needs 파악 시 Check Point

❶ 질문을 할 때 고객에게 단도직입적으로 묻지 말고 질문을 드리는 이유 및 질문을 통해 얻을 수 있는 고객의 이득부터 납득시키는 등 고객이 심문을 받는다는 인상을 갖지 않도록 부드럽고 상황에 맞게 문의해야 한다.

❷ 고객이 원하는 것을 충족할 수 없는 경우 대안으로 제시할 수 있는 상품 및 서비스를 찾도록 노력하여 질문 도중 대안을 제시한다든가 고객의 Needs를 현실에 맞게 수정할 수 있도록 자연스럽게 유도하도록 한다.

❸ 한번 질문을 해서 고객의 답을 들었거나 고객이 말한 정보는 상담 과정 중 재차 물어서는 안 되므로 상담 시에 메모지와 펜을 항시 준비하는 습관이 필요하며, 상황이 여의치 않는 경우 해당 정보들은 잘 기억하도록 한다.

❹ 고객의 Needs를 파악한 후 그 Needs를 풀어 줄 수 있는 '해결사'라는 확신을 심어주어야만 고객이 믿음을 갖게 되고, 잘 설득할 수 있다는 점을 잊지 말아야 한다.

❺ 기본규칙을 기억하도록 한다.

ㄱ. 70−30 RULE : 고객이 대화의 70%, 세일즈맨이 30%를 말할 수 있도록 함. 즉, 영업직원이 설명을 하는 것보다 고객이 스스로 말을 많이 하여 자신의 Needs 및 정보를 자연스럽게 말하도록 유도

ㄴ. 'NO'로 대답할 수 있는 폐쇄형 질문은 피할 것 : 만약 폐쇄형 질문을 했는데 고객이 'NO'란 대답을 할 경우 세일즈맨은 다음 대화를 이끌어 가기가 막막해짐. "그렇죠?" 혹은 "그렇게 생각하지 않으십니까?" 등으로 끝나는 질문으로 전환하는 것이 유리

❻ 고객의 말을 듣고 있으며 공감하고 있다는 말 또는 바디랭귀지(Body language)를 보여주어야 고객이 신의를 갖고 이야기를 지속할 수 있다는 점을 염두에 두어야 한다.

❼ 고객이 대화 후 괜히 말했다는 느낌이 든다면 고객은 입을 다물게 되고 다음 과

정은 이끌기가 힘들어지므로, 대화 후에는 고객이 유쾌하고 흥미로운 대화였다는 느낌을 갖도록 대화를 잘 이끌어야 한다.

설득 및 해법 제시

상담 시에 듣고 메모한 고객의 다양한 욕구와 문제점에 대해 제안한 상품 및 서비스가 얼마나 적절하게 그 욕구와 문제점을 해결해 주는지에 대해 상품의 특성을 쟁점화시켜 구체적으로 설명함으로써, 고객의 필요사항을 충족할 수 있는 해결책을 제시해야 한다.

이 단계에서의 성공은 고객의 동의 확보를 결정하므로 영업직원의 답변과 설득 기술이 핵심 성공요인으로 작용한다.

고객이 필요로 하는 상품 및 서비스에 대해 우선순위를 두어 중점적으로 설명하되, 고객이 만족하지 않을 경우 고객에게 적합한 다른 상품 및 서비스를 단계적으로 설명하여 합의점을 도출하는 것이다. 이때 영업직원은 각 단계별로 고객이 이해하고 있는지를 점검하면서 설득해야 한다는 점을 유념해야 한다.

1 설득의 정의

어느 판매 활동에서든 그 최종 목표는 고객을 설득하여 상담을 성립시키고 고객의 Needs를 충족시키는 금융투자상품을 소개하는 것에 있다. 결국 질문을 통해서 고객의 Needs를 찾아내고 다음에 그 명확해진 Needs에 대해서 금융투자상품의 이점을 소개하는 것이다.

이때 영업직원은 고객이 안고 있는 문제점에 깊은 관심을 표하고 그 해결을 위한 노력을 아끼지 않는 자세로 일관하는 것이 중요하다.

설득 과정의 3가지 중요한 목표
① 고객의 관심을 끈다.
② 고객의 흥미를 북돋는다.
③ 프레젠테이션 속으로 고객을 끌어들인다.

2 고객의 Needs 충족

　고객은 상담 중 자신이 경험했거나 앞으로의 계획과 관련한 문제점을 Needs로 표출하게 된다. 영업직원은 고객에게 적합한 금융투자상품의 특성을 이점화시켜 고객에게 설명하고 관련자료 등을 토대로 고객을 설득하여야 하는데, 설득력 있는 대화를 이끌어가기 위해서는 고객에게 질문을 하고, 자신 있는 부분에 대해서는 단호하며, 상품의 내용은 필수사항을 최대한 이해하기 쉽게 하여 상호 신뢰를 구축하고, 고객의 의견을 경청하는 등 긍정적인 태도와 경의를 갖고 신뢰할 수 있도록 대화를 구성해 나가야 한다.
　위와 같은 과정을 통해 고객이 영업직원으로부터 제공받은 금융투자상품의 장점을 수용함으로써 고객의 Needs가 충족되는 것이다.

3 고객의 반감

　과거에 겪었던 나쁜 경험, 현재의 상황에 대한 불만족, 그리고 아직까지 영업직원의 설득에 동의할 마음의 준비가 안 된 경우에 그것은 반감의 형태로 표현된다. 반감은 또 다른 고객의 관심의 표현이라고 할 수 있으며, 더 많은 정보에 대한 욕구이기도 하다.
　또한 반감은 또 하나의 세일즈 찬스이다. 보통 판매의 80%는 고객의 반감을 해소한 후에 성사되는 현실이 그 반증이기도 하다.
　그러므로, 반감은 빨리 발견하면 할수록 설득이 쉬워지고 사소한 반감이라도 간과해서는 안 된다.

Iceberg's Theory
반감은 빙산에 비유될 수 있다. 겉에 드러난 것보다는 속에 숨겨진 얼음이 더 많듯이 반감의 이면에는 숨겨진 의미가 많다.

(1) 고객의 반감 직면 시 주의할 점

제일 중요한 것은 고객과 절대 논쟁하지 말고 침착하고 차분하게 응대해야 한다는 것이다. 반감을 처리할 때 공격하지 말며 고객의 생각이 잘못된 것이라고 치부하지도 말아야 한다. 또한 고객의 반감을 일단 인정하는 자세로 임하고, 고객의 반감이 어떤 방향을 가리키고 있는지 고객의 니즈를 파악할 수 있도록 질문하여야 한다.

(2) 고객의 반감 처리 방법

고객이 반감을 표현하는 경우 고객의 말을 끊거나 정면으로 대응하지 않는다. 정확히 경청함으로써 고객의 반감이 무엇인지를 파악하는 것이 우선순위이다.

고객을 응대할 때에는 고객의 우려가 타당하다고 공감하는 표현을 하되 면박을 주거나 반박하지 않음으로써 고객의 반감을 인정해야 한다.

영업직원은 고객의 반감이 생겼다고 좌절하거나 실망하지 말고 오히려 자신의 상품이 그 반감을 보완할 수 있다는 자신감을 갖고 응대하되, 자신이 고객의 Needs를 정확히 이해하고 있는지 그리고 해당 상품이 고객의 Needs를 충족시킬 상품이었는지 다시한번 확인하도록 한다.

영업직원의 편에서 고객의 반감을 처리했다고 자만하지 말고 고객이 고객 입장에서 반감이 해소되었다고 느껴지는 처리였는지 확인하여야 한다.

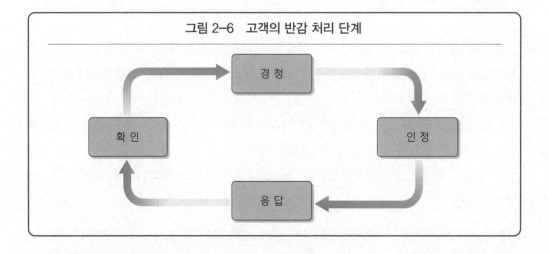

그림 2-6   고객의 반감 처리 단계

경 청
인 정
응 답
확 인

(3) 고객의 반감 처리 화법

❶ Yes, But('맞습니다 맞고요' 화법) : 고객의 주장을 받아들임으로써 고객의 마음을 부드럽게 한 다음 이쪽 주장을 내세우는 대응 방법이다.

ㄱ. 고객 : "주식형 상품은 위험해서 싫어요."

ㄴ. 영업직원 : "맞습니다. 아무래도 주식은 리스크한 면이 있습니다. 그러나 지금 처럼 과도하게 하락하여 저평가된 상태라면 고객님께서 감내해야 할 위험의 수준보다 상대적으로 높은 수익을 기대할 수 있을 것으로 예상됩니다."

❷ 부메랑법 : Yes, But법처럼 고객의 주장을 받아들이면서도 고객이 거절한 내용을 활용하여 반전을 노리는 화법이다.

ㄱ. 고객 : "지금 바쁘니 다음에 봅시다."

ㄴ. 영업직원 : "네, 참 바쁘신 것 같습니다. 그럴수록 재테크 같은 문제는 전문가 에게 맡기시고 보다 여유로워지실 필요가 있습니다."

❸ 보상법 : 사실을 사실대로 인정하면서 그 대신 다른 이점을 활용하여 보충하는 대 응 화법이다.

ㄱ. 고객 : "수익률 차이도 별로 없는데 갈아탈 이유가 뭐 있나요?"

ㄴ. 영업직원 : "수익률만 따진다면 큰 차이가 없는 것은 사실입니다. 그러나 고 객님께서 감내해야 할 위험수준을 비교해 보십시오."

❹ 질문법 : 고객의 거절을 질문으로 되돌려 보내 고객이 다시 그 문제에 대해 생각 을 정리해 보도록 하면서 긍정적 반응을 이끌어내는 대응 방법이다.

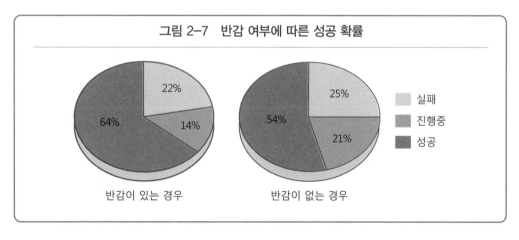

그림 2-7　반감 여부에 따른 성공 확률

ㄱ. 고객 1 : "나는 노후 준비가 다 되어 있습니다."

영업직원 : "물론 고객님 같으신 분이야 노후 준비를 철저히 하셨겠지요. 그

런데 요즘처럼 변화가 극심할 때에 자금 관리를 어떻게 하실 건가요? 그리고 고객님은 누구보다 바쁘신 분인데….”

ㄴ. 고객 2 : “아무래도 투자상품은 불안해서 싫어요.”

영업직원 : “고객님이 불안하다고 말씀하시는 부분이 구체적으로 어떤 것인가요?”

4 상담 단계에서의 거절의 유형과 처리

금융투자상품 권유 시 고객이 거절하는 데에는 두 가지 유형이 있다. 하나는 방문 시 어프로치 단계에서 부딪치는 고객의 거절이고, 또 하나는 영업을 제안하거나 제시하는 상품에 대한 설명을 듣는 과정이나 듣고 난 후 “나에게 도움이 되겠구나” 또는 “나에게 이익을 가져다주겠구나”라고 마음속으로는 수락하면서도 겉으로는 거절하는 것이 있다. 대표적인 거절 표현을 통해 그 표현의 속뜻과 대응 방법 예시를 알아보도록 하자.

❶ 권유하는 상품에 별 관심이 없다(필요성을 느끼지 못하고 있다).

ㄱ. 거절의 속뜻

a. 현재의 생활이나 일에 있어서 변화를 주고 싶지 않다.

b. 이 상품을 가입하면 괜찮기는 하겠지만 당장은 투자할 필요를 못느낀다.

c. 현재 투자하고 있는 금융상품으로도 충분하다.

ㄴ. 설득 포인트

a. 이 상품을 기간별 투자수익률로 설명한다.

b. 고객이 보유하고 있는 금융투자상품과 비교하여 유형을 세분화하여 설명한다.

c. 팸플릿이나 기타 자료를 잘 준비하여 흥미를 느끼게 한다.

❷ 잘 알았다, 다음 기회에 보자.

ㄱ. 거절의 속뜻

a. 필요 없다고 하는 거절이라 생각해도 좋다.

b. 아직 마음의 확신이 서지 않는다. 여러 가지를 더 알아봐야겠다는 생각이 있다.

ㄴ. 설득 포인트

a. 지금까지의 설명 중에서 부족한 점, 의심나는 점 등이 있는가를 질문한다.

b. 다음 기회가 언제쯤 될 것인가를 물어본다. 그러면 어떤 말이든지 나올 것인데 이 말에서 본심을 파악해 사후 권유여부의 방향을 잡아가도록 한다.

❸ 언젠가는 가입해야 한다고 생각하지만 지금은 안 되겠다.

　ㄱ. 거절의 속뜻 : 이 거절은 영업직원의 마음을 상하지 않게 하려는 배려에서 나온 것으로 실제로는 확실한 거절이다. "언젠가는…"이라고 하는 말만큼 믿을 수 없는 말은 없다. 신입 영업직원들은 대개 이 말을 신용하고 가능성이 있다고 판단하여 바로 돌아서는 경우가 있다. 그러나 얼마 후에 다시 방문해보면 전혀 딴사람 대하듯 한다.

　ㄴ. 설득 포인트

　　a. 언제쯤 투자가 가능한지 향후 계획을 질문한다.

　　b. 지금 가입할 수 없는 이유를 물어보아 이 말이 거절의 구실에 지나지 않는지 또는 진심인지를 파악한다.

　　c. 자금관계로 즉시 가입하지 못하는 경우라면 자금의 성향에 맞게 상담을 시작한다.

❹ 사후관리가 좋지 않다.

　ㄱ. 거절의 속뜻 : 과거에 사후관리에 대한 불만 경험이 있기 때문이다.

　ㄴ. 설득 포인트

　　a. 우선 사과를 하고 난 후 어떤 점이 좋지 않았던가를 질문한다. 이때 정면부정법(그럴 리가 없다는 등의 표현 방식)을 사용한다면 고객의 반감을 강하게 살 수 있으므로 유의한다.

　　b. 과거와는 많이 달라진 점이나 타사와 비교해서 CRM 서비스체제 등에 대해서 설명한다.

❺ 남들이 안 좋다고 하니까 나도 좀 그렇다.

　ㄱ. 거절의 속뜻 : 난 잘 모르는데 주변 사람들 중 이 상품에 가입하려는 사람들이 없어서 혼자 잘못된 판단을 할까 봐 두렵다.

　ㄴ. 설득 포인트

　　a. 주관이 별로 없는 형이므로 확실한 정보를 가지고 눈으로 확인시켜주는 것이 좋다. 여기서 확실한 정보란 판매회사의 정보, 핵심 투자설명서, 승인된 광고물 등을 통한 상품안내서 등을 말한다.

　　b. 습관이나 선입견에 대한 인식을 바꾸는 것이 쉽지 않음을 알려주고 판매회

사의 이미지와 상품의 특징 등을 다시 한번 진지하게 설명한다.

❻ 돈이 없다(예산이 없다).

이것만큼 대처하기 어려운 거절도 드문데, 고객은 어떻게 해서든 가입하고 싶지만 예산이 없어서 어쩔 수 없다고 하니 영업직원 입장에서는 참으로 곤란한 거절이다.

ㄱ. 거절의 속뜻

　　a. 돈이 없다고 말하지만 이는 대부분 거짓일 수 있으므로 그다지 낙심을 하지 않아도 된다.

　　b. 돈이 없다는 말은 아주 없다는 의미가 아니고 예산이 부족하다는 의미도 숨어 있으며, 또는 예산이 있더라도 상품에 대해 확신이 아직 서지 않아 거절구실로 삼고 있을 수도 있다.

ㄴ. 설득 포인트

　　a. 언제쯤이면 예산을 만들 수 있는지 질문한다.

　　b. 예산이 부족하다면 예산에 맞는 상품을 권유한다.

　　c. 상품에 대해 어느 정도의 관심이 있는지 체크하여 정말로 예산 문제인지 그렇지 않으면 투자할 마음이 없는지를 파악한다.

❼ 거래하는 곳이 있어서 곤란하다.

ㄱ. 거절의 속뜻 : 거절이 구실인지 정말인지 확인하기 위해 "아, 그렇습니까? 요즘에는 펀드 판매하는 곳이 하도 많아서요. 실례지만 어느 곳인지 여쭤 봐도 되겠습니까?"라는 식의 질문으로 슬쩍 떠보아 진의를 파악하는 것도 한 방법이다.

ㄴ. 설득 포인트 : 잘 아는 사람과 거래하는 경우 마음에 들지 않아 거래를 중단하고 싶어도 관계 때문에 중단할 수 없는 상황이 된다는 등 현 상황에서 고객에게 발생가능한 불편한 점 등을 넌지시 언급하는 것도 한 가지 방법이다.

❽ 배우자와 상의해봐야 한다.

ㄱ. 거절의 속뜻

　　거절을 위한 구실일 수도 있고, 실제로 자신이 투자결정을 할 수 없어 진심으로 그렇게 이야기하는 경우도 많다.

ㄴ. 설득 포인트 : 대화를 통해 실제 투자결정권자가 누구인지 파악하고, 추후 지금 상담하고 있는 고객과 함께 상담하는 시간을 마련해달라고 요청할 수 있다. 또는 해당 영업직원 자신이 투자결정권자를 직접 만나서 이야기하면 어

떻겠냐고 의향을 물어보아 반응을 보고 추후 설득 방법을 모색할 수 있다.

❾ 어느 회사 상품이든 모두 비슷하다.

ㄱ. 거절의 속뜻 : 영업직원이 어떻게 해서든지 판매하려고 자사 상품의 좋은 점만 잔뜩 나열한다는 인식이 생길 때 이와 같은 말이 튀어나온다.

ㄴ. 설득 포인트

    a. 이런 경우에는 상품의 특징을 아무리 강조하더라도 고객의 구매의욕을 부추기기는 곤란하므로 상품보다는 회사의 고객관리 서비스의 유리함 등에 대해서 어필한다.

    b. "타사에 비해 사후관리가 월등하다", "전통이 있다", "지점이 댁으로부터 멀지 않다" 등의 고객이 얻을 수 있는 유리한 점을 강조할 수 있다.

    (예시) "말씀하신 대로 동일한 펀드는 판매사만 다르고 우대 조건은 대개 비슷합니다. 그러므로 고객들은 요즘 어느 회사가 고객관리를 잘해주는가를 중요하게 여기고 있습니다. 그 점에서 저희 회사에서는 다른 회사에는 없는 ○○○서비스 제도도 있어 고객님께서는 *** 면에서 저희 회사와 거래하시는 것이 보다 더 유리합니다."

❿ 거래 수수료가 비싸다.

ㄱ. 거절의 속뜻

    a. 거절이 목적인 경우가 많다.

    b. 가격이 비싸다고 하는 것은 타사 상품과 비교해서 수수료가 비싸다는 경우도 있다.

ㄴ. 설득 포인트

    a. 상대방이 무엇과 비교해서 비싸다고 하는지 정확히 질문한다.

    b. 비싸다고 하는 기준이 무엇인지 질문한다.

    c. 상대방에게 물어보았던 사항 중에서 당사의 우수한 점을 강조한다.

5   무반응 고객의 대응 및 처리 방법

가끔 영업활동을 하다 보면 스스로는 열심히 했다고 생각하는데 고객의 반응이 전혀 감이 잡히지 않는 경우가 발생한다. 고객이 긍정을 하는 것도 아닌데 그렇다고 반감을 갖고 있는 것도 아닌 경우가 종종 있는데 이런 경우를 고객의 무반응이라고 한다.

이런 무반응은 대체로 다음의 경우에 간혹 일어난다.

ㄱ. 대화의 테크닉이 부족한 경우 : 대화를 할 때 상대방에게 자신의 뜻을 강하게 전달하려면 말의 강약과 고저가 있어야 하며 속도, 템포가 있어야만 한다. 그렇지 않으면 고객은 지루해하거나 짜증이 날 수 있고 두서없는 대화는 고객을 어지럽게 하여 어떤 흥미도 끌지 못하므로 사전에 대화의 주제 등을 명확히 설정하여야 하며, 대화를 이끌어 가는 연습도 하여야 한다.

ㄴ. 영업직원의 예절 및 진실성의 결여 : 고객과 영업직원은 거울과도 같다. 영업직원의 진실성은 고객에게 진실로 비추어지고 무매너는 고객으로부터 반감으로 반사된다.

ㄷ. 효과적인 질문의 결여 및 영업 상담과정의 미숙 : 고객의 흥미를 이끌 만한 질문 및 화제가 없다든가, 경험 미숙에서 오는 어설픈 상담과정은 고객에게서 관심과 신뢰를 끌어낼 수가 없다.

ㄹ. 나열식의 설명 및 고객의 반응 절차 확인 누락 : 핵심을 찌르지 못하는 단순한 나열식의 설명은 고객을 지루하게 한다. 또한, 고객의 반응을 사이사이 점검하지 않는 일방 통행적인 설득은 고객과 영업직원 간에 공감대를 형성하지 못하므로 주의해야 한다.

이런 무반응 고객에게는 다음과 같은 방안이 필요하다.

　　a. 사전 다양한 연습을 통해 영업상담 기법의 숙달
　　b. 설득 내용과 관련된 보조 자료 및 증거를 함께 제시하며 알기 쉽게 설명
　　c. 진실은 진실로 통한다는 말처럼 고객을 진심으로 대하고 고객의 말을 경청
　　d. 중간중간 또는 단계나 화제를 바꿀 시 고객에게 반응 점검 및 확인

section 04　고객의 동의 확보 및 CLOSING

고객의 동의는 끝이 아니라 또 다른 판매의 시작이다. 이제부터 고객관리는 시작되며 철저한 고객관리를 통해 추가적인 상품판매의 기회를 엿볼 수 있을 뿐 아니라 자금의 인출을 막을 수 있다.

　고객과의 관계 형성부터 고객의 Needs 탐구, 그리고 Needs에 맞는 설득까지 고객 Needs를 만족시키는 판매과정의 기본을 충실히 밟게 되면 자연스럽게 CLOSING까지 진행시킬 수 있다. CLOSING의 단계는 고객의 Needs 파악과 충분한 설득 여부를 분명히 확인하는 단계이다.

　CLOSING을 할 때는 고객의 Needs와 고객이 이미 받아들인 상품의 이점을 상기하여 줌과 동시에 고객과의 계약을 성립시킨다.

　CLOSING을 하는 타이밍을 잘 포착하는 일은 상담의 성패를 좌우하는 중요한 포인트가 된다. 그렇지만 CLOSING을 어느 시점에 할지를 미리 정하고 있어서는 안 된다. 굳이 말하자면 고객이 가입 의사(Buying signal)를 나타냈을 때가 모두 그 타이밍이 된다고 말할 수 있다. 때문에 상담 중에 고객이 나타내는 미세한 표정, 몸짓, 말투, 기미도 빠뜨리지 않도록 하는 것이 중요하다. 결국 고객이 내놓는 시그널에 대하여 곧바로 CLOSING을 걸어야 한다. 이 시그널을 바잉 시그널(Buying signal)이라고 한다. 그러나 이 바잉 시그널은 확실한 것도 있지만 분명치 않은 것도 있다. 능숙한 감지 및 판단은 경험에서 나온다고 할 수 있다.

　때로는 고객이 CLOSING의 타이밍을 분명히 나타내는 수도 있다. 그럴 경우 그 고객의 시그널을 영업직원이 놓쳐 버려서는 안 된다. 그 순간을 놓치면 고객은 다른 결정을 내릴 수도 있다. 따라서 고객의 태도나 이야기하는 것을 항상 주의 깊게 관찰하고 경청하는 것이 필요하다. 그래서 고객이 나타내는 표정, 몸짓, 말투, 기색 등에서 바잉 시그널이 나오고 있는지 어떤지 당신의 감각을 훈련해 두어야 한다.

　예를 들면 고객이 '음, 꽤 좋을 것 같네요'라든가 눈의 움직임에 생기가 있거나 확실히 흥미가 있는 듯한 표정을 나타났을 때에는 즉각 CLOSING을 시도해 본다. 결국 고객이 내놓는 바잉 시그널을 놓치지 않도록 훈련할 필요가 있다.

프로 영업직원은 상담과정이 뛰어나기도 해야 하지만 마무리를 언제 어떻게 하느냐에 따라서 그 결과가 달라질 수 있다. 시기를 놓쳐 판매의 기회를 상실하는 세일즈맨을 종종 볼 수 있다.

❶ 추정 승낙법 : "괜찮긴 하구만.", "상품이 꽤 잘 만들어졌는데." 등 긍정적인 표현이 나올 경우, "고맙습니다. 선택해 주셔서 감사합니다. 가입에 따른 제반 서류를 준비토록 하겠습니다."라는 답변을 한다.

❷ 실행 촉진법 : 긍정적 답변은 하지 않으나 부정적이지 않을 때 "끝까지 경청해 주셔서 감사합니다. 제반사항을 다 살펴본 것 같습니다. 다른 질문사항이 없으시면 서류를 준비하겠습니다. 서류에 대한 내용은 충분히 확인하시고 서명, 날인은 여기다 하시면 됩니다."라는 답변을 한다.

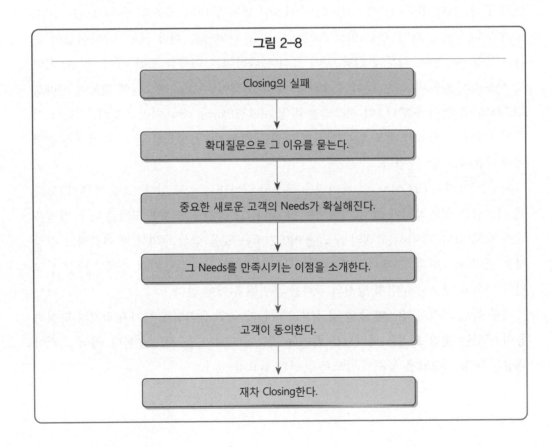

그림 2-8

```
┌─────────────────────────────┐
│        Closing의 실패         │
└─────────────────────────────┘
              ↓
┌─────────────────────────────┐
│    확대질문으로 그 이유를 묻는다.   │
└─────────────────────────────┘
              ↓
┌─────────────────────────────┐
│  중요한 새로운 고객의 Needs가 확실해진다.  │
└─────────────────────────────┘
              ↓
┌─────────────────────────────┐
│   그 Needs를 만족시키는 이점을 소개한다.   │
└─────────────────────────────┘
              ↓
┌─────────────────────────────┐
│         고객이 동의한다.         │
└─────────────────────────────┘
              ↓
┌─────────────────────────────┐
│        재차 Closing한다.       │
└─────────────────────────────┘
```

❸ 양자 택일법 : 가입의사가 감지되고 있으나 고객이 결정을 늦추고 있을 때는 아래와 같이 A 아니면 B, 둘 중 하나를 선택하게 함으로써 구매를 기정사실화

> "채권형 펀드로 하시겠습니까? CMA로 하시겠습니까?"
> "1억 전부 채권형 펀드로 가입하시겠습니까? 아니면 절반만 펀드로 하시고 나머지는 CMA로 하시겠습니까?"

❹ '기회이익 상실은 손해' 화법 : 기회이익 상실의 요인은 금리, 주가, 환율 변동에 따른 수익률 차이로 나타날 수 있고 특판상품인 경우 $+\alpha$(메리트), 사은품 증정 등의 혜택을 들 수 있다. 예를 들어 "제가 알기로는 정부의 정책에 따라 다음 달부터는 금리가 인하될 가능성이 매우 높습니다. 지금 가입하시면 말씀드린 바와 같이 OO%가 적용되지만, 다음 달부터는 이 금리로는 가입이 불가능할 것으로 보입니다. 또 저희 회사에서 진행하는 **이벤트도 이번 달까지만 적용되어서 고객님께서 가져가시는 혜택도 줄어들게 됩니다."

❺ 가입조건 문의법 : 결정을 미루고 있다면 어떻게 하면 가입하겠는지 물어보면서 가입을 요청하는 방법이다. 때로는 직선적인 대화를 더 선호하는 고객도 있기 마련이다.

4   Cross – selling의 중요성

고객 중 한 명을 영업점으로 유인하기 위해서 광고, 신문 잡지, 선물 등 많은 영업활동 행위를 하게 된다. 또한, 한 번 고객으로 만들기 위해서 대부분의 영업인들은 수십 차례 오랜 기간 동안 방문을 해본 경험이 있을 것이다.

거래를 성사시키기 위하여 마케팅 활동에 따른 비용을 지출하고, 또다시 새로운 다른 종류의 상품을 권유하기 위하여 같은 행위를 반복한다면 이는 제한된 시간 내에 더 많은 성과를 얻어 내기 힘들 뿐만 아니라, 결과적으로 조직에까지 많은 기회비용의 손실을 입히게 될 것이다.

이런 맥락에서 장기상품을 가입한 고객은 입출금이 자유로운 상품이나, 단기 투자상품으로 영업성과를 높이는 것이 프로 영업직원의 길일 것이다.

5 고객 소개(MGM : Members Get Members)의 중요성

사람들은 자신의 목적 때문에 아니면 자신의 취향 때문에 또는 자신의 생활 영역 때문에 자의든 타의든 비슷한 부류의 사람들끼리 삶을 영위하려는 본성이 있다. 돈이 있는 사람들은 돈이 있는 사람들끼리 어울리게 마련이다.

세일즈의 성공은 제한된 시간 내에 얼마만큼 성공률을 거두었느냐에 대한 차이 일 수도 있다. 이런 맥락에서 고객에게 잠재고객을 추천받는 것이야말로 세일즈 성공률을 높일 수 있는 지름길이라 하지 않을 수 없다.

6 성공적인 고객 동의 확보방법

❶ 긍정적인 태도를 유지하라 : 긍정적인 마음 자세는 얼굴에 긍정의 모습과 확신에 찬 눈빛으로 나타난다.

❷ 고객의 속도에 맞추어라 : 영업직원의 페이스에 고객을 맞추게 하지 말고 고객의 페이스에 영업직원이 맞추어 동의를 구해야 한다.

❸ 공격적이 아닌 모습으로 주장하라 : 고객에게 공격적인 모습으로 위압감을 주지 말고 편안한 분위기와 자세로 자연스러운 동의를 도출해 내야 한다.

❹ 적합한 상품을 권유하라 : 고객의 투자성향 결과에 따라 적합한 상품을 권유하고 그에 따른 동의를 구해야 한다.

7 효과적인 고객 동의 확보기술

❶ 직설동의 요구법 : 직설적으로 고객에게 동의를 요구하는 것이 가장 효과적인 방법일 수도 있다. 그러나 이러한 방법은 고객이 지정한 상품을 제공하는 단순한 판매의 경우 또는 시간이 없고 결정이 쉬운 고객에게 맞는 방법이므로 사용 시 유의해야 한다.

❷ 이점 요약법 : 프레젠테이션 과정을 통해 보여줬던 상품의 이점을 다시 한번 요약하여 보여줌으로써 고객이 이점에 대해 확신을 갖게 하는 방법이다.

❸ T-방법(대차대조표 방법/Franklin Approach) : 고객이 이 상품을 선택했을 때의 이점과 선택을 하지 않았을 때의 손해를 T막대 형태의 대차대조표를 사용하여 비교 설명하는 방법이다.

❹ 결과 탐구법 : 고객이 동의를 못하고 머뭇거릴 경우 혹은 고객이 아직 미심쩍은 점이 있을 경우, 이를 되물어서 동의할 수 있도록 설명하는 방법이다.

8   동의 확보 실패의 몇 가지 요인

❶ 잘못된 자세 및 태도 : 초보 영업직원은 고객이 동의의 기미를 보이면 흥분하여 서둘러 CLOSING을 해버리려고 하는 경향이 강하다. 이는 자칫하면, 고객의 반감으로 다가올 뿐만 아니라 고객은 동의를 함으로써 영업직원에게 진다는 뉘앙스를 풍길 수도 있다. 또한, 동의를 안 한다면 직접적인 손해가 있을 것처럼 고객을 위협하는 방법은 고객에게 상품의 가치보다 영업직원의 자질을 의심스럽게 하여 거부감을 느끼게 할 수도 있다.

❷ 부족한 프레젠테이션 : 고객이 프레젠테이션을 통해 상품을 충분히 이해하지 못하고 이점을 스스로 찾지 못했다면 영업직원은 절대로 동의를 구할 수 없다. 부족한 프레젠테이션은 대개 준비의 부족이나 영업직원의 성급함에서 비롯되므로 성급한 의사전달보다 고객의 이해를 짚으면서 다가가는 프레젠테이션이 더 효과적인 방법이다.

❸ 나쁜 습관 : 동의 확보의 단계에서는 적절한 영업직원의 기술이 필요하나, 전혀 검증되지도 않았고 영업직원의 오판에 따른 영업기술은 고객에게 거부반응을 일으킬 가능성이 매우 높다. 따라서 영업직원은 스스로 고객에 맞는 기술, 즉 고객의 반응과 고객의 상황에 따라 대처할 수 있는 기술의 연마가 필요하다.

9   CLOSING의 필수요건

❶ 당신이 말하는 것을 고객이 충분히 이해했는지 확인
❷ 각각의 고객 성향에 따라 CLOSING을 달리함
❸ 당신이 생각하고 말하는 모든 것은 고객의 입장에서 출발

④ 바잉 시그널을 감지하는 법을 터득

⑤ CLOSING을 하기 전에 시험 CLOSING(Trial Closing)을 함

⑥ 고객의 최종 결정을 요청한 후 영업직원은 침묵을 통해 답을 기다리는 마음을 전달

⑦ 긍정적이고 자신감 있으며 열정적인 태도로 CLOSING에 임함

> Trial closing
>
> 영업직원이 프레젠테이션을 하는 중 또는 한 직후에 고객이 구매 결정을 할 준비가 얼마나 되어 있는가를 측정하는 임시적인 동의 확보를 위한 CLOSING

section 05 고객응대와 기본 매너

영업과 세일즈의 첫 단계로서 기본적으로 교육되고 훈련되고 거의 반사적으로 체질화되어야 하는 것이 바로 고객응대와 기본 매너다. 그러한 자세를 갖출 수 있는 방법으로 고객응대에 대해 살펴보자.

1 고객응대 시 유의사항

❶ 매우 친절하고, 고객을 지원하는 자세가 느껴져야 함

❷ 매우 편안하고 편리하게 느껴져야 함

❸ 매우 프로페셔널하게 느껴져야 함

❹ 매우 정중하게 느껴져야 함

❺ 매우 긍정적이고 적극적으로 느껴져야 함

❻ 불만을 표시하는 고객은 더욱 정중하고 감사하는 마음으로 대해야 함

❼ 하찮은 약속이든 중요한 약속이든 고객과의 약속은 반드시 지켜져야 함

❽ 항시 고객 지향적인 사고와 행동을 해야 함

2 고객응대 시 기본 매너

❶ 예의 바른 인사법을 습득

ㄱ. 환한 웃음과 정중한 자세

ㄴ. 간단한 인사는 15도, 보통 인사는 30도, 정중한 인사는 45도를 숙임

ㄷ. 인사말을 건넴

ㄹ. 고개와 등허리가 자연스러운 일직선을 유지하고 머리를 떨어뜨리지 말며, 양 발의 각도는 약 15도 정도를 유지

ㅁ. 항상 회의 시간 전에 5~10분 동안 인사법을 연습

ㅂ. 거울을 보고 품위 있는 자세를 연습

❷ 정중한 전화 응대법을 습득

ㄱ. 전화를 받을 때

　a. 전화는 벨이 3번 이상 울리기 전에 받아야 함

　b. 소속 회사명과 이름을 먼저 말함

　c. 밝고 침착한 목소리로 정중하게 말함

　d. 상대방보다 수화기를 먼저 놓거나 소리 나게 끊지 않음

　e. 전화를 받을 사람이 자리에 없을 때에는 메모를 전달하여 업무에 차질이 없도록 함

ㄴ. 전화를 걸 때(4단계 전개)

　a. 전화를 걸 때는 통화 요령 4단계를 체계적으로 전개

　b. 전화 교환을 부탁할 때는 인사와 자신 소개를 먼저 하고 정중하게 부탁

　c. 전화를 걸기 전에 용무와 용건을 생각해 둠(필요시 메모)

　d. 반드시 자신의 소속과 이름을 먼저 말함

　e. 밝고 침착한 목소리로 대화를 시작

　f. 상대편보다 수화기를 먼저 놓거나 소리 나게 끊지 않음

　g. 당사자가 없을 때는 반드시 메모 전달을 부탁

표 2-1　전화 거는 요령 4단계

① 자신의 소개	"안녕하십니까, 저는 ○○금융투자회사의 ○○○입니다."
② 인사말	"그동안 잘 지내셨습니까? 날씨가 더운데 수고가 많으십니다."

③ 전화 목적	"제가 오늘 △△한 사항/문제 때문에 ○○○부장님/과장님께 전화를 드렸습니다."(본론 대화)
④ 전화 클로징	"오늘 여러 가지로 감사합니다. 안녕히 계십시오. 다음에 또 연락드리겠습니다."

    ㄷ. 처음으로 전화를 거는 경우(5단계 전개)

       • 상대방을 한 번도 만나지 못한 상황에서 전화로 처음 대화할 때는 아래 표의 5단계에 따라 통화

표 2-2 **전화 거는 요령 5단계**

① 초면 인사	"안녕하십니까? 우선 전화상으로 인사를 드립니다."
② 자신의 소개	"저는 ○○금융투자회사의 ○○○(직위/직책)이라고 합니다."
③ 전화 목적	"저희 금융투자회사의 탁월한 △△상품(솔루션·서비스 등)을 소개하여 드리고자 이렇게 전화를 드립니다."
④ 일정 약속	"그러면, ○일 △시쯤 시간을 내주시면 제가 직접 방문하여 상품 소개를 해드리겠습니다. 바쁘시겠지만 시간과 기회를 주시면 대단히 감사하겠습니다."
⑤ 전화 클로징	"오늘 여러 가지로 감사합니다. 안녕히 계십시오. 또 연락드리겠습니다."

❸ 올바른 인사법과 명함 교환법을 습득

    ㄱ. "안녕하십니까, ○○금융투자회사 ○○○입니다"하고 인사(일반적으로 30도 정도 굽힘)와 인사말을 먼저 하고 나서 명함을 상대편 오른손으로 건네주고 악수를 하면서 "앞으로 잘 부탁드립니다"라고 정중히 말함

    ㄴ. 상대방이 자신의 명함을 정면으로 볼 수 있도록 건넴

    ㄷ. 명함은 우측 손에 들고 좌측 손은 우측 팔목 쪽으로 하여 두 손을 모아 정중히 건넴

    ㄹ. 상대가 두 사람 이상일 때는 손윗사람에게 먼저 건넴

    ㅁ. 손아랫사람이 손윗사람에게 먼저 건넴

    ㅂ. 명함은 깨끗이 하여 반드시 명함집에 넣어둠

    ㅅ. 항시 명함은 충분히 가지고 다님(지갑, 수첩, 차 내 등 여러 곳에 휴대).

❹ 고객응대 및 응접 서비스의 질과 품위를 몸에 배도록 습관화

    ㄱ. 우선 고객을 존중하고 받드는 마음가짐을 가지도록 함

    ㄴ. 응대와 응접 때는 항상 밝은 표정과 우아하게 웃는 얼굴로 대함

    ㄷ. 고객에게 '우리는 당신을 환대하고 존경합니다'라는 마음이 전달될 수 있도록 함

    ㄹ. 전문가적인 인사법으로 정중하고 예의 바르게 응대

ㅁ. 고객에 대한 불만이나 문제를 느끼더라도 우선 정중하고 기분 상하지 않게 맞이함

ㅂ. 무엇인가 잘 모르는 고객에게는 친절하게 대하고 성의껏 안내하고 배려

ㅅ. 고객이 진심으로 감명받도록 성의와 열의를 다함

ㅇ. 고객이 겉과 속이 다르다는 이중적인 감정을 절대 느끼지 않도록 친절한 마음을 전달

❺ 품위 있는 대화 및 언어 사용법을 습득

ㄱ. 대화 내용을 정리하고 요약하여 말하는 습관을 들임

ㄴ. 간략하고 명확한 의사 표현 방법을 익힘

ㄷ. 고객이나 상사에게는 반드시 '저', '제가', '저희가'라고 호칭

ㄹ. 가능하면 상대방의 직함을 호칭('○○○ 부장님').

ㅁ. 대화할 때나 전화할 때는 반드시 자신부터 소개하는 습관을 들임

ㅂ. 상대편이 잘 알아듣도록 명확하고 또렷하게 말함

ㅅ. 유머를 적절하게 사용하여 분위기를 살리고 긴장을 완화시킴

ㅇ. 눈과 얼굴을 부드럽게 주시하고 표정에 정성이 드러나도록 함

ㅈ. 표준어를 사용하도록 하고, 전문 용어나 외래어의 과도한 사용을 자제

ㅊ. 대화 중에 호주머니에 손을 넣거나, 거만한 태도를 취하지 않도록 함

ㅋ. 요구나 요청을 거절해야 할 경우는 반감이나 감정이 상하지 않도록 부드럽게 설명하고 양해를 구함

ㅌ. 우선 잘 듣고 정확히 이해한 후에 해당 주제에 맞게 체계적이고 논리적으로 설명

❻ 고객 및 상사와 함께 걸어갈 때의 올바른 동행, 수행, 안내 예절을 습득

ㄱ. 고객 또는 직장 상사와 같이 보행할 때는 항시 좌측에서 안내 및 동행

ㄴ. 고위층 고객 또는 고위층 상사와 같이 보행할 때는 좌측 1보, 뒤로 1보의 위치에서 수행

ㄷ. 가이드 역할을 할 때는 우측 1보, 앞으로 1보에 위치하여 안내 및 수행

ㄹ. 사무실 입구나 문을 통과할 때는 3~4보 앞서서 문을 열어 안내 및 수행

ㅁ. 중요 고객인 경우는 현관 입구에 미리 나와서 응접 및 응대하고 현관 출구까지 배웅

❼ 차량 탑승, 동승, 하차할 때의 안내 예절을 정확히 습득

ㄱ. 중요 고객이나 고위층 상사일 경우 차량을 5~10분 전에 대기시키고 문을 열

어 탑승을 안내

ㄴ. 배치된 좌석의 자리 위치를 정확히 하여 탑승하도록 함. 승용차의 경우 가장 상위자나 VIP 자리 위치는 우측 뒷자리, 중간 상위자 또는 여성의 자리 위치는 좌측 뒷자리, 안내 및 수행인은 앞자리 우측(조수석)에 탑승

ㄷ. 동승할 때 상위자나 모시는 분에게 동행 및 수행 목적과 주제에 맞는 상황을 설명하거나 대화를 나눔

ㄹ. 하차할 때는 먼저 내려서 상위자나 모시는 분의 차 문을 열어 안내

❽ 고객과의 통신 연락을 원활하게 유지

ㄱ. 고객의 직장, 자택 등의 주소 및 연락처 정보 변경 시 지체 없이 처리하여 정확하게 보유하도록 함

ㄴ. 사무실의 자리를 비울 때는 제2의 통신 및 연락수단을 제공(휴대전화, 이메일 등).

ㄷ. 근무 시간에 통신 및 연락이 되지 않아 고객이 답답해하지 않도록 각별히 배려

ㄹ. 필요시 근무 외 시간에도 연락이 가능하도록 연락 수단을 제시

ㅁ. 고객이 연락할 때는 어떤 경우에도 최소 5~30분(가급적 신속히) 이내에 반드시 응답 전화를 함

ㅂ. 고객의 전화를 피하거나 불성실하게 대하는 일이 절대 없도록 함

ㅅ. 고객에게는 항상 정중하고 반갑게 전화

ㅇ. 장기간의 출장이나 계획된 외근을 하게 될 때는 중요 고객에게 반드시 사전에 연락

ㅈ. 자주 왕래가 없는 고객이라도 수시로 전화하여 관심과 유대 관계를 유지

❾ 신속하고 정확하게 업무를 처리하여 고객의 만족과 신뢰감을 높이도록 함

ㄱ. 고객이 요청한 사항은 최대한으로 신속하게 답변

ㄴ. 가능하면 고객이 원하는 시간에 원하는 내용의 업무를 완결

ㄷ. 업무 처리 현황을 수시로 정확하게 전달하여 고객의 업무 계획에 차질이 없도록 함

ㄹ. 고객이 자신으로 인해 곤란하거나 업무 차질이 생기지 않도록 함

ㅁ. 원하는 사항을 정확히 파악하여 필요한 답변과 자료를 제시

ㅂ. 일이 많을 때는 급한 것과 중요한 것의 우선순위를 파악하여 우선적으로 처리

ㅅ. 업무는 정확하고 높은 품질로 처리하여 고객의 신뢰도를 높임

01 다음 중 옳지 않은 것을 고르시오.

① 투자권유는 금융소비자의 희망 여부에 상관없이 진행할 수 있다.

② 금융소비자가 합리적인 투자판단과 의사결정을 할 수 있도록 위험 및 거래의 특성과 주요 내용을 명확히 설명하여야 한다.

③ 투자권유 전 상대방이 전문 금융소비자인지 일반 금융소비자인지 확인하여야 한다.

④ 투자권유를 희망하지 않는 금융소비자는 '투자자 정보 확인서'를 작성할 필요가 없다.

02 다음 중 가장 적절한 것을 고르시오.

① 투자권유는 계약의 체결까지를 포함하는 개념이다.

② 금융소비자의 요청에 따라 객관적인 정보만을 제공하는 것도 투자권유로 보아야 한다.

③ 금융소비자가 투자권유 없이 스스로 특정상품에 대한 투자를 하는 경우 원금손실 가능성 등에 설명하여야 한다.

④ 주권상장법인이 장외파생상품 거래를 하는 경우 원칙적으로 전문 금융소비자로 보아야 한다.

해설

01 ① 투자권유를 하기 전 투자권유를 희망하는지 여부를 확인해야 하며, 투자권유를 희망하지 않는 경우 투자권유를 하여서는 아니 된다.

02 ③ 투자권유는 계약체결을 포함하지 않으며, 금융소비자의 요청에 따라 객관적인 정보만을 제공하는 것은 투자권유로 보지 않는다. 주권상장법인의 장외파생상품거래는 별도로 신청하지 않는 한 일반 금융소비자의 거래로 취급되어야 한다.

03 다음 금융소비자보호법 상 금융상품판매업자등의 손해배상책임에 대한 설명 중 틀린 것은?

① 금융상품판매업자등은 고의 또는 과실로 금융소비자보호법을 위반하여 금융소비자에게 손해를 발생시킨 경우 그 손해를 배상할 책임이 있다.

② 금융상품판매업자등이 설명의무를 위반하여 금융소비자에게 손해를 발생시킨 경우에는 어떤 경우라도 손해배상책임을 진다.

③ 금융상품직접판매업자는 금융상품계약체결등의 업무를 대리·중개한 금융상품판매대리·중개업자가 대리·중개 업무를 할 때 금융소비자에게 손해를 발생시킨 경우 그 손해를 배상할 책임이 있다.

④ 금융상품직접판매업자의 손해배상책임은 금융상품판매대리·중개업자등에 대한 금융상품직접판매업자의 구상권 행사를 방해하지 아니한다.

04 다음 설명 중 틀린 것은?

① 금융소비자의 투자자 성향 분석 후 적합하지 않다고 인정되는 투자권유는 금지된다.

② 금융소비자가 보유 자산에 대한 위험회피 목적의 투자를 하는 경우 '투자자 성향별 적합한 금융투자상품표'의 위험도 분류기준보다 강화된 기준을 적용하여 투자권유할 수 있다.

③ 투자자 성향 및 금융투자상품의 특성을 고려하여 장기투자가 유리하다고 판단되는 경우 장기투자를 권유할 수 있다.

④ 만 65세 이상의 고령투자자를 대상으로 ELS를 투자권유하는 경우 '적합성 보고서'를 제공하여야 한다.

해설

03 ② 설명의무 위반에 대한 손해배상책임은 금융상품판매업자등이 고의 및 과실이 없음을 입증한 경우에는 예외로 한다.

04 ② 투자위험을 낮추거나 회피하는 경우이므로 금융투자상품표의 위험도 분류기준보다 완화된 기준을 적용하여 투자권유할 수 있다.

05 다음은 투자자 정보 파악에 대한 설명으로 적절하지 않은 것은?

① 대리인을 통한 투자자 정보를 얻는 경우 위임장 등으로 정당한 대리인 여부를 확인하고 대리인으로부터 투자자 본인의 정보를 파악할 수 있다.

② 온라인으로 펀드에 투자하는 경우 권유가 발생하지 않기 때문에 투자성향 및 투자하고자 하는 펀드의 위험도를 확인할 수 있는 절차를 온라인에 구축하지 않아도 된다.

③ 파생상품 등의 경우 적정성 원칙에 따라 투자자 정보를 파악하고 투자자가 적정하지 않은 상품 거래를 원할 경우 경고 등을 하여야 한다.

④ RP 등 위험이 높지 않는 금융투자상품만을 거래하는 투자자의 경우 간략한 투자자 정보 확인서를 사용할 수 있다.

06 다음 설명 중 틀린 것은?

① 금융회사의 임직원은 금융소비자를 대상으로 금융상품에 대한 설명을 한 이후 설명서를 제공하여야 한다.

② 조건부 자본증권에 대한 투자권유 시 일정 사유가 발생하면 원리금이 전액 상각되거나 보통주로 전환되는 특약이 있다는 사실을 설명하여야 한다.

③ 기본계약을 체결하고 그 계약 내용에 따라 계속적·반복적으로 거래를 하는 경우에는 설명서를 제공하지 않을 수 있다.

④ 해외자산에 투자하는 신탁계약을 투자권유하는 경우 투자대상 국가 또는 지역의 경제상황 등의 특징에 대하여 설명하여야 한다.

해설

05 ② 온라인으로 펀드에 투자하는 경우에도 투자자 본인의 투자성향 및 투자하고자 하는 펀드의 위험도를 확인할 수 있는 시스템을 구축하여야 한다.

06 ① 설명서는 설명을 이행하기 전에 금융소비자에게 제공되어야 한다.

07 다음 투자자 정보의 유효기간에 대한 설명 중 올바른 것은?

① 금융소비자가 별도의 변경요청이 없는 한 투자자 정보를 파악한 날로부터 24~36개월 동안 투자자 정보가 변경되지 않은 것으로 간주할 수 있다.

② 이미 투자자 정보를 알고 있는 금융소비자에게 투자권유를 할 때에는 투자자 정보 유효기간 경과여부를 확인할 필요가 없다.

③ 투자일임계약이 체결된 경우에는 금융회사는 투자자의 재무상태 및 투자목적 등 변경여부를 연 1회 이상 확인하여야 한다.

④ 불특정금전신탁계약이 체결된 경우 금융회사는 금융소비자의 재무상태가 변경되는 경우 회신하여 줄 것을 연 1회 이상 통지하여야 한다.

08 다음 중 투자권유 시 설명의무에 대한 내용으로 적절하지 않은 것은?

① 투자권유 시 금융투자상품의 복잡성 및 위험도 등 상품 측면만을 고려하여 설명한다.

② 동일 또는 유사 상품에 대한 투자 경험이 있거나 해당 상품에 대한 지식수준이 높은 투자자는 간단한 설명이 가능하다.

③ 계속적 거래가 발생하는 단순한 구조의 상장증권의 경우에는 최초 계좌 개설 시에만 설명의무를 이행한다.

④ 외화증권에 투자권유 시 환위험 헤지 여부, 환율 위험 및 대상 국가에 대한 위험 등 추가적인 설명을 하여야 한다.

해설

07 ① 12~24개월로 24개월을 초과할 수 없다.
　　② 유효기간 경과 여부를 확인하고 경과한 후라면 투자자 정보를 다시 파악하여야 한다.
　　④ 분기 1회 통지하여야 한다.
08 ① 상품 측면뿐만 아니라 투자자의 경험 및 인식능력 등을 고려하여 설명히여야 한다.

09 다음 설명 중 틀린 것은?

① 금융소비자가 금융회사 임직원 등의 투자권유 없이 본인의 투자자 성향에 적합하지 않은 상품을 스스로 청약하는 경우에는 '투자성향에 적합하지 않은 투자성 상품 거래확인서'를 제출해야 한다.

② 금융회사는 고령투자자에 대한 보호를 강화하기 위해 '투자권유 유의상품'을 지정하여야 한다.

③ 판매상품이 적합하지 않거나, 적정하지 않다고 판단되는 금융소비자를 대상으로 금융상품을 판매하는 경우 금융회사는 판매과정을 녹취하고 금융소비자가 요구하는 경우 해당 녹취 파일을 제공해야 한다.

④ '투자성향에 적합하지 않은 투자성 상품 거래확인서'를 금융소비자가 작성하는 경우 판매자는 금융소비자보호법상 적정성 원칙이 적용되지 않는다는 사실을 고지하여야 한다.

10 다음 청약철회에 대한 설명 중 맞는 것은?

① 투자성 상품의 경우 계약서류를 제공받은 날 또는 계약체결일로부터 7영업일 이내에 철회 의사를 표시할 수 있다.

② 청약의 철회가 가능한 투자성 상품에는 금전신탁계약이 포함된다.

③ 투자성 상품의 경우 금융소비자가 철회 의사를 서면 등으로 발송한 때 철회의 효력이 발생한다.

④ 대출성 상품의 경우 계약서류를 제공받은 날 또는 계약체결일로부터 14영업일 이내에 철회 의사를 표시할 수 있다.

해설

09 ④ 적정성 원칙이 아닌 적합성 원칙의 적용 배제이다.
10 ①, ④ 영업일이 아닌 일 기준이다. (7일, 14일)
　　② 금전신탁계약은 청약 철회 가능 투자성 상품이 아니다.

11 다음 위법계약의 해지에 관한 설명 중 틀린 것은?

① 금융회사가 금융상품의 계약 체결과 관련하여 적합성 원칙을 위반하였을 경우 적용된다.

② 계약기간 종료 전 금융소비자가 계약을 해지하는 경우 그로 인해 금융소비자의 재산에 불이익이 발생하는 계속적 계약 형태여야 한다.

③ 금융소비자는 금융상품 계약이 계약체결일로부터 5년이 경과하지 않고, 위법해지의 대상임을 안 날로부터 1년 이내에 계약의 해지를 요구할 수 있다.

④ 금융회사는 금융소비자의 위법계약해지를 요구받은 날로부터 10일 이내에 조건 없이 계약의 해지를 수락하여야 한다.

12 다음 투자권유를 희망하지 않는 투자자에 대한 금융상품 판매에 관한 설명 중 맞는 것은?

① 임직원 등은 해당 투자자에게 투자권유를 할 수 없음을 안내하여야 한다.

② 해당 투자자가 임직원 등에게 상품의 설명을 요청하는 경우 투자권유를 희망하지 않으므로 설명할 수 없다고 안내하여야 한다.

③ 해당 투자자가 구체적으로 운용대상을 지정하는 특정금전신탁 계약을 체결하는 경우 투자권유를 희망하지 않는다는 확인서를 수령하고 계약을 체결하는 것은 관련 규정 등의 위반에 해당할 수 있다.

④ 해당 투자자가 투자자문업자로부터 투자자문을 받고 금융상품의 구매를 요청하는 경우 판매회사는 별도의 제한 없이 설명서 교부를 생략할 수 있다.

해설

11 ④ 금융회사는 요건을 갖춘 경우 금융소비자의 요구에 대해 거절할 수 있다.

12 ② 투자권유를 희망하지 않더라도 투자자이 요청하는 경우 설명의무는 존재한다.

③ 구체적으로 운용대상을 지정하는 특정금전신탁계약의 체결은 예외적으로 허용된다.

④ 투자자문업자로부터 관련 서류 등을 사전 교부받았다는 증빙을 제출하는 등 별도의 제한조건이 존재한다.

13 다음 중 적정성 원칙 적용대상 상품이 아닌 것은?

① 고난도 금전신탁계약

② 인덱스 펀드를 제외한 파생형 집합투자증권

③ 장내 파생상품

④ 금 적립 계좌

14 다음 설명 중 틀린 것은?

① 투자자 성향 분석은 투자권유를 할 때마다 실시하여야 한다.

② 투자자 정보는 금융소비자가 자필로 작성한 것만 인정된다.

③ 투자자 성향 분석 결과는 투자자에게 지체 없이 제공해야 한다.

④ 투자자 성향 분석은 정당한 권한을 가진 임의대리인을 대상으로 수행할 수 있다.

15 다음 방문판매에 관한 설명 중 가장 옳은 것은?

① 영업점 외의 장소에서 계약체결을 권유한 후 투자자가 영업점에 내방하여 계약을 체결한 경우에는 방문판매 규제가 적용되지 않는다.

② 방문판매 모범규준은 전문투자자에게는 적용되지 않는다.

③ 방문판매를 수행하는 금융회사의 임직원 등은 연 1회 직무교육을 이수하여야 한다.

④ 투자자 대상 방문판매 사전 안내 시 개인정보에 대한 취득경로는 안내대상이 아니다.

> **해설**
>
> 13 ④ 금 적립계좌는 적정성원칙 적용대상 상품이 아니다.
> 14 ② 투자자 정보의 작성은 판매직원이 컴퓨터 등에 입력하고 그 결과를 투자자에게 확인받는 방법도 가능하다.
> 15 ① 해당 사례는 방문판매로 보아 관련 규제를 적용한다.
> ② 일부 절차가 간소화되었을 뿐 전문투자자에게도 적용된다.
> ④ 사전 안내 시 개인정보에 대한 취득경로 역시 사전 안내 대상 중 하나이다.

16 다음 방문판매에 관한 설명 중 틀린 것은?

① 일반금융소비자 대상 사전안내 시 안내가 불가능한 상품에는 사모펀드가 포함된다.

② 전문금융소비자 대상 사전안내 시 안내가 불가능한 상품에는 장외파생상품이 포함된다.

③ 방문판매 요청 금융소비자가 사전안내 불가상품에 대한 권유나 계약체결을 요청하는 경우에는 사전안내를 할 수 없고 방문판매 역시 진행할 수 없다.

④ 금융소비자가 방문판매를 요청하는 경우 개인정보 취득경로를 안내하지 않아도 된다.

17 다음 방문판매에 관한 설명 중 틀린 것은?

① 투자자를 대리하여 계약을 체결하여서는 아니 된다.

② 투자자의 정보를 사후적으로 변조하여서는 아니 된다.

③ 투자성 상품의 계약 체결을 권유하는 중 투자자가 요청하는 경우 대출성 상품에 대한 안내를 할 수 있다.

④ 투자자가 요청하는 경우 투자자로부터 현금을 수취할 수 있다.

18 다음 중 부당권유행위에 해당하지 않는 것은?

① 금융소비자에게 대출을 실행하면서 대출금의 일정 부분을 적금으로 유치하는 행위

② 금융소비자에게 투자로 인한 손실발생 시 보전해주겠다는 약속을 하는 행위

③ 금융소비자에게 소속 회사가 발행한 주식의 매매를 권유하는 행위

④ 금융소비자에게 적절한 근거 없이 특정 금융투자상품의 매매를 권유하는 행위

해설

16 ③ 해당 금융소비자에게 사전안내 불가상품임을 안내하고, '방문판매 확인요청서' 수령 등 회사가 정한 절차에 따라 확인받은 후 방문판매 실시가 가능하다.

17 ④ 판매 임직원 등은 투자자로부터 현금을 수취하여서는 아니 된다.

18 ① 부당권유행위가 아닌 불공정영업행위에 해당한다.

19 다음 설명 중 맞는 것은?

① 투자일임계약에 있어 전문투자자라도 투자자 성향분석을 반드시 실시하여야 한다.

② 투자일임계약에 있어 금융소비자의 자산을 1:1로만 운영하는 경우 별도의 자산 배분유형군을 마련하지 않아도 된다.

③ 로보어드바이저 자문계약 등을 체결하는 경우 알고리즘의 중대한 변경이 있는 경우 해당 알고리즘의 변경 이후 즉시 금융소비자에게 고지하여야 한다.

④ 금융회사는 금융소비자로부터 판매관련자료를 서면으로 요청받은 경우 특별한 사유가 없는 한 해당 자료를 7영업일 이내에 제공해야 한다.

20 다음 CRM전략의 목표에 대한 설명 중 틀린 것은?

① 고객 점유율에서 시장점유율로 변경한다.

② 판매촉진 중심에서 고객 서비스 중심으로 변경한다.

③ 고객 획득에서 고객 유지로 변경한다.

④ 제품 차별화에서 고객 차별화로 변경한다.

해설

19 ① 투자일임계약의 경우 전문투자자는 원하지 않으면 투자자 성향분석을 하지 않아도 된다.
　　 ③ 알고리즘의 변경이 되기 전에 미리 고지하여야 한다.
　　 ④ 6영업일 이내에 제공해야 한다.
20 ① CRM전략의 목표는 기존의 시장점유율에서 고객점유율로 변경하는 것이다.

21 다음 중 투자권유 실행순서를 올바르게 나열한 것은?

> a. 투자목적, 재산상황, 투자경험 확인
> b. 일반투자자 여부 확인
> c. 확인받은 내용을 지체 없이 투자자에게 제공
> d. 파악된 정보를 서명 등의 방법으로 투자자로부터 확인
> e. 투자권유를 희망하는지 확인

① a-b-c-d-e   ② b-a-d-e-c

③ a-b-e-d-c   ④ e-b-a-d-c

22 다음 중 상품판매단계에서 적용되는 설명의무로 적절하지 않은 것은?

① 금융투자상품의 내용, 투자위험 및 중요사항을 일반투자자가 이해할 수 있도록 설명해야 한다.

② 중요 사항이란 투자자의 투자여부 결정에 영향을 미칠 수 있는 사항을 말한다.

③ 발행어음의 경우 확정금리형 상품이므로 발행회사의 신용등급은 설명하지 않아도 된다.

④ 설명을 한 후에는 투자자로부터 설명들었음을 기명날인 등의 방법으로 확인받아야 한다.

해설

21 ④

22 ③ 발행어음의 경우 이자율, 만기, 상환방식, 중도상환 시 적용이자율 등 주요사항에 대한 설명이 필요하다.

정답 01 ① | 02 ③ | 03 ② | 04 ② | 05 ② | 06 ① | 07 ③ | 08 ① | 09 ④ | 10 ③ | 11 ④ | 12 ① | 13 ④ |
14 ② | 15 ③ | 16 ③ | 17 ④ | 18 ① | 19 ② | 20 ① | 21 ④ | 22 ③

part 04

직무윤리

chapter 01

직무윤리 일반

section 01 직무윤리에 대한 이해

1 도덕적 딜레마(Ethical Dilemma)와 윤리기준[1]

우리는 자라면서 어떤 행위에 대한 '옳고 그름의 판단기준'을 가지게 되고 이를 근거로 어떤 행위가 옳다거나 그르다고 판단하게 된다. 그러나 우리에게는 이렇게 하자니 이런 점에서 문제가 생기고, 저렇게 하자니 또 다른 점에서 문제가 생기는 혼란스러운 상황을 마주하게 된다. 각각으로 보면 모두가 그 나름대로 정당한 이유를 가지지만, 동시에 두 가지를 모두 할 수는 없기 때문에 이러지도 저러지도 못하게 되는 이러한 상황

---

1 논술포커스, 정남구 외.

을 우리는 '도덕적 딜레마(Ethical Dilemma)' 상황이라고 부른다.

도덕적 딜레마 상황에서 우리는 언제까지나 선택을 미룰 수는 없다. 어느 쪽이든 판단을 내려야 하며, 이 경우 판단의 근거가 바로 우리가 습득하게 된 '옳고 그름의 판단기준' 즉 도덕적인 규칙 또는 윤리기준인 것이다.

2 법과 윤리[2]

(1) 법의 개념

우리가 법이라는 말을 들을 때 가장 먼저 떠올리는 말은 '정의'다. 즉 법이란 '바른 것, 정당한 것을 지향하는 규범'이라 할 수 있다. 그리고 법은 우리가 반드시 지켜야 할 것이라고 생각한다. 즉 법은 '반드시 지켜야 하고, 어긴 사람에게는 책임을 묻는 규범'이라 할 수 있다.

또 법에는 헌법을 비롯하여 민법, 형법, 행정법, 상법, 소송법 등의 분야가 있고, 불문법으로는 관습법, 판례법 등이 있다. 이것은 결국 법이 사람들 간의 다양한 사회적 관계를 규정한다는 말이다. 즉 법이란 '다양한 사회 관계를 규정하는 규범'이라 하겠다.

이상을 근거로 정의를 내리자면, '법이란 정당한 사회관계를 규정하기 위하여 강제력을 갖는 여러 규범들의 종합'이라고 할 수 있겠다. 이것이 가장 일반적인 법에 대한 개념이다.

(2) '있는 그대로의 법'과 '있어야 할 법'

앞에서도 살펴보았듯이 도덕규칙, 즉 윤리는 그 사회 내에서 정해진 '인간이 인간으로서 마땅히 해야 할 도리 내지 규범'을 말한다. 윤리가 좀 더 개인적이고 내면적인 규범으로 되면 '도덕'이라 하고, 그것이 사회적인 범위로 확장되면 '정의'라 부른다. 윤리와 비윤리를 나누는 경계선은 없지만, 경계선이 없다고 해서 사람들이 윤리와 비윤리를 혼동하지는 않는다. 왜냐하면 윤리는 무수한 세월을 거치면서 내려왔고, 사람들이 사회생활을 하면서 저절로 체득하는 것이기 때문이다. 즉 윤리는 절대 다수의 합의를 전제로 하는 일종의 '문화 현상'이다.

우리는 법과 윤리가 충돌하는 경우를 종종 발견한다. 그 이유는 법의 목적과 윤리의

---

2 법적 강제와 도덕적 자율성, 황경식, 1996.

목적이 다르기 때문이다. '법은 정당한 사회관계를 규정하는 규범'이라 정의했듯이, 법이 지키고자 하는 정의는 '사회적'인 것이다. 즉 사회 질서의 수호를 전제로 한 윤리의 실현인 것이다. 반면에 윤리의 목적은 '개인적'이다. 즉 개인의 도덕심을 지키는 데 가장 큰 목적이 있는 것이다.

윤리에 합당한 법, 즉 정당한 법은 오랜 인류의 꿈이다. 법 철학자들은 이를 일컬어 '있어야 할 법'이라 한다. 한편 윤리적이든 비윤리적이든 모든 사회에는 법이 있다. 이를 '있는 그대로의 법'이라 한다. 인류의 오랜 법 생활은 '있는 그대로의 법'이 '있어야 할 법'으로 되기를 꿈꾸고 실현해 오는 과정이라 할 수 있다.

법과 윤리의 관계는 어떤 법 질서에서도 '본질적으로 불가분의 관계' 또는 '서로 업고 업히는 관계'다. 즉 법은 궁극적으로 윤리의 실현을 목적으로 한다.

(3) 법적 강제와 윤리적 자율성

법이건 윤리이건 두 가지 모두 인간이 공동생활을 함에 있어 필요한 규범이라는 점에 있어서는 동일하다. 법의 성격이나 방향이 윤리와 다름에도 불구하고 또 실제로는 윤리와는 상관없는 법률이 있기는 하나 법은 그 기초에 있어서 윤리원리에 입각하고 윤리에 합당한 내용을 갖지 않으면 안 된다.

법은 윤리와 그 영역을 달리하면서도 윤리의 기본 원칙을 따르고 그 주요한 요구를 법규범의 내용으로 채택하는 것이다. 예를 들어 헌법상의 범죄 유형으로서 살인, 상해, 사기, 횡령, 독직, 위증 등 대부분은 윤리적으로 시인될 수 없는 반윤리적인 행위이다. 이러한 관점에서 '법은 최소한의 윤리'라는 말이 의미를 갖게 된다. 윤리의 요구는 또한 사법상의 원칙으로서 인정되는 신의 성실이라든지 사회 질서와 같은 기본적인 일반 조항 속에서도 단적으로 나타나 있다.

이와 같이 법은 필요한 한도 내에서 윤리를 스스로의 영역 속에 채택하여 이를 강권으로 보장하는 동시에 일반적으로 윤리를 전제로 하면서 이 윤리와 더불어 사회 질서 유지에 임하는 것이다. 따라서 윤리나 인간애를 강조한 나머지 인위적이고 강권적인 법을 무조건 배척하거나 반대로 합법적이기만 하면 무조건 책임을 문제 삼지 않으려는 법만능주의 모두가 그릇된 생각이라 하지 않을 수 없는 것이다.

법이란 우리가 공동생활을 영위하기 위해 서로 간에 행한 하나의 약속이고 계약이다. 그런데 이러한 계약은 대부분의 사람들이 충실히 이행하는 가운데 소수의 사람들이 이를 파기함으로써 이득을 볼 가능성을 언제나 남긴다. 따라서 이러한 무임편승자를 견제하기 위해 계약을 감독하고 그 불이행에 대해서는 처벌을 행하는 강권적 존재가 요청된다. 이것이 바로 사회 계약론자들이 내세우는 정부의 존재 근거인 것이다. 그런데 여기에 감독기관이나 감독자들 자신을 감독해야 하는 문제가 남게 되며 나아가서 그 감독자를 감시하는 사람을 또 감독해야 하는 등 무한소급의 문제가 생겨난다. 결국 약속을 이행하고 법을 준수하게 하는 행위가 외적 권위에 의해 강제될 경우에는 해결하기 어려운 문제를 야기하게 되는 것이다.

그런데 만일 사람들이 자신의 행위를 감독 할 수 있는 장치를 자기 안에 소유하고 있다면 이와 같은 문제는 해소될 수 있을 것이다. 다시 말하면 법을 준수하고 약속을 이행하는 행위가 자신의 양심이나 이성과 같이 내적인 권위에 의해 강제될 수 있다면, 즉 인간이 자율적인 도덕적 행위 주체가 될 수 있다면 타인에 의해 감독을 받음으로써 타율적으로 행동할 경우의 문제가 해결될 수 있을 것이다. 이러한 내적 강제를 가능하게 하는 장치가 효율적으로 작용만 할 수 있다면 이것은 손쉽게 범법 행위를 제거할 수 있는 방법이 될 것이다. 우리 인간에게 필요한 이와 같은 장치가 바로 자율적 도덕감으로서 우리 안에 내면화된 준법 정신, 즉 '윤리'인 것이다.

인간은 교육과 훈련을 통해서 자기 스스로의 행위를 제재할 수 있는 능력을 기를 수 있다. 준법정신은 어릴 때부터 교육을 통하여 길러져야 하고 그럼으로써 그것은 생활화, 습관화, 체질화되어야 할 도덕적인 인격의 한 요소이다. 그러나 인간은 기계와 달라서 그러한 장치를 고정시킬 수가 없는 까닭에 교육을 통하여 길러진 준법정신은 사회 환경적인 영향에 의해 지속적으로 강화되고 다져져야 한다. 다시 말하면 법을 존중하는 사회풍토를 조성하고 준법이 이익이 된다는 것을 느낄 수 있는 사회여건의 조성이 중요하다.

(4) 현대 사회에서의 법과 윤리

사회가 변함에 따라 윤리관도 급격하게 변한다. 그에 따라 그전까지는 당연하게 받아들이던 가치도 얼마 가지 않아 낡은 것으로 치부되기 일쑤다. 또 하나의 가치관이 다른 가치관으로 넘어가는 시기에는 신·구 세력 간에 엄청난 논란이 벌어지기도 한다.

법은 그 성격상 특히 '보수적'이다. 왜냐하면 법은 사회 구성원 대다수가 합의한 이후에 제정되는 것이 보통이고, 한번 제정된 법은 좀처럼 바뀌지 않기 때문이다. 법이 시류에 따라 금방 바뀐다면 그 사회 전체의 질서가 위험에 빠지기 쉽다. 이런 이유 때문에 현대 사회에서는 '낡은' 법과 '새로운' 윤리가 충돌하는 경우가 많다.

법과 윤리가 시대의 변화에 따라 함께 변해야 하는 것은 당연하지만, 그 절대적 기준에는 변함이 없다는 점에 우리는 주목할 필요가 있다. 즉 법의 수단은 현실에 따라 얼마든지 변할 수 있지만, 법의 목적은 결코 변함이 없다는 것이다.

급속도로 변화하고 있는 현대 사회에서 법과 윤리도 전문화, 기술화되어야 하지만, 그것은 어디까지나 본질적 목적 ─ 인간 ─ 을 더욱 효율적으로 달성하기 위해서만 그렇다는 것을 잊지 말아야 할 것이다.

3   직무윤리와 윤리경영

우리가 앞서 살펴보았던 도덕적 딜레마 상황은 개인의 일상적인 생활에서뿐만 아니라 경영환경에서도 나타난다. 앞에서 설명한 바와 마찬가지로 이 경우에도 매 사례마다 옳고 그름을 판단하는 기준이 필요한바, 이를 통칭하여 '기업윤리' 혹은 '직무윤리'라 한다. 그렇다면 기업윤리(Corporate Ethics) 혹은 직무윤리(Business Ethics)는 어떻게 정의내릴 수 있는가?

기업윤리는 경영환경에서 발생할 수 있는 모든 도덕적, 윤리적 문제들에 대한 판단기준, 즉 경영전반에 걸쳐 조직의 모든 구성원들에게 요구되는 윤리적 행동을 강조하는 포괄적인 개념이다. 반면, 직무윤리는 조직 구성원 개개인들이 자신이 맡은 업무를 수행하면서 지켜야 하는 윤리적 행동과 태도를 구체화한 것으로 추상적인 선언에 그칠 수 있는 윤리의 개념을 업무와 직접적인 관련성을 높임으로써 실질적인 의미를 갖도록 만든 것으로 볼 수 있다. 즉 기업윤리가 거시적인 개념이라면 직무윤리는 미시적인 개념인 것이다.[3]

이에 따라 통상 국내에서 포괄적 개념인 기업윤리는 '윤리강령' 등의 형태를 지닌 추상적인 선언문 형태를 지니고 있는 반면, 직무와 연결된 구체적인 기준을 담고 있는 직무윤리는 '임직원 행동강령' 등으로 그 형태를 조금 달리하고 있다.[4]

윤리경영은 직무윤리를 기업의 경영방식에 도입하는 것으로 간단히 정의될 수 있다. 그러나 윤리경영의 문제는 기업의 경영활동에 있어 잠재적인 이해상충이 발생하는 상

---

3 기업윤리 브리프스 2015-07호, 유규창.
4 본 교재에서는 발간목적에 맞춰 기업의 전반적이고 추상적인 기업윤리보다는 조직 구성원에게 적용되는 구체적인 직무윤리를 주로 다루고 있기 때문에 독자의 혼란을 막기 위하여 향후에는 '직무윤리'라는 단어로 통일하여 사용한다.

황, 즉 기업의 지배구조, 내부자 거래, 뇌물수수 및 횡령, 직원 또는 고객에 대한 차별을 포함하여 기업의 사회적 책임(CSR : Corporate Social Responsibility)과 고객과의 신임관계(Fiduciary Duty)로부터 파생되는 문제들까지 모두 포괄하는 통합적 개념이라는 사실을 염두에 두어야 한다.

4	윤리경영과 직무윤리가 강조되는 이유

1) '윤리경쟁력'의 시대

직무윤리와 이를 반영한 경영방식의 도입 — 윤리경영 — 은 현대를 살고 있는 우리에게 매우 중요한 의미를 갖는다. 기업의 윤리경영 도입 여부와 해당 기업 조직구성원의 직무윤리 준수 여부 — 이를 '윤리경쟁력'이라고 하자 — 가 해당 기업을 평가하는 하나의 잣대가 되고 있으며 이는 곧 기업의 지속적인 생존 여부와 직결되고 있기 때문이다. 왜 새삼 윤리경영과 직무윤리를 강조하는가?

(1) 환경의 변화

현재와 다가올 미래의 세계는 고도의 정보와 기술에 의한 사회이며, 매우 복잡한 시스템에 의하여 운영되는 사회이다. 이러한 고도의 정보와 기술이나 시스템이 잘못 사용될 경우 사회적, 국가적으로 엄청난 파국과 재난을 불러올 가능성이 있기 때문에 이를 다루는 자들에게 고도의 직무윤리가 요구되고 있다.

(2) 위험과 거래비용

위험(Risk)은 예측하기 어렵고, 불안감을 낳지만 '직접적으로 감지되지 않는 위험'이다. 이러한 사회에서 개별 경제주체는 눈에 보이는 비용(예 : 거래수수료) 이외에 상대방이 자신의 이익에 반하는 행동을 할 경우에 발생하는 위험비용(예 : 부실한 자산관리에 따른 손해 위험)까지를 거래비용(transaction cost)에 포함시켜 그 거래비용이 가장 적은 쪽을 선택하게 되며, 이러한 사실은 미국의 법경제학(law & economics)의 분석방법에 의해서도 검증되고 있다. 즉 개인은 위험을 통제함으로써 가장 적은 거래비용이 발생할 수 있도록 거래와 관련된 자들에게 직무윤리를 요구하고 있는 것이다.

(3) 생산성 제고

기존에는 경제적 가치에 절대적 우위를 부여함으로써 정당하고 올바른 직무윤리를 상대적으로 소홀히 할 가능성이 많았던 상황이었으나, 직무윤리가 전통적인 윤리규범을 공공재로 만들게 되고, 이는 더 많은 경제적 효용의 산출을 위하여 필요한 투입이라는 인식이 기업을 중심으로 보편화되고 있다(Hirsch, F., Social Limits To Growth). 즉 생산성의 제고를 통한 장기적 생존의 목적으로 윤리경영의 중요성이 강조되고 있는 것이다.

비윤리적인 기업은 결국 시장으로부터 외면당하고 시장에서 퇴출될 가능성이 크다. 윤리경영은 단순히 '착하게 살자'는 것이 아니고 '가치 있는 장기생존'이 그 목적이다. 경영자가 윤리와 본분에 어긋나는 행동을 하거나, 고객과 직원을 무시하는 경영을 하거나, 기업 오너의 오만 또는 기업 자체에서 생산되는 비윤리적인 행위들을 묵인하거나, 내부에서 끊임없이 지적되는 위험에 대한 목소리 또는 경고를 무시하는 등 윤리경영을 하지 않는 것은 자기 파멸의 최대 원인이 될 수 있다.

윤리경영은 단순히 구호에 그치거나 다른 기업과 차별화하려는 홍보수단에 그치는 것이 아니라 기업의 생존조건이 되고 생산성을 제고시킴으로써 지속 가능한 성장의 원동력이 된다.

(4) 신종 자본

직무윤리는 오늘날 새로운 무형의 자본이 되고 있다. 산업혁명 직후에는 땅, 돈 등과 같은 유형의 자본이 중요시되었으나, 현재는 신용(credit) 또는 믿음이 새로운 무형의 자본으로 인정되기에 이르렀다(Francis Fukuyama). 고객들도 믿음, 신뢰, 신용이라는 무형의 가치에 대하여 돈을 지불할 자세가 충분히 갖추어져 있다. 특히, 금융산업은 서비스산업으로서 신용에 바탕을 두고 있으며 신용도가 그 기업의 가장 중요한 자산이다.

(5) 인프라 구축

윤리는 공정하고 자유로운 경쟁의 전제조건이 된다. 즉, 공정하고 자유로운 경쟁이 가능하려면 그 전제로 게임의 룰(rule of game)인 법제가 공정하여야 할 뿐만 아니라 윤리가 전제되어야 한다. 따라서 경쟁은 성장을 위한 원동력이 되고 윤리는 지속적인 성장을 위한 인프라의 하나로서 '윤리 인프라'가 된다.

(6) 사회적 비용의 감소

비윤리적인 행동은 더 큰 사회적 비용(social cost)을 가져오며, 이를 규제하기 위한 법적 규제와 같은 타율적인 규제가 증가하게 된다. 그렇게 되면 규제법령의 준수를 위한 기관과 조직의 운영비용이 증가하게 되어 결과적으로 사회 전체의 비용이 증가하게 된다. 또한 해당 기업이나 개인으로서도 비윤리적인 행동으로 신뢰(reliability)와 평판(reputation)이 실추되면 이를 만회하기 위해서는 더 큰 비용과 시간이 소요된다.

2) 금융투자업에서의 직무윤리

금융투자업에서는 윤리경영과 직무윤리의 중요성이 다른 분야에 비하여 더욱 강조된다. 그 이유는 다음과 같다.

(1) 산업의 고유 속성

금융투자업은 고객의 자산을 위탁받아 운영·관리하는 것을 주요 업무로 하므로 그 속성상 고객자산을 유용하거나 고객의 이익을 침해할 가능성(즉, 이해상충의 발생 가능성)이 다른 어느 산업보다 높다. 특히 자본시장에서의 정보 비대칭 문제를 감안할 때, 금융투자업에 종사하는 자들의 행위를 법규에 의하여 사후적으로 감독하는 것만으로는 수탁받은 금융재산의 안정성 유지와 금융거래자(금융소비자)의 보호라는 기본적인 역할을 수행하는 데에는 한계가 있다. 자본시장에서 금융소비자[5] 보호가 효과적으로 이루어지지 않으면 결국 투자가 위축되어 자본시장이 제대로 기능을 수행할 수 없게 된다. 그러므로 금융투자업에 종사하는 자들의 엄격한 직무윤리는 「자본시장과 금융투자업에 관한 법률」(이하 '자본시장법'이라 한다)', 금융소비자보호에 관한 법률(이하 '금융소비자보호법'이라 한다)과 「금융회사의 지배구조에 관한 법률」(이하 '지배구조법'이라 한다)'의 목적인 금융소비자 보호와 금융투자업 유지·발전을 위하여 필요한 자본시장의 공정성·신뢰성 및 효율성을 확보하기 위한 필수적인 전제요건이 된다.

---

5 최근 투자자에 대한 보호가 강화되면서 관련 규정 등에서는 공식적으로 '금융소비자'라고 통칭하고 있고, 금융투자업계에서는 이를 위한 부서 신설 시 '금융소비자보호부' 등을 사용하고 있는바, 이하 법령 등의 조문을 인용하는 경우 이외에는 투자자, 고객 등을 모두 금융소비자라 표기함.

(2) 상품의 특성

자본시장에서는 취급하는 상품의 특성상 직무윤리가 더욱 중요시된다. 자본시장에서 취급하는 금융투자상품은 대부분 '투자성', 즉 '원본손실의 위험'을 내포하고 있다.[6] 또한 급속도로 발달하는 첨단기법으로 인해 일반적인 투자자가 쉽게 이해하기 어려운 복잡성을 지니고 있으며 매우 다양하기도 하다. 이 때문에 고객과의 분쟁 가능성이 상존하고, 더욱이 자본시장이 침체국면에 빠져있는 경우에는 집단적인 분쟁으로 확대될 소지가 있다. 그러므로 평소 관련 법령 및 이에 근거한 규정 등을 준수함은 물론이고 철저한 직무윤리의 준수를 통해 고객과 돈독한 신뢰관계를 구축해두어야 한다.

(3) 금융소비자의 질적 변화

자본시장에서 금융소비자의 성격이 질적으로 변화하고 있다. 전통적으로 금융투자업에 있어서 금융소비자는 정확하고 충분한 정보만 제공되면 투자 여부를 스스로 알아서 판단할 수 있는 합리적인 인간상을 전제로 한 것이었다. 그러나 오늘날은 전문가조차도 금융투자상품의 정확한 내용을 파악하기가 어려울 정도로 전문화·복잡화·다양화되고 있다. 그에 따라 금융소비자에게 제공하는 정보의 정확성이 담보되는 것만으로는 불충분하고, 보다 적극적으로 금융소비자보호를 위한 노력과 법이 요구하는 최소한의 수준 이상의 윤리적인 업무자세가 요구되고 있다.

(4) 안전장치

직무윤리를 준수하는 것은 금융투자업 종사자들을 보호하는 안전장치(safeguard)로서의 역할을 한다. 금융투자업 종사자들은 자신이 소속된 기업의 영업방침과 실적달성을 위하여 자기의 의사와는 어긋나게 불법·부당한 행위를 강요당하는 경우가 있을 수 있다. 직무윤리기준을 준수하도록 하는 것은 외부의 부당한 요구로부터 금융투자업 종사자 스스로를 지켜주는 안전판 내지 자위수단이 된다.

이러한 이유로 '금융투자회사의 표준윤리준칙' 제1조에서는 금융투자회사 및 임직원

---

6 자본시장법상 '금융투자상품'이란 이익을 얻거나 손실을 회피할 목적으로 현재 또는 장래의 특정 시점에 금전, 그 밖의 재산적 가치가 있는 것을 지급하기로 약정함으로써 취득하는 권리로서, 그 권리를 취득하기 위하여 지급하였거나 지급하여야 할 금전 등의 총액이 그 권리로부터 회수하였거나 회수할 수 있는 금전 등의 총액을 초과하게 될 위험이 있는 것을 뜻하는 것이 원칙이다(동법 3조 1항).

이 준수하여야 할 직무윤리의 수립 목적에 관해 '금융투자회사의 윤리경영 실천 및 금융투자회사 임직원의 올바른 윤리의식 함양을 통해 금융인으로서의 책임과 의무를 성실하게 수행하고, 투자자를 보호하여 자본시장의 건전한 발전 및 국가경제 발전에 기여함을 목적으로 한다'고 명시하고 있다.

자본시장법 및 지배구조법에서 직무윤리의 역할

① 자본시장법에서는 금융소비자보호에 관한 법제적 장치가 강화되었다. 이에 따라 자본시장법이 제정되기 전에는 단순히 금융소비자에 대한 배려차원에서 자발적으로 이루어지던 서비스 중 상당 부분이 금융소비자(특히 자본시장법에서 규정하고 있는 전문투자자가 아닌 일반투자자의 경우)에 대한 법적 의무로 제도화된 것들이 있다.

② 자본시장법은 유가증권의 개념과 범위에 관하여 한정적 열거주의를 취하였던 종전의 증권거래법과는 달리 금융투자상품의 기능적 속성을 기초로 포괄적으로 정의하는 포괄주의를 도입하였다. 이에 따라 그 적용대상과 범위가 확대되어 법의 사각지대를 메워주는 직무윤리의 중요성이 증대하였다.

③ 금융소비자보호를 위한 법적 규제의 수준이 높아짐에 따라 그에 상응하여 요구되는 윤리적 의무의 수준도 한층 높아졌다. 전문투자자의 경우는 규제관리의 효율성 제고와 규제완화의 관점에서 자본시장법에 의한 주된 보호의 대상에서 빠져 있지만, 이에 대한 금융투자회사의 윤리적 책임까지 완전히 면제되는 것은 아니다.

④ 자본시장법에서는 금융투자회사에 대한 종전의 업무영역과 취급 가능한 상품 등에 대한 규제를 대폭 완화함에 따라 경쟁상황이 더욱 치열해지게 되었다. 이에 따라 새로운 업무와 상품에 대한 전문적 지식의 습득은 물론이고 금융소비자에 대한 고도의 윤리의식을 가지고 이를 준수함으로써 금융소비자의 신뢰를 확보하는 것은 '평판위험(reputation risk)'을 관리하는 차원에서도 자본시장과 금융투자업에 종사하는 사람들에게 더욱 중요한 자질로 인식되고 있다.[7]

⑤ 지배구조법은 금융회사의 건전한 경영과 금융시장의 안정성을 기하고, 투자자 등 그 밖의 금융소비자를 보호하는 것을 목적으로 한다. 특히 기업의 윤리경영은 해당 기업의 지배구조와도 밀접한 관련이 있는바, 윤리경영의 영역에 있던 지배구조와 관련된 부분을 법제화시킴으로써 준수의 강제성을 추가했다는 점에서 의의를 찾을 수 있다.

⑥ 지배구조법은 주요 업무집행자와 임원에 대한 자격요건 및 겸직요건을 정하고 윤리경영의 실행을 포함한 내부통제제도를 강화하여 독립성을 보장함으로써 금융투자회사가 윤리경영을 실천

---

7 자본시장법에서는 위험 감수능력을 기준으로 투자자를 일반투자자와 전문투자자로 구분하여 차별화하고 있다(동법 9조 5항 참조). 또한 자본시장법에서는 투자권유대행인(introducing broker) 제도를 도입하고 있는데(동법 51조), 회사의 점포를 벗어나 감독이 이완된 환경에서 업무가 처리되는 만큼 관련 금융투자업무 종사자의 직무윤리의 준수가 더욱 요청된다.

할 수 있도록 법적인 강제성을 부여한다.

⑦ 아울러 금융소비자보호법은 금융투자회사의 임직원이 사전정보제공-금융상품판매-사후피해
구제에 이르는 금융소비의 전과정에서 금융소비자보호를 포괄하는 체계를 구축하고 있다.

section 02 직무윤리의 기초 사상 및 국내외 동향

1 직무윤리의 사상적 배경 및 역사

근대 자본주의 출현의 철학적·정신적 배경에 대한 대표적인 설명 중 하나는 칼뱅주
의를 토대로 한 종교적 윤리의 부산물로 이해하는 베버(Max Weber)의 사상이다.

칼뱅(Jean Calvin, 1509~1564)의 금욕적 생활윤리는 초기 자본주의 발전의 정신적 토대가
된 직업윤리의 중요성을 강조하고 있다. 칼뱅은 모든 신앙인은 노동과 직업이 신성하다
는 소명을 가져야 할 것을 역설하였으며, 근검·정직·절제를 통하여 부(富)를 얻는 행위
는 신앙인의 정당하고 신성한 의무라는 점을 강조하였다. 이러한 칼뱅의 금욕적 생활윤
리는 자본주의 발전의 정신적 원동력이자 지주로서의 역할을 하였을 뿐만 아니라 서구
사회의 건전한 시민윤리의 토대를 이루었다.

칼뱅으로부터 영향을 받은 베버(Max Weber, 1864~1920)는 '프로테스탄티즘의 윤리와 자
본주의정신'에서 서구의 문화적 속성으로 합리성·체계성·조직성·합법성을 들고, 이들
은 세속적 금욕생활과 직업윤리에 의하여 형성되었다고 설명한다.

근현대사에서 직무윤리는 노예제도, 제국주의, 냉전시대 등 역사적인 시대상을 반영
하면서 진화, 발전해왔으며, '직무윤리'(Business Ethics)라는 단어는 1970년대 초반 미국에
서 널리 사용되기 시작했다. 1980년대 후반부터 1990년대 초반에 미국의 기업들은 직
무윤리 준수 여부에 특히 관심을 기울였는데 이는 1980년대 말 발생한 미국 내 저축대
부조합 부도사태(the savings and loan crisis, the S&L drift)를 겪고 나서 그 중요성을 인식했기
때문이다.

국내에서는 1997년 외환위기를 겪으면서 특히 중요성이 부각된 것으로 보는 것이 일반적인데 기존의 법률과 제도로 통제하지 못하는 위험의 발생을 사전에 예방하기 위한 하나의 방편으로 접근하다가 2000년대 이후 기업의 생존과 직결된다는 점이 더욱 강조되며, 직무윤리에 대한 관심은 학계, 언론 및 기업들의 주의를 이끌었다.

2 윤리경영의 국제적 환경

개방화와 국제화 시대를 살고 있는 기업에 있어서 기업윤리의 수준과 내용은 국제적으로 통용될 수 있는 것(소위 'global standard'에 부합될 수 있는 것)이어야 한다. 미국의 엔론 (Enron) 사태에서 보는 바와 같이 비윤리적인 기업은 결국 시장으로부터 퇴출당할 수밖에 없는 것이 현실이다. 이에 따라 국제적으로 '강한 기업(strong business)'은 윤리적으로 '선한 기업(good company)'이라는 인식이 일반적으로 수용되고 있다.

OECD는 2000년에 '국제 공통의 기업윤리강령'을 발표하고, 각국의 기업으로 하여금 이에 준하는 윤리강령을 제정하도록 요구하였다. 국제 공통의 기업윤리강령은 강제규정은 아니지만 이에 따르지 않는 기업에 대해서는 불이익을 주도록 하고 있다. 여기서 말하는 비윤리적인 부패행위에는 탈세, 외화도피, 정경유착, 비자금 조성, 뇌물수수, 허위·과장 광고, 가격조작, 주가조작, 부당한 금융관행, 오염물질 배출, 환경파괴 등을 포함한다.

이를 측정·평가하는 지수 중 하나는 '부패인식지수'(CPI)이다.

국제투명성기구(TI : Transparency International)는 1995년 이래 매년 각 국가별 부패인식지수(CPI : Corruption Perceptions Index)를 발표하고 있다. 이는 전문가, 기업인, 애널리스트들의 견해를 반영하여 공무원들과 정치인들의 부패 수준이 어느 정도인지에 대한 인식의 정도를 지수로 나타낸 것이다. 우리나라는 아직도 경제규모에 비하여 윤리 수준이 낮게 평가됨으로써 국제신인도와 국제경쟁력에 부정적인 영향을 미치고 있는 실정이다.[8]

또한, 영국의 BITC(Business in the community)와 사회적 책임을 평가하는 CR Index(Corporate Responsibility Index) 역시 윤리경영을 평가하는 지수로 사용된다.

---

8 부패인식지수는 해당 국가 공공부문의 부패인식과 전문가 및 기업인 등의 견해를 반영해 사회 전반의 부패인식을 조사한 것으로, 점수가 낮을수록 부패정도가 심한 것이다. 2012년부터 조사방법론이 바뀌었기 때문에 점수보다는 순위의 변동추이를 살펴보아야 한다(출처 : 국제투명성기구 (www.transparency.org)).

국내적으로도 기업의 비윤리적인 행위가 가져오는 경제적 손실과 기업 이미지 실추에 따른 타격이 매우 크다는 점에 대해서는 공감대가 형성되어 있다. 거액의 정치자금 제공 스캔들, 거액의 회계부정, 기업의 중요 영업비밀과 기술의 유출사건, 회사기회의 편취, 기업 내에서의 횡령사건 등은 자주 발생하는 대표적인 비윤리적 행위들이다. 이러한 행위가 발생한 기업은 결국 소비자들의 불매운동으로 인한 매출 저하, 주가의 폭락 등은 물론이고, 기업 이미지가 극도로 훼손됨으로써 퇴출의 위기를 맞는 경우가 비일비재하다.

이러한 시대적 변화에 따라 정부차원에서도 2003년 1월 부패방지법과 부패방지위원회를 출범시켰고, 같은 해 5월에 시행된 공직자윤리강령을 제정하여 공직자는 물론이고 정부와 거래하는 기업의 비리와 부정행위에 대해 처벌을 할 수 있도록 규제를 하였다.

또한, 2008년 2월 29일 부패방지와 국민의 권리보호 및 규제를 위하여 국민권익위원회를 출범시켰고, 국민권익위원회는 2016년 9월 28일 「부정청탁 및 금품 수수등의 금지에 관한 법률」(이하 '청탁금지법'이라 한다)을 시행하기에 이른다.

법안을 발의한 당시 국민권익위원회의 위원장이었던 김영란 전 대법관의 이름을 따 소위 '김영란법'이라고도 불리는 청탁금지법은 그동안 우리나라에서 관행, 관습이라는 이름하에 묵인되어 왔던 공직자 등에 대한 부정청탁 행위 및 부당한 금품 등을 제공하는 행위 등을 강력하게 금지하고 있다.

이 법은 우리 사회에 만연한 연고주의·온정주의로 인한 청탁이 부정부패의 시작임을 인지하고 부정청탁 행위의 금지를 통해 부정부패로 이어지는 연결고리를 차단하는데 그 목적이 있으며, 공직자 등이 거액의 금품 등을 수수하더라도 대가성 등이 없다는 이유로 처벌받지 않아 국민들의 불신이 증가하고 있다는 데에 착안하여 공직자 등이 직무 관련성, 대가성 등이 없더라도 금품 등의 수수를 하는 경우에는 제재가 가능하도록 함으로써 국민의 신뢰를 회복하고자 제정된 법이다.

청탁금지법은 단순히 공직자 등에게만 국한된 것이 아니라, 일반 국민 전체를 적용대상으로 하고 있다는 점에서 그 영향력은 매우 크며, 위반 시 제재조치 또한 강력하여 우리나라의 투명성 제고는 물론 국민들의 인식 변화에 큰 도움이 될 것으로 보이며 이에 따른 국가경쟁력이 강화될 것으로 예상된다.

이 같은 국내외의 환경변화에 적극적으로 대응하기 위하여 개별기업 또는 업종단체별로 기업윤리를 바탕으로 한 윤리경영 실천을 위한 노력을 기울이고 있다.

또한 국내적으로도 기업들의 윤리경영 실천노력을 평가하기 위한 척도들을 만들려는 노력이 지속되고 있다.

2003년 개발된 산업정책연구원의 KoBEX(Korea Business Ethics Index)가 대표적인 것으로 이 지표는 공통지표(CI)와 추가지표(SI)로 구성된다.

공통지표(CI : Common Index)는 공기업과 민간기업에 상관없이 모든 조직에 적용되는 지표로 크게 CEO, 작업장, 지배구조, 협력업체, 고객, 지역사회로 구성하여 평가하며, 총 52개 항목이 개발되어 있다. 추가지표(SI : Supplementary Index)는 공기업과 민간기업의 특성에 따라 추가로 개발된 지표를 말하며, 작업장, 지배구조, 협력업체, 고객, 자본시장, 지역사회로 구분하여 총 32개 항목이 개발되어 있다.[9]

전국경제인연합(전경련)에서는 2007년 '윤리경영자율진단지표(FKI－BEX : FKI－Business Ethics Index)'를 개발하였는데 자율진단영역은 윤리경영제도 및 시스템, 고객, 종업원, 주주 및 투자자, 경쟁업체, 협력업체 및 사업파트너, 지역 및 국제사회 등 7대 부문으로 구성된다. 이 지표는 각 기업의 윤리경영 수준 및 개선점을 파악하고, 기업별 수준에 맞는 윤리경영을 추진할 수 있는 방향을 제시하는 컨설팅 기능을 수행하는 등 종합적인 지침서 역할을 수행하기 위해 개발되었다. 기존 지표와는 다르게 기업이 공통적으로 적용할 수 있는 공통항목 외에 업종별로 각기 다른 사업환경과 특성을 감안해 생산재 제조업, 소비재 제조업, 금융업, 건설업, 유통서비스업 등 5대 업종별로 나누어 구체적인 차별화를 시도하였다.[10]

학계에서도 이에 대한 관심을 가지고 2010년 서강대 경영전문대학원 경영연구소가 서강대 윤리경영지표(Sobex)를 개발하였다.

4   기업의 사회적 책임이 강조되는 시대상

사회나 경제가 발달하면서 각 기업(혹은 조직의 구성원)은 새로운 사업을 하거나 기존의 경영활동을 지속적으로 유지하려고 하는 경우 기존에 접하지 못했던 판단의 문제들이

---

9 산업정책연구원(www.ips.or.kr)
10 전국경제인연합회(www.FKI.co.kr)

발생할 수 있으며 이는 전형적인 윤리기준 — 정직, 일관성, 전문가적인 행동, 환경문제, 성희롱 문제 및 그 외 부패행위로 보는 것들 — 과 정면으로 부딪힐 수도 있다.

최근 자본주의 경제가 갖는 이러한 문제점과 폐단이 부각되면서 자본주의 체제가 갖추어야 할 윤리와 이로부터 필연적으로 파생되는 기업의 사회적 책임(CSR : corporate social responsibility)이 강조되고 있다. 기업은 한 사회의 구성원으로서 그 책임을 다하기 위해 영리활동을 통하여 얻은 이익의 일부를 수익의 원천이 되는 사회에 환원하여야 한다는 것이다.[11] 윤리성이 결여된 자본주의 경제는 결국 체제 몰락과 붕괴로 갈 수밖에 없음을 인식한 결과이다.

이러한 상황에서는 단순히 기업의 지배구조를 개선하는 차원에서 한 걸음 더 나아가 기업의 인적 구성원인 직무종사자들의 윤리무장이 더욱 강조될 수밖에 없다.

section 03 본 교재에서의 직무윤리

1 직무윤리의 적용대상

직무윤리 및 직무윤리기준은 금융투자업의 경우 '금융투자업 종사자 내지 금융투자전문인력의 직무행위' 전반에 대하여 적용된다. 이에 관하여는 '금융투자회사 표준내부통제기준' 제1조를 준용할 수 있는데, 해당 조항에서는 '지배구조법 제24조 내지 제30조에 따라 회사의 임직원(계약직원 및 임시직원 등을 포함한다. 이하 이 기준에서 같다)'이라고 적용대상을 규정하고 있다.

직무윤리는 투자 관련 직무에 종사하는 일체의 자를 그 적용대상으로 한다. 이에는 투자권유자문인력(펀드/증권/파생상품), 투자권유대행인(펀드/증권), 투자자산운용사, 금융

---

11 최근 기업의 사회적 책임을 법제화하는 경향 역시 늘어나고 있다. 사회적 기업 육성법 등이 그 일례이다. 그러나 기업의 사회적 책임이 강조된다고 해서 영리와 이익추구를 목적으로 하는 기업 본연의 모습이 달라지는 것은 아니다. 기업의 사회적 책임의 이행은 생산과 분배 전 과정에서 요구되지만 오늘날은 그 이익을 분배하는 과정에서 특히 강조되는 경향이 있다.

투자분석사, 재무위험관리사 등의 관련 전문자격증을 보유하고 있는 자(즉, '금융투자전문인력')뿐만 아니라, 이상의 자격을 갖기 이전에 관련 업무에 실질적으로 종사하는 자, 그리고 직접 또는 간접적으로 이와 관련되어 있는 자를 포함하고, 회사와의 위임계약관계 또는 고용계약관계 및 보수의 유무, 고객과의 법률적인 계약관계 및 보수의 존부를 불문한다. 따라서 회사와 정식 고용관계에 있지 않은 자나 무보수로 일하는 자도 직무윤리를 준수하여야 하며, 아직 아무런 계약관계를 맺지 않은 잠재적 고객에 대해서도 직무윤리를 준수하여야 한다. 이 교재에서는 이를 총칭하여 "금융투자업 종사자 내지 금융투자전문인력"이라 부르기로 한다.

여기에서 "직무행위"라 함은 자본시장과 금융투자업과 관련된 일체의 직무활동으로서 투자정보의 제공, 투자의 권유, 금융투자상품의 매매 또는 그 밖의 거래, 투자관리 등과 이에 직접 또는 간접으로 관련된 일체의 직무행위를 포함한다. 이에는 회사에 대한 직무행위뿐만 아니라 對고객관계, 나아가 對자본시장관계까지를 포함한다.

2 직무윤리의 성격

앞에서도 살펴본 바와 같이 법규는 때로 우리가 준수해야 할 직무윤리의 가이드라인이 되기도 하지만, 대부분의 경우는 윤리가 법규의 취지 또는 근본이 되거나 법조문에서 규정하고 있지 않는 부분을 보완하는 역할을 한다. 즉 법규와 윤리는 서로 보완해나가는 주체로서 떼려야 뗄 수 없는 불가분의 관계에 있다. 그러나 법규 또는 윤리기준을 위반하는 경우 그 제재의 정도에 따른 강제성의 측면에서는 그 성격이 달라진다.

법규는 사회구성원들이 보편적으로 옳다고 인식하는 도덕규칙(이나 윤리기준) 또는 경영활동의 평등성(이나 정당성)을 확보하기 위해 정당한 입법절차를 거쳐 문서화한 것이다. 따라서 법규를 위반하는 경우 벌금의 부과, 면허나 자격 등의 취소, 재산이나 권리의 제한 등을 포함하여 중대한 위반행위가 있는 경우 신체의 자유를 구속하는 투옥 등 그 위반행위에 대한 책임을 묻는 제재규정이 직접적으로 명확히 존재하는 반면, 직무윤리 및 직무윤리기준은 일종의 자율규제로서의 성격을 지니고 있어 위반 시 위반행위에 대한 명시적인 제재가 존재하지 않을 수도 있다.

지배구조법 제24조에서는 내부위험관리체계(Internal Risk Management)인 동시에 위법행위에 대한 사전예방(Compliance)체계로서 금융투자업자로 하여금 직무윤리가 반영된 내부통제기준을 자율적으로 제정하여 시행하도록 규정하고 있다. 즉 법규로써 규정하지 못 하는 부분에 대해 보완적인 형태로 그 완전성을 도모하는 것이다.

반면 직무윤리는 자율적 준수라는 장점이 있지만 법규에 비하여 강제수단이 미흡하다는 취약점이 있다. 이 때문에 직무윤리의 준수가 단순한 구호에 그치기 쉬우므로, 자율적으로 직무윤리 위반행위에 대한 실효성 있는 제재 및 구제 수단을 확보하는 것이 요구된다.

직무윤리는 법규와 불가분의 관계를 가지고 있는 만큼 직무윤리를 위반한 경우 단순히 윤리적으로 잘못된 것이라는 비난에 그치지 않고, 동시에 실정법 위반행위로서 국가기관에 의한 행정제재·민사배상책임·형사책임 등의 타율적 규제와 제재의 대상이 되는 경우가 많음을 유의하여야 한다.

<h2>3   직무윤리의 핵심</h2>

금융투자업에서의 직무윤리는 취급하는 업종의 내용이나 고객 내지 거래처와의 접촉 내용에 따라 다소의 차이는 있지만, 그 기본적 내용에 있어서는 대동소이하다. 그 핵심적 내용은 "자신과 상대방의 이해가 상충하는 상황(conflicts of interests)에서는 상대방 이익(You First)의 입장에서 자신에 대한 상대방의 신뢰를 저버리지 않는 행동(Fiduciary Duty)을 선택하라"는 것이다. 여기에서 우리는 '고객우선의 원칙'과 '신의성실의 원칙'이라는 핵심적이고 가장 근본이 되는 2가지 원칙, 즉 직무윤리의 핵심을 도출하게 된다.

chapter 02

금융투자업 직무윤리

section 01 기본원칙

금융투자업 종사자와 금융소비자 사이에는 기본적으로 신임관계에 있으며, 이에 따라 금융투자업 종사자는 금융소비자에 대하여 신임의무(信任義務, Fiduciary Duty)가 발생한다. "신임의무"라 함은 위임자로부터 '신임'을 받은 수임자는 자신에게 신뢰를 부여한 위임자에 대하여 진실로 충실하고, 또한 직업적 전문가로서 충분한 주의를 가지고 업무를 처리하여야 할 의무를 진다는 뜻이다. 신임의무가 특히 문제되는 상황은 수임자와 신임자의 이익이 서로 충돌하는 경우이다. 이러한 경우 수임자는 자기(혹은 회사 또는 주주를 포함한 제3자)의 이익을 우선하는 것이 금지되고 신임자의 이익을 우선시하여야 할 의무를 진다. 이때 수임자가 지켜야 할 신임의무를 선량한 관리자로서의 주의의무, 즉 '선관주의 의무'라고 표현할 수 있고 이는 금융소비자로부터 수임을 받게 되는 모든 금융

chapter 2 금융투자업 직무윤리 271

투자업자에게 적용되는 공통적인 직무윤리이자 가장 높은 수준의 기준이며 금융투자업에서 준수해야 할 가장 중요한 두 가지 직무윤리인 '고객우선의 원칙'과 '신의성실의 원칙'의 기본적인 근거가 된다.

금융투자업에서 직무윤리의 준수가 갖는 중요성은 너무 크기에, 금융투자협회에서는 금융투자회사가 준수해야 할 '금융투자회사의 표준윤리준칙'을 2015. 12. 4. 제정하였고, 앞서 말한 두 가지 중요한 직무윤리 — 1) 책임과 의무를 성실히 수행하고, 2) 투자자를 보호하여야 한다 — 를 동 준칙 제1조에서 다음과 같이 명시하고 있다.

> 이 준칙은 금융투자회사의 윤리경영 실천 및 임직원의 올바른 윤리의식 함양을 통해 금융인으로서의 책임과 의무를 성실히 수행하고, 투자자를 보호하며 자본시장의 건전한 발전 및 국가경제 발전에 기여함을 목적으로 한다.

1 고객 우선의 원칙

> **금융투자회사의 표준윤리준칙 제2조**
> 회사와 임직원은 항상 고객의 입장에서 생각하고 고객에게 보다 나은 금융서비스를 제공하기 위해 노력하여야 한다.

금융소비자보호법 제2조 제1호에서는 금융소비자 보호의 대상이 되는 '금융상품'에 대해 다음과 같이 정의하고 있다.

가. 「은행법」에 따른 예금 및 대출

나. 「자본시장과 금융투자업에 관한 법률」에 따른 금융투자상품

다. 「보험업법」에 따른 보험상품

라. 「상호저축은행법」에 따른 예금 및 대출

마. 「여신전문금융업법」에 따른 신용카드, 시설대여, 연불판매, 할부금융

바. 그 밖에 가부터 마까지의 상품과 유사한 것으로서 대통령령으로 정하는 것

또한, 같은 법 제3조에서는 각 금융상품의 속성에 따라 예금성 상품/대출성 상품/투자성 상품/보장성 상품으로 구분하고 있어 금융소비자 보호의 대상이 되는 상품의 범위를 더욱 확대하였다.

고객우선의 원칙은 모든 금융상품에 적용되어야 하는 것이나 본 교재의 특성을 고려

하여 본 장에서는 금융투자업과 관련한 직무윤리를 다루기로 한다.

금융투자업은 주로 금융투자상품[1]을 다루는 산업으로 자본시장법 제3조 제1항에서는 '금융투자상품'에 대해 "이익을 얻거나 손실을 회피할 목적으로 현재 또는 장래의 특정 시점에 금전, 그 밖의 재산적 가치가 있는 것(이하 '금전 등'이라 한다)을 지급하기로 약정함으로써 취득하는 권리로서 그 권리를 취득하기 위하여 지급하였거나 지급하여야 할 금전 등의 총액(판매수수료 등 대통령령으로 정하는 금액을 제외한다)이 그 권리로부터 회수하였거나 회수할 수 있는 금전 등의 총액(해지수수료 등 대통령령으로 정하는 금액을 포함한다)을 초과하게 될 위험(이하 '투자성'이라 한다)이 있는 것을 말한다"라고 정의하고 있다.

금융투자업에 종사하는 자는 금융투자상품 가격의 평가에 공정을 기하고, 수익가능성과 위험을 예측하여 금융소비자에게 합리적인 투자판단의 기초자료를 제공하는 역할을 수행하며, 금융투자상품의 공급자와 금융소비자 사이에 발생하기 쉬운 정보의 격차를 줄임으로써 자본시장을 통한 자원의 효율적 배분에 기여하는 역할을 담당한다.

금융소비자의 금융투자상품 소비활동에는 금융투자업 종사자의 이러한 역할 수행으로 인해 발생하는 비용이 포함되어 있기 때문에 금융소비자는 이 비용을 최소화시킴으로써 투자수익률을 제고하고자 하는 욕구가 발생하는 반면, 금융투자업 종사자는 이 비용을 최대화시킴으로써 영업수익률을 제고하고자 하는 욕구가 발생하므로 양자 간에는 각자의 이익을 최대화시키려는 갈등 상황, 즉 서로의 이해가 상충되는 상황이 발생할 수 있다.

이러한 상황에서 금융투자업 종사자는 신임의무에 근거하여 자신(소속 회사, 소속 회사의 주주를 포함)의 이익보다 상대방인 금융소비자의 이익을 우선적으로 보호해야 한다는 것, 즉 고객의 입장에서 생각하라는 것이 표준윤리준칙 제1조에서 규정하고 있는 사항이다.

---

2 신의성실의 원칙

금융투자회사의 표준윤리준칙 제4조
회사와 임직원은 정직과 신뢰를 가장 중요한 가치관으로 삼고, 신의성실의 원칙에 입각하여 맡은 업무를 충실히 수행하여야 한다.

---

1 금융소비자보호법에서는 자본시장법상의 금융투자상품을 '투자성 상품'으로 정의하고 있으나, 본 교재에서는 구분의 실익이 낮으므로 두 단어를 혼용하기로 한다.

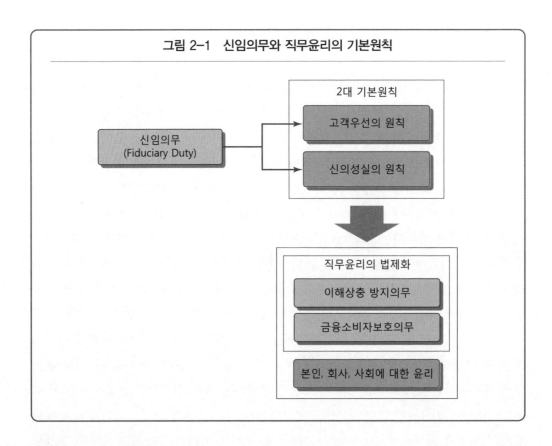

그림 2-1 　신임의무와 직무윤리의 기본원칙

2대 기본원칙

신임의무
(Fiduciary Duty)

고객우선의 원칙

신의성실의 원칙

직무윤리의 법제화

이해상충 방지의무

금융소비자보호의무

본인, 회사, 사회에 대한 윤리

　신의성실(信義誠實)은 모든 사람이 사회공동생활의 일원으로서 상대방의 신뢰에 반하지 않도록 성의있게 행동할 것을 요구하는 법칙이다. 즉, 금융투자업 종사자는 직무수행에 있어서 상대방의 정당한 이익을 배려하여 형평에 어긋나거나 신뢰를 저버리는 일이 없도록 성실하게 행동해야 한다.

　금융투자업에서 신의성실은 단순히 윤리적 원칙에 그치지 않고 법적 의무로 승화되어 있다. 자본시장법 제37조 제1항에서는 "금융투자업자는 신의성실의 원칙에 따라 공정하게 금융투자업을 영위하여야 한다"고 명기하고 있다. 또한 금융소비자보호법 제14조 제1항에서는 "금융상품판매업자 등은 금융상품 또는 금융상품자문 등에 관한 계약의 체결, 권리의 행사 및 의무의 이행을 신의성실의 원칙에 따라 해야 한다"고 규정하고 있다. 이는 민법 제2조 제1항의 "권리의 행사와 의무의 이행은 신의에 좇아 성실히 하여야 한다"는 신의성실의 원칙을 금융투자업에 맞추어 적절하게 변형한 것이다.

　따라서 신의성실의 원칙은 금융투자회사의 임직원이 준수해야 할 직무윤리이면서 동시에 강제력이 있는 법적 의무이므로 금융투자업 종사자가 선관주의의무 혹은 충실의무를 위반하는 경우 불법행위에 대한 손해배상책임을 부담하게 된다(대법원 1996. 8. 23. 선고 94다38199 판결; 대법원 1997. 10. 24. 선고 97다24603 판결).

지금까지 금융투자업 종사자로서 반드시 지켜야 할 두 가지의 기본적이고 핵심적인 '고객우선의 원칙'과 '신의성실의 원칙'을 이해하였고 이 직무윤리는 지배구조법, 자본시장법 및 금융소비자보호법 등에서 '이해상충 방지의무'와 '금융소비자보호의무'로 대표되는 법적 의무로 승화되어 있음을 확인하였다.

 사례 1

ELS(Equity Linked Securities : 주가연계증권) 발행회사의 헤지 거래

(사건 개요)

투자자는 중간 평가일에 기초자산의 가격이 일정 수준 이상인 경우 조기 상환받을 수 있는 ELS상품에 가입을 하였다. 하지만 동 ELS상품의 중간 평가일 14시 50분까지 조기상환이 가능한 주가 이상이었던 기초자산의 주가는 해당 ELS의 발행회사가 동시호가 시간에 대량매도에 나서는 방식으로 델타 헤지(Delta Hedge : ELS 등 파생금융상품을 발행하는 금융투자회사가 주가 하락 시 매수, 주가 상승 시 매도로 기초자산의 수량을 적절히 보유하면서 손익을 상쇄하고 그 과정에서 생기는 운용수익을 ELS 상환자금으로 사용하는 기법)를 시도하여, 시장이 종료될 때 해당 기초자산의 주가는 조기상환을 할 수 없는 기준주가 밑으로 형성되었고 결국 해당 ELS는 조기상환을 하지 못하였다.

(판단 내용)

발행회사는 기초자산인 주식을 14시 40분까지는 기준 가격 이상으로 지속적인 매도 주문을 하였으나 대부분의 매도 주문이 체결되지 않았고, 동시호가 시간대인 14시 50분부터는 기준 가격보다 낮은 가격에 매도 주문을 실행하였다. 발행회사는 손실을 회피하기 위한 불가피한 델타 헤지 거래였음을 주장하나, 이는 금융소비자보호의무를 소홀히 한 것으로 신의성실의 원칙에 위배되는 행위이다(대법원 2015.5.14.선고 2013다 2757).

! 사례 2

○○증권회사의 착오 배당 사고

(사건 개요)

○○증권회사의 업무담당자는 2018.4.5. 우리사주 조합원에 대한 현금배당업무를 하면서 착오로 전산시스템상의 주식배당 메뉴를 잘못 선택하여 주식을 입력하였고, 관리자인 팀장은 이를 인지하지 못한 채 승인하였다. 이에 2018.4.6 오전 9시 30분경 우리사주 조합원(2,018명) 계좌로 현금배당(주당 1천 원) 대신 동사 주식 총 28.1억 주(주당 1천 주)를 착오로 입고하였고, 입고 직후부터 강제 매도중단조치를 하기까지 31분간 동사 직원 22명은 총 1,208만 주를 주식시장에 매도 주문하여 이 중 16명이 총 501만 주를 체결시켰다. 이로 인해 당일 오전 동사 주가가 전일 종가 대비 최대 11.7% 하락하는 등 주식시장에 큰 충격을 미치게 되었다.

또한 착오입고 직후 동사는 사고를 인지하고도 조속히 매매주문 차단, 착오입고주식 일괄출고를 하지 못하여 직원의 대규모 주식매도 주문을 방지하는 데 실패하였다.

(문제점)

1. 우리사주 배당 내부통제 부실

   ㄱ. 배당시스템이 현금배당과 주식배당을 동일한 화면에서 처리하도록 구성

   ㄴ. 정상적인 업무처리 순서(조합장 계좌 출고→조합원 계좌 입고)가 아닌 반대순서로 업무처리가 실행되도록 구성되어 있어 착오로 인한 입·출고를 사전에 통제 불가

   ㄷ. 발행주식 총수가 넘는 주식이 입고되어도 오류 검증 또는 입력거부 기능 부재

   ㄹ. 동사의 직무분류상 A부서가 수행해야 함에도 B부서가 실질적으로 수행하는 등 업무분장이 미흡하고, 관련 업무매뉴얼 부재

2. 사고대응 미흡

   ㄱ. 지배구조법에서 정하고 있는 '금융사고 등 우발상황에 대한 위험관리 비상계획' 부재

   ㄴ. 사내 방송시설, 비상연락망 등을 갖추고 있지 않아 신속한 사고내용 전파 및 매도금지 요청 불가

3. 일부 직원의 윤리의식 부재에 따른 주식 매도주문

   ㄱ. 총 22명의 1,208만 주 매도주문 중 총 16명의 501만 주가 체결

   ㄴ. 특히 최초 '주식매도금지'를 공지한 시각 이후에도 매도 주문된 수량은 총 14명의 946만 주로 전체의 78.3% 차지

4. 실물주식 입고시스템의 문제

   예탁결제원의 확인 없이 매도되도록 시스템이 설계되어 위조 주식이 거래될 가능성 존재

5. 전산시스템 계약의 문제

   전체 전산시스템 위탁계약의 72%가 계열사와 체결한 것으로 그중 수의계약 비중이 91%를

차지하는 등 계열사 부당지원 문제도 존재

(제재 등 조치)

1. 금융위원회는 동 사고가 지배구조법 제24조에서 정하고 있는 '내부통제기준 마련' 및 제27조의 '위험관리 비상계획 마련' 의무를 위반한 사항으로 판단하여 다음과 같이 제재하였다.

 ㄱ. ○○증권회사의 업무(신규 투자자에 대한 지분증권 투자중개업) 일부 정지 6월 및 과태료 1억 4천 4백만 원 부과

 ㄴ. 전(前) 대표이사 3명에 대해 해임요구 상당(2명) 및 직무정지 1월 상당(1명)

 ㄷ. 현(現) 대표이사 직무정지 3월

2. 증권선물위원회는 착오로 입고된 주식을 매도한 직원 중 동 주식의 시장 가격을 왜곡한 것으로 판단되는 13인에 대해 자본시장법 제178조의2(시장질서 교란행위 금지) 위반을 이유로 각각 7명에 대해 2,250만 원 및 6명에 대해 3,000만 원의 과징금 부과를 결정하였다. 다만 이 중 8명은 자본시장법 위반으로 기소 중인 상황을 고려하여 법원의 확정판결 시까지 과징금 조치를 유예하였다.

3. 금융감독원은 주식을 매도한 직원 21명에 대해 정직(3월) 2명, 정직(2월) 1명, 감봉 3명, 견책 1명, 퇴직자 위법사실 통지 1명의 조치를 내렸다.

(시사점)

동 사고는 해당 업무를 담당한 직원 및 부서의 관리자가 본인의 업무를 수행함에 있어 '선량한 관리자로서의 주의의무'를 준수하지 않음에서 비롯된 것이라 볼 수 있다.

또한 착오입고된 주식을 매도(주문)한 직원은 '선관주의의무'를 준수하지 않아 시장에 충격을 줌으로써 다수의 금융소비자들이 피해를 입도록 하였고 다시 이를 회사가 보상하는 과정에서 회사에 손실을 입혔으며, 본인 역시 금전적 손실을 포함한 각종 제재를 받는 불이익을 받게 되었다.

회사 전체적으로도 '윤리경영'을 바탕으로 임직원에 대한 지속적 교육 및 각종 내부통제기준을 수립·실행하여 금융소비자를 보호하고, 금융시장의 안정성을 추구하여야 함에도 이를 준수하지 않아 금전적으로 막대한 손실은 물론, 금융회사에서 가장 중요한 자산으로 꼽히는 '고객의 신뢰'를 잃게 되었다.

윤리경영의 근간인 '선량한 관리자로서의 의무'가 더욱 중요시되는 이유다.

section 02 | 이해상충의 방지 의무

1 개요

> **자본시장법 제37조 제2항**
> 금융투자업자는 금융투자업을 영위함에 있어서 정당한 사유 없이 투자자의 이익을 해하면서 자기가 이익을 얻거나 제3자가 이익을 얻도록 하여서는 아니 된다.
>
> **금융소비자보호법 제14조 제2항**
> 금융상품판매업자 등은 금융상품판매업등을 영위할 때 업무의 내용과 절차를 공정히 하여야 하며, 정당한 사유없이 금융소비자의 이익을 해치면서 자기가 이익을 얻거나 제3자가 이익을 얻도록 해서는 아니 된다.

금융투자업 종사자는 신의성실의 원칙에 입각하여 투자자 즉 금융소비자의 이익을 최우선으로 하여 업무를 수행하여야 하며, 자본시장법에서는 이를 제37조(신의성실의 의무 등)를 포함하여 제44조(이해상충의 관리), 제45조(정보교류의 차단)에서 구체화시킴으로써 금융투자업 종사자가 이를 준수하도록 강제성을 부여하고 있다.

여기에서 금융소비자의 이익을 최우선으로 한다는 것은 '금융소비자의 입장에서 최선의 이익'을 구한다는 것으로, 이는 소극적으로 금융소비자 등의 희생 위에 자기 또는 회사나 주주 등을 포함한 제3자의 이익을 도모해서는 안 된다는 것에 그치는 것이 아니고, 적극적으로 금융소비자 등의 이익을 위하여 실현 가능한 최대한의 이익을 추구하여야 하는 것을 말한다(최선집행의무). 그러나 이것은 단순히 결과에 있어서 최대의 수익률을 얻어야 한다는 뜻은 아니다. '결과'와 '과정' 양자 모두에 있어서 최선의 결과를 얻도록 노력하여야 한다는 뜻이다.

2 이해상충의 발생원인

이해상충이 발생하는 원인은 크게 세 가지로 볼 수 있다.

첫째, 금융투자업자 내부의 문제로서 금융투자업을 영위하는 회사 내에서 공적 업무영역(자산관리, 증권중개 등 공개된 정보에 의존하거나 이러한 정보를 이용하여 투자권유 혹은 거래를 하는 부서 및 소속 직원)에서 사적 업무영역(기업의 인수·합병·주선업무 등 미공개중요정보를 취득할 수 있는 부서 및 소속 직원)의 정보를 이용하는 경우에 이해상충이 발생하게 된다.

둘째, 금융투자업자와 금융소비자 간의 문제로서 이들 사이에는 정보의 비대칭이 존재 함에 따라 금융투자업자가 금융소비자의 이익을 희생하여 자신이나 제3자의 이익을 추구할 가능성이 높다.

셋째, 법률적 문제로서 자본시장법에서 발달하고 있는 금융투자업에 대해 복수의 금융투자업 간 겸영 업무의 허용범위를 넓혀주고 있어 이해상충이 발생할 위험성이 더욱 높아졌다.

금융소비자와 이해상충이 발생하는 사례

금융투자업자와 금융소비자 사이에 대표적으로 발생하는 이해상충의 사례 중 하나는 과당매매이다. 금융투자중개업자인 경우 금융소비자로부터 보다 많은 수수료 수입을 창출하여야 하는 반면, 금융소비자는 보다 저렴한 수수료를 부담하기 원하는 경우가 일반적이다. 이때, 금융투자중개업자에 속하는 임직원이 회사 또는 자신의 영업실적을 증대시키기 위해 금융소비자의 투자경험 등을 고려하지 않고 지나치게 자주 투자권유를 하여 매매가 발생하는 경우 이해상충이 발생하게 된다. 특정 거래가 빈번한 거래인지 또는 과도한 거래인지 여부는 a. 일반투자자가 부담하는 수수료의 총액, b. 일반투자자의 재산상태 및 투자목적에 적합한지 여부, c. 일반투자자의 투자지식이나 경험에 비추어 당해 거래에 수반되는 위험을 잘 이해하고 있는지 여부, d. 개별 매매거래 시 권유내용의 타당성 여부 등을 종합적으로 고려하여 판단한다(금융투자업규정 제4-20조 제1항 제5호, 금융투자회사의 표준내부통제기준 제39조 제1항).

 사례

투자자가 일임한 투자원금 전액을 특정 주식 한 종목만을 과도하게 매매하여 손해를 입힌 경우 과당매매행위로 인한 불법행위책임을 인정한 사례

(사건 개요)
증권회사 직원은 코스닥 시장에 상장된 학습지 회사에 투자자가 일임한 자금 전액을 투자했다가 동 종목이 상장폐지되면서 투자자는 거의 전액을 손해 보게 되었다. 그동안의 매매 결과를 확인한 결과 32개월의 투자기간 동안 동 종목 하나만을 대상으로 매매하였으며, 회전율은 2,046%로 과다한 거래를 하였으며, 이로 인해 발생한 수수료 등이 총 투자원금의 약 13%로 적

지 않은 수준이었다.

(판단 내용)

투자자는 투자원금 전부를 특정한 종목에만 투자하는 등 투기적인 단기매매를 감수할 정도의 투기적 성향을 갖고 있다고 할 수 없음에도 불구하고 증권회사 직원은 한 종목에만 투기적인 단기매매를 반복하는 등 전문가로서 합리적인 선택이라 할 수 없다. 이는 충실의무를 위반해 고객의 이익을 등한시하고 무리하게 빈번한 회전매매를 함으로써 투자자에게 손해를 입힌 과당매매행위로 불법행위가 성립한다(대법원 2012.6.14.선고 2011다 65303).

3 이해상충의 방지체계

앞에서 설명한 바와 같은 이유로 인해 자본시장법 및 관련법령 등에서는 금융투자업자에게 인가·등록 시부터 아래와 같이 이해상충방지체계를 갖추도록 의무화하고 있다.

(1) 이해상충의 관리(자본시장법 제44조)

금융투자업자는 금융투자업의 영위와 관련하여 금융투자업자와 투자자 간, 특정 투자자와 다른 투자자 간의 이해상충을 방지하기 위하여 이해상충이 발생할 가능성을 파악·평가하고, 지배구조법 제24조에 따른 내부통제기준이 정하는 방법 및 절차에 따라 이를 적절히 관리하여야 한다.

금융투자업자는 이해상충이 발생할 가능성을 파악·평가한 결과 이해상충이 발생할 가능성이 있다고 인정되는 경우에는 그 사실을 미리 해당 투자자에게 알려야 하며, 그 이해상충이 발생할 가능성을 내부통제기준이 정하는 방법 및 절차에 따라 금융소비자보호에 문제가 없는 수준으로 낮춘 후 매매, 그 밖의 거래를 하여야 한다.

이러한 조치에도 불구하고 그 이해상충이 발생할 가능성을 낮추는 것이 곤란하다고 판단되는 경우 금융투자업자는 해당 매매, 그 밖의 거래를 하여서는 아니 된다.

(2) 정보교류의 차단(Chinese Wall 구축)의무(자본시장법 제45조)

금융투자업자는 금융투자업과 관련 법령 등에서 허용하는 부수업무 등을 영위하는 경우 미공개중요정보 등에 대한 회사 내부의 정보교류차단 뿐만이 아니라 계열회사를 포함한 제3자에게 정보를 제공하는 경우 등에 대해 내부통제기준을 마련하여 이해상충이 발생할 수 있는 정보를 적절히 차단해야 한다.

내부통제기준에는 정보교류 차단을 위해 필요한 기준 및 절차, 정보교류 차단의 대상이 되는 정보의 예외적 교류를 위한 요건 및 절차, 그 밖에 정보교류 차단의 대상이 되는 정보를 활용한 이해상충 발생을 방지하기 위하여 대통령령으로 정하는 사항이 포함된다.

이를 위해 금융투자업자는 정보교류 차단을 위한 내부통제기준의 적정성에 대한 정기 점검을 실시하고, 정보교류 차단과 관련되는 법령 및 내부통제기준에 대한 임직원 대상 교육을 해야 하며, 그 밖에 정보교류 차단을 위해 대통령령으로 정하는 사항을 준수하여야 한다.

이 부분은 뒤에서 다루게 될 '회사에 대한 윤리'에서도 연결하여 살펴보도록 한다.

(3) 조사분석자료의 작성 대상 및 제공의 제한

투자분석업무와 관련한 이해상충의 문제는 금융투자회사 및 금융투자분석업무 종사자와 이들에 의하여 생산된 정보를 이용하는 자(투자정보이용자) 사이에서 생길 가능성이 크기 때문에 금융투자협회의 '금융투자회사의 영업 및 업무에 관한 규정(이하 '협회 영업규정'이라 한다)' 제2-29조에서는 조사분석 대상법인의 제한을 통해 금융투자업자 자신이 발행하였거나 관련되어 있는 대상에 대한 조사분석자료의 공표와 제공을 원천적으로 금지하고 있다.

(4) 자기계약(자기거래)의 금지(자본시장법 제67조)

투자매매업자 또는 투자중개업자는 금융투자상품에 관한 같은 매매에 있어 자신이 본인이 됨과 동시에 상대방의 투자중개업자가 되어서는 아니 된다.

금융투자업 종사자는 금융소비자가 동의한 경우를 제외하고는 금융소비자와의 거래당사자가 되거나 자기 이해관계인의 대리인이 되어서는 아니 된다.

자기가 스스로 금융소비자에 대하여 거래의 당사자, 즉 거래상대방이 되는 경우 앞에서 설명한 바와 같이 금융투자업 종사자가 기본적으로 준수하여야 할 충실의무, 다시 말해 금융소비자를 위한 최선의 이익추구가 방해받을 가능성이 있다. 그래서 금융소비자의 동의가 있는 경우를 제외하고는 자기거래를 금지한 것이다.

같은 이유로 금융투자업 종사자가 직접 금융소비자의 거래당사자가 되는 것은 아니지만 '이해관계인'의 대리인이 되는 경우도 역시 금지된다. 여기서 '자기 이해관계인'에는 친족이나 소속 회사 등과 같이 경제적으로 일체성 내지 관련성을 갖는 자 등이 모두 포함되는데 법률적 이해관계에 국한하지 않고 사실상의 이해관계까지도 모두 포함하기 위한 것이다. 이를 위반한 경우 형사 처벌의 대상이 된다(자본시장법 제446조 제12호).

그러나 상대방이 우연히 결정되어 투자자의 이익을 해칠 가능성이 없는 다음의 경우에는 예외적으로 허용이 되고 있다.

❶ 투자중개업자가 투자자로부터 증권시장, 파생상품시장 또는 다자간매매체결회사에서의 매매의 위탁을 받아 증권시장, 파생상품시장 또는 다자간매매체결회사를 통하여 매매가 이루어지도록 한 경우

❷ 투자매매업자 또는 투자중개업자가 자기가 판매하는 집합투자증권을 매수하는 경우

❸ 종합금융투자사업자가 자본시장법 제360조에 따른 단기금융업무 등 동법 시행령 제77조의6 제1항 제1호에 따라 금융투자상품의 장외매매가 이루어지도록 한 경우

❹ 그 밖에 공정한 가격 형성과 거래의 안정성·효율성 도모 및 투자자 보호에 우려가 없는 경우로서 금융위원회가 정하여 고시하는 경우

> **사례**
>
> 투자자문업을 영위하는 A회사의 펀드매니저인 B는 투자일임계약을 맺고 있는 고객 중의 한 사람인 C로부터 주식투자에 의한 고수익(high return) 운용을 지시받았기 때문에 가까운 장래에 공개가 예상되어 있는 장외주식도 편입하여 운용하고 있다. 하지만 사정이 있어서 C는 계좌를 해약하였다. C는 계좌에 편입되어 있는 주식은 환금하지 말고 해약을 신청한 날의 상태 그대로 반환받고 싶다는 의사를 표시하였다. C의 계좌에는 곧 공개가 예정되어 있는 D사의 주식이 포함되어 있다. D사의 주식은 공개가 되면 매우 높은 가격으로 거래될 것으로 예상되기 때문에 B는 해약신청 직후에 C의 허락을 얻지 아니하고 D사 주식을 장부가로 자기의 계좌에 넘겼다.
>
> (평가)
>
> B는 C로부터 투자일임계좌의 자산을 환금시키지 말고 해약 당일의 상태 그대로 반환하였으면 좋겠다는 요청을 받았음에도 불구하고 C의 허락 없이 D사 주식을 자기의 계좌로 넘겼다. 이러한 행위는 고객과 거래당사자가 되어서는 아니 된다는 윤리기준에 반한다. 더욱이 D사의 공개 후에 기대되는 주식매각의 이익을 얻을 수 있는 기회를 무단으로 C로부터 가로챈 것은 투자일임계좌의 수임자로서의 신임의무에도 반하는 것이므로 고객에 최선의 이익이 돌아갈 수 있도록 전념하고 고객의 이익보다 자신의 이익을 우선시해서는 아니 된다는 윤리기준에도 위반하였다. B의 행위는 자기계약을 금지하는 자본시장법 제67조에 위반될 가능성도 있다.

금융소비자 보호 의무

1 개요

1) 기본개념

금융소비자보호법 제2조 제8호에서는 '금융소비자'의 정의를 '금융상품에 관한 계약의 체결 또는 계약 체결의 권유를 하거나 청약을 받는 것(이하 '금융상품계약체결등'이라 한다)에 관한 금융상품판매업자의 거래상대방 또는 금융상품자문업자의 자문업무의 상대방인 전문금융소비자 또는 일반금융소비자를 말한다'라고 규정하고 있다.

이는 예금자, 투자자, 보험계약자, 신용카드 이용자 등 금융회사와 거래하고 있는 당사자뿐만 아니라 장래 금융회사의 상품이나 서비스를 이용하고자 하는 자를 포괄하는 개념이다.

금융소비자보호는 금융시장의 공급자인 금융상품의 개발자와 판매자에 비해 교섭력과 정보력이 부족한 수요자인 금융소비자의 입지를 보완하기 위하여 불공정하고 불평등한 제도와 관행을 바로잡는 일련의 업무이다.

금융소비자보호는 금융상품을 소비하는 금융소비자의 관점에서 금융시장에서의 불균형을 시정하여 소비자들이 금융기관과 공정하게 협상할 수 있는 기반을 확보하고, 금융소비자의 신뢰 제고를 통하여 장기적으로 금융서비스의 수요를 증가시키는 효과가 발생하게 되므로, 궁극적으로 우리나라의 자본시장을 발전시키는 역할을 수행한다.

금융소비자 등이 금융투자업 종사자에게 업무를 맡기는 이유는 금융투자업 종사자를 전문가로서 인정하고 이를 신뢰하기 때문이다. 따라서 금융투자업 종사자는 일반인(아마추어)에게 요구되는 것 이상의 '전문가로서의 주의'를 기울여 그 업무를 수행하여야 한다. 어떻게 행동하면 이 같은 주의의무를 다하는 것인가는 수행하는 업무의 구체적인 내용에 따라서 다르지만, 일반적으로는 '신중한 투자자의 원칙(Prudent Investor Rule)'이 그 기준이 될 수 있다.

신중한 투자자의 원칙이란 미국의 신탁법에서 수탁자의 행위기준으로서 널리 인정받은 바 있는 "Prudent Man Rule"(신중한 사람의 원칙)을 자산운용에 관한 이론 및 실무의 발전을 받아들여 수정한 것이다. 이에 의하면, 수탁자가 자산운용업계에서 받아들여지고 있는 포트폴리오(portfolio) 이론에 따라서 자산을 운용한다면 그것은 일반적으로 적법한 것으로서 인정된다. 이 원칙은 1992년에 간행된 미국의 「제3차 신탁법 Restatement」에 의하여 채택되었다. 신중한 투자자원칙의 구성원리인 신중성은 수탁자의 투자판단에 관한 의무이행뿐만 아니라 충실의무(duty of loyalty)와 공평의무(duty of impartiality)와 같이 투자관리자가 수익자의 이익을 위하여 행동하여야 하는 의무와 수익전념의무를 포함한다(의무의 포괄성). 우리나라 판례에서도 투자관리자와 투자자인 고객 사이의 관계는 본질적으로 신임관계에 기초하여 고객의 재산관리사무를 대행하는 지위에서 비롯된다고 하여 이를 확인하고 있다(대법원 1995. 11. 21. 선고 94도1538 판결).

이렇듯 '신중한 투자자의 원칙'을 고려하여 보면 '전문가(profession)로서의'라는 것은, 주의를 기울이는 정도와 수준에 있어서 일반인 내지 평균인(문외한) 이상의 당해 전문가 집단(예를 들어 증권투자권유자문인력이라면 그 집단)에 평균적으로 요구되는 수준의 주의가 요구된다는 뜻이다.

'주의(care)'라는 것은 업무를 수행하는 데에 있어서 관련된 모든 요소에 기울여야 하는 마음가짐과 태도를 말한다. 이 같은 주의의무는 적어도 업무수행이 신임관계에 의한 것인 한, 사무처리의 대가가 유상이건 무상이건을 묻지 않고 요구된다.

특히 금융투자업자는 금융기관의 공공성으로 인하여 일반적인 회사에 비하여 더욱 높은 수준의 주의의무를 요한다. 즉, 금융기관은 금융소비자의 재산을 보호하고 신용질서유지와 자금중개 기능의 효율성 유지를 위하여 금융시장의 안정성 및 국민경제의 발전에 이바지해야 하는 공공적 역할을 담당하는 위치에 있기 때문에 일반적인 선관의무 이외에 그 공공적 성격에 걸맞은 내용의 선관의무를 다할 것이 요구된다(대법원 2002. 3. 15. 선고 2000다9086 판결).

따라서 금융투자업 종사자가 고의 또는 과실로 인해 전문가로서의 주의의무를 다하여 업무를 집행하지 않은 경우, 위임인에 대한 의무 위반을 이유로 한 채무불이행책임(민법 390조)과 불법행위책임(민법 750조) 등과 같은 법적 책임을 지게 된다.

이러한 '전문가로서의 주의'의무는 금융회사가 금융소비자에게 판매할 상품을 개발하는 단계부터 판매 단계 및 판매 이후의 단계까지 적용된다.

2) 금융소비자보호 관련 국내외 동향

(1) 국제 동향

연금자산 확대 등 개인의 금융자산이 증대되고 있는 가운데 개인들의 금융거래가 경제생활에서 차지하는 중요성이 날로 확대되고 있는 반면, 금융산업은 겸업화 및 글로벌화가 진행됨에 따라 금융상품이 복잡·다양해지고 있어 금융소비자들이 금융상품에 내재된 위험과 수익구조를 이해하기 어려워지고 있다.

또한 금융소비자는 금융기관에 비해 상대적으로 정보 면에서 열위에 있어 금융소비자의 불만이 증대되고, 이로 인하여 불필요한 사회적 비용이 발생되고 있다.

이러한 문제를 인식하고 대처하기 위한 노력은 비단 한 국가만의 문제가 아닌바, 국제적으로는 우리나라를 포함하여 현재 38개국이 참여하는 OECD(Organization for Economic Coorperation and Development : 경제협력개발기구)가 주축이 되어 지금 현재도 'Covid-19 시대의 금융소비자 보호 방안', '노령인구에 대한 금융소비자 보호', 'Digital 세대를 위한 금융소비자 보호정책' 등에 관한 자료를 발간하며 금융소비자 보호를 위해 지속적인 노력을 기울이고 있다.

특히 OECD 국가 중 선진 20개국이 참여하는 G20는 2010년 서울에서 열린 'G20 정상회의'에서 '금융소비자보호 강화'를 향후 추진 이슈로 선정하였으며, 이에 따라 2011년 칸에서 열린 'G20 정상회의'에서 OECD가 제안한 '금융소비자보호에 관한 10대 원칙'을 채택하였고, 이는 각국의 금융소비자보호 관련 법규 제정 등의 기초가 되고 있다.

이후 2014년 케언즈에서 열린 G20 정상회의에서도 '금융소비자보호 정책의 실행을 위한 효율적 접근 방안' 등을 발표하는 등 국제사회의 금융소비자보호를 강화하기 위한 노력은 현재도 지속되고 있다.

금융소비자보호 10대 원칙

원칙 1. 법 규제 체계
- 금융소비자보호는 법률, 규제 및 감독체계의 한 부분으로 자리 잡아야 하고, 각국의 다양한 상황과 세계시장, 금융규제 발전 상황 등을 반영해야 한다.
- 규제는 금융상품 및 소비자의 특성과 다양성, 소비자들의 권리 및 책임에 맞도록 설정

하고, 새로운 상품 구조 등에 대응해야 한다.
- 금융서비스 제공자와 중개대리인은 적절한 규제를 받도록 해야 한다.
- 정부 이외의 이해관계자는 금융소비자보호에 관한 정책, 교육 책정 시 의견을 구해야
  한다.

원칙 2. 감독기관의 역할
- 금융소비자보호에 관한 명확한 책임을 갖고, 업무수행에 필요한 권한을 지닌 감독기관
  을 설치해야 하고, 당해 기관에 명확하고 객관적으로 정의된 책임과 적절한 권한을 주
  어야 한다.
- 감독기관은 소비자 정보 및 기밀정보에 관한 적절한 정보보호기준과 이해상충 해소 등
  높은 직업윤리기준을 준수해야 한다.

원칙 3. 공평·공정한 소비자 대우
- 모든 금융소비자는 금융서비스 공급자와의 모든 관계에서 공평, 공정한 대우를 받아야
  한다.
- 모든 금융서비스 공급자는 공정한 고객대응을 기업문화로 정착시켜야 한다.
- 약자인 금융소비자에게 특히 배려해야 한다.

원칙 4. 공시 및 투명성
- 금융서비스 공급자와 중개대리인은 소비자에게 상품의 편익, 리스크 및 모든 영업과정
  에서 적절한 정보를 제공해야 한다.
- 계약 전 단계에서 동일한 성격의 상품, 서비스 비교 등 표준화된 정보공시 관행을 정비
  해야 한다.
- 자문 제공은 가능한 한 객관적으로 하고, 일반적으로는 상품의 복잡성, 상품에 수반된
  리스크, 소비자의 재무상태, 지식, 능력 및 경험 등 소비자 성향에 기반을 뒤야 한다.

원칙 5. 금융교육과 인식
- 금융교육 및 계발은 전체 이해관계자에게 추진하고, 소비자가 소비자보호, 권리 및 책
  임에 관한 명확한 정보를 쉽게 입수할 수 있게 해야 한다.
- 현재 및 장래 소비자가 리스크를 적절하게 이해할 수 있게끔 지식, 기술 및 자신감을 향
  상할 수 있게 해 충분한 정보에 기초한 의사결정을 가능케 하고, 정보의 습득과 소비자
  스스로 경제적 건전성을 높이기 위한 효과적 행동을 할 수 있는 체계를 적절히 구축해
  야 한다.

- 모든 이해관계자는 OECD의 금융교육에 관한 국제네트워크(INFE)가 책정한 금융교육에 관한 국제적 원칙과 가이드라인의 실시를 권고한다.

원칙 6. 금융회사의 책임영업행위 강화
- 금융회사는 소비자의 최선의 이익을 고려해 업무를 수행하고, 금융소비자보호를 실현할 책임을 지도록 해야 한다.
- 금융서비스 공급자는 중개대리인의 행위에 대해 책임을 지는 동시에 설명책임도 지게끔 한다.

원칙 7. 금융소비자 자산의 보호 강화
- 정보, 관리 및 보호에 관한 메커니즘에 따라 적절하고 확실하게 소비자의 예금, 저축 및 여타 유사 금융자산을 보호해야 한다. 여기에는 부정행위, 횡령, 기타 악용행위 등으로부터의 보호도 포함된다.

원칙 8. 금융소비자의 개인정보 보호 강화
- 소비자에 관한 재무 및 개인정보는 적절한 관리, 보호체계에 따라 보호되어야 한다.

원칙 9. 민원처리 및 시정절차 접근성 제고
- 관할 국가 또는 지역은 소비자가 적정한 민원 해결 및 구제제도를 이용할 수 있도록 해야 하고, 그 제도는 이용 가능성, 지급 가능성, 독립성, 공정성, 설명책임, 적시성 및 효율성을 갖추고 있어야 한다.

원칙 10. 경쟁환경 조성
- 소비자에 대한 금융서비스 선택의 폭 확대, 경쟁력 있는 상품 제공, 혁신 확대 및 서비스의 질 유지, 향상 등을 위해 국내외 시장 경쟁을 촉진하고 금융서비스 제공자들의 경쟁을 유도한다.

(2) 국내 동향

우리나라는 2000년대 들어서면서 금융소비자 보호에 대한 인식이 전면적으로 제고되었다.

금융감독원은 2006년 9월 '금융소비자보호 모범규준'을 제정하여 소비자 불만을 예방하고 금융피해를 신속히 구제하기 위한 노력을 시작했고, 2008년 글로벌 금융위기 이후 전 세계적으로 금융소비자보호를 강화하는 방향으로 금융의 패러다임이 변화함에 따라 여러 차례의 개정을 거쳐 금융소비자보호 총괄책임자 지정, 금융상품의 개발부터 사후관리까지 전 과정에서의 내부통제 강화 등을 추가하여 2021년 9월까지 시행하였다.

그러나, 모범규준은 법령 등에 비해 상대적으로 그 강제성이 제한되는바, 금융소비자보호를 더욱 강화하기 위하여 2020년 3월 24일, 금융소비자보호법을 제정하여 2021년 3월 25일(일부 9.25일)부터 시행 중이다.

금융소비자보호법은 G20 정상회의에서 채택한 '금융소비자보호 10대 원칙'의 내용을 포함하고 있으며, 제1조에서 명확히 하고 있듯이 '금융소비자의 권익 증진'과 '금융상품판매업 및 금융상품자문업에 대한 건전한 시장질서를 구축'하는 것을 목적으로 한다. 동 법 및 시행령과 이에 근거한 금융감독규정(금융소비자보호 감독규정)이 제정·시행됨에 따라, 기존의 금융소비자보호 모범규준에서 정한 사항들이 법적인 의무사항으로 강화되었고, 자본시장법에서 제한적으로 적용되던 금융소비자 보호에 관한 사항이 금융상품 전체로 확대되었으며, 금융소비자 보호를 위한 신설제도 등이 도입되는 등 금융소비자를 위한 보호정책은 점차 강화되고 있는 추세이다.

3) 금융소비자보호 내부통제체계

금융소비자보호법은 금융소비자 보호 업무를 준법감시 업무와 마찬가지로 '내부통제' 업무로 본다. 이에 따라 금융소비자보호법의 적용을 받는 모든 금융회사는 회사 내부에 금융소비자보호에 관한 내부통제체계를 구축해야 하고, 이에 관한 규정은 각 업권별로 표준내부통제기준을 통해 반영(예를 들어 은행연합회 등에서 정하고 있는 표준내부통제기준)하고 있는바, 이 교재에서는 금융투자협회의 '금융투자회사의 금융소비자보호 표준내부통제기준(이하 '금융소비자보호 표준내부통제기준'이라 한다)'을 중심으로 살펴본다.

금융소비자보호 표준내부통제기준 제5조 제1항에서는 "회사는 금융소비자보호 업무에 관한 임직원의 역할과 책임을 명확히 하고, 업무의 종류 및 성격, 이해상충의 정도 등을 감안하여 업무의 효율성 및 직무 간 상호 견제와 균형이 이루어질 수 있도록 업무분장 및 조직구조를 수립하여야 한다"고 규정함으로써 각 금융회사의 금융소비자보호 내부통제체계를 구축하여야 할 것으로 의무화하였다.

또한 같은 조 제3항에서는 "회사의 금융소비자보호에 관한 내부통제조직은 이사회,

대표이사, 금융소비자보호 내부통제위원회, 금융소비자보호 총괄기관 등으로 구성된다"고 명시하여 기존의 금융소비자보호 모범규준과는 달리 금융소비자보호에 관한 내부통제업무의 승인 권한을 회사의 최고의사결정기구인 이사회까지 확대시킴으로써 금융소비자보호의 중요성을 여실히 보여주고 있다.

이제 금융소비자보호에 관한 각 조직별 권한과 의무를 살펴보도록 하자.

(1) 이사회

금융소비자보호 표준내부통제기준 제6조에 따라 이사회는 최고 의사결정기구로서 회사의 금융소비자보호에 관한 내부통제체계의 구축 및 운영에 관한 기본방침을 정한다. 또한 내부통제에 영향을 미치는 경영전략 및 정책을 승인하고 금융소비자보호의 내부통제와 관련된 주요사항을 심의·의결한다.

(2) 대표이사

금융소비자보호 표준내부통제기준 제7조에 따라 대표이사는 이사회가 정한 내부통제체계의 구축 및 운영에 관한 기본방침에 따라 금융소비자보호와 관련한 내부통제체계를 구축·운영하여야 한다.

대표이사는 회사의 금융소비자보호 내부통제체계가 적절히 구축·운영되도록 내부통제환경을 조성하고, 관련법규의 변경, 영업환경 변화 등에도 금융소비자보호 내부통제체계의 유효성이 유지될 수 있도록 관리하여야 한다.

한편, 대표이사는 다음의 사항에 대한 권한 및 의무가 있다.

❶ 금융소비자보호 내부통제기준 위반 방지를 위한 예방대책 마련
❷ 금융소비자보호 내부통제기준 준수 여부에 대한 점검
❸ 금융소비자보호 내부통제기준 위반내용에 상응하는 조치방안 및 기준 마련
❹ 위의 ❶ 및 ❷를 위해 필요한 인적, 물적 자원의 지원
❺ 준법감시인과 금융소비자보호 총괄책임자의 업무 분장 및 조정

다만, 대표이사는 ❶, ❷ 및 ❸에 해당하는 업무를 금융소비자보호 총괄책임자에게 위임할 수 있으며, 업무를 위임하는 경우 위임하는 업무의 범위를 구체적으로 명시해야 하고, 위임의 절차를 명확히 해야 한다. 대표이사가 해당 업무를 금융소비자보호 총괄책임자에게 위임하는 경우 금융소비자보호 총괄책임자는 매년 1회 이상 위임업무의 이

행사항을 금융소비자보호 내부통제위원회(내부통제위원회가 없는 경우 대표이사)에 보고하여
야 한다.

(3) 금융소비자보호 내부통제위원회

금융소비자보호 표준내부통제기준 제9조 제1항에서는 금융소비자보호 관련법령 등
에 따라 내부통제위원회 설치를 예외로 적용하는 경우를 제외하고는 각 금융회사별로
금융소비자보호에 관한 내부통제를 수행하기 위하여 필요한 의사결정기구로서 대표이
사를 의장으로 하는 '금융소비자보호 내부통제위원회'를 설치하도록 의무화하고 있다.

금융소비자보호 내부통제위원회는 매 반기마다 1회 이상 의무적으로 개최해야 하며,
개최결과를 이사회에 보고하는 것은 물론 최소 5년 이상 관련 기록을 유지해야 한다.

금융소비자보호 내부통제위원회의 의결 및 심의사항은 다음과 같다.

❶ 금융소비자보호에 관한 경영방향
❷ 금융소비자보호 관련 주요 제도 변경사항
❸ 임직원의 성과보상체계에 대한 금융소비자보호 측면에서의 평가
❹ 금융상품의 개발, 영업방식 및 관련 정보공시에 관한 사항
❺ 금융소비자보호 내부통제기준 및 법 제32조 제3항에 따른 금융소비자보호기준의
   적정성·준수실태에 대한 점검·조치 결과
❻ 법 제32조 제2항에 따른 평가(이하 '금융소비자보호 실태평가'라 함), 감독(법 제48조 제1
   항에 따른 '감독'을 말함) 및 검사(법 제50조에 따른 '검사'를 말함) 결과의 후속조치에 관한
   사항
❼ 중요 민원·분쟁에 대한 대응 결과
❽ 광고물 제작 및 광고물 내부 심의에 대한 내부규정(단, 준법감시인이 별도로 내부규정 마
   련 시 제외 가능)
❾ 금융소비자보호 총괄기관과 금융상품 개발·판매·사후관리 등 관련부서 간 협의
   필요사항
❿ 기타 금융소비자보호 총괄기관 또는 기타 관련부서가 내부통제위원회에 보고한
   사항의 처리에 관한 사항

(4) 금융소비자보호 총괄기관

금융소비자보호 표준내부통제기준 제10조에 따라 각 회사는 책임과 권한을 가지고 금융소비자보호에 관한 내부통제 업무를 수행하기 위하여 필요한 조직으로서 금융소비자보호 총괄기관을 설치하여야 한다. 금융소비자보호 총괄기관은 소비자보호와 영업부서 업무 간의 이해상충 방지 및 회사의 소비자보호 업무역량 제고를 위하여 금융상품 개발·판매 업무로부터 독립하여 업무를 수행해야 하고, 대표이사 직속 기관으로 두어야 한다.

금융회사는 금융소비자보호업무를 원활하게 수행할 수 있도록 고객 수, 민원건수, 상품개발 및 판매 등 관련 타부서와의 사전협의 수요 등을 고려하여 업무수행에 필요한 인력을 갖춰야 하며, 금융소비자보호 업무를 원활하게 수행할 수 있는 직원을 업무담당자로 선발하여 운영하여야 한다.

금융소비자보호 총괄기관의 권한은 다음과 같다.

❶ 금융소비자보호에 관한 경영방향 수립
❷ 금융소비자보호 관련 교육의 기획 및 운영
❸ 금융소비자보호 관련 제도 개선
❹ 금융상품의 개발, 판매 및 사후관리에 관한 금융소비자보호 측면에서의 점검 및 조치
❺ 민원, 분쟁의 현황 및 조치 결과에 대한 관리
❻ 임직원의 성과보상체계에 대한 금융소비자보호 측면에서의 평가
❼ 금융상품의 개발, 변경, 판매 중단 및 관련 약관의 제·개정 등을 포함하여 판매촉진, 영업점 성과평가 기준 마련 등에 대한 사전 협의
❽ 금융소비자보호 내부통제위원회의 운영(❶부터 ❺까지의 사항을 내부통제위원회에 보고하는 업무를 포함한다)
❾ 금융소비자보호 내부통제 관련 규정 등 수립에 관한 협의

금융소비자보호 총괄기관은 금융소비자보호 및 민원예방 등을 위해 아래의 사항을 포함하는 제도개선을 관련부서에 요구할 수 있으며, 제도개선 요구를 받은 부서는 제도개선 업무를 조속히 수행하여야 한다. 다만, 해당 부서가 부득이한 사유로 제도개선 업무의 수행이 불가능할 경우 그 사유를 내부통제위원회(내부통제위원회가 없는 경우 대표이사)에 소명해야 한다.

❶ 업무개선 제도운영 및 방법의 명확화

❷ 개선(안) 및 결과 내역관리

❸ 제도개선 운영성과의 평가

❹ 민원분석 및 소비자만족도 분석 결과 등을 토대로 현장 영업절차 실태 분석 및 개선안 도출

금융소비자보호 총괄기관은 금융소비자의 권리를 존중하고 민원을 예방하기 위하여 아래의 사항을 포함한 절차를 개발 및 운영하여야 한다.

❶ 금융소비자보호를 위한 민원예방

❷ 금융소비자보호와 관련된 임직원 교육 및 평가, 대내외 홍보

❸ 유사민원의 재발방지를 위한 교육 프로그램 및 제도개선 방안

또한, 금융소비자보호 총괄기관은 금융소비자보호 제도와 관련하여 임직원 등에 대한 교육 및 특정한 조치가 필요하다고 판단되는 경우 관련부서에 협조를 요청할 수 있으며, 협조 요청을 받은 관련부서는 특별한 사정이 없는 한 이에 협조하여야 한다.

(5) 금융소비자보호 총괄책임자(CCO)

금융회사는 금융소비자보호 표준내부통제기준 제12조에 따라 금융소비자보호 총괄기관의 장으로서 금융소비자보호 업무를 총괄하는 임원을 '금융소비자보호 총괄책임자(CCO : Chief Consumer Officer)로 지정하여야 하며, CCO는 대표이사 직속으로 준법감시인에 준하는 독립적 지위를 보장받으며, 적법한 직무수행과 관련하여 부당한 인사상 불이익을 받지 않는다.

금융소비자보호 총괄책임자가 수행하는 직무는 다음과 같다.

❶ 금융소비자보호 총괄기관의 업무 통할

❷ 상품설명서, 금융상품 계약서류 등 사전 심의(단, 준법감시인 수행 시 제외)

❸ 금융소비자보호 관련 제도 기획 및 개선, 기타 필요한 절차 및 기준의 수립

❹ 금융상품 각 단계별(개발, 판매, 사후관리) 소비자보호 체계에 관한 관리·감독 및 검토

❺ 민원접수 및 처리에 관한 관리·감독 업무

❻ 금융소비자보호 관련부서 간 업무협조 및 업무조정 등 업무 총괄

❼ 대내외 금융소비자보호 관련 교육 프로그램 개발 및 운영 업무 총괄

❽ 민원발생과 연계한 관련부서·직원 평가 기준의 수립 및 평가 총괄

❾ 금융소비자보호 표준내부통제기준 준수 여부에 대한 점검·조치·평가 업무 총괄

❿ 대표이사로부터 위임받은 업무

⓫ 금융소비자보호 관련 이사회, 대표이사, 내부통제위원회로부터 이행을 지시·요청받은 업무

⓬ 기타 금융소비자의 권익증진을 위해 필요하다고 판단되는 업무

이와는 별도로 금융소비자보호 총괄책임자는 금융소비자의 권익이 침해되거나 침해될 현저한 우려가 발생한 경우 지체 없이 대표이사에게 보고하여야 하며, 대표이사는 보고받은 사항을 확인하여 신속히 필요한 제반사항을 수행·지원하여야 한다.

4) 금융소비자보호 관련 평가

금융소비자보호 관련 평가는 내부 평가와 외부 평가로 구분할 수 있다.

내부적으로 금융회사는 금융소비자보호법 및 관련 규정 등에 따라 회사 및 임직원이 업무를 수행함에 있어 금융소비자보호에 충실하였는지를 조직과 개인의 성과평가에 반영할 수 있는 평가도구를 마련하여 정기적으로 실행하여야 한다. 금융소비자보호 표준내부통제기준에서는 이를 금융소비자보호 내부통제위원회 및 금융소비자보호 총괄기관의 직무로 명시하고 있다.

외부적으로 금융회사는 외부 감독기구 등으로부터 금융소비자보호법 제32조 제2항에 따라 정기적인 금융소비자보호 실태평가를 받으며, 같은 법 제48조 제1항에 따른 감독 및 같은 법 제50조에 따른 검사를 받아야 한다.

특히 외부 감독기구의 금융소비자보호 실태평가 결과는 언론보도 등을 통해 공개되고 있어 그 평가 결과가 좋지 않을 경우, 금융소비자들의 해당 금융회사에 대한 신뢰도 등이 저하되므로 금융소비자의 신뢰가 가장 중요한 금융회사로서는 적극 대응할 필요가 있어, 향후 각 회사는 경영전략 수립 시 우선적으로 금융소비자보호를 고려하여야 한다.

2   상품개발 단계의 금융소비자보호

금융회사는 신상품 개발 및 마케팅 정책을 수립하는 경우 금융소비자를 보호할 수 있도록 다음의 절차를 수립하여 운영하여야 한다.

(1) 사전협의절차

사전협의는 통상 금융상품을 개발하는 부서와 해당 금융상품에 대한 마케팅을 수립하는 부서 및 금융소비자보호 총괄기관 간에 이루어지며, 금융소비자보호 총괄기관은 금융소비자보호 측면에서 금융소비자보호법령 및 회사의 내부통제기준에 부합하는지 여부를 점검하여야 한다. 만일 점검 결과 문제점이 발견되는 경우 해당 문제를 해결할 수 있도록 부서 간 사전협의 절차와 정보공유체계를 구축하고 운영하여야 한다.

이때 사전협의를 하는 대상은 금융업종마다 다르기는 하지만 통상 아래와 같다.

❶ 신상품(또는 금융서비스) 등의 개발 혹은 변경에 대한 검토
❷ 신상품 등의 개발 중단 또는 판매 중단에 대한 검토
❸ 신상품 등의 안내장(설명서), 약관, 가입신청서(설계서) 등 관련서류에 대한 검토
❹ 상품 등 판매절차의 개발 또는 변경에 대한 검토
❺ 고객 관련 판매촉진(이벤트, 프로모션 등) 전략의 적정성 검토
❻ 상품판매와 관련한 평가기준의 수립 및 변경 시 금융소비자 보호 측면에서의 적정성 여부 검토

사전협의절차를 진행하는 경우 금융소비자보호 총괄기관은 금융소비자보호 표준내부통제기준 제18조 제3항에 따라 금융상품의 위험도·복잡성, 금융소비자의 특성 및 금융상품 발행인의 재무적 건전성, 금융상품 운용 및 리스크 관리능력을 고려하여야 하며, 사전협의 대상에 금융소비자보호 측면에서 문제가 있다고 판단되는 경우 관련 부서에 금융상품 출시 및 마케팅 중단, 개선방안 제출 등을 요구할 수 있다.

이와 관련하여 금융소비자보호 총괄기관은 상품개발 또는 마케팅 정책수립 부서 등이 정해진 사전협의절차를 충실히 이행하고 있는지 여부를 정기적으로 점검하여야 한다.

사전협의절차는 판매 단계 및 판매 이후의 단계까지 영향을 미치게 되므로 만일 점검 중 사전협의가 누락된 경우 금융소비자보호 총괄기관은 금융소비자보호 표준내부통제

기준 제18조 제5항에 따라 동 사실을 해당 부서의 성과 평가 또는 민원 평가에 반영하여야 한다.

(2) 금융상품 개발 관련 점검 절차

금융소비자보호 총괄기관은 금융소비자보호 표준내부통제기준 제19조에 따라 금융상품을 개발하는 경우 금융소비자에게 불리한 점은 없는지 등을 진단하기 위한 점검항목을 마련해야 하며, 상품개발부서에게 이를 제공해야 한다.

상품개발부서는 새로운 상품을 출시하거나 상품의 중요내용을 변경하는 경우, 금융소비자보호 총괄기관에서 제공한 점검항목에 따라 해당 상품이 금융소비자보호 측면에서 적정한지 여부를 자체적으로 점검하여야 하며, 금융소비자보호 총괄기관과 사전협의 시 이를 제공함으로써 적정성 여부를 판단받을 수 있다.

또한 회사는 금융관련 법규 등에서 정한 바에 따라 금융상품 개발과정에서 다음의 사항을 포함한 내부규정을 수립하여 운영하여야 한다.

❶ 금융상품 개발부서명 및 연락처를 상품설명 자료에 명기하는 등 책임성 강화
❷ 금융상품 개발부서의 금융상품 판매자에 대한 충분한 정보 공유 책임 강화(판매회사, 부서, 담당직원뿐 아니라 판매회사가 금융상품 판매를 재위탁한 경우 위탁회사의 직원까지 포함)

(3) 외부 의견 청취

회사는 금융소비자보호 표준내부통제기준 제20조 제1항 및 제2항에 따라 금융상품 개발 초기 단계부터 금융소비자의 불만 예방 및 피해의 신속한 구제를 위해 이전에 발생된 민원, 소비자만족도 등 금융소비자 의견이 적극 반영될 수 있도록 업무절차를 마련해 운영하여야 한다.

여기에는 금융상품의 기획·개발 단계에서 외부전문가의 의견이나 금융소비자들의 요구를 회사경영에 반영할 수 있는 고객참여제도 등의 채널을 마련하고 이를 적극 활용하는 것이 포함되며, 회사는 이렇게 수집된 금융소비자의 제안이 상품개발 담당 부서 등에서 적절하게 반영되고 있는지 주기적으로 활용실적 분석 등을 실시해야 한다.

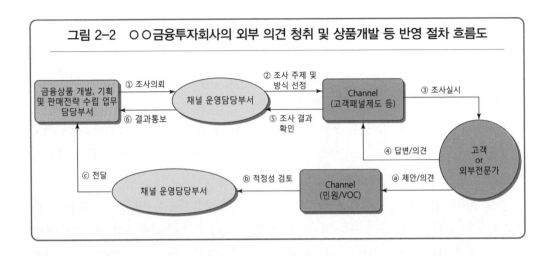

그림 2-2 ○○금융투자회사의 외부 의견 청취 및 상품개발 등 반영 절차 흐름도

3 금융상품 판매절차 구축

금융소비자보호 표준내부통제기준 제21조에서는 금융회사가 금융상품 판매과정에서 불완전판매가 발생하지 않도록 판매 전 절차와 판매 후 절차로 구분하여 판매절차를 구축하도록 다음과 같이 규정하고 있다.

1) 금융상품 판매 전 절차

(1) 교육체계의 마련

영위하는 업종에 따라 다르지만 통상 금융회사는 수시 또는 정기적으로 전 임직원을 대상으로 하여 집합교육 또는 온라인을 통한 개별교육을 실시하여 왔다.

그러나 금융소비자보호법이 시행된 이후 이 교육에 대한 해석은 보다 구체화되어, 금융소비자보호 표준내부통제기준 제32조 제3항에서는 각 회사가 판매임직원 등을 대상으로 금융소비자에게 제공되는 '개별상품'별 교육을 실시하도록 규정하고 있다.

예를 들어 펀드의 경우 과거에는 주식형 펀드 전체 혹은 펀드라는 특정 금융상품 유형 전체에 대해 교육을 진행했다면 현재는 실제 금융소비자에게 제공되는 개별 펀드별로 교육을 실시하여 각 상품별 특성과 위험 등에 대해 판매하는 임직원 등이 명확히 이해하고 판매에 임할 수 있도록 하여야 하는 것이다.

이와 더불어 같은 조 제1항에서는 회사가 판매임직원 등을 대상으로 해당 회사의 금융소비자보호 내부통제기준 및 금융소비자보호관련법령 등의 준수에 관한 교육을 의무적으로 실시하도록 명시하고, 이 교육을 받지 않은 임직원의 경우 금융상품을 판매할 수 없도록 하는 등 금융상품의 판매 전 교육을 통해 불완전판매가 발생하지 않도록 하고 있다.

(2) 판매자격의 관리

금융소비자보호 표준내부통제기준 제33조에서는 회사의 임직원 등이 금융상품을 판매하기 위한 자격요건을 규정하고 있는데, 여기에는 기존에 관련 법규 등에서 정하고 있는 자격증 취득 여부 및 교육 이수 여부 등을 기본으로 하여 추가적으로 회사가 취급하는 금융상품에 대하여 회사가 정한 기준에 따른 평가 결과, 전문성과 숙련도가 낮은 판매임직원 등일 경우 및 기타 불완전판매 관련 민원이 회사가 정한 기준 이상으로 발생하여 회사가 개별적으로 판매를 제한하는 판매임직원 등일 경우에는 금융상품의 판매를 제한하는 내용이 포함되어 있다.

현재 거의 모든 금융회사는 각 임직원이 회사가 취급하고 있는 금융상품을 판매할 수 있는 특정 자격증을 보유하고 있는지, 자격 유지를 위한 보수교육은 이수하고 있는지 상시 또는 주기적으로 관리하고 있다.

예를 들어 ○○금융투자회사의 상품별 판매자격기준은 다음과 같다.

취급상품명	판매자격기준
집합투자증권(펀드)	펀드투자권유자문인력
주식, ELB/DLB	증권투자권유자문인력
채권, CP, RP, CMA	증권투자권유자문인력
선물, 옵션, ELW, ELS/DLS	파생상품투자권유자문인력
Wrap Account	운용대상자산별 자격증
방카슈랑스	생명보험, 손해보험, 변액보험, 제3보험 대리점
신탁	(파생상품이 포함된 금전신탁의 경우) 파생상품투자권유자문인력

무자격 투자상담사(現, 투자권유대행인)의 대체출고 후 편취행위는 회사업무와 연관성이 있으므로 회사의 사용자 책임을 인정한 사례

(사건 개요)

증권회사 지점장은 A가 투자상담사 자격이 없음을 인지하였음에도 불구하고 본인이 근무하는 지점에 채용하였고, A의 고객은 A에 의해 큰 수익이 발생하자, 추가로 투자금액을 증액하였다. 이후 A는 해당 고객에게 특정 종목을 너무 많이 거래하면 감독당국으로부터 지적을 당하는 등 문제가 발생할 소지가 있으니 다른 사람 명의의 계좌로 해당 주식을 분산하고 향후 돌려주겠다고 제의하여 고객의 동의를 받았으며, 분산시켜 놓은 해당 주식을 고객에게 반환하지 않고 잠적하였다.

(판단 내용)

무자격 투자상담사의 불법행위는 외관상 업무연관성이 있으므로 증권회사는 사용자로서 불법행위의 책임이 인정된다. 또한 지점장 역시 A의 불법행위를 방조한 것으로 공동 불법행위를 구성하므로 증권회사는 지점의 사용자로서도 불법행위의 책임이 인정된다. 다만, 고객에게도 대체출고를 동의한 점 등 잘못이 있어 이를 손해액 산정에 감안한다(대법원 2006.9.14.선고 2004다 53203).

(3) 판매과정별 관리절차 및 확인 절차 마련

금융회사는 판매임직원 등이 금융소비자보호법 등 관련법령을 준수하고 불완전판매가 발생하지 않도록 문자메시지, 전자우편 등을 활용하여 금융상품을 판매하는 경우 각 판매과정별 관리절차를 마련하여 운영하여야 한다.

여기에는 반드시 판매임직원 등이 지켜야 할 사항에 대한 점검항목을 제공하고 실제 이를 준수하고 있는지 점검하는 내용이 포함된다.

또한 금융소비자가 금융상품을 선택하는 과정에서 반드시 알아야 할 사항 및 금융상품의 주요 위험요인 등에 대해 이해하고 있는지 확인하는 등의 절차를 마련하여야 한다.

2) 금융상품 판매 후 절차

금융회사의 상품 판매 및 마케팅 담당부서는 상품 판매 개시 이전에 상품 판매 이후 준수해야 할 절차를 마련하여야 한다.

첫째, 금융소비자가 본인의 금융상품 구매내용 및 금융거래에 대한 이해의 정확성 등 불완전판매 여부를 확인할 수 있는 절차가 마련되어 있어야 한다.

둘째, 금융회사는 불완전판매 및 불완전판매 개연성이 높은 상품에 대해서는 해당 금융상품의 유형을 고려하여 재설명 및 청약철회, 위법계약해지 등의 금융소비자보호절차를 마련해야 한다. 이는 상품의 판매 단계에서 판매임직원 등이 금융소비자에게 설명의무를 이행할 시 반드시 설명해야 할 사항들로 금융회사는 자체 교육 및 대내외 미스터리 쇼핑 실시 등을 통해 점검하게 된다.

셋째, 문자메시지, 전자우편 등을 활용한 투자성 상품 매매내역 통지, 신탁 또는 일임의 운용내역 통지 등 금융소비자에 대한 통지 체계를 마련하고 운영하여야 한다. 금융회사는 문자메시지나 전자우편 등을 이용한 통지 체계의 적정성 여부를 수시 또는 정기로 점검하여 개선사항 등이 필요한지를 확인하여야 한다.

4　상품 판매 단계의 금융소비자보호

금융소비자보호법은 제13조부터 제16조를 통해 금융회사의 영업행위 일반원칙을 다음과 같이 법적인 의무로 규정하고 있다.

> **제13조(영업행위 준수사항 해석의 기준)**
> 누구든지 이 장의 영업행위 준수사항에 관한 규정을 해석·적용하려는 경우 금융소비자의 권익을 우선적으로 고려하여야 하며, 금융상품 또는 계약관계의 특성 등에 따라 금융상품 유형별 또는 금융상품판매업자 등의 업종별로 형평에 맞게 해석·적용되도록 하여야 한다.
>
> **제14조(신의성실의무 등)**
> ① 금융상품판매업자 등은 금융상품 또는 금융상품자문에 관한 계약의 체결, 권리의 행사 및 의무의 이행을 신의성실의 원칙에 따라 하여야 한다.
> ② 금융상품판매업자 등은 금융상품판매업 등을 영위할 때 업무의 내용과 절차를 공정히 하여야 하며, 정당한 사유 없이 금융소비자의 이익을 해치면서 자기가 이익을 얻거나 제3자가 이익을 얻도록 해서는 아니 된다.

제15조(차별금지)

금융상품판매업자 등은 금융상품 또는 금융상품자문에 관한 계약을 체결하는 경우 정당한 사유 없이 성별·학력·장애·사회적 신분 등을 이유로 계약조건에 관하여 금융소비자를 부당하게 차별해서는 아니 된다.

제16조(금융상품판매업자 등의 관리책임)

① 금융상품판매업자 등은 임직원 및 금융상품판매대리·중개업자(「보험업법」 제2조 제11호에 따른 보험중개사는 제외. 이하 이 조에서 같음)가 업무를 수행할 때 법령을 준수하고 건전한 거래질서를 해치는 일이 없도록 성실히 관리하여야 한다.

② 법인인 금융상품판매업자 등으로서 대통령령으로 정하는 자는 제1항에 따른 관리업무를 이행하기 위하여 그 임직원 및 금융상품판매대리·중개업자가 직무를 수행할 때 준수하여야 할 기준 및 절차(이하 "내부통제기준"이라 함)를 대통령령으로 정하는 바에 따라 마련하여야 한다.

앞에서도 설명한 바와 같이 금융투자업 종사자가 준수하여야 할 2가지 핵심직무윤리는 '신의성실의 원칙'과 '고객우선의 원칙'으로 이 핵심직무윤리는 단순히 준수해야 할 윤리기준을 넘어서 법적으로 의무화되어 있다.

금융투자업 종사자는 그 업무를 수행함에 있어서 개인적인 관계 등에 의하여 금융소비자를 차별해서는 아니 되고 모든 금융소비자를 공평하게 취급함으로써 금융투자업 종사자에 대한 사회적 신뢰를 유지하여야 한다.

"공평하게"라고 하는 것은 반드시 "동일하게"라는 의미라기보다는 "공정하게"라는 의미가 더 강하다. 예를 들면 어떤 투자정보를 금융소비자에게 제공하거나, 또는 이것을 수정하거나, 추가 정보를 제공함에 있어서, 모든 금융소비자에 대하여 완전히 동일한 조건이어야 하는 것은 아니고 금융소비자의 투자목적, 지식·경험, 정보제공에 대한 대가 등에 따라서 필요한 정보를 적절하게 차별하여 제공하는 것은 허용된다. 즉, 동일한 성격을 가진 금융소비자 내지 금융소비자군(群)에 대하여 제공되는 서비스의 질과 양 및 시기 등이 동일하다면 공정성을 유지하고 있는 것으로 볼 수 있다.

금융소비자보호법 제15조의 차별금지에 관한 예를 들어보면 다음과 같다.

금융투자회사의 표준내부통제기준 제40조의5 제1항에서는 "회사는 거래소로부터 받은 시세정보를 투자자에게 제공하는 경우 시세정보의 제공형태나 제공방식 등에 대해서 투자자가 선택할 수 있도록 고지하지 않고 특정 위탁자에게만 매매주문 관련 자료나 정보를 차별적으로 제공하는 행위를 하여서는 아니 된다"라고 규정하고 있다. 만일 A와 B가 동일한 서비스 제공군에 속하는 일반투자자인 경우 A에게 제공되는 시세 정보가 B보다 빠르다면 A는 항상 B보다 앞서서 투자결정을 내릴 수 있을 것이며 이는 결국 A와 B의 투자손익에 막대한 차이가 발생하는 원인이 될 수 있다. 이는 모두에게 공정성을 유지하는 것이 아니므로 윤리기준뿐만 아니라 금융소비자보호법을 위반하는 것이 된다.

! 사례

A는 주식형 펀드를 담당하는 펀드매니저이다. A는 최근 매출된 주식형 펀드를 포함하여 5개의 펀드를 운용하고 있지만 시간과 노력의 대부분은 최근 매출한 2개의 신규 펀드에 기울이고 있다. 나머지 3개의 펀드는 비교적 오래전의 펀드에 대해서는 잔고가 적다는 것과, 이미 일정한 이율이 확보되었기에 그 내용을 변경하지 않고 있다. 신규 펀드에 대해서는 새롭게 입수한 투자정보에 기하여 적극적으로 포트폴리오의 내용을 교체하고 있지만 오래전의 펀드에 대해서는 그렇게 하고 있지 않다.

(평가)
A는 모든 금융소비자를 공정하게 취급하여야 한다는 윤리기준을 위반하고 있다. 운용전략이 동일한 성격의 펀드에 대해서는 동등하게 운용하여야 한다.

또한 금융소비자보호법 제16조에서는 금융회사가 임직원 및 위탁계약을 체결한 대리인 등을 관리하여야 할 책임을 명확히 규정하고 이를 위해 직무 수행 시 준수해야 할 기준 및 절차가 담긴 내부통제기준을 반드시 마련하도록 의무화함으로써 사용자 책임을 강화하고 있다.

이제 금융상품의 판매 단계에서 적용되는 가장 중요한 '6대 판매원칙'에 대해 세부적으로 알아보도록 한다.

1) 적합성 원칙(Principle of Suitability)

> **금융소비자보호법 제17조(적합성원칙) (발췌)**
> ① 금융상품판매업자등은 금융상품계약체결등을 하거나 자문업무를 하는 경우에는 상대방인 금융소비자가 일반금융소비자인지 전문금융소비자인지를 확인하여야 한다.

② 금융상품판매업자등은 일반금융소비자에게 다음 각 호의 금융상품 계약 체결을 권유(금융상품자문업자가 자문에 응하는 경우를 포함. 이하 이 조에서 같다)하는 경우에는 면담·질문 등을 통하여 다음 각 호의 구분에 따른 정보를 파악하고, 일반금융소비자로부터 서명(전자서명법 제2조 제2호에 따른 전자서명을 포함. 이하 같다), 기명날인, 녹취 또는 그 밖에 대통령령으로 정하는 방법으로 확인을 받아 이를 유지·관리하여야 하며, 확인받은 내용을 일반금융소비자에게 지체 없이 제공하여야 한다.

　2. 투자성 상품(자본시장법 제9조 제27항에 따른 온라인소액투자중개의 대상이 되는 증권 등 대통령령으로 정하는 투자성 상품은 제외. 이하 이 조에서 같다) 및 운용 실적에 따라 수익률 등의 변동 가능성이 있는 금융상품으로서 대통령령으로 정하는 예금성 상품

　　가. 일반금융소비자의 해당 금융상품 취득 또는 처분 목적

　　나. 재산상황

　　다. 취득 또는 처분 경험

　3. 대출성 상품

　　가. 일반금융소비자의 재산상황

　　나. 신용 및 변제계획

　4. 그 밖에 일반금융소비자에게 적합한 금융상품 계약의 체결을 권유하기 위하여 필요한 정보로서 대통령령으로 정하는 사항

③ 금융상품판매업자등은 제2항 각 호의 구분에 따른 정보를 고려하여 그 일반금융소비자에게 적합하지 아니하다고 인정되는 계약 체결을 권유해서는 아니 된다. 이 경우 적합성 판단 기준은 제2항 각 호의 구분에 따라 대통령령으로 정한다.

④ 제2항에 따라 금융상품판매업자등이 금융상품의 유형별로 파악하여야 하는 정보의 세부적인 내용은 대통령령으로 정한다.

⑤ 금융상품판매업자등이 자본시장법 제249조의2에 따른 전문투자형 사모집합투자기구의 집합투자증권을 판매하는 경우에는 제1항부터 제3항까지의 규정을 적용하지 아니한다. 다만, 같은 법 제249조의2에 따른 적격투자자 중 일반금융소비자 등 대통령령으로 정하는 자가 대통령령으로 정하는 바에 따라 요청하는 경우에는 그러하지 아니하다.

⑥ 제5항에 따른 금융상품판매업자등은 같은 항 단서에 따라 대통령령으로 정하는 자에게 제1항부터 제3항까지의 규정의 적용을 별도로 요청할 수 있음을 대통령령으로 정하는 바에 따라 미리 알려야 한다.

금융투자업 종사자는 금융소비자에게 금융투자상품의 투자권유 등을 함에 있어 신의

성실의 원칙에 따라 선량한 관리자로서의 주의의무를 지기 때문에 금융소비자에게 투자를 권유하는 경우, 투자목적, 투자경험, 자금력, 위험에 대한 태도 등에 비추어 가장 적합한 투자를 권유하여야 한다.

이때 응대하는 금융소비자가 가지고 있는 투자에 관한 개별적인 요소 또는 상황이 모두 다를 수 있기 때문에 그에 맞는 적합한 투자권유나 투자상담을 하기 위해서는 우선 금융소비자에 관한 정보파악이 필요하고 이를 상황 변화에 따라 적절히 수정하여야 한다.

통상 개별 금융소비자에 대한 투자 권유 전 실행해야 하는 절차는 다음과 같은 순서로 실행된다.

❶ 투자권유를 하기에 앞서 먼저 해당 금융소비자가 투자권유를 원하는지 아니면 원하지 않는지를 확인
  • 투자권유를 희망하지 않는 경우 판매자의 투자권유 불가 사실 안내
❷ 해당 금융소비자가 일반금융소비자인지 전문금융소비자인지 확인
  • 전문 금융소비자인 경우 별도의 등록절차 진행
❸ 일반금융소비자인 경우 금융소비자보호법 제17조 제2항에서 정하고 있는 바에 따라 계약체결을 권유하는 금융상품별 항목에 대하여 면담·질문 등을 통하여 해당 금융소비자의 정보를 파악
  • 금융소비자가 본인의 정보를 미제공하는 경우 관계 법령 등에 따라 일부 금융상품(파생형 펀드 등 적정성 원칙 적용대상 상품)의 가입제한 사실 안내
❹ 파악된 금융소비자의 정보를 바탕으로 금융소비자의 투자성향 분석결과 설명 및 확인서 제공
  • 서명(전자서명을 포함), 기명날인, 녹취, 또는 이와 비슷한 전자통신, 우편, 전화자동응답시스템의 방법으로 금융소비자로부터 확인
  • 투자성향 분석결과 및 확인서의 제공은 일회성에 그치는 것이 아니라 금융소비자가 금융상품을 가입할 때마다 실행
❺ 투자자금의 성향 파악
  • 원금보존을 추구하는지 확인하고, 원금보존을 추구하는 경우에는 상품 가입에 제한이 있음을 안내

이러한 절차를 거쳐 얻게 된 금융소비자의 정보를 토대로 하여, 금융투자업 종사자는

개별 금융소비자에게 가장 적합한 금융상품을 권유하여야 하며, 해당 금융상품이 적합하지 않다고 판단되는 경우에는 계약체결을 권유할 수 없다. 다만, 금융소비자보호법에서 정하고 있는 바에 따라 예금성 상품은 제외된다.

만일 금융소비자가 투자권유를 희망하지 않고, 본인의 정보를 제공하지 않는 경우 판매임직원은 해당 금융소비자에게 적합성 원칙 및 설명의무가 적용되지 않는다는 사실을 안내하여야 한다.

! 사례

A는 금융투자회사의 창구에서 투자상담을 하고 있다. A는 동 지점의 주된 고객을 예탁된 자산규모에 따라서 1억 원, 5천만 원~1억 원, 5천만 원 이하로 구분하여 오직 자산규모가 큰 고객에 대해서만 환율 위험이 있는 외화표시상품과 파생투자상품을 혼합한 복잡한 금융상품을 권장하고 있다. 자산규모가 큰 고객은 일반적으로 고위험 고수익(high risk high return)형의 상품에 관심이 높고, 또한 약간 손실이 발생하여도 다른 운용자산의 이익과 상쇄할 수 있는 경우가 많기 때문이라는 생각에서이다.

(평가)

예탁된 자산규모가 크다고 해서 반드시 위험 허용도가 큰 것은 아니므로 A는 금융소비자보호법상의 적합성 원칙을 위반하고 있다. A는 고객의 재무상황, 투자경험과 투자목적도 고려하여 개별적으로 고객의 투자성향에 적합한 투자를 권유하여야 한다.

2) 적정성 원칙(Principle of Adequacy)

금융소비자보호법 제18조(적정성원칙) (발췌)

① 금융상품판매업자는 대통령령으로 각각 정하는 보장성 상품, 투자성 상품 및 대출성 상품에 대하여 일반금융소비자에게 계약 체결을 권유하지 아니하고 금융상품 판매 계약을 체결하려는 경우에는 미리 면담·질문 등을 통하여 다음 각 호의 구분에 따른 정보를 파악하여야 한다.

  2. 투자성 상품: 제17조 제2항 제2호 각 목의 정보

  3. 대출성 상품: 제17조 제2항 t제3호 각 목의 정보

  4. 금융상품판매업자가 금융상품 판매 계약이 일반금융소비자에게 적정한지를 판단하는 데 필요하다고 인정되는 정보로서 대통령령으로 정하는 사항

② 금융상품판매업자는 제1항 각 호의 구분에 따라 확인한 사항을 고려하여 해당 금융

상품이 그 일반금융소비자에게 적정하지 아니하다고 판단되는 경우에는 대통령령으로 정하는 바에 따라 그 사실을 알리고, 그 일반금융소비자로부터 서명, 기명날인, 녹취, 그 밖에 대통령령으로 정하는 방법으로 확인을 받아야 한다. 이 경우 적정성 판단기준은 제1항 각 호의 구분에 따라 대통령령으로 정한다.

③ 제1항에 따라 금융상품판매업자가 금융상품의 유형별로 파악하여야 하는 정보의 세부적인 내용은 대통령령으로 정한다.

④ 금융상품판매업자가 자본시장법 제249조의2에 따른 일반 사모집합투자기구의 집합투자증권을 판매하는 경우에는 제1항과 제2항을 적용하지 아니한다. 다만, 같은 법 제249조의2에 따른 적격투자자 중 일반금융소비자 등 대통령령으로 정하는 자가 대통령령으로 정하는 바에 따라 요청하는 경우에는 그러하지 아니하다.

⑤ 제4항에 따른 금융상품판매업자는 같은 항 단서에 따라 대통령령으로 정하는 자에게 제1항과 제2항의 적용을 별도로 요청할 수 있음을 대통령령으로 정하는 바에 따라 미리 알려야 한다.

적정성 원칙은 앞서 설명한 적합성 원칙과 유사하나 금융소비자에 대한 계약체결의 권유 여부에 따라 달리 적용되는 원칙이다.

즉 적합성 원칙은 금융투자업 종사자가 일반금융소비자에게 금융상품의 계약체결을 권유할 때 적용되는 반면, 적정성 원칙은 금융투자업 종사자가 일반금융소비자에게 금융상품의 계약체결을 권유하지 않고, 해당 일반금융소비자가 스스로 투자성 상품 등에 대해 계약체결을 원하는 경우 적용된다.

금융상품을 판매하는 금융회사는 투자권유를 하지 않더라도 각 금융상품별로 해당 일반금융소비자에 대한 정보를 면담 또는 질문을 통해 파악하여야 하며, 수집된 정보를 바탕으로 해당 금융상품이 금융소비자에게 적정하지 않다고 판단되는 경우에는 즉시 해당 금융소비자에게 그 사실을 알리고, 금융소비자보호법에서 정한 서명 등의 방법을 통해 해당 금융소비자로부터 동 사실을 알렸다는 내용을 확인받아야 한다.

3) 설명의무

금융소비자보호법 제19조(설명의무) (발췌)
① 금융상품판매업자등은 일반금융소비자에게 계약 체결을 권유(금융상품자문업자가 자문에 응하는 것을 포함)하는 경우 및 일반금융소비자가 설명을 요청하는 경우에는 다음 각 호

의 금융상품에 관한 중요한 사항(일반금융소비자가 특정 사항에 대한 설명만을 원하는 경우 해당 사항으로 한정)을 일반금융소비자가 이해할 수 있도록 설명하여야 한다.

1. 다음 각 목의 구분에 따른 사항

　나. 투자성 상품

　　1) 투자성 상품의 내용

　　2) 투자에 따른 위험

　　3) 대통령령으로 정하는 투자성 상품의 경우 대통령령으로 정하는 기준에 따라 금융상품직접판매업자가 정하는 위험등급

　　4) 그 밖에 금융소비자가 부담해야 하는 수수료 등 투자성 상품에 관한 중요한 사항으로서 대통령령으로 정하는 사항

　라. 대출성 상품

　　1) 금리 및 변동 여부, 중도상환수수료(금융소비자가 대출만기일이 도래하기 전 대출금의 전부 또는 일부를 상환하는 경우에 부과하는 수수료를 의미. 이하 같다) 부과 여부·기간 및 수수료율 등 대출성 상품의 내용

　　2) 상환방법에 따른 상환금액·이자율·시기

　　3) 저당권 등 담보권 설정에 관한 사항, 담보권 실행사유 및 담보권 실행에 따른 담보목적물의 소유권 상실 등 권리변동에 관한 사항

　　4) 대출원리금, 수수료 등 금융소비자가 대출계약을 체결하는 경우 부담하여야 하는 금액의 총액

　　5) 그 밖에 대출계약의 해지에 관한 사항 등 대출성 상품에 관한 중요한 사항으로서 대통령령으로 정하는 사항

2. 제1호 각 목의 금융상품과 연계되거나 제휴된 금융상품 또는 서비스 등(이하 "연계·제휴서비스등"이라 한다)이 있는 경우 다음 각 목의 사항

　가. 연계·제휴서비스등의 내용

　나. 연계·제휴서비스등의 이행책임에 관한 사항

　다. 그 밖에 연계·제휴서비스등의 제공기간 등 연계·제휴서비스등에 관한 중요한 사항으로서 대통령령으로 정하는 사항

3. 제46조에 따른 청약 철회의 기한·행사방법·효과에 관한 사항

4. 그 밖에 금융소비자 보호를 위하여 대통령령으로 정하는 사항

② 금융상품판매업자등은 제1항에 따른 설명에 필요한 설명서를 일반금융소비자에게 제공하여야 하며, 설명한 내용을 일반금융소비자가 이해하였음을 서명, 기명날인, 녹취 또는 그 밖에 대통령령으로 정하는 방법으로 확인을 받아야 한다. 다만, 금융소비자 보호 및 건전한 거래질서를 해칠 우려가 없는 경우로서 대통령령으로 정하는 경

우에는 설명서를 제공하지 아니할 수 있다.

③ 금융상품판매업자등은 제1항에 따른 설명을 할 때 일반금융소비자의 합리적인 판단 또는 금융상품의 가치에 중대한 영향을 미칠 수 있는 사항으로서 대통령령으로 정하는 사항을 거짓으로 또는 왜곡(불확실한 사항에 대하여 단정적 판단을 제공하거나 확실하다고 오인하게 할 소지가 있는 내용을 알리는 행위를 말한다)하여 설명하거나 대통령령으로 정하는 중요한 사항을 빠뜨려서는 아니 된다.

④ 제2항에 따른 설명서의 내용 및 제공 방법·절차에 관한 세부내용은 대통령령으로 정한다.

(1) 개요

설명의무는 6대 판매원칙 중 적합성 원칙, 적정성 원칙과 더불어 중요한 위치를 차지하고 있는바, 몇 가지 유의할 사항에 대해 세부적으로 살펴보도록 한다. 특히 설명의무의 위반과 관련하여 금융소비자보호법 제57조 및 제69조에서는 중요한 사항을 설명하지 않거나, 설명서를 사전에 제공하지 않거나, 설명하였음을 금융소비자로부터 확인받지 아니한 경우 금융회사에 대해 해당 금융상품의 계약으로부터 얻는 수입(수수료, 보수 등의 금액이 아니라 매출액 등 금융소비자로부터 받는 총금액으로 해석함이 일반적)의 최대 50% 이내에서 과징금을 부과할 수 있으며, 별도로 종전의 자본시장법에서 정하였던 최대 과태료

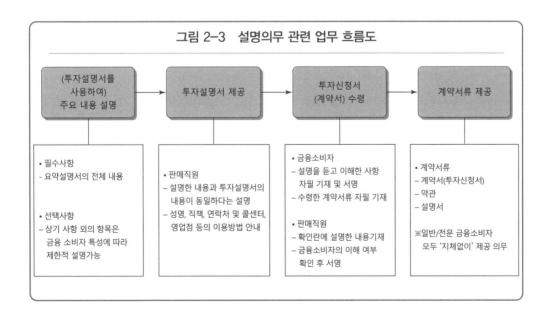

그림 2-3   설명의무 관련 업무 흐름도

금액 5천만원의 2배인 최대 1억원 이내에서 과태료를 부과할 수 있도록 함으로써 설명의무 준수의 중요성을 강조하고 있다.

❶ 적용대상의 확대

기존 자본시장법에서는 설명의무를 투자성 상품에 대해서만 규정하고 있었으나, 금융소비자보호법에서는 그 대상이 예금성 상품, 대출성 상품, 보장성 상품, 투자성 상품으로 구분되어 확대되었기 때문에, 금융회사는 각 금융상품별로 금융소비자에게 계약의 체결을 권유하는 경우 및 계약체결의 권유가 없더라도 일반 금융소비자가 요청하는 경우 각 금융상품별 중요사항에 대해 금융소비자에게 고지하고 이해할 수 있도록 설명하여야 한다.

이때 '중요한 사항'이란 사회통념상 금융상품 계약 여부의 결정에 영향을 미칠 수 있는 사항으로, 금융소비자의 합리적인 판단 또는 해당 금융상품의 가치에 중대한 영향을 미칠 수 있는 사항을 말하는 것으로 금융소비자보호법 제19조의 내용을 상품유형별로 요약하면 다음과 같다.

• 투자성 상품 : 상품의 주요 내용, 투자에 따른 위험(최대손실액 및 근거 등), 위험등급, 수수료, 계약의 해지 및 해제에 관한 사항 등
• 대출성 상품 : 금리 및 변동여부, 기간 및 수수료율, 중도상환수수료 부과여부, 상환방법, 담보권 설정 등
• 보장성 상품 : 위험보장의 주요 내용, 보험료, 해약 및 만기 시 환급금, 보험금 지급제한 사유 등
• 예금성 상품 : 상품의 주요 내용, 이자율 및 해지 시 적용이자율과 산출근거, 계약 해지 시 불이익 등

금융소비자보호법에서 정하고 있는 4가지 상품유형에 대해 각 상품과 연계하거나 제휴하는 서비스가 있는 경우에도 금융상품과 마찬가지로 설명의무의 적용대상으로 확대되었다는 점에 유의하여야 한다.

아울러, 설명의 대상에는 민원 및 분쟁조정 절차, 청약철회권, 위법계약해지권, 자료열람요구권 등이 포함되므로 금융상품 판매를 담당하는 종사자는 이러한 권리를 금융소비자가 충분히 이해할 수 있도록 안내하여야 한다. 각 금융소비자의 권리에 대한 세부내용은 투자권유의 업무절차를 고려하여 관련 항목에서 별도로 살펴보도록 한다.

❷ 설명서의 제공 및 확인 의무

　　금융회사는 금융상품에 관한 계약의 체결을 권유하는 경우 금융소비자보호법 시행령 제14조 제3항에 따라 서면, 우편 또는 전자우편, 휴대전화 문자메시지 또는 이와 유사한 방법 등을 통해 반드시 사전에 금융소비자에게 해당 금융상품의 설명서를 제공해야 한다. 다만, 동법 시행령 제14조 제4항에서 열거하고 있는 예외적인 경우(예를 들어, 기존 계약과 동일한 내용으로 계약을 갱신하는 경우 또는 법인인 전문 금융소비자가 설명서 제공을 원하지 않는 경우 등)에는 설명서의 제공의무가 면제된다.

　　또한 금융회사는 일반금융소비자에게 설명의무를 이행한 경우, 설명한 내용을 일반금융소비자가 이해하였음을 서명, 기명날인, 녹취 또는 그 밖에 대통령령으로 정하는 방법으로 확인을 받고 해당 기록을 유지, 보관할 의무가 있다. 이와 관련하여 감독기구에서는 금융소비자가 충분한 이해 없이 금융회사가 설명의무를 이행했다고 확인하는 경우 향후 관련된 소송이나 분쟁 등이 발생하였을 때 금융소비자 본인에게 불리하게 작용할 수도 있다는 점을 금융회사가 안내하도록 권고하고 있다.

(2) 설명 시 유의사항

　　금융회사는 금융상품 및 해당 상품과 연계된 제휴 서비스의 주요 사항을 설명할 때 거짓으로 설명하거나, 불확실한 사항에 대한 단정적 판단을 제공하거나, 확실하다고 오인하게 할 소지가 있는 내용을 알리는 행위를 하여서는 안 된다.

　　이에 따라 금융회사는 금융소비자에게 설명을 할 때 사용하는 정보 및 이를 보여주는 상품안내장, 약관, 광고, 홈페이지 등도 그 적정성을 갖추고 있는지 아래와 같이 확인하여야 한다.

❶ 금융소비자에게 제공하는 정보는 다음의 요건을 갖추어야 한다.
　• 금융소비자가 알기 쉽도록 간단·명료하게 작성
　• 객관적인 사실에 근거해서 작성하고, 금융소비자가 오해할 우려가 있는 정보는 작성 금지
　• 금융회사 상호 간 공정경쟁을 해치거나 사실을 왜곡하는 내용 포함 금지
　• 공시내용에 대한 담당부서, 담당자 지정 및 명확한 표시
❷ 금융소비자에 대한 정보제공은 그 제공시기 및 내용을 금융소비자의 관점에서

고려하여 적절한 시기에 이루어져야 하며, 공시자료의 내용이 변경된 경우 특별한 사유가 없는 한 지체 없이 해당 정보를 수정하여 금융소비자에게 정확한 정보가 제공되도록 하여야 한다.

❸ 금융소비자에게 제공하는 정보는 알아보기 쉽도록 글자 크기가 크고, 읽기 쉽게 제작하여야 하며, 가급적 전문적인 용어의 사용은 피해 일상적인 어휘를 사용하고, 이해도를 높이기 위해 그림, 기호 등 시각적인 요소를 적극 활용하여야 한다.

❹ 금융소비자에게 제공하는 정보는 금융소비자의 권익을 침해하는 다음과 같은 표시를 하여서는 안 된다.

- 이자, 기타 수익성에 대하여 표시 시점에 확정되어 있는 것보다 현저히 우량 또는 유리한 것으로 오인시킬 우려가 있는 표시, 기타 예저금(預貯金)의 수익성에 관하여 오인될 우려가 있는 표시
- 실제로는 원본 보전이 되지 않음에도 불구하고 마치 원본 보전이 되는 것처럼 오인될 우려가 있는 표시, 기타 예저금 등의 안정성에 관해 오인될 우려가 있는 표시
- 실제로는 예입 또는 지불에 관한 제한이 있음에도 불구하고 마치 이것이 없는 것처럼 오인될 우려가 있는 표시, 기타 예저금의 유동성에 관하여 오인될 우려가 있는 표시
- 실제로는 스스로 행하지 않는 업무를 마치 행하고 있는 것처럼 오인될 우려가 있는 표시, 또는 실제로 업무제휴를 행하고 있지 않음에도 불구하고 마치 행하고 있는 것처럼 오인될 우려가 있는 표시
- 자기가 제공하는 서비스(다른 사람과 제휴에 의해 제공하는 것도 포함)에 대해 실제로는 수수료를 징수함에도 불구하고 무료로 이용할 수 있는 것처럼 오인될 우려가 있는 표시
- 실제로는 적용되지 않는 금리 또는 수수료(표시 직전 상당기간 실제로 적용되고 있었던 금리 또는 수수료를 제외)를 비교 가격으로 함으로써 실제의 것보다도 현저히 유리한 것으로 오인될 우려가 있는 표시
- 실제로 거래할 의사가 없는 것으로 인정되는 금융상품 또는 서비스에 대해 거래할 수 있는 것으로 오인될 우려가 있는 표시
- 금융상품 등에 관한 구체적인 정보를 제공하기 위한 것도 아니며 단지 다른 사람 또는 기타 금융상품 등의 난점을 지적하려는 비방 또는 중상하려는 복적의

표시 등

(3) 청약철회권

금융소비자보호법의 시행으로 인해 금융회사가 금융소비자에게 새롭게 설명해야 하는 사항 중 하나는 바로 '청약철회권'이다. 새로 도입된 청약철회권 제도에 대해 금융소비자보호법 제46조는 이렇게 설명하고 있다.

금융소비자보호법 제46조(청약의 철회) (발췌)

① 금융상품판매업자등과 대통령령으로 각각 정하는 보장성 상품, 투자성 상품, 대출성 상품 또는 금융상품자문에 관한 계약의 청약을 한 일반금융소비자는 다음 각 호의 구분에 따른 기간(거래 당사자 사이에 다음 각 호의 기간보다 긴 기간으로 약정한 경우에는 그 기간) 내에 청약을 철회할 수 있다.

2. 투자성 상품, 금융상품자문 : 다음 각 목의 어느 하나에 해당하는 날부터 7일

　　가. 제23조 제1항 본문에 따라 계약서류를 제공받은 날

　　나. 제23조 제1항 단서에 따른 경우 계약체결일

3. 대출성 상품 : 다음 각 목의 어느 하나에 해당하는 날[다음 각 목의 어느 하나에 해당하는 날보다 계약에 따른 금전·재화·용역(이하 이 조에서 '금전·재화등'이라 한다)의 지급이 늦게 이루어진 경우에는 그 지급일]부터 14일

　　가. 제23조 제1항 본문에 따라 계약서류를 제공받은 날

　　나. 제23조 제1항 단서에 따른 경우 계약체결일

② 제1항에 따른 청약의 철회는 다음 각 호에서 정한 시기에 효력이 발생한다.

1. 보장성 상품, 투자성 상품, 금융상품자문 : 일반금융소비자가 청약의 철회의사를 표시하기 위하여 서면(대통령령으로 정하는 방법에 따른 경우를 포함. 이하 이 절에서 '서면등'이라 한다)을 발송한 때

2. 대출성 상품 : 일반금융소비자가 청약의 철회의사를 표시하기 위하여 서면등을 발송하고, 다음 각 목의 금전·재화등(이미 제공된 용역은 제외하며, 일정한 시설을 이용하거나 용역을 제공받을 수 있는 권리를 포함. 이하 이 항에서 같다)을 반환한 때

　　가. 이미 공급받은 금전·재화등

　　나. 이미 공급받은 금전과 관련하여 대통령령으로 정하는 이자

　　다. 해당 계약과 관련하여 금융상품판매업자등이 제3자에게 이미 지급한 수수료 등 대통령령으로 정하는 비용

③ 제1항에 따라 청약이 철회된 경우 금융상품판매업자등이 일반금융소비자로부터 받

은 금전·재화등의 반환은 다음 각 호의 어느 하나에 해당하는 방법으로 한다.

2. 투자성 상품, 금융상품자문 : 금융상품판매업자등은 청약의 철회를 접수한 날부터 3영업일 이내에 이미 받은 금전·재화등을 반환하고, 금전·재화등의 반환이 늦어진 기간에 대해서는 대통령령으로 정하는 바에 따라 계산한 금액을 더하여 지급할 것. 다만, 대통령령으로 정하는 금액 이내인 경우에는 반환하지 아니할 수 있다.

3. 대출성 상품 : 금융상품판매업자등은 일반금융소비자로부터 제2항 제2호에 따른 금전·재화등, 이자 및 수수료를 반환받은 날부터 3영업일 이내에 일반금융소비자에게 대통령령으로 정하는 바에 따라 해당 대출과 관련하여 일반금융소비자로부터 받은 수수료를 포함하여 이미 받은 금전·재화등을 반환하고, 금전·재화등의 반환이 늦어진 기간에 대해서는 대통령령으로 정하는 바에 따라 계산한 금액을 더하여 지급할 것

④ 제1항에 따라 청약이 철회된 경우 금융상품판매업자등은 일반금융소비자에 대하여 청약의 철회에 따른 손해배상 또는 위약금 등 금전의 지급을 청구할 수 없다.

⑥ 제1항부터 제5항까지의 규정에 반하는 특약으로서 일반금융소비자에게 불리한 것은 무효로 한다.

⑦ 제1항부터 제3항까지의 규정에 따른 청약 철회권의 행사 및 그에 따른 효과 등에 관하여 필요한 사항은 대통령령으로 정한다.

일반금융소비자는 예금성 상품을 제외한 3가지 유형의 금융상품 계약의 청약 이후 각 상품유형별로 금융소비자보호법 제46조 제1항에서 정하고 있는 기간 내에 '청약철회요청서' 등 서면을 이용하여 계약 청약의 철회를 금융회사에 요구할 수 있다. 청약철회권은 금융회사의 고의 또는 과실 사유 여부 등 귀책사유가 없더라도 일반금융소비자가 행사할 수 있는 법적 권리로 금융소비자의 권익이 크게 강화된 제도라고 할 수 있다. 다만, 3가지 유형의 모든 상품이 해당되는 것은 아니며 금융소비자보호법 시행령 제37조에서 각 유형별 상품을 정하고 있는바, 금융투자업을 중심으로 볼 때 청약철회권의 대상이 되는 상품은 다음과 같다.

❶ 투자성 상품 : 다음의 금융상품. 다만, 일반금융소비자가 법 제46조 제1항 제2호에 따른 청약 철회의 기간 이내에 예탁한 금전 등을 운용하는 데 동의한 경우는 제외

-자본시장법 시행령에 따른 고난도금융투자상품(일정 기간에만 금융소비자를 모집하고 그 기간이 종료된 후에 금융소비자가 지급한 금전등으로 자본시장법에 따른 집합투자를 실시하는

것만 해당)

- 자본시장법 시행령에 따른 고난도투자일임계약
- 신탁계약(자본시장법에 따른 금전신탁은 제외)
- 자본시장법 시행령에 따른 고난도금전신탁계약

❷ 대출성 상품 : 다음의 것을 제외한 금융상품
- 자본시장법 제72조 제1항에 따른 신용의 공여(법 제46조 제1항 제3호에 따른 청약 철회의 기간 이내에 담보로 제공된 증권을 처분한 경우만 해당)
- 그 밖에 청약의 철회가 건전한 시장질서를 해칠 우려가 높은 것으로서 금융위원회가 정하여 고시하는 대출성 상품(예시 : 주식 담보대출)

금융소비자의 청약 철회를 받은 금융회사는 청약이 철회가 접수된 날(대출성 상품은 금전, 재화, 이자 등의 반환을 받은 날)로부터 3영업일 이내에 이미 받은 금전, 재화 등을 반환해야 하며, 반환이 지체되는 경우에는 반환대상에 지연이자를 가산하여 지급하여야 한다. 이때 투자성 상품은 원금을 반환하며, 대출성 상품은 대출금, 약정이자율에 의한 이자, 제3자에게 지급한 수수료 등이 포함된다.

4) 불공정영업행위의 금지

금융소비자보호법 제20조(불공정영업행위의 금지)
① 금융상품판매업자등은 우월적 지위를 이용하여 금융소비자의 권익을 침해하는 다음 각 호의 어느 하나에 해당하는 행위(이하 "불공정영업행위"라 한다)를 해서는 아니 된다.
1. 대출성 상품, 그 밖에 대통령령으로 정하는 금융상품에 관한 계약체결과 관련하여 금융소비자의 의사에 반하여 다른 금융상품의 계약체결을 강요하는 행위
2. 대출성 상품, 그 밖에 대통령령으로 정하는 금융상품에 관한 계약체결과 관련하여 부당하게 담보를 요구하거나 보증을 요구하는 행위
3. 금융상품판매업자등 또는 그 임직원이 업무와 관련하여 편익을 요구하거나 제공받는 행위
4. 대출성 상품의 경우 다음 각 목의 어느 하나에 해당하는 행위
   가. 자기 또는 제3자의 이익을 위하여 금융소비자에게 특정 대출 상환방식을 강요하는 행위
   나. 1)부터 3)까지의 경우를 제외하고 수수료, 위약금 또는 그 밖에 어떤 명목이든 중도상환수수료를 부과하는 행위

1) 대출계약이 성립한 날부터 3년 이내에 상환하는 경우

2) 다른 법령에 따라 중도상환수수료 부과가 허용되는 경우

3) 금융소비자 보호 및 건전한 거래질서를 해칠 우려가 없는 행위로서 대통령령으로 정하는 경우

다. 개인에 대한 대출 등 대통령령으로 정하는 대출상품의 계약과 관련하여 제3자의 연대보증을 요구하는 경우

5. 연계·제휴서비스등이 있는 경우 연계·제휴서비스등을 부당하게 축소하거나 변경하는 행위로서 대통령령으로 정하는 행위. 다만, 연계·제휴서비스등을 불가피하게 축소하거나 변경하더라도 금융소비자에게 그에 상응하는 다른 연계·제휴서비스등을 제공하는 경우와 금융상품판매업자등의 휴업·파산·경영상의 위기 등에 따른 불가피한 경우는 제외한다.

6. 그 밖에 금융상품판매업자등이 우월적 지위를 이용하여 금융소비자의 권익을 침해하는 행위

② 불공정영업행위에 관하여 구체적인 유형 또는 기준은 대통령령으로 정한다.

불공정영업행위는 금융회사가 자신의 우월적 지위를 이용하여 금융상품의 계약 체결에 있어 금융소비자에게 불리한 행위를 요구하는 것을 말한다. 소위 '갑질'이라고 표현될 수도 있는 이 불공정영업행위는 다른 금융상품에 비해 상대적으로 대출성 상품의 계약 체결에서 발생할 가능성이 높고 그 발생가능성도 빈번하기 때문에 금융소비자보호법도 대출성 금융상품에 대한 규제가 강한 편이다.

불공정영업행위는 현재 우리가 살펴보고 있는 핵심적인 직무윤리이자 법적 의무인 '신의성실의 원칙'과 '고객우선의 원칙'을 정면으로 위반하는 행위이므로 금융소비자보호법에서는 설명의무의 위반과 동일하게 이를 위반하는 금융회사에 대해 해당 금융상품의 계약으로부터 얻는 수입의 최대 50% 이내에서 과징금을 부과할 수 있으며, 별도로 최대 1억원 이내에서 과태료를 부과할 수 있도록 하고 있다.

5) 부당권유 행위 금지

금융소비자보호법 제21조(부당권유행위 금지) (발췌)

금융상품판매업자등은 계약 체결을 권유(금융상품자문업자가 자문에 응하는 것을 포함. 이하 이 조에서 같다)하는 경우에 다음 각 호의 어느 하나에 해당하는 행위를 해서는 아니 된

다. 다만, 금융소비자 보호 및 건전한 거래질서를 해칠 우려가 없는 행위로서 대통령령으로 정하는 행위는 제외한다.

1. 불확실한 사항에 대하여 단정적 판단을 제공하거나 확실하다고 오인하게 할 소지가 있는 내용을 알리는 행위

2. 금융상품의 내용을 사실과 다르게 알리는 행위

3. 금융상품의 가치에 중대한 영향을 미치는 사항을 미리 알고 있으면서 금융소비자에게 알리지 아니하는 행위

4. 금융상품 내용의 일부에 대하여 비교대상 및 기준을 밝히지 아니하거나 객관적인 근거 없이 다른 금융상품과 비교하여 해당 금융상품이 우수하거나 유리하다고 알리는 행위

6. 투자성 상품의 경우 다음 각 목의 어느 하나에 해당하는 행위

    가. 금융소비자로부터 계약의 체결권유를 해줄 것을 요청받지 아니하고 방문·전화 등 실시간 대화의 방법을 이용하는 행위

    나. 계약의 체결권유를 받은 금융소비자가 이를 거부하는 취지의 의사를 표시하였는데도 계약의 체결권유를 계속하는 행위

7. 그 밖에 금융소비자 보호 또는 건전한 거래질서를 해칠 우려가 있는 행위로서 대통령령으로 정하는 행위

금융소비자보호법에서는 부당권유행위를 크게 7가지로 구분하고 있는데, 이는 기존의 자본시장법 제49조에서 정하고 있던 부당권유행위보다 구체적이고 적용대상을 확대한 것이다.

부당권유행위가 발생한 경우 금융소비자보호법에서는 앞서 말한 설명의무 위반, 불공정영업행위의 발생과 마찬가지로 위반하는 금융회사에 대해 해당 금융상품의 계약으로부터 얻는 수입의 최대 50% 이내에서 과징금을 부과할 수 있으며, 별도로 최대 1억원 이내에서 과태료를 부과할 수 있다.

(1) 합리적 근거 제공 등

금융투자업 종사자의 금융소비자에 대한 금융상품의 계약 체결 또는 권유는 합리적이고 충분한 근거에 기초하여야 하고, 여러 관련 요소 중에서 선택하여야 할 사항이 있는 경우 그 취사 여부는 합리적인 판단에 기초하여야 한다. 여기에서 '합리적 판단'이란 유사한 상황에서 유사한 지식을 보유한 자가 대부분 선택할 수 있어야 함을 의미하

며 이는 선량한 관리자로서의 주의의무와 연결된다. 이와 관련하여 금융투자업규정 제4-20조 제1항에서는 "신뢰할 만한 정보·이론 또는 논리적인 분석·추론 및 예측 등 적절하고 합리적인 근거를 가지고 있지 아니하고 특정 금융투자상품의 매매거래나 특정한 매매전략·기법 또는 특정한 재산운용배분의 전략·기법을 채택하도록 투자자에게 권유하는 행위"를 불건전 영업행위 중 하나로 규정함으로써 부당권유행위의 발생을 방지하고 있다.

합리적 근거의 제공은 다른 금융상품과 비교하여 우위를 가릴 때에도 적용된다.

금융소비자보호법에서는 계약의 체결을 권유하는 금융상품과 다른 금융상품을 비교할 때 반드시 명확한 비교대상 및 기준을 밝히도록 의무화하였으며, 우수성 및 금융소비자에 대한 유리 여부에 대한 판단을 할 때 그 사유를 명확히 하도록 요구하고 있다. 따라서 금융소비자의 의사결정에 중대한 영향을 미칠 수 있는 정보를 제공할 때에는 당해 사실 또는 정보의 출처(또는 정보제공자)를 밝힐 수 있어야 한다.

또한 금융상품의 가치에 중대한 영향을 미치는 사항에 대해 금융회사가 알고 있는 경우 해당 사항은 반드시 금융소비자에게 설명하여야 하는바, 종전의 자본시장법에서는 이를 설명의무의 위반으로 보았으나, 금융소비자보호법에서는 설명의무 위반과 동시에 부당권유행위 금지 위반에 해당한다고 볼 수 있으므로 각별한 주의가 필요하다.

> ⓘ **사례**

투자권유자문인력 A는 보다 중립적이고 객관적인 자료에 근거하여 금융소비자의 투자성향에 따라 소극적인 투자를 권유하고 있다. 반면에 투자권유자문인력 B는 비관적인 자료보다는 가능한 '장밋빛' 전망을 내는 자료에 기초하여 투자를 권유하고 있다.

(평가)

B의 행위는 객관적인 판단에 입각하기보다는 시류에 영합함으로써 신임의무에 기초한 '신의성실의 원칙'을 위배하고 있다. B는 '전문가로서 독립적으로 그 직무를 수행하여야 한다'는 직무윤리를 위반하고 있고, 동시에 투자정보 등을 제공함에 있어서 정밀한 조사분석에 입각하여 합리적인 근거에 의하여야 한다는 자본시장법에 따른 규정을 위반하고 있다.

(2) 적정한 표시 의무

가. 중요 사실에 대한 정확한 표시

'중요한 사실'이라 함은 금융소비자의 금융상품 계약 체결 판단에 중요한 영향을 미친다고 생각되는 사실로서 금융상품 자체에 관한 중요한 정보뿐만 아니라, 수익에 영향을 줄 수 있는 거시경제·자본시장과 금융시장에 관한 정보, 국내에 영향을 미칠 수 있는 외국의 정보 등이 모두 포함한다.

'정확한 표시'라 함은 금융상품 계약 체결 판단에 필요한 중요한 사항은 빠짐없이 모두 포함시켜야 하고, 그 내용이 충분하고 명료할 것을 의미하는데, 이때 고려해야 할 사항은 정보를 제공받는 대상의 지식 및 이해 수준, 전체적 맥락에서 당해 정보가 불필요한 오해를 유발할 소지가 있는지 여부, 내용의 복잡성이나 전문성에 비추어 정보의 전달방법이 상대방에게 정확하게 정보가 전달될 수 있는지 여부 등이다. 표시의 방법은 조사분석자료 등과 같은 문서에 의하건 구두 또는 그 밖의 다른 방법(예 : e-mail 전송 등)에 의하건 방법을 불문한다.

> ❗ **사례**

증권회사 직원이 무상증자 신주배정기준일을 잘못 이해하고 알려준 경우 배상책임을 인정한 사례

(사건 개요)
증권회사 직원이 고객에게 무상증자가 예정된 종목에 대한 매수를 권유하면서 신주배정기준일을 잘못 이해하고 알려주어서 고객은 권리락 이후 주식매수를 하게 되었고 이로 인해 무상증자를 받지 못하였다.

(판단 내용)
증권회사 직원은 주식거래에 관한 정확한 정보를 제공해야 할 '신의성실의 원칙'상 의무가 있음에도 불구하고 신주배정기준일의 개념을 잘못 알고서 안내를 해 고객에게 손해를 입혔으므로 직원 및 사용자 책임이 있는 증권회사에서는 연대하여 배상할 책임이 있다. 다만 고객도 잘못된 설명을 확인하지 않은 점, 권리락 후 해당 종목을 저렴하게 매수한 점, 권리락 이전이라면 매수할 수 있는 주식의 수량도 줄었고 이에 따라 무상증자분도 적었을 것이라는 점 등을 참작해 직원 및 증권회사의 책임을 30%만 인정하였다(서울북부지법 2009.5.15.선고 2008가단 66235).

나. 투자성과보장 등에 관한 표현의 금지

금융상품 중 투자성 상품이라고 하는 가격 변동이 큰 위험상품에 대한 투자는 반드시 예상한 대로 투자성과가 이루어진다는 것을 그 누구도 보장할 수 없다. 이러한 '위험성'이 존재함에도 불구하고 금융소비자에게 투자권유를 하면서 일정한 투자성과를 확실하게 보장하는 듯한 표현을 하면, 거시적인 관점에서는 자본시장의 가격 형성 기능을 왜곡시키고 금융투자업계 전반의 신뢰도를 하락시킬 수 있으며, 개별 금융투자업자의 관점에서는 그러한 단정적 표현과는 다른 상황이 전개되었을 경우 필연적으로 금융소비자와 분쟁이 발생하게 되어 해당 금융투자업 종사자는 물론 소속된 금융투자업자의 신뢰를 손상시키게 됨으로써 금융투자업자의 재무건전성에도 영향을 미치게 된다.

'투자성과를 보장'하는 경우에 해당하는 것인지에 대한 판단은 개별적인 사안에서 구체적으로 판단하여야 하는데 예를 들어 증권투자상담을 하면서 특정 종목을 매수하여 특정 기간 내에 일정한 기대성과를 확약하는 것은 투자성과를 보장하는 표현에 해당된다고 볼 수 있다.

> ### ❗ 사례
>
> 금융투자회사의 영업사원인 A는 X회사가 자금조달을 위하여 발행하는 신주의 모집을 추진하기 위하여 고객 B에게 청약하여 줄 것을 권유하면서 "이번 청약을 통해 원금의 손실이 발생하더라도 향후 준비되어 있는 신규 공모주로 보충하기 때문에 B에게는 절대 손실이 없다"라고 했다.
>
> (평가)
> A는 "절대 손실이 없다"라고 함으로써 투자성과를 보장하는 듯한 표현을 하였고, 이에 대한 합리적인 근거도 제시하지 않았다. 또한 신주 청약으로 인해 발생할 수 있는 손실 등 위험에 대해 고지하지도 않음으로써 '신의성실의 원칙'이라는 직무윤리를 위반하였을 뿐만 아니라 자본시장법에서 금지하고 있는 부당권유행위를 하였다.

다. 허위 · 과장 · 부실표시의 금지

금융투자업 종사자는 소속 회사 또는 자신의 실적을 좋게 보이기 위하여 자의적으로 부풀려진 실적을 제시하는 것은 금지되어 있다. 이는 비단 집합투자기구의 운용역(펀드매니저)뿐만 아니라 투자중개업이나 투자자문업에 종사하는 자에게도 적용되는데 예를 들어 펀드매니저가 자신이 운용하고 있는 펀드의 운용실적을 산출하는 과정에서 명확하게 허위의 것을 제시하는 것이 허용되지 않은 것은 물론이지만, 운용실적 산출과정에서 여러 가지 선택 가능한 방법 중 운용실적 등을 좋게 보이도록 자의적으로 취사선택을 한다면 이는 정확하지 않은 방법으로 측정되어 해당 펀드의 운용실적이 부풀려지게 되고 운용실적이라는 정보에 기초하여 투자권유를 하는 투자중개업자 등 해당 펀드 판매회사의 종사자 및 의사결정을 하는 금융소비자로 하여금 오인시킬 소지가 있으므로 허용되지 않는다.

그 밖에도 수탁된 자산규모를 부풀린다든지, 운용실적이 좋은 펀드매니저를 대표 펀드매니저로 제시한다든지, 운용실적을 제시한 기간을 조작함으로써 운용실적을 실제 이상으로 과장하는 행위도 허용되지 않는다.

> **! 사례**
>
> 유사투자자문업자가 허위정보를 제공해 투자자가 손해를 본 경우 민법상 불법행위책임을 인정한 사례
>
> (사건 개요)
> 인터넷 증권방송업체가 특정 회사에 대해 대형계약을 체결하고 M&A에 관한 양해각서도 곧 발표할 것이라는 취지의 확인되지 않은 내용을 방송하였다. 이 내용을 믿고 해당 주식에 투자를 하여 피해를 입은 고객은 해당 증권방송업체를 사기혐의로 고소했으나 무혐의 처분이 내려지자 민사소송을 제기하였다.
>
> (판단 내용)
> 유사투자자문업자가 자본시장법상의 금융소비자보호의무를 지는 대상은 아니더라도 허위정보를 제공하여 손해를 입혔다면 민법 제750조(불법행위의 내용)에 따라 불법행위책임을 물을 수 있다고 판단하였다. 유사투자자문업자가 허위정보를 제공해 손해를 끼쳤어도 기존에는 자본시장법상 책임을 물을 수 없어 고객의 피해를 보전할 방법이 없었으나, 이 판결로 인해 민법상 불법행위책임을 물을 수 있게 되었다(대법원 2015.7.9.선고 2013다 13849).

(3) 요청하지 않은 투자권유 금지

투자성 금융상품의 경우 금융소비자로부터 아무런 요청이 없음에도 불구하고 해당 금융소비자의 자택 또는 직장을 방문하거나, 길거리에서의 호객행위, 또는 무작위적인 전화통화를 통하여 투자를 권유하면 개인의 평온한 사생활을 침해할 우려가 있고 충동구매와 불필요한 투자를 유발할 가능성이 있으므로 투자권유는 금융소비자가 원하는

경우에만 하여야 한다. 특히 고위험 금융투자상품인 장외파생상품의 경우는 원본손실의 가능성이 매우 크고 그에 따른 분쟁의 가능성이 상대적으로 크기 때문에 요청하지 않은 투자권유를 하여서는 아니 된다.

그러나, 금융소비자 보호 및 건전한 거래질서를 해칠 우려가 없는 행위로 투자권유 전에 금융소비자의 개인정보 취득경로, 권유하려는 금융상품의 종류·내용 등을 금융소비자에게 미리 안내하고, 해당 금융소비자가 투자권유를 받을 의사를 표시한 경우에는 투자권유를 할 수 있다. 다만, 금융투자상품의 위험정도와 금융소비자의 유형을 감안하여 제외되는 상품은 아래와 같다(금융소비자보호법 시행령 제16조 제1항 제1호).

❶ 일반금융소비자의 경우 : 고난도금융투자상품, 고난도투자일임계약, 고난도금전신탁계약, 사모펀드, 장내파생상품, 장외파생상품
❷ 전문금융소비자의 경우 : 장외파생상품

또한 투자권유를 받은 금융소비자가 이를 거부하는 취지의 의사를 표시한 경우에는 투자권유를 계속하여서는 안 되며, 다음의 경우에만 예외적으로 허용된다(금융소비자보호법 시행령 제16조 제1항 제2호 및 제3호).

❶ 권유를 받은 투자자가 이를 거부하는 취지의 의사를 표시한 후 금융위원회가 정하여 고시하는 기간(1개월)이 지난 후에 다시 권유를 하는 행위
❷ 다른 종류의 금융(투자)상품에 대하여 권유를 하는 행위

이와 관련하여 2022년 12월 8일부터 시행된 개정 '방문판매에 관한 법률'에 따라 금융소비자를 방문(유선 연락 등 실시간 대화의 방법을 포함)하여 금융상품을 판매하는 경우에는 금융소비자에 대한 사전안내, 자격증명, 판매과정 녹취 등 관련 법령 등에서 정하고 있는 절차를 준수하여야 함에 유의하여야 한다.

(4) 기타 부당권유행위

금융소비자보호법에서 규정하고 있는 부당권유행위 중 하나는 제21조 제7호의 '금융소비자 보호 또는 건전한 거래질서를 해칠 우려가 있는 행위로서 대통령령으로 정하는 행위'이다. 이에 대해 금융소비자보호법 시행령 제16조 제3항에서는 이러한 부당권유행위를 다음과 같이 정하고 있다.

❶ 내부통제기준에 따른 직무수행 교육을 받지 않은 자로 하여금 계약체결 권유와

관련된 업무를 하게 하는 행위

- 대표적인 사례는 개별 금융상품에 대한 교육을 받지 않는 등의 사유로 인해 금융상품 계약체결의 자격이 없는 투자권유대행인 또는 모집인 등이 금융상품 계약을 체결하는 행위 등

❷ 법 제17조 제2항(적합성 원칙)에 따른 일반금융소비자의 정보를 조작하여 권유하는 행위

- 대표적인 사례는 금융상품 판매 시 적합성 원칙의 적용을 회피할 목적으로 금융소비자로 하여금 투자권유를 희망하지 않도록 요구하는 행위 또는 금융소비자의 투자성향에 맞지 않는 부적합한 상품을 권유하면서 '투자성향에 적합하지 않은 투자성 상품거래 확인서' 등의 서면을 작성하게 하는 행위 등

❸ 투자성 상품에 관한 계약의 체결을 권유하면서 일반금융소비자가 요청하지 않은 다른 대출성 상품을 안내하거나 관련 정보를 제공하는 행위

- 대표적인 사례는 일명 '꺾기'라고 알려진 행위로 금융소비자에게 대출을 해주면서 대출금의 일부는 특정 상품에 가입하게 하는 행위 또는 특정 상품에 가입하는 경우 대출금을 증액하는 행위 등

최근 일부 사모 펀드 등 투자성 상품에서 발생하는 막대한 손실발생 등과 관련하여 해당 금융상품을 판매한 금융회사에서 관련 법령 등을 위반하는 사례가 나타나고 있음을 보게 된다.

예를 들어 높은 연령대의 금융소비자에게 내부적으로 캠페인을 하고 있는 파생상품을 이자율이 높은 예금이라고 사실과 다른 내용을 알리고, 이와 관련한 상품에 대한 설명의무도 충실히 이행하지 않은 채 적합성 원칙에 맞지 않는 금융소비자의 정보를 조작하여 판매하는 사례 등이 대표적인 것으로 금융소비자보호법에서는 이러한 사례가 재발하지 않도록 구체화시켜 명시하고 있으며 위반 시 제재를 강화하고 있음을 알 수 있다.

6) 광고 관련 준수사항

6대 판매원칙 중 하나는 '금융상품 등에 대한 광고 관련 사항의 준수'이다.

금융소비자보호법 제22조에서 동 사항을 다루고 있는바, 주요 내용은 다음과 같다.

(1) 광고의 주체

금융소비자보호법상 관련 법령 등에 따라 등록된 금융상품판매업자 등만이 금융상품 또는 업무에 관한 광고가 가능하다. 다만 예외적으로 각 업권별로 법에서 정하고 있는 협회(금융투자협회 등)와 금융회사를 자회사나 손자회사로 두고 있는 지주회사 중 대통령령으로 정하는 경우 등은 광고가 가능하다.

(2) 광고의 내용 등

광고는 금융소비자가 금융상품의 내용을 오해하지 않도록 명확하고 공정하게 전달해야 하며, 다음의 내용이 포함되어야 한다.

❶ 금융상품 계약 체결 전 설명서 및 약관을 읽어볼 것을 권유하는 내용
❷ 금융회사의 명칭 및 금융상품의 내용
❸ 보장성, 투자성, 예금성 상품의 위험, 조건 등 법에서 정하고 있는 주요 사항 등

(3) 준수 및 금지사항

금융회사가 광고를 실행하는 경우 각 금융상품별로 금융소비자를 오인하게 할 소지가 있는 내용 등 법에서 금지하고 있는 내용을 포함해서는 안 되며, 「표시·광고의 공정화에 관한 법률」 제4조 제1항에 따른 표시·광고사항이 있는 경우에는 같은 법에서 정하는 바에 따라 관련 내용을 준수하여야 한다. 기타 광고에 관한 세부적인 사항은 금융소비자보호법 시행령 제17조부터 제21조에서 다루고 있다.

7) 계약서류의 제공 의무

금융소비자보호법 제23조(계약서류의 제공의무)
① 금융상품직접판매업자 및 금융상품자문업자는 금융소비자와 금융상품 또는 금융상품자문에 관한 계약을 체결하는 경우 금융상품의 유형별로 대통령령으로 정하는 계약서류를 금융소비자에게 지체 없이 제공하여야 한다. 다만, 계약내용 등이 금융소비자 보호를 해칠 우려가 없는 경우로서 대통령령으로 정하는 경우에는 계약서류를 제공하지 아니할 수 있다.
② 제1항에 따른 계약서류의 제공 사실에 관하여 금융소비자와 다툼이 있는 경우에는

금융소비자보호법에서는 금융회사가 금융소비자와 금융상품의 계약을 체결하는 경우 해당 금융소비자에게 금융소비자보호법 시행령 제22조 제1항에 따라 금융상품 계약서 및 금융상품의 약관을 포함하여, 투자성 상품인 경우에는 금융상품 설명서를 계약서류로 제공하도록 의무화하고 있다. 이때 금융소비자는 일반/전문 여부를 불문하고 '지체 없이' 제공하도록 규정하고 있는데, 여기에서 '지체 없이'는 '즉시 제공하지 못하는 합리적인 사유가 있는 경우 그 사유를 해소한 후 신속하게'로 해석할 수 있다. 이와 관련하여 법제처 법령해석례 11-0134에서는 '몇 시간 또는 몇 일과 같이 물리적인 시간 또는 기간을 의미한다기보다는 사정이 허락하는 한 가장 신속하게 처리해야 하는 기간을 의미한다'고 기술하고 있다. 다만, 법인 전문투자자 등 예외적으로 법령 등에서 정하고 있는 경우에는 해당 금융소비자가 원하지 않으면 설명서를 제공하지 않을 수 있다.

유의해야 할 점은 종전의 자본시장법에서도 계약서류의 제공의무가 규정되어 있었으나, 그 입증책임에 대해서는 규정하고 있지 않았다. 그러나 금융소비자보호법의 시행으로 인해 계약서류의 제공의무에 대한 입증책임은 명백히 금융회사로 전환되었기 때문에 금융투자업에 종사하는 임직원은 법령 등에 따라 계약서류를 제공하고 그 증빙을 갖추어야 하며, 이 부분은 다음의 판매 후 단계에서 기록 및 유지·관리 의무와 연결되므로 반드시 준수하여야 함에 유의하여야 한다.

5 상품 판매 이후 단계의 금융소비자보호

1) 보고 및 기록의무

(1) 처리결과의 보고의무

금융투자업 종사자는 금융소비자로부터 위임받은 업무를 처리한 경우 그 결과를 금융소비자에게 지체 없이 보고하고 그에 따라 필요한 조치를 취하여야 한다.

이는 금융소비자로 하여금 본인의 거래상황을 신속하게 파악하여 적기에 필요한 조치를 취할 수 있도록 하고, 금융소비자의 업무처리에 편의를 제공하기 위함이다. 또한 이렇게 함으로써 거래상황을 투명하게 하고 위법·부당한 거래를 억지(抑止)하는 기능을 기대할 수 있다. 금융소비자는 이러한 통지와 자신의 거래기록을 대조함으로써 임의매매 등 위법한 주식거래가 발생할 소지를 미연에 방지할 수 있다.

'보고'란 단순히 위임받은 업무를 처리하였다는 사실을 통지하는 것만이 아니라 금융소비자가 업무처리내용을 구체적으로 알 수 있고, 그에 따라 금융소비자가 적절한 지시를 할 수 있도록 필요한 사항을 알리는 것을 말한다. 예를 들어 증권위탁매매를 실행한 경우라면, 매매의 시기, 목적물의 종류·수량·가격 등 업무의 처리 결과를 보고하여야 한다.

보고의 방법은 합리적인 것이라면 제한이 없으므로, 구두·문서·전화·모사전송(팩스) 기타 e-mail 등의 전자통신의 방법으로도 가능하지만, 보고의 내용에 대하여 객관적 증빙을 남겨둘 수 있는 것이 바람직하다.

매매명세의 통지

자본시장법 제73조에서는 "매매명세의 통지"에 관하여 "투자매매업자 또는 투자중개업자는 금융투자상품의 매매가 체결된 경우에는 그 명세를 대통령령으로 정하는 방법에 따라 투자자에게 통지하여야 한다"고 규정하고 있으며, 그 구체적 방법은 동법 시행령 제70조 제1항 및 제2항에서 아래와 같이 설명하고 있다.
① 매매가 체결된 후 지체 없이 매매의 유형, 종목·품목, 수량, 가격, 수수료 등 모든 비용, 그 밖의 거래내용을 통지하고, 집합투자증권 외의 금융투자상품의 매매가 체결된 경우 체결된 날의 다음 달 20일까지 월간 매매내역·손익내역, 월말 현재 잔액현황·미결제약정현황 등을 통지할 것
② 집합투자증권의 매매가 체결된 경우 집합투자기구에서 발생한 모든 비용을 반영한 실질 투자수익률, 투자원금 및 환매예상 금액, 그 밖에 금융위원회가 고시하는 사항은 매월 마지막 날까지 통지할 것
③ 다음 어느 하나에 해당하는 방법 중 투자매매업자 또는 투자중개업자와 투자자 간에 미리 합의된 방법(계좌부 등에 의하여 관리·기록되지 아니하는 매매거래에 대하여는 ㉠만 해당한다)으로 통지할 것. 다만, 투자자가 보유한 집합투자증권이 상장지수집합투자기구, 단기금융집합투자기구, 사모집합투자기구의 집합투자증권이거나, 평가기준일의 평가금액이 10만원 이하인 경우(집합투자증권의 매매가 체결된 경우에 한한다) 또는 투자자가 통지를 받기를 원하지 아니하는 경우에는 지점, 그 밖의 영업소에 비치하거나 인터넷 홈페이지에 접속하여 수시로 조회가 가능하게 함으로써 통지를 갈음할 수 있다.
㉠ 서면 교부
㉡ 전화, 전신 또는 모사전송

ⓒ 전자우편, 그 밖에 이와 비슷한 전자통신
ⓔ 예탁결제원 또는 전자등록기관의 기관결제참가자인 투자자 또는 투자일임업자에 대하여 예탁결제원 또는 전자등록기관의 전산망을 통해 매매확인서 등을 교부하는 방법
ⓜ 인터넷 또는 모바일시스템을 통해 수시로 조회할 수 있도록 하는 방법
ⓗ 투자매매업자 또는 투자중개업자 모바일시스템을 통해 문자메시지 또는 이와 비슷한 방법으로 통지하는 방법

(2) 기록 및 유지 · 관리 의무

금융소비자보호법 제28조(자료의 기록 및 유지·관리 등)
① 금융상품판매업자등은 금융상품판매업등의 업무와 관련한 자료로서 대통령령으로 정하는 자료를 기록하여야 하며, 자료의 종류별로 대통령령으로 정하는 기간 동안 유지·관리하여야 한다.
② 금융상품판매업자등은 제1항에 따라 기록 및 유지·관리하여야 하는 자료가 멸실 또는 위조되거나 변조되지 아니하도록 적절한 대책을 수립·시행하여야 한다.

금융투자업 종사자는 업무를 처리함에 있어서 필요한 기록 및 증거물을 금융소비자보호법에서 정하고 있는 절차에 따라 보관하여야 한다.

이는 업무집행의 적정성을 담보하고 후일 분쟁이 발생할 경우를 대비하기 위한 것으로 금융소비자와 금융투자업 종사자 모두를 동시에 보호하는 역할을 한다.

'기록'은 업무수행과 관련된 문서·자료 등의 근거가 되는 입증자료 일체를 말하며, 문서(전자문서 포함)로 작성하는 경우에는 문서로서의 법적 효력을 유지하도록 하되, 문서작성자의 동일성을 확인할 수 있도록 기명날인 또는 서명이 있어야 한다.

'문서'의 보관은 법령과 회사의 규정 등에서 정하는 보존기간 이상의 기간 동안 적법한 방법으로 보관하여야 하며, 그러한 정함이 없는 경우에는 시효기간 등을 고려하여 자율적으로 정하여야 한다.

금융회사가 의무적으로 보관해야 하는 자료의 종류 및 의무적인 보관기간에 관하여는 금융소비자보호법 시행령 제26조 제1항 및 제2항에서 아래와 같이 규정하고 있다.

금융소비자보호법 시행령 제26조(자료의 기록 및 유지·관리 등)
① 법 제28조 제1항에서 "대통령령으로 정하는 자료"란 다음 각 호의 자료를 말한다.
　1. 계약체결에 관한 자료
　2. 계약의 이행에 관한 자료
　3. 금융상품등에 관한 광고 자료
　4. 금융소비자의 권리행사에 관한 다음 각 목의 자료
　　가. 법 제28조 제4항 후단 및 제5항에 따른 금융소비자의 자료 열람 연기·제한 및
　　　　거절에 관한 자료
　　나. 법 제46조에 따른 청약의 철회에 관한 자료
　　다. 법 제47조에 따른 위법계약의 해지에 관한 자료
　5. 내부통제기준의 제정 및 운영 등에 관한 자료
　6. 업무 위탁에 관한 자료
　7. 제1호부터 제6호까지의 자료에 준하는 것으로서 금융위원회가 정하여 고시하는 자료
② 법 제28조 제1항에서 "대통령령으로 정하는 기간"이란 10년을 말한다. 다만, 다음 각
　호의 자료는 해당 각 호의 구분에 따른 기간으로 한다.
　1. 제1항 제1호 및 제2호의 자료(보장기간이 10년을 초과하는 보장성 상품만 해당) : 해당 보장
　　성 상품의 보장기간
　2. 제1항 제5호의 자료 : 5년 이내의 범위에서 금융위원회가 정하여 고시하는 기간
　3. 제1항 제7호의 자료 : 10년 이내의 범위에서 금융위원회가 정하여 고시하는 기간

(3) 자료열람요구권

금융소비자보호법 제28조(자료의 기록 및 유지·관리 등)
③ 금융소비자는 제36조에 따른 분쟁조정 또는 소송의 수행 등 권리구제를 위한 목적으
　로 제1항에 따라 금융상품판매업자등이 기록 및 유지·관리하는 자료의 열람(사본의 제
　공 또는 청취를 포함. 이하 이 조에서 같다)을 요구할 수 있다.
④ 금융상품판매업자등은 제3항에 따른 열람을 요구받았을 때에는 해당 자료의 유형에
　따라 요구받은 날부터 10일 이내의 범위에서 대통령령으로 정하는 기간 내에 금융소
　비자가 해당 자료를 열람할 수 있도록 하여야 한다. 이 경우 해당 기간 내에 열람할
　수 없는 정당한 사유가 있을 때에는 금융소비자에게 그 사유를 알리고 열람을 연기할
　수 있으며, 그 사유가 소멸하면 지체 없이 열람하게 하여야 한다.
⑤ 금융상품판매업자등은 다음 각 호의 어느 하나에 해당하는 경우에는 금융소비자에게

그 사유를 알리고 열람을 제한하거나 거절할 수 있다.

1. 법령에 따라 열람을 제한하거나 거절할 수 있는 경우
2. 다른 사람의 생명·신체를 해칠 우려가 있거나 다른 사람의 재산과 그 밖의 이익을 부당하게 침해할 우려가 있는 경우
3. 그 밖에 열람으로 인하여 해당 금융회사의 영업비밀(「부정경쟁방지 및 영업비밀보호에 관한 법률」 제2조 제2호에 따른 영업비밀을 말한다)이 현저히 침해되는 등 열람하기 부적절한 경우로서 대통령령으로 정하는 경우
⑥ 금융상품판매업자등은 금융소비자가 열람을 요구하는 경우 대통령령으로 정하는 바에 따라 수수료와 우송료(사본의 우송을 청구하는 경우만 해당)를 청구할 수 있다.
⑦ 제3항부터 제5항까지의 규정에 따른 열람의 요구·제한, 통지 등의 방법 및 절차에 관하여 필요한 사항은 대통령령으로 정한다.

❶ 개요

금융소비자보호법에서 금융소비자의 권익을 증진하기 위해 신설된 제도 중 하나는 '자료열람요구권'제도이다.

자료열람요구권은 금융소비자에게 부여된 권리이며, 분쟁조정 또는 소송의 수행 등 권리구제를 위한 목적으로 앞서 살펴본 바와 같이 금융회사가 기록 및 유지·관리하는 자료에 대해 열람, 제공, (녹취인 경우) 청취를 요구할 수 있다. 이 제도는 분쟁조정, 소송 등에서 금융소비자의 권리를 구제하는 것이 목적이므로 기존 자본시장법에 근거하여 금융소비자의 요청에 따라 제공하는 '금융정보열람신청(업권별, 회사별로 명칭이 다를 수 있다)'과는 성격이 약간 다르다고 볼 수 있다.

❷ 열람의 승인 및 연기

금융소비자는 금융소비자보호법 시행령 제26조 제3항에 따라 열람 목적, 범위, 방법 등이 포함된 열람요구서를 금융회사에 제출하여 자료 열람 등을 요구할 수 있으며, 해당 금융회사는 금융소비자보호법 시행령 제26조 제4항에 따라 금융소비자로부터 자료 열람 등을 요구받은 날로부터 6영업일 이내에 해당 자료를 열람할 수 있게 하여야 한다. 이때 열람의 승인, 열람 가능일시, 열람 장소 등에 대해 금융소비자에게 통지할 때에는 금융소비자보호법 시행령 제26조 제5항에 따라 문서로 하는 것이 원칙이나, 열람을 승인하는 경우에는 예외적으로 전화, 팩스, 전자우편, 휴대전화 메시지 등을 통해 통지할 수 있다.

만일 금융소비자가 열람을 요구하는 자료가 6영업일 이내에 열람이 불가능한

것으로 판단되는 정당한 사유가 있는 경우(예, 장기간의 공휴일 등)에는 해당 기간 내에 금융소비자에게 문서로 열람의 연기와 사유를 알리고, 연기의 사유가 된 요인이 해소된 경우에는 지체없이 자료를 열람할 수 있게 하여야 한다. 이때 열람의 연기 통지는 열람의 승인과 다르게 연기사유 등이 명기된 문서로 금융소비자에게 통지하여야 한다.

❸ 열람의 제한 및 거절

금융소비자의 자료열람요구에 대해 금융회사가 무조건 승인을 해야 하는 것은 아니고, 금융소비자보호법 제28조 제5항 및 동법 시행령 제26조 제6항에 따라 다음의 경우에는 자료 열람이 제한되거나 거절될 수 있다.

- 「부정경쟁방지 및 영업비밀보호에 관한 법률」 제2조 제2호에 따른 영업비밀을 현저히 침해할 우려가 있는 경우
- 다른 사람의 생명, 신체를 해칠 우려가 있거나 다른 사람의 재산과 그 밖의 이익을 부당하게 침해할 우려가 있는 경우
- 개인정보의 공개로 인해 사생활의 비밀 또는 자유를 부당하게 침해할 우려가 있는 경우
- 열람하려는 자료가 열람목적과 관련이 없다는 사실이 명백한 경우

금융소비자로부터 자료열람 등을 요구받은 금융회사는 위의 사유 등에 해당되어 자료 열람 등의 제한 또는 거절로 판단되는 경우에는 열람의 연기 통지와 마찬가지로 열람의 제한 또는 거절에 대한 사유를 포함한 문서를 통해 금융소비자에게 통지하여야 한다.

❹ 비용의 청구

금융소비자가 금융회사에 대해 자료 열람 등을 요청할 때 사용하는 자료열람요구서는 앞서 설명한 바와 같이 자료열람의 방법 등이 포함되어 있는바, 금융소비자가 우편 등을 통해 해당 자료열람을 요청한 경우 금융회사는 우송료 등을 금융소비자에게 청구할 수 있으며 열람 승인을 한 자료의 생성 등에 추가 비용 등이 발생하는 경우에는 해당 수수료도 금융소비자에게 청구할 수 있다.

2) 정보의 누설 및 부당이용 금지

> **자본시장법 제54조(직무 관련 정보의 이용 금지)**
> 금융투자업자는 직무상 알게 된 정보로서 외부에 공개되지 아니한 정보를 정당한 사유 없이 자기 또는 제3자의 이익을 위하여 이용하여서는 아니 된다.
>
> **금융소비자보호 표준내부통제기준 제27조(금융소비자 신용정보, 개인정보 관리)**
> ① 회사는 금융소비자의 개인(신용)정보의 관리·보호 정책을 수립하고 실행할 수 있는 내부규정을 마련하는 등 신용정보 및 개인정보의 관리 및 보호에 필요한 체계를 구축·운영하여야 한다.
> ② 회사는 금융상품 판매와 관련하여 금융소비자의 개인(신용)정보의 수집 및 활용이 필요할 경우 명확한 동의절차를 밟아서 그 목적에 부합하는 최소한의 정보만 수집·활용하여야 하고, 당해 정보를 선량한 관리자의 주의로써 관리하며, 당해 목적 이외에는 사용하지 아니하여야 한다.
> ③ 회사는 수집된 개인정보를 관리하는 개인정보 관리책임자를 선임하여야 한다.

금융투자업 종사자는 앞에서 설명한 바와 같이 이해상충 방지 및 금융소비자보호를 위해 준수하여야 할 절차를 수행하면서 부득이하게 금융소비자의 재산, 수입상태, 지출상태, 개인의 성향이나 프라이버시, 그 밖의 여러 가지 금융소비자의 개인정보를 포함하여 관련 업무의 수행을 위해 해당 금융소비자의 매매내역 등 신용정보를 취득·이용할 수 있다. 금융소비자에 관한 개인정보 및 신용정보는 당연히 해당 금융소비자에게 귀속하고, 금융투자업 종사자는 업무수행상 불가피하게 이를 보관·관리하는 관리자의 지위에 있을 뿐, 이를 임의로 누설하거나 이용할 수 있는 처분권한은 없다.

금융소비자가 금융투자업 종사자에 대하여 자기의 재산과 수입의 상세한 것을 밝히고 조언을 요청하거나 투자운용을 위임하는 것은 자신 및 자신의 개인정보와 신용정보에 관한 비밀을 유지할 것이라는 당연한 신뢰가 전제되어 있다. 이러한 금융소비자의 신뢰를 저버리는 비밀누설이나 이를 부당하게 이용하는 행위는 금융소비자의 권익을 해칠 뿐만 아니라 당해 업무종사자의 신용을 실추시키게 된다. 즉, 윤리적인 관점에서 보았을 때 이는 이제까지 설명했던 금융투자업 종사자가 준수하여야 할 가장 기본적인 원칙인 신의성실의 원칙에서 벗어나는 것으로 이를 위반하는 경우 금융소비자에 대한 충실의무 및 주의의무를 모두 위반하는 것이 된다. 따라서, 직무윤리의 준수는 이러한 위험을 방지하는 역할을 한다.

또한, 이 원칙은 법률로써 강제화되어 엄격히 통제되는데, 자본시장법 제54조에서 명기하고 있는 "직무상 알게 된 정보"에는 금융투자업 종사자가 취득하게 된 금융소비자에 관한 포괄적인 정보가 포함되며 이의 누설 금지 및 정당한 사유없는 자기 또는 제3자의 이익을 위한 사용을 금지하고 있다.

이와 관련하여 정부차원에서도 2009년 4월 '신용정보의 이용 및 보호에 관한 법률(신용정보법)'을 제정하여 금융소비자의 신용 정보를 철저히 보호하고 있으며, 2011년 3월에는 '개인정보보호법'을 제정하여 정보보호의 범위를 개인 정보로까지 확대하였고, 이를 위반한 자에 대해서는 엄중한 조치를 취하고 있다.

따라서 금융소비자에 대한 정보를 누설하거나 부당하게 이용하는 경우 이는 단순히 윤리기준뿐만 아니라 강행법규를 위반하게 되는 결과를 낳게 된다.

이 절에서는 금융소비자의 정보 보호에 관한 얘기만을 다루었지만, 금융투자업 종사자가 자기의 직무를 수행하면서 취득하게 되는 정보는 비단 금융소비자에 관한 정보보다 훨씬 더 넓은 범위의 정보이므로 이에 대한 사항 역시 다음 절에서 다루기로 한다.

3) 기타 관련 제도

금융소비자보호 표준내부통제기준

제20조(금융소비자의 의견청취 등)
③ 회사는 금융소비자보호를 실천하고 금융소비자 불만 및 불편사항 해결을 위하여 금융상품 판매 및 마케팅 이후 소비자 만족도 및 민원사항을 분석하고 금융소비자의 의견이나 요청을 듣는 등 점검 과정을 실시하며, 점검 결과는 금융상품 개발, 업무개선 및 민원감축 등에 활용하여야 한다.
④ 회사는 제3항에 따른 점검 결과, 제도 개선이 필요한 사안은 즉시 관련부서에 통보하여 적시에 반영될 수 있도록 하여야 한다.

제22조(금융상품의 개발, 판매 및 사후관리에 관한 정책 수립)
② 회사는 신의성실의 원칙에 따라 금융상품 판매 이후에도 상품내용 변경(거래조건, 권리행사, 상품만기, 원금손실조건 충족, 위험성 등) 또는 금융소비자의 대규모 분쟁발생 우려 시 관련사항을 신속하게 안내하여야 한다.
④ 금융소비자보호 총괄기관은 상품 및 서비스와 관련한 금융소비자의 불만이 빈발하는

경우 금융소비자의 불만내용과 피해에 대한 면밀한 분석을 통하여 금융소비자불만의 주요원인을 파악하고 이를 관련부서와 협의하여 개선되도록 하여야 한다.

(1) 판매 후 모니터링 제도(해피콜 서비스)

앞서 살펴본 바와 같이 금융회사는 금융소비자보호 표준내부통제기준 제21조에 따라 상품을 판매하기 전에 소속 금융투자업 종사자가 금융소비자에게 금융상품을 판매하는 과정에서 금융소비자보호의무를 준수하였는지 여부를 확인하는 절차를 마련하여 운영하여야 한다. 이에 따라 금융소비자와 판매계약을 맺은 날로부터 7영업일 이내에 판매직원이 아닌 제3자가 해당 금융소비자와 통화하여 해당 판매직원이 설명의무 등을 적절히 이행하였는지 여부를 확인하는 절차로서 해당 금융소비자와 연결이 되지 않은 경우 추가 문의에 대한 문자메시지를 발송하여 금융소비자를 보호하려는 노력을 하게 된다.

(2) 고객의 소리(VOC : Voice of Consumer) 등

업권마다 회사마다 조금씩 다를 수 있으나, 통상적으로 각 금융회사는 금융소비자의 의견을 청취하기 위한 제도를 마련하고 있다.

금융투자회사는 금융소비자보호 표준내부통제기준에 따라 관련 제도를 운영하고 있는데, 일반적으로 '고객의 소리' 제도로 불린다. 이 제도는 금융소비자의 불만, 제안, 칭찬 등 금융회사 및 소속 임직원에 대한 의견과 금융회사에서 제공하는 서비스 등에 대한 의견을 금융회사가 확인하고 주된 불만 사항 등을 파악하여 개선함으로써 금융소비자의 만족도를 제고하기 위한 목적으로 운영된다.

또한 이 제도의 운영과 별도로 금융소비자를 대상으로 한 정기적인 만족도 조사를 실시하여 금융상품 판매 후 금융소비자의 만족도를 점검하는 절차를 운영함으로써 그 결과를 파악하고 소속 임직원의 성과평가에 반영하는 금융회사도 있고, 별도로 '고객패널제도' 등의 명칭으로 금융소비자 중 일부를 선정하여 금융소비자가 필요로 하는 상품이나 서비스를 사전 조사하거나, 출시가 예정된 신상품에 대한 반응을 확인하여 개선의견을 반영하는 절차를 가지고 있는 금융회사도 있어 금융소비자에 대한 보호 및 만족도 제고 노력은 더욱 강화되고 있는 추세이다.

(3) 미스터리 쇼핑(Mystery Shopping)

금융투자회사 자체적으로 혹은 외주전문업체를 통해서 불완전판매행위 발생여부를 확인하기 위한 제도로 '미스터리 쇼퍼(Mystery Shopper)'라고 불리는 사람들이 금융소비자임을 가장하여 해당 회사 소속 영업점을 방문해서 판매과정에서 금융투자업 종사자의 관련 규정 준수 여부 등을 확인하는 것이다. 개별 회사 자체적으로 실시하거나, 금융감독원 등의 외부기관에서 실시하는데, 외부기관에서 실시하는 경우 통상 미스터리 쇼핑 실시 결과를 공표하여 개별 회사와 금융소비자에게 유용한 정보를 제공하고 있다.

(4) 위법계약해지권

금융소비자보호법 제47조(위법계약의 해지)
① 금융소비자는 금융상품판매업자등이 제17조 제3항, 제18조 제2항, 제19조 제1항·제3항, 제20조 제1항 또는 제21조를 위반하여 대통령령으로 정하는 금융상품에 관한 계약을 체결한 경우 5년 이내의 대통령령으로 정하는 기간 내에 서면등으로 해당 계약의 해지를 요구할 수 있다. 이 경우 금융상품판매업자등은 해지를 요구받은 날부터 10일 이내에 금융소비자에게 수락여부를 통지하여야 하며, 거절할 때에는 거절사유를 함께 통지하여야 한다.
② 금융소비자는 금융상품판매업자등이 정당한 사유 없이 제1항의 요구를 따르지 않는 경우 해당 계약을 해지할 수 있다.
③ 제1항 및 제2항에 따라 계약이 해지된 경우 금융상품판매업자등은 수수료, 위약금 등 계약의 해지와 관련된 비용을 요구할 수 없다.
④ 제1항부터 제3항까지의 규정에 따른 계약의 해지요구권의 행사요건, 행사범위 및 정당한 사유 등과 관련하여 필요한 사항은 대통령령으로 정한다.

❶ 개요

금융소비자보호법에 신설된 금융소비자의 권리 중 하나는 '위법계약해지권'이다. 앞서 설명의무와 관련하여 살펴보았던 '청약철회권'과 유사한 듯 보이지만, 권리행사의 조건과 성격 등이 다르다는 점에 유의해야 한다.

청약철회권은 금융회사에 별도의 귀책사유가 없음에도 금융소비자보호법 제46조에서 정하고 있는 바에 따라 금융소비자가 각 상품별로 정하여진 해당 기간 내에 계약의 청약을 철회할 수 있는 권리. 즉 금융소비자가 금융상품의 계약을 최종적으로 체결하기 전 계약의 청약을 진행하고 있는 단계에서 행사할 수 있는 것이다.

반면, 위법계약해지권은 금융소비자보호법 제47조 제1항에서 명기하고 있는 바와 같이 금융회사의 귀책사유가 있고, 계약이 최종적으로 체결된 이후라는 전제조건이 있다.

다시 말해, 위법계약해지권은 금융상품의 계약 체결에 있어 금융투자업 종사자가 반드시 준수해야 할 적합성 원칙(제17조 제3항), 적정성 원칙(제18조 제2항), 설명의무(제19조 제1항 및 제3항), 불공정 영업행위 금지(제20조 제1항) 및 부당권유행위 금지(제21조) 조항을 위반하여 금융소비자와 최종적으로 금융상품의 계약을 체결한 이후 행사할 수 있는 것이다.

금융소비자는 금융상품의 계약 체결 과정에서 상기 주요 사항 중 하나라도 금융회사가 준수하지 않았을 경우 동 계약의 체결이 위법계약임을 주장하며 계약의 해지를 요구할 수 있다.

❷ 대상 및 절차

위법계약해지권 행사의 대상이 되는 금융상품은 '금융소비자보호 감독규정' 제31조 제1항에 따라 금융소비자와 금융회사 간 계속적 거래가 이루어지고 금융소비자가 해지 시 재산상 불이익이 발생하는 금융상품(다만, 온라인투자연계금융업자와 체결한 계약, 원화 표시 양도성 예금증서, 표지어음 및 이와 유사한 금융상품은 위법계약해지권의 대상이 될 수 없다)이다.

금융소비자는 금융소비자보호법 시행령 제38조 제2항에 따라 금융상품의 계약 체결일로부터 5년 이내이고, 위법계약 사실을 안 날로부터 1년 이내인 경우에만 위법계약의 해지 요구가 가능하며 만일 금융소비자가 위법계약 사실을 안 날이 계약 체결일로부터 5년이 경과한 이후에는 동 금융상품의 계약 체결에 대한 위법계약해지를 요구할 수 없다. 위의 시기 조건은 각각 충족되는 것이 아니라 두 가지 조건을 모두 만족해야 한다는 점에 특히 유의하여야 한다.

위의 전제조건을 충족하여 금융소비자가 금융회사에 대해 위법계약의 해지를 요구하려는 경우에는 금융소비자보호법 시행령 제38조 제3항에 따라 계약 해지를 요구하는 금융상품의 명칭 및 법 위반사실이 명기된 '계약해지요구서'를 작성하여 해당 금융회사에 제출해야 하며, 이때 법 위반 사실을 증명할 수 있는 서류를 같이 제출해야 한다.

❸ 해지 요구의 수락 및 거절

금융회사는 금융소비자의 위법계약 해지 요구가 있는 경우 해당일로부터 10일 이내에 계약 해지 요구의 수락 여부를 결정하여 금융소비자에게 통지하여야 하는데, 금융소비자의 해지 요구를 거절하는 경우에는 그 거절사유를 같이 알려야 한다.

만일 금융회사가 금융소비자의 위법계약해지 요구를 '정당한 사유' 없이 거절하는 경우 금융소비자는 해당 계약을 해지할 수 있는데, 금융소비자보호법 시행령 제38조 및 금융소비자보호에 관한 감독규정 제31조 제4항에서는 '정당한 사유'를 다음과 같이 정하고 있다.

- 위반사실에 대한 근거를 제시하지 않거나 거짓으로 제시한 경우
- 계약 체결 당시에는 위반사항이 없었으나 금융소비자가 계약 체결 이후의 사정변경에 따라 위반사항을 주장하는 경우
- 금융소비자의 동의를 받아 위반사항을 시정한 경우
- 금융상품판매업자등이 계약의 해지 요구를 받은 날부터 10일 이내에 법 위반사실이 없음을 확인하는 데 필요한 객관적·합리적인 근거자료를 금융소비자에 제시한 경우(단, 금융소비자의 연락처나 소재지를 확인할 수 없거나 이와 유사한 사유로 통지기간 내 연락이 곤란한 경우에는 해당 사유가 해소된 후 지체 없이 알려야 한다.)
- 법 위반사실 관련 자료 확인을 이유로 금융소비자의 동의를 받아 통지기한을 연장한 경우
- 금융소비자가 금융상품판매업자등의 행위에 법 위반사실이 있다는 사실을 계약을 체결하기 전에 알았다고 볼 수 있는 명백한 사유가 있는 경우

금융회사가 금융소비자의 위법계약 해지 요구를 수락하여 계약이 해지되는 경우에는 별도의 수수료, 위약금 등 계약의 해지에 따라 발생하는 비용을 부과할 수 없다.

4) 기타 금융소비자의 사후구제를 위한 기타 법적 제도

(1) 법원의 소송 중지

> **금융소비자보호법 제41조(소송과의 관계)**
> ① 조정이 신청된 사건에 대하여 신청 전 또는 신청 후 소가 제기되어 소송이 진행 중일 때에는 수소법원(受訴法院)은 조정이 있을 때까지 소송절차를 중지할 수 있다.
> ② 조정위원회는 제1항에 따라 소송절차가 중지되지 아니하는 경우에는 해당 사건의 조정절차를 중지하여야 한다.
> ③ 조정위원회는 조정이 신청된 사건과 동일한 원인으로 다수인이 관련되는 동종·유사 사건에 대한 소송이 진행 중인 경우에는 조정위원회의 결정으로 조정절차를 중지할 수 있다.

금융소비자와 금융회사 간 분쟁이 발생하여 금융감독원 등의 분쟁조정이 진행 중인 경우 분쟁조정에서 유리한 지위를 차지하기 위하여 금융회사에서 소송을 동시에 진행하는 경우가 있다. 이때 상대적으로 소송의 제기 등에서 불리한 지위를 차지할 가능성이 높은 금융소비자를 강도 높게 보호하기 위하여 해당 법원은 분쟁조정이 진행 중인 소송 사건의 경우 소송 신청 전이든 신청 후든 시기를 불문하고 분쟁조정이 먼저 진행될 수 있도록 소송 절차를 중지할 수 있는 권리를 가진다. 여기에서 주의할 점은 이는 소송을 진행하고 있는 법원(수소법원 : 受訴法院)의 권리이므로 반드시 소송을 중지해야 하는 의무를 갖는 것은 아니라는 점 그리고 2천만원 이하의 소액분쟁사건은 해당되지 않는다는 점에서 아래에 설명할 '소액분쟁사건의 분쟁조정 이탈금지'와는 다르다.

(2) 소액분쟁사건의 분쟁조정 이탈금지

> **금융소비자보호법 제42조(소액분쟁사건에 관한 특례)**
> 조정대상기관은 다음 각 호의 요건 모두를 충족하는 분쟁사건(이하 "소액분쟁사건"이라 한다)에 대하여 조정절차가 개시된 경우에는 제36조 제6항에 따라 조정안을 제시받기 전에는 소를 제기할 수 없다. 다만, 제36조 제3항에 따라 서면통지를 받거나 제36조 제5항에서 정한 기간 내에 조정안을 제시받지 못한 경우에는 그러하지 아니하다.
> 1. 일반금융소비자가 신청한 사건일 것
> 2. 조정을 통하여 주장하는 권리나 이익의 가액이 2천만원 이내에서 대통령령으로 정하는 금액 이하일 것

금융감독원 등의 분쟁조정 기구에서 분쟁조정을 진행하고 있는 경우 해당 사건이 일반금융소비자가 신청하고, 그 가액이 2천만원 이내의 소액분쟁사건인 때에는 금융소비자보호법에서 해당 분쟁조정사건과 관련하여 금융회사가 관련 소송을 제기할 수 없게 함으로써 금융소비자를 보호하는 것으로 이는 위에서 살펴본 수소법원의 소송 중지 권리와는 다르게 반드시 지켜야 할 의무사항으로 금융소비자의 권익을 보다 강화한 것으로 해석된다.

(3) 손해배상책임

> **금융소비자보호법 제44조(금융상품판매업자등의 손해배상책임)**
> ① 금융상품판매업자등이 고의 또는 과실로 이 법을 위반하여 금융소비자에게 손해를 발생시킨 경우에는 그 손해를 배상할 책임이 있다.
> ② 금융상품판매업자등이 제19조를 위반하여 금융소비자에게 손해를 발생시킨 경우에는 그 손해를 배상할 책임을 진다. 다만, 그 금융상품판매업자등이 고의 및 과실이 없음을 입증한 경우에는 그러하지 아니하다.

금융회사가 금융소비자보호법을 위반하여 금융소비자와 금융상품 계약체결을 하고, 그로 인해 금융소비자에게 손해가 발생했다면 그 위반의 정도 등을 감안하여 금융회사가 손해배상책임을 진다. 이때 우리가 유의해야 할 점은 앞서 여러 번 강조한 바와 같이 금융소비자보호법 제19조에서 규정하고 있는 설명의무를 금융회사가 위반한 경우에는 해당 손해배상의 입증책임이 금융소비자가 아닌 금융회사에게 있다는 점이다.

즉, 금융소비자와 금융회사 양자 간 분쟁조정, 소송 등이 진행될 때, 손해의 발생 원인을 규명하여야 하는바, 손해배상의 원인이 되는 사실을 각자 주장할 것이나, 금융회사가 설명의무를 위반한 경우에는 금융소비자보호법에서는 금융회사가 고의 또는 과실이 없음을 입증하도록 규정함으로써 금융소비자의 손해배상에 관한 입증책임을 금융회사로 전환하여 금융소비자를 보다 두텁게 보호하고자 하는 것이다.

section 04 | 본인, 회사 및 사회에 대한 윤리

1 | 본인에 대한 윤리

1) 법규준수

금융투자회사의 표준윤리준칙 제3조(법규준수)
회사와 임직원은 업무를 수행함에 있어 관련 법령 및 제 규정을 이해하고 준수하여야 한다.

금융투자업무 종사자는 직무와 관련된 윤리기준, 그리고 이와 관련된 모든 법률과 그 하부규정, 정부·공공기관 또는 당해 직무활동을 규제하는 자율단체의 각종 규정(이하 '관계법규 등'이라 한다)을 숙지하고 그 준수를 위하여 노력하여야 한다.

"법에 대한 무지(無知)는 변명되지 아니한다"는 법격언이 있다. 이는 법규는 알고 모르고를 묻지 않고 관련 당사자에 대하여 구속력을 갖고, 그 존재 여부와 내용을 알지 못하여 위반한 경우에도 그에 대한 법적 제재가 가해진다는 뜻이다. 또한 직무와 관련된 법규에 대한 지식을 습득하고 있는 것은 전문가에게 요구되는 전문능력의 당연한 요소가 된다. 운동선수가 해당 운동의 규칙(rule of game)을 알지 못하여 반칙하면 퇴장당하는 것과 같은 이치이다.

여기에서의 법규는 자본시장법 및 금융소비자보호법과 같이 직무와 직접적으로 관련 있는 법령뿐만 아니라, 은행법, 보험업법 등 직무와 관련하여 적용되는 인접 분야의 법령을 포함한다. 또한 국가가 입법권에 기하여 만든 제정법뿐만 아니라, 금융위원회와 같은 금융감독기관이 만든 각종 규정과 한국거래소나 한국금융투자협회 등과 같은 자율규제기관이 만든 각종 규정, 그리고 회사가 자율적으로 만든 사규(社規) 등을 모두 포함한다(금융투자회사의 표준내부통제기준 제3조 제2항 참조). 해외에서 직무를 수행하는 경우에는 당해 관할구역(jurisdiction)에 적용되는 법규(예 : 미국법, 중국법 등)를 숙지하고 이를 준수하여야 한다. 이때의 법규는 법조문으로 되어 있는 것은 물론이고, 그 법정신과 취지에 해당하는 것도 포함한다.

2) 자기혁신

금융투자산업은 고도의 전문성을 요하는 금융상품을 취급하고 관련 지식이 양산되며 전 세계의 금융시장이 서로 영향을 주고받는 분야로서 다른 어느 산업보다 그 변화속도가 매우 빠르고 사회 전체에 미치는 영향이 매우 높은 편에 속한다. 따라서 금융투자업 종사자와 회사는 끊임없이 변화하고 있는 경영환경에 유연하게 적응할 수 있는 능력을 배양하여야 한다. 지속적인 변화가 발생하고 있는 경영환경 아래에서는 기존에는 겪어 보지 못했던 새로운 문제가 발생하므로 이러한 문제를 해결하기 위해 창의적인 사고를 바탕으로 자기 혁신이 지속적으로 이루어져야 한다.

자기혁신의 방법 중 하나는 금융투자업 종사자 본인이 담당하고 있는 직무 및 관련 업무에 관한 이론과 실무를 숙지하고 그 직무에 요구되는 전문능력을 유지하고 향상시키는 등 전문지식을 배양하는 것이다.

전문지식은 이론과 실무 양 부분 모두에 걸쳐 요구되고, 이는 부단한 학습과 공부에 의해서만 향상될 수 있다. 각종 세미나, 연구모임 등과 같은 자율적인 학습, 각종 자격증제도와 연수 및 교육 프로그램은 일정 수준의 학습과 경험을 통하여 해당 분야에 기본적으로 요구되는 전문능력을 확보하기 위한 부단한 노력이 필요하다.

이러한 자기혁신은 앞에서 살펴본 금융투자업 종사자가 기본적으로 준수하여야 할 신의성실의 원칙에도 해당되는데, 창의적 사고를 바탕으로 한 자기혁신이 이루어지지 않아 급변하는 환경에 제대로 대처하지 못하는 경우 금융소비자의 이익이 의도하지 않게 침해당하는 등 금융소비자에 대한 보호가 충분히 이루어지지 않는 상황이 발생할 수 있다.

또 다른 자기혁신의 방법 중 하나는 금융투자업 종사자(및 회사)가 윤리경영 실천에 대한 의지를 스스로 제고하기 위해 노력하는 것이다. 앞에서도 살펴본 바와 같이 금융투자업 종사자들은 기본적으로 준수하여야 할 직무윤리가 있는데 이는 법률로써 강제화되는 각종 준수의무와 중첩되는 부분이 많다. 이는 금융투자업 종사자가 직무윤리를 위반하는 경우 단순히 사람들의 지탄을 받는 것으로 끝나는 것이 아니라 관련 법률을 위반하게 되는 경우가 많다는 의미이고 이는 본인뿐만 아니라 본인이 소속된 회사 및 금융투자업계 전체의 신뢰도 하락에 큰 영향을 미치게 된다. 이에 따라 개별 금융투자업자 (회사)는 협회의 '표준윤리준칙' 등을 포함하여 각 회사별로 규정하고 있는 윤리기준을 제정하고 이를 위반하는 경우 징계 등의 조치를 취함으로써 보다 큰 법규 위반행위가 발생하지 않도록 통제하고 있다.

! 사례

A는 B금융투자회사의 지점에서 영업을 맡고 있는 직원이다. 어느 날 객장에 C가 방문하여 파생상품을 거래하고 싶은데 어떤 것인지 쉽게 설명해줄 것을 요청하였다. A는 파생상품에 관한 설명회에 참가한 적은 있지만 실은 그 개념을 잘 파악하지 못하고 있다. 하지만 모른다고 하면 체면이 서지 않을 것 같아 설명한다고 해주었지만 그 고객이 어느 정도 이해하고 돌아갔을지 자신이 없다.

(평가)

A는 영업담당 직원으로서 직무를 수행함에 있어서 필요한 최소한의 전문지식을 갖추어야 한다. A는 회사에 요청하여 관련 강의에 참석하든지, 그 이전이라도 관련 서적을 구입하든가 하여 스스로 부족한 실력을 보충하도록 하여야 한다. 특히, 자본시장법에서는 취득한 투자권유자문인력의 종류에 따라 취급할 수 있는 상품이 제한되어 있기 때문에 이러한 윤리기준을 엄격하게 지켜야 한다.

3) 품위유지

금융투자회사의 표준윤리준칙 제13조(품위유지)
임직원은 회사의 품위나 사회적 신뢰를 훼손할 수 있는 일체의 행위를 하여서는 아니 된다.

품위유지의 일반적 정의는, "일정한 직업 또는 직책을 담당하는 자가 그 직업이나 직책에 합당한 체면과 위신을 손상하는 데 직접적인 영향이 있는 행위를 하지 아니하여야 할 것"을 말한다.

이는 앞에서 살펴본 금융투자업 종사자의 핵심원칙인 '신의성실의 원칙'과도 연결되는 직무윤리로 금융투자업 종사자가 윤리기준을 포함하여 법률 등을 위반한 경우, 본인의 품위뿐만 아니라 본인이 소속된 회사의 품위와 사회적 신뢰를 훼손하는 것이 될 수 있다.

4) 공정성 및 독립성 유지

> **금융소비자보호법 제14조(신의성실의무 등)**
> ① 금융상품판매업자등은 금융상품 또는 금융상품자문에 관한 계약의 체결, 권리의 행사 및 의무의 이행을 신의성실의 원칙에 따라 하여야 한다.
> ② 금융상품판매업자등은 금융상품판매업등을 영위할 때 업무의 내용과 절차를 공정히 하여야 하며, 정당한 사유 없이 금융소비자의 이익을 해치면서 자기가 이익을 얻거나 제3자가 이익을 얻도록 해서는 아니 된다.

금융투자업 종사자는 해당 직무를 수행함에 있어서 공정한 입장에 서야 하고 독립적이고 객관적인 판단을 하도록 하여야 한다. 공정성과 독립성 유지는 신의성실의 원칙을 바탕으로 법적의무로 승화되어 있다.

앞에서도 살펴본 바와 같이 금융투자업 종사자는 소속 회사, 금융소비자, 증권의 발행자, 인수업자, 중개인, 그리고 자신의 이해관계가 복잡하게 얽혀 있는 가운데에서 업무를 수행하여야 할 경우가 많다. 이때 금융투자업 종사자는 다양한 이해관계의 상충 속에서 어느 한쪽으로 치우치지 아니하고 특히 금융소비자보호를 위하여 항상 공정한 판단을 내릴 수 있도록 하여야 한다.

또한, 금융투자업 종사자는 독립성을 유지해야 한다. 상급자는 본인의 직위를 이용하여 하급자에게 부당한 명령이나 지시를 하지 않아야 하며, 부당한 명령이나 지시를 받은 직원은 이를 거절하여야 한다.

당연히 직무수행상 협조관계를 유지하거나 상사의 지시에 복종하여야 할 경우도 있지만, 직무수행의 공정성을 기하기 위해서는 금융투자업 종사자 스스로가 독립적으로 판단하고 업무를 수행하여야 한다. 여기서 '독립성'이란 자기 또는 제3자의 이해관계에 의하여 영향을 받는 업무를 수행하여서는 아니 되며, 객관성을 유지하기 위해 합리적 주의를 기울여야 한다는 것을 뜻한다.

> ⚠️ **사례**

A는 금융투자회사에서 투자상담업무를 맡고 있다. A의 절친한 친구 B는 C통신회사의 홍보담당 이사이다. A는 동창회 등의 모임 외에도 수시로 B를 만나고 있으며, B의 알선으로 무료 골프를 수차례 치기도 하였다. B가 특별히 명시적으로 요구한 것은 아니지만 A는 친구 B가 처해 있는 회사에서의 입장을 생각하여 투자상담을 받으려고 객장을 찾아온 고객에게 "좋은 것이

좋은 것이다"라는 생각으로 B회사의 종목에 투자할 것을 권유하였다. 그렇다고 해서 B회사에 특별히 문제가 있는 것은 아니다.

(평가)

인간관계와 의리를 중시하는 한국문화 속에서 A의 위와 같은 행동은 크게 문제 되지 않는다고 생각하기 쉽다. 그러나 A는 수임자로서 해당 직무를 수행함에 있어서 항시 공정한 입장에서 독립적이고 객관적인 판단을 하여야 한다는 윤리기준을 위반하였다.

5) 사적 이익 추구 금지

> **금융투자회사의 표준윤리준칙 제14조(사적이익 추구금지)**
> 임직원은 회사의 재산을 부당하게 사용하거나 자신의 지위를 이용하여 사적 이익을 추구하여서는 아니 된다.

(1) 부당한 금품 등의 제공 및 수령 금지

금융투자업 종사자는 업무수행의 대가로 이해관계자로부터 부당한 재산적 이득을 제공받아서는 아니 되며, 금융소비자로부터 직무수행의 대가로 또는 직무수행과 관련하여 사회상규에 벗어나는 향응, 선물 그 밖의 금품 등을 수수하여서는 아니 된다.

업무수행과 관련한 부당한 금품수수는 업무의 공정성을 저해할 우려가 있거나 적어도 업무의 공정성에 대한 의구심을 갖도록 할 가능성이 있다. 이 때문에 금융투자업 종사자는 적법하게 받을 수 있는 보수나 수수료 이외는 그 주고받는 행위가 엄격하게 금지된다.

'향응'이란 음식물·골프 등의 접대 또는 교통·숙박 등의 편의를 제공받는 것을 말 하며, '선물'이란 대가 없이(대가가 시장 가격 또는 거래의 관행과 비교하여 현저히 낮은 경우를 포함한다) 제공하는 물품 또는 증권·숙박권·회원권·입장권 기타 이에 준하는 것으로 사회상규에 벗어나는 일체의 것을 모두 포함한다.

부당한 금품의 제공 및 수령에 관한 직무윤리는 그 파급력으로 인해 자본시장법을 비롯하여 규정으로 의무화되어 있다.

자본시장법 시행령 제68조 제5항 제3호에서는 '투자자 또는 거래상대방에게 업무와 관련하여 금융위원회가 정하여 고시하는 기준을 위반하여 직접 또는 간접으로 재산상의 이익을 제공하거나 이들로부터 재산상의 이익을 제공받는 행위'를 불건전한 영업행위의 하나로 금지하고 있다. 또한 금융소비자보호법 제25조에서도 금융소비자, 금융상품 판매대리·중개업자, 금융상품직업판매업자 등에 대해 재산상 이익을 주고받는 것을 엄격히 금지하고 있다. 이를 근거로 금융위원회의 '금융투자업규정' 및 금융투자협회의 '금융투자회사의 영업 및 업무에 관한 규정'에서는 재산상 이익의 제공 및 수령에 관한 사항들을 규정하고 있다.

해당 규정들에서는 원칙적으로 금융투자업 종사자와 거래상대방(금융소비자를 포함하여 직무와 관련이 있는 자) 사이에서 금품 등의 수수 및 제공 등을 금지하고 있으나, 사회적으로 허용되는 범위 내에서는 예외적으로 인정하되, 해당 제공(수령) 내역의 준법감시인 승인 및 기록의 유지 관리 등을 의무화하여 통제를 엄격히 하고 있다.

금융투자협회의 '금융투자회사의 영업 및 업무에 관한 규정'에서는 부당한 재산상 이익의 제공 및 수령을 아래와 같이 정의하고 강력히 금지하고 있다.

> **제2-68조(부당한 재산상 이익의 제공 및 수령금지)**
> ① 금융투자회사는 다음 각 호의 어느 하나에 해당하는 경우 재산상 이익을 제공하거나 제공받아서는 아니 된다.
> 1. 경제적 가치의 크기가 일반인이 통상적으로 이해하는 수준을 초과하는 경우
> 2. 재산상 이익의 내용이 사회적 상규에 반하거나 거래상대방의 공정한 업무수행을 저해하는 경우
> 3. 재산상 이익의 제공 또는 수령이 비정상적인 조건의 금융투자상품 매매거래, 투자자문계약, 투자일임계약 또는 신탁계약의 체결 등의 방법으로 이루어지는 경우
> 4. 다음 각 목의 어느 하나에 해당하는 경우로서 거래상대방에게 금전, 상품권, 금융투자상품을 제공하는 경우. 다만, 사용범위가 공연·운동경기 관람, 도서·음반 구입 등 문화활동으로 한정된 상품권을 제공하는 경우는 제외한다.
>   가. 집합투자회사, 투자일임회사 또는 신탁회사 등 타인의 재산을 일임받아 이를 금융투자회사가 취급하는 금융투자상품 등에 운용하는 것을 업무로 영위하는 자(그 임원 및 재산의 운용에 관하여 의사결정을 하는 자를 포함한다)에게 제공하는 경우
>   나. 법인 기타 단체의 고유재산관리업무를 수행하는 자에게 제공하는 경우
>   다. 집합투자회사가 자신이 운용하는 집합투자기구의 집합투자증권을 판매하는 투자매매회사(투자매매업을 영위하는 금융투자회사를 말한다. 이하 같다), 투자중개회사(투자중개업을 영위하는 금융투자회사를 말한다. 이하 같다) 및 그 임직원과 투자권유대행인에게 제공하는 경우

5. 재산상 이익의 제공 또는 수령이 위법·부당행위의 은닉 또는 그 대가를 목적으로 하는 경우
6. 거래상대방만 참석한 여가 및 오락활동 등에 수반되는 비용을 제공하는 경우
7. 금융투자상품 및 경제정보 등과 관련된 전산기기의 구입이나 통신서비스 이용에 소요되는 비용을 제공하거나 제공받는 경우. 다만, 제2−63조 제2항 제1호에 해당하는 경우는 제외한다.
8. 집합투자회사가 자신이 운용하는 집합투자기구의 집합투자증권의 판매실적에 연동하여 이를 판매하는 투자매매회사·투자중개회사(그 임직원 및 투자권유대행인을 포함한다)에게 재산상 이익을 제공하는 경우
9. 투자매매회사 또는 투자중개회사가 판매회사의 변경 또는 변경에 따른 이동액을 조건으로 하여 재산상 이익을 제공하는 경우
② 금융투자회사는 재산상 이익의 제공과 관련하여 거래상대방에게 비정상적인 조건의 금융투자상품의 매매거래나 투자자문계약, 투자일임계약 또는 신탁계약의 체결 등을 요구하여서는 아니 된다.
③ 금융투자회사는 임직원 및 투자권유대행인이 이 장의 규정을 위반하여 제공한 재산상 이익을 보전하여 주어서는 아니 된다.

다만, 그동안 관련 규제가 금융권역 간 차이가 있어온바, 금융투자협회에서는 동 규정을 일부 개정(시행일 : 2017.5.22.)하여 그동안 금융투자업에서만 존재하던 재산상 이익의 제공 및 수령 등에 관한 한도규제를 폐지하는 대신 아래와 같이 내부통제절차를 강화하였다.

❶ 공시의무 신설

금융감독기구는 '금융투자업규정'의 개정을 통해 금융투자회사(및 그 종사자)가 거래상대방에게 제공하거나 거래상대방으로부터 수령한 재산상 이익의 가액이 10억 원을 초과하는 즉시 인터넷 홈페이지를 통해 공시하도록 의무화하였다.

최초 기산시점은 2012.5.23.부터 2017.5.22.로 해당 기간 중 동일한 특정 거래상대방에게 10억 원을 초과하여 재산상 이익을 제공하였거나, 수령한 경우 즉시 공시하여야 하며, 이후에는 10억 원을 초과할 때마다 해당 시점에 즉시 공시하여야 한다.

이때 공시하여야 할 항목은 제공(수령)기간, 제공받은 자(수령의 경우 제공한 자)가 속하는 업종(한국표준산업분류표상 업종별 세세분류에 따른 업종을 말한다), 제공(수령)목적 및

금액이다.

❷ 재산상 이익의 제공에 대한 적정성 평가 및 점검

재산상 이익을 거래상대방에게 제공하는 경우 금융투자회사가 자율적으로 정한 일정 금액을 초과하거나 금액과 무관하게 전체 건수에 대해 금융투자회사는 그 제공에 대한 적정성을 평가하고 점검하여야 한다. 통상 적정성을 평가하는 항목으로는 제공하려는 금액의 합리성, 기존 거래상대방과의 형평성, 관련 절차의 준수 여부, 법령 등의 위반 여부 등이 포함된다. 관련 업무를 주관하는 내부통제부서는 금융투자회사(및 임직원)의 재산상 이익의 제공 현황 및 적정성 점검 결과 등을 매년 이사회에 보고하여야 하며, 이러한 사항들은 금융투자회사의 내부통제기준에 포함·운영되어야 한다.

❸ 이사회의 사전승인

금융투자회사는 이사회가 정한 금액 이상을 초과하여 동일한 거래상대방과 재산상 이익을 제공하거나 수령하려는 경우 이사회의 사전승인을 받아야 한다. 따라서 각 회사별로 자신의 기준에 맞는 금액을 이사회에서 사전에 결의하도록 하여야 하고, 내부통제부서는 정해진 기준 금액을 초과하여 제공하거나 수령하는 경우가 있는지 여부에 대한 점검을 실시함으로써 관련 규정이 준수될 수 있도록 하여야 한다.

❹ 제공(수령) 내역 요청 시 임직원의 동의 의무

금융투자회사(및 임직원)는 재산상 이익을 제공 및 수령하는 경우 해당 사항을 기록하고 5년 이상의 기간 동안 관리·유지하여야 할 의무가 있다. 이때 거래상대방 역시 금융투자회사(및 임직원)인 경우에는 제공과 수령에 대한 상호 교차점검을 할 필요가 있는 바, 거래상대방에게 해당 내역의 제공을 요청하려는 경우에는 소속 임직원의 동의를 반드시 받은 후 대표이사 명의의 서면으로 요청하여야 한다.

또한, 2016년 9월 28일부터 시행된 '부정청탁 및 금품 등 수수의 금지에 관한 법률' 역시 윤리기준을 법제화한 것으로 적용대상이 공직자 등뿐만 아니라 금품 등을 제공할 수 있는 전 국민이라는 점에서 부당한 금품 수수 및 제공에 관한 윤리기준은 보다 더 넓은 범위로 확대되며, 강화되고 있는 추세이다.

(2) 직무 관련 정보를 이용한 사적 거래 제한

금융투자업 종사자는 직무수행 중 알게 된 (중요 미공개)정보를 이용하여 금융투자상품, 부동산 등과 관련된 재산상 거래 또는 투자를 하거나, 다른 사람에게 그러한 정보를 제공하여 재산상 거래 또는 투자를 도와주는 행위를 하여서는 아니 된다.

금융투자업 종사자는 금융투자업의 특성상 금융소비자를 포함한 보통의 일반인들보다 경제적 정보에 보다 쉽고 빠르게 접근할 수 있다. 또한 금융소비자와의 거래를 통해 (혹은 거래하는 그 당사자로부터) 일반인들에게는 노출되지 않은 정보를 취득할 수 있는 기회가 많은 편이다. 이는 모두 직무를 수행하면서 취득하게 되는 정보들로 경제시장에서 모두가 알 수 있도록 공표되기 전이라면 미공개 정보로 취급되어야 하며, 이를 자신 또는 제3자의 이익을 위해 사용해서는 안 된다.

자본시장법 및 관련 규정 역시 이러한 행위들을 '미공개중요정보의 이용 금지' 및 '시장질서 교란행위'로 규정하고 직무수행상 알게 되는 정보를 이용하거나 이를 다른 사람에게 알리는 유통행위를 엄격히 금지하고 있으며 위반하는 경우 엄중한 처벌을 하고 있는 만큼 특히 유의하여야 한다.

직무 관련 정보를 이용한 위법 사례

○○공제회 주식운용역 J씨는 지인들에게 내부정보를 알려 해당 종목을 먼저 사게 한 뒤, 자신이 운용하는 ○○공제회의 자금 운용계좌에서 같은 종목을 매수하여 주가를 인위적으로 상승시킨 후, 지인들이 낮은 가격에 산 주식을 팔게 하여 단기매매로 차익을 얻게 하였다. 그는 위법 사실을 숨기기 위하여 자신의 명의로는 매매를 하지 않았고, 그와 공모한 지인들로부터 발생한 수익의 일정 부분을 되돌려 받는 방식으로 사적인 이익을 취하였다. 결국 그는 선행매매, 통정매매 등 불공정거래 및 배임 혐의로 20○○년 ○월 ○○일 검찰에 구속 기소되었다.

(3) 직위의 사적 이용 금지

금융투자업 종사자는 직무의 범위를 벗어나 사적 이익을 위하여 회사의 명칭이나 직위를 공표, 게시하는 등의 방법으로 자신의 직위를 이용하거나 이용하게 해서는 아니 된다.

회사가 임직원에게 부여한 지위도 그 지위를 부여받은 개인의 것이 아니고 '넓은 의미에서의 회사재산'이 된다. 이 직무윤리는 금융투자업 종사자 본인의 개인적인 이익 또는 제3자의 이익을 위하여 회사의 명칭, 본인의 직위 등을 이용하여 다른 사람들로 하여금 마치 회사의 공신력을 부여받은 것처럼 오해하게 할 수 있는 행위를 사전에 차단하고자 함이 목적이다.

　반면, 일상적이고, 특정인의 이익을 위한 목적이 아닌 경우에는 직무윤리 위반행위로 볼 수 없는바, 대표적으로 경조사 봉투 및 화환 등에 회사명 및 직위를 기재하는 행위는 위반 행위에 해당하지 않는다.

　또한, 직무와 관련하여 회사의 대표 자격으로 회사 명칭이나 직위를 사용하는 행위 – 예를 들면 지점 개업식 혹은 계열사의 창립기념일에 축하 화환 등을 보내면서 회사의 명칭 등을 기재하는 것 – 는 위반행위로 볼 수 없다.

! 사례

　○○증권회사의 A부장은 평소 알고 지내던 친구가 금융투자업 관련 자격증 취득반이 있는 학원을 개업하면서 ○○증권회사가 소속 임직원들에게 해당 학원에 대해 이용 등 협찬을 하고 있는 것처럼 해달라는 부탁을 받고 마치 ○○증권회사에서 해당 학원을 협찬하는 것처럼 현수막 등 광고물에 회사의 명칭 등을 사용토록 하여 많은 사람들이 해당 학원의 공신력을 믿고 수강하도록 유도하였다.

(평가)

　A부장은 특정인의 이익을 얻도록 하기 위하여 본인이 부여받은 직무의 범위를 벗어나 ○○증권회사의 명칭 또는 자신의 직위를 이용하게 하였으므로 이와 같은 행위는 윤리기준 위반에 해당한다.

2 회사에 대한 윤리

1) 상호존중

> **금융투자회사의 표준윤리준칙 제8조(상호존중)**
> 회사는 임직원 개개인의 자율과 창의를 존중하고 삶의 질 향상을 위하여 노력하여야 하며, 임직원은 서로를 존중하고 원활한 의사소통과 적극적인 협조 자세를 견지하여야 한다.

　상호존중은 크게 개인 간의 관계와 조직 – 개인 간의 관계로 나눠볼 수 있다.

　먼저, 개인 간의 관계는 회사라는 조직을 구성하고 있는 임직원 상호 간의 관계를 의미한다. 같은 동료 직원 간 및 상사와 부하 간의 상호존중 문화는 사내의 업무 효율성과

밀접한 관련이 있다. 자주 언급되는 잘못된 우리나라 직장문화의 대표적인 예 중의 하나가 '상명하복(上命下服)' 문화로 상사의 부당한 지시에 대해 이를 거부하거나 해당 지시 내용의 잘못된 점을 보고해야 하는 경우 부하직원들은 이를 실행하지 못하고 이런 일이 반복되는 경우 해당 상사에 대한 안 좋은 소문을 퍼뜨리거나 음해하게 될 수 있다. 반면, 고의 혹은 실수로 잘못된 지시를 한 상사는 부하직원으로부터 지시의 거부나 잘못된 점을 지적받았을 경우 매우 강한 반감을 가질 가능성이 높다. 이러한 문제를 해결하기 위해서는 상사와 부하 모두 서로를 존중하여야 한다는 사실을 유념하고 원활한 의사소통이 이루어질 수 있도록 적극적인 협조 자세를 보여야 한다.

조직 – 개인 간의 관계에 있어서도 유사하다. 금융투자업에서 중요한 것은 회사에 대한 금융소비자의 신뢰도를 유지하는 것이며, 이는 결국 금융소비자와 직접 부딪히는 임직원들에 의해 좌우될 수밖에 없다. 이를 위해 회사는 임직원 개개인의 자율과 창의를 존중함으로써 소속된 임직원이 자신의 삶의 질(Quality of Life)을 향상시킬 수 있도록 도와주어야 한다. 개인 간 및 조직 – 개인 간의 상호존중이 실현될 때 회사에 대한 금융소비자의 신뢰도는 확보될 것이며 이는 앞에서 살펴보았듯이 회사 및 임직원의 생존과도 직결된다.

상호존중에 포함되는 것 중 하나가 성희롱 방지(sexual harrassment)로 넓은 의미의 품위 유지의무에도 해당하나 그 이상의 것이 포함된다. 특히 직장 내에서는 물론이고 업무수행과 관련하여 성적 굴욕감을 줄 수 있는 언어나 신체적 접촉 등 건전한 동료관계와 사회적 유대관계를 해치는 일체의 언어나 행동은 금지된다. 이와 관련하여 금융투자회사는 정부의 권고에 따라 매년 1회 이상 성희롱 예방 등에 관한 교육을 정기적으로 실시하고 있다.

2) 공용재산의 사적 사용 및 수익 금지

금융투자업 종사자는 회사의 업무용 차량, 부동산 등 회사 소유의 재산을 부당하게 사용하거나 정당한 사유 없이 사적인 용도로 사용하여서는 아니 된다. 즉, 공사(公私)의 구분을 명확히 하여야 한다는 뜻이다.

'회사의 재산'은 매우 넓은 개념으로, 동산, 부동산, 무체재산권, 영업비밀과 정보, 고객관계, 영업기회 등과 같은 유·무형의 것이 모두 포함된다. '회사의 영업기회(business opportunity)'를 가로채는 행위는 위의 직무윤리에 저촉될 뿐만 아니라 동시에 회사와의 이해상충을 금지하는 직무윤리에도 저촉된다. 2011년 개정 상법에서는 이사와 업무집행임원 등에 대하여 회사기회의 유용을 금지하는 규정을 두고 있다(상법 397조의2). 그러나 이는 비단 이사나 집행임원에 한정하는 취지는 아니고 회사의 업무에 종사하는 자에게 널리 적용된다.

이에 따라 회사의 비품이나 자재를 사적인 용도로 사용하는 행위, 회사의 정보를 무단으로 유출하는 행위, 회사의 업무와 무관한 인터넷사이트 접속, e-mail 사용, 게임을 하는 행위, 사적인 용도로 회사 전화를 장시간 사용하는 행위 등은 위 기준에 의하여 금지된다.

회사의 재산을 부당하게 유용하거나 유출하는 행위는 형사법상 처벌의 대상이 될수 있다(예 : 횡령죄(형법 355조·356조), 배임죄(형법 355조·356조), 절도죄(형법 329조), 업무방해죄(형법 314조)).

공용재산의 사적 사용과 관련하여 최근에 부각되는 이슈는 금융투자업 종사자가 업무시간에 업무 이외의 활동을 하는 행위 및 회사 자산인 컴퓨터를 이용하여 업무 이외의 개인적인 일을 하는 행위에 대한 직무윤리 준수의 문제이다. 금융투자업 종사자는 업무시간 및 회사에서 제공한 PC 등의 공용재산의 사적 사용에 관하여 주의를 기울이지 않는 경우 자신도 모르는 사이에 직무윤리를 위반하는 행위가 될 수 있다는 점에 특히 유의하여야 할 것이다.

> **❗ 사례**
>
> 금융투자회사의 창구에서 투자상담업무를 맡고 있는 A는 어느 날 객장에서 우연히 초등학교 동기동창을 만나게 되었다. 너무나 반가운 나머지 사무실 지하에 있는 매점으로 자리를 옮겨 지나간 여러 가지 이야기를 주고받다가 점심식사까지 같이 하게 되었다. 잠깐이겠거니 했는데 상사의 허가를 받지 않고 자리를 비운 시간이 2시간 정도가 되었다.
>
> (평가)
> A는 객장에서 투자상담업무를 맡고 있는 자이기 때문에 근무시간 중에 자리를 비워서는 안 된다. 부득이 자리를 비워야 할 경우에는 사전에 상사의 허락을 받아야 했다. 또 A는 사사로운 개인적인 일로 직무에 전념하여야 한다는 윤리기준을 위반하였다.

3) 경영진의 책임

> **금융투자회사의 표준윤리준칙 제11조(경영진의 책임)**
> 회사의 경영진은 직원을 대상으로 윤리교육을 실시하는 등 올바른 윤리문화 정착을 위하여 노력하여야 한다.

금융투자업 종사자가 소속된 회사 및 그 경영진은 당해 회사 소속 업무종사자가 관계법규 등에 위반되지 않고 직무윤리를 준수하도록 필요한 지도와 지원을 하여야 한다.

직무윤리의 준수에 있어서 소속 회사 및 직장 상사의 직무윤리에 대한 인식 수준은 매우 중요하다. 따라서 금융투자업 종사자가 속한 회사 및 그 경영진은 스스로 관련 법규와 각종 규정 및 직무윤리기준을 준수하여야 함은 물론, 소속 업무종사자가 이에 위반되지 않도록 감독자 내지 지원자의 입장에서 필요한 지도와 지원을 하여야 한다.

지도와 지원을 하여야 할 최종적인 책임은 당해 법인 또는 단체의 업무집행권한을 보유하는 대표자에게 있지만, 경영진을 포함한 중간책임자도 자신의 지위와 직제를 통하여 지도와 지원을 하게 된다. 지도 및 지원을 하여야 할 지위에 있는 자는 관계법령과 직무윤리기준을 통달하고 있어야 하고 그 감독하에 있는 임직원의 상황을 정확하게 파악하고 있어야 한다.

필요한 지도의 부족으로 소속 업무담당자가 업무수행과 관련하여 직무윤리를 위반하고 타인에게 손해를 끼친 경우, 회사와 경영진은 사용자로서 피해자에게 배상책임(사용자책임)을 질 수도 있다.

금융업계에서 발생하는 사고는 여러 요인이 있을 수 있으나, 가장 근본적인 원인은 '임직원의 기본적인 윤리의식 부재'라고 할 수 있다. 이에 따라 사회적으로 금융투자업 종사자에 대한 윤리의식 강화를 주문하고 있는바, 2018.9.20. 금융투자협회는 '금융투자회사의 표준내부통제기준'을 다음과 같이 개정하여 회사가 임직원의 윤리의식 제고를 위한 교육을 반드시 실시하고 교육을 이수하지 않은 자들에 대한 관리방안을 의무적으로 마련하도록 강제화하였다.

> **표준내부통제기준 제20조(준법서약 및 임직원 교육)**
> 제2항의 교육과정에는 직무윤리, 투자자 보호, 사고사례 등이 포함되어야 하며, 회사는 교육 미이수자에 대한 관리방안을 마련·운영하여야 한다.

법률상의 사용자 책임 및 관리감독 책임

① 사용자 책임 : 타인을 사용하여 어느 사무에 종사하게 한 자(사용자)와 그 중간감독자는 피용자가 업무집행상 타인에게 불법행위(민법 제750조)를 한 경우, 피용자의 선임과 감독에 상당한 주의를 하였거나 상당한 주의를 하여도 손해가 발생하였을 것임을 입증하지 못하는 한, 피용자의 불법행위에 대하여 피해자에게 손해배상책임을 진다(민법 제756조). 이를 사용자 책임이라 한다. 피용자 자신은 민법 제750조의 일반불법행위책임을 진다. 사용자에 갈음하여 그 사무를 감독하는 자(예 : 지점장, 본부장, 출장소장, 팀장 등)는 사용자와 동일한 책임을 진다(부진정 연대채무, 민법 제756조 제2항). 사용자(또는 중간감독자)가 배상을 한 때에는 불법행위를 한 피용자에 대하여 구상권을 행사할 수 있다(민법 제756조 제3항).

   참고로, 자본시장법에서는 투자권유대행인이 투자권유를 대행함에 있어 투자자에게 손해를 끼친 경우 민법의 사용자 책임 규정(민법 제756조)을 준용하는 것으로 규정하고 있다(자본시장법 제52조 제5항). 투자권유대행인은 개인사업자로서 회사의 피용자는 아니지만, 투자자를 두텁게 보호하기 위하여 이러한 준용규정을 둔 것으로 이해된다.

② 자본시장법상 관리·감독책임 : 금융위원회는 자본시장법 제422조 제1항 또는 제2항에 따라 금융투자업자의 임직원에 대하여 조치를 하거나 이를 요구하는 경우 그 임직원에 대하여 관리·감독의 책임이 있는 임직원에 대한 조치를 함께 하거나 이를 요구할 수 있다. 다만, 관리·감독의 책임이 있는 자가 그 임직원의 관리·감독에 상당한 주의를 다한 경우에는 조치를 감면할 수 있다(동법 제422조 제3항). 이는 민법 756조에 의한 사용자책임과 동질적인 것이다.

③ 금융소비자보호법상 관리책임 : 금융소비자보호법 제16조 제1항에서는 "금융상품판매업자등은 임직원 및 금융상품판매대리 중개업자(보험업법 제2조 제11호에 따른 보험중개사는 제외)가 업무를 수행할 때 법령을 준수하고 건전한 거래질서를 해치는 일이 없도록 성실히 관리하여야 한다."고 규정함으로써 사용자의 관리책임을 강조하고 있다.

사례

A금융투자회사의 법인사업부 총괄이사인 B는 종합전기 제조업체인 C사로부터 자기주식을 처분함에 따라 C사의 주식이 대량 매각될 예정이고 이와 관련하여 주가대책에 대한 상담을 요청받았다. 이러한 요청에 따라 B는 자신의 지휘하에 있는 조사부에서 증권분석업무를 맡고 있는 D와 상의를 한 후에 주가를 떠받치기 위하여 "C사가 획기적인 제품 개발에 성공했다"는 풍문을 유포시켰다. 이에 C사의 주가는 급등하였고 이를 이용하여 C사는 자기주식을 매각하는데 성공했다.

(평가)

B 및 D는 C사의 주가 상승을 위하여 사실무근의 풍문을 유포함으로써 자본시장법 제176조

(시세조종행위금지)에 위반하였을 가능성이 크다. 동시에 B는 관련 법규 등의 준수의무와 소속 업무종사자에 대한 지도의무를 위반하였다. B는 C사에 대하여 주가 형성은 공정한 시장기능에 맡겨져야 하고 인위적으로 주가를 조작하는 것은 금지되어 있다는 것을 설명하였어야 했다.

증권회사 지점장이 부담하는 직원들과 객장에 대한 관리감독의무
(대법원 2007. 5. 10. 선고 2005다55299 판결)

유가증권의 매매나 위탁매매, 그 중개 또는 대리와 관련한 업무를 주된 사업으로 수행하고 있는 증권회사의 경우 그 주된 업무가 객장을 방문한 고객들과 직원들 간의 상담에 의하여 이루어지는 만큼 그 지점장으로서는 직원들과 객장을 관리·감독할 의무가 있고, 거기에는 객장 내에서 그 지점의 영업으로 오인될 수 있는 부정한 증권거래에 의한 불법행위가 발생하지 않도록 방지하여야 할 주의의무도 포함된다. 증권회사의 지점장이 고객에 불과한 사람에게 사무실을 제공하면서 '실장' 직함으로 호칭되도록 방치한 행위와 그가 고객들에게 위 지점의 직원이라고 기망하여 투자금을 편취한 불법행위 사이에 상당 인과관계가 있으므로 증권회사 측에 과실에 의한 방조로 인한 사용자 책임을 인정할 수 있다.

4) 정보보호

금융투자회사의 표준윤리준칙 제6조(정보보호)
회사와 임직원은 업무수행 과정에서 알게 된 회사의 업무정보와 고객정보를 안전하게 보호하고 관리하여야 한다.

금융소비자보호의무에서도 살펴본 바와 같이 금융투자업 종사자는 맡은 업무를 수행함에 있어 금융소비자의 개인(신용)정보를 취득할 수 있으며, 이 외에도 소속된 금융투자회사의 정보 등 관련 정보를 취득하게 된다. 금융투자회사에서 취득하는 정보 중에서도 일부는 관련 규정 등에 따라 비밀정보로 분류되는데, 이에 대해서는 보다 특별한 관리가 필요하다. 표준윤리준칙에서는 이를 포괄하여 정의하고 있으며, 이는 '신의성실의 원칙'이라는 직무윤리를 준수하는 차원을 넘어 그 효력을 확보하기 위하여 세부 사항에 대해서는 자본시장법에 근거한 '금융투자회사의 표준내부통제기준'에서 규정하고 있다.

(1) 비밀정보의 범위

금융투자회사의 표준내부통제기준 제53조에서는 다음에 해당하는 미공개 정보는 기록 형태나 기록 유무와 관계없이 비밀정보로 본다.

❶ 회사의 재무건전성이나 경영 등에 중대한 영향을 미칠 수 있는 정보
❷ 고객 또는 거래상대방(거래상대방이 법인, 그 밖의 단체인 경우 그 임직원을 포함)에 관한 신상정보, 매매거래내역, 계좌번호, 비밀번호 등에 관한 정보
❸ 회사의 경영전략이나 새로운 상품 및 비즈니스 등에 관한 정보
❹ 기타 ❶~❸에 준하는 미공개 정보

(2) 비밀정보의 관리

비밀정보로 분류되면 해당 정보에 대한 철저한 관리가 필수적이므로 표준내부통제기준 제54조에서는 해당 비밀정보에 대해 관계법령 등을 준수할 것을 특별히 요구하고 있으며, 이에 더해 다음과 같이 관리하도록 규정하고 있다.

❶ 정보차단벽이 설치된 사업부서 또는 사업기능 내에서 발생한 정보는 우선적으로 비밀이 요구되는 비밀정보로 간주되어야 함
❷ 비밀정보는 회사에서 정한 기준에 따라 정당한 권한을 보유하고 있거나 권한을 위임받은 자만이 열람할 수 있음
❸ 임직원은 비밀정보 열람권이 없는 자에게 비밀정보를 제공하거나 보안유지가 곤란한 장소에서 이를 공개하여서는 아니 됨
❹ 비밀정보가 포함된 서류는 필요 이상의 복사본을 만들거나 안전이 보장되지 않는 장소에 보관하여서는 아니 됨
❺ 비밀정보가 보관되는 장소는 책임 있는 자에 의해 효과적으로 통제가능하고, 권한 없는 자의 접근을 차단할 수 있는 곳이어야 함
❻ 회사가 외부의 이해관계자와 비밀유지 협약 등을 맺는 경우 관련 임직원은 비밀유지 의무를 성실히 이행하여야 함
❼ 임직원은 회사가 요구하는 업무를 수행하기 위한 목적 이외에 어떠한 경우라도 자신 또는 제3자를 위하여 비밀정보를 이용하여서는 아니 됨
❽ 임직원은 근무지를 이탈하는 경우 비밀정보 열람권이 있는 상급 책임자의 승인 없이 비밀정보를 문서, 복사본 및 파일 등의 형태로 지참하거나 이를 외부에 유출

하여서는 아니 됨

❾ 임직원은 회사에서 부여한 업무의 수행과 관련 없는 비밀정보를 다른 임직원에게 요구하여서는 아니 됨

❿ 임직원이 회사를 퇴직하는 경우 퇴직 이전에 회사의 경영 관련 서류, 기록, 데이터 및 고객 관련 정보 등 일체의 비밀정보를 회사에 반납하여야 함

⓫ 비밀정보가 다루어지는 회의는 다른 임직원의 업무장소와 분리되어 정보노출이 차단된 장소에서 이루어져야 함

⓬ 비밀정보는 회사로부터 정당한 권한을 부여받은 자만이 접근할 수 있으며, 회사는 권한이 없는 자가 접근하지 못하도록 엄격한 통제 및 보안시스템을 구축·운영하여야 함

또한 특정한 정보가 비밀정보인지 불명확한 경우 그 정보를 이용하기 전에 준법감시인의 사전 확인을 받아야 하며, 준법감시인의 사전 확인을 받기 전까지 당해 정보는 표준내부통제기준이 정하는 바에 따라 비밀정보로 분류·관리되어야 한다.

(3) 비밀정보의 제공절차

비밀정보에 해당되더라도 업무의 수행을 위해 해당 정보를 공유하거나 제공해야 할 경우가 생긴다. 이때 금융투자업 종사자는 표준내부통제기준 제55조에서 정한 바와 같이 아래의 절차를 준수하여야 한다.

❶ 비밀정보의 제공은 그 필요성이 인정되는 경우에 한하여 회사가 정하는 사전승인 절차에 따라 이루어져야 함

❷ ❶의 사전승인 절차에는 다음 사항이 포함되어야 함

ㄱ. 비밀정보 제공의 승인을 요청한 자 및 비밀정보를 제공받을 자의 소속 부서 (외부인인 경우 소속 기관명) 및 성명

ㄴ. 비밀정보의 제공 필요성 또는 사유

ㄷ. 비밀정보의 제공 방법 및 절차, 제공 일시 등

❸ 비밀정보를 제공하는 자는 제공 과정 중 비밀정보가 권한 없는 자에게 전달되지 아니하도록 성실한 주의의무를 다하여야 함

❹ 비밀정보를 제공받은 자는 이 기준에서 정하는 비밀유지의무를 성실히 준수하여야 하며, 제공받은 목적 이외의 목적으로 사용하거나 타인으로 하여금 사용하도

록 하여서는 아니 됨

(4) 정보교류의 차단

금융투자회사는 금융투자업 종사자가 업무의 수행을 위해 필요한 최소한의 정보에만 접근할 수 있도록 영위하는 업무의 특성 및 규모, 이해상충의 정도 등을 감안하여 정보교류를 차단할 수 있는 장치(이를 정보교류차단벽(Chinese Wall)이라 한다)를 마련하여야 한다. 여기에는 물리적 분리뿐만 아니라 비밀정보에 대한 접근권한을 통제하는 등의 절차가 필요한바, 표준내부통제기준에서는 제56조부터 제73조에 걸쳐 다음과 같이 정보교류의 차단에 대해 규정하고 있다.

- 정보교류 차단 대상 정보의 식별 및 설정
- 정보교류 차단 대상 부문의 설정
- 정보교류 차단 대상 정보의 활용에 대한 책임소재(지정)
- 정보교류 통제 담당 조직의 설치 및 운영
- 상시 정보교류 허용 임원(지정)
- 상시적 정보교류 차단벽(설치)
- 예외적 교류의 방법(지정)
- 후선 업무 목적의 예외적 교류 방법
- 거래주의, 거래제한 상품 목록(설정)
- 이해상충 우려가 있는 거래(방법)
- 계열회사 등 제3자와의 정보교류(방법)
- 복합점포의 설치·운영(방법)
- 개인신용정보의 제공·전송요구(처리)
- 임직원의 겸직(금지)
- 정보교류차단의 기록·유지 및 정기적 점검(실행)
- 임직원 교육(실행)
- 정보교류차단 내역의 공개(방법)

5) 위반행위의 보고

> **금융투자회사의 표준윤리준칙 제12조(위반행위의 보고)**
> 임직원은 업무와 관련하여 법규 또는 윤리강령의 위반 사실을 발견하거나 그 가능성을
> 인지한 경우 회사가 정하는 절차에 따라 즉시 보고하여야 한다.

금융투자업은 환경의 변화 속도가 매우 빠르고 그 영향력 역시 매우 크다. 이에 따라 금융투자업 종사자가 법규를 포함하여 직무윤리를 위반하는 경우 회사를 포함하여 수많은 사람들이 피해를 입을 수 있는 가능성 역시 매우 높다. 따라서 금융투자업 종사자는 업무와 관련하여 법규 또는 윤리기준의 위반 사실을 발견하거나 위반할 가능성이 있는 것을 알게 되면 즉시 정해진 절차에 따라 회사에 보고하여야 한다. 그러나 현실적으로 단계를 밟아서 위반행위를 보고하는 것은 쉬운 일이 아니다. 이를 위해 권장되고 있는 것이 내부제보(Whistle Blower)제도이다.

내부제보제도는 임직원이 직무와 관련한 법규 위반, 부조리 및 부당행위 등의 윤리기준 위반 행위가 있거나 있을 가능성이 있는 경우 신분 노출의 위험 없이 해당 행위를 제보할 수 있게 만든 제도이다.

제보자가 제보를 할 때에는 육하원칙에 따른 정확한 사실만을 제보하여야 하며, 회사는 제보자의 신분 및 제보사실을 철저히 비밀로 보장하고, 어떠한 신분상의 불이익 또는 근무조건상의 차별을 받지 않도록 해야 한다. 만일 제보자가 신분상의 불이익을 당한 경우 준법감시인에 대하여 당해 불이익처분에 대한 원상회복, 전직 등 신분보장조치를 요구할 수 있고, 준법감시인은 제보의 내용이 회사의 재산상의 손실 발생 혹은 확대의 방지에 기여한 경우 포상을 추천할 수 있다.

다만, 제보자가 다른 임직원 등에 대한 무고, 음해, 비방 등 악의적인 목적으로 제보한 경우 또는 사실과 다른 내용을 의도적으로 제보하여 임직원 간 위화감 및 불안감을 조성하는 경우에는 비밀보장 및 근무조건 차별금지 등을 보호받을 수 없다.

제보자의 신분보장 등을 위해 많은 회사에서는 우편, 팩스, 이메일 및 회사 내부의 전산망과 홈페이지 등을 통해 제보할 수 있는 창구를 만들거나, 철저한 익명이 보장되는 외부의 제보접수 전문업체를 이용하도록 하는 등 윤리경영 실천을 위한 노력을 지속하고 있다.

6) 대외활동

금융투자업 종사자는 회사의 수임자로서 맡은 직무를 성실하게 수행하여야 할 신임관계에 있으므로 회사에서 맡긴 자신의 직무를 신의로서 성실하게 수행하여야 한다.

따라서, 금융투자업 종사자는 소속 회사의 직무수행에 영향을 줄 수 있는 지위를 겸하거나 업무를 수행할 때에는 사전에 회사의 승인을 얻어야 하고 부득이한 경우에는 사후에 즉시 보고하여야 한다.

'소속 회사의 직무에 영향을 줄 수 있는 것'이면 회사와 경쟁관계에 있거나 이해상충관계에 있는지의 여부를 불문하며, 계속성 여부도 불문하고 금지된다. 이러한 사유가 발생하였거나 발생할 것으로 예상되는 경우에는 회사로부터 사전 승인을 얻어야 함이 원칙이고, 부득이한 경우에는 사후에 회사에 지체 없이 보고하여 그 승인(추인)을 얻어야 한다. 만일, 승인을 받지 못한 경우에는 그러한 행위를 즉각적으로 중지하여야 한다.

이 같은 신임관계 및 신임의무의 존부를 판단함에 있어서는 정식의 고용계약관계의 유무, 보수 지급의 유무, 계약기간의 장단은 문제 되지 않는 것이 원칙이다.

금융투자업 종사자가 이런 활동을 함에 있어서는 회사, 주주 또는 금융소비자와 이해상충이 발생하지 않도록 하기 위해 금융투자협회는 금융투자회사의 표준윤리준칙을 통해 필요한 사항들을 정하고 있다.

(1) 대외활동의 범위

대외활동이란 회사의 임직원이 금융투자 업무와 관련된 내용으로 회사 외부의 기관 또는 정보전달 수단(매체) 등과 접촉함으로써 다수인에게 영향을 미칠 수 있는 다음의 활동을 말한다.

❶ 외부 강연, 연설, 교육, 기고 등의 활동

❷ 신문, 방송 등 언론매체 접촉활동(자본시장법 제57조에 따른 투자광고를 위한 활동은 적용 제외)

❸ 회사가 운영하지 않는 온라인 커뮤니티(블로그, 인터넷 카페 등), 소셜 네트워크 서비스(social network service, SNS), 웹사이트 등(이하 "전자통신수단")을 이용한 대외 접촉활동(회사 내규에 따라 동 활동이 금지되는 경우는 적용 제외)

❹ 기타 이에 준하는 사항으로 회사에서 대외활동으로 정한 사항

(2) 허가 등의 절차 및 준수사항

금융투자업 종사자가 대외활동을 하기 위해서는 해당 활동의 성격, 목적, 기대효과, 회사 또는 금융소비자와의 이해상충의 정도 등에 따라 소속 부점장, 준법감시인 또는 대표이사의 사전승인을 받아야 한다. 예외적으로 부득이한 경우에는 사전승인 대신 사후보고를 할 수 있으나 직무윤리의 2대 핵심원칙 – 신의성실의 원칙 및 고객우선의 원칙 – 을 고려해보면 실제로 대외활동을 하기 전에 승인을 받음이 타당할 것이다.

소속 부점장, 준법감시인 또는 대표이사는 임직원의 대외활동을 승인함에 있어 다음 사항을 고려하여야 한다.

❶ 표준 내부통제기준 및 관계법령 등의 위반 여부

❷ 회사에 미치는 영향

❸ 회사, 주주 및 고객 등과의 이해상충의 여부 및 정도

❹ 대외활동의 대가로 지급받는 보수 또는 보상의 적절성

❺ 임직원이 대외활동을 하고자 하는 회사 등 접촉기관의 공신력, 사업내용, 사회적 평판 등

(3) 금지사항 및 중단

금융투자업 종사자가 대외활동을 하는 경우 다음의 행위는 금지된다.

❶ 회사가 승인하지 않은 중요자료나 홍보물 등을 배포하거나 사용하는 행위

❷ 불확실한 사항을 단정적으로 표현하는 행위 또는 오해를 유발할 수 있는 주장이나 예측이 담긴 내용을 제공하는 행위

❸ 합리적인 논거 없이 시장이나 특정 금융투자상품의 가격 또는 증권발행기업 등

에 영향을 미칠 수 있는 내용을 언급하는 행위

❹ 자신이 책임질 수 없는 사안에 대해 언급하는 행위

❺ 주가조작 등 불공정거래나 부당권유 소지가 있는 내용을 제공하는 행위

❻ 경쟁업체의 금융투자상품, 인력 및 정책 등에 대하여 사실과 다르거나 명확한 근거 없이 부정적으로 언급하는 행위

❼ 업무상 취득한 미공개중요정보 등을 외부에 전송하거나 제공하는 행위

❽ 관계법규등에 따라 제공되는 경우를 제외하고 고객의 인적사항, 매매거래 정보, 신용정보를 제공하는 행위

만일 대외활동을 하는 임직원이 그 활동으로 인하여 회사로부터 부여받은 주된 업무를 충실히 이행하지 못하거나 고객, 주주 및 회사 등과의 이해상충이 확대되는 경우 금융투자회사는 그 대외활동의 중단을 요구할 수 있으며 이 경우 해당 임직원은 회사의 요구에 즉시 따라야 한다.

금융투자회사는 이와 같은 필수적인 사항 외에 영위하는 업무의 특성을 반영하여 소속 임직원의 대외활동의 종류, 허용범위, 준수사항 등에 관한 세부기준을 별도로 정할 수 있다. 특히 임직원 등이 언론 인터뷰 등의 대외활동을 수행하는 경우 금융투자상품 및 서비스에 대하여 위험도 또는 수익률 등을 사실과 다르게 안내하거나, 오해를 유발하는 일이 발생하지 않도록 해당 내용을 윤리준칙 등 회사의 내부통제기준에 반영하고 임직원에 대한 교육 등의 조치를 취하여야 한다.

(4) 언론기관과의 접촉

금융투자업 종사자가 수행하는 대외활동 중 상당부분은 언론기관과의 접촉이며 이를 통해 시장 상황 또는 금융투자상품 투자에 관한 정보를 대외적으로 제공하는 경우가 많다. 여기서의 '언론기관'은 '언론중재 및 피해구제 등에 관한 법률 제2조'를 적용하여 방송사업자, 신문사업자, 잡지 등 정기간행물업자, 뉴스통신사업자, 인터넷신문사업자, 언론사를 포함한다.

언론기관 등을 통한 이러한 정보의 제공은 그 영향력이 매우 크므로 금융투자업 종사자는 당연히 기본 직무윤리인 '신의성실의 원칙'과 '고객우선의 원칙'을 준수하여야 할 것이나, 그 효력을 강제하기 위하여 금융투자협회는 표준내부통제기준을 통해 관련사항들을 규정화하고 있다.

표준내부통제기준 제90조에서는 금융투자업 종사자가 언론기관 등에 대하여 업무와 관련된 정보를 제공하고자 하는 경우 사전에 언론기관과의 접촉업무를 담당하는 관계부서(홍보부 등)와 사전에 충분히 협의하여야 한다고 규정하고 있다.

언론기관과의 접촉은 당연히 대외활동에도 해당되므로 앞에서 살펴본 관련 절차를 준수하는 것은 물론이고, 언론기관과의 접촉에서 혹시 발생할지 모르는 부정적 영향이 존재하는지 확인하기 위하여 별도로 해당 업무를 담당하고 있는 부서에서도 관련 사항을 사전협의하도록 의무화한 것이다.

이때 언론기관 접촉예정을 보고받은 관계부서의 장 또는 임원은 다음 사항을 충분히 검토하여야 한다.

❶ 제공하는 정보가 거짓의 사실 또는 근거가 희박하거나, 일반인의 오해를 유발할 수 있는 주장이나 예측을 담고 있는지의 여부

❷ 전체적 맥락에서 당해 정보가 불필요한 오해를 유발할 소지가 있는지의 여부

❸ 정보제공자가 언급하고자 하는 주제에 대하여 충분한 지식과 자격을 갖추고 있는지의 여부

❹ 내용의 복잡성이나 전문성에 비추어 언론기관 등을 통한 정보 전달이 적합한지의 여부 등

만일 여러 사정으로 인해 관계부서와 사전 협의가 불가능한 경우 임직원 등은 언론매체 접촉 후 지체없이 관계 부서에 해당 사항을 보고하여야 하며, 관계부서는 언론 매체 보도내용을 모니터링하여 보고내용의 적정성을 점검하여야 한다.

(5) 전자통신수단의 사용

정보화 시대의 도래에 따라 정보통신수단은 다양하게 지속적으로 발달하고 있으며 그 영향력은 언론기관의 그것에 못지않게 되었다. 한편, 금융투자업 종사자의 언론기관에 대한 접촉은 명시적으로 드러나지만 개인이 쉽게 접할 수 있는 SNS 등 다양한 정보통신수단은 익명성의 보장으로 인해 본인이 스스로 드러내지 않는 한 쉽게 알 수 없다. 따라서 표준내부통제기준 제91조에서는 금융투자업 종사자가 이메일, 대화방, 게시판 및 웹사이트 등의 전자통신수단을 사용하는 경우 다음 사항을 숙지하고 준수하도록 규정함으로써 금융투자업 종사자가 정보통신수단을 사용함에 있어 직무윤리를 준수할 수 있도록 강제하고 있다.

❶ 임직원과 고객 간의 이메일은 사용장소에 관계없이 표준내부통제기준 및 관계법령 등의 적용을 받는다.

❷ 임직원의 사외 대화방 참여는 공중포럼으로 간주되어 언론기관과 접촉할 때와 동일한 윤리기준을 준수하여야 한다.

❸ 임직원이 인터넷 게시판이나 웹사이트 등에 특정 금융투자상품에 대한 분석이나 권유와 관련된 내용을 게시하고자 하는 경우 사전에 준법감시인이 정하는 절차와 방법에 따라야 함. 다만, 자료의 출처를 명시하고 그 내용을 인용하거나 기술적 분석에 따른 투자권유의 경우에는 그러하지 아니하다.

사례

A는 B금융투자회사의 직원으로 회사에서 고객을 상대로 투자조언 및 투자일임에 관한 업무를 맡고 있다. 최근에 B는 일반 무료회원에 대해서는 일반적인 투자정보와 투자조언을 제공하고 회원제 유료회원에 대해서는 보다 상세한 투자정보와 투자조언을 제공하는 컴퓨터 사이트를 개설하여 익명으로 운영하고 있다.

(평가)
A의 위와 같은 행위는 회사와 이해상충관계에 있다. 더욱이 A는 B회사의 직원으로 상업사용인이기 때문에 경업금지의무(상법 17조 1항)를 위반하고 있다. 이는 해임 및 손해배상의 사유가 된다(상법 17조 3항).

7) 고용계약 종료 후의 의무

> **금융투자회사의 표준윤리준칙 제15조(고용계약 종료 후의 의무)**
> 임직원은 회사를 퇴직하는 경우 업무 관련 자료의 반납 등 적절한 후속조치를 취하여야 하며, 퇴직 이후에도 회사와 고객의 이익을 해하는 행위를 하여서는 아니 된다.

금융투자업 종사자의 회사에 대한 선관주의의무는 재직 중에는 물론이고 퇴직 등의 사유로 회사와의 고용 내지 위임계약관계가 종료된 이후에도 합리적인 기간 동안 지속된다.

따라서, 금융투자업 종사자는 퇴직하는 경우 업무인수인계 등 적절한 후속조치를 취하여야 하는데 이에 해당하는 행위의 예로는 다음과 같은 것들이 있다.

❶ 고용기간이 종료된 이후에도 회사로부터 명시적으로 서면에 의해 권한을 부여받지 않으면 비밀정보를 출간, 공개 또는 제3자가 이용하도록 하여서는 아니 된다.

❷ 고용기간의 종료와 동시에 또는 회사의 요구가 있을 경우에는 보유하고 있거나 자신의 통제하에 있는 기밀정보를 포함한 모든 자료를 회사에 반납하여야 한다.

❸ 고용기간이 종료되면 어떠한 경우나 이유로도 회사명, 상표, 로고 등을 사용하여서는 아니 되고, 고용기간 동안 본인이 생산한 지적재산물은 회사의 재산으로 반환하여야 하며, 고용기간이 종료한 후라도 지적재산물의 이용이나 처분권한은 회사가 가지는 것이 원칙이다.

3 사회 등에 대한 윤리

(1) 시장질서 존중

> **금융투자회사의 표준윤리준칙 제5조(시장질서 존중)**
> 회사와 임직원은 공정하고 자유로운 시장경제 질서를 존중하고, 이를 유지하기 위하여 노력하여야 한다.

금융투자업 종사자는 금융시장의 건전성을 훼손하거나 시장질서를 교란하는 행위가 발생하지 않도록 각별히 노력하여야 한다.

이러한 행위들은 기존에 자본시장법 및 한국거래소 규정에서 정하고 있는 불공정거래행위로 통상 정의되어 왔으나, 금융시장 및 금융(투자)상품의 발달로 인해 신종 사례들이 발견되면서 기존의 불공정거래행위 구성요건에 해당되지 않는 경우가 많아, 자본시장법의 개정을 통해 2015년 7월 1일부터 '시장질서 교란행위'에 대한 규제를 시작하게 되었다.

시장질서 교란행위는 기존의 불공정거래행위와 비교하여 볼 때 두 가지 큰 차이점을 갖는데 하나는 그 대상자의 범위가 확대되었다는 것이고 또 다른 하나는 목적성의 여부이다.

먼저 대상자의 범위를 살펴보면 기존의 불공정거래행위는 회사의 주요 주주, 임원 등 내부자와 준내부자, 해당 정보의 1차 수령자만을 대상으로 하여 회사의 내부정보 등 미공개중요정보를 이용하는 행위를 금지하였다. 그러나 개정 자본시장법에서는 내부자,

준내부자 등으로부터 나온 미공개중요정보 또는 미공개정보인 것을 알면서도 이를 받거나 다른 사람들에게 전달하는 자로 그 범위를 확대하였다. 즉 과거에는 미공개 중요정보의 내부자, 준내부자, 1차 수령자만이 제재의 대상이었던 것과는 달리 1차 수령자뿐만 아니라 이를 전달한 자 모두를 제재의 대상으로 확대 적용한 것이다. 또한 자신의 직무와 관련하여 정보를 생산하거나 알게 된 자, 해킹·절취·기망·협박 및 그 밖의 부정한 방법으로 정보를 알게 된 자, 앞에서 말한 자들로부터 나온 정보인 점을 알면서 이를 받거나 전달받은 자 등으로 그 적용대상을 확대함으로써 시장질서를 교란하는 행위를 사전에 방지하고자 하였다.

두 번째로 기존의 불공정거래행위는 '목적성'을 가지고 금융투자상품의 시세에 영향을 주는 행위들로 정의되었다. 즉 목적성 여부가 가장 중요한 변수로서 타인이 거래상황을 오인하게 할 목적이거나, 타인을 거래에 끌어들일 목적, 시세를 고정할 목적, 부당한 이익을 얻을 목적 등으로 불공정거래행위를 규정하였다. 그러나 개정 자본시장법에서는 시장질서 교란행위를 '목적성이 없어도 시세에 부당한 영향을 주는 행위'로 포괄적으로 정의함으로써 프로그램 오류 등으로 대량의 매매거래가 체결되어 시세의 급변을 초래한 경우라 할지라도 시장질서 교란행위로 판단하여 제재할 수 있게 되었다.

시장질서 교란행위의 대상이 되는 정보는 다음의 두 가지 조건을 모두 충족해야 한다.

❶ 상장증권, 장내파생상품 및 이를 기초자산으로 하는 파생상품의 매매 등 여부 또는 매매 등의 조건에 중대한 영향을 줄 가능성이 있을 것
❷ 금융소비자들이 알지 못하는 사실에 관한 정보로서 불특정 다수인이 알 수 있도록 공개되기 전일 것

금융투자업 종사자는 시장질서를 교란하고 자본시장의 건전성을 훼손하는 행위에 직접 관여하거나, 금융소비자 등으로부터 요청을 받더라도 이에 관여하지 않아야 한다.

따라서 본인의 직무 수행 중 발생할 수 있는 다음의 사항에 특히 유의하여야 한다.

❶ 지수 또는 주가에 영향을 미칠 수 있는 정보의 '유통'행위에 신중을 기하여야 함
❷ 시장질서 교란행위에 해당하는 주문의 수탁을 거부
❸ ETF의 유동성 지원업무, 파생상품의 Hedge업무 등 본인의 업무수행으로 인한 매매의 경우 목적성이 없더라도 시세에 부당한 영향을 주는지 사전에 반드시 확인

만일 금융투자업 종사자가 시장질서 교란행위를 한 것으로 판단되는 경우에는 자본시장법 제429조의2에 따라 금융위원회는 5억 원 이하의 과징금을 부과할 수 있다. 이때 그 위반행위와 관련된 거래로 얻은 이익(미실현이익 포함)이나 회피한 손실액의 1.5배에 해당하는 금액이 5억 원을 초과하는 경우에는 그에 상당하는 금액 이하로 과징금을 부과할 수 있다. 이를 다시 정리해보자면 다음과 같다.

> **시장질서 교란행위에 대한 과징금 계산**
> ① 시장질서 교란행위에 따른 이익 또는 손실회피액 × 1.5 ≤ 5억 원 : 5억 원 이하
> ② 시장질서 교란행위에 따른 이익 또는 손실회피액 × 1.5 > 5억 원 : 이익 또는 손실회피액

(2) 주주가치 극대화

> **금융투자회사의 표준윤리준칙 제9조(주주가치 극대화)**
> 회사와 임직원은 합리적인 의사결정과 투명한 경영활동을 통하여 주주와 기타 이해관계자의 가치를 극대화하기 위하여 최선을 다하여야 한다.

주주가치의 극대화를 위해서 금융투자업 종사자가 준수하여야 할 사항은 다음과 같은 것들이 있다.

❶ 주주의 이익보호를 위하여 탁월한 성과창출로 회사의 가치를 제고
❷ 투명하고 합리적인 의사결정과정과 절차를 마련하고 준수
❸ 회계자료의 정확성과 신뢰성을 유지
❹ 주주와 금융소비자에게 필요한 정보를 관련 법규 등에 따라 적시에 공정하게 제공
❺ 효과적인 리스크 관리체계 및 내부통제시스템을 운영하여 금융사고 등 제반 위험을 미연에 방지하고 경영환경에 능동적으로 대처
❻ 주주와 금융소비자의 정당한 요구와 제안을 존중하여 상호 신뢰관계를 구축

(3) 사회적 책임

> **금융투자회사의 표준윤리준칙 제10조(사회적 책임)**
> 회사와 임직원 모두 시민사회의 일원임을 인식하고, 사회적 책임과 역할을 다하여야 한다.

금융투자업을 영위하는 회사 및 그 소속 임직원으로서 금융투자업 종사자는 합리적이고 책임 있는 경영을 통해 국가와 사회의 발전 및 시민들의 삶의 질을 향상시키도록 노력하여야 한다. 이에 따라 사회 각 계층과 지역주민의 정당한 요구를 겸허히 수용하며, 이를 해결하는 데 최선을 다해야 하고, 더불어 회사는 임직원의 사회활동 참여를 적극 지원하고 사회의 문화적·경제적 발전을 위해 최선을 다하여야 한다.

chapter 03

직무윤리의 준수절차 및 위반 시의 제재

section 01 **직무윤리의 준수절차**

1 내부통제

1) 배경 및 현황

이제까지 살펴본 바와 같이 우리나라는 금융투자업의 직무윤리에 대해 자본시장법 제37조에서 "금융투자업자는 신의성실의 원칙에 따라 공정하게 금융투자업을 영위하여야 한다"고 명기함으로써 금융투자업 종사자에 대한 '신의성실의 원칙'을 준수하도록 규정하여 이를 기반으로 하는 윤리의무를 준수하도록 정하고 있다. 그러나 우리나라는 미국이나 일본과 비교하여 보면 직무윤리의 준수를 위한 유인구조 또는 직무윤리의 미

준수로 인한 제재가 상대적으로 미흡한 것으로 보인다.

미국의 금융투자업에 대한 직무윤리 규제는 우리나라 금융기관의 내부통제제도의 성립에도 막대한 영향을 끼친 SOX법[1]의 제정에 의해 도입되었다. 이 법은 엔론, 타이코 인터내셔널, 아델피아, 페레그린 시스템즈, 월드컴과 같은 거대 기업들의 잇따른 회계부정 사건들로 인해 관련 회사들의 주가가 폭락하여 투자자들에게 수백만 달러의 손실을 안겨 주었고, 미국 주식시장의 신용도를 뒤흔들어놓는 등 막대한 피해가 발생하자 회계제도 개혁의 필요성에 대한 반응으로 발효되었다. 이 법에 따라 상장회사 회계심사위원회의 회계법인 검사 시 체크항목에 "Ethics Standards(윤리기준)"을 명시하고 있으며 미국의 증권거래법에 따라 대상이 되는 상장회사는 반드시 회사의 윤리강령을 공시하여야 한다. 또한 증권회계에 관한 사기 등에 적용되는 '연방양형가이드라인(Federal Sentencing Guideline)'을 개선하도록 규정하고 있어 상장회사는 직무윤리 강화와 범죄행위의 방지 및 조기발견을 목적으로 내부제보제도 합리화에 투자를 할 의무가 있다.

또한 금융투자산업규제기구(FINRA : Financial Industry Regulatory Authority)에서는 금융투자회사(및 임직원)의 행위에 관한 직무윤리에 대해 복수의 규칙을 제공하고 있는데, FINRA Rule 2010조는 금융투자회사의 업무수행에 따른 '상업상의 윤리기준과 거래원칙(Standards of Commercial Honor and Principles of Trade)'을 규정하고 있다. 이 규정은 단순한 주의규정이 아니라 이를 위반하는 경우 실질적인 제재를 부과하게 된다.

한편, 일본의 금융상품거래법은 모든 규제대상자에게 적용되는 근본적인 의무로서 '성실공정의 의무'를 명기하고 이를 바탕으로 하여 재무건전성이나 영업행위기준 등을 제정하는 등 보다 구체적인 규정을 두고 있다. 금융상품거래법은 기존의 증권거래법 총칙에 규정되어 있던 성실공정의 의무를 업무부분으로 이전하는 등 금융투자업자의 자율적인 대책방안을 마련하도록 요구하고 있다. 이에 따라 일본 증권업협회는 동 법의 취지와 정신을 구현하고 금융투자업계의 신뢰성을 제고하기 위해 다양한 시책을 강구하고 있다.

미국의 실증분석 결과는 직무윤리의 효과적인 보급을 위해서는 자기규율과 외부규율의 두 가지 체계가 상호보완적인 관계로 존재하며, 효율적인 타율적 메커니즘이 외부규율의 매개로서 작용하는 형태가 가장 효과적인 것임을 보여주고 있다. 또한 직무윤리를

---

1 사베인스-옥슬리 법(Sarbanes-Oxley Act, SOx, 2002년 7월 30일 발효)은 "상장회사 회계 개선과 투자자 보호법"(상원) 또는 "법인과 회계 감사 책임 법"(하원) 또는 Sarbox or SOX로도 불리는 미국의 회계 개혁에 관한 연방법률로서, 2002년 7월 30일 법안의 발의자인 상원의원 폴 사베인스(민주당, 메릴랜드)와 하원의원 마이클 옥슬리(공화당, 오하이오)의 이름을 따서 제정되었다.

바탕으로 한 윤리경영을 기업문화로 정착하고 있는 기업은 장기적으로도 기업의 가치를 높이고 있다. 따라서 금융투자업에서의 직무윤리는 금융투자회사(및 임직원)의 자율적인 노력에 의한 직무윤리 준수를 중심으로 하여 법령 등에 의한 타율적인 준수를 보완적으로 하는 제도가 가장 이상적인 것으로 보인다.[2]

이에 따라 우리나라에서는 직무윤리를 금융투자회사의 내부통제활동의 하나로 인식하여 준수하도록 '표준내부통제기준'에 규정하여 자율적으로 준수하게 하되, 내부통제기준의 설정에 대해서는 의무화하는 등 특정 사항에 대해서는 관련 법령 등에 규정하여 직무윤리 준수의 효율성을 높이기 위해 노력하고 있다.

2) 개요

'내부통제'는 회사의 임직원이 업무수행 시 법규를 준수하고 조직운영의 효율성 제고 및 재무보고의 신뢰성을 확보하기 위하여 회사 내부에서 수행하는 모든 절차와 과정을 말한다. 금융투자업자는 효과적인 내부통제 활동을 수행하기 위한 조직구조, 위험평가, 업무분장 및 승인절차, 의사소통·모니터링·정보시스템 등의 종합적 체제로서 '내부통제체제'를 구축하여야 한다(표준내부통제기준 제3조 제1항 제1호 및 제2호).

앞에서도 여러 차례 설명한 바와 같이 금융투자업 종사자가 기본적으로 준수하여야 할 윤리기준은 상당 부분 법률 등과 중첩되어 강제되고 있는바, 개별 회사들은 이를 반영하기 위해 윤리기준을 사규로 제정하는 등의 노력을 하고 있다. 따라서 금융투자업 종사자가 윤리기준을 위반하는 것은 사규 및 관련 법규 등을 위반하는 것으로 다른 사규들의 위반행위와 동일하게 제재의 대상이 된다.

금융투자업에 있어서 내부통제(internal control)의 하나로 두고 있는 준법감시(compliance)제도는 회사의 임직원 모두가 '신의성실의 원칙'과 '고객우선의 원칙'을 바탕으로 금융소비자에 대해 선량한 관리자로서 의무에 입각하여 금융소비자의 이익을 위해 최선을 다했는지, 업무를 수행함에 있어 직무윤리를 포함한 제반 법규를 엄격히 준수하고 있는지에 대하여 사전적으로 또는 상시적으로 통제·감독하는 장치를 말한다.

준법감시제도는 '감사'로 대표되는 관련 법규에 의한 사후적 감독만으로는 자산운용의 안정성 유지와 금융소비자보호라는 기본적인 역할을 수행하는 데에 한계가 있다는 점에 착안하여 감사와는 달리 사전적, 상시적 사고예방 등의 목적을 위해 도입된 내부

---

2 금융투자업의 직무윤리에 관한 연구, 서강대학교 지속가능기업 윤리연구소, 2015.2.4

통제시스템으로서 국내에서는 2000년에 도입되었다. 이에 따라 회사는 효율적인 내부통제를 위하여 회사의 업무절차 및 전산시스템을 적절한 단계로 구분하여 집행될 수 있도록 설계하여야 하고, 준법감시업무가 효율적으로 수행될 수 있도록 충분한 경험과 능력을 갖춘 적절한 수의 인력으로 구성된 지원조직('준법감시부서')을 갖추어 준법감시인의 직무수행을 지원하여야 한다.

지배구조법에서는 금융투자업자에 대하여 내부통제기준을 마련하여 운영할 것을 법적 의무로 요구하고 있다(지배구조법 제24조 제1항, 협회 영업규정 제8-1조). 여기서 '내부통제기준'은 금융투자업자가 법령을 준수하고, 자산을 건전하게 운용하며, 이해상충방지 등 금융소비자를 보호하기 위하여 그 금융투자업자의 임직원이 직무를 수행함에 있어서 준수하여야 할 적절한 기준 및 절차를 정한 것을 말하며, 내부통제기준을 제정하거나 변경하려는 경우 이사회의 결의 등 공식적인 절차를 거쳐야 한다.

또한 준법감시인은 내부통제기준을 기초로 내부통제의 구체적인 지침, 컴플라이언스 매뉴얼(법규 준수 프로그램 포함 가능), 임직원 윤리강령 등을 제정·시행할 수 있다.[3]

이에 더하여 2021년 시행된 금융소비자보호법에서는 기존의 준법감시제도 안에 통합되어 있던 금융소비자보호의 영역을 별도의 '금융소비자보호 내부통제활동'으로 명확하게 분리하고 있다. 금융소비자보호 내부통제활동은 앞서 '금융소비자 보호 의무'에서 기본적인 체계와 각 주체별 역할 등에 대해 다루었으므로 이 장에서 별도로 다루지는 않는다.

3) 내부통제의 주체별 역할

(1) 이사회

회사의 내부통제의 근간이 되는 내부통제체제 구축 및 운영에 관한 기준을 정한다.

(2) 대표이사

내부통제체제의 구축 및 운영에 필요한 제반사항을 수행·지원하고 적절한 내부통제 정책을 수립하여야 하며, 다음 각 사항에 대한 책임 및 의무가 있다.

❶ 위법·부당행위의 사전예방에 필요한 내부통제체제의 구축·유지·운영 및 감독

---

3   표준내부통제기준 제12조

❷ 내부통제체제의 구축·유지·운영에 필요한 인적·물적 자원을 지원

❸ 조직 내 각 업무분야에서 내부통제와 관련된 제반 정책 및 절차가 지켜질 수 있도록 각 부서 등 조직 단위별로 적절한 임무와 책임 부여

❹ 매년 1회 이상 내부통제 체제·운영실태의 정기점검 및 점검 결과의 이사회 보고. 이 경우 대표이사는 내부통제 체계·운영에 대한 실태점검 및 이사회 보고 업무를 준법감시인에게 위임할 수 있다.

(3) 준법감시인

❶ 임면 등

준법감시인은 이사회 및 대표이사의 지휘를 받아 금융투자회사 전반의 내부통제 업무를 수행한다. 표준내부통제기준 제14조 제1항에서는 금융투자회사(외국금융투자회사의 국내지점은 제외한다)가 준법감시인을 임면하려는 경우에는 이사회의 의결을 거쳐야 하며, 해임할 경우에는 이사 총수의 3분의 2 이상의 찬성으로 의결하도록 규정하고 있는데 이는 내부통제활동을 수행하는 준법감시인의 독립성을 강화하기 위한 강제규정이다. 또한 같은 조 제2항에서는 "회사는 사내이사 또는 업무집행책임자 중에서 준법감시인을 선임"할 것, 즉 통상의 회사에서 임원급 이상으로 준법감시인 선임을 요구하고 있는데 이는 내부통제활동의 특성상 상대적으로 낮은 직책의 준법감시인은 효율적으로 그 업무를 수행할 가능성이 높지 않을 수 있기 때문이다. 아울러 임기는 '2년 이상'으로 할 것으로 요구하고 있어 전반적으로 준법감시인의 지위와 독립성을 보장하고 있다. 한편 금융투자회사가 준법감시인을 임면한 때에는 지배구조법 시행령 제25조 제1항에 따라 임면일로부터 7영업일 이내에 금융위원회에 보고해야 한다.

또한 지배구조법 제25조 제6항에 따라 금융투자회사는 준법감시인에 대하여 회사의 재무적 경영성과와 연동하지 아니하는 별도의 보수지급 및 평가 기준을 마련·운영하여야 하며, 이 또한 준법감시인의 역할 수행에 대한 독립성을 강화하기 위한 조치 중 하나이다.

❷ 권한 및 의무

준법감시인은 내부통제활동을 수행함에 있어 아래의 권한 및 의무를 가진다.

ㄱ. 내부통제기준 준수 여부 등에 대한 정기 또는 수시 점검

ㄴ. 업무전반에 대한 접근 및 임직원에 대한 각종 자료나 정보의 제출 요구권

ㄷ. 임직원의 위법·부당행위 등과 관련하여 이사회, 대표이사, 감사(위원회)에 대한 보고 및 시정 요구

ㄹ. 이사회, 감사위원회, 기타 주요 회의에 대한 참석 및 의견진술

ㅁ. 준법감시 업무의 전문성 제고를 위한 연수프로그램의 이수

ㅂ. 기타 이사회가 필요하다고 인정하는 사항

❸ 위임

준법감시인은 위임의 범위와 책임의 한계 등이 명확히 구분된 경우 준법감시업무 중 일부를 준법감시업무를 담당하는 임직원에게 위임할 수 있다. 이때, 준법감시업무의 효율적 수행을 위하여 부점별 또는 수 개의 부점을 하나의 단위로 하여 준법감시인의 업무의 일부를 위임받아 직원의 관계법령 등 및 표준내부통제기준의 준수 여부를 감독할 관리자를 지명할 수 있다.

(4) 지점장

지점장(회사가 정하는 영업부문의 장을 포함한다)은 소관 영업에 대한 내부통제업무의 적정성을 정기적으로 점검하여 그 결과를 대표이사에 보고하고, 관계법령 등의 위반 행위가 발생한 경우 재발방지 대책을 마련·시행하여야 한다. 이 경우 대표이사는 지점장의 점검결과를 보고받는 업무를 준법감시인에게 위임할 수 있다.

(5) 임직원

임직원은 직무를 수행할 때 자신의 역할을 이해하고 관련 법령 등, 내부통제기준 및 윤리강령 등을 숙지하고 이를 충실히 준수하여야 한다. 또한, 관계법령 등 및 내부통제기준, 윤리강령 등의 위반(가능성을 포함)을 인지하는 경우 등 다음의 사항에 대해서는 상위 결재권자와 준법감시인에게 그 사실을 지체 없이 보고하여야 한다.

❶ 자신 또는 다른 임직원이 관계법령 등과 내부통제기준 및 회사의 정책 등을 위반하였거나 위반한 것으로 의심되는 경우

❷ 정부·금융위원회 및 금융감독원(이하 '감독당국'이라 한다), 협회 등이 회사의 주요 내부정보를 요구하는 경우

❸ 위법·부당행위 또는 그러한 것으로 의심이 가는 행위와 연루되었거나 다른 임직원이 연루된 것을 인지한 경우

❹ 임직원이 체포, 기소, 유죄 판결이 난 경우

만일 업무를 수행할 때 관계법령 등, 내부통제기준 및 회사의 정책에 위배되는지의 여부가 의심스럽거나 통상적으로 수행하던 절차 및 기준과 상이한 경우 준법감시인의 확인을 받아야 한다.

(6) 내부통제위원회

❶ 개요

지배구조법 시행령 제19조(내부통제기준 등) 제2항에서 정하고 있는 금융회사(제6조 제3항 각 호의 어느 하나에 해당하는 금융회사는 제외한다)는 내부통제기준의 운영과 관련하여 대표이사를 위원장으로 하는 내부통제위원회를 두어야 한다.

지배구조법 제24조 제3항 및 같은 법 시행령 제19조 제3항에 근거하여 금융투자협회의 표준내부통제기준 제11조에서는 금융투자회사의 경우 대표이사를 위원장으로 하여 준법감시인, 위험관리책임자 및 그 밖에 내부통제 관련 업무 담당 임원을 위원으로 하는 내부통제위원회를 두도록 규정하고 있다. 내부통제위원회는 매 반기별 1회 이상 회의를 개최하여야 하며, 다음의 역할을 수행한다.

ㄱ. 내부통제 점검결과의 공유 및 임직원 평가 반영 등 개선방안 검토

ㄴ. 금융사고 등 내부통제 취약부분에 대한 점검 및 대응방안 마련

ㄷ. 내부통제 관련 주요 사항 협의

ㄹ. 임직원의 윤리의식·준법의식 제고 노력

또한 내부통제위원회는 출석위원, 논의안건 및 회의결과 등 회의 내용을 기재한 의사록을 작성·보관하여야 한다.

❷ 예외

지배구조법 시행령 제6조 제3항에서 정하는 아래의 금융투자회사는 예외적으로 내부통제위원회를 두지 않을 수 있다.

ㄱ. 최근 사업연도말 현재 자산총액이 7천억 원 미만인 상호저축은행

ㄴ. 최근 사업연도말 현재 자산총액이 5조 원 미만인 금융투자업자 또는 자본시장법에 따른 종합금융회사(이하 '종합금융회사'라 한다). 다만, 최근 사업연도말 현재 그 금융투자업자가 운용하는 자본시장법 제9조 제20항에 따른 집합투자재산(이하 '집합투자재산'이라 한다), 같은 법 제85조 제5호에 따른 투자일임재산(이하 '투자일임재산'이라 한다) 및 신탁재산(자본시장법 제3조 제1항 제2호에 따른 관리형신탁의 재산

은 제외한다. 이하 같다)의 전체 합계액이 20조 원 이상인 경우는 제외한다.

ㄷ. 최근 사업연도말 현재 자산총액이 5조 원 미만인 「보험업법」에 따른 보험회사
(이하 '보험회사'라 한다)

ㄹ. 최근 사업연도말 현재 자산총액이 5조 원 미만인 「여신전문금융업법」에 따른
여신전문금융회사(이하 '여신전문금융회사'라 한다)

ㅁ. 그 밖에 자산규모, 영위하는 금융업무 등을 고려하여 금융위원회가 정하여 고
시하는 자

(7) 준법감시부서

❶ 구성

지배구조법 시행령 제19조 제4항에 따라 금융회사는 준법감시업무가 효율적으로
수행될 수 있도록 충분한 경험과 능력을 갖춘 적절한 수의 인력으로 구성된 내부
통제전담조직(이하 '준법감시부서'라 한다)을 갖추어 준법감시인의 직무수행을 지원
하여야 함. 또한 IT부문의 효율적인 통제를 위하여 필요하다고 인정되는 경우 준
법감시부서 내에 IT분야의 전문지식이 있는 전산요원을 1인 이상 배치하여야 한
다. 이와는 별도로 준법감시업무에 대한 자문기능의 수행을 위하여 준법감시인,
준법감시부서장, 인사담당부서장 및 변호사 등으로 구성된 준법감시위원회를 설
치·운영할 수 있으며, 기타 준법감시조직과 관련한 회사의 조직 및 업무분장은
사규에서 정하는 바에 따른다.

❷ 준법감시업무의 독립성 확보

지배구조법 제30조에 따라 금융회사는 준법감시인 및 준법감시부서의 직원이 자
신의 직무를 공정하게 수행할 수 있도록 업무의 독립성을 보장하여야 하며, 그 직
무수행과 관련된 사유로 부당한 인사상의 불이익을 주어서는 아니 된다. 한편, 준
법감시인 및 준법감시부서 직원은 선량한 관리자로서의 주의의무를 다하여 직무
를 수행하여야 하며, 다음의 업무를 수행하여서는 아니 된다.

ㄱ. 자산 운용에 관한 업무

ㄴ. 회사의 본질적 업무(법 시행령 제47조 제1항에 따른 업무를 말한다) 및 그 부수업무

ㄷ. 회사의 겸영업무(법 제40조에 따른 업무를 말한다)

ㄹ. 위험관리 업무

다만, 지배구조법 시행령 제20조 제2항에 해당하는 아래 회사의 준법감시부서는

예외적으로 위험관리업무를 같이 수행할 수 있음

ㄱ. 최근 사업연도말 현재 자산총액이 7천억 원 미만인 상호저축은행

ㄴ. 최근 사업연도말 현재 자산총액이 5조 원 미만인 금융투자업자. 다만, 최근 사업연도말 현재 운용하는 집합투자재산, 투자일임재산 및 신탁재산의 전체 합계액이 20조 원 이상인 금융투자업자는 제외

ㄷ. 최근 사업연도말 현재 자산총액이 5조 원 미만인 보험회사

ㄹ. 최근 사업연도말 현재 자산총액이 5조 원 미만인 여신전문금융회사

ㅁ. 그 밖에 자산규모, 영위하는 금융업무 등을 고려하여 금융위원회가 정하여 고시하는 자

하지만 예외대상에 해당하는 금융회사라 할지라도 해당 회사가 주권상장법인으로서 최근 사업연도말 현재 자산총액이 2조 원 이상인 경우는 준법감시인이 위험관리 업무를 같이 수행할 수 없다는 점에 유의하여야 한다.

4) 준법감시체제의 운영

(1) 체제의 구축

회사는 임직원의 업무수행의 공정성 제고 및 위법·부당행위의 사전 예방 등에 필요한 효율적인 준법감시체제를 구축·운영하여야 하며, 그 체제는 다음의 사항을 수행할 수 있어야 한다.

❶ 관계법령 등의 준수 프로그램의 입안 및 관리

❷ 임직원의 관계법령 등의 준수 실태 모니터링 및 시정조치

❸ 이사회, 이사회 산하 각종 위원회 부의사항에 대한 관계법령 등의 준수 여부의 사전 검토 및 정정 요구

❹ 정관·사규 등의 제정 및 개폐, 신상품개발 등 새로운 업무 개발시 관계법령 등의 준수 여부 사전 검토 및 정정 요구

❺ 임직원에 대한 준법 관련 교육 및 자문

❻ 금융위원회, 금융감독원, 금융투자협회, 한국거래소, 감사위원회와의 협조 및 지원

❼ 이사회, 경영진 및 유관부서에 대한 지원

❽ 기타 상기 사항에 부수되는 업무

(2) 준법감시 프로그램의 운영

준법감시인은 임직원의 관계법령 등 및 내부통제기준의 준수 여부를 점검하기 위하여 회사의 경영 및 영업활동 등 업무 전반에 대한 준법감시 프로그램을 구축·운영하여야 한다. 준법감시 프로그램은 관계법령 등 및 내부통제기준에서 정하는 내용을 포함하여 구축·운영되어야 하며, 적시적으로 보완이 이루어져야 하고, 준법감시인은 이 프로그램에 따라 임직원의 관계법령 등 및 내부통제기준의 준수 여부를 점검하고, 그 결과를 기록·유지하여야 한다.

또한, 준법감시인은 준법감시 프로그램에 따른 점검결과 및 개선계획 등을 주요 내용으로 하는 내부통제보고서를 대표이사에게 정기적으로 보고하여야 하며, 특별한 사유가 발생한 경우에는 지체 없이 보고하여야 한다. 한편, 이러한 점검의 결과 준법감시 업무 관련 우수자가 있는 경우 준법감시인은 인사상 또는 금전적 혜택을 부여하도록 회사에 요청할 수 있다.

5) 관련 제도

(1) 준법서약 등

금융투자업 종사자는 회사가 정하는 준법서약서를 작성하여 준법감시인에게 제출하여야 한다. 회사마다 다르기는 하겠지만 보통은 신규(경력)직원을 채용할 때와 기존 근무직원을 대상으로 연 1회 정기적으로 받는 경우가 많다. 실제로 외부감독기구의 감사 등에 있어 임직원의 준법서약서 제출 여부가 중요한 이슈로 부각되기도 한다.

회사는 임직원이 관계법령 등과 내부통제기준에서 정하는 금지사항 및 의무사항의 이해에 필요한 교육과정을 수립하고, 정기·비정기적으로 필요한 교육을 실시하여야 한다. 각종 사고의 발생 등을 사전에 예방하기 위한 교육과정 운영의 중요성은 금융투자협회의 '표준내부통제기준' 제20조에서 찾아볼 수 있는데, 여기에서는 필수적으로 운영하여야 하는 내부통제 관련 교육과정에 반드시 직무윤리 등을 포함해야 할 것을 명시하고 있으며, 교육 미이수자에 대한 관리방안 마련을 의무화하는 등 임직원의 교육에 대한 강제성을 더욱 강화하는 내용을 담고 있다.

또한 준법감시인은 업무수행 과정 중 발생하는 각종 법규 관련 의문사항에 대하여 임직원이 상시 필요한 지원 및 자문을 받을 수 있도록 적절한 절차를 마련·운영하여야 한다.

(2) 윤리강령의 제정 및 운영

회사는 임직원이 금융투자업무를 수행하는 데 필요한 직무윤리와 관련된 윤리강령을 제정·운영하여야 하며, 윤리위반 신고처 운영, 위반 시 제재조치 등과 같은 윤리강령의 실효성 확보를 위한 사내 체계를 구축·운영하여야 한다.

(3) 임직원 겸직에 대한 평가 · 관리

준법감시 담당부서는 해당 회사의 임직원이 지배구조법 제10조 제2항부터 제4항까지의 규정에 따라 다른 회사의 임직원을 겸직하려는 경우 겸직 개시 전에 겸직의 내용이 다음의 사항에 해당하는지를 검토하고, 주기적으로 겸직 현황을 관리하여야 한다.

❶ 회사의 경영건전성을 저해하는지 여부
❷ 고객과의 이해상충을 초래하는지 여부
❸ 금융시장의 안정성을 저해하는지 여부
❹ 금융거래질서를 문란하게 하는지 여부

만일 준법감시 담당부서에서 임직원의 겸직에 대한 검토·관리 결과 및 겸직 수행과정에서 상기의 사항에 해당하는 위험이 발생하거나 발생 가능성이 있다고 판단하는 경우에는 위험 방지를 위한 적절한 조치를 취하고 준법감시인에게 그 사실을 보고하여야 하며, 준법감시인은 보고를 받아 검토한 결과 필요하다고 인정하는 경우 겸직내용의 시정 및 겸직 중단 등의 조치를 취할 것을 요구할 수 있다.

(4) 내부제보(고발)제도

회사는 내부통제의 효율적 운영을 위하여 임직원이 회사 또는 다른 임직원의 위법·부당한 행위 등을 회사에 신고할 수 있는 내부제보제도를 운영하여야 하며, 이에 필요한 세부운영지침을 정할 수 있다. 내부제보제도에는 내부제보자에 대한 비밀보장, 불이익 금지 등 내부제보자 보호와 회사에 중대한 영향을 미칠 수 있는 위법·부당한 행위를 인지하고도 회사에 제보하지 않는 미제보자에 대한 불이익 부과 등에 관한 사항이 반드시 포함되어야 한다.

만일 내부제보자가 제보행위를 이유로 인사상 불이익을 받은 것으로 인정되는 경우 준법감시인은 회사에 대해 시정을 요구할 수 있으며, 회사는 정당한 사유가 없는 한 이에 응하여야 한다. 또한 준법감시인(또는 감사)은 내부제보 우수자를 선정하여 인사상 또는 금전적 혜택을 부여하도록 회사에 요청할 수 있으나, 내부제보자가 원하지 아니하는 경우에는 요청하지 않을 수 있다.

회사마다 약간씩 다를 수 있으나 통상 내부제보의 대상은 아래와 같다.

❶ 업무수행과 관련한 관계법령 등 또는 회사의 윤리강령, 규정, 준칙 등의 사규 위반행위

❷ 부패행위 및 기타 위법·부당한 행위 또는 이런 행위의 지시

❸ 횡령, 배임, 공갈, 절도, 직권남용, 관계법령 및 사규 등에서 정하고 있는 범위를 초과하는 금품 또는 향응의 수수 등 기타 범죄 혐의

❹ 성희롱 등 부정한 행위

❺ 현행 제도 시행에 따른 위험, 통제시스템의 허점

❻ 사회적 물의를 야기하거나 회사의 명예를 훼손시킬 수 있는 대내외 문제

❼ 기타 사고의 방지 및 내부통제를 위해 필요한 사항 등

일부 금융투자회사는 이러한 내부제보제도에 더하여 계약관계에 있는 상대방, 금융소비자를 포함한 거래상대방 등으로부터 제보를 받을 수 있는 '외부제보제도'도 같이 운영하고 있다.

(5) 명령휴가제도

회사는 임직원의 위법·부당한 행위를 사전에 방지하기 위하여 명령휴가제도를 운영하여야 한다. 명령휴가제도란, 금융사고 발생 우려가 높은 업무를 수행하고 있는 임직원을 대상으로 일정 기간 휴가를 명령하고, 동 기간 중 해당 임직원의 업무수행 적정성을 점검하는 제도를 말한다. 그 적용대상, 실시주기, 명령휴가 기간, 적용 예외 등 명령휴가제도 시행에 필요한 사항은 회사의 규모 및 인력 현황 등을 고려하여 별도로 정할 수 있다.

최근 금융회사는 물론 다양한 분야에서 임직원 등 내부자의 거액 횡령 등 사고가 급증하고 있어 각 금융회사에서는 명령휴가제도의 도입 및 실행 여부가 더욱 중요한 이슈가 되고 있으며 향후에도 명령휴가제도를 실행하는 금융회사는 더욱 많아질 것으로 전망된다.

(6) 직무분리기준 및 신상품 도입 관련 업무절차

회사는 입·출금 등 금융사고 발생 우려가 높은 단일거래(단일거래의 범위는 회사가 정한다)에 대해 복수의 인력(또는 부서)이 참여하도록 하거나, 해당 업무를 일선, 후선 통제절차 등으로 분리하여 운영토록 하는 직무분리기준을 마련·운영하여야 한다. 또한, 앞에서 다룬 바와 같이 금융소비자보호법의 시행으로 인해 새로운 금융상품 개발 및 금융상품 판매 과정에서 금융소비자보호 및 시장질서 유지 등을 위하여 준수하여야 할 업무절차를 마련·운영하여야 한다.

6) 영업점에 대한 내부통제

(1) 영업점별 영업관리자

금융투자회사의 표준내부통제기준에서는 영업점에 관한 내부통제를 별도로 다루고 있는데 이는 영업점이 금융소비자와 가장 가까운 접점이기 때문이다. 이에 따라 준법감시인이 영업점에 대한 내부통제를 위하여 권한을 위임하는 영업점별 영업관리자에 대해서는 그 자격을 엄격히 규정하고 있는바, 그 요건은 다음과 같다.

❶ 영업점에서 1년 이상 근무한 경력이 있거나 준법감시·감사업무를 1년 이상 수행한 경력이 있는 자로서 당해 영업점에 상근하고 있을 것
❷ 본인이 수행하는 업무가 과다하거나 수행하는 업무의 성격으로 인하여 준법감시업무에 곤란을 받지 아니할 것
❸ 영업점장이 아닌 책임자급일 것. 다만, 당해 영업점의 직원 수가 적어 영업점장을 제외한 책임자급이 없는 경우에는 그러하지 아니하다.
❹ 준법감시업무를 효과적으로 수행할 수 있는 충분한 경험과 능력, 윤리성을 갖추고 있을 것

다만, 다음 각 요건을 모두 충족하는 경우 예외적으로 1명의 영업관리자가 2 이상의 영업점을 묶어 영업관리자의 업무를 수행할 수 있다.

❶ 감독대상 영업직원 수, 영업규모와 내용 및 점포의 지역적 분포가 단일 영업관리자만으로 감시·감독하는 데 특별한 어려움이 없을 것
❷ 해당 영업관리자가 대상 영업점 중 1개의 영업점에 상근하고 있을 것

❸ 해당 영업관리자가 수행할 업무의 양과 질이 감독업무 수행에 지장을 주지 아니할 것

영업관리자는 해당 영업점에서 금융투자상품의 거래에 관한 지식과 경험이 부족하여 투자중개업자의 투자권유에 사실상 의존하는 금융소비자의 계좌를 별도로 구분하여 이들 계좌의 매매거래상황 등을 주기적으로 점검하고, 직원의 투자권유 등 업무수행을 할 때 관련 법규 및 내부통제기준을 준수하고 있는지 여부를 감독하여야 한다. 한편, 준법감시인은 영업점별 영업관리자에 대하여 연간 1회 이상 법규 및 윤리 관련 교육을 실시하여야 한다. 회사는 영업점별 영업관리자의 임기를 1년 이상으로 하여야 하고, 영업점별 영업관리자가 준법감시업무로 인하여 인사·급여 등에서 불이익을 받지 아니하도록 하여야 하며, 영업점별 영업관리자에게 업무수행 결과에 따라 적절한 보상을 지급할 수 있다.

(2) 내부통제활동

회사는 영업점에 대한 실질적인 통제가 가능하도록 다음 각 사항을 포함한 세부기준을 제정·운영하여야 한다.

❶ 영업점의 영업 및 업무에 대한 본사의 통제 방식과 내용
❷ 영업점 근무 직원의 인사채용 및 관리의 독립성
❸ 영업점 소속 임직원의 성과 및 보수체계의 내용과 그 독립성
❹ 본사와 해당 영업직원 간의 계약 내용

만일 회사가 특정 금융소비자를 위하여 전용공간을 제공하는 경우에는 다음 각 사항을 준수하여야 한다.

❶ 당해 공간은 직원과 분리되어야 하며, 영업점장 및 영업점 영업관리자의 통제가 용이한 장소에 위치
❷ 사이버룸의 경우 반드시 "사이버룸"임을 명기(문패 부착)하고 외부에서 내부를 관찰할 수 있도록 개방형 형태로 설치
❸ 회사는 다른 고객이 사이버룸 사용 고객을 직원으로 오인하지 아니 하도록 사이버룸 사용 고객에게 명패, 명칭, 개별 직통전화 등을 사용하도록 하거나 제공하여서는 아니 됨

❹ 영업점장 및 영업관리자는 사이버룸 등 고객전용공간에서 이루어지는 매매거래의 적정성을 모니터링하고 이상매매가 발견되는 경우 지체 없이 준법감시인에게 보고

영업점은 영업점의 업무가 관계법령 등에서 정하는 기준에 부합하는 방식으로 처리되었는지 자체점검을 실시하여야 하며, 회사는 이에 필요한 영업점의 자체점검 방법, 확인사항, 실시주기 등에 관한 기준을 마련·운영하여야 한다. 이를 위해 대부분의 회사는 명칭은 다를 수 있으나 '내부통제 자체 체크리스트' 등의 이름으로 영업점의 내부통제활동 수행에 대한 점검을 정기적으로 실행하고 있다.

2 내부통제기준 위반 시 회사의 조치 및 제재

1) 개인에 대한 조치

회사는 내부통제기준 위반자에 대한 처리기준을 사전에 규정하고, 위반자에 대해서는 엄정하고 공정하게 조치하여야 한다. 내부통제 위반자의 범위에는 내부통제기준을 직접 위반한 자뿐만 아니라, 지시·묵인·은폐 등에 관여한 자, 다른 사람의 위반사실을 고의로 보고하지 않은 자, 기타 내부통제기준의 운영을 저해한 자를 포함한다.

회사 및 준법감시인은 관계법령 등의 준수 여부에 대한 점검결과 임직원의 위법·부당행위를 발견한 경우 유사 행위가 재발하지 아니하도록 해당 임직원에 대한 제재, 내부통제제도의 개선 등 필요한 조치를 신속히 취하여야 한다. 위반자에 대한 제재는 관계법령 등에 규정된 사항을 먼저 적용하며, 사규 등에서 정한 사항을 위반한 경우는 통상 회사별로 마련된 징계규정이 정하는 절차와 제재수위가 적용된다.

이에 따른 회사의 조치에 대하여 관련 임직원은 회사가 정한 절차에 따라 회사에 이의를 신청할 수 있으며, 당해 임직원은 그 사유를 명확히 하고 필요한 증빙자료를 첨부하여야 한다.

2) 회사에 대한 조치

(1) 1억 원 이하의 과태료 부과(지배구조법 제43조 제1항)

아래의 경우 금융투자회사에 대해 1억 원 이하의 과태료를 부과한다.

❶ 내부통제기준을 마련하지 아니한 경우
❷ 준법감시인을 두지 아니한 경우
❸ (적용대상 회사인 경우) 사내이사 또는 업무집행책임자 중에서 준법감시인을 선임하지 않은 경우
❹ 이사회 결의를 거치지 아니하고 준법감시인을 임면한 경우
❺ 금융위원회가 위법·부당한 행위를 한 회사 또는 임직원에게 내리는 제재조치를 이행하지 않은 경우

(2) 3천만 원 이하의 과태료 부과(지배구조법 제43조 제2항)

아래의 경우에는 3천만 원 이하의 과태료를 부과한다.

❶ 준법감시인에 대한 별도의 보수지급 및 평가기준을 마련·운영하지 않은 경우
❷ 준법감시인이 아래의 업무를 겸직하거나 이를 겸직하게 한 경우
　ㄱ. 자산 운용에 관한 업무
　ㄴ. 해당 금융회사의 본질적 업무(해당 금융회사가 인가를 받거나 등록을 한 업무와 직접적으로 관련된 필수업무로서 대통령령으로 정하는 업무를 말한다) 및 그 부수업무
　ㄷ. 해당 금융회사의 겸영(兼營)업무
　ㄹ. (금융지주회사의 경우) 자회사 등의 업무(금융지주회사의 위험관리책임자가 그 소속 자회사 등의 위험관리업무를 담당하는 경우는 제외한다)
　ㅁ. 그 밖에 이해가 상충할 우려가 있거나 내부통제 및 위험관리업무에 전념하기 어려운 경우로서 대통령령으로 정하는 업무

(3) 2천만 원 이하의 과태료 부과(지배구조법 제43조 제3항)

금융회사가 지배구조법 제30조 제2항 및 동법 시행령에 따른 준법감시인의 임면 사실을 금융위원회에 보고하지 않은 경우 등에는 2천만 원 이하의 과태료 부과대상이 된다.

section 02 | 직무윤리 위반행위에 대한 제재

앞에서 설명한 바와 같이 우리나라는 직무윤리의 위반행위에 대한 제재 수준이 미국이나 일본에 비해 상대적으로 크지 않은 것으로 보이나, 이를 개선하기 위한 노력이 계속되고 있다. 현재는 자본시장법이나 지배구조법 등의 관계법령에서 조항으로 명문화시킨 직무윤리는 위반 시 그에 따른 제재가 명확히 규정되어 있다. 금융투자협회가 제정한 '표준내부통제기준'을 바탕으로 회사가 자율적으로 제정한 회사별 내부통제기준, 윤리강령 등의 윤리기준을 위반하는 경우는 해당 회사가 정한 사규 등에 따라 그 제재 수위가 정해진다.

사규에 따른 제재는 회사별로 다를 수 있으므로 이 절에서는 금융투자회사에 공통적으로 적용되는 제재를 중심으로 살펴보기로 한다.

1 자율규제

금융투자협회는 회원 간의 건전한 영업질서 유지 및 투자자 보호를 위한 자율규제업무를 담당한다(자본시장법 제286조 제1항 제1호). 그 일환으로 협회는 회원인 금융투자업자와 그 소속 임직원이 관련 법령과 직무윤리를 준수하도록 하며, 그 위반행위에 대해서는 주요 직무 종사자의 등록 및 관리권과 회원의 제명 또는 그 밖의 제재권(회원의 임직원에 대한 제재의 권고를 포함)을 발동할 수 있다.[4]

2 행정제재

행정제재는 금융감독기구인 금융위원회, 증권선물위원회 등에 의한 제재가 중심이 된다.

---

4 그 구체적인 내용은 금융투자협회의 「자율규제위원회 운영 및 제재에 관한 규정」에 규정되어 있다.

chapter 3 직무윤리의 준수절차 및 위반 시의 제재

1) 금융투자업자에 대한 제재권

(1) 금융위원회의 조치명령권

자본시장법 제415조에 따르면 금융위원회는 투자자를 보호하고 건전한 거래질서를 유지하기 위하여 금융투자업자가 관계법령 등을 적절히 준수하는지 여부를 감독하여야 할 의무가 있다. 이에 따라 다음의 사항에 대해서는 금융투자회사에 대해 필요한 조치를 명할 수 있다.

❶ 금융투자업자의 고유재산 운용에 관한 사항
❷ 투자자 재산의 보관·관리에 관한 사항
❸ 금융투자업자의 경영 및 업무개선에 관한 사항
❹ 각종 공시에 관한 사항
❺ 영업의 질서유지에 관한 사항
❻ 영업방법에 관한 사항
❼ 장내파생상품 및 장외파생상품의 거래규모의 제한에 관한 사항
❽ 그 밖에 투자자 보호 또는 건전한 거래질서를 위하여 필요한 사항으로서 대통령령으로 정하는 사항

특히 ❼의 장내파생상품의 거래규모의 제한에 관한 사항은 금융투자업자가 아닌 위탁자(금융소비자)에게도 필요한 조치를 명할 수 있다.

(2) 금융투자업 인가 또는 금융투자업 등록의 취소권

금융위원회는 다음의 어느 하나에 해당하는 경우 금융투자업 인가 취소 또는 금융투자업 등록 취소의 권한을 가진다.

❶ 거짓, 그 밖의 부정한 방법으로 금융투자업의 인가를 받거나 등록한 경우
❷ 인가조건을 위반한 경우
❸ 인가요건 또는 등록요건의 유지의무를 위반한 경우
❹ 업무의 정지기간 중에 업무를 한 경우
❺ 금융위원회의 시정명령 또는 중지명령을 이행하지 아니한 경우
❻ 자본시장법 별표 1 각 호의 어느 하나에 해당하는 경우로서 대통령령으로 정하

는 경우

❼ 대통령령으로 정하는 금융 관련 법령 등을 위반한 경우로서 대통령령으로 정하는 경우

❽ 그 밖에 투자자의 이익을 현저히 해할 우려가 있거나 해당 금융투자업을 영위하기 곤란하다고 인정되는 경우로서 대통령령으로 정하는 경우

만일 이를 위반하는 경우 금융위원회는 다음의 조치가 가능하다.

❶ 6개월 이내의 업무의 전부 또는 일부의 정지
❷ 신탁계약, 그 밖의 계약의 인계명령
❸ 위법행위의 시정명령 또는 중지명령
❹ 위법행위로 인한 조치를 받았다는 사실의 공표명령 또는 게시명령
❺ 기관경고
❻ 기관주의
❼ 그 밖에 위법행위를 시정하거나 방지하기 위하여 필요한 조치로서 대통령령으로 정하는 조치

2) 금융투자업자의 임직원에 대한 조치권

자본시장법 제422조 제1항 및 지배구조법 제35조 제1항에 따라 금융위원회는 금융투자업자의 임원에 대해서는 해임요구, 6개월 이내의 직무정지(또는 임원의 직무를 대행하는 관리인의 선임), 문책경고, 주의적 경고, 주의, 그 밖에 위법행위를 시정하거나 방지하기 위하여 필요한 조치로서 자본시장법 및 지배구조법의 각 시행령으로 정하는 조치 등을 할 수 있다.

금융투자업자의 직원에 대해서는 자본시장법 제422조 제2항 및 지배구조법 제35조 제2항에 따라 면직, 6개월 이내의 정직, 감봉, 견책, 경고(참고로 지배구조법에서는 자본시장법과는 달리 직원에 대한 조치로서 '경고'조치를 명시하고 있지 않다), 주의, 그 밖에 위법행위를 시정하거나 방지하기 위하여 필요한 조치로서 자본시장법 시행령으로 정하는 조치 등을 취할 수 있다.

3) 청문 및 이의신청

금융위원회가 다음 사항의 처분 또는 조치를 하고자 하는 경우에는 자본시장법 제 423조에 따라 반드시 청문을 실시하여야 한다.

❶ 종합금융투자사업자에 대한 지정의 취소
❷ 금융투자상품거래청산회사에 대한 인가의 취소
❸ 금융투자상품거래청산회사 임직원에 대한 해임요구 또는 면직 요구
❹ 신용평가회사에 대한 인가의 취소
❺ 신용평가회사 임직원에 대한 해임요구 또는 면직 요구
❻ 거래소 허가의 취소
❼ 거래소 임직원에 대한 해임요구 또는 면직 요구
❽ 금융투자업에 대한 인가·등록의 취소
❾ 금융투자업자 임직원에 대한 해임요구 또는 면직 요구

만일 금융위원회의 처분 또는 조치에 대해 불복하는 자는 해당 처분 또는 조치의 고지를 받는 날로부터 30일 이내에 그 사유를 갖추어 금융위원회에 이의신청을 할 수 있다. 이때, 금융위원회는 해당 이의신청에 대해 60일 이내에 결정을 하여야 하며, 부득이한 사정으로 그 기간 내에 결정을 할 수 없을 경우에는 30일의 범위에서 그 기간을 연장할 수 있다.

3 민사책임

직무윤리의 위반이 동시에 법 위반으로 되는 경우에는 이에 대한 법적 제재가 따르게된다. 법 위반에 대한 사법적 제재로는 당해 행위의 실효(失效)와 손해배상책임을 묻는방법 등이 있다.

(1) 법률행위의 실효(失效)

법률행위에 하자가 있는 경우, 그 하자의 경중에 따라 중대한 하자가 있는 경우에는 '무효'로 하고, 이보다 가벼운 하자가 있는 경우에는 '취소'할 수 있는 행위가 된다.

또한, 계약당사자 일방의 채무불이행으로 계약의 목적을 달성할 수 없는 경우, 그것

이 일시적 거래인 경우에는 계약을 '해제'할 수 있고, 그것이 계속적인 거래인 경우에는 계약을 '해지'할 수 있다. 계약을 해제하면 계약이 소급적으로 실효되어 원상회복의무가 발생하고, 계약을 해지하면 해지시점부터 계약이 실효된다.

(2) 손해배상

채무불이행(계약책임) 또는 불법행위에 의하여 손해를 입은 자는 배상을 청구할 수 있다.

계약책임은 계약관계(privity of contract)에 있는 당사자(주로 채권자와 채무자) 사이에 계약위반을 이유로 한다. 이때, 불법행위책임은 계약관계의 존부를 불문하고, '고의 또는 과실'의 '위법행위'로 타인에게 '손해'를 가한 경우를 말하고, 가해자는 피해자에게 발생한 손해를 배상하여야 한다(민법 750조).

4 형사책임

자본시장의 질서유지를 위하여 법 위반행위에 대하여는 형법과 자본시장법 등의 각종 관련법에서 형벌조항을 두고 있다(자본시장법 제443~제448조 등). 형사처벌은 법에서 명시적으로 규정하고 있는 것에 한정하며(죄형법정주의), 그 절차는 형사소송법에 의한다. 또 행위자와 법인 양자 모두를 처벌하는 양벌규정을 두는 경우가 많다.

5 시장의 통제

직무윤리강령 및 직무윤리기준을 위반한 행위에 대하여 아무런 법적 제재를 받지 않을 수도 있다. 그러나 이에 대한 금융소비자를 비롯하여 시장으로부터의 신뢰상실과 명예실추, 관계의 단절은 직업인으로서 당해 업무에 종사하는 자에게 가해지는 가장 무섭고 만회하기 어려운 제재와 타격이 된다.

> **사례**
>
> 금융기관 종사자의 고객자금 횡령 및 제재
> ○○증권회사 영업점에서 근무하는 업무팀장 A는 2012.2.10.~5.25 기간 중 고객 5명의 6개 계좌에서 무단으로 발급처리한 증권카드와 고객으로부터 매매주문 수탁 시 취득한 비밀번호

를 이용하여 업무용 단말기로 고객의 자금을 남자친구인 B 명의의 계좌로 이체하는 방법으로 총 16회에 걸쳐 15억 6천만 원을 횡령하였다.

직원의 남자친구 명의 계좌는 직원의 계산으로 2010.6.14. 개설된 것으로서 내부통제기준상 증권회사 직원의 매매가 금지된 코스피200 선물·옵션을 매매하였으며, 준법감시인에게 계좌 개설사실을 신고하지 않고 분기별로 매매명세를 통지하지도 않았다.

또한 위의 횡령계좌들 중 3명의 명의로 된 3개 계좌에서 위탁자로부터의 매매주문 수탁 없이 21개 종목, 13억 4천 1백만 원 상당을 임의로 매매하였다.

위와 같은 사실은 타인의 재물을 보관하는 자는 업무상의 업무에 위배하여 그 재물을 횡령하여서는 아니 되며, 투자매매업자 또는 투자중개업자는 투자자나 그 대리인으로부터 금융투자상품의 매매주문을 받지 아니하고 투자자로부터 예탁받은 재산으로 금융투자상품 매매를 하여서는 아니 된다는 형법 제355조 제1항 및 제356조, 특정 경제범죄 가중처벌 등에 관한 법률 제3조 제1항 제2호, 자본시장법 제70조를 위반하는 행위이다.

이로 인해 해당 증권회사는 관리책임을 물어 '기관주의' 조치를 받았고, 해당 직원은 형사처벌과는 별도로 면직처리되었다. (제재조치일 : 2013.5.10. / 출처 : 금융감독원 홈페이지)

실전예상문제

01 다음 중 직무윤리에 대한 설명으로 적절하지 않은 것은?

① 기업윤리는 조직 구성원 개개인들이 지켜야 하는 윤리적 행동과 태도를 구체화한 것이다.

② 기업윤리와 직무윤리는 흔히 혼용되어 사용되기도 한다.

③ 직무윤리는 미시적인 개념이며, 기업윤리는 거시적인 개념으로 보기도 한다.

④ 윤리경영은 직무윤리를 기업의 경영방식에 도입하는 것으로 간단히 정의될 수 있다.

02 다음 중 신의성실의 원칙에 관한 설명으로 옳지 않은 것은?

① 상대방의 정당한 이익을 배려하여 형평에 어긋나거나 신뢰를 저버리는 일이 없도록 성실하게 행동해야 한다는 것을 말한다.

② 윤리적 원칙이면서 동시에 법적 의무이다.

③ 이해상충의 방지 및 금융소비자보호와 관련된 기본원칙이다.

④ 상품 판매 이전 단계에만 적용되는 원칙이다.

03 다음 중 이해상충 방지에 대한 설명으로 적절하지 않은 것은?

① 금융투자업자는 이해상충 발생 가능성을 파악 평가하고 적절히 관리하여야 한다.

② 금융투자업자는 이해상충 발생 가능성이 있는 경우 그 사실을 해당 투자자에게 미리 알렸다면 별도의 조치 없이 매매 등 그 밖의 거래를 할 수 있다.

③ 금융투자업자는 영위하는 금융투자업 간 또는 계열회사 및 다른 회사와의 이해상충의 발생을 방지하기 위해 정보교류 차단벽(Chinese Wall)을 구축할 의무가 있다.

④ 이해상충 발생을 방지하기 위해 금융소비자가 동의한 경우를 제외하고는 금융투자업자가 거래당사자가 되거나 자기 이해관계인의 대리인이 되어서는 안 된다.

해설

01 ① 직무윤리에 대한 설명이다.

02 ④ 상품 판매 전의 개발단계부터 모든 단계에서 적용된다.

03 ② 이해상충 발생 가능성을 금융소비자에게 미리 알리고 이해상충 발생 가능성을 충분히 낮춘 후에만 거래할 수 있다.

04 다음 중 금융소비자보호의무와 관련한 설명으로 적절하지 않은 것은?

① 상품의 개발단계에서부터 판매 이후의 단계까지 전 단계에 걸쳐 적용된다.

② 금융투자업 종사자의 '전문가로서의 주의의무'와 관련된다.

③ 우리나라는 현재 금융소비자보호법에 따라 관련 절차 등이 규정되어 있다.

④ CCO는 상근감사 직속의 독립적 지위를 갖는다.

05 다음 설명 중 틀린 것은?

① 금융투자업 직무윤리의 기본적인 핵심은 '고객우선의 원칙'과 '신의성실의 원칙' 이다.

② 직무윤리가 법제화된 대표적인 사례는 '금융소비자보호의무'와 '이해상충방지 의무'이다.

③ 금융소비자를 두텁게 보호하기 위해 대표이사는 법령에 규정된 의무를 모두 본 인이 수행하여야 하며, 다른 임원 등에게 위임할 수 없다.

④ 금융소비자 보호에 관한 인식은 국내외를 막론하고 점차 강해지고 있다.

06 다음 중 상품 판매 이전단계에서의 금융소비자보호의무와 가장 거리가 먼 것은?

① 상품 판매 개시 이후 적정한 판매절차를 거쳤는지 점검하는 절차를 마련한다.

② 판매임직원 등의 판매자격 관리절차를 마련한다.

③ 판매임직원 등 대상 교육체계를 마련한다.

④ 해당 상품에 대한 미스터리쇼핑을 자체적으로 실시한다.

해설

04 ④ CCO는 대표이사 직속이다.

05 ③ 금융소비자보호법에서는 대표이사의 고유 권한 중 일부를 금융소비자보호 총괄책임자에게 위임할 수 있도록 허용하고 있다.

06 ④ 미스터리쇼핑은 상품 판매 이후 단계에서 실행하는 절차이다.

07 금융투자회사의 표준윤리준칙 제4조에서는 '회사와 임직원은 (　　)과(와) (　　)를(을) 가장 중요한 가치관으로 삼고, (　)에 입각하여 맡은 업무를 충실히 수행하여야 한다' 라고 규정하고 있다. (　) 안에 들어갈 말을 올바르게 나열한 것은?

① 정직 – 신뢰 – 신의성실의 원칙
② 수익 – 비용 – 효율성의 원칙
③ 공정 – 공평 – 기회균등의 원칙
④ 합리 – 이성 – 독립성의 원칙

08 다음 중 금융투자업 종사자가 고객에게 투자를 권유하거나 이와 관련된 직무를 수행함에 있어 따라야 할 기준으로 적절하지 않은 것은?

① 투자권유 전 고객의 재무상황, 투자경험, 투자 목적에 관하여 적절한 조사를 해야 한다.
② 투자권유 시 환경 및 사정변화가 발생하더라도 일관성 있는 투자권유를 위해 당해 정보를 변경하여서는 안 된다.
③ 고객을 위하여 각 포트폴리오 또는 각 고객별로 투자권유의 타당성과 적합성을 검토하여야 한다.
④ 파생상품등과 같이 투자위험성이 큰 경우 일반 금융투자상품에 요구되는 수준 이상의 각별한 주의를 기울여야 한다.

09 다음 금융투자업 종사자의 대외활동에 관한 설명으로 옳은 것은?

① 회사의 주된 업무수행에 지장을 주어서는 아니 된다.
② 금전적인 보상은 수고에 대한 대가이므로 반드시 신고할 필요는 없다.
③ 회사의 공식의견이 아닌 사견은 대외활동 시 발표할 수 없다.
④ 경쟁회사에 대한 부정적인 언급은 정도가 심하지 않은 경우 허용된다.

해설

07 ①
08 ② 투자권유가 환경 및 사정의 변화를 반영할 수 있도록 당해 정보를 변경하여야 한다.
09 ① 대외활동 시 금전적 보상은 반드시 신고해야 하며, 사견임을 명백히 한 경우는 발표할 수 있다. 또한 경쟁회사에 대한 비방은 금지된다.

10 다음 임의매매와 일임매매에 관한 설명으로 적절하지 않은 것은?

① 자본시장법에서는 임의매매와 일임매매를 엄격히 금지하고 있다.

② 임의매매는 금융소비자의 매매거래에 대한 위임이 없었음에도 금융투자업 종사자가 자의적으로 매매를 한 경우이다.

③ 일임매매는 금융소비자가 매매거래와 관련한 전부 또는 일부의 권한을 금융투자업 종사자에게 위임한 상태에서 매매가 발생한 경우이다.

④ 임의매매와 일임매매는 손해배상책임에 있어 차이가 있다.

11 다음은 상품 판매 이후의 단계에서 실행되는 제도이다. ( )에 들어갈 말을 올바르게 짝지어진 것은?

> ㉠ 해피콜제도는 금융소비자가 상품 가입 후 ( ) 이내에 판매직원이 아닌 제3자가 전화를 통해 불완전판매 여부를 확인하는 제도이다.
>
> ㉡ 불완전판매보상제도는 금융소비자가 상품 가입 후 ( ) 이내에 불완전판매 행위를 인지한 경우 금융투자회사에서 배상을 신청할 수 있는 제도이다.

① 7일, 15일   ② 7영업일, 15영업일
③ 7일, 15영업일   ④ 7영업일, 15일

12 다음 중 '금융투자회사의 영업 및 업무에 관한 규정'에서 정하고 있는 부당한 재산상 이익의 제공에 해당되지 않는 것은?

① 거래상대방만 참석한 여가 및 오락활동 등에 수반되는 비용을 제공하는 경우

② 제조업체의 고유재산관리를 담당하는 직원에게 문화상품권을 제공하는 경우

③ 자산운용사 직원이 펀드판매 증권사 직원에게 백화점상품권을 제공하는 경우

④ 증권사 직원이 금융소비자에게 펀드 판매사 변경을 이유로 현금을 제공하는 경우

해설

10 ① 일임매매는 일정 조건하에서는 제한적으로 허용되고 있다.

11 ④

12 ② 문화활동을 할 수 있는 용도로만 정해진 문화상품권의 제공은 부당한 재산상 이익의 제공에서 제외된다.

13 다음 설명 중 맞는 것은?

① 상품설명서는 금융상품에 대한 설명을 한 이후 금융소비자에게 제공하여야 한다.

② 계약서류는 계약을 체결하고 지체 없이 금융소비자에게 제공하여야 한다.

③ 계약서류의 제공 사실과 관련하여 금융소비자는 본인이 금융상품판매업자가 제공하지 않았음을 증명하여야 한다.

④ 법상 '지체 없이'는 회사에서 별도로 정하는 특정한 기간 이내를 말한다.

14 다음 위반행위 중 지배구조법에 따른 제재조치가 가장 큰 것은?

① 이사회 결의 없이 준법감시인을 임면한 경우

② 준법감시인이 자산운용업무를 겸직하게 하는 경우

③ 준법감시인의 임면 사실을 금융위원회에 보고하지 않은 경우

④ 준법감시인에 대한 별도의 보수지급기준 등을 마련하지 않은 경우

15 다음 재산상 이익의 제공에 관한 설명 중 틀린 것은?

① 영업직원이 거래상대방으로부터 10만원 상당의 백화점상품권을 수령한 경우 이를 즉시 준법감시인에게 신고하여야 한다.

② 금융투자회사는 거래상대방에게 제공하거나 수령한 재산상 이익의 가액이 10억원을 초과하는 즉시 홈페이지 등을 통해 공시하여야 한다.

③ 금융투자회사는 재산상 이익 제공 현황 및 적정성 점검 결과 등을 매년 대표이사에게 보고하여야 한다.

④ 거래상대방이 금융투자회사인 경우 상호 교차점검을 위해 임직원의 동의를 받은 후 대표이사 명의의 서면으로 관련 자료를 요청하여야 한다.

해설

13 ① 설명서는 설명을 하기 전 금융소비자에게 제공하여야 한다.

③ 계약서류의 제공에 대한 입증책임은 금융상품판매업자에게 있다.

④ '지체 없이'는 몇 시간, 며칠과 같이 특정되는 것이 아니라 사정이 허락하는 한 가장 신속하게 처리해야 하는 기한을 의미한다.

14 ① 1억원 이하 과태료 대상

②, ④ 3천만원 이하 과태료 대상

③ 2천만원 이하 과태료 대상

15 ③ 대표이사가 아니라 이사회에 보고하여야 한다.

16 다음 비밀정보의 관리에 관한 사항 중 맞는 것은?

① 회사의 경영전략이나 새로운 상품 등에 관한 정보는 인쇄된 경우에 한하여 비밀정보로 본다.

② 정보차단벽이 설치된 부서에서 발생한 정보는 비밀정보로 간주되어야 한다.

③ 임직원이 회사를 퇴직하는 경우 본인이 관리하던 고객정보는 향후 관계 유지를 위해 반출할 수 있다.

④ 특정한 정보가 비밀정보인지 불명확할 경우 부서장이 판단하여야 한다.

17 다음 대외활동에 관한 설명 중 틀린 것은?

① 언론기관 접촉이 예정된 경우 예외 없이 관계부서와 반드시 사전협의하여야 한다.

② 회사가 최종 승인하지 않은 홍보물을 사전에 사용하는 행위는 금지된다.

③ 개인이 운영하는 블로그 등에 회사의 상품을 홍보하는 행위는 금지된다.

④ 사전승인절차에서는 대가로 지급받는 보수의 적절성도 같이 검토되어야 한다.

18 다음 사회 등에 대한 윤리에 관한 설명 중 가장 옳은 것은?

① 시장질서 교란행위는 불공정거래행위의 다른 표현으로 그 의미는 같다.

② 미공개정보의 이용에 대한 불공정거래행위의 적용은 내부자, 준내부자 및 미공개정보의 1차 수령자뿐만 아니라 이를 전달한 자까지를 포함한다.

③ 특정한 목적성 없이 금융투자상품의 시세에 영향을 미쳤다면 불공정거래행위로 구분되어 관련 법령의 적용을 받는다.

④ 프로그램 오류로 인한 시세의 급격한 변동은 단순 실수이므로 과징금 등의 벌칙 조항의 적용을 받지 않는다.

해설

16 ① 기록여부, 매체여부에 관계없이 비밀정보로 본다.

③ 퇴직예정 임직원 등은 회사 업무와 관련한 정보를 고객정보를 포함하여 모두 회사에 반납하여야 한다.

④ 비밀정보의 판단여부는 준법감시인의 역할이다.

17 ① 예고 없는 언론 인터뷰 등 불가피한 경우 언론기관 접촉 후 즉시 보고하는 등 예외적으로 추인받으면 된다.

18 ① 불공정거래행위와 시장질서교란행위는 대상과 목적성 여부에 따라 적용되는 범위가 다르다.

③ 목적성이 없다면 시장질서 교란행위에 해당한다.

④ 자본시장법 제429조의2에 따라 5억원 이하의 과징금이 부과될 수 있다.

정답 01 ① | 02 ④ | 03 ② | 04 ③ | 05 ③ | 06 ④ | 07 ① | 08 ② | 09 ① | 10 ① | 11 ④ | 12 ② | 13 ② | 14 ① |
15 ③ | 16 ② | 17 ① | 18 ②

part 05

투자자분쟁예방

certified securities investment advisor

chapter 01

분쟁예방 시스템

section 01 분쟁에 대한 이해

1 개요

분쟁의 사전적 개념은 "어떤 말썽 때문에 서로 시끄럽게 다투는 일, 또는 그 다툼"이다. 금융투자업자는 금융투자업을 영위하는 과정에서 투자자 혹은 고객과 다양한 거래관계를 형성하게 되며, 거래관계가 수반되는 권리·의무에 대한 상반된 주장을 분쟁이라는 형태로 표출한다.

통상 "금융분쟁"이라 함은 예금자 등 금융소비자 및 기타 이해관계인이 금융 관련 기관의 금융업무 등과 관련하여 권리의무 또는 이해관계가 발생함에 따라 금융 관련 기관을 상대로 제기하는 분쟁을 말한다.

2021년부터 시행된 금융소비자보호법은 제1조에서 천명하고 있듯이 '금융소비자의 권익 증진'과 '금융소비자 보호의 실효성을 높이'는 것이 목적이므로 분쟁의 예방을 위해 금융상품 판매업자 등의 영업행위에 대한 준수사항 및 금지사항을 규정하고 있으며, 이후 분쟁이 발생하는 경우 취할 수 있는 조치 및 손해배상책임 등에 관한 사항을 포함하고 있다.

이에 따라 금융상품을 판매하는 회사는 의무적으로 분쟁 발생 예방을 위한 시스템을 구축하여야 하고, 분쟁이 발생한 경우 이를 처리할 수 있는 시스템을 갖추어야 한다. 또한, 금융소비자보호법 제32조 제3항의 '금융소비자 불만 예방 및 신속한 사후구제를 통하여 그 임직원이 직무를 수행할 때 준수하여야 할 기본적인 절차와 기준'을 정하여야 할 의무가 있으므로 분쟁의 예방 및 조정을 위한 절차 등의 내용이 포함된 내부적인 기준을 제정하여야 한다.

2 　분쟁의 유형

1) 부당권유 등 불완전판매 관련 분쟁

금융회사에서 가장 많이 발생하는 분쟁 유형은 금융상품 판매와 관련하여 부당권유를 포함한 금융소비자보호법상 6대 판매원칙과 관련된 분쟁이다.

불완전판매는 말 그대로 관련 법규 등에서 정하고 있는 '완전판매절차'를 준수하지 않아 발생하는 것으로서 투자경험이나 지식수준이 낮은 일반 금융소비자를 대상으로 거래 행위의 위험성에 관한 올바른 인식 형성을 방해하는 행위는 물론, 투자경험 등이 있더라도 해당 고객의 투자성향에 비추어 과도한 위험성을 수반하는 거래를 적극적으로 권유하는 행위 등이 포함된다.

불완전판매행위는 우리가 앞에서 살펴본 바와 같이 직무윤리의 측면에서 고객에 대한 '고객우선의 원칙'과 '신의성실의 원칙'이라는 양대 윤리를 위반한 것임과 더불어 법제화되어 있는 '금융소비자 보호의무'(경우에 따라서는 '이해상충 방지의무'까지)를 위반하는 명백한 위법행위이다.

2) 주문 관련 분쟁

금융투자업을 영위하는 회사의 경우 고객으로부터 상장증권 등을 비롯한 금융투자상품의 주문을 접수하고 실행하는 과정에서 발생하는 일들이 분쟁의 원인이 되기도 한다.

금융투자회사에서 주문을 수탁하는 업무를 수행하는 임직원 등은 자본시장법 제68조 및 관련 법령 등에 따라 정당한 권한을 가진 금융소비자(투자자)로부터 수탁받은 주문을 최선을 다해 집행하고 관련 기록을 보관 및 유지하여야 하는 '최선집행의무'가 존재한다.

여기에서 중요한 점은 해당 주문을 요청하는 자가 정당한 권한을 가진 고객인가 하는 점이다. 즉 금융투자회사의 임직원 등은 해당 주문의 수탁 및 집행을 실행하기 전 해당 주문의 요청자가 투자자 본인인지, 혹은 정당한 위임을 받은 임의대리인인지, 혹은 미성년자녀 계좌에 대한 관리 권한을 가진 부모처럼 법적으로 대리권을 인정받는 법정 대리인인지 등을 명확하게 확인하여야 한다.

금융투자회사의 임직원 등은 주문을 요청하는 자가 정당한 권한을 가졌음을 확인하였다면, 해당 주문의 집행에 있어 최선의 집행 의무를 이행하기 위하여 주문 실행 전 고객에게 정확한 주문내용을 확인하여야 한다.

만일 임직원 등의 단순 주문실수(예를 들어 고객이 요청하는 상장증권의 매수 주문을 매도 주문으로 착각하여 처리하는 경우 등)가 발생한 경우인지 즉시 해당 주문으로 인해 발생한 손익을 확정하고 손실에 대한 차액을 배상하겠다는 의사표시를 고객에게 제안하는 등 분쟁으로 발생하지 않도록 처리하여야 한다.

3) 일임매매 관련 분쟁

자본시장법 제71조 제6호 및 관련 법령 등에 따라 금융회사의 임직원 등이 금융소비자로부터 투자판단의 전부 또는 일부를 일임받아 금융투자상품을 취득, 처분 및 그 밖의 방법으로 운용하는 일체의 행위는 원칙적으로 금지되어 있다.

다만, 예외적으로 투자일임업자로서 금융소비자와 일임계약을 체결하고 진행하는 경우 및 자본시장법 제7조 제4항에 따라 투자중개업자가 금융소비자의 매매주문을 받아 이를 처리하는 과정에서 금융투자상품에 대한 투자판단의 전부 또는 일부를 일임받을 필요가 있는 경우로서 자본시장법 제7조 제3항에서 정하는 아래의 경우에는 허용된다.

❶ 투자자가 금융투자상품의 매매거래일(하루에 한정한다)과 그 매매거래일의 총매매 수량이나 총매매금액을 지정한 경우로서 투자자로부터 그 지정 범위에서 금융투자상품의 수량·가격 및 시기에 대한 투자판단을 일임받은 경우

❷ 투자자가 여행·질병 등으로 일시적으로 부재하는 중에 금융투자상품의 가격 폭락 등 불가피한 사유가 있는 경우로서 투자자로부터 약관 등에 따라 미리 금융투자상품의 매도권한을 일임받은 경우(매수권한까지 일임받지 않음에 유의해야 함)

❸ 투자자가 금융투자상품의 매매, 그 밖의 거래에 따른 결제나 증거금의 추가 예탁 또는 자본시장법 제72조에 따른 신용공여와 관련한 담보비율 유지의무나 상환의무를 이행하지 아니한 경우로서 투자자로부터 약관 등에 따라 금융투자상품의 매도권한(파생상품인 경우에는 이미 매도한 파생상품의 매수권한을 포함한다)을 일임받은 경우

❹ 투자자가 투자중개업자가 개설한 계좌에 금전을 입금하거나 해당 계좌에서 금전을 출금하는 경우에는 따로 의사표시가 없어도 자동으로 자본시장법 제229조제5호에 따른 단기금융집합투자기구(이하 "단기금융집합투자기구"라 한다)의 집합투자증권 등을 매수 또는 매도하거나 증권을 환매를 조건으로 매수 또는 매도하기로 하는 약정을 미리 해당 투자중개업자와 체결한 경우로서 투자자로부터 그 약정에 따라 해당 집합투자증권 등을 매수 또는 매도하는 권한을 일임받거나 증권을 환매를 조건으로 매수 또는 매도하는 권한을 일임받은 경우

❺ 그 밖에 투자자 보호 및 건전한 금융거래질서를 해칠 염려가 없는 경우로서 금융위원회가 정하여 고시하는 경우

불법적인 일임매매는 법령의 위반행위로 인한 제재뿐만 아니라 금융소비자에 대한 손해배상책임이 부가될 수 있으므로 금융투자회사의 임직원 등은 특히 유의할 필요가 있다.

4) 임의매매 관련 분쟁

자본시장법 제70조에 따라 금융투자회사의 임직원 등은 정당한 권한을 가진 금융소비자의 주문이 없이 예탁받은 재산으로 금융투자상품을 매매하여서는 아니 된다.

앞서 살펴본 일임매매와 임의매매의 가장 큰 차이점은 일임매매는 정당한 권한을 가진 금융소비자와 일임계약을 맺거나 관련 법령 등에서 정하고 있는 경우 일부 허용되는 경우가 있는 반면, 임의매매는 법으로 엄격히 금지되어 있고, 이에 대한 예외적 허용의

경우는 없다는 점이다.

5) 전산장애 관련 분쟁

전자금융거래법 제9조 제1항에 따라 금융회사의 전산에 다음과 같은 사고가 생겨 금융소비자에게 손해가 발생한 경우 금융회사는 그 손해를 배상할 책임을 진다.

❶ 접근매체의 위조나 변조로 발생한 사고
❷ 계약체결 또는 거래지시의 전자적 전송이나 처리 과정에서 발생한 사고
❸ 전자금융거래를 위한 전자적 장치 또는 「정보통신망 이용촉진 및 정보보호 등에 관한 법률」 제2조 제1항 제1호에 따른 정보통신망에 침입하여 거짓이나 그 밖의 부정한 방법으로 획득한 접근매체의 이용으로 발생한 사고

　다만, 전자금융거래법 제9조 제2항에 따라 다음의 경우에는 그 책임의 전부 또는 일부를 금융소비자가 부담하게 할 수 있다.
ㄱ. 사고 발생에 있어서 이용자의 고의나 중대한 과실이 있는 경우로서 그 책임의 전부 또는 일부를 이용자의 부담으로 할 수 있다는 취지의 약정을 미리 이용자와 체결한 경우(고의나 중대한 과실은 대통령령이 정하는 범위 안에서 전자금융거래에 대한 약관에 기재된 것에 한함)
ㄴ. 법인(「중소기업기본법」제2조제2항에 의한 소기업을 제외한다)인 이용자에게 손해가 발생한 경우로 금융회사 또는 전자금융업자가 사고를 방지하기 위하여 보안절차를 수립하고 이를 철저히 준수하는 등 합리적으로 요구되는 충분한 주의의무를 다한 경우

전자금융거래법 제9조 제4항에 따라 금융회사는 전산장애에 대한 책임을 이행하기 위하여 금융위원회가 정하는 기준에 따라 보험 또는 공제에 가입하거나 준비금을 적립하는 등 필요한 조치를 취하여야 한다.

6) 기타 분쟁

금융민원 외에도 불친절하거나 업무지식이 낮은 임직원 등에 대한 불만, 업무를 위한 영업점 내 장시간 대기 불만 등이 분쟁발생의 요인이 되기도 한다.

금융회사의 입장에서 고객(자연인, 법인, 단체 등 포함)과의 분쟁은 통상 민원의 형태로 나타나는데, 민원은 고객이 회사에 대하여 이의신청, 진정, 건의, 질의 및 기타 금융회사의 특정한 행위를 요구하는 의사표시를 문서, 전화, 이메일 등의 방법으로 표현하는 것을 통칭한다.

1) 분쟁 처리 절차

금융소비자가 금융회사를 상대로 민원을 제기하는 경우 [민원 접수 → 민원인에 대한 접수사실 통지 → 사실관계 조사 → 검토 및 판단 → 답변서 작성 → 처리 결과 회신]의 순서를 거친다.

2) 분쟁 처리 방법

(1) 접수단계

금융회사의 담당자는 원활한 상담을 위해 접수된 민원 내용을 상세히 파악한 후 민원인에게 연락하여 신청한 민원이 접수되었다는 사실 통지와 함께 사전에 파악한 민원 내용의 정확성을 확인한다.

담당자는 민원인 입장을 고려하여 의견을 적극적으로 청취하는 등 공감하는 자세를 유지하되, 본인이 곧 회사를 대표하고 있다는 사실을 인식하고 접수된 민원을 객관적이고 공정하게 처리할 것이라는 신뢰를 줄 수 있는 응대태도를 유지해야 한다.

민원인의 불만사항을 경청하여 불만요인 및 요구사항 등을 명확히 파악하고 중도에 섣부른 결론이나 반대의견을 표명하는 것에 유의하여야 하며, 민원인의 주장에 대한 사실관계가 확인되지 않은 상황에서 확답을 하거나 주관적인 판단을 하지 않도록 하여야 한다.

(2) 사실조사 단계

민원 접수 내용 및 민원인과 상담을 통해 확인한 내용을 바탕으로 객관적인 시각에서

민원인의 주장이 사실인지 단순 오해인지 등 여부를 확인하여야 한다.

확인된 사실을 바탕으로 담당자는 민원인의 주장을 수용할지, 수용한다면 배상의 대상이 되는지, 배상은 어느 수준으로 해야 하는지 결정할 수 있으며 반대로 민원인의 주장을 수용할 수 없다면 수용할 수 없는 명확한 근거를 제시할 수 있는지 확인하여야 한다.

(3) 결과 안내 단계

담당자는 사실 조사를 통해 확인된 사항에 대해 민원인의 주장에 대한 수용 여부를 민원인에게 안내하여야 한다.

담당자는 객관성을 유지하며 민원을 공정하게 해결하기 위하여 최선을 다했음을 전달하고 민원인의 눈높이와 민원 내용을 고려하여 민원인이 충분히 이해할 수 있도록 안내하여야 한다.

민원인이 금융회사의 결과를 수용하지 않는 경우, 민원인의 추가적인 조치로 금융감독원 등 분쟁조정기관에 분쟁조정을 신청할 수 있다는 것을 반드시 안내하여야 한다.

section 02 분쟁 예방을 위한 방법

1 직무윤리의 준수

우리는 앞서 직무윤리 편에서 금융회사 종사자의 가장 기본적인 두 가지 직무윤리를 살펴보았다. 금융투자협회의 표준윤리준칙에서 천명하고 있듯이 '고객 우선의 원칙'과 '신의 성실의 원칙'이 바로 그것이다.

분쟁을 예방하기 위한 가장 기본적인 방법은 바로 금융회사 종사자 개개인이 이 기본적인 두 가지 직무윤리를 인지하고 업무를 수행함에 있어 철저히 준수하는 것이다. 업무를 수행할 때 '과연 이렇게 처리하는 것이 고객을 우선으로 하고, 신의성실의 원칙에 어긋남이 없이 맞는 것인가?'를 스스로 확인해볼 필요가 있다.

금융투자업의 경우 거래상대방인 금융소비자와 특별한 신뢰 또는 신임관계에 기초하여 거래가 이루어지는 만큼 고객의 이익을 최우선으로 실현하는 일이 매우 중요하다.

이러한 의무는 소극적으로 고객의 희생 위에 자기 또는 제3자의 이익을 취하는 것을 금지하는 것에 그치는 것이 아니라, 신의 성실의 원칙에 따라 적극적으로 고객이 실현 가능한 최대한의 이익을 취득할 수 있도록 업무를 수행하여야 할 의무를 진다는 것으로 이해하여야 한다.

만일 금융소비자와 이해상충이 발생할 경우 다음의 순서대로 우선순위를 정하여야 한다. 첫째, 어떠한 경우에도 고객의 이익은 회사와 회사의 주주 및 임직원의 이익에 우선한다. 둘째, 회사의 이익은 임직원의 이익에 우선한다. 셋째, 모든 고객의 이익은 상호 동등하게 취급한다.

위에 언급한 바와 같이 분쟁은 각자 상대방의 이해와 권리·의무가 상충할 때 발생하는 것이므로 두 가지 기본적인 직무윤리를 준수하는 것이야말로 분쟁을 예방할 수 있는 가장 근본적인 시스템이며, 금융업계 및 각 회사가 직무윤리를 중시하는 것도 바로 이런 이유 때문이다.

이미 살펴본 바와 같이 두 가지 기본적인 직무윤리는 자본시장법, 지배구조법 및 금융소비자보호법에서 '이해상충의 방지의무'와 '금융소비자보호의무'로 법적 의무로 승화되어 있으며, 이는 '본인에 대한 윤리' 중 법규준수와도 연계되어 있다.

2 6대 판매원칙의 준수

직무윤리 편에서 다루었던 '금융소비자보호의무' 중 상품 판매단계의 금융소비자보호에서 우리는 금융상품을 판매하는 경우 준수해야 할 6대 판매 원칙을 확인했다.

금융소비자보호법 제17조부터 제22조에서 규정하고 있는 6대 판매원칙은 금융회사의 임직원이 금융상품을 판매하는 경우 반드시 준수해야 할 원칙이자 법령이므로 이를 철저히 숙지하고 실행해야만 분쟁 발생을 사전에 예방할 수 있고, 만일 금융소비자와 분쟁이 발생하더라도 금융회사와 임직원이 불리한 상황에 놓이지 않게 하는 강력한 수단이 된다.

6대 판매원칙의 개별 항목에 대해서는 해당 편에서 세부적으로 다루었으므로 이번 장에서는 6대 판매원칙을 다시 한번 상기하고 이를 위반했을 때 받을 수 있는 제재사항을 요약해서 살펴본다.

6대 판매원칙	내용	위반 시 책임
적합성 원칙	'일반' 금융소비자의 재산상황, 계약체결의 목적 및 경험정보를 면담, 질문 등을 통해 파악하고 적합하지 않은 경우 상품을 '권유'할 수 없음	− 위법계약해지권 행사 대상 − 3천만원 이하의 과태료 부과대상 − 고의 또는 과실로 인한 손해배상책임 부담 − 6개월 이내의 업무정지, 기관 및 임직원 제재 대상
적정성 원칙	'일반' 금융소비자가 계약 체결을 '권유받지 않고' 금융투자상품 등의 계약체결을 하려는 경우, 해당 금융상품이 일반 금융소비자에게 적정한지 여부를 면담, 질문 등을 통하여 파악하고 부적정한 경우 금융소비자에게 알리고 확인을 받아야 함	− 위법계약해지권 행사 대상 − 3천만원 이하의 과태료 부과대상 − 고의 또는 과실로 인한 손해배상책임 부담 − 6개월 이내의 업무정지, 기관 및 임직원 제재 대상
설명 의무	'일반' 금융소비자에게 계약 체결을 권유하는 경우 및 일반 금융소비자가 설명을 요청하는 경우, 중요사항을 일반 금융소비자가 이해할 수 있도록 설명하고 설명서를 제공하여야 하며 일반 금융소비자가 이해하였음을 확인받아야 함	− 위법계약해지권 행사 대상 − 관련 계약으로 얻은 수입(거래금액)의 50% 이내 과징금 부과대상 − 1억원 이하의 과태료 부과대상 − 고의 또는 과실로 인한 손해배상책임 부담(회사의 입증책임) − 6개월 이내의 업무정지, 기관 및 임직원 제재대상
불공정 영업 행위 금지	'모든' 금융소비자에게 우월적 지위를 이용하여 금융소비자의 권익을 침해하는 행위 금지	− 위법계약해지권 행사 대상 − 관련 계약으로 얻은 수입(거래금액)의 50% 이내 과징금 부과 대상 − 1억원 이하의 과태료 부과대상 − 고의 또는 과실로 인한 손해배상책임 부담(회사의 입증책임) − 6개월 이내의 업무정지, 기관 및 임직원 제재대상
부당 권유 행위 금지	'모든' 금융소비자에게 아래와 같이 부당한 계약체결을 '권유'하는 경우 ① 단정적 판단의 제공 ② 사실과 다르게 알리는 행위 ③ 투자판단에 중대한 영향을 미치는 사항 미고지 ④ 객관적 근거 없이 상품의 우수성 알림 ⑤ 고객 요청 없이 실시간 대화(방문, 유선 등)의 방법으로 투자권유 ⑥ 고객의 거절에도 지속적인 체결권유 ⑦ 적합성원칙 적용을 회피할 목적의 투자권유불원 작성 등	− 위법계약해지권 행사 대상 − 관련 계약으로 얻은 수입(거래금액)의 50% 이내 과징금 부과 대상 − 1억원 이하의 과태료 부과대상 − 고의 또는 과실로 인한 손해배상책임 부담(회사의 입증책임) − 6개월 이내의 업무정지, 기관 및 임직원 제재대상

6대 판매원칙	내용	위반 시 책임
허위, 부당 광고 금지	업무 또는 금융상품에 관한 광고 시 금융소 비자를 오인하게 할 수 있는 행위 금지	− 관련 계약으로 얻은 수입(거래금액)의 　50% 이내 과징금 부과 대상 − 1억원 이하의 과태료 부과대상 − 고의 또는 과실로 인한 손해배상책임 부 　담(회사의 입증책임) − 6개월 이내의 업무정지, 기관 및 임직원 　제재대상

3 　분쟁 예방 요령

　　분쟁은 일단 발생하게 되면 당사자 간 해결이 쉽지 않기 때문에 무엇보다도 사전에 분쟁이 발생하지 않도록 철저히 예방하는 것이 최선이다. 이와 관련하여 실제 업무를 수행함에 있어 분쟁을 예방할 수 있는 몇 가지 요령을 살펴보도록 한다.

　　금융상품을 판매하는 임직원 등의 입장에서 분쟁을 예방하는 요령은 다음과 같이 정리할 수 있다.

　　첫 번째, 임직원 개인계좌로 고객자산 등의 입금을 받아서는 안 된다.

　　근래에는 발생하는 사례가 많지 않으나, 종종 발생하는 사고사례 중 하나로 고객자산을 임직원의 개인계좌로 수령하는 경우이다. 이는 임직원 개인의 사적 사기 및 횡령 등으로 진행될 가능성이 매우 높기 때문에 각 금융회사는 고객자산의 입금 등에는 반드시 고객 본인 명의의 계좌를 사용하도록 강력히 안내하고 있으며, 사규 등으로 임직원 개인계좌를 고객 자산의 수령 목적으로 사용하지 못하도록 규정하고 있다.

　　그럼에도 불구하고 거래상대방과 일정 기간 거래관계를 통해 신뢰를 쌓은 뒤 개인계좌를 이용하여 입금 등을 받는 금융회사 임직원 등이 있으므로 이를 철저히 방지하는 것이 필요하며, 만일 이러한 경우가 발생하여 고객과 분쟁에 휘말리는 경우 해당 임직원은 '개인의 일탈행위'로 분류되어 회사로부터 보호를 받지 못할 가능성이 매우 높다.

　　두 번째, 금융투자업에서 일정 범위 내에서 허용되는 일임매매의 경우 그 범위 및 취지에 맞게 업무를 수행하여야 한다.

　　관련 법령에 따라 거래상대방의 승인 등을 통해 일임매매를 하게 되는 경우 미수, 신용거래 및 투자유의종목 등 위험한 거래는 가급적 피하도록 한다. 특히 일임매매의 경

우 거래결과를 반드시 고객에게 안내하되, 고객 요청에 따라 유선 등으로 보고하지 말
도록 요청을 한 경우에는 메일이나 메신저 등을 통해 보고를 함으로써 향후 분쟁이 발
생하는 경우 증빙자료로서 활용하도록 대비하여야 한다.

세 번째, 금융회사의 임직원은 금융상품거래의 조력자 역할임을 잊지 말도록 한다.

고객이 원하는 거래와 임직원의 의견이 다른 경우 반드시 고객의 진정한 매매의사를
확인하고 이에 따른 처리를 진행하여야 한다. 특히 주식 매매에 있어서 임직원의 반대
로 고객이 원하는 매매를 못하였다는 분쟁이 빈번히 발생하고 있는데, 임직원은 고객의
조력자로서 고객이 이익을 얻을 수 있도록 최선을 다하되, 단순한 의견을 제시하는 역
할이며, 해당 거래에 대한 결과는 고객에게 귀속된다는 점을 잊어서는 안 된다.

네 번째, 어떠한 형태로든 손실보전 약정은 하지 말아야 한다.

> **자본시장법 제55조(손실보전 등의 금지)**
>
> 금융투자업자는 금융투자상품의 매매, 그 밖의 거래와 관련하여 제103조 제3항에 따라
> 손실의 보전 또는 이익의 보장을 하는 경우, 그 밖에 건전한 거래질서를 해할 우려가 없
> 는 경우로서 정당한 사유가 있는 경우를 제외하고는 다음 각 호의 어느 하나에 해당하는
> 행위를 하여서는 아니 된다. 금융투자업자의 임직원이 자기의 계산으로 하는 경우에도
> 또한 같다.
> 1. 투자자가 입을 손실의 전부 또는 일부를 보전하여 줄 것을 사전에 약속하는 행위
> 2. 투자자가 입은 손실의 전부 또는 일부를 사후에 보전하여 주는 행위
> 3. 투자자에게 일정한 이익을 보장할 것을 사전에 약속하는 행위
> 4. 투자자에게 일정한 이익을 사후에 제공하는 행위

투자성 상품에 대해 금융투자업 종사자가 계약의 체결을 권유하면서 금융소비자에게
투자성과를 보장하였으나 보장한 투자실적을 거두지 못하는 경우 손실보전약정에 따라
증권투자의 자기책임의 원칙에 반하여 투자손실을 보전해 주는 것은 자본시장법을 위
반하는 행위이다. 만일 금융투자업 종사자가 금융소비자에게 손실부담 혹은 이익의 보
장을 약속하여 투자권유가 이루어진 경우 금융소비자가 그 권유에 따라 위탁을 하지 않
더라도 위의 금지규정을 위반한 것으로 본다. 다만 사전에 준법감시인(준법감시인이 없는
경우에는 감사 등 이에 준하는 자)에게 보고한 경우에는 예외적으로 다음에 해당하는 행위가
허용된다.

❶ 회사가 자신의 위법(과실로 인한 위법을 포함) 행위 여부가 불명확한 경우 사적 화해의 수단으로 손실을 보상하는 행위. 다만, 증권투자의 자기책임원칙에 반하는 경우에는 그러하지 아니함

❷ 회사의 위법행위로 인하여 회사가 손해를 배상하는 행위

❸ 분쟁조정 또는 재판상의 화해절차에 따라 손실을 보상하거나 손해를 배상하는 행위

다섯 번째, 지나친 단정적 판단을 제공하지 않도록 한다.

단정적 판단의 제공은 위에서 살펴본 바와 같이 금융소비자보호법에서 강력히 규제하고 있는 부당영업행위 중 하나로 주식매매를 포함한 금융상품에 대한 권유 등을 하는 경우 시장 루머 및 미공개정보 등 불확실한 사항을 단정적으로 표현하지 말아야 한다. 설사 해당 사항에 대한 확신이 있더라도 정보의 불확실성과 투자위험성을 항상 같이 언급함으로써 투자거래의 판단은 거래상대방인 금융소비자가 결정할 수 있도록 해야 한다.

여섯 번째, 업무수행 중 취득하게 된 정보의 취급에 신중을 기하여야 한다.

금융투자회사 임직원은 투자상담 등 직무수행과정에서 고객의 인적사항, 재산, 수입 등에 관한 정보를 알 수 있게 되는데, 이러한 고객정보를 누설하거나 고객 아닌 자의 이익을 위하여 부당하게 이용하는 행위를 하여서는 아니 된다.

특히 고객의 금융거래와 관련하여서는 「금융실명거래 및 비밀보장에 관한 법률」이 적용되어 동법 제4조에서 정하고 있는 법관이 발부한 영장에 의한 경우 등의 예외적인 경우를 제외하고는 금융기관 임직원이 고객의 금융거래정보를 타인에게 제공하거나 누설하는 것이 원천적으로 금지되어 있고, 자본시장법 제54조에서도 직무상 알게 된 정보를 정당한 사유 없이 자기 또는 제3자의 이익을 위하여 이용하는 것을 금지하고 있다. 고객정보의 취급과 관련한 사항은 별도로 살펴보도록 한다.

한편, 임직원이 직무수행 중 알게 된 회사의 정보로서 외부에 공개되지 아니한 정보는 회사의 재산에 속하는 것이고 오로지 회사의 이익을 위해서만 사용되어야 하므로 이를 고객 등 제3자에게 알려주는 행위는 매우 중요한 법 위반행위가 된다는 점 역시 숙지하고 해당 정보의 취급 시 유의하여야 한다.

section 03 개인정보보호법 관련 고객정보 처리

1 배경

최근 보이스피싱, 스미싱 등으로 대표되는 고객의 개인정보를 이용한 금융범죄행위가 증가함에 따라 고객의 정보를 보관하고 관리하는 금융회사와 고객 간에 분쟁이 발생하는 사례가 있다. 이러한 분쟁 발생을 예방하기 위하여 개인정보보호법을 중심으로 고객정보와 관련한 법규 등 세부내용을 확인해보고자 한다.

개인정보보호법은 개인정보의 처리 및 보호에 관한 사항을 정함으로써 개인의 자유와 권리를 보호하고, 나아가 개인의 존엄과 가치를 구현함을 목적으로 하여 2011년 9월 30일 시행되었다. 개인정보보호법의 시행에 따라 공공부문과 민간부문 구별 없이 개인정보를 처리하는 기관·단체·개인 등은 국제 수준에 부합하는 개인정보 처리원칙을 마련하여 개인정보 침해를 방지하고 사생활의 비밀을 보호하도록 하여야 한다.

개인정보보호법은 일반법으로서 관련 특별법이 있을 경우는 해당 법의 적용이 우선되나 관련 규정이 특별법에 없을 경우에는 개인정보보호법에 따라 처리해야 한다. 즉 금융회사에서는 「신용정보의 이용 및 보호에 관한 법률」(이하 '신용정보법'이라 한다) 또는 「금융실명거래 및 비밀보장에 관한 법률」(이하 '금융실명법'이라 한다), 전자금융거래법 등의 특별법에 의거하여 고객의 개인정보를 처리하고 특별법에 정함이 없으면 개인정보보호법을 적용하여 처리하여야 한다.

2 개인정보의 개념 및 처리 기본원칙

법률상 "개인정보"란 살아 있는 개인에 관한 정보로서 성명, 주민등록번호 및 영상 등을 통하여 개인을 알아볼 수 있는 정보(해당 정보만으로는 특정 개인을 알아볼 수 없더라도 다른 정보와 쉽게 결합하여 알아볼 수 있는 것을 포함한다)를 말하며, 고유식별정보(주민등록번호, 여권번호 등), 민감정보(건강상태, 진료기록, 병력, 정당의 가입 등) 등이 이에 해당한다. 개인정보보호란 개인정보처리자가 정보주체의 개인정보를 정당하게 수집 및 이용하고 개인정보를 보관, 관리하는 과정에서 내부자의 고의나 관리 부주의 및 외부의 공격으로부터 유출 및 변조·훼손되지 않도록 하며, 정보주체의 개인정보 자기결정권이 제대로 행사되도록 보장하는 일련의 행위를 말한다. 이와 관련한 기본 개념은 다음과 같다.

❶ 정보주체 : 처리되는 정보에 의하여 알아볼 수 있는 사람으로서 그 정보의 주체가 되는 사람
❷ 개인정보파일 : 개인정보를 쉽게 검색할 수 있도록 일정한 규칙에 따라 체계적으로 배열하거나 구성한 개인정보의 집합물(集合物)
❸ 개인정보처리자 : 업무를 목적으로 개인정보파일을 운용하기 위하여 스스로 또는 다른 사람을 통하여 개인정보를 처리하는 공공기관, 법인, 단체 및 개인 등

또한 개인정보의 처리과정에서는 개인정보 보호원칙과 권리가 훼손되지 않도록 다음의 개인정보보호원칙과 정보주체의 권리가 유지되도록 유의하여야 한다.

(1) 개인정보처리자의 개인정보 보호 원칙

❶ 개인정보처리자는 개인정보의 처리 목적을 명확하게 하여야 하고 그 목적에 필요한 범위에서 최소한의 개인정보만을 적법하고 정당하게 수집
❷ 개인정보의 처리 목적에 필요한 범위에서 적합하게 개인정보를 처리하여야 하며, 그 목적 외의 용도로 활용하여서는 아니 됨
❸ 개인정보의 처리 목적에 필요한 범위에서 개인정보의 정확성, 완전성 및 최신성이 보장되도록 하여야 함
❹ 개인정보의 처리 방법 및 종류 등에 따라 정보주체의 권리가 침해받을 가능성과 그 위험 정도를 고려하여 개인정보를 안전하게 관리
❺ 개인정보 처리방침 등 개인정보의 처리에 관한 사항을 공개하여야 하며, 열람청구권 등 정보주체의 권리를 보장
❻ 정보주체의 사생활 침해를 최소화하는 방법으로 개인정보를 처리
❼ 개인정보를 익명 또는 가명으로 처리하여도 개인정보 수집목적을 달성할 수 있는 경우 익명처리가 가능한 경우에는 익명으로 처리하되, 익명처리로 목적을 달성할 수 없는 경우에는 가명으로 처리
❽ 개인정보보호법 및 관계법령에서 규정하고 있는 책임과 의무를 준수하고 실천함으로써 정보주체의 신뢰를 얻기 위하여 노력

(2) 정보주체의 권리

❶ 개인정보의 처리에 관한 정보를 제공받을 권리

❷ 개인정보의 처리에 관한 동의 여부, 동의 범위 등을 선택하고 결정할 권리

❸ 개인정보의 처리 여부를 확인하고 개인정보에 대하여 열람(사본의 발급을 포함한다) 및 전송을 요구할 권리

❹ 개인정보의 처리 정지, 정정·삭제 및 파기를 요구할 권리

❺ 개인정보의 처리로 인하여 발생한 피해를 신속하고 공정한 절차에 따라 구제받을 권리

❻ 완전히 자동화된 개인정보 처리에 따른 결정을 거부하거나 그에 대한 설명 등을 요구할 권리

---

3 개인정보의 처리 및 관리

(1) 개인정보의 수집 · 이용

개인정보처리자는 다음의 어느 하나에 해당하는 경우에는 개인정보를 수집할 수 있으며 그 수집 목적의 범위에서 이용할 수 있다.

❶ 정보주체의 동의를 받은 경우

❷ 법률에 특별한 규정이 있거나 법령상 의무를 준수하기 위하여 불가피한 경우

❸ 공공기관이 법령 등에서 정하는 소관 업무의 수행을 위하여 불가피한 경우

❹ 정보주체와 체결한 계약을 이행하거나 계약을 체결하는 과정에서 정보주체의 요청에 따른 조치를 이행하기 위하여 필요한 경우

❺ 명백히 정보주체 또는 제3자의 급박한 생명, 신체, 재산의 이익을 위하여 필요하다고 인정되는 경우

❻ 개인정보처리자의 정당한 이익을 달성하기 위하여 필요한 경우로서 명백하게 정보주체의 권리보다 우선하는 경우. 이 경우 개인정보처리자의 정당한 이익과 상당한 관련이 있고 합리적인 범위를 초과하지 아니하는 경우에 한함

❼ 공중위생 등 공공의 안전과 안녕을 위하여 긴급히 필요한 경우

또한, 개인정보처리자는 정보주체의 동의를 받을 때에는 개인정보의 수집·이용 목

적, 수집하려는 개인정보의 항목, 개인정보의 보유 및 이용 기간, 동의를 거부할 권리가 있다는 사실 및 동의 거부에 따른 불이익이 있는 경우에는 그 불이익 내용의 4가지 사항을 정보주체에게 알려야 하고 어느 하나의 사항을 변경하는 경우에도 이를 알리고 동의를 받아야 한다.

개인정보처리자가 그 목적에 필요한 최소한의 개인정보를 수집하는 경우 최소한의 개인정보 수집이라는 입증책임은 개인정보처리자가 부담한다. 또한 정보주체의 동의를 받아 개인정보를 수집하는 경우 필요한 최소한의 정보 외의 개인정보 수집에는 동의하지 아니할 수 있다는 사실을 구체적으로 알리고 개인정보를 수집하여야 한다. 아울러 개인정보처리자는 정보주체가 필요한 최소한의 정보 외의 개인정보 수집에 동의하지 아니한다는 이유로 정보주체에게 재화 또는 서비스의 제공을 거부하여서는 아니 된다.

(2) 개인정보의 제공

개인정보처리자는 정보주체의 동의를 받거나 법률에 특별한 규정에 있는 경우 등에 해당하는 경우에는 정보주체의 개인정보를 제3자에게 제공(공유를 포함)할 수 있다.

수집된 개인정보를 제3자에게 제공하기 위해 정보주체의 동의를 받을 때에는 다음의 사항을 정보주체에게 알려야 하고 어느 하나의 사항을 변경하는 경우에도 이를 알리고 동의를 받아야 한다.

❶ 개인정보를 제공받는 자
❷ 개인정보를 제공받는 자의 개인정보 이용 목적
❸ 제공하는 개인정보의 항목
❹ 개인정보를 제공받는 자의 개인정보 보유 및 이용 기간
❺ 동의를 거부할 권리가 있다는 사실 및 동의 거부에 따른 불이익이 있는 경우에는 그 불이익의 내용

개인정보처리자는 개인정보보호법에서 정한 수집·이용 범위를 초과하여 이용하거나 정보주체의 동의 범위를 초과하여 개인정보를 제3자 제공하여서는 아니 된다.

(3) 개인정보의 관리

개인정보처리자는 보유기간이 경과하거나 처리목적이 달성되는 등 그 개인정보가 불필요하게 된 경우에는 다른 법령에 따른 보존의무가 있는 경우를 제외하고 지체 없이

그 개인정보를 파기하여야 하며, 개인정보를 파기할 때에는 복구 또는 재생되지 아니하도록 조치하여야 한다.

또한 개인정보를 파기하지 아니하고 보존하여야 하는 경우에는 해당 개인정보 또는 개인정보파일을 다른 개인정보와 분리하여서 저장 관리하여야 하며, 개인정보의 처리를 위탁할 경우는 수탁자가 안전하게 개인정보를 관리하도록 문서를 작성하고, 해당 업무를 초과한 이용이나 제3자 제공은 금지하여야 한다.

개인정보보호법 제23조에 따른 사상·신념 등 정보주체의 사생활을 현저히 침해할 우려가 있는 '민감정보' 및 개인정보보호법 제24조에서 정하고 있는 '고유식별정보'는 정보주체에게 법에서 정하고 있는 사항을 안내하고 별도의 동의를 얻거나, 법령에서 구체적으로 허용된 경우에 한하여 예외적으로 처리를 허용하도록 엄격하게 제한하고 있다.

특히 고유식별번호 중 주민등록번호는 외부의 노출 시 심각한 위험이 존재하므로 개인정보보호법 제24조의2에 따라 아래의 경우를 제외하고는 처리할 수 없도록 규정하였다.

❶ 법률 대통령령 국회규칙 대법원규칙 헌법재판소규칙 중앙선거관리위원회규칙 및 감사원규칙에서 구체적으로 주민등록번호의 처리를 요구하거나 허용한 경우

❷ 정보주체 또는 제3자의 급박한 생명, 신체, 재산의 이익을 위하여 명백히 필요하다고 인정되는 경우

❸ 위의 항목에 준하여 주민등록번호 처리가 불가피한 경우로서 개인정보보호법상의 개인정보보호위원회가 고시로 정하는 경우

개인정보처리자는 주민등록번호가 분실, 도난, 유출, 위조, 변조 또는 훼손되지 아니하도록 암호화 조치를 통하여 안전하게 보관하여야 하며, 암호화 적용대상 및 대상별 적용 시기 등에 관하여 규정하고 있는 개인정보보호법 시행령에 따른 의무사항을 이행하여야 한다.

개인정보보호법은 개인정보유출 등에 대한 징벌적 손해배상제도를 도입하여, 금융회사의 고의·중과실로 개인정보유출 등이 발생하여 손해가 발생한 때에는 법원은 그 손해액의 5배를 넘지 않은 범위에서 손해배상액을 정할 수 있다(개인정보보호법 제39조).

chapter 02

준수절차 및 위반 시 제재

내부통제기준

금융산업에 있어서 내부적 통제(internal control)로서의 준법감시(compliance)제도는 임직원이 고객재산의 선량한 관리자로서 고객이익을 위해 선관주의의무를 다하였는지, 업무처리과정에서 제반 법규 등을 잘 준수하였는지에 대하여 사전적 또는 사후적으로 통제·감독하기 위한 것이다.

특히 금융투자업은 타인의 재산을 위탁받아 운용, 관리하므로 엄격한 도덕성과 신뢰성이 필수요소이다.

물론 투자자 보호를 위해 관련 법규에 의한 사후적 감독이 가능하지만 준법감시제도와 같은 상시적인 내부통제시스템을 통한 사전적인 예방장치가 필요한 까닭이 여기에 있다.

금융소비자보호법 제16조 제2항에서는 금융상품 판매업자 등의 관리책임 중 하나로 '임직원 등이 직무를 수행할 때 준수하여야 할 기준 및 절차(이하 내부통제기준)를 마련'하도록 규정하고 있는데, 여기에는 이제까지 살펴보았던 바와 같이 금융회사의 임직원이 준수하여야 할 기본적인 두 가지 직무윤리에 기반하여 법제화되어 있는 이해상충 방지의무와 금융소비자 보호의무 및 이를 실천하기 위한 6대 판매원칙을 포함하고 있다. 즉 내부통제기준은 기본적인 직무윤리에서 비롯된 법규들을 준수하기 위한 세부적인 절차로 이를 위반하는 경우 가장 상위에 존재하는 법률 위반은 물론 회사 자체적으로 정한 사규를 위반하는 것이며, 이를 위반하는 경우 제재가 발생하게 된다. 특히 의무적으로 준수해야 할 사항들을 준수하지 않아 금융소비자와 분쟁이 발생하는 경우에는 이에 대한 책임이 임직원 본인에게 돌아가게 된다는 점에 유의할 필요가 있다.

금융소비자와 분쟁이 발생하는 경우 처리방법에 대하여는 금융소비자보호법 제33조부터 제43조에서 금융감독원의 금융분쟁조정위원회 설치를 비롯하여 금융분쟁의 조정을 위한 내용을 담고 있으므로, 이에 관한 사항은 분쟁조정제도에서 별도로 다루기로 한다.

section 02 위반에 대한 제재

2021년 금융소비자보호법이 시행되면서 기존의 지배구조법이나 자본시장법에서 금융소비자보호 관련 법조항들이 이관되었고, 분쟁 관련 사항은 금융소비자보호법 제16조 제2항에서 규정하고 있는 '내부통제기준'에 포함되므로 이번 장에서는 금융소비자보호법의 위반 시 제재 사항을 살펴보도록 한다.

1 벌칙

1) 벌금

벌금은 형법상의 제재조치로 재산형 가운데 가장 무거운 것으로서 대상자에게 일정한 금액의 지불의무를 강제적으로 부담하게 하는 것이다. 벌금의 집행은 검사의 명령에 의하며, 납무의무자가 납부기간까지 납부하지 아니한 때에는 벌금납부독촉서를 검찰청 집행과장 명의로 발부하여 독촉한다.

금융소비자보호법 제67조에서는 아래와 같은 경우 5년 이하의 징역 또는 2억원 이하의 벌금에 처하도록 규정하고 있다.

❶ 금융상품판매업자 등의 등록을 하지 아니하고, 금융상품판매업 등을 영위한 자
❷ 거짓이나 그 밖의 부정한 방법으로 금융상품판매업 등의 등록을 한 자
❸ 금융상품 판매대리·중개업자가 아닌 자에게 금융상품 계약체결 등을 대리하거나 중개하게 한 자

아울러 같은 법 제68조에서는 위의 조항을 위반한 법인의 대표자 법인 또는 개인의 대리인, 사용인 등이 제67조를 위반하는 경우 그 행위자를 벌하는 것 외에 그 법인 또는 개인 등에게도 벌금형을 부과할 수 있다고 규정하고 있다.

2) 과징금

과징금이란 일정한 행정법상 의무를 위반하거나 이행하지 않았을 때 행정의 실효성을 확보하기 위한 수단으로 의무자에게 부과하여 징수하는 금전적 제재로 재정수입의 확보보다는 위반행위에 대한 제재라는 성격이 강하다고 볼 수 있다.

벌금이 형법상의 벌칙이라면 과징금은 행정법상의 벌칙으로 금액의 상한이 정해져 있는 과태료보다 더욱 강화된 제재의 형태라고 할 수 있다. 금융소비자보호법 제57조에서는 다음과 같은 위반행위가 발생하는 경우 '그 위반행위와 관련된 계약으로 얻은 수입 또는 이에 준하는 금액의 100분의 50 이내에서 과징금을 부과'할 수 있도록 규정하고 있다.

(1) 설명의무 위반

❶ (금융소비자에게) 중요한 사항을 설명하지 않는 행위
❷ 설명서를 제공하지 않는 행위
❸ (금융소비자로부터 설명의무 이행을) 확인받지 않는 행위

(2) 불공정 영업행위 금지 위반

❶ 금융소비자의 의사에 반하여 다른 금융상품의 계약체결을 강요하는 행위

❷ 대출성 상품의 경우 부당하게 담보를 요구하거나, 보증을 요구하는 행위

❸ 업무와 관련하여 (금융소비자에게) 편익을 요구하거나 제공받는 행위

❹ (대출성 상품의 경우) 특정 대출 상환방식을 강요하거나, 법령에서 정한 경우를 제외하고 중도상환수수료를 부과하거나, 제3자의 연대보증을 요구하는 행위

❺ 연계, 제휴 서비스 등을 부당하게 축소하거나 변경하는 행위 등

❻ 그 밖에 우월적 지위를 이용하여 금융소비자의 권익을 침해하는 행위 등

(3) 부당권유행위 금지 위반

❶ 불확실한 사항에 대한 단정적 판단의 제공 또는 확실하다고 오인하게 할 소지가 있는 내용을 알리는 행위

❷ 금융상품의 내용을 사실과 다르게 알리는 행위

❸ 금융상품의 가치에 중대한 영향을 미치는 사항을 금융소비자에게 알리지 아니하는 행위

❹ 금융상품 내용의 일부에 대하여 비교대상 및 기준을 밝히지 않거나, 객관적인 근거 없이 다른 금융상품과 비교하여 해당 금융상품이 우수하거나 유리하다고 알리는 행위

❺ (보장성 상품의 경우) 금융소비자가 보장성 상품 계약의 중요한 사항을 금융상품 직접판매업자에게 알리는 것을 방해하거나 알리지 아니할 것을 권유하는 행위 및 상품 계약의 중요사항을 부실하게 알릴 것을 권유하는 행위

❻ (투자성 상품의 경우) 금융소비자의 요청 없이 방문, 전화 등 실시간 대화의 방법을 이용하여 계약체결을 권유하는 행위 및 금융소비자의 계약체결 거절 의사표시에도 불구하고 계약의 체결권유를 계속하는 행위

(4) 광고 관련 규정 위반

❶ 금융상품 등에 관한 광고를 하는 경우 불명확하거나 불공정한 전달을 통해 금융소비자가 금융상품의 내용을 오해할 수 있도록 하는 행위

❷ 기타 금융상품유형별로 금융소비자보호법 제22조 제3항 또는 제4항을 위반하는 행위

(5) 양벌규정

금융상품판매대리·중개업자 또는 금융상품 직접판매업자 소속 임직원이 위의 (1)부터 (4)까지의 위반행위를 하는 경우 금융상품직접판매업자에게도 그 위반행위와 관련된 계약으로부터 얻은 수입 등의 100분의 50 이내에서 과징금을 부과할 수 있다.

3) 과태료

과징금과 유사하게 형법상 제재가 아닌 행정법상 제재수단의 하나로 일정한 의무를 이행하지 않는 자에게 부과하며, 불이행시 강제징수철자에 따른 집행이 가능하다.

금융소비자보호법 제69조에서는 과태료를 부과할 수 있는 행위에 대해 다음과 같이 규정하고 있다.

(1) 1억원 이하의 과태료 부과대상

❶ (금융상품판매업자가) 내부통제기준을 마련하지 아니하는 경우

❷ (금융소비자에게) 중요한 사항을 설명하지 아니하거나, 설명서를 제공하지 아니하거나, 확인을 받지 아니하는 경우

❸ (제20조의) 불공정영업행위를 하는 경우

❹ (제21조의) 부당권유행위를 하는 경우

❺ (제22조의) 광고 관련 규정을 위반하는 경우

❻ 금융상품계약체결 등의 업무를 대리하거나 중개하게 한 금융상품판매대리·중개업자가 위의 ❷부터 ❺까지의 행위를 하는 경우

❼ (제23조를 위반하여) 금융소비자에게 계약관련 서류를 제공하지 아니하는 경우

❽ 금융상품판매대리·중개업자가 대리·중개하는 업무를 제3자에게 하게 하거나 그러한 행위에 관하여 수수료·보수나 그 밖의 대가를 지급하는 경우

❾ 기타 금융상품판매업 등의 업무와 관련한 자료로서 대통령령으로 정하는 자료를 기록, 관리하지 아니하는 경우 등 금융소비자보호법 제69조 제1항 제9호부터 제13호에 해당하는 경우

(2) 3천만원 이하의 과태료 부과대상

❶ (제17조제2항을 위반하여) 정보를 파악하지 아니하거나 확인을 받지 아니하거나 이를 유지·관리하지 아니하거나 확인받은 내용을 지체 없이 제공하지 아니한 경우

❷ (제17조제3항을 위반하여) 계약 체결을 권유한 경우

❸ (제18조제1항을 위반하여) 정보를 파악하지 아니한 경우

❹ (제18조제2항을 위반하여) 해당 금융상품이 적정하지 아니하다는 사실을 알리지 아니 하거나 확인을 받지 아니한 경우

❺ 제25조제1항 각 호의 어느 하나에 해당하는 행위를 한 경우

❻ 제25조제2항을 위반하여 수수료 외의 금품, 그 밖의 재산상 이익을 요구하거나 받은 경우

❼ 제26조제1항을 위반하여 같은 항 각 호의 어느 하나에 해당하는 사항을 미리 금 융소비자에게 알리지 아니한 자 또는 같은 조 제2항을 위반하여 표지를 게시하지 아니하거나 증표를 보여 주지 아니한 경우

(3) 1천만원 이하의 과태료 부과대상

법령에 따라 등록한 금융상품판매업자 등이 등록요건 중 대통령령으로 정하는 사항 이 변동된 경우 1개월 이내에 그 변동사항을 금융위원회에 보고하여야 하는데, 이를 준 수하지 아니하는 경우 1천만원 이하의 과태료 부과대상이 된다.

2	행정제재

1) 금융상품판매업자 등에 대한 처분 등

금융소비자보호법 제51조에서는 금융상품판매업자등에 대한 처분을 규정하고 있는 데, 해당 조항이 금융소비자와의 분쟁에 직접적인 영향을 미치는 경우는 매우 제한적일 것이지만, 전체적인 흐름을 이해하고 이어지는 조치들과의 연계성을 고려하여 간단하 게 살펴보도록 한다.

금융소비자보호법 제12조 제1항에서는 '금융상품판매업등을 영위하려는 자는 금융 상품직접판매업자, 금융상품판매대리·중개업자 또는 금융상품자문업자별로 예금성 상

품, 대출성 상품, 투자성 상품 및 보장성 상품 중 취급할 상품의 범위를 정하여 금융위원회에 등록하여야 한다'고 규정하고 있다.

금융상품판매업자등에 대한 처분조치 중 하나는 바로 이 등록에 관한 규정 준수 여부이며 이를 위반하는 경우에 있어 제재사항을 다루고 있다.

(1) 등록의 취소

❶ (금융소비자보호법 제12조를 위반하여) 거짓이나 그 밖의 부정한 방법으로 등록한 경우 그 등록을 반드시 취소하여야 함
❷ 아래의 경우 금융위원회는 그 등록을 취소할 수 있음
　－(금융소비자보호법 제12조 제2항 및 제3항을 위반하여) 등록요건을 유지하지 아니하는 경우
　－업무의 정지기간 중에 업무를 한 경우
　－금융위원회의 시정명령 또는 중지명령을 받고 금융위원회가 정한 기간 내에 시정하거나 중지하지 아니한 경우
　－그 밖에 금융소비자의 이익을 현저히 해칠 우려가 있거나 해당 금융상품판매업등을 영위하기 곤란하다고 인정되는 경우로서 대통령령으로 정하는 경우

(2) 기타 처분 조치

금융소비자보호법 제51조 제2항에 따라 금융위원회는 금융상품판매업자등에 대해 반드시 그 등록을 취소하여야 하는 경우를 제외하고, 위의 등록취소 가능사유에 해당하거나 금융소비자보호법 및 같은 법에 따른 명령을 위반하여 건전한 금융상품판매업등을 영위하지 못할 우려가 있다고 인정되는 경우로서 대통령령으로 정하는 경우 아래의 조치들을 취할 수 있다.

❶ 6개월 이내의 업무의 전부 또는 일부의 정지
❷ 위법행위에 대한 시정명령
❸ 위법행위에 대한 중지명령
❹ 위법행위로 인하여 조치를 받았다는 사실의 공표명령 또는 게시명령
❺ 기관경고
❻ 기관주의

❼ 그 밖에 위법행위를 시정하거나 방지하기 위하여 필요한 조치로서 대통령령으로
   정하는 조치

(3) 업태에 따른 별도조치

❶ 은행에 해당하는 경우
   - 금융위원회가 금융감독원장의 건의에 따라 위법행위 시정명령, 위법행위로 인
     하여 조치를 받았다는 사실의 공표명령 또는 게시명령, 그 밖에 필요한 조치
     가능
   - 금융감독원장이 위법행위 중지명령, 기관경고, 기관주의 조치 가능
❷ 보험업자(대리인 등 포함), 여신전문금융회사인 경우
   - 금융위원회가 금융감독원장의 건의에 따라 위의 (2)에 해당하는 조치 가능
   - 금융감독원장이 기관경고, 기관주의 조치 가능

2) 금융상품판매업자등의 임직원에 대한 조치

(1) 임원에 대한 조치

❶ 해임요구
❷ 6개월 이내의 직무정지
❸ 문책경고
❹ 주의적 경고
❺ 주의

(2) 직원에 대한 조치

❶ 면직
❷ 6개월 이내의 정직
❸ 감봉
❹ 견책
❺ 주의

(3) 관리 · 감독 책임

금융위원회는 금융소비자보호법 제52조 제3항부터 제4항에 따라 직접적인 조치 이외에 해당 금융상품판매업자등에 대해 조치를 요구할 수 있는데, 이때 그 임직원에 대한 관리·감독의 책임이 있는 임직원에 대한 조치를 함께 하거나 이를 요구할 수 있다.

3 ｜ 자율규제기관에 의한 제재

금융투자협회는 '금융투자회사의 금융소비자보호 표준내부통제기준'을 제정하는 등 금융소비자보호와 관련하여 자율규제기관으로서 역할을 수행하고 있으며, 원활한 운영을 위하여 자율규제위원회를 두고 있다.

금융투자협회의 '자율규제위원회 운영 및 제재에 관한 규정'에 따라 자율규제위원회는 위원장 1인과 위원 6인으로 구성되어 있는데 위원은 금융전문가 2인, 법률전문가 1인, 회계 또는 재무전문가 1인, 회원이사가 아닌 정회원의 대표이사 2인으로 되어 있다.

자율규제위원회는 회원의 위법·부당 행위에 대한 제재를 부과할 수 있으며, 제재조치는 다음과 같다.

(1) 회원 대상 조치

❶ 총회에 대한 회원 제명요구
❷ 회원자격 정지
❸ 협회가 회원에게 제공하는 업무의 일부 정지 또는 전부 정지
❹ 제재금의 부과
❺ 경고
❻ 주의

(2) 회원의 임원 대상 조치

❶ 해임(주주총회에서 해당 임원의 해임여부 결정 시까지 업무집행정지 권고 포함)
❷ 6개월 이내의 업무집행정지
❸ 경고
❹ 주의

(3) 회원의 직원 대상 조치

❶ 징계면직
❷ 정직
❸ 감봉
❹ 견책
❺ 주의

(4) 기타

자율규제위원회는 회원에 대한 제재를 부과하거나, 회원의 임직원에 대한 제재를 권고하는 경우 '자율규제위원회 운영 및 제재에 관한 규정'에 따라 동 사실을 공표할 수 있으며, 회원에 대한 개선요구, 시정요구 등도 조치가능하다.

또한, 회원의 위법·부당한 행위에 대하여 부과되는 제재 조치는 투자자보호에 미치는 영향 등을 고려하여 가중되거나 감면될 수 있다.

4   회사 자체의 제재조치

금융투자회사는 내부통제기준 위반자에 대한 처리기준을 사전에 규정화하고, 위반자에 대하여 그 위반의 정도에 따라 견책, 경고, 감봉, 정직, 해고 등의 조치를 취할 수 있다.

앞서 설명한 바와 같이 준법감시부서 및 금융소비자보호를 위한 내부통제기준은 지배구조법, 자본시장법, 금융소비자보호법 등 각 관련법령과 하위 규정 등을 통해 정해지는 것이므로 위반행위가 발생하는 경우 대외적으로는 위에서 설명한 각 법령 등의 제재조치는 물론 대내적으로는 각 회사별 사규에서 정하고 있는 사규 위반 시의 제재조치도 부과된다.

금융소비자보호법 제44조 제1항에서는 '금융상품판매업자등이 고의 또는 과실로 금융소비자보호법을 위반하여 금융소비자에게 손해를 발생시킨 경우에는 그 손해를 배상할 책임이 있다'는 일반원칙을 규정하고 있다.

한편, 같은 조 제2항에서는 같은 법 제19조의 설명의무를 위반한 경우 역시 손해배상책임을 금융상품판매업자등에 부과하고 있으나, 해당 금융상품판매업자등이 고의 및 과실이 없음을 입증하는 경우에는 예외적으로 손해배상책임의 부과를 면제하고 있다.

다시 말해 금융상품판매업자등은 금융소비자보호법 전반의 위반행위로 인한 금융소비자의 손해가 발생한 경우 손해배상책임을 부담한다는 것을 원칙으로 하되, 6대 판매원칙 중 설명의무와 관련한 손해배상책임에 있어서는 금융소비자의 손해에 대해 고의나 과실이 없음에 대한 입증책임을 금융상품판매업자등에게 부담시킴으로써. 금융소비자보호를 더욱 강화한 것으로 볼 수 있다.

또한, 금융소비자보호법 제45조에서는 금융상품계약체결등의 업무를 대리·중개한 금융상품판매대리·중개업자가 금융상품의 대리·중개 업무를 수행할 때 금융소비자에게 손해를 발생시킨 경우에는 해당 금융소비자에게 손해를 배상할 책임이 있음을 규정하고 있다.

즉 금융상품판매업자등이 직접 계약체결등의 업무를 수행한 부분뿐만 아니라, 해당 업무를 위탁한 대리·중개업자를 통한 계약체결등에 있어서도 손해배상의 책임을 폭넓게 부과하여 금융소비자를 보호하고 있는 것이다.

다만, 금융상품직접판매업자가 금융상품판매대리·중개업자 등에 대한 선임과 그 업무의 감독에 대해 적절한 주의를 하고 손해방지를 위한 노력을 한 경우에는 예외로 할 수 있고, 금융소비자의 손해가 발생하여 배상을 하였다면 해당 금융상품판매대리·중개업자에 대한 구상권 청구를 행사할 수 있다.

section 03 분쟁조정제도

1 개요

분쟁조정이란 분쟁 당사자의 신청에 기초하여 주장내용과 사실관계를 확인하고 이에 대한 합리적인 분쟁 해결 방안이나 의견을 제시하여 당사자 간의 합의에 따른 원만한 분쟁해결을 도모하는 제도이다. 분쟁조정신청이 접수되면 양당사자의 제출자료 검토와 대면 문답절차 등을 거쳐 분쟁 조정기관이 중립적인 조정안을 제시하는데, 분쟁조정기관은 이러한 중립적인 조정안을 제시하기 위해 통상적으로 법조계, 학계, 소비자단체, 업계 전문가로 구성된 분쟁조정위원회를 구성·운영한다.

금융소비자보호법 제33조에서는 이러한 분쟁조정기구로 '금융위원회의 설치 등에 관한 법률' 제38조 각 호의 기관, 금융소비자 및 그 밖의 이해관계인 사이에 발생하는 금융관련 분쟁의 조정에 관한 사항을 심의·의결하기 위하여 금융감독원에 금융분쟁조정위원회를 둔다고 규정하고 있다.

금융소비자보호법 제34조에 따라 조정위원회는 위원장 1명을 포함하여 총 35명 이내의 위원으로 구성된다.

위원장은 금융감독원장이 소속 부원장 중에서 지명하며 위원은 금융감독원장이 지명하는 소속 부원장보 및 다음과 같은 자격을 갖춘 자 중 금융감독원장이 위촉한다.

❶ 판사·검사 또는 변호사 자격이 있는 사람
❷ 소비자기본법에 따른 한국소비자원 및 같은 법에 따라 등록한 소비자단체의 임원, 임원으로 재직하였던 사람 또는 15년 이상 근무한 경력이 있는 사람
❸ 조정 대상기관 또는 금융 관계기관·단체에서 15년 이상 근무한 경력이 있는 사람
❹ 금융 또는 소비자 분야에 관한 학식과 경험이 있는 사람
❺ 전문의 자격이 있는 의사
❻ 그 밖에 분쟁조정과 관련하여 금융감독원장이 필요하다고 인정하는 사람

조정위원회의 위원 임기는 2년이며 공무원이 아닌 위원은 형법 제129조부터 제132조까지의 규정을 적용할 때에는 공무원으로 본다.

금융관련 분쟁이 발생한 경우 이해관계인은 금융감독원장에게 분쟁조정을 신청할 수 있으며 금융감독원장은 금융소비자보호법 제36조 제2항에 따라 합의를 권고할 수 있다. 다만, 분쟁조정의 신청내용이 분쟁조정대상으로서 적합하지 아니하다고 금융감독원장이 인정하는 경우, 신청한 내용이 관련 법령 또는 객관적인 증명자료 등에 따라 합의권고절차 또는 조정절차를 진행할 실익이 없는 경우 및 이에 준하는 사유로서 대통령령이 정하는 경우에는 합의를 권고하지 아니하거나, 조정위원회의 회부를 하지 않을 수 있으며 이 경우 동 사실을 관계 당사자에게 서면으로 통지하여야 한다.

한편, 분쟁조정의 대상이 되는 경우 금융감독원장은 분쟁조정 신청을 받은 날로부터 30일 이내에 합의가 이루어지지 않은 때에는 지체 없이 분쟁조정위원회에 회부하여야 하고, 조정위원회는 조정안을 60일 이내에 작성하며, 금융감독원장은 분쟁조정 신청인과 관계 당사자에게 조정안을 제시하고 수락을 권고할 수 있다.

분쟁조정의 신청인과 관계 당사자가 조정안을 제시받은 날로부터 20일 이내에 조정안을 수락하지 않을 때에는 해당 조정안을 수락하지 않은 것으로 본다.

2 　분쟁조정의 효력

조정은 법원의 판결과는 달리 그 자체로서는 구속력이 없고 당사자가 이를 수락하는 경우에 한하여 효력을 갖는다. 금융감독원에 설치된 조정위원회의 조정안을 당사자가 수락하면 당해 조정안은 금융소비자보호법 제39조에 따라 재판상 화해와 동일한 효력을 갖는다. 그러나 그 밖의 기관(한국거래소 시장감시위원회의 분쟁조정심의위원회, 금융투자협회의 분쟁조정위원회 등)에 의한 조정은 민법상 화해계약으로서의 효력을 갖는다.

3 　분쟁조정제도의 장단점

장점	단점
• 소송수행으로 인한 추가적인 비용부담 없이 최소한의 시간 내에 합리적으로 분쟁 처리 가능 • 복잡한 금융 관련 분쟁에 대한 전문가의 조언 및 도움을 받을 수 있음 • 개인투자자가 확인하기 어려운 금융투자회사	• 양당사자의 합의가 도출되지 아니하면 분쟁처리가 지연될 수 있음 • 판단기관에 따른 결과의 차이가 있을 수 있음. 분쟁조정기관은 기존의 판례 및 선례, 법이론을 바탕으로 가장 보편타당한 결과를 도출하기

의 보유자료 등을 조정기관을 통해 간접적으로 확인 가능

위해 노력하지만, 실제 소송 수행 결과와 반드시 같은 결과가 나올 것으로 단정할 수 없으므로, 조정안에 대한 최종 수용 여부는 당사자가 신중히 판단하여야 함

4 주요 분쟁조정기구

기관명	금융투자협회	금융감독원	한국거래소
담당조직	자율규제본부 소비자보호부	금융소비자보호처 금융민원 총괄국	시장감시위원회
분쟁조정 대상	• 회원의 영업행위와 관련한 분쟁조정 • 회원 간의 착오매매와 관련한 분쟁조정	금융감독원의 검사를 받는 금융회사와 금융소비자 사이에 발생하는 금융관련 분쟁	유가증권시장, 코스닥시장, 파생상품시장에서의 매매거래와 관련하여 발생한 권리의무 또는 이해관계에 관한 분쟁
분쟁조정 효력	당사자가 분쟁조정위원회의 조정안을 수락한 경우 민법상 화해계약의 효력을 갖게 됨. 다만, 금융감독원은 재판상 화해와 동일한 효력을 갖게 됨		
장점	• 소송에 따른 비용 부담 없이 최소한의 시간 내에 합리적으로 분쟁을 처리 가능 • 복잡한 금융 관련 분쟁에 대해 전문가의 도움을 받을 수 있음 • 개인투자자 측면에서 확인하기 어려운 금융투자회사의 보유자료 등을 분쟁조정기관을 통해 간접적으로 확인 가능		
소송지원 제도	금융기관이 우월적 지위를 이용하여 조정결과를 부당하게 회피하는 것을 방지하기 위하여 금융투자회사가 정당한 사유 없이 분쟁조정위원회의 조정결정을 수락하지 않고, 신청인이 소송지원을 요청하는 사건 중 투자자 보호 및 공정거래질서 확립을 위하여 필요하다고 인정되는 경우 협회장이 위촉하는 변호사를 소송대리인으로 위촉하여 소송지원 (확정판결 시까지)	조정위원회의 조정결정에 대하여 당사자 일방이 이를 거부하여 조정이 불성립된 경우 법원의 소송절차를 통해 해결이 가능하며, 신청인의 청구를 인용하는 것으로 조정결정된 사건이거나 조정결정이 있기 전 사건으로서 조정선례 또는 법원의 판례 등에 비추어 신청인의 청구를 인용하는 것으로 조정결정될 것이 명백한 사건으로서 피신청인인 금융회사의 조치가 현저히 부당하다고 위원회가 인정하는 경우 소송지원 가능	증권·선물회사가 분쟁조정심의위원회의 결정을 정당한 이유 없이 수락을 거부하거나, 위원회의 조정결정이 있기 전 증권·선물회사가 소 등을 제기하여 조정절차가 종료하였지만 조정선례 또는 법원의 판례 등에 비추어 증권·선물회사에 대한 책임 인정이 명백한 경우 ※ 소송지원의 실익이 없거나 공익목적에 부적절한 경우에는 소송지원 대상에서 제외

금융투자협회의 분쟁조정제도

1. 분쟁조정제도
- 협회 분쟁조정제도는 협회 회원의 영업행위와 관련한 분쟁에 대하여 소송에 따른 비용과 시간의 문제점을 해결하고 당사자 간의 원만하고 신속한 분쟁 해결을 유도함으로써 시장 참가자들의 편의를 제공하기 위한 제도임
- 분쟁 당사자는 금융투자상품에 대한 전문적 지식과 경험을 갖춘 인사들로 구성된 분쟁조정위원회의 분쟁조정을 이용함으로써 신속, 공정하게 분쟁을 해결할 수 있음

2. 분쟁조정위원회 취급 업무
- 회원의 영업행위와 관련한 분쟁조정
- 회원 간의 착오매매와 관련한 분쟁조정

3. 분쟁조정 대상 금융투자상품

금융투자회사	분쟁조정 대상 금융투자상품
증권회사	주식, 파생결합증권(ELS, ELW), 수익증권, 장내파생상품(KOSPI 200선물·옵션, 개별 주식옵션), 장외파생상품 등
선물회사	장내파생상품(KOSPI 200선물·옵션, 미국 달러선물·옵션, 국고채선물, FX마진거래, 해외선물)
자산운용회사	자산운용회사가 직접 판매한 수익증권
신탁회사	금전신탁계약, 부동산 신탁계약 등
투자자문·일임회사 (금융위원회에 등록된 업체)	투자자문·일임계약
은행	수익증권, 장외파생상품 등
보험사	수익증권, 변액보험 등

4. 분쟁조정의 효력
- 당사자가 협회 분쟁조정위원회의 조정안을 수락한 경우 민법상 화해계약의 효력을 갖게 됨(민법 제732조)

5. 분쟁조정절차
- 분쟁조정절차는 신청인이 협회에 신청서를 제출함으로써 시작됨

① 분쟁조정신청 접수/통지

신청방법	신청서류
신청인 본인이 직접 신청함이 원칙이나 원하는 경우 대리인도 신청이 가능하며 협회로 직접방문 또는 우편으로 신청이 가능합니다.	분쟁조정신청서, 관련 증거서류 또는 자료, 신청인 신분증 대리인이 신청하는 경우 위임장(신청인의 인감도장 날인), 신청인 인감증명서 및 대리인의 신분증이 추가됩니다.

② 사실조사
- 양당사자가 제출한 자료의 검토 뿐 아니라 필요한 경우 당사자 간 대면질의 등의 방법으로 투자 당시의 구체적인 사실관계를 확인하기 위한 조사가 이루어짐

③ 합의권고
- 분쟁의 원만한 해결을 위하여 당사자가 합의하도록 함이 상당하다고 인정되는 경우 구두 또는 서면으로 합의를 권고함

④ 분쟁조정위원회 회부 전 처리
- 일방 당사자 주장내용의 전부 또는 일부가 이유 있다고 판단되는 경우 위원회 회부 전 양당사자에게 합의권고안을 제시할 수 있고, 분쟁조정신청 취하서가 접수되거나 수사기관의 수사진행, 법원에의 제소, 신청내용의 허위사실 등 일정한 사유에 해당하는 경우 위원회에 회부하지 않고 종결처리 할 수 있음

⑤ 분쟁조정위원회 회부
- 당사자 간에 합의가 성립하지 않은 경우 협회는 조정신청서 접수일로부터 30일 이내에 분쟁조정위원회에 사건을 회부하며, 위원회는 회부된 날로부터 30일 이내에 심의하여 조정 또는 각하 결정함을 원칙으로 하나 부득이한 경우 15일 이내에서 기한을 연장 할 수 있음
- 분쟁조정위원회에 회부되면 회의 안건과 각종 제출자료 등이 분쟁조정위원에게 송부되고, 검토와 토론을 통해 최종적인 분쟁조정위원회의 조정안이 제시됨
- 위원이 당사자의 대리인이거나 친족관계 등 이해관계가 있는 경우 위원회에서 제척되며 신청인은 위원명단을 통지 받은 후 7일 이내에 특정 위원에 대한 기피신청서를 협회에 제출할 수 있음

⑥ 조정의 성립
- 당사자가 조정결정수락서에 기명 날인한 후 이를 조정결정의 통지를 받은 날로부터 20일 이내에 협회에 제출함으로써 성립하며 민법상 화해계약(민법 제732조)의 효력을 갖게 됨
- 회원인 당사자는 조정이 성립한 날로부터 20일 이내에 조정에 따른 후속조치를 취하고 그 처리결과를 지체 없이 협회에 제출하여야 함

⑦ 재조정 신청
- 분쟁조정신청의 당사자는 조정의 결과에 중대한 영향을 미치는 새로운 사실이 나타난 경우(결정의 기초가 되는 자료나 증언이 위조 또는 변조되거나, 법령 또는 판결이 변경되는 등 조정의 결과에 중대한 영향을 미치는 새로운 사실이 나타나는 경우 등) 조정결정 또는 각하 결정을 통지 받은 날로부터 30일 이내에 재조정 신청이 가능

chapter 03

주요 분쟁사례 분석

금융투자상품 관련 분쟁

1 금융투자상품 관련 분쟁의 특징

금융투자회사를 통한 금융투자상품은 그 특성상 높은 수익을 기대할 수 있는 반면에 높은 가격 변동성으로 인한 고위험에 노출되어 있고 투자과정에서 고도의 전문성이 요구되기 때문에 거래과정에서 분쟁이 발생할 소지가 있다.

아울러, 투자중개업을 영위하는 금융투자회사의 일반적인 업무행태는 민법상 위임계약 및 상법상 위탁매매업을 수행하는 것이므로, 수임인 또는 위탁매매업자로서 마땅히 이행하여야 할 선관주의의무를 다하지 못하였다면, 이로 인한 민사상 불법행위책임 또는 채무불이행책임이 발생할 수 있다.

❶ 증권거래 또는 선물거래는 은행거래, 보험거래 등 다른 금융거래와는 달리 투자대상의 높은 가격 변동에 따른 고투자위험, 투자과정에서의 전문성 필요 등과 같은 내재적인 특성을 가지고 있음

❷ 고객과 금융투자회사 간의 법률관계에서도 거래과정에서 고객의 증권회사 직원에 대한 높은 의존성, 위임과정 중 금융투자회사 직원의 폭넓은 개입 기회, 불공정거래 가능성 등 일반적인 위임의 법률관계와는 다른 특성이 존재

❸ 계좌개설부터 결제 등 거래종료까지의 거래과정 중에 고객과 금융투자회사 임직원 간에 예기치 못한 분쟁이 발생할 개연성이 높은 특징을 가지고 있으며, 또한 분쟁발생 시에도 당사자 간에 분쟁해결이 쉽지 않은 경향을 보이는 것이 특징

2 분쟁 관련 금융투자상품의 내재적 특성

금융투자상품의 법률적 정의[1]에 따르면, 투자손실 발생이 가능한(원본손실 가능성이 있는) 모든 금융상품을 의미한다.

❶ 원금손실 가능성
금융투자상품은 투자실적에 따라 큰 수익이 발생할 수도 있지만, 반대로 투자원금 뿐 아니라 투자원금을 초과하여 손실이 날 수도 있음

❷ 투자결과에 대한 본인 책임
금융투자상품에 대한 투자결과는 본인 귀속이 원칙이므로, 금융상품에 대하여 충분히 이해한 후 '자신의 판단과 책임 하에 투자'하여야 함

❸ 투자상품에 대한 지속적인 관리 요구
금융투자상품은 금융시장 환경의 대·내외적 요인, 투자상품의 고유특성에 따라 손익내역이 지속적으로 변하기 때문에, 금융투자상품의 손익상황 및 금융기관의 관리상황 등에 대한 주기적인 확인이 필요

---

1 법률상 정의(자본시장법 §3①) 이익을 얻거나 손실을 회피할 목적으로 현재 또는 장래의 특정(特定) 시점에 금전, 재산적 가치가 있는 것을 지급하기로 약정함으로써 취득하는 권리로서, 그 권리를 취득하기 위하여 지급하였거나 지급하여야 할 금전 등의 총액이 그 권리로부터 회수하였거나 회수할 수 있는 금전 등의 총액을 초과하게 될 위험("투자성")이 있는 것

3 　금융투자상품 관련 분쟁의 유형

금융투자상품 관련 분쟁은 거래대상이 되는 금융투자상품의 종류와 어떠한 거래단계에서 발생되었는지 여부 등에 따라 여러 가지 유형으로 구분될 수 있다.

임의매매	고객이 증권회사 또는 선물회사 직원에게 금융투자상품의 관리를 맡기지 아니하였고 그 금융투자회사 직원이 매매주문을 받지 않았음에도 고객의 예탁자산으로 마음대로 매매한 경우에는 민사상 손해배상책임이 발생하며 해당 직원에게 처벌까지 가해질 수 있음
일임매매	투자일임업자가 고객과 투자일임계약을 체결한 상태에서 당초의 일임계약 취지를 위반하여 수수료 수입목적 등의 사유로 인하여 과도한 매매를 일삼은 경우 등 고객충실의무 위반이 인정될 수 있는 경우에는 민사상 손해배상책임이 발생할 수 있음
부당권유	증권회사 또는 선물회사 등의 금융투자회사 또는 은행, 보험 등의 겸영 금융투자회사 직원이 고객에게 투자권유를 하면서 금융투자상품에 대한 설명의무를 충실히 이행하지 않아 위험성에 대한 투자자의 인식형성을 방해하거나, 과대한 위험성이 있는 투자를 부당하게 권유한 경우에는 사안에 따라 민사상 손해배상책임이 발생할 수 있음
펀드 등 금융투자상품 불완전판매	최근 수익증권 등과 같은 집합투자증권(펀드)이 증권회사, 은행, 보험사 등 거의 모든 금융기관을 통하여 판매되는 등 그 수요가 급증함에 따라 관련 민원·분쟁도 빈번히 발생하는 추세임. 금융투자상품의 불완전판매도 부당권유의 한 유형으로 분류되는 것이 보통이므로 적합성의 원칙, 적정성의 원칙, 설명의무, 손실보전약정 금지 등을 종합적으로 고려하여 민법상의 불법행위 여부를 판단하게 됨
주문 관련	고객이 낸 주문을 증권회사, 선물회사 등 투자중개업자인 금융투자회사가 다르게 처리하거나, 주문권한이 없는 자로부터의 매매주문을 제출받아 처리한 경우 민사상 손해배상책임이 발생할 수 있음
기타 분쟁	전산장애가 발생하여 매매가 불가능함으로 인해 발생된 손해, 금융투자회사의 부적절한 반대매매처리로 인한 분쟁, 기타 무자격상담사로 인한 분쟁 사례 등이 있음

1 임의매매 관련 사례분석

(1) 사례 Ⅰ

[대판 2002.7.23. 선고 2002다41503]

고객이 직원의 임의매매 사실을 알고도 즉시 임의매매에 대한 배상요구를 하지 않았다는 사실만으로 임의매매를 추인한 것으로 보기 어렵다는 사례

1. 사건 개요

① '99.12.23. 증권회사 직원인 B는 고객 A계좌를 통해 ☆ 종목을 임의매수하였고, 매수 당일 저녁 A와의 저녁식사 중 임의매매 및 주가 하락 사실을 고지하였음

② 또한, 임의매수일 다음날인 '99.12.24.에는 전화 통화 중 A가 '애길 들어보면 그럼 가능성은 있어 보이네요', '뭐 재료만 좋다면 장이 불안해도 그건 가지', '관망을 해 보겠다 이거야?'등으로 B에게 말한 사실이 있음

2. 판단 내용

① 비록, A가 임의매수 다음날 전화통화에서 B의 임의매수를 관망하는 듯 한 표현을 한 적이 있다 하더라도, 이는 말미('99.12.27.)를 구하면서 주식전망을 낙관할 수 있다는 취지로 관련 직원 B가 한 변명에 A가 수긍할 점이 있다고 대답한 것에 지나지 않고,

② 오히려 '99.12.27.에는 B가 임의매매에 관하여 함구하고 이후 어떠한 조치를 취하였다는 기별도 하지 않자 '00.1.4. 전화통화 시 B의 임의매수를 강력히 질책하였고,

③ '00.1.11. 전화통화에서는 기한날짜를 구체적으로 요구하고 피고회사에 대한 책임을 분명히 하였음

④ 더군다나, 고객 A는 임의매수 이후 하등의 처분행위를 한 적도 없음

⑤ 결국, 고객 A가 직원의 부탁에 따라 관망할 수 있는 다소 상당한 유예기간을 허락하였다거나 주가 상승의 개연성이 수긍된다는 취지의 말을 하였다고 하여 이러한 임의매수를 추인한 것으로 볼 수는 없다 할 것임

⑥ 한편, 고객 A가 과거 몇 차례 임의매매를 추인하였던 적이 있고, ☆종목 임의매수에 따른 손해에도 불구하고 전체적으로는 원금의 잠식에 이르지 않았던 점, 임의매수 이후 즉시 예탁금 반환을 요구한 적이 없다고 하여 임의매매에 대한 묵시적인 추인을 인정할 수는 없음

(2) 사례 ②

[대구고법 2008.4.18. 선고 2007나4487]

> 고객이 증권회사 직원에게 주식매매를 포괄일임하였다고 하더라도 직원이 고객의 특정종목에 대한 매수금지 지시에 불응하여 동 종목을 매수한 행위는 임의매매에 해당한다는 사례

1. 사건 개요

① 고객 A는 '00.12.5. 증권회사 직원 B에게 주식매매를 포괄적으로 위임하고 매매결과를 주1회 보고받는 형태로 거래 하였음

② 그러던 도중 직원 B는 '02.5.9.~5.24. △△카드 주식 9,000주 가량을 매수하였는데 '02.5.25. 직원 B가 △△카드주식을 매수했다고 보고하자 A는 이를 질책하면서 앞으로 동 종목을 매수하지 말 것을 지시하였으나 직원 B는 이를 어기고 동 종목을 매수하였고 그 사실을 보고하지도 않았음

2. 판단 내용

① 고객 A는 매주 주말마다 주식의 거래사실을 보고받아 임의매매를 알고 있으면서도 즉시 동 종목 매도를 지시하거나, 그 매수행위가 자신의 지시를 위반한 것이라고 하며 무효를 주장한 사실이 없었던 점, 이후에도 계속하여 직원 B에게 계좌운용을 일임하였던 점 등을 종합해 보면, 원칙적으로 A는 직원 B에게 계좌의 운용을 포괄적으로 일임하였거나, 적어도 묵시적으로 사후 승인한 것으로 보아야 할 것임

② 그러나 A가 '02.5.25. 직원 B에게 △△카드 주식을 매수하지 말 것을 명확하게 지시함으로써 포괄적 대리권을 제한하였음에도 불구하고 동 주식을 매수하였고, 또한 주말 보고 시에도 매수사실을 보고하지 아니하였으므로, 임의매매에 해당함

③ △△카드 임의매매에 따른 손해금액은 4천만 원{△△카드 주식 매입금액(약 1억 3천만 원) − 2002.11.9. △△카드 주식의 시가(약 9천만 원)}과 기타 제비용(약 3백만 원)을

합한 4천 3백만 원임

④ 당시, 전반적인 주가 하락 추세였으므로 △△카드 주식 이외에 다른 주식을 매수하였더라도 어느 정도의 손실을 피할 수 없었으리라는 사정을 참작하여야 하고, 주말 보고 시 △△카드 주식의 임의매수 사실 및 이로 인한 △△카드주식 증가량의 보고를 누락하였다고 하더라도 A가 주식거래 내역에 대해 우편통보를 받아 알 수 있었다는 점 그리고 언제든지 지점을 방문하여 거래내역을 확인할 수 있었던 점 등으로 보아 손해발생이나 확대에 A의 과실도 인정되므로 직원 B의 책임을 70%로 제한함

2 일임매매 관련 사례분석

(1) 사례 ①

[매매거래를 일임하였으나 과도한 매매거래로 손해를 본 경우, 감독원 분쟁조정 위원회(1999.7.20. 조정번호 제1999−27호)]

[일부 인용] 일임매매는 원칙적으로 손해배상책임이 발생하지 아니하나 위임의 내용, 투자목적, 투자자금의 성격 및 매매거래양태 등을 종합적으로 고려할 때 일임의 본지를 일탈하여 과도하게 매매 거래하여 선량한 괸리자로서의 주의의무를 다하지 아니하는 경우에는 부분적으로 손해배상책임을 인정하고 있음. 그러나 손해배상금액은 고객의 과실비율을 반영하여 산정한 금액과 증권회사 수탁수수료 중 작은 금액으로 한정함.

1. 사실관계

신청인은 1998.1.8. ○○증권사(이하 "피신청인"이라 함)의 영업부에 위탁계좌를 개설하면서 직원에게 주식매매를 일임하였고, 단기간에 550백만 원의 매매수익이 발생하였음. 같은 해 3.23. 신청인은 550백만 원을 출금하여 이 중 100백만 원을 직원에게 수고비로 교부하였고, 그 후 주가 하락으로 손실을 보게 되자 같은 해 11.30. 위탁계좌 잔고를 출금하고 거래를 종결함.

2. 당사자의 주장
① 신청인의 주장

직원에게 매매를 일임하였으나 직원은 고객이익을 무시하고 회사의 수수료수입 증

대만을 위해 비정상적으로 거래하여 8억 원 이상의 손해가 발생하였으므로 동 결과로 인하여 발생된 회사의 수수료수입 및 거래세 등 거래비용 금 497,976,169원을 반환하여야 함.

② 피신청인의 주장

직원이 고객의 일임에 따라 매매거래를 체결하여 단기간에 550백만 원의 매매수익을 실현하고 신청인에게 출금을 권유하였고, 이에 따라 신청인은 1998.3.23. 동 금액을 출금하였음. 그 후 주가가 장기간 조정을 받으면서 매매 시마다 큰 손실이 발생하자 동 매매손실을 줄이기 위하여 직원은 단기매매에 치중하게 되었고, 신청인은 수시로 유선 등을 통하여 주식상황 및 잔고를 직접 확인하였으며 매월 거래내역도 이상 없이 통보되었음.

또한 신청인은 매매이익이 실현되었을 때에는 모든 거래내역을 전면 수용하였으면서도 매매손실이 발생되었을 때에는 회사가 영업실적을 올리기 위하여 의도적으로 신청인에게 손실을 발생시키는 비정상적인 매매주문을 하였다고 주장하나 신청인의 이와 같은 주장은 논리적 타당성이 없음.

3. 위원회의 판단

본건의 쟁점은 신청인 계좌의 거래가 과다한 일임매매에 해당하는지 여부 및 그에 해당할 경우의 피신청인의 손해배상 범위라 할 것임

① 과다한 일임매매로 볼 수 있는지 여부

일임매매는 원칙적으로 손해배상책임이 발생하지 아니하나 위임의 내용, 투자목적, 투자자금의 성격 및 매매거래양태 등을 종합적으로 고려할 때 일임의 본지를 일탈하여 과도하게 매매 거래하여 선량한 관리자로서의 주의의무를 다하지 아니하는 경우에는 부분적으로 손해배상책임을 인정하고 있음.[2]

신청인과 직원에 대한 문답조사, 신청인 계좌의 거래내역서 조사 등을 실시한 결과 신청인계좌에서의 매매거래는 신청인으로부터 매매권한을 수여받은 직원의 일임매매로 판단되며, 일임으로 인한 투자수익의 결과는 신청인에게 귀속하는 것이 타당한 것으로 보여짐. 또한 신청인계좌에서의 매매거래내역을 보면 일임매매 기간 중(1998.1월~11월)의 월평균 매매회전율이 12.1회에 달하고 손해금액 대비 거래비용비율도 439%에 이르는

---

2 서울고등법원 1997.8.28. 선고 96나5911 판결.

등 과도한 일임매매로 인정되며 이로 인하여 발생한 손해에 대하여는 피신청인에게 배상책임이 있다고 판단됨.

② 손해배상금액의 산정기준

신청인은 800백만 원 이상의 매매손실을 보았다고 주장하나 아래 방법으로 산정한 실제 손해금액은 신청인이 계좌 개설 후 투자한 금액 1,025,878,243원에서 출금된 909,128,142원을 차감한 116,750,101원임. 과도한 일임매매로 인한 손해배상금액을 산정함에 있어서는 투자기간 동안의 전반적인 주가 수준을 감안하고 피신청인이 획득한 수탁수수료 수입을 초과하지 않는 범위 내에서 결정되는 것이 합리적이므로 손해배상금액은 58,375,051[3]원으로 하는 것이 타당함.

4. 결론

직원이 위임의 본지를 일탈하여 수수료 수입을 증대시킬 목적으로 과도하게 주식을 매매한 점이 인정되므로 피신청인은 이로 인하여 발생한 손해액 중 58,375,051원을 신청인에게 지급하여야 함.

(2) 사례 ②

[협회 분쟁조정위 2012.5.24 조정결정/제2012-01호]

> 고객이 증권사 직원에게 주식 매매를 일임한 기간의 일부 기간에 월 매매회전율이 약 1400%에 달하였고 단기매매를 하였어야 할 특별한 사정이 없었던 점 등을 고려컨대 과다매매가 인정되고, 고객의 당일 "전부 처분 지시"에 불구하고 직원의 지정가 주문으로 일부 수량만 매도되었다면 선관주의의무를 해태한 것으로 봄

1. 사건 개요

① 고객은 증권사 직원에게 포괄일임한 기간(약 한달간) 중 월 매매회전율이 약 1,400%, 손실 대비 수수료율이 45%에 달하였고, 특별히 단기매매가 많았어야 할 사유도 없었음

---

3 • 실제 손해금액(A) : 116,750,101원
　• 종합주가지수 하락률(B) : 0%(기간 중 종합주가지수는 414p에서 447p로 상승)
　• 지수하락률감안 손해금액(C) : 116,750,101원
　• 과실상계 50%(D) : 58,375,051원
　• 수탁수수료(E) : 392.159,080원
　• 손해배상금액 : D와 E 중 작은 금액(58,375,051원)

② '12.1.10 고객이 □□종목을 "당일 전부 매도"를 지시하였는데, 담당 직원은 14:59에 지정가 주문*을 하여 약 43,000주 중 일부(약 27,000주)만 체결되었음

    * 당시 거래소의 매수호가 잔량은 약 320,000주였음

③ '11.10.12 증권사 직원이 ☆☆종목을 매도 후 문자메세지로, 익일에는 전화로 고객에게 보고하였으나 고객이 이의제기를 하지 않았고, 오히려 매도자금으로 타 종목 매수승인 사실이 확인되었음

2. 판단 내용

① 거래기간 전체('10.10월~'12.1월)로 보면 과다매매로 보기 어려우나 일부 기간에서는 매매판단과 거래행위가 전적으로 증권사 직원의 지배하에 이루어졌고 그 기간 동안 매매회전율이 약 1,400%, 손실 대비 수수료율이 45%에 이루는 등 전문가로서 합리적인 선택으로 보기 어려운 매매였고, 고객의 요청 등 단기매매를 했어야 할 특별한 사정이 없었으므로 과다매매가 인정됨

② □□종목 매도 관련, '12.1.10. 정규장 마감시각 직전의 거래소의 매수호가 잔량은 약 32만 주에 달하여 직원이 주문을 지정가주문이 아닌 시장가주문으로 하였더라면 전량 매도가 가능한 상황이었음. 지정가주문으로 고객의 '당일 전부 처분'지시를 따르지 못한 것은 전문가로서 선관주의의무에 충실했다고 보기는 무리가 있음

③ ☆☆종목을 매도 관련, 문자메세지 및 전화통화로 사후보고를 하였으나 이에 고객의 이의제기 등이 없었던 점, 매도자금으로 타종목 매수를 승인한 사실 등을 고려컨대, 증권사 직원의 임의매도로 보기는 어렵고, 설령 임의매도라 하더라도 고객이 묵시적 추인을 하였다고 판단함.

3	부당권유 관련 사례분석

(1) 사례 ①

[대판 2003.1.24 선고 2001다2129]

직원이 '혼자만 알고 있는 호재인데 소문이 날까봐 이를 밝힐 수 없다. 지금 당장 투자하지 않으면 시기를 놓친다'는 등의 말로 매매를 권유한 것을 부당권유로 인정한 사례

1. 사건 개요

① 고객 A는 '94.10.17. 증권거래계좌 개설 이후 손실이 발생되자 '96.10월경 더 이상 주식거래를 하지 않으려 하다가 직원 B가 확실히 주가가 상승할 종목만 추천하고 A의 허락 없이 임의매매 하지 않겠다는 말을 듣고 B에게 계좌관리를 위임하였음

② 이후, 직원 B는 '96.10.18.~'96.12.28. 사이에 임의매매한 사실이 있음

③ 또한, '96.10월초에는 '☆의 주가가 상승하는 것은 100% 확실하다. 혼자만 알고 있는 호재인데 소문이 날까봐 이를 밝힐 수 없다. 지금 당장 투자하지 않으면 시기를 놓친다'는 등의 말을 하면서 A에게 ☆의 매수를 적극 권유하였고, 이에 A는 10억 원을 입금하여 ☆종목 4만 주를 매수하였음

④ 하지만, ☆의 주가는 3, 4일 정도 상승하다가 이후 지속적으로 하락하였고, 이에 A는 직원 B에게 매도를 요청하였으나 주가 상승이 확실하므로 매도를 거부함

⑤ 그럼에도 불구하고 ☆의 주가가 하락하자 고객 A는 '96.11.13. 직원에게 손실보전각서라도 써 줄 것을 요구하였고, 직원 B가 각서를 작성해 줌에 따라 매도는 보류되었음

⑥ 결국, '96.12.16.에야 직원 B는 2만 주를 매도하였고, 고객 A도 '97.1.31.~'97.2.1. 사이에 나머지 2만 주를 매도함

2. 판단 내용

① 직원 B의 임의매매로 인한 불법행위를 인정함

② 직원 B가 자신만이 알고 있으나 이를 밝힐 수 없는 확실한 투자정보가 있다면서 ☆주식을 대량매수토록 유도하고, 고객 A의 거듭된 매도 요청에도 불구하고 손실을 보전해주겠다는 각서까지 써 주면서 매도를 거부한 것은 고객에게 과대한 위험을 수반하는 거래를 적극적으로 권유하면서 그에 수반되는 위험성에 대한 인식을 방해한 행위로서 불법 행위를 구성함

③ 다만, 고객 A의 경우에도 상당한 투자경험이 있음에도 불구하고 잔고확인 소홀 등으로 직원 B에게 임의매수 할 수 있는 기회를 제공하였고, B의 말에 현혹되어 구체적인 내용도 모르면서 경솔하게 ☆주식을 매수하였고, 손실을 보전해 주겠다는 B의 약속만 믿고 이를 처분하지 않은 잘못이 있어 이러한 고객 A의 과실을 40%로 산정함(손해금액의 60%만 증권회사 책임으로 인정)

(2) 사례 ②

[서울중앙지방법원 2011. 6. 3 선고 2010가합26870]

증권사 직원의 주식투자 권유 시 고객이 투자성향을 보수적이라고 기재하였더라도 과거 파생상품 및 주식 투자경험이 있었기에 부당권유로 보기 곤란함

1. 사건 개요

① 고객이 증권사 직원에게 주식매매를 일임하였으며, 2004년 9월 다른 계좌를 개설하면서 작성한 설문지에 투자성향이 보수적이라고 기재하였고

② 동 일임거래와 관련하여 직원은 4년 5개월 동안 약 200회의 매매를 반복하였고 수수료 총액(약 2,800만 원)은 원고 예탁금액(약 1.5억 원)의 약 38% 수준

2. 판단 내용

① '04.9월 고객은 증권사 직원에게 다른 계좌를 개설하면서 작성한 설문지에 투자성향은 '이자소득 중시', 투자위험 수용도는 '원금손실을 절대 허용하지 않음', 투자선호는 '은행예금·은행신탁 상품'으로 기재하였더라도, 고객이 이전부터 다수의 파생상품 및 주식투자경험이 있는 점을 고려할 때 피고 직원이 원고의 투자성향이 보수적이라는 사실을 알 수 있었음에도 증권거래행위에 수반되는 위험성에 관한 올바른 인식형성을 방해하고, 나아가 고객의 투자 상황에 비추어 과대한 위험성을 수반하는 거래를 적극적으로 권유하여 고객에 대한 보호의무를 위반하였다고 인정하기 부족함

② 고객이 당초부터 주식매매를 위임한 점, 우편으로 잔고통보를 받고도(2007.9월~10월) 아무런 이의를 제기하지 않은 점, 이후에도 2차례에 걸쳐 증권사에 추가로 자산을 위탁한 점 등을 종합하여 볼 때, 임의매매로 볼 수 없음

③ 약 4년 5개월 동안 약 200회 매도·매수 반복은 그 횟수가 많다고 볼 수 없는 점, 동 기간 중 발생한 수수료 비중이 원고가 예치한 금액의 약 38%로 과도하다고 볼 수 없는 점, 월별 매매회전율이 높을 때에는 수익을 낸 경우도 많았던 점 등을 종합하여 보면, 고객에 대한 충실의무를 위반하여 고객 이익을 무시하고 회사의 영업실적만을 증대시키기 위하여 무리하게 과다매매를 하였다고 인정하기에 부족하므로 고객의 주장은 이유 없음

(1) 사례 ①

[협회 합의권고에 당사자 수용, 제2007-10호]

> 직원은 계좌명의인을 잘 알지 못함에도 불구하고 계좌명의인의 대리권 수여 의사를 확인하지 않은 채 그의 처로부터 주문을 수탁받아 처리한 결과 손실을 발생시킨 경우에는 비록 부부관계에 있는 자로부터 주문을 받아 처리한 행위라 할지라도 일부 손해배상책임이 인정될 수 있다는 취지의 사례

1. 사건 개요

① '01.2.15. 고객 A는 타증권회사 계좌를 통해 보유 중이던 자신의 주식을 집근처 C증권회사로 옮겨 장기투자하기로 마음을 먹고 처인 A'를 대리인으로 하여 계좌를 개설하여 주식을 이관하였음

② 하지만, 평소 A'와 거래가 있던 직원 B는 남편 A의 계좌가 자신이 근무하는 지점을 통해 개설된 사실을 알고 A'에게 남편 보유주식을 교체할 것을 종용하였고, 이에 '03.8.19.부터 관련 직원과 A'의 협의하에 A보유계좌 내에서 매매가 시작됨

③ 결국, A는 자신이 보유하고 있던 종목의 주가가 최근 상승한 사실을 알고 계좌를 확인한 결과 자신 모르게 진행되어온 매매에 대하여 이의를 제기함

2. 판단 내용

① 직원 B는 고객 A'가 당초 계좌 개설도 대리인 자격으로 직접하였고, 매매협의 중에도 마치 남편 A의 동의를 얻어 매매하는 듯한 표현을 사용한 점을 근거로 실질적인 매매와 관련한 대리권이 있다는 취지의 주장을 함

② 이에 대해, 부부관계에 있는 자라 할지라도 주식거래는 일상가사대리권이 인정되는 범위에 속하지 아니하고, 직원 B가 고객 A를 잘 알지 못하여 A의 대리권 수여의사를 쉽게 판단할 수 없는 자인 점, 전화통화 등으로 쉽게 대리권 수여 사실을 확인할 수 있었던 점 등을 고려할 때 불법행위책임을 인정(다만, 신청인의 투자경험 및 관리소홀 등을 감안하여 일부 과실상계함)하였으며, 또한 계좌 개설 행위의 대리권이 매매거래 대리까지 가능한 것은 아님.

※ 하지만, 고객 A의 처인 A'도 결국 공동불법행위자이기 때문에 증권회사 또는 직

원 B가 남편 A에게 손해배상을 하게 될 경우, 증권회사 또는 직원 B는 A´에게 구상권을 행사할 수 있음. 결국, 분쟁조정에서는 상기와 같이 산정된 손해배상 금액을 재조정한 금액으로 당사자 간 최종 합의가 성사됨

(2) 사례 ②

[주문이행 실수로 인한 손해배상의 범위, 금감원 분쟁조정위원회(2006.2.14, 조정번호 2005-101호)]

1. 사실관계

① 신청인은 2005.9.12. 피신청인의 D지점에서 신청인 명의의 위탁계좌를 개설하여 선물옵션 거래를 하고 있었음

② 신청인은 2005.9.16. 금 500만 원을 위 계좌에 추가 입금하면서 위 지점의 직원 S차장(이하 "담당 직원"이라 함)에게 행사 가격이 145.0인 10월물 풋옵션의 매수주문을 하였으나, 담당 직원은 행사 가격이 142.5인 풋옵션 66계약을 옵션가격 0.76에 매수하였음*

* 담당 직원은 매수 후 신청인과 전화통화시 142.5 풋옵션을 매수하였다고 보고하였으나, 신청인은 아무런 이의를 제기하지 않음

** 당시 행사 가격이 145.0인 풋옵션은 옵션 가격이 1.18이었으며, 금 500만 원으로는 약 42계약을 매수할 수 있었음

③ 다음 영업일인 2005.9.20. 07:54 신청인은 담당 직원에게 전화를 하여 본인이 주문한 내용과 다른 내용으로 계약이 체결되었음을 항의하였고, 담당 직원은 09:22 신청인에게 전화하여 본인의 주문이행 실수를 인정하고 최초의 주문대로 원상회복을 한 후 차액을 변상하겠다고 하였으나, 신청인은 당일 가격의 변화를 지켜본 후 나중에 결정하겠다며 원상회복을 거절하였고,

④ 이후 담당 직원은 같은 날 10:47 신청인에게 다시 전화하여 142.5 풋옵션 66계약을 매도하고 최초 주문 당시 매수 가능했던 145.0 풋옵션 42계약을 매수해 놓겠다고 하였으나 신청인은 이를 다시 거절함

⑤ 담당 직원은 SMS 문자서비스를 통해 신청인에게 2005.9.20. 11:11:51에 "옵션 매수 착오로 인한 손실은 현시점에서 확정시켜 주시기 바랍니다"라고 통보하였고(12:00:37 신청인 수신), 이후 11:13:06 "풋145와 풋142.5의 차이는 11:11분 현재 138,000원으로 계산됩니다. S차장"이라고 통보하였음(12:00:45 신청인 수신)

2. 당사자의 주장

① 신청인 주장

　　담당 직원의 주문이행 실수로 인하여 손해가 발생하였고, 이에 대해 위 직원이 300만 원을 지급하기로 하였으므로 금 300만 원을 손해배상해야 함

② 피신청인 주장

　　담당 직원이 주문을 이행함에 있어 실수를 한 것은 분명하나, 담당 직원은 2005.9.20. 주문실수 인지 후 바로 신청인에게 정정매매 후 차액에 대하여 보상하겠다고 하였을 뿐 300만 원을 배상하겠다고 한 사실은 없는바, 담당 직원이 주문실수를 확인한 시점에서 산정한 배상액 이외의 추가금을 지급할 의무가 없음

3. 위원회의 판단

　　본건은 담당 직원의 주문이행 실수에 따른 피신청인의 손해배상책임 인정 범위가 쟁점이라 할 것임

(1) 손해배상책임 인정 여부

① 고객과 계속적인 거래관계에 적용될 기본계약인 위탁매매거래계좌의 설정계약을 체결하여 고객으로부터 자금이나 주식의 예탁을 받고 구체적인 매매주문을 통해 매매거래의 위탁을 받은 증권회사는 위탁계약의 본지에 따라 선량한 관리자의 주의를 가지고 행동할 의무를 부담한다고 할 것인바,

② 본건은 피신청인의 담당 직원도 인정하는 바와 같이 신청인의 주문을 담당 직원이 잘못 이행한 것이 분명하므로, 담당 직원의 선관주의의무 위반에 따라 피신청인의 사용자배상책임이 인정된다 할 것임

(2) 손해배상의 범위

① 신청인은 2005.9.20. 장마감시 본인의 옵션거래에서 발생한 약 1,100만 원의 손실은 모두 담당 직원의 주문이행 실수로 인하여 발생된 것일 뿐만 아니라 담당 직원이 주문이행 실수 인정 후 300만 원을 배상하겠다고 제안하였으므로 피신청인은 300만 원을 배상하여야 한다고 주장하나,

② 신청인과 담당 직원 간의 녹취기록에 따르면, 주문이행 실수를 확인한 후 담당 직원이 바로 최초 주문내용에 따른 원상회복 및 그에 따른 비용을 지급할 것을 제안하였음에도 신청인이 당일 종가 때까지 시장의 변화를 지켜보겠다며 이를 거절하였는

바, 피신청인의 손해배상책임은 주문실수의 인지시점까지 발생한 손해에 대하여 인정된다 할 것이고, 원상회복 거절 이후 주가의 변동에 따라 발생된 손익은 신청인의 투자판단에 따른 것으로 신청인의 책임이라 할 것이며,

③ 담당 직원이 손해배상금으로 300만 원을 지급하겠다고 제안하였다는 신청인의 주장은 달리 이를 인정할 증거가 없으며, 오히려 위 녹취기록 및 SMS 문자발송·수신 기록을 보면 담당 직원은 손해배상금으로 138,000원 정도를 산정하고 있음을 확인할 수 있음

(3) 피신청인의 손해배상액 산정

신청인의 손해금액은 담당 직원이 주문이행 실수를 인정하면서 손해배상을 제안하는 내용의 통화가 종료된 시점인 2005.9.20. 09:24을 기준으로 원주문에 따른 매수 시 당해 계좌의 평가금액에서 담당 직원의 주문실수에 따라 발생된 당해 계좌의 평가금액을 차감한 금 168,570원이라 할 것임

시간	종목	가격	수량	체결금액	수수료	매매비용
2005.9.16. 11:51:44	3015A142	0.76	54	4,104,000	49,240	4,153,240
	3015A142	0.75	12	900,000	10,800	910,800
2005.9.16. 11:51:44	3015A145	1.18	42	4,956,000	59,470	5,015,470
2005.9.20 09:24:00	3015A142	0.51	66	3,366,000	40,390	3,406,390
2005.9.20. 09:24:00	3015A145	0.83	42	3,486,000	41,830	3,527,830

① 원주문대로 145.0 풋옵션 매수 시 2005.9.20. 09:24 잔고

: (5,064,040 − 5,015,470) + 145.0 풋옵션 42계약 = 48,570 + 3,486,000 = 3,534,570

② 142.5 풋옵션 2005.9.20. 09:24 보유잔고

: 142.5 풋옵션 66계약 = 3,366,000

③ 손해금액 : ① − ② = 168,570원

(4) 결론

그렇다면 피신청인은 신청인에게 손해금액 168,570원을 배상할 책임이 있어 이를 인용하고, 신청인의 나머지 청구는 이유없어 기각함.

01 다음 중 금융분쟁조정절차에 대한 설명으로 ( )에 들어갈 숫자를 순서대로 올바르게 고른 것은?

> 금융감독원장은 분쟁조정의 신청을 받은 날로부터 ( )일 이내에 당사자 간의 합의가 이루어지지 않은 경우에는 지체 없이 이를 금융분쟁조정위원회에 회부하여야 하고, 금융분쟁조정위원회가 조정의 회부를 받은 때에는 ( )일 이내에 이를 심의하여 조정안을 작성하여야 한다.

① 7, 30
② 14, 30
③ 30, 60
④ 90, 180

02 다음 금융소비자보호법 위반에 대한 제재조치 중 가장 가벼운 것은?
① 금융소비자에게 투자대상의 상품설명서를 제공하지 않았다.
② 금융소비자의 투자요청 상품이 투자자 성향에 적정하지 않다는 사실을 알리지 않았다.
③ 금융소비자에게 계약관련서류를 제공하지 않았다.
④ 회사가 금융상품 판매관련 업무자료를 기록, 관리하지 않았다.

해설

01 ③ 금융감독원장은 분쟁조정의 신청을 받은 날로부터 30일 이내에 조정위원회에 회부하고, 조정위원회가 60일 이내에 조정안을 작성하여야 함.

02 ② 3천만원 이하의 과태료 부과 대상
①,③,④ 는 1억원 이하의 과태료 부과 대상이다.

03   다음 중 금융 분쟁에 관한 설명으로 틀린 것은?

① 금융투자 관련 금융 분쟁은 주로 자본시장법령 등에서 부여하는 금융투자업자에게 부여하는 의무 이행 여부가 쟁점이 된다.

② 금융투자업 영위과정에서 거래관계가 수반되는 권리의무에 대한 상반된 주장이 분쟁이라는 형태로 도출된다.

③ 비록 금융업무 관련이라도 금융 관련 기관이 금융 관련 기관을 상대로 제기하는 분쟁은 금융 분쟁에 해당하지 않는다.

④ 금융소비자 등이 금융업무 등과 관련하여 이해관계 등이 발생함에 따라 금융 관련 기관을 상대로 제기하는 분쟁이 금융 분쟁이다.

04   다음 중 개인정보처리자의 개인정보 보호 원칙에 대한 설명으로 적절하지 않은 것은?

① 개인정보의 처리목적에 필요한 범위에서 적합하게 개인정보를 처리하여야 하며, 그 목적 외의 용도로 활용해서는 안 된다.

② 정보주체의 사생활 침해를 최소화하는 방법으로 개인정보를 처리하여야 한다.

③ 개인정보는 정확한 정보를 필요로 하므로, 익명처리를 하여서는 안 된다.

④ 개인정보의 처리방침 등 개인정보의 처리에 관한 사항을 공개하여야 한다.

해설

03 ③ 금융 관련 기관이 금융업무와 관련하여 금융 관련 기관을 상대로 제기하는 분쟁도 금융 분쟁에 해당된다.

04 ③ 개인정보의 익명처리가 가능한 경우에는 익명에 의해 처리될 수 있어야 한다.

05 다음 중 분정조정제도에 관한 설명으로 적절하지 않은 것은?

① 분쟁조정기관은 중립적인 조정안을 제시하기 위해 통상적으로 분쟁의 양당사자와 법조계, 학계, 소비자단체, 업계 전문가로 구성된 분쟁조정 위원회를 구성하고 운영한다.

② 조정은 법원의 판결과는 달리 그 자체로서는 구속력이 없고 당사자가 이를 수락하는 경우에 한하여 효력을 갖는다.

③ 금융감독원에 설치된 금융분쟁조정위원회의 조정안을 당사자가 수락하면 당해 조정안은 재판상 화해와 동일한 효력을 갖는다.

④ 금융감독원 이외의 기관(한국거래소 분쟁조정심의위원회, 금융투자협회 분쟁조정위원회 등)에 의한 조정은 민법상 화해계약으로 효력을 갖는다.

06 다음 중 금융투자상품의 내재적 특성에 대한 설명으로 적절하지 않은 것은?

① 원금손실 가능성

② 투자결과에 대한 본인책임 원칙

③ 투자상품에 대한 지속적인 관리요구

④ 금융투자회사 직원에 대한 높은 의존성

해설

05 ① 분쟁의 양당사자는 제외된다.

06 ④ 모든 금융투자상품이 금융투자회사 직원에 대한 높은 의존성을 수반하는 것은 아니다.

07 다음 분쟁 예방을 위한 요령 중 틀린 것은?

① 임직원 개인계좌로 고객자산 등의 입금을 받지 않는다.

② 어떠한 형태로든 손실보전 약정은 하지 말아야 한다.

③ 금융소비자는 전문성이 낮으므로 금융상품거래 시 임직원이 주도하는 편이 좋다.

④ 단정적 판단을 제공하는 것은 금지된다.

08 다음 중 금융상품판매업자등에 대한 조치 중 반드시 등록이 취소가 되는 경우는?

① 거짓이나 부정한 방법으로 등록한 경우

② 정지기간 중 업무를 한 경우

③ 금융위원회의 시정 또는 중지명령을 받고 정한 기간 내에 시정 또는 중지하지 아니한 경우

④ 등록 요건을 유지하지 못 하는 경우

09 다음 설명 중 가장 틀린 것은?

① 금융회사의 민원은 크게 금융업무와 관련된 금융 민원과 기타 민원으로 구분할 수 있다.

② 불완전판매는 통상 금융회사의 임직원 등이 금융상품을 판매할 때 금융소비자보호법상 규정하고 있는 완전판매절차를 준수하지 않아 발생하는 경우가 많다.

③ 임의매매는 일부 경우에 대해 정당한 권한을 가진 금융소비자와 계약을 맺는 경우 허용된다.

④ 계약체결의 전자적 전송이나 처리과정에서 발생한 사고로 인해 금융소비자에게 손해가 발생한 경우 금융회사는 그 손해를 배상할 책임을 진다.

해설

07 ③ 금융회사의 임직원 등은 어디까지나 금융상품거래의 조력자 역할을 수행하는 것이다.

08 ① 의무적으로 취소가 되는 사유이며, 나머지는 취소의 사유가 될 수 있으나 의무적으로 취소가 되는 것은 아니다.

09 ③ 일임매매는 자본시장법령 등에 따라 예외적으로 일부 허용되나, 임의매매는 예외 없이 금지하고 있다.

10 다음 개인정보보호에 대한 설명 중 가장 옳은 것은?

① 개인정보처리자는 정보주체와 체결한 계약을 이행하기 위해 필요한 경우 개인 정보를 수집, 이용할 수 있다.

② 개인정보처리자의 정당한 이익을 달성하기 위하여 필요한 경우에는 별도의 제한 없이 개인정보를 수집, 이용할 수 있다.

③ 개인정보처리자는 목적에 필요한 최소한의 개인정보를 수집해야 하고 그 입증 책임은 해당 개인정보의 수집에 동의한 정보주체가 진다.

④ 공공기관이 법령 등에서 정하는 소관업무의 수행을 위해서는 반드시 정보주체 로부터 개인정보 수집에 대한 동의를 받아야 한다.

11 다음 분쟁과 관련한 설명 중 가장 옳지 않은 것은?

① 투자자가 장기간 여행 등으로 일시적으로 부재하는 중 금융투자상품의 가격 폭락 등 불가피한 사유가 있는 경우로서 사전에 약관 등에 따라 미리 금융투자상품의 매도권한을 일임받아 처리하는 경우는 허용된다.

② 투자자가 직원 등의 임의매매 결과를 인정하고 사후 추인하는 경우 손해배상책임은 물론 불법행위에 대해서도 면책된다.

③ 불법적인 해킹에 의하여 투자자가 손해를 입었을 경우 금융회사는 손해배상책임을 진다.

④ 금융회사는 전산장애에 대한 책임을 이행하기 위하여 보험 또는 공제에 가입하는 등 필요한 조치를 하여야 한다.

해설

10 ② 명백하게 정보주체의 권리보다 우선하고 합리적인 범위를 초과하지 아니하는 경우에 한하여 개인 정보를 수집, 이용할 수 있다.

③ 최소한의 개인정보 수집의 입증책임은 개인정보처리자에게 있다.

④ 공공기관이 법령 등에 의한 소관업무 수행을 위해 불가피한 경우에는 별도의 동의절차 없이 개인정보 수집 및 이용이 가능하다.

11 ② 임의매매에 대해 투자자가 사후 추인하는 경우 임직원 등의 손해배상책임은 면책될 가능성은 있으나 불법행위에 대해서까지 면책되는 것은 아니다.

정답 01 ③ | 02 ② | 03 ③ | 04 ③ | 05 ① | 06 ④ | 07 ③ | 08 ① | 09 ③ | 10 ① | 11 ②

part 06

자금세탁 방지 제도

certified securities investment advisor

chapter 01

금융기관과 자금세탁 방지

금융기관은 고객의 자산과 관련되는 업무를 수행하기 때문에 엄격한 내부통제시스템을 구축하여야 하고, 관련 임직원은 철저하게 직무윤리를 준수하여야 하며, 금융소비자를 보호하고 분쟁을 예방함으로써 회사의 평판 및 명성을 잘 관리하여야 한다. 이를 위한 내부통제활동 중 중요한 사항 중 하나는 자금세탁 행위를 적절하게 방지하는 것이다.

일반적으로 자금세탁(Money Laundering)은 "범죄행위로부터 얻은 불법재산을 합법재산인 것처럼 위장하는 과정 또는 불법적으로 획득한 수익을 합법적인 원천에서 생긴 것으로 보이게 하기 위하여 그 동일성 또는 원천을 은폐하거나 가장하는 절차"를 의미한다. 자금세탁이란 말은 1920년대 미국의 알 카포네 조직이 세탁소에 현금거래가 많다는 점을 이용하여 도박, 밀주판매 대금 등 불법재산을 그들의 영향력 아래에 있는 이탈리아인 세탁소의 합법적인 수입으로 가장한 것에서 유래하였으며, 1970년 제정된 미국의 은

행비밀보장법(Bank Secrecy Act)에서 기존에 사용하던 불법금융거래라는 용어를 대체하여 법적인 용어로 사용되었으며, 이후 UN, FATF, EU 등 국제기구와 영국, 독일, 프랑스, 일본 등 주요국가에서 법률용어로 채택되었다.

자금세탁 행위는 주로 탈세, 외환범죄, 주가조작, 사기·횡령·배임, 상습도박, 뇌물공여, 마약류 범죄, 테러자금 조달 등과 깊은 연관이 있는바, 각국은 자금세탁 행위를 방지하기 위한 노력을 공동으로 기울이게 되었다.

2001년 미국의 9.11 테러 사건 및 2008년 글로벌 금융위기의 발발과 현재까지도 발생하고 있는 지속적인 테러 위협과 전쟁의 발생은 자금세탁 방지의 중요성을 다시 한번 강조하는 계기가 되었으며, 이후 자금세탁방지(AML : Anit-Money Laundering)에 대한 전 세계 국가들의 노력은 더욱 강화되고 있다.

우리나라 역시 전 세계 국가들과 발맞춰 2010년 서울에서 개최된 G20 정상회의에서 자금세탁 방지와 반부패를 주요 안건으로 채택하는 등 적극 참여하고 있다.

금융기관이 자금세탁 행위와 직·간접적으로 연관이 있다면, 이는 해당 금융기관에 매우 심각한 영향을 미칠 수 있다. 만일 금융기관의 임직원이 직접 자금세탁 행위에 가담하거나, 업무수행과정에서 자금세탁 방지를 위한 본인의 업무를 게을리하여 자금세탁이 이루어졌다면, 사회적으로는 자금세탁 행위로 인해 발생한 결과(테러, 탈세, 사기 등)에 대해 막대한 비용을 지불해야 함은 물론이요, 해당 금융기관은 각종 과태료 및 벌금 등의 금전적 손해와 함께 금융기관의 장기적 생존에 가장 중요한 자산인 고객의 신뢰를 잃게 되기 때문이다.

금융기관에 종사하는 자로서 직무윤리의 핵심은 '고객우선의 원칙'과 '신의성실의 원칙'이며, 이를 바탕으로 한 금융기관의 '윤리경영' 실천은 결국 '자본시장과 금융투자업에 관한 법률(이하 '자본시장법'이라 한다)' 제1조에서 정하고 있는 "자본시장에서의 금융혁신과 공정한 경쟁을 촉진하고, 투자자를 보호하며, 금융투자업을 건전하게 육성함으로써 자본시장의 공정성·신뢰성 및 효율성을 높여 국민경제의 발전에 이바지"하기 위함이다.

이런 의미에서 자금세탁 방지제도는 윤리경영을 바탕으로 「금융회사의 지배구조에 관한 법률」(이하 '지배구조법'이라 한다) 제1조에서 정하고 있는 "금융회사의 건전한 경영과 금융시장의 안정성을 기하고, 예금자, 투자자, 보험계약자, 그 밖의 금융소비자를 보호"하는 데 있어 중요한 내부통제활동의 일부를 담당하고 있다.

1 자금세탁의 절차 : 3단계 모델이론

자금세탁 행위의 방지에 관한 내용을 이해하기 위해 먼저 자금세탁이 어떤 과정으로 이루어지는지 알아야 할 필요가 있다.

자금세탁은 단일한 행위가 아니라 일련의 단계로 이루어지는 과정이며, 3단계 모델이론에 따르면 예치(placement), 은폐(layering), 합법화(integration)의 단계를 거쳐 이루어진다.

(1) 예치(placement)단계 : 배치

첫 번째 단계인 예치단계에서는 자금세탁 행위자가 범죄행위로부터 얻은 불법재산을 취급하기 용이하고 덜 의심스러운 형태로 변형하여 수사기관 등에 적발되지 않도록 금융기관에 유입시키거나 물리적으로 국외로 이송하는 단계를 가리킨다. 예치단계는 자금세탁을 위해 금융기관 등을 통해 입출금함으로써 자금세탁 행위자의 입장에서는 발각되기 쉬워 자금세탁 과정에서 성공하기 가장 어려운 단계라고 할 수 있다. 금융기관을 이용하는 경우 금융기관에 예치하거나 현금을 수표, 우편환, 여행자수표 등의 지급수단으로 전환하는 방법을 이용하고 금융기관을 이용하지 않는 경우 송장위조, 외화의 밀반입 등의 방법을 이용하면서 불법자금을 예치하게 된다.

(2) 은폐(layering)단계 : 반복

두 번째 단계인 은폐단계에서는 자금세탁 행위자가 불법자금의 출처와 소유자를 감추기 위하여 여러 가지 복잡한 금융거래를 거쳐 거래빈도, 거래량 등에서 정상적인 금융거래와 유사하게 만들어 자금추적을 불가능하게 만드는 단계를 가리킨다. 자금의 출처 또는 소유자에 대한 허위서류 작성, 입·출금 반복, 유가증권 매입·매각의 반복, 전자자금이체(electronic funds transfer) 등의 방법을 이용하는바, 금융비밀이 엄격히 보장되는 버뮤다, 케이만군도, 바하마제도 등 역외금융피난처(offshore banking heaven)를 이용하기도 한다.

(3) 합법화(integration)단계 : 통합

자금세탁의 마지막 단계인 합법화 단계는 충분한 반복단계를 거쳐 자금출처 추적이 불가능하게 된 불법자금을 정상적인 경제활동에 재투입하는 단계를 가리킨다. 불법자금을 합법적 사업체의 예금계좌에 입금하거나 위장회사를 통해 부동산, 사치품 등의 구입 및 매각 등의 방법을 이용해 불법자금이 합법적인 자금이 되도록 만드는 것이다.

2   자금세탁의 유형

자금세탁 행위가 다양한 경제영역에서 발생함에 따라 자금세탁의 방식도 점점 복잡하고 다양해지고 있다. 전형적인 자금세탁 방식은 전이와 은닉 두 가지 방식이었는데 최근에는 주식, 선물, 옵션시장 등의 자본시장의 이용 및 보험상품의 구매 후 환매, 제3자의 이용 등 기존의 방법에서 탈피하여 비교적 새로운 유형의 자금세탁 형식이 등장하고 있다.

자금세탁의 주요 유형을 4가지로 구분하면 다음과 같다.

❶ 전통적인 금융시스템을 이용한 자금세탁(Money Laundering)
　－차명계좌 사용, 소액분산입금, 은행어음 사용
❷ 휴대 반출입, 수출입화물을 이용한 자금세탁(Money smuggling)
　－현금 자체를 밀수출·입하거나 수표 등 은닉이 용이한 형태로 전환
　－해외로 소액분할 반출 후 여행자수표, 우편환 등을 통해 국내 반입
❸ 가격조작, 허위신고 등 수출입을 이용한 자금세탁(TBML : Trade Based Money Laundering)
　－무역거래를 통해 범죄수익을 가장하거나 이동해 불법자금을 합법화
　－재화나 용역의 가격, 물량, 품명을 조작
❹ 신종기법
　－사업체 또는 조세피난처를 이용한 자금세탁
　－비금융기관(부동산거래, 보험회사, 카지노 등)을 이용한 자금세탁

최근에는 이러한 다양한 유형의 자금세탁 방법들이 전자화폐를 통해서도 이루어지고 있다. 전자화폐는 '09.1월, 최초의 가상통화인 비트코인 등장 이후 다수의 가상통화가

개발되어 유통 중인바, 전자지갑을 이용하는 등 수단의 신속성과 장소의 제한 없이 바로 송금이 가능하며, 운반 및 보관의 어려움을 해결할 수 있고, 비용면에서도 유리하므로 새로운 자금세탁의 수단으로 악용될 확률이 높아지고 있고, 이미 사이버공간에서는 널리 행하여지고 있어 가상통화 관련 범죄 단속 및 자금세탁 방지 규제는 국내외적으로 강화되는 추세에 있다.

이러한 위협에 대응하기 위하여 미국·캐나다는 가상통화 취급업자를 법률상 "화폐서비스업자(MSB)"로, 프랑스는 "결제서비스 사업자"로 분류하여 자금세탁 방지 의무를 부과하였고, EU 집행위원회도 2016년 7월 가상통화 거래업자, 지갑 서비스 제공자에게 자금세탁 방지 규제를 적용하는 지침서를 적용하였다.

우리나라도 2017년 9월 이후 은행이나 증권회사 등 금융권을 통해 가상통화 취급업자의 계좌 개설·고객확인 현황 및 의심거래유형을 추가로 파악하고 이와 관련하여 고객확인 및 의심거래 보고를 강화하도록 하고 있으며, 2020년에는 특정금융거래보고법을 개정하여 '가상자산사업자'에 대한 별도 사항을 마련하여 시행하고 있다.

자금세탁 행위의 구체적 사례

① 차명, 도명의 방법
② 자기앞수표를 반복적으로 유통하여 거액의 현금 입·출금이 이루어지는 영업소에서 현금과 자기앞수표를 교환하는 방법
③ 가명계좌를 실명으로 전환하는 과정에서 전주들이 기업체 사주나 사채업자를 통하여 실명전환을 부탁하고 부탁받은 자는 실명으로 전환하여 돈을 기업 돈으로 등에게 빌려주는 방법
④ "은행 대출 위장"의 방법으로 전주가 자신의 금융거래 노출을 피하는 방법
⑤ "어음보관계좌조작수법"으로서 가명계좌에 거액의 CD를 보관하고 있던 중 이를 원래부터 다른 실명어음보관 계좌에 보관하고 있었던 것처럼 전산 조작을 통하여 처리하여 주는 방법으로 자금추적을 피하는 방법
⑥ "수표 바꿔치기" 방법으로서 돈세탁을 요하는 자가 금융기관에서 전표를 작성하지 않은 채 자신의 수표와 고객에게 지급하기 위하여 거래은행 당좌계좌에서 인출한 자기앞수표를 바꿔치기하는 방법
⑦ 돈세탁의 증거를 인멸하는 방법으로서 증거가 되는 전표와 마이크로필름을 없애서 서류의 추적을 피하는 방법
⑧ 현금 입·출금을 위장하는 방법으로서 은행창구 직원이 여러 사람에게서 받은 소액수표를 모아 그대로 돈세탁을 원하는 자에게 건네주면서 이들 거래를 모두 현금입·출금으로 처리하여 자금

세탁자의 존재를 증발시키는 방법

⑨ 전표를 조작하는 방법으로서 수표를 발행하거나 현금으로 바꿔주면서 전표에 같은 금액의 엉뚱한 수표 번호를 기재하는 방법

⑩ 범죄수익인 현금을 금융기관의 감사대상에서 제외되는 일정 금액 이하의 소액으로 분할하여 다수의 은행계좌에 입금하는 방법

⑪ 자금세탁자가 불법자금을 국외로 송금하여 해외은행에 예치한 후 동 예치금을 담보로 대출을 받아 합법적인 대출금으로 위장하는 방법

chapter 02

자금세탁 방지제도

1   국제기구

1989년 7월 16일 G7정상은 파리에서 개최된 회의에서 '경제선언문(Economic Declaration) 을 채택하였고, 선언문에 포함된 10개 이슈 중 '마약' 부분에서 다음과 같이 밝혔다.

"마약문제는 엄청나게 큰 사회적 문제로 대두되었다. … 우리는 모든 국가들이 마약 생산을 통제하고, 수요를 축소하며, 마약밀매 자체와 그 수익의 세탁에 맞서 싸우는 노력에 동참할 것을 촉구한다. 이에 따라 우리는 … 정상회의 참가국과 이 문제에 관심을 가진 국가들이 참여하는 금융조치기구(a Financial Action Task Force)를 소집한다."

이것이 바로 현재까지도 자금세탁 방지 부문에서 중추적 역할을 담당하고 있는 FATF 의 설립이다.

FATF는 1989년 설립된 이후 마약자금을 필두로 1996년 중대범죄 자금, 2001년 테러 자금조달, 2010년 반부패자금, 2012년 대량살상무기 확산금융, 2018년 가상자산까지 그 불법자금의 관할범위를 지속적으로 확대하고 있다.

이에 따라 관련된 해당 기관 등에 대한 제재 역시 최대 수조원에 달하는 제재금 부과, 은행업 허가 취소 등으로 강화되고 있다.

FATF는 크게 정회원, 준회원, 옵저버로 구성되는바, 정회원은 2009년 10월 가입한 우리나라를 비롯해 2024년 현재 37개국, 2개 기구(EC, GCC¹)로 구성되어 있고, 준회원은 9개의 지역기구인 FSRB(FATF-Style Regional Bodies)로 구성되어 있다.

FATF의 주요 활동은 다음과 같다.

❶ 자금세탁·테러자금조달 방지 분야 국제규범을 제정하고, 각국의 이행 현황을 회원국 간 상호평가(Peer Review)를 통해 평가·감독
❷ AML / CFT² 국제규범 미이행 국가를 선별하고 제재
❸ 자금세탁·테러자금조달 수법 등에 대한 연구, 대응수단 개발 등

FATF는 회원국 상호 간 평가를 실시하고 있는데, 여기에는 다음에 살펴볼 40개 권고사항의 이행여부를 판단하는 기술적 이행평가와 제도가 실질적으로 작동되고 있는지 여부를 평가하는 효과성 평가가 포함된다.

또한 국제기준의 이행 수준을 총체적으로 평가하여 연 3회 자금세탁 방지활동에 협조하지 않는 '비협조국가'를 결정하고 그 수준에 따라 '대응조치', '위험고려' 등으로 구분하여 성명서를 발표하고 있다.

'대응조치' 국가에 해당하는 경우 해당 국가 및 금융기관에 대한 사실상의 거래중단의 효과가 있으며, '위험고려' 국가는 다시 Black List 국가와 Grey List 국가로 분류되는바, Black List 국가는 자금세탁 방지제도에 중대한 결함이 있음에도 불구하고 충분한 개선이 없거나, 이행계획을 수립하지 않는 상태로 해당 국가와 거래관계에 있어 특별한 주의를 기울여야 함을 나타낸다. Grey List 국가에 해당되는 경우에는 이행계획을 수립하였으나, 이행의 상태에 취약점이 존재하는 상태로 해당 국가와 거래 시 위험이 어느 정도 있음을 참고하여야 한다.

---

1 EC : European Commission / GCC : Gulf Cooperation Council
2 CFT : Combating the Financing of Terrorism

2 국제규범

FATF(Financial Action Task Force)의 '권고사항'은 자금세탁·테러자금조달 방지 분야에서 전 세계적으로 가장 광범위한 영향력을 행사하고 있는 국제규범 중 하나이다. FATF 권고사항은 자금세탁 및 테러자금조달에 대처하기 위하여 각국이 취해야 할 사법제도, 금융시스템 및 규제, 국제협력 등 포괄적인 분야에 대한 40가지의 항목으로 구성되어 있으며, 동 권고사항은 형식적으로는 구속력이 있는 다자협약은 아니나, 회원국에 대한 상호평가, 자금세탁 방지 비협조국가 지정 등을 통하여 사실상의 구속력을 발휘하고 있다.

표 2-1 FATF 40 권고사항 개요

1	2	3	4	5
Assessing risks and applying a risk-based approach	National cooperation and coordination	Money laundering offence	Confiscation and provisional measures	Terrorist financing offence
위험평가와 위험 중심 접근법의 적용	국가적 협력과 조정	자금세탁 범죄	몰수와 잠정조치	테러자금조달 범죄
6	**7**	**8**	**9**	**10**
Targeted financial sanctions related to terrorism & terrorist financing	Targeted financial sanctions related to proliferation	Non-profit organizations	Financial institution secrecy laws	Customer due diligence
테러·테러자금조달 관련 정밀금융제재	확산금융 관련 정밀 금융제재	비영리조직	금융회사의 비밀유지 법률	고객확인제도 (CDD)
11	**12**	**13**	**14**	**15**
Record keeping	Politically exposed persons	Correspondent banking	Money or value transfer services	New technologies
기록보관	고위공직자 (정치적 주요인물)	환거래은행	자금 또는 가치의 이전 서비스	새로운 기법
16	**17**	**18**	**19**	**20**
Wire transfers	Reliance on third parties	Internal controls and foreign branches and subsidiaries	Higher-risk countries	Reporting of suspicious transactions
전신송금	제3자에 의한 고객확인	내부통제, 해외지점과 자회사	고위험 국가	의심거래 보고

21	22	23	24	25
Tipping−off and confidentiality	DNFBPs : Customer due diligence	DNFBPs : Other measures	Transparency and beneficial ownership of legal persons	Transparency and beneficial ownership of legal arrangements
정보누설과 비밀유지	특정 전문직 : 고객확인	특정 전문직 : 기타 수단	법인의 투명성과 실소유자	법률관계의 투명성과 실소유자

26	27	28	29	30
Regulation and supervision of financial institutions	Powers of supervisors	Regulation and supervision of DNFBPs	Financial intelligence units	Responsibilities of law enforcement and investigative authorities
금융회사에 대한 규제와 감독	감독기관의 권한	DNFBP에 대한 규제와 감독	금융정보분석원	법집행기관과 조사당국의 책임

31	32	33	34	35
Power of law enforcement and investigative authorities	Cash couriers	Statistics	Guidance and feedback	Sanctions
법집행기관과 조사당국의 권한	현금휴대 반출·입 관리	통계	지침과 피드백	금융회사 제재

36	37	38	39	40
International instruments	Mutual legal assistance	Mutual legal assistance : freezing and confiscation	Extradition	Other forms of international cooperation
국제협약의 이행	국제사법공조	국제사법공조 : 동결과 몰수	범죄인 송환	기타 국제협력

section 02 | 우리나라의 제도운영 현황

1 관련 기구

우리나라의 자금세탁 방지기구(FIU)는 「특정 금융거래정보의 보고 및 이용 등에 관한 법률」(이하 '특정금융거래정보법'이라 한다)에 의거하여 설립된 금융정보분석원(Korea Financial Intelligence Unit, KoFIU)으로 금융기관으로부터 자금세탁 관련 혐의거래 보고 등 금융정보를 수집·분석하여, 이를 법집행기관에 제공하는 단일의 중앙 국가기관이다. 2001년 11월 설립 당시 재정경제부 소속 독립기관으로서 자금세탁 방지업무를 담당하였으나, 2008년 금융위원회 소속으로 이관되고, 그 업무 또한 공중협박자금조달 방지영역까지 확대되었다.

금융정보분석원은 법무부·금융위원회·국세청·관세청·경찰청·한국은행·금융감독원 등 관계기관의 전문 인력으로 구성되어 있으며, 금융기관 등으로부터 자금세탁 관련 혐의거래를 수집·분석하여 불법거래, 자금세탁 행위 또는 공중협박자금조달행위와 관련된다고 판단되는 금융거래 자료를 법 집행기관(검찰청, 경찰청, 국세청, 관세청, 금융위원회, 중앙선관위 등)에 제공하는 업무를 주요 업무로 하고, 금융기관 등의 혐의거래 보고업무에 대한 감독 및 검사, 외국의 FIU와의 협조 및 정보교류 등을 담당하고 있다.

특정금융거래정보법은 금융기관 등이 특정 범죄의 자금세탁과 관련된 혐의거래 또는 탈세목적의 혐의거래로 의심되는 합당한 근거가 있는 경우 금융정보분석원장에게 의무적으로 보고토록 하는 혐의거래보고제도(STR : Suspicious Transaction Report)를 채택하고 있으며, 금융정보분석원으로 하여금 상호주의의 원칙 아래 혐의거래 정보에 대한 해외교류도 허용하고 있다. 또한 2008.12.22일부터 금융기관은 공중 등 협박목적을 위한 자금조달행위의 의심이 있는 경우에도 FIU에 혐의거래보고를 할 의무가 있다.

또한 금융정보분석원은 2002년 11월말 「FIU정보시스템」을 구축 완료하여 금융기관의 혐의거래보고가 없더라도 자체적으로 외국환거래·신용정보 등을 활용하여 자금세탁 행위자를 추출·분석할 수 있는 기능을 갖추었다. 이에 따라 금융기관 등 보고기관이 의심스러운 거래(혐의거래)의 내용에 대해 금융정보분석원에 보고하면 금융정보분석원은 보고된 혐의거래내용과 외환전산망 자료, 신용정보, 외국 FIU의 정보 등 자체적으로 수집한 관련 자료를 종합·분석한 후 불법거래 또는 자금세탁 행위와 관련된 거래라고 판단되는 때에는 해당 금융거래자료를 검찰청·경찰청·국세청·관세청·금융위원회·선거관리위원회 등 법집행기관에 제공하고, 법집행기관은 거래내용을 조사·수사하여 기소 등의 조치를 하게 된다.

한편으로 금융기관 종사자 및 관계공무원의 비밀누설금지 등 거래당사자의 금융거래

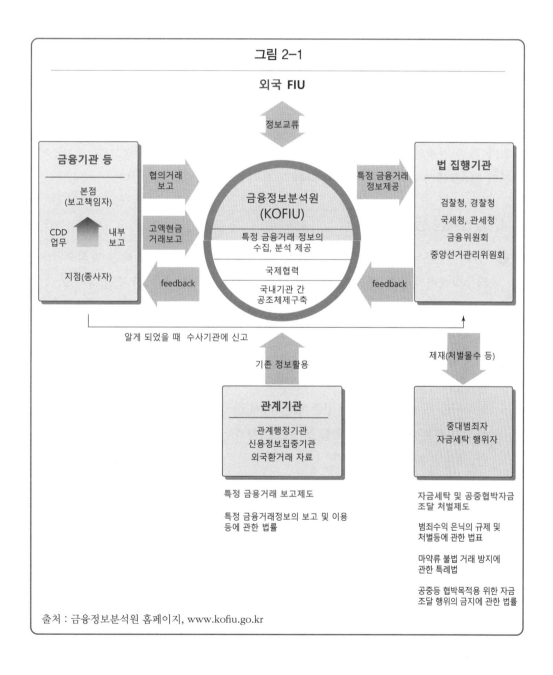

그림 2-1

출처 : 금융정보분석원 홈페이지, www.kofiu.go.kr

비밀도 제도적으로 보장하고 있다.

2 관련 법령

우리나라는 자금세탁 행위의 방지와 관련하여 2001년 9월 27일 제정된 특정금융거래 정보법을 중심으로 「마약류 불법거래방지에 관한 특례법」(이하 '마약류특례법'이라 한다), 「범 죄수익 은닉의 규제 및 처벌 등에 관한 법률」(이하 '범죄수익규제법'이라 한다), 「공중 등 협박 목적을 위한 자금조달행위의 금지에 관한 법률」(이하 '공중협박자금조달금지법'이라 한다) 등 주로 4가지 법률에서 다루고 있다.

이처럼 다양한 법률에서 자금세탁 방지 관련 사항을 다루고 있는 이유는 자금세탁 행위가 각종 범죄와 연루될 가능성이 크기 때문인데, '특정금융거래정보법' 제2조 제4 호부터 제6호에서는 이와 관련하여 다음과 같이 용어를 정의하고 있다.

(1) 불법재산 등

❶ '범죄수익은닉의 규제 및 처벌 등에 관한 법률' 제2조 제4호에 따른 범죄수익, 범 죄수익에서 유래한 재산 및 이들 재산과 그 외의 재산이 합쳐진 재산 등

❷ '마약류 불법거래 방지에 관한 특례법' 제2조제5항에 따른 불법수익, 불법수익에 서 유래한 재산 및 이들 재산과 그 외의 재산이 합쳐진 재산 등

❸ '공중 등 협박목적 및 대량살상무기확산을 위한 자금조달행위의 금지에 관한 법 률' 제2조 제1호에 따라 국가, 지방자치단체 또는 외국 정부(국제기구 등 포함)의 권 한행사를 방해하거나 의무 없는 일을 하게 할 목적으로 또는 공중에게 위해를 가 하고자 하는 등 공중을 협박할 목적으로 행하는 행위를 위해 모집, 제공되거나 운 반, 보관된 자금이나 재산 등

(2) 자금세탁행위

❶ '범죄수익은닉의 규제 및 처벌 등에 관한 법률' 제3조에 따른 범죄행위
 − 범죄수익 등의 취득 또는 처분에 관한 사실을 가장하는 행위
 − 범죄수익의 발생 원인에 관한 사실을 가장하는 행위
 − 특정범죄를 조장하거나 적법하게 취득한 재산으로 가장할 목적으로 범죄수익

등을 은닉하는 행위

❷ '마약류 불법거래 방지에 관한 특례법' 제7조에 따른 범죄행위

　－마약류 범죄의 발견 또는 불법수익 등의 출처에 관한 수사를 방해하거나 불법
　수익 등의 몰수를 회피할 목적으로 불법수익 등의 성질, 소재, 출처 또는 귀속
　관계를 숨기거나 가장하는 행위

❸ 조세범 처벌법 제3조, 관세법 제270조, 지방세기본법 제102조 또는 특정범죄 가
중처벌 등에 관한 법률 제8조의 죄를 범할 목적 또는 세법에 따라 납부하여야 하
는 조세(지방세법에 따른 지방세 포함)를 탈루할 목적으로 재산의 취득, 처분 또는 발
생 원인에 관한 사실을 가장하거나 그 재산을 은닉하는 행위

(3) 공중협박자금조달행위

'공중 등 협박목적 및 대량살상무기확산을 위한 자금조달행위의 금지에 관한 법률'
제6조 제1항의 죄에 해당하는 행위

❶ 공중협박자금을 모집, 제공하거나 운반, 보관하는 행위
❷ 위의 ❶의 행위를 강요하거나 권유하는 행위

또한, 특정금융거래정보법에서 규정하고 있지는 않으나, 금융기관과 관련하여서는
자본시장법상 미공개 중요정보의 이용, 시세조종행위 및 거래소 임직원의 비밀누설죄
등이 연관될 수 있다.

표 2-2 주요 자금세탁의 유형 및 범죄 혐의 사항

거래형태	범죄 혐의사항	위반법률
(시간) 금·토·일요일 집중거래	사설경마 등 불법도박	형법, 마사회법
(시간) 심야, 새벽시간에도 다수거래	사설카지노, 도박게임 등 도박	형법, 사행행위규제법
(현금) 계좌이체 후 입금당일 현금출금 －주류 도매상, 주유소 등	세금계산서 자료상 허위매출 전표이용 비자금 조성	조세범처벌법 형법, 상법(622조)
(카드) 카드회사에서 입금당일 현금출금	카드깡(카드이용 불법사채상)	여신전문금융업법
(현금) 평소 거래규모와 다른 현금출금	업무상 횡령·배임·뇌물 등	형법, 상법, 특경법
(당일) 내국신용장 매입으로 거액입금 후 로컬개 설로 당일 출금	허위수출 부가세 부정환급	조세범처벌법(3조), 특가법(8조)
(당일) 사채업자 자금, 현금 입금 후 당일이체 또 는 현금출금	매출액 과시효과 이용 사기	형법(347조, 351조)
(다수인) 매일 수십 회 입출금 －입출금자 필리핀 자주왕복	불법 인터넷PC도박 －서버를 필리핀에 유지	형법(247조), 사행행 위규제법, 게임산업법
(다수인) 외국인 다수 입금 후 ATM기 당일 출금 또는 업체 등 다수에게 이체	환치기, 수입대금 별도 송금 해외재산도피	관세법, 무역법(53조), 특경법(4조)
(다수인) 다수인 입금 후 매일 타 은행 이체 －송금시 Biz, 일괄거래 이용 수취인 불명	의료기, 운동기구 임대 고수익 미끼의 금융다단계사기	형법(347조) 특경법 3조(사기)
(다수인) 국내 다수인 입금 후 해외송금	전자상거래상 밀수행위	관세법(269조)
(환전) 신용불량자 이용 외화 환전	수입대금별도송금, 재산도피	관세법, 특경법(4조)
(송금) 해외투자, 무역대금 명목 거액송금	해외재산도피	특경법4조(재산도피)
(송금) 직원명의로 거래처에 외화송금	수입 가격 저가신고 별도송금	관세법270조, 특경법
(외환) 수입금액보다 당발송금액 과다 －직원명의 송금 포함	수입 가격 저가신고 별도송금	관세법270조, 특경법
(외환) 수출금액보다 타발송금액 과소	대금 미회수 통한 재산도피	특경법4조(재산도피)
(주금) 법인설립 주금납입 후 현금출금 －대표자, 직원명의계좌 이체 후 출금	주금가장납입(공정증서 원본 부실기재), 대표이사 횡령	형법(228조) 상법622조(배임)
(직원계좌) 법인계좌에서 직원계좌를 거쳐 현금 출금 후 대표이사 계좌로 송금	법인 비용처리를 통한 횡령	형법(356), 상법(622), 특경법
(외화반입) 엔화 휴대반입 후 소비재 제조업체에 무통장(타행환) 송금	짝퉁 수출대금 반입	상표법(93조)
(주식) 적자업체, 소형업체 현물입고 매도	통정매매 통한 주가조작	자본시장법(443)
(주식) M&A 발표 후 주식매도	허위공시 통한 주가조작	자본시장법(443)
(대출) 제3자 명의 부동산, 예금 담보대출	자식에게 불법 증여 조세포함	조세범처벌법(3조)

자금세탁 방지 관련 법령을 위반하는 경우 취해지는 조치는 다음 표와 같다.

구분	형사벌	과징금/과태료	기관제재	임직원문책
특정 금융 거래 보고법	① 5년 이하의 징역 또는 5천만 원 이하 벌금(§13) : 비공개정보누설, 직권남용열람, 자료요구, 목적외사용 등 ② 1년 이하의 징역 또는 1천만 원 이하 벌금(§14) : STR·CTR 허위보고, STR누설	① 과징금 : × ② 과태료(1천만 원 이하) (§17) : STR·CTR미보고, CDD 미이행, 명령·지시·검사 미이행	• 시정명령, 기관경고, 기관주의(해당 금융회사가 이 법 또는 이 법에 의한 명령·지시등을 위반한 경우, (§11②) • 영업의 전부, 일부정지요구(§11④)	• 해임권고, 6개월 이내 직무정지, 문책경고, 주의경고, 주의 : 임원(§11③) • 면직, 6개월 이내 정직, 감봉, 견책, 주의 : 직원(§11③)
공중 협박 자금 조달 금지법	① 10년 이하의 징역 또는 1억 원 이하 벌금(§6①) : 공중협박자금 모집·운반·보관·제공 ② 3년 이하의 징역 또는 3천만 원 이하 벌금(§6②) : 허위·부정한 방법으로 금융거래허가후 지급·영수 ② 2년 이하의 징역 또는 1천만 원 이하 벌금(§6③) : 미신고·누설	① 과징금 : × ② 과태료(2천만 원 이하)(§7) : 금융거래제한 대상자와 거래한 금융회사	상동	상동
범죄 수익 은닉 규제법	① 5년 이하의 징역 또는 3천만 원 이하 벌금(§3) : 범죄수익 등의 은닉 및 가장 ② 3년 이하의 징역 또는 2천만 원 이하 벌금(§4) : 범죄수익 등의 수수 ③ 2년 이하의 징역 또는 1천만 원 이하(§3③, §5③) : 예비·음모한 경우, 범죄신고사실의 누설	×	×	×

1 고객확인제도(CDD/EDD)

(1) 개요

고객확인제도란 금융기관이 고객과 거래 시 고객의 신원(성명 및 실명번호)을 포함하여 주소, 연락처, 자금의 실소유자 여부, 거래목적 등을 파악하는 등 고객에 대한 합당한 주의를 기울여 확인하는 제도이다. 이 제도는 외국금융기관 등의 KYC(Know-Your-Customer) 시행을 준용하고 있으며, 기존의 의심거래보고제도를 보완하고 금융기관의 대고객 리스크 관리를 강화하기 위한 목적으로 '특정금융거래정보법' 제5조의2에서 규정하고 있는 법적인 의무사항이다.

금융기관의 고객확인 의무는 금융기관이 고객의 수요에 맞는 금융서비스를 제공하면서도 정확한 고객확인을 통해 자금세탁의 위험성을 최소화하고 금융기관의 평판 위험을 줄일 수 있는 장치로서 인식되고 있으며 자금세탁 방지 측면에서는 금융기관이 평소 고객에 대한 정보를 파악·축적함으로써 고객의 혐의거래 여부를 파악하는 토대가 되는 것으로 자금세탁 방지제도의 필수요건이라고 할 수 있다.

이와 관련하여 2016년 1월 1일 실제 소유자 확인제도가 실시되었는데, 금융실명제법에서 규정하고 있는 확인대상이 성명과 실명번호만인 데 반해, 이는 기존의 실지명의 정보 외에 추가로 실제 소유자에 관한 사항을 확인해야 하는 것을 말한다. 여기에서, '실제 소유자'란 고객을 최종적으로 지배하거나 통제하는 자연인, 즉 해당 금융거래로 인해 궁극적 혜택을 보는 개인으로서 법인은 제외된다.

고객확인은 반드시 금융거래가 개시되기 전에 선행되어야 하지만, 예외적으로 '특정금융거래보고법' 및 동 법 시행령에 따라 다음의 두 가지 경우에는 금융거래 이후 고객확인을 할 수 있다.

❶ 종업원, 학생 등에 대한 일괄적인 계좌 개설의 경우
  − 거래당사자의 계좌 개설 후 최초 금융거래 시 고객확인 가능
❷ 「상법」 제639조에서 정하는 타인을 위한 보험(제3자 수익자)의 경우

－보험금, 만기환급금, 그 밖의 지급금액에 관한 청구권 행사 시 고객확인 가능

(2) 실행방법 및 절차

고객확인은 고객 특성 및 상품별 위험도 평가에 따라 확인해야 하는 항목이 달라지는데 이의, 실행을 CDD와 EDD로 구분한다.

CDD(간소화된 고객확인, Customer Due Diligence)는 고객별 또는 상품별 위험도를 평가하여 저위험이거나 중위험에 해당하는 경우 실시하며, 확인 항목은 성명, 실명번호, 주소, 연락처, 실제 당사자 여부이다.

CDD는 계좌를 신규 개설하고 해당 계약을 기반으로 하는 거래(거래금액 무관)와 계좌에 의하지 않은 일회성 금융거래 등 자금세탁행위의 우려가 있는 경우 실시한다.

계좌에 의하지 않은 일회성 금융거래의 구체적 기준은 다음과 같다.

❶ 전신송금 및 가상자산 : 100만원 또는 그에 상당하는 외화
❷ 카지노 : 300만원 또는 그에 상당하는 외화
❸ 외화표시 외국환거래 : 10,000달러
❹ 기타 : 1,000만원

EDD(강화된 고객확인, Enhanced Due Diligence)는 고위험에 해당하는 비거주자, 카지노사업자, 대부업자, 환전상 등 높은 위험을 가진 고객 및 양도성 예금증서(CD), 환거래계약, 비대면거래 등의 높은 위험을 가진 상품인 경우 실시하며, 확인항목은 CDD의 확인 항목에 더하여 거래의 목적, 자금의 원천을 추가한다.

고객확인을 위한 절차는 다음과 같다.

❶ 고객정보(신원정보)의 확인
  －본인, 대리인 및 기타 거래관계자의 실지명의, 주소, 연락처 등 기본정보 수집
❷ 고객정보(신원정보)의 검증
  －수집된 기본정보에 대한 진위여부 검증
❸ 실제 소유자 확인
  －개인, 법인, 법률관계 등 거래의 실제 당사자가 되는 자를 확인
  －파악된 실제 소유자에 대해 고객정보의 확인 및 검증
   여기에서 '실제 소유자'란 고객을 최종적으로 지배하거나 통제하는 사람으로 해당 금융거래를 통해 궁극적으로 혜택을 보는 개인으로 정의된다.

특히 법인인 경우에는 [25% 이상 최대주주 > 최대지분 소유자 > 대표자]의 순서로 최소 2단계 이상 확인하여야 하며, 이 경우 확인해야 할 정보는 실제소유자의 영문 성명, 생년월일, 국적 정보 등이다.

④ 요주의 리스트(Watch list) 확인
  - 요주의 리스트 : 금융위원회 지정 금융거래제한 대상자, 외국의 정치적 주요 인물, UN 지정 테러리스트, 미국 재무성 지정 금융거래제한 대상자 등을 기재한 목록

⑤ 고객위험평가
  - 고객 특성, 거래채널, 거래상품 및 서비스, 지리적 특성 등 위험평가요인에 기반한 위험도 평가 실시
  - 저위험·중위험 고객인 경우 3년마다 재수행, 고위험 고객인 경우 1년마다 재수행

⑥ 추가 정보의 수집
  - 고위험으로 평가되거나, 의심스러운 고객인 경우 거래목적, 자금원천을 파악하는 EDD 실시
  - 개인인 경우 직업, 재산현황, 법인인 경우 매출액, 주요 거래처 등 주요 정보 수집

한편, 2020년 개정된 '특정금융거래정보법'에 따라 고객이 가상자산사업자인 경우에는 다음과 같은 확인 절차가 적용된다.

① 고객의 신원에 관한 사항
② 고객을 최종적으로 지배하거나 통제하는 자연인(실제소유자)에 관한 사항
③ 고객이 실제 소유자인지 여부가 의심되는 등 고객이 자금세탁행위나 공중협박자금조달행위를 할 우려가 있는 경우
  - 고객의 신원 및 실제 소유자에 관한 사항
  - 금융거래 등의 목적과 거래자금의 원천 등 금융정보분석원장이 정하여 고시하는 사항
④ 가상자산사업자 신고 및 변경신고 의무이행에 관한 사항
⑤ 가상자산사업자의 신고 수리에 관한 사항
⑥ 가상자산사업의 신고 또는 변경신고의 직권말소에 관한 사항

❼ 다음 사항의 이행에 관한 사항

- 예치금(가상자산사업자의 고객인 자로부터 가상자산거래와 관련하여 예치받은 금전)을 고유 재산(가상자산사업자의 자기재산)과 구분하여 관리
- 정보통신망법 제47조 또는 개인정보보호법 제32조의2에 따른 정보보호관리체계 인증

금융기관은 제3자를 통해 고객확인의무를 이행할 수도 있다. 제3자를 통한 고객확인이란 금융기관 등이 금융거래를 할 때마다 자신을 대신하여 타인인 제3자로 하여금 고객확인을 하도록 하거나 타인인 제3자가 이미 당해 고객에 대하여 고객확인을 통해 확보한 정보 등을 자신의 고객확인에 갈음하여 이를 활용하는 것을 말한다. 여기에는 증권계좌의 개설, 집합투자증권의 판매, 방카슈랑스 계약의 체결, 신용카드의 발급 등이 포함되며, 제3자가 고객확인을 하는 경우라 할지라도 최종 책임은 당해 금융기관에게 있다.

이와는 별도로 고객이 계좌보유 여부를 불문하고 금융기관 등을 이용하여 국내·외의 다른 금융기관 등으로 자금을 이체하는 전신송금을 이용하는 경우 금융기관 등은 100만 원(외화의 경우 1천 US달러 또는 그에 상당하는 다른 통화로 표시된 금액)을 초과하는 모든 국내·외 전신송금에 대하여 고객(송금자)과 관련된 정보를 확인하고 보관하여야 한다.

(3) 적용대상

❶ 신규계약 및 서비스 등록

- 고객이 금융기관과 계속적인 금융거래를 개시할 목적으로 계약을 체결하는 경우
- 예시 : 계좌의 개설, 대출·보험·보증계약, 양도성예금증서 또는 표지어음의 발행, 금고대여 약정, 펀드의 신규가입, 담보제공 계약, 대출의 차주 또는 보증인의 변경 등

❷ 1,000만 원(외화 1만 US달러) 이상의 일회성 거래(연결거래 포함)

- 금융기관 등에 개설된 계좌에 의하지 아니한 거래인 경우

가. 일회성 거래 : 고객이 매체(통장, 카드 등) 없이 기준금액 이상의 입출금을 발생시키는 경우

나. 연결거래 : 실명번호 기준 동일인이 일회성 거래로 100만 원 초과 1,000만 원 미만의 금액을 7일 동안 거래한 현금 및 수표금액을 합산한 금액이 기준

금액 이상인 경우

　－예시 : 무통장입금(송금), 외화송금(환전), 자기앞수표 발행, 수표의 지급, 선불카
　　　드 매매 등

　－제외 : 국세, 지방세 등의 수납, 전화·전기 요금 납부 등

❸ 자금세탁 행위가 우려되는 경우

　－고객의 실제 거래당사자 여부가 의심되는 경우

　－고객이 동행인 또는 제3자와 의심되는 대화, 통화 등을 하는 경우

(4) 효과

금융기관 등은 고객이 신원확인 등을 위한 정보 제공을 거부하여 고객확인을 할 수
없는 경우에는 계좌 개설 등 해당 고객과의 신규 거래를 거절하고 이미 거래관계가 수
립되어 있는 경우에는 해당 거래를 종료하여야 하며, 거래를 거절 또는 종료하는 경우
에는 금융기관 등은 의심되는 거래의 보고 여부를 검토하여야 한다.

2 　의심거래보고제도(STR : Suspicious Transaction Report)

(1) 개요

'특정금융거래정보법' 제4조에서 규정하고 있는 의심거래보고제도란 2001년 도입되
었으며, 어떤 금융거래가 불법자금이라는 의심이 가거나 거래상대방이 자금세탁을 하
고 있다는 의심이 갈 경우 금융정보분석원에 보고하도록 하는 제도로서 금융기관 종사
자의 주관적 판단에 의존한다는 특성을 가지고 있다.

금융기관 종사자는 업무지식과 전문성 및 경험을 바탕으로 고객의 평소 거래상황, 직
업, 사업내용 등을 고려하여 취급한 금융거래가 정상적이지 않은 것이라고 의심되는 경
우 지체 없이 보고를 하여야 한다.

금융회사 임직원은 의심거래보고를 하는 경우 아래와 같은 사항을 반드시 유의하여
야 한다.

❶ 의심거래는 금융회사 직원의 주관적 판단이 개입되므로 해당 거래가 의심거래보
고 대상인지 여부를 신중히 판단하여야 함

❷ 해당 거래내역, 창구정황 등 보고내용을 충실히 작성하여야 함

❸ 의심거래 보고여부, 그 내용 등을 누설하는 경우 강력히 처벌되므로 반드시 비밀을 준수하여야 함

의심거래를 허위로 보고하거나 보고된 내용을 누설하는 경우 해당 금융기관과 직원은 1년 이하의 징역 또는 1천만 원 이하의 벌금을 부과받게 된다. 또한 의심거래를 보고하지 않거나 감독기관의 명령·지시·검사를 거부하는 경우 건당 1천만 원 이하의 과태료 또는 기관의 영업정지가 가능하다.

(2) 보고대상

의심거래의 보고 대상기준은 2001년 5천만 원에서 2004년 2천만 원, 2010년 1천만 원으로 낮춰졌으며 2013년 이후 금액과 무관하게 보고하도록 기준이 변경되었다. 의심거래의 보고대상은 다음과 같다.

❶ 금융거래와 관련하여 수수(授受)한 재산이 불법재산이라고 의심되는 합당한 근거가 있는 경우
❷ 금융거래의 상대방이 「금융실명거래 및 비밀보장에 관한 법률」(이하 '금융실명법'이라 한다) 제3조 제3항을 위반하여 불법적인 금융거래를 하는 등 자금세탁 행위나 공중협박자금 조달행위를 하고 있다고 의심되는 합당한 근거가 있는 경우
❸ 범죄수익은닉규제법 제5조 제1항 및 공중협박자금조달금지법 제5조 제2항에 따라 금융기관 등의 종사자가 관할 수사기관에 신고한 경우

(3) 의심거래의 유형

❶ 현금 거래 유형
 -오래된 수표 및 거액의 구권 현금거래
 -합리적 이유 없이 일정금액(1천만 원) 미만으로 여러 번 나누어 거래하는 분할 거래
 -평상시 거래가 없던 계좌에 거액의 입금 및 출금이 이루어지는 거래
 -주식매매 없이 거액을 다수인으로부터 입금 받은 후 다수인에게 분할 이체하는 거래
 -금융거래에 대한 충분한 지식이 있는 고객이 현금거래를 고집하여 자금세탁으로 의심할 수 있는 거래

❷ 주식 등 유가증권 거래 유형

 - 불분명한 특정 유가증권 거래

 - 대량의 주식을 입고시킨 후 현금화를 요청하는 거래

 - 대리인이 고액의 주식현물 입고 또는 대체입고 받아 담보대출을 받은 후 타인에게 송금하는 거래

❸ 차명 계좌 관련 유형

 - 본인의 거래내역과 자금 흐름을 숨길 목적으로 가족 명의의 차명계좌 사용

 - 특별한 사유 없이 고객이 멀리 떨어진 영업점에서 거래하기를 원하는 거래

 - 원격지 영업점에서 개설한 타인의 위탁계좌로 지속적인 현금거래 이루어지는 거래

 - 차명계좌로 의심되고, 같은 날에 다수 영업점을 방문하여 현금으로 입,출금하는 거래

 - 고령의 고객 또는 미성년자, 무직자 등이 계좌 개설 후 주식매매나 금융상품 거래 없이 다수의 타인과 은행이체 입출금 거래하는 경우

❹ 법인계좌 관련 거래 유형

 - 개인계좌에 법인명의로 거액 입금이 빈번한 거래

 - 법인계좌의 자금이 법인대표자 개인계좌 또는 법인 대리인의 계좌로 지속적으로 출금되는 거래

 - 법인계좌의 자금을 개인계좌로 이체하여 공모주 청약에 투자하는 거래

❺ 가상통화 관련 거래 유형

 - 가상통화 취급업소와 취급업소의 실제 소유자 또는 임직원과 지속적인 금융 거래

 - 가상통화 취급업소 계좌의 1천만 원 이상 현금 출금 거래

 - 가상통화 취급업소 계좌로 1천만 원 이상 이체하는 거래

 - 고객이 가상통화 취급업소로부터 자금을 송금 받아 그 자금을 대부분 현금 출금하는 거래

 - 고객과 가상통화 취급업소 간 입금 또는 출금액이 1일 1천만 원 이상, 7일 합산 2천만 원 이상인 거래

 - 고객과 가상통화 취급업소 간 거래 횟수가 1일 5회 이상, 7일 합산 7회 이상인 거래

- 고객이 위 금융거래 액수 및 빈도를 회피할 목적으로 분할하여 거래하는 경우
- 법인·단체가 취급업소와 금융거래를 하는 경우
- 심야시간(오전 0시~오전 6시)에 금융거래가 지속적으로 발생하는 거래
- 고객이 다수의 개인으로부터 받은 자금을 취급업소에 송금하고, 일정기간 후 다시 해당 취급업소로부터 송금 받아 그 자금을 다수 개인들에게 송금하는 거래

❻ 기타 유형
- 실명확인증표가 유효하지 않거나 위조가 의심되어 계좌 개설이 거부된 고객 (수기보고)
- 거액의 골드바 매수 거래
- 내부자 정보를 이용한 거래 또는 계좌 간 통정매매(시세조종)로 의심되는 거래
- 대외기관의 금융거래정보제공이 요청된 계좌의 금융거래
- 특별한 이유 없이 다수의 계좌 개설을 요청하는 고객
- 위조통화, 증권 또는 도난통화, 증권 등의 입금·고와 관련된 거래
- 실질적인 거래의사 없이 잔고증명서 발급만을 위한 입출금 거래
- 고객이 거래에 대한 비밀유지를 부탁하거나 혐의거래 및 고액현금거래 보고 기준에 대해 문의하는 거래

3 고액현금거래보고제도(CTR : Currency Transaction Report)

(1) 개요

'특정금융거래정보법' 제4조의2에서 규정하고 있는 고액현금거래보고제도는 원화 1천만 원 이상의 현금거래를 금융정보분석원에 의무적으로 보고하도록 하는 제도로서 금융기관이 자금세탁의 의심이 있다고 주관적으로 판단하는 금융거래에 대하여만 보고토록 하는 의심거래보고제도(Suspicious Transaction Report System)를 보완하기 위해 FATF 등의 권고로 우리나라에는 2006년 도입되었다.

(2) 보고대상

금융기관은 1거래일 동안 동일인(실명번호 기준)이 창구를 통하여 1천만 원 이상의 현

표 2-3   STR과 CTR 비교

구 분	의심스러운 거래보고 (Suspicious Transaction Report)	고액현금거래보고 (Currency Transaction Report)
제도내용	• 금융회사는 자금세탁 행위를 하고 있다고 의심되는 금융거래 내용을 FIU에 보고	• 금융회사는 자금세탁 여부에 관계없이 기준금액 이상 현금거래 내용을 FIU에 보고
법령상 보고대상	• 불법재산이라고 의심되거나 금융실명법상 불법적인 차명거래 등 자금세탁·테러자금조달 의심이 있는 금융거래 • 범죄수익은닉법, 공중협박자금 조달금지법상 수사기관에 신고를 한 경우	• 고액 현금의 지급, 영수거래
제외대상	−	• 다른 금융회사와의 거래 • 국가, 지자체, 공공단체와의 거래 • 공과금 등의 수납·지출거래 등 • 외국통화 거래
기준금액	• 기준금액폐지	• 원화 1천만 원 이상
판단기준	• 금융회사 종사자의 업무지식, 전문성, 경험 등을 바탕으로 의심되는 거래 정황을 고려하여 판단	• 일률적인 객관적 기준(금액)에 따라 보고
보고시기	• 의심스러운 거래로 판단되는 때로부터 지체 없이 보고	• 금융거래 발생후 30일 이내 보고
보고방법	• On-line 보고 우선 • 문서, 플로피디스크 등으로 보고	• On-line 보고 우선 • 문서, 플로피디스크 등으로 보고
보고서식	• 의심스러운 거래보고서	• 고액현금거래 보고서, 다만, CTR보고회피 목적 분할거래는 의심스러운 거래보고서로 보고
장점	• 금융회사 직원의 전문성 활용 • 정확도가 높고 활용도가 큼	• 자금세탁 행위 예방효과 • 분석 자료로 참고
단점	• 금융회사 의존도가 높음 • 참고유형 제시 등 어려움	• 정확도가 낮음 • 금융회사의 추가 비용 발생

금을 입금하거나 출금한 경우 또는 현금 자동입출금기(ATM)를 이용한 경우 거래자의 신원과 거래일시, 거래금액 등을 의무적으로 보고하여야 한다. 금액을 산정함에 있어서는 금융기관이 1거래일 동안 금융기관별로 지급한 금액, 영수한 금액을 각각 별도 합산하는 실질주의 방식을 취하고 있다.

보고대상 금액기준은 2006년 도입 당시 5천만 원에서 2008년 3천만 원으로, 2010년 이후에는 2천만 원으로, 2019년 1천만 원으로 점점 그 기준을 엄격하게 강화하고 있다.
다만, 회계상의 가치 이전만 이루어지는 거래 및 다음의 경우에는 보고에서 제외된다.

❶ 고객요청에 의한 대체거래
　　ー실제 현금거래가 아닌 거래로 고객 요청에 따른 출금 후 현금으로 입금한 경우
　　　로서 고액현금거래보고는 제외 대상이나, 의심거래보고는 필수적으로 실시
❷ 다른 금융기관과의 현금 입출금 거래
❸ 국가, 지방자치단체, 기타 공공단체와의 현금 입출금 거래
❹ 100만 원 이하의 무매체 입금 거래
❺ 수표거래, 계좌이체, 인터넷 뱅킹 등을 이용한 거래

(3) 고액현금거래의 유형

❶ 계좌거래 : 금융기관을 방문하거나 현금자동입출금기를 이용한 자기 계좌의 현금
　　입출금
❷ 비계좌거래 : 금융기관을 방문하여 다른 사람에게 무통장입금방식으로 송금
❸ 환전거래 : 외화를 원화로 환전하거나, 그 반대의 경우
❹ 유가증권 거래 : 유가증권(수표, 어음, 양도성증서)을 현금으로 교환
❺ 계좌+비계좌거래
　　ー자기명의 계좌에서 현금 출금 후 창구에서 바로 다른 사람에게 무통장입금방
　　　식으로 송금
　　ー자기명의예금을 해지하여 현금을 지급받은 후 창구에서 그 현금을 제원으로
　　　자기앞수표 발행 의뢰

chapter 03

자금세탁 방지와 내부통제활동

section 01 자금세탁 방지 내부통제

앞서 말한 바와 같이 자금세탁 방지제도는 지배구조법 제1조의 '금융회사의 건전한 경영과 금융시장의 안정성을 기하고, 예금자, 투자자, 보험계약자, 그 밖의 금융소비자를 보호'하는 데 있어 중요한 내부통제활동의 일부를 담당하고 있다.

금융기관의 내부통제활동이 관련 법규의 내용과 취지의 테두리 내에서 이루어지는 회사 내부에서의 통제인 반면에, 자금세탁 방지제도는 불법자금이 범죄 목적으로 금융기관을 이용하지 못하게 하는 것으로 금융기관 외부, 즉 거래 고객과의 관계를 규정하는 것이라고 할 수 있다.

따라서 자금세탁 방지 업무는 영업과 관련한 금융기관 내 모든 부서와 관련되며 그 업무의 책임과 역할도 자금세탁 방지업무를 주관하는 부서(예를 들면, 준법감시부서)에만 있는 것이 아니라, 본사 관리, 본사 영업, 영업점 등 여러 부서에 있다.

1 　자금세탁 방지 내부통제체계의 구축

　　금융기관은 자금세탁 행위를 방지하기 위해 관련된 보고체계, 모니터링 체계, 규정과 절차, 조직 및 시스템을 종합적으로 고려하여 자금세탁 방지 체계를 갖춰야 한다.

　　이를 위해 관련 법규 등에서는 이사회 등 구성원의 역할 및 책임에 대해 다음과 같이 규정하고 있다.

구 분	역할 및 책임
이사회	• 경영진이 자금세탁 방지 등을 위해 설계·운영하는 내부통제 정책에 대한 감독책임 • 자금세탁 방지 등과 관련한 경영진과 감사(또는 감사위원회)의 평가 및 조치결과에 대한 검토와 승인 등
경영진	• 자금세탁 방지 등을 위한 내부통제 정책의 설계·운영·평가 • 자금세탁 방지 등을 위한 내부통제 규정 승인 • 내부통제 정책의 준수책임 및 취약점에 대한 개선조치 사항의 이사회 보고 • 내부통제 정책 이행과정에서 발견된 취약점을 개선할 책임 • 자금세탁 방지 등의 효과적 수행에 필요한 전문성과 독립성을 갖춘 일정 직위 이상의 자를 보고책임자로 임명 및 그 임면사항의 금융정보분석원장 통보 등
보고책임자	• 의심되는 거래 또는 고액현금거래의 보고책임 • 고객확인의 이행과 관련된 업무의 총괄 • 관련 규정 및 세부 업무지침의 작성 및 운용 • 직무기술서 또는 관련규정 등에 임직원별 자금세탁 방지 등의 업무와 관련한 역할과 책임 및 보고체계 등 명시 • 전자금융기술의 발전, 금융 신상품의 개발 등에 따른 자금세탁 및 공중협박자금조달 유형과 기법에 대한 대응방안 마련 • 직원알기제도의 수립 및 운영 • 임직원에 대한 교육 및 연수 • 자금세탁 방지 등의 업무와 관련된 자료의 보존책임 • 자금세탁 방지 등의 운영상황 모니터링 및 개선·보완 • 자금세탁 방지 등 시스템·통제활동의 운영과 효과의 정기적 점검결과 및 그 개선사항의 경영진 보고 • 금융거래 규모 등 자체 여건을 감안한 전담직원 배치 • 기타 자금세탁 방지 등과 관련하여 필요한 사항 등
전담 조직	• 보고책임자를 보조하여 자금세탁 방지제도 전반에 대한 업무 실행 • 자금세탁 방지제도 자가평가체계의 구축 및 관리 • 고객, 상품, 거래유형 등을 분석하여 자금세탁 위험을 평가하기 위한 위험관리체계 구축 • 자금세탁 방지 시스템 사용자 관리, 요주의 리스트 정보 관리 및 모니터링 실시
임직원	• 자금세탁 방지 관련 법규에서 정하는 기준과 절차 준수 • 자금세탁 관련 법규와 관련한 보고 및 신고사항의 누설금지 등

금융기관은 자금세탁 방지 등에 관련된 교육 및 연수프로그램을 수립하고 운용하여야 하며, 보고책임자는 교육 및 연수를 연 1회 이상 직위 또는 담당 업무 등 교육대상에 따라 적절하게 구분하여 실시하여야 한다.

또한, 금융기관은 자금세탁 등에 자신의 임·직원이 이용되지 않도록 임·직원을 채용 (재직 중 포함)하는 때에 그 신원사항 등을 확인하는 등 직원알기제도(Know Your Employee) 를 운영함으로써 지속적으로 대외적인 위험관리뿐만 아니라 대내적인 위험관리를 실시해야 한다.

금융기관은 자금세탁 방지 관련 보고를 위해 자신의 지점 등 내부에서 보고책임자에게 보고하는 내부보고체제와 이를 금융정보분석원에 보고하는 외부보고체제를 수립하여야 하며, 고객확인기록, 금융거래기록, 의심되는 거래 및 고액현금거래 보고서를 포함한 내·외부 보고서 및 관련 자료 등을 고객과의 거래관계 종료 후 5년간 보존하여야 한다. 또한 이러한 보고사실은 누설되어서는 아니 된다.

금융기관은 전자금융기술의 발전 및 금융환경 등의 변화로 생겨날 수 있는 신규상품 및 서비스를 이용한 자금세탁 위험을 예방하기 위해, 동 상품 및 서비스 판매 전에 자금세탁 위험을 측정할 수 있는 절차를 수립·운영하여야 한다.

아울러 이러한 자금세탁 방지 관련 내부통제활동이 적절하고 효율적으로 수행되고 있는지 확인하기 위해 금융기관은 자금세탁 방지 등의 업무를 수행하는 부서와는 독립된 부서에서 그 업무수행의 적절성, 효과성을 검토, 평가하고 이에 따른 문제점 등을 개선할 수 있도록 독립적인 감사체계를 구축·운영하여야 한다.

금융정보분석원은 자금세탁 방지제도의 개선점을 찾아 보완하기 위해 매년 각 금융기관에 대해 직접 종합적인 평가를 실시하고 있는데, 이와는 별도로 각 금융기관은 스스로 자가평가를 실행하고 그 결과를 경영진에 보고함으로써 적절한 내부통제체계를 유지하기 위한 노력을 지속하여야 한다.

2 위험기반접근법(RBA : Risk Based Approach)

(1) 개요

앞서 살펴본 자금세탁 방지 국제기구(FATF)는 2012년 2월 국제규범인 '권고사항 (Recommendation)'을 개정하여 발표하였는데, 여기에서 각 국가에서 자금세탁 방지업무를 수행할 때 자금세탁 위험을 사전에 평가하고 관리할 수 있는 '위험기반접근법'을 적용하여 이행하도록 요구하였다.

위험기반접근법이란 '위험도가 높은 분야는 강화된 조치를, 위험도가 낮은 분야는 간소화된 조치를 취하는' 자금세탁·테러자금조달 위험을 관리하는 방법을 말한다.

즉, 기존의 자금세탁 방지업무가 자금세탁 혐의를 사후에 적발·보고 하는 체계였다면, 위험기반접근법은 사전에 자금세탁 및 테러자금조달 위험을 자체적으로 감지·평가하여 대응함으로써 해당 위험을 감소시키는 방법으로 위험에 비례해서 효율적으로 정책 자원을 활용하는 것이 핵심이다.

이를 위해 FATF 권고사항에서는 각 국가, 검사기관, 금융회사 등에게 다음과 같이 이행을 요구하였다.

구분	권고사항	세부내용
국가	• 국가위험평가 결과 및 조직 체계정비	• 금융기관 등에 적용 가능한 위험기반접근처리 기준 제정
	• 국가위험평가 결과 공유체계 마련	• 국가위험평가 및 업권별 위험 평가 실시 및 공유체계 마련
검사기관	• 위험기간 검사 및 감독 실시	• 검사·감독 시 금융기관 등의 위험평가 결과 검토 • 검사·감독 계획 수립 시 위험평가 결과를 반영
금융기관	• 전사적 위험평가 마련 및 실시	• 고객, 국가, 지역, 상품, 서비스, 거래, 채널 등에 대한 자금세탁 및 테러자금조달 위험을 확인·평가 • 지속적인 위험평가 및 위험평가결과 문서화 • 관할당국과 검사기관에 위험평가 결과 제공
	• 국가 위험관리를 위한 정책 및 내부통제 체계 마련	• 정책 및 통제절차 이행 • 관할당국 및 검사기관의 지침 및 요구사항 충족

FATF는 이러한 요구사항에 대해 2019년 FATF 회원국 간의 상호평가에서 이의 실행여부를 점검할 예정임을 밝혔다.

2019년의 상호평가는 기존의 평가방법에 '효과성' 부분을 새로 추가하였는데, 이 부분은 위험평가시스템의 '기술적 구축'에 더해 '얼마나 시스템이 효과적으로 작동하는지'를 평가하는 것이다.

이에 따라 우리나라 역시 2014년부터 금융업종별로 위험기반평가시스템 구축을 진행하여 각 금융기관이 적극적으로 참여하고 있다.

(2) 위험의 분류

위험기반접근법에서의 '위험'은 다음과 같이 크게 4가지로 구분된다.

❶ 국가위험
  - 특정 국가에서 자금세탁 방지 및 테러자금조달 금지제도와 금융거래 환경의 취약 등에 따라 발생하는 위험 평가
  - FATF 성명서의 비협조 국가, 이행계획 미수립 국가 등 고위험국가 관리

❷ 고객위험
  - 고객 또는 고객유형별 자금세탁 방지 및 테러자금조달 금지 위험 평가
  - UN 및 금융위원회의 List, 외국의 정치적 주요 인물 등 관리

❸ 상품위험
  - 금융기관에서 취급하는 모든 상품의 자금세탁 방지 및 테러자금조달 금지 위험 평가
  - 신상품 개발 시 포함된 새로운 유통구조, 판매채널, 신기술 사용 등에 대한 위험관리

❹ 사업(서비스) 위험
  - 전 사업영역에서 발생할 수 있는 자금세탁 방지 및 테러자금조달 금지 위험 평가
  - 신규사업의 수행, 신규 판매채널 도입, 신규 기술적용 시 위험관리

3　위반 시 제재조치

특정금융거래정보법 제16조부터 제20조에서는 법령 위반행위에 대한 제재조치를 다음과 같이 규정하고 있다.

(1) 벌칙

❶ 5년 이하의 징역 또는 5천만 원 이하의 벌금 대상
  - (의심거래보고와 관련하여) 직권을 남용하여 금융회사 등이 보존하는 관련 자료를 열람·복사하거나 금융회사 등의 장에게 금융거래 등 관련 정보 또는 자료의 제공을 요구한 자

- 직무와 관련하여 알게 된 특정금융거래정보, 법령에 따라 제공받은 정보를 다른 사람에게 제공 또는 누설하거나 그 목적 외의 용도로 사용한 자 또는 해당 정보를 제공할 것을 요구하거나 목적 외의 용도로 사용할 것을 요구한 자
- 정보분석심의회에서 알게 된 사항을 다른 사람에게 제공 또는 누설하거나 그 목적 외의 용도로 사용한 자 또는 이를 제공할 것을 요구하거나 목적 외의 용도로 사용할 것을 요구한 자
- 신고를 하지 아니하고 가상자산거래를 영업으로 한 자(거짓이나 그 밖의 부정한 방법으로 신고를 하고 가상자산거래를 영업으로 한 자 포함)

❷ 3년 이하의 징역 또는 3천만원 이하의 벌금 대상
- 가상자산거래 관련 변경신고를 하지 아니한 자(거짓이나 그 밖의 부정한 방법으로 변경신고를 한 자 포함)

❸ 1년 이하의 징역 또는 1천만원 이하의 벌금 대상
- 의심거래보고 및 고액현금거래보고를 거짓으로 한 자
- 의심거래보고 관련 사실 등을 누설하는 자

❹ 위 ❶부터 ❸을 위반한 자에 대해서는 징역과 벌금을 같이 부과 가능

❺ 위 ❶의 무신고 가상자산사업자 관련 사항 및 ❷와 ❸의 위반을 한 행위자 외에 행위자가 소속된 법인의 대표자, 법인 또는 개인의 대리인, 사용인 등에 대해서는 해당 법인 또는 개인에 대해서도 해당 벌금형 부과 가능(위반행위를 방지하기 위하여 해당 업무에 관한 상당한 주의와 감독을 게을리하지 않은 경우는 예외)

(2) 과태료

❶ 최고 1억원 이하 과태료 부과 대상
- 내부통제의무를 이행하지 않는 경우
  - 의심거래보고, 고액현금거래보고 업무 담당자 임명 및 내부 보고체계 수립
  - 해당 회사 등의 임직원이 준수해야 할 절차 및 업무지침의 작성, 운용
  - 임직원의 교육 및 연수
- 고객확인의무를 이행하지 않는 경우
- 가상자산사업자가 고객별 거래내역을 분리하여 관리하지 않는 경우
- 금융정보분석원장의 명령, 지시, 검사에 따르지 않거나 이를 거부, 방해 또는 기피하는 경우

❷ 최고 3천만원 이하 과태료 부과 대상
- 의심거래보고, 고액현금거래보고를 하지 아니하는 행위
- 계좌의 신규 개설 및 일정 금액 이상의 일회성 금융거래 등을 하는 경우 고객신원 확인 및 실제소유자 확인을 하지 아니하는 행위
- (자금세탁방지 관련) 자료 및 정보를 보존하지 아니하는 경우

1 차명거래 금지제도

'차명금융 거래'란 자신의 금융자산을 타인의 명의로 거래를 하는 것을 말한다. 통상 차명(借名)거래라 함은 실소유자와 명의인 양자 간의 합의 또는 금융기관을 포함한 3자 간의 합의에 기하여 실소유주가 예금 등 금융상품에 대한 실질적인 권리를 행사하기로 하면서 명의인이 외형적 거래자로서 금융기관에 대하여 실명을 확인하여 이루어지는 금융거래를 말한다. 쉽게 생각하면 타인의 계산 혹은 명의로 이루어진 금융거래로서 금융거래의 원천과 명의가 다른 경우를 차명금융 거래라고 정의할 수 있다.

차명금융 거래는 권리의 귀속관계를 외부로 드러난 것과 다르게 숨길 수 있기 때문에 비자금 형성이나 자금세탁, 불법 조세포탈 등 여러 가지 불법행위의 수단으로 이용되고 있다.

이를 방지하기 위해 금융실명법에서는 범죄수익 은닉, 자금세탁, 조세포탈 등 불법행위나 범죄의 수단으로 악용될 수 있는 차명거래를 방지하기 위해 2014년 5월 28일 동법의 제3조(금융실명거래)에 다음과 같이 제3항부터 제7항을 신설하였다.

❶ 제3항
- 불법행위(불법재산의 은닉, 자금세탁 행위(조세포탈 등), 공중 협박 자금조달행위 및 강제집행의 면탈, 그 밖의 탈법행위를 목적으로 하는 행위)를 목적으로 하는 차

명 금융거래를 금지

❷ 제4항
- 금융기관 종사자의 불법 차명거래 알선·중개를 금지

❸ 제5항
- 실명(實名)이 확인된 계좌에 보유하고 있는 금융자산은 '명의자의 소유'로 추정

❹ 제6항
- 금융기관 종사자는 거래자에게 불법 차명거래가 금지된다는 사실을 설명

❺ 제7항
- 실명거래의 확인 방법 및 절차, 확인 업무의 위탁과 그 밖에 필요한 사항은 대통령령으로 정할 것

또한 이에 대한 실효성을 확보하기 위하여 벌칙조항을 신설하였는데, 불법 차명거래자, 불법 차명거래를 알선·중개한 금융기관 등의 종사자는 5년 이하 징역 또는 5천만원 이하의 벌금(동법을 위반한 금융기관 등의 임직원에게 부과하는 과태료는 3천만 원 이하)을 부과받게 된다.

2 **반부패협약 및 미국의 해외부패방지법**

부패의 사전적 정의는 '사적인 이익을 얻기 위해서 권력을 남용하는 것'으로서 반부패협약 또는 미국의 해외부패방지법상에서 의미하는 부패란 '기업이 상거래에서 그 거래의 성사를 위해서 외국 공무원에게 금전이나 금품을 공여하는 행위, 즉 뇌물공여'를 의미한다. 이러한 뇌물제공행위는 국제상거래에 있어서 시장경제의 효율성을 약화시킬 뿐 아니라 기업윤리 및 국가적 차원의 정치적인 관계 또한 저해시키는 요소로 여겨진다.

(1) 반부패협약

OECD뇌물방지협약(반부패협약)은 뇌물수뢰행위(passive bribery)가 아닌 공여행위(active bribery)를 형사처벌하는 것이 목적이며, 규제대상 행위는 '외국 공무원(foreign public officials)'으로 민간인 간의 뇌물공여행위(commercial bribery)는 제외된다. 다만, 외국공무원의 범위는 상대적으로 넓은 편인데 외국의 입법, 행정 또는 사법상의 임명 또는 선출직 위를 가진 자 이외에 외국의 공공기관, 공기업 등 외국을 위하여 공공기능을 행사하는

자와 국제기구 공무원을 포함한다.

이 협약은 국제상거래 과정에서 발생한 중요한 뇌물공여에 적용되는바, 국제상거래에 있어 영업을 취득, 유지하거나 부당한 이익을 확보하기 위해 직접 또는 중개인을 통해 외국공무원이 그 직무에 관련하여 본인의 의무를 다하지 못하게 하거나, 혹은 부당한 권리 또는 압력을 행사하게 하도록 부당한 보수나 여타 이익을 제공하거나 제의, 약속하는 모든 행위를 포함한다.

협약을 위반하는 경우 뇌물을 제공한 자연인뿐 아니라 이에 대한 책임이 있는 법인에 대해서도 처벌하며 뇌물 및 뇌물제공으로 인한 이익의 몰수하고, 사법공조를 통해 범죄인을 인도하여 해당 국가의 뇌물죄에 상응하는 형사처벌을 받도록 규정하고 있다.

(2) 미국 해외부패방지법

미국의 해외부패방지법(FCPA : Foreign Corrupt Practices Act)은 미국 시민권자, 미국 국적을 가진 자 또는 미국에 거주하는 외국인, 미국에서 설립되었거나 해외에서 설립되었더라도 주사업장이 미국에 있는 기업, 미국의 주, 준주, 속령 또는 미국의 자치주의 법에 의해 설립된 기업 등 및 미국 증권거래소 상장기업 등 자국 기업뿐만 아니라 미국에 거주하지 않는 외국인이나 외국 기업이 미국 영토 내에 있는 동안 직접적으로 또는 대행사를 통해 간접적으로 뇌물제공을 행한 경우 등 제3자 또는 중개인을 통해 이루어진 뇌물제공행위에 대해서도 규제하고 있다.

FCPA는 '뇌물'을 '현금, 현금지불에 대한 약속, 증여·선물(gift), 기타 각종 형태의 가치 있는 것'으로 규정하고 있으며, 이를 '사업을 획득하거나 유지하기 위해' 외국 정부 및 행정부처의 관리자나 직원 또는 국제기구 등에 제공하는 경우 규제대상이 된다.

FCPA를 위반하는 경우에는 다음과 같이 처벌을 받게 된다.

구 분		법 인	개 인
형사	회계규정 위반	최고 2,500만 달러	최고 500만 달러 및 20년 이하의 징역
	반부패규정 위반	최고 200만 달러	최고 10만 달러 및 5년 이하의 징역
	대리인	(의도적인 범법행위가 있는 경우) 최고 10만 달러 및 5년 이하의 징역	
민사	최고 1만 달러 벌금 및 불법이익의 환수		

3 해외금융계좌신고제도(FBAR : Foreign Bank Account Reporting)

FBAR은 미국의 납세의무자가 1여 년 동안 어느 시점이든 모든 해외 금융계좌 잔고의 합계액이 1만 달러를 초과하는 경우 미국 재무부에 해외금융계좌잔액을 신고하는 제도이다.

이를 위반하는 경우에는 고의성이 있다고 의심되면 미신고 연도마다 매년 10만 달러 또는 계좌금액의 50% 중 큰 금액이 누적돼 벌금으로 부과 또는 5년 이하의 징역형을 받을 수 있으며, 고의성이 없는 경우에는 미신고 연도마다 매년 1만 달러가 누적돼 벌금으로 부과된다.

4 해외금융계좌 납세자협력법(FATCA) 및 다자간 조세정보 자동교환 협정(MCAA)

최근 개인 또는 법인의 해외투자 또는 해외 금융기관과 거래가 활발해지면서, 각 국가는 자국민의 금융거래소득에 대한 과세 누락을 차단하기 위한 정책을 추진하고 있는데, 여기에는 미국 중심의 FATCA와 OECD 국가 중심의 MCAA가 있다.

두 가지 협정 모두 자국민의 과세 누락을 방지함은 물론, 해외 국가를 통한 자금세탁 행위를 방지하기 위한 목적도 있으므로 간략하게 살펴보도록 한다.

(1) 해외 금융계좌 납세자협력법(FATCA : Foreign Account Tax Compliance Act)

미국은 자국민의 역외 탈세를 방지하기 위해 해외(미국 외)의 금융기관에게 미국 국민의 금융거래정보를 국세청(IRS)에 보고하도록 의무화하였고, 이를 위해 다수의 국가와 FATCA 협정을 체결하였다.

우리나라 역시 2014년 3월 미국과 정식 협정을 체결하고, 2016년 9월 국회의 비준을 받음에 따라 같은 해 11월부터 양국 간 정보교환을 시작하였다.

우선 FATCA의 적용대상은 미국 시민권자, 미국 영주권자, 외국인 중 세법상 미국 거주자 중 특정 요건을 갖춘 개인과 미국 내에서 설립된 조합 또는 회사, 미국 외에서 설립되었으나 실질 지배주주가 미국에 납세의무가 있는 단체 등 법인으로서 정부기관, 상장회사, 면세기구 등은 제외된다.

FATCA의 대상계좌 및 상품은 금융기관에 개설된 예금계좌, 수탁계좌, 지분증권 및 채무증권, 보험 및 연금계약, ISA, 해외주식투자전용펀드 등이며, 연간 납입한도가 제한 된 연금저축, 재형저축, 장기주택마련저축 등 일부 조세특례상 면제상품은 제외된다.

협약에 따라 우리나라의 금융기관이 미국 국세청에 제공해야 할 정보의 보고기준은 다음의 표와 같다.

구 분	기준일	계 좌		
기존	2014.6.30.이전	개인	소액	5만 달러~100만 달러 이하
			고액	100만 달러 초과
		단체		25만 달러 초과
신규	2014.7.1. 이후	기준일 이후 적용대상 상품에 가입하는 모든 고객(금액 무관)		

금융기관이 FATCA에 따른 보고의무를 위반하여 정당한 사유 없이 정보를 제공하지 않거나, 거짓으로 제공하는 경우 3천만 원 이하의 과태료를 부과받을 수 있으며, 미국 정부로부터 비참여 금융기관으로 지정된 경우 당해 금융기관이 미국에서 얻은 수익의 30%를 원천징수 당할 수 있다.

개인이 비협조계좌로 지정이 되는 경우에는 앞에서 살펴본 FBAR를 준용하여 처벌받 을 수 있다.

(2) 다자간 조세정보 자동교환 협정(MCAA : Multilateral Competent Authority Agreement on Automatic Exchange of Financial Account Information)

미국의 FATCA 협정 이후 OECD 및 G20 국가를 중심으로 각 국가에 납세의무가 있 는 고객의 금융정보를 상호 교환하는 MCAA가 현재 100여 개 국가 간에 체결되어 있으 며, 그 범위는 점차 확대되어 가는 추세이다.

MCAA의 효율적인 금융정보 교환을 위해 OECD에서 규정한 공통보고기준을 CRS(Common Reporting Standard)라고 하며, 실무에서는 MCAA와 CRS를 혼용하여 사용하 기도 한다.

MCAA가 FATCA와 가장 크게 다른 점은 정보교환의 방식으로 FATCA는 미국과 개별 국가가 체결하고 해당 국가의 적용대상자에 대한 정보교환을 하는 반면, MCAA는 협정 을 체결한 모든 국가 간 정보교환이 이루어진다는 점에 있다.

우리나라는 2016년 1월 1일부터 MCAA에 관한 업무를 시행하였는데, 2023년 2월 현재 13개 국가와 체결되어 있다. MCAA의 적용대상은 계좌보유자가 보고대상 관할권의 거주자인 개인 또는 단체로 실질적 지배자가 보고대상인 비금융단체의 계좌를 포함하며, 대상계좌 및 상품은 FATCA와 동일하다.

MCAA의 협정에 따라 정보를 제공해야 할 정보의 보고기준은 다음의 표와 같다.

구 분	기준일	계 좌		
기존	2015.12.31.이전	개인	소액	100만 달러 이하
			고액	100만 달러 초과
		단체		25만 달러 초과
신규	2016.1.1. 이후	기준일 이후 적용대상 상품에 가입하는 모든 고객(금액 무관)		

금융기관이 MCAA에 따른 보고의무를 위반하여 정당한 사유 없이 정보를 제공하지 않거나, 거짓으로 제공하는 경우 3천만 원 이하의 과태료를 부과받을 수 있으며, 각 관할 국가별로 규정한 처벌을 받을 수 있다.

개인이 MCAA의 비협조계좌로 제출되는 경우 현재 국가별 처벌규정이 공유되고 있지 않으므로, 해당 국가별 국세청에 개별적으로 처벌규정을 확인해야 한다.

이 외에도 우리나라는 2016년 10월 체결한 '한·싱가포르 협정'으로 2018년부터 상대국 거주자의 금융정보를 상호 교환하고 있으며, 2017년 1월 체결한 '한·홍콩 협정'은 2019년부터 적용되고 있다. 각각 그 목적 및 적용대상은 MCAA와 유사하다.

01 다음 중 STR에 대한 설명으로 적절하지 않은 것은?

① STR(의심거래보고)은 CTR(고액현금거래보고)의 보완을 위해 도입되었다.

② 금융기관의 임직원이 STR 내용을 누설하는 경우 1년 이하의 징역 또는 500만 원 이하의 벌금을 부과받는다.

③ 금융기관이 STR을 누락하거나, 감독기관의 지시를 거부하는 경우 1천만 원 이하의 과태료 또는 기관의 영업정지가 가능하다.

④ STR의 보고기준은 2013년 이후 금액과 무관하다.

02 다음 자금세탁 행위 유형 중 기존의 Finance System을 이용한 방법이 아닌 것은?

① 소액분산입금

② 해외에 소액분할 반출 후 여행자수표를 통한 국내 반입

③ 차명계좌 사용

④ 은행어음 사용

03 다음 CTR(고액현금거래보고)에 대한 설명 중 틀린 것은?

① 보고 대상 기준금액은 1천만원 이상의 현금거래이다.

② 인터넷 뱅킹 등을 이용하는 경우 보고대상이 아니다.

③ 동일인이 3거래일 동안 창구를 통하여 기준금액 이상 거래하는 경우 보고 대상 이다.

④ 금액 계산 시 금융기관별로 지급, 영수한 금액을 각각 별도 합산한다.

해설

01 ① CTR이 STR의 보완을 위해 도입되었다.

02 ② Money Smuggling의 한 유형이다.

03 ③ 1거래일 동안 거래된 금액을 기준으로 한다.

04 다음 KoFIU에 관한 설명으로 적절하지 않은 것은?

① 설립근거는 특정 금융거래정보법이다.

② 수집된 자금세탁 행위 관련정보를 법 집행기관에 제공한다.

③ 각 금융기관으로부터 STR(의심거래보고)를 받는 기관이다.

④ 재정경제부 소속의 독립기관이다.

05 다음 고객확인제도에 대한 설명으로 적절하지 않은 것은?

① 대부업자인 경우 강화된 고객확인(EDD) 대상이다.

② 간소화된 고객확인(CDD) 대상은 별도의 확인이 필요하지 않다.

③ 강화된 고객확인(EDD)에서는 CDD에 더하여 거래목적, 자금의 원천 등을 파악하여야 한다.

④ 고객별 위험도 평가결과 중위험인 경우에는 CDD 대상이다.

06 다음 자금세탁 방지 내부통제체제에 대한 설명으로 적절하지 않은 것은?

① 경영진은 자금세탁 방지를 위해 운영하는 내부통제정책에 대한 감독책임이 있다.

② 자금세탁 방지제도는 금융기관 외부와의 관계를 규정하는 것으로 금융기관의 모든 부서와 관련된다.

③ 보고책임자는 연 1회 이상 소속 임직원에 대해 교육을 실시하여야 한다.

④ 금융기관은 자금세탁 방지에 대한 독립적인 감사체계를 구축해야 한다.

해설

04 ④ 현재는 금융위원회 소속이다.

05 ② CDD에 해당하더라도 확인절차는 거쳐야 한다.

06 ① 이사회가 경영진의 제도운영에 대한 감독책임이 있다.

07 다음 위험기반접근법(RBA)에 대한 설명으로 적절하지 않은 것은?

① 위험도가 높은 분야와 낮은 분야에 대한 위험관리를 달리 적용하는 방법이다.

② RBA에서의 위험은 크게 국가위험, 고객위험, 상품위험, 사업(서비스) 위험으로 구분할 수 있다.

③ FATF의 2019년 상호평가항목에 RBA 도입 및 효과성 여부 항목을 추가하였다.

④ RBA는 FATF의 권고사항이므로 의무적으로 도입할 필요는 없다.

08 다음 FATCA와 MCAA에 관한 설명으로 적절하지 않은 것은?

① FATCA는 미국과 개별 국가 간 협정이다.

② MCAA는 OECD 및 G20 주도하에 맺어진 다자간 협정이다.

③ FATCA의 보고기준은 CRS(Common Report Standard)이다.

④ MCAA는 보고기준에서 기존 고객과 신규 고객을 구분하는 기준일은 2016년 1월 1일이다.

09 고객이 가상자산사업자인 경우 확인해야 할 사항이 아닌 것은?

① 고객을 최종적으로 통제하는 자연인(실제소유자)에 관한 사항

② 고객의 신고 이행에 관한 사항

③ 고객의 신고에 대한 직권말소에 관한 사항

④ 고객의 최근 사업연도 순이익에 관한 사항

해설

07 ④ KoFIU에서는 2019년 상호평가를 대비하기 위하여 각 금융기관에 의무도입을 요청하였다.

08 ③ MCAA의 보고기준이 CRS이다.

09 ④ 순이익에 관한 사항은 확인 대상이 아니다.

10 다음 자금세탁방지 관련 법령 위반에 따른 제재조치 중 그 벌칙이 다른 것은?

① STR(의심거래보고) 관련 정보의 제공을 요구하는 행위

② 거짓으로 STR을 보고하는 행위

③ 신고를 하지 아니하고 가상자산거래를 영업으로 하는 행위

④ 법령에 따라 제공받은 정보를 그 목적 외의 용도로 사용하는 행위

11 다음 설명 중 틀린 것은?

① 우리나라는 FATF의 구성국 중 하나로 권고사항을 준수하여 상호평가 등을 실시하고 있다.

② 금융기관은 고객이 신규 계좌 개설 시 고객확인제도에 응하지 않는 경우 거래를 거절하여야 한다.

③ 강화된 고객확인제도(EDD)를 적용할 때 법인의 실제 소유자 확인은 [대표자 – 25% 이상 최대주주 – 최대지분 소유자] 순서로 확인하여야 한다.

④ 분류상 고위험으로 구분되는 고객의 경우 고객확인제도는 1년마다 재수행하여야 한다.

12 다음 자금세탁방지제도와 관련한 설명 중 틀린 것은?

① 간소화된 고객확인(CDD)은 저위험이나 중위험에 해당하는 고객을 대상으로 하며, 3년마다 재수행하여야 한다.

② 현재 금융기관의 의심거래보고(STR) 대상 기준금액은 1,000만원이다.

③ 고액현금거래보고(CTR)에서 금액 산정은 금융기관이 1거래일 동안 지급한 금액, 영수한 금액을 각각 별도 합산하는 실질주의 방식을 취하고 있다.

④ 위험기반접근법(RBA)는 자금세탁방지업무가 사후 적발체계에서 벗어나 사전 감지체계를 갖출 수 있게 하는 방법이다.

해설

10 ② 1년 이하의 징역 또는 1천만원 이하의 벌금 부과 대상이다.

　　①, ③, ④ 는 5년 이하의 징역 또는 5천만원 이하의 벌금 부과 대상이다.

11 ③ 법인의 실제 소유자 확인 단계는 [25% 이상 최대주주 > 최대지분 소유자 > 대표자] 순서로 확인한다.

12 ② 2013년 이후 STR의 보고대상 기준금액은 폐지되었다.

정답 01 ① | 02 ② | 03 ③ | 04 ④ | 05 ② | 06 ① | 07 ④ | 08 ③ | 09 ④ | 10 ② | 11 ③ | 12 ②

증권투자권유자문인력 II

금융투자전문인력 표준교재
증권투자권유자문인력 2

2025년판 발행   2025년 2월 15일

편저　　금융투자교육원
발행처　한국금융투자협회
　　　　　서울시 영등포구 의사당대로 143　전화(02)2003-9000　FAX(02)780-3483
발행인　서유석
제작 및 총판대행　㈜ **박영사**
　　　　　서울특별시 금천구 가산디지털2로 53, 210호(가산동, 한라시그마밸리)　전화(02)733-6771　FAX(02)736-4818
등록　　1959. 3. 11. 제300-1959-1호(倫)
홈페이지　한국금융투자협회 자격시험접수센터(https://license.kofia.or.kr)

정가 23,500원

ISBN 978-89-6050-756-2　14320
　　　　978-89-6050-754-8(세트)